CRÍTICA DE LA RAZÓN PURA

Immanuel Kant

Título: Crítica de la razón pura
Título original: *Kritik der reinen Vernunft*
Autor: Immanuel Kant

© Edimat Libros, SA
C/ Primavera, 10, nave 35
28500 Arganda del Rey
Madrid-España
www.edimat.es

Traducción: Rodrigo Díaz Núñez
Diseño e ilustraciones de cubierta: Karakachoff Estudio
Ilustración de cubierta: Pablo Estevez para Karakachoff Estudio

ISBN: 978-84-9794-656-8
Depósito Legal: M-26319-2024

Impreso en España - *Printed in Spain*

INTRODUCCIÓN

El filósofo alemán Immanuel Kant nació en 1724 en Königsberg, en la antigua Prusia (hoy Kaliningrado, en Rusia). Fue el cuarto de los nueve hijos del matrimonio formado por Johann Georg Kant, artesano de Memel (en la actualidad Klaipeda, en Lituania), y de Anna Regina Reuter, nacida en Nuremberg, hija de un fabricante alemán de sillas de montar. Sólo cinco de los hijos llegaron a la adolescencia (la mortalidad infantil era muy alta en la época). Immanuel fue bautizado como Emanuel, pero cambió su nombre a Immanuel después de aprender hebreo. Pasó toda su vida dentro o en las cercanías de Königsberg, que por entonces era la capital de Prusia, sin alejarse nunca más de ciento cincuenta kilómetros de la ciudad.

En su juventud, Kant fue un buen estudiante, aunque no espectacular. Según los biógrafos, los padres de Kant fueron personas sumamente honestas, rectas y amantes de la concordia, y a la madre en particular, que murió cuando Immanuel tenía trece años, como una mujer que imprimió en su familia el espíritu y las normas del pietismo (movimiento de avivamiento espiritual entre los luteranos), que ponía énfasis en una intensa devoción religiosa, en la humildad personal y en una interpretación literal de la Biblia. Por consiguiente, Kant recibió una educación estricta y dogmática que favorecía la enseñanza del Latín y la Religión por encima de las Matemáticas y de las Ciencias. Desde el principio de sus estudios, Kant mostró gran aplicación. Primero fue enviado al *Collegium Fridericianum* y después se matriculó en la Universidad de Königsberg en 1740, a la edad de dieciséis años. Estudió la filosofía de Leibniz y Wolff con el profesor Martin Knutzen, un racionalista que también estaba familiarizado con los desarrollos de la filosofía y la ciencia británicas y que introdujo a Kant en la nueva física matemática de Isaac Newton. También previno al joven alumno respecto al idealismo, visto negativamente por toda la filosofía del siglo XVIII, e, incluso después de la creación de la teoría del idealismo trascendental, Kant refutó el idealismo en la segunda edición de su obra principal: la *Crítica de la razón pura*.

En 1746 su padre padeció un infarto de resultas del que murió, con lo que los estudios de Immanuel quedaron interrumpidos. Kant tuvo que ganarse la vida como preceptor o tutor particular en familias de los pequeños pueblos alrededor de Königsberg, haciéndose muy popular, pero continuó su investigación académica. Después de doctorarse en la Universidad a los treinta y un años, Kant dio clases en ese centro, y en 1770, después de fracasar dos veces en el intento de conseguir una cátedra y de haber rechazado ofertas de otras Universidades, al fin fue nombrado profesor ordinario (no catedrático) de Lógica y Metafísica. Solía decir que no enseñaba filosofía, sino el arte de pensar por uno mismo, y le molestaba que sus estudiantes tomasen notas de forma mecánica en lugar de entender sus explicaciones y debatir sobre el tema que fuese. Era una persona de gran cultura y también daba clases de otras materias, como las Matemáticas, las Ciencias Naturales y la Ética, pues, según su criterio, el conocimiento debía ser inclusivo.

En 1749 publicó su primera obra filosófica, *Meditaciones sobre la verdadera estimación de las fuerzas vivas,* en alemán, ya no en latín como era la costumbre obligada por entonces. Kant publicó muchas más obras sobre temas científicos. El tema de sus lecciones era la metafísica, la cual enseñó durante casi cuarenta años. Kant impartió clases de Antropología, o estudio de la naturaleza humana, durante más de veintitrés años. Fue uno de los primeros intelectuales de su época en introducir la Antropología como área de estudio intelectual.

En su primera época se dedicó a los problemas científicos, hizo varios cursos de Geografía y publicó anónimamente en 1755 su *Historia general de la naturaleza y teoría del cielo,* en la que propone una cosmogonía mecanicista de inspiración newtoniana sobre la evolución del sistema solar, del que dedujo correctamente que se formó a partir de una nebulosa de gas. Dedujo también correctamente que la Vía Láctea era un gran disco de estrellas formado también a partir de una nebulosa giratoria. Teoría que fue recogida posteriormente por Laplace y se conoció como «teoría de Kant-Laplace» sobre el origen y evolución del Universo. Se ocupó también del retraso de la rotación de la Tierra por las mareas y del concepto de un Universo compuesto de galaxias, y además sugirió la posibilidad de que otras nebulosas podrían ser igualmente grandes discos giratorios de estrellas distantes, similares a la Vía Láctea, lo que dio origen a que las galaxias se denominasen «Universos Isla» hasta bien entrado el siglo xx. Ese mismo año obtuvo el doctorado en Filosofía con una tesis: *Sobre el fuego,* y luego, con su *Nueva elucidación de los primeros principios del conocimiento metafísico,* obra escrita para conseguir el permiso para la docencia como profesor no titular, inició la serie de sus escritos puramente metafísicos.

Entre 1762 y 1764 publicó obras que le dieron a conocer como filósofo en Alemania: *Investigación sobre la claridad de los principios de la teología natural y de la moral*; *La única prueba posible para demostrar la existencia de Dios; Intento de introducir en la sabiduría del Universo el concepto de las magnitudes negativas.* Estos tratados, legibles y bien recibidos, incluyen un ensayo sobre el terremoto de Lisboa que fue tan popular que llegaba a venderse por páginas. Antes de su giro hacia la *crítica* (entendida como análisis o estudio) sus libros se vendían bien, y para cuando publicó *Observaciones sobre el sentimiento de lo bello y lo sublime,* en 1764, ya se había convertido en un autor popular y con cierto renombre. Quedó segundo en un concurso de la Academia de Berlín con su ensayo *Sobre la nitidez de los principios de la teología natural y de la moral.*

Fueron años de intensa actividad intelectual, que combinó con una gran actividad social, a lo que dedicaba media jornada por las tardes y le hizo merecer el título de «Maestro elegante» que llama la atención por su agudeza de espíritu y por la profundidad de su saber. Se sostiene que Kant vivió una vida muy estricta y previsible, lo que lleva a la historia, a menudo repetida, de que sus vecinos ponían los relojes en hora cuando él salía de su casa para dar sus paseos diarios y empezar así su vida social. Mientras era joven, Kant fue una persona muy sociable y un apasionado de los banquetes y las recepciones durante la mayor parte de su vida. Era delicado, de baja estatura y nunca se casó ni tuvo hijos. Le gustaba jugar al billar y las bebidas alcohólicas, como el vino. Sólo en una época más avanzada de su vida Kant adoptaría un estilo de vida más regular.

En su obra *Sueños de un visionario esclarecido por los sueños de la Metafísica,* de 1766, que escribió contra el visionario sueco Emanuel Swedenborg, rechazó definitivamente el tipo de Metafísica tan alejado de la experiencia que se practicaba en el momento, y se inclinó por una concepción de la filosofía y de la metafísica *(de la que el destino hizo que me enamorase,* dijo) como la ciencia de los límites de la razón humana y no como un sistema de sabiduría. Para Kant, la filosofía, más que conocimiento, es crítica de ese mismo conocimiento.

A la edad de cuarenta y seis años, Kant era un erudito conocido y un filósofo cada vez más influyente, y fue nombrado profesor de Lógica y de Metafísica en la Universidad de Königsberg. Como respuesta a una carta de un alumno, Kant llegó a reconocer que no había logrado dar cuenta de la relación y conexión entre nuestras facultades intelectuales y las sensibles. Asimismo, reconoció que el filósofo David Hume lo había despertado del sueño dogmático. Kant no publicó ningún otro trabajo de filosofía en los once años que siguieron. En su Introducción a su *Crítica de la razón pura,* libro con el que salió de su silencio meditativo, da cuenta de que lo más importante era fundamentar sólidamente una nueva filosofía que limitase de su alcance a la imaginación y la llevase al más genuino de la razón. Kant dedicó esa época de silencio y de reestructuración a trabajar en una solución para los problemas planteados; y aunque era amante de la compañía y de la conversación, se aisló a pesar de los intentos de los amigos de sacarlo de su aislamiento.

Cuando al fin salió de su silencio en 1781, el resultado resultó ser la *Crítica de la razón pura,* que, aunque hoy sea reconocida unánimemente como una de las obras más importantes en la historia de la Filosofía, fue ignorada en el momento de su publicación inicial, para gran decepción de Kant. El libro era largo y estaba escrito en un estilo seco y académico. Se le hicieron pocas reseñas, que no concedían importancia a la obra. Su densidad hacía de ella «un hueso duro de roer», oscurecido por «toda esa pesada telaraña». En 1783, reconociendo la necesidad de clarificar el tratado original, Kant escribió los

Prolegómenos a toda Metafísica futura como un resumen de sus principales puntos de vista. Kant distingue tres preguntas filosóficas a las que dedicó sus obras capitales: ¿qué puedo conocer?, respondiéndola en su *Crítica de la razón pura;* ¿qué debo hacer?, con respuesta en su *Crítica de la razón práctica;* y ¿qué puedo esperar?, con respuesta en su *Crítica del juicio;* preguntas que pueden resumirse en una: ¿qué es el hombre? Con respecto a la moral, Kant afirma que un sujeto racional se autoimpone *a priori* una ley moral que debe cumplir y que se deriva de la buena voluntad, y la llamó «imperativo categórico».

La reputación de Kant aumentó gradualmente durante la década de 1780, gracias a una serie de obras importantes: el ensayo *Respuesta a la pregunta: ¿Qué es Ilustración?,* de 1784; la *Fundamentación de la metafísica de las costumbres,* de 1785 (su primera obra sobre filosofía moral), y *Principios metafísicos de la ciencia natural,* de 1786. Tras revisar en profundidad las primeras partes de la obra, Kant publicó una segunda edición de la *Crítica de la razón pura* en 1787. La mayoría de sus obras posteriores se centraron en otras áreas de la filosofía. Continuó desarrollando su filosofía moral, especialmente en la *Crítica de la razón práctica* (conocida como la segunda *Crítica*) de 1788, y la *Metafísica de las costumbres,* de 1797. La *Crítica del juicio* (la tercera *Crítica),* de 1790, aplicaba el sistema kantiano a la estética y la teleología (o rama de la metafísica que se refiere a los fines o propósitos de algún objeto o ser, en definitiva, la doctrina filosófica de las causas finales). También escribió varios ensayos populares sobre historia, religión, política y otros temas. Estas obras fueron bien recibidas por los contemporáneos de Kant y confirmaron su posición preeminente en la filosofía del siglo xx.

En su libro *Sobre la paz perpetua,* de 1795, Kant enumera una serie de condiciones que consideró necesarias para poner fin a las guerras y dar origen a la creación de una paz duradera, que incluía un mundo de repúblicas constitucionales. Kant escribió que los gobiernos tienen dos series de deberes: proteger los derechos y las libertades del pueblo, por justicia, y promover su felicidad, siempre y cuando pueda hacerse sin detrimento de los derechos y las libertades. Sostuvo que la propia competencia económica crearía un espacio de libertad y que el espíritu del comercio se apoderaría de todas las naciones. Creía que el interés individualista de la economía burguesa exigiría el respeto a la libertad y, por lo tanto, conduciría a la pacificación de los diversos Estados. Kant era optimista sobre un futuro progreso legal y moral de la razón ilustrada. Su teoría crítica de la sociedad exigía la emancipación del individuo, que con su razón propicia ese determinado cambio social. Se dice que desde ahí se anticipó el camino hacia Karl Marx. Son sus palabras: *No hay que esperar que los reyes filosofen ni que los filósofos sean reyes, como tampoco hay que desearlo, porque la posesión del poder daña inevitablemente el libre juicio de la razón.*

Pero a pesar de su éxito, las tendencias filosóficas se movían en otra dirección. Muchos de sus alumnos más importantes, como Reinhold y Fichte, transformaron la posición de Kant hacia formas cada vez más radicales de idealismo, lo que acabó por originar la aparición del idealismo alemán. Kant se opuso a esos desarrollos y en 1799 denunció públicamente a Fichte en una carta abierta. Esto fue uno de sus últimos actos filosóficos.

Su salud física y mental había venido empeorando desde hacía mucho tiempo. Tuvo arteriosclerosis cerebral, posiblemente agravada por el exceso de trabajo y las pocas horas de sueño que caracterizaban su rutina diaria. En el invierno de 1803 tenía dolores estomacales, falta de equilibrio, pérdida de memoria, señales de demencia y narcolepsia, pero siguió escribiendo hasta un año antes de su muerte. Murió la noche del domingo 12 de febrero de 1804 en su ciudad, Königsberg, musitando la palabra «genug» (basta, suficiente) antes de morir. Su entierro fue un acontecimiento al que asistieron muchísimas personas de todas las clases sociales.

Algunos años después de su fallecimiento, en 1827, la Iglesia católica incluyó su *Crítica de la razón pura* en el Índice de Libros Prohibidos, cuya lectura suponía la excomunión. Esa misma inclinación suya a cuestionarlo todo le valió también otras enemistades importantes, como la del rey prusiano Federico Guillermo II, quien lo instó a moderar el contenido de sus obras, sobre todo después de la Revolución francesa de 1789. A pesar de vivir en el apogeo de la Ilustración, Kant veía con pesimismo que esa época de mayor conocimiento no conducía a un mundo mejor, sino que las viejas estructuras de poder eran reemplazadas por otras nuevas: por pocos meses no llegaría a ver a Napoleón proclamarse emperador.

La tumba de Kant se encuentra fuera de la Catedral de Königsberg, en el río Pregolya y es uno de los pocos monumentos alemanes conservados por los soviéticos después de que conquistaran y anexionaran la ciudad en 1945. La tumba original de Kant había resultado destruida por los bombardeos rusos a comienzos de aquel año. Cerca de la tumba se halla una placa con la siguiente inscripción en alemán y ruso, tomada de una de sus obras: *Dos cosas me llenan la mente con un siempre renovado y acrecentado asombro y admiración, por mucho que continuamente reflexione sobre ellas: el firmamento estrellado sobre mí y la ley moral dentro de mí.*

CRÍTICA DE LA RAZÓN PURA

La *Crítica de la razón pura* apareció en mayo de 1781, tras un período de maduración de doce años, con una segunda edición revisada y corregida por el autor en 1787. Fue escrita rápidamente, en cinco o seis meses, y representa la investigación que Kant somete a la razón humana. La *obra* está dividida en dos grandes secciones: la «Doctrina trascendental de los elementos» y la «Doctrina trascendental del método». A su vez, la «Doctrina trascendental de los elementos» se divide en dos partes: la «Estética trascendental» y la «Lógica trascendental», y esta última parte está subdividida en «Analítica trascendental» y «Dialéctica trascendental». Todo esto va precedido por una importante Introducción.

Con esta obra, Kant desató una verdadera revolución. El libro dio origen a la filosofía trascendental y provocó un gran impacto en sus contemporáneos. Aquí Kant analiza las bases de nuestra capacidad de pensar y llega a la conclusión de que es limitada. A diferencia de muchos filósofos anteriores, explica que la razón humana no puede responder preguntas como las de la existencia de Dios, o del alma, o el origen del mundo. Kant adelanta el constructivismo moderno cuando afirma que el ser humano sólo dispone de posibilidades limitadas para percibir la realidad. Kant quería reconciliar el empirismo con el racionalismo a través de la filosofía, pero sus lectores y sus numerosos oyentes en la Universidad se quedaron con la deprimente conclusión de que no se puede conocer nunca el mundo «verdadero». Vale la pena intentar entender a Kant, pues sin él es imposible concebir a filósofos como Hegel, Fichte y Nietzsche, ni la literatura y las teorías estéticas de los clásicos alemanes.

Según Kant, hay dos cosas que son independientes de nuestra experiencia, el espacio y el tiempo. El pensamiento humano debe presuponer *a priori* el tiempo y el espacio para poder reconocer algo *a posteriori*. El hombre dispone de algunas formas básicas del juicio, las categorías, que le sirven para estructurar nuestra percepción y nuestro conocimiento. Ese es el concepto revolucionario de Kant: el modo en que vemos el mundo depende de nuestra percepción y de nuestro entendimiento, sin embargo, no podremos saber nunca si las cosas son en sí mismas como las percibimos, por eso es posible afirmar que los objetos mismos dependen del modo en que los percibimos. Esta revolución en el pensamiento filosófico fue definida como «el giro copernicano de Kant», que estableció que la existencia, o inexistencia, de las cosas que se encuentran fuera del mundo de los sentidos, como Dios o el alma, no pueden ser comprobadas por la Razón.

A diferencia de los animales, los seres humanos piensan, pero el entendimiento y la razón también traen aparejados grandes problemas. Las personas se encuentran con preguntas que no pueden responder en cuestionamientos que resultan indispensables, pero cuya respuesta les está vedada. Esas son las preguntas que investiga la metafísica. Todo lo que existe en el mundo es físico; todo lo que está más allá (por ejemplo, el sentido de la vida) pertenece a la metafísica (*meta* = más allá). Entonces, la pregunta crucial es ¿qué somos capaces de conocer? La solución racionalista acata el dictamen de la Razón, la empirista debe experimentarlo todo antes de considerarlo verdadero. La *Crítica de la razón pura* intenta reconciliar a estos dos enemigos en el terreno de la metafísica. Su objeto es la prueba (crítica) de la posibilidad de adquirir conocimiento sin tener que basarse en la experiencia.

Llamo trascendental a todo conocimiento que se ocupa no tanto de objetos, sino de nuestro modo de conocerlos. Kant argumentaba que la experiencia, los valores y el significado mismo de la vida serían completamente subjetivos si no hubiesen sido subsumidos por la razón pura, y que usar la razón sin aplicarla a la experiencia nos llevaría inevitablemente a ilusiones teóricas.

CRÍTICA DE LA RAZÓN PURA

INTRODUCCIÓN

I. Sobre la distinción entre el conocimiento puro
y el conocimiento empírico

No cabe la menor duda de que todo conocimiento comienza con la experiencia. En efecto, ¿cómo puede despertarse y ponerse en acción nuestra facultad de conocer, si no es por medio de objetos que afectan a nuestros sentidos y que, por una parte, son ellos mismos el origen de nuestras representaciones, mientras que, por otra, ponen en marcha la actividad espontánea de nuestro entendimiento, que consiste en comparar estas representaciones, enlazarlas o separarlas, y transformar así la materia prima de las impresiones sensibles en un conocimiento de los objetos, que se llama experiencia? En este sentido, pues, desde un punto de vista cronológico, ningún conocimiento precede en nosotros a la experiencia, y es con la experiencia con la que comienza todo conocimiento.

Dicho esto, aunque todo nuestro conocimiento comienza con la experiencia, no se sigue de ello que todo él derive de la experiencia. Pues bien pudiera ser que incluso nuestro conocimiento empírico sea un compuesto de lo que recibimos a través de impresiones y de lo que nuestra propia facultad de conocer (meramente puesto en acción por impresiones sensibles) produce por sí mismo, una adición que no sabemos distinguir de esta materia prima hasta que un largo ejercicio nos ha hecho atentos a su presencia y nos ha permitido aislarla.

La cuestión de si existe tal conocimiento, independiente de la experiencia e incluso de todas las impresiones de los sentidos, es, por tanto, una cuestión que requiere, cuando menos, un examen más profundo y no puede responderse de un vistazo. Tal conocimiento se denomina conocimiento *a priori,* y se distingue del conocimiento empírico, que tiene su fuente *a posteriori,* es decir, en la experiencia.

Sin embargo, esta expresión de conocimiento *a priori* aún no ha sido determinada de manera suficientemente precisa como para fijar adecuadamente el sentido de la cuestión anterior. En efecto, es habitual decir, respecto de muchos conocimientos derivados de la experiencia, que somos capaces de poseerlos *a priori* o que tenemos acceso a ellos *a priori,* por la razón de que los poseemos, no inmediatamente a partir de la experiencia, sino de la aplicación de una regla general, que, sin embargo, nosotros mismos hemos derivado de la experiencia. Así, se dice de una persona que ha socavado los cimientos de su casa que podía saber *a priori* que su casa se derrumbaría; en otras palabras, que no le era necesario esperar a la experiencia de su derrumbe real

13

para saberlo. Sin embargo, esta persona tampoco podía saberlo completamente *a priori*. En efecto, el hecho de que los cuerpos pesen y, por tanto, caigan cuando se les quita aquello sobre lo que se apoyan, significa que la experiencia tenía que habérselo aclarado de antemano.

En lo sucesivo, por conocimiento *a priori* no entendemos un conocimiento que no se derive de tal o cual experiencia, sino el conocimiento que es absolutamente independiente de cualquier experiencia. Esto se contrastará con el conocimiento empírico, es decir, el conocimiento que sólo es posible *a posteriori,* es decir, a través de la experiencia. Pero, entre los conocimientos *a priori,* se llamará puro aquel en el que no interviene absolutamente nada empírico. Así, por ejemplo, la proposición «todo cambio tiene su causa» es un principio *a priori,* pero no puro, ya que el cambio es un concepto que sólo puede derivarse de la experiencia.

II. Poseemos ciertos conocimientos *a priori,* e incluso el entendimiento común nunca carece de tales conocimientos

Aquí es importante disponer de un criterio que nos permita distinguir el conocimiento puro del conocimiento empírico. La experiencia nos enseña que algo tiene tal o cual propiedad, pero no que no pueda ser de otro modo. Por tanto, digamos en primer lugar que si una proposición tiene que ser pensada con carácter de necesidad, esa proposición es un juicio *a priori.* Si además no es derivada y únicamente se concibe como válida en sí misma, es decir, necesaria, entonces es absolutamente *a priori.* En segundo lugar: los juicios basados en la experiencia nunca son una universalidad probada o rigurosa, sino sólo una universalidad supuesta y comparativa (por inducción), lo que básicamente quiere decir que no se conoce hasta ahora una excepción a unas leyes determinadas. Por tanto, si un juicio se concibe según una universalidad rigurosa, es decir, es tal que no se admite como posible la menor excepción, no se deduce de la experiencia, sino que es absolutamente válido *a priori.* Por tanto, la universalidad empírica no es más que una elevación arbitraria de la validez de un juicio. De una norma que es válida en la mayoría de los casos encontrados extraemos una ley que se aplica a todos, como en la siguiente proposición: «Todos los cuerpos son pesados». Por el contrario, cuando un juicio posee una universalidad estricta, entendemos que dicho juicio procede de una fuente especial de conocimiento, en concreto, de la facultad de conocer *a priori.* Necesidad y universalidad rigurosa son, pues, las dos características inequívocas del conocimiento *a priori,* y también son indisolubles la una de la otra. Porque, sin embargo, en la aplicación de estos dos criterios, a veces es más fácil mostrar la contingencia de los juicios que su limitación empírica, o, a veces, es más convincente mostrar la universalidad ilimitada que atribuimos a un juicio que su necesidad, conviene emplear los dos criterios por separado, ya que cada uno de ellos por sí mismo es infalible.

Es sencillo demostrar que realmente existen en el conocimiento humano juicios necesarios y universales en sentido estricto; es decir, juicios puros *a priori*. Si queremos un ejemplo tomado de la ciencia, basta con fijarse en las proposiciones matemáticas; si queremos en cambio uno tomado del uso más común de la razón, fijémonos en la proposición: «Todo cambio debe tener una causa». Añadamos que, en este último ejemplo, el concepto de causa contiene tan manifiestamente el de conexión necesaria con un efecto y el de rigurosa universalidad de la regla así establecida, que este concepto quedaría totalmente aniquilado si lo dedujéramos, como hizo Hume, de una asociación frecuente de lo que se produce con lo que le precede, y del hábito resultante de vincular representaciones (que es, por tanto, meramente subjetivo). También podríamos, sin necesidad de ejemplos semejantes para probar la realidad de los principios *a priori* puros presentes en nuestro conocimiento, demostrar que estos principios son indispensables para que la experiencia misma sea posible, y en consecuencia proceder a esta demostración *a priori*. Porque, ¿de dónde tomaría la experiencia su certidumbre si se basara solamente en reglas empíricas y contingentes? Lo cierto es que, a estas alturas, podemos darnos por satisfechos con haber expuesto como un hecho el puro uso de nuestro poder de conocer, con sus rasgos característicos. Dicho esto, no es sólo en los juicios, sino también en los conceptos, en algunos de ellos, donde se manifiesta un origen *a priori*. Por ejemplo, eliminad gradualmente del concepto del cuerpo del que tenéis experiencia todo lo que hay de empírico en él, como el color, la dureza o la blandura, la gravedad, incluso la impenetrabilidad, etc., queda el espacio que ocupaba (mientras que ese cuerpo ha desaparecido por completo) y que no se puede eliminar. Del mismo modo, eliminad del concepto empírico que tenéis de cualquier objeto, corpóreo o no, todas las propiedades que la experiencia os ha enseñado, no puedes, sin embargo, quitarle la propiedad según la cual lo consideras como una sustancia o como inherente a una sustancia (aunque este último concepto es más determinado que el de objeto en general). Debéis, pues, convencidos de la necesidad con la que este concepto de sustancia se os impone, estar de acuerdo en que está *a priori* en vuestra facultad de conocer.

III. La filosofía precisa una ciencia que defina la posibilidad, los principios y el alcance de todos los conocimientos *a priori*

Algo más importante que lo anteriormente tratado es que determinados conocimientos por medio de conceptos, que corresponden a objetos que no pueden existir en la experiencia, se separan de ésta y parecen ampliar el alcance de nuestros conocimientos más allá de sus propios límites.

Y precisamente en dichos conocimientos que se proyectan más allá del mundo sensible, y para los que la experiencia no puede servir de pauta ni de control, nuestra razón despliega aquellas investigaciones que consideramos preferibles por su importancia y superiores por su fin último a todo lo que el entendimiento puede aprender en el campo de los fenómenos. De hecho, aun a riesgo de equivocarnos, lo intentamos todo antes que renunciar, por cualquier motivo relacionado con las dificultades encontradas, o por indiferencia, a una investigación que nos toca tan de cerca. Estos problemas ineludibles de la razón pura son: Dios, la libertad y la inmortalidad. En cuanto a la ciencia que, con todos sus medios, sólo tiene como fin último la resolución de estos problemas, se llama metafísica; y su método es dogmático al principio, lo que significa que, sin examinar previamente la potencia, o impotencia, de la razón ante una empresa de tal envergadura, aborda no obstante su ejecución con confianza.

Ahora bien, debería parecer natural, tan pronto como se ha abandonado el terreno firme de la experiencia, armado con un conocimiento que se posee, pero sin saber de dónde procede, y en crédito de principios fundamentales, pero cuyo origen se ignora, debería parecer natural, por tanto, no emprender inmediatamente la construcción de un edificio sin haberse asegurado antes, mediante una investigación escrupulosa, de sus fundamentos, y sin haberse planteado en consecuencia antes la cuestión de cómo puede el entendimiento llegar a todo este conocimiento *a priori* y qué extensión, qué validez y qué valor puede poseer. De hecho, ¿hay algo más natural, si por «natural» entendemos lo que lógica y razonablemente debería suceder? Pero si con ello nos referimos a lo que suele ocurrir, no hay nada más natural ni más comprensible que la prolongada omisión de esta investigación previa. De hecho, algunos de estos conocimientos *a priori,* a saber, los conocimientos matemáticos, tienen desde hace mucho tiempo su parte de certezas y alientan así la esperanza de otros tipos de conocimientos, aunque sean de naturaleza muy diferente. Es más, una vez que has salido del ámbito de la experiencia, puedes estar seguro de que ésta no puede refutarte. Estamos tan encantados de aumentar nuestros conocimientos que lo único que puede detener nuestro progreso es una contradicción evidente. Pero esta contradicción puede evitarse, siempre y cuando elaboremos nuestras ficciones con circunspección; no obstante, seguirán siendo ficciones. Las matemáticas nos ofrecen un ejemplo brillante de la amplitud de los progresos que pueden realizarse *a priori* en el conocimiento, independientemente de la experiencia. Por supuesto, hay que admitir que trata de objetos y conocimiento sólo en la medida en que son tales que pueden presentarse en la intuición. Pero esta circunstancia no es decisiva, ya que la intuición puede darse *a priori* y, por tanto, apenas se distingue de un mero concepto puro. Seducido por tal prueba del poder de la razón, el impulso de ir cada vez más lejos no conoce límites. En su vuelo libre, al surcar el aire, experimentando su resistencia, una ligera paloma podría imaginar que sería mucho más eficaz en un espacio vacío de aire. Fue así como Platón abandonó el mundo de los sentidos, que, desde su punto de vista, imponía al entendimiento límites demasiado estrechos, para aventurarse más allá de este mundo, en alas de las Ideas, en el espacio vacío del entendimiento puro. No se dio cuenta de que, a pesar de todos sus esfuerzos, no progresaba en absoluto, porque no encontraba nada que se le resistiera y que pudiera proporcionarle, por así decirlo, un pedestal en el que apoyarse y aplicar sus fuerzas para poder cambiar su comprensión del lugar. Por otra parte, el destino habitual de la razón humana, en su actividad especulativa, es llegar lo más rápidamente posible al final de lo que está construyendo, y preocuparse sólo después de si los cimientos del edificio son también seguros. Pero entonces empezamos a buscar todo tipo de excusas para tranquilizarnos sobre la solidez del edificio, o incluso para prescindir por completo de un examen tan tardío y peligroso. En cuanto a lo que nos libera de toda preocupación o sospecha y nos halaga con una apariencia de profundidad mientras construimos, es esto: una gran parte, y quizá la más importante, de la actividad de nuestra razón consiste en analizar los conceptos que ya poseemos sobre determinados objetos, lo que nos proporciona un caudal de conocimientos que, si bien no son más que aclaraciones o explicaciones de lo que ya se ha pensado en los conceptos en cuestión (aunque todavía de forma confusa), se aprecian, sin embargo, al menos en cuanto a la forma, como si fueran nuevas opiniones mientras que, en cuanto a su objeto o contenido, no amplían los conceptos que ya tenemos, sino que se limitan a descomponerlos en las partes que los componen. Como este proceso proporciona un conocimiento real *a priori,* que supone un progreso seguro y útil, la razón, sin advertirlo, encandilada por la ilusión, emite afirmaciones de una naturaleza totalmente diferente y absolutamente ajenas al concepto en cuestión y, en principio, sin saber de dónde proceden, y sin siquiera plantearse una pregunta semejante. Por este motivo, trataré desde el principio de la diferencia entre estos dos tipos de conocimiento.

IV.   Sobre la diferencia entre los juicios analíticos
y los juicios sintéticos

En todos los juicios en los que se considera la relación entre un sujeto y un predicado (si me limito a examinar sólo los juicios afirmativos, siendo fácil después la aplicación a los juicios negativos), esta relación se presenta de dos formas posibles. O bien el predicado B pertenece al sujeto A como algo que está incluido en el concepto de A (implícitamente); o bien el predicado B es completamente ajeno al concepto de A, aunque no obstante está conectado con él. En el primer caso, considero que el juicio es analítico; en el segundo, sintético. Los juicios en los que se piensa que la conexión entre el predicado y el concepto del sujeto expresa una identidad son, por tanto, analíticos (esto se aplica a los juicios afirmativos), mientras que aquellos en los que esta conexión es pensada sin expresar una identidad deben considerarse juicios sintéticos. También podríamos llamar a los primeros «juicios explicativos», y a los segundos «juicios extensivos», por la razón de que los primeros, por medio del predicado, no añaden nada al concepto de sujeto, sino que se limitan a descomponerlo, por análisis, en los diversos conceptos ya pensados en él (aunque confusamente), mientras que los segundos, por el contrario, añaden al concepto de sujeto un predicado que en modo alguno estaba pensado en este concepto y que no podría haberse derivado de él por ningún análisis. Por ejemplo, cuando digo: «todos los cuerpos son extensos», se trata de un juicio analítico; en efecto, no necesito ir más allá del concepto representado por la palabra «cuerpo» para encontrar que la extensión le es inherente, sino que me basta con analizar este concepto, es decir, tomar conciencia de la diversidad que siempre pienso en él, para encontrarme con este predicado «extenso»: se trata pues de un juicio analítico. En cambio, cuando digo: «todos los cuerpos son pesados», aquí el predicado es algo totalmente distinto de lo que pienso en el concepto simple de un cuerpo en general. Por tanto, la adición de un predicado de este tipo da lugar a un juicio sintético.

Los juicios de experiencia como tales son todos sintéticos. Y sería absurdo querer basar un juicio analítico en la experiencia, puesto que no tengo necesidad de salir de mi concepto para formular tal juicio, ni, por consiguiente, de recurrir al testimonio de la experiencia. Que un cuerpo es extenso es una proposición *a priori,* y no un juicio de la experiencia. En efecto, antes de apelar a la experiencia, ya poseo en el concepto de cuerpo todos los datos necesarios para mi juicio; y puedo limitarme a extraer del concepto de cuerpo el predicado «extenso», de acuerdo con el principio de contradicción, tomando conciencia, además, de la necesidad de dicho juicio, necesidad que la experiencia nunca me enseñaría. Por el contrario, aunque en modo alguno incluyo en el concepto de cuerpo en general el predicado «pesado», este concepto de cuerpo designa, no obstante, un objeto de experiencia como parte de él, parte a la que puedo añadir luego otras partes surgidas de la misma experiencia que había pensado la parte como perteneciente a este concepto. Puedo conocer el concepto de cuerpo analíticamente, de antemano, por los caracteres de extensión, impenetrabilidad, figura, etc., todos ellos pensados en este concepto. Pero si ahora amplío mis conocimientos y miro la experiencia de la que había extraído este concepto de cuerpo, encuentro también la pesadez, todavía asociada a los caracteres indicados, y por tanto la añado sintéticamente, como predicado, a este concepto. Así, la posibilidad de la síntesis del predicado de gravedad con el concepto de cuerpo se basa en la experiencia, puesto que los dos conceptos así asociados, aunque uno no esté contenido en el otro, están, sin embargo, ligados entre sí, aunque sólo sea contingentemente, como partes de un todo, a saber, la experiencia, que a su vez es un vínculo sintético de intuiciones.

Pero cuando se trata de juicios sintéticos *a priori,* falta totalmente ese apoyo. Si tengo que ir más allá del concepto A para conocer otro concepto, B, como relacionado con él, ¿en qué podré basarme, y cómo será posible la síntesis, cuando en este caso no tengo la ventaja de poder orientarme en el campo de la experiencia? Tomemos la proposición: «todo lo que sucede tiene su causa». En el concepto de «algo que sucede», pienso ciertamente en una existencia, precedida de un tiempo, etc., y esto da lugar a juicios analíticos. Pero el concepto de causa es totalmente ajeno a este concepto e indica algo distinto de este «algo que sucede»: por tanto, no está contenido en absoluto en esta última representación. ¿Cómo, pues, puedo llegar a decir de «lo que sucede» en general algo muy distinto de ello, y conocer el concepto de causa, aunque este último concepto no esté contenido en la representación de «lo que sucede», como perteneciéndole, y eso incluso con necesidad? ¿Cuál es aquí la incógnita X en la que se apoya la razón cuando cree descubrir, fuera del concepto A, un predicado B, que, no obstante, le es extraño, pero que, sin embargo, considera ligado a este concepto A? No puede ser la experiencia, en la medida en que el principio buscado ha añadido la segunda representación a la primera, no sólo con una extensión mayor que la que puede proporcionar la experiencia, sino incluso con la expresión de la necesidad, por consiguiente, enteramente *a priori* y partiendo de conceptos simples. Los principios analíticos son sin duda sumamente importantes y necesarios, pero sólo en la medida en que permiten acceder a la claridad de conceptos necesaria para una síntesis segura y amplia, que constituye la base de la adquisición de conocimiento efectivamente nuevo.

V.   Los juicios sintéticos *a priori,* están contenidos como principios en todas las ciencias teóricas de la razón

1.   Los juicios matemáticos son todos sintéticos. Esta proposición parece haber escapado hasta ahora a las observaciones de quienes han analizado la razón humana, e incluso parece oponerse directamente a todas sus conjeturas, a pesar de su irrefutabilidad y de la importancia de sus implicaciones. En efecto, observando que los razonamientos matemáticos se realizaban todos de acuerdo con el principio de contradicción (exigido por la naturaleza de toda certeza apodíctica), estaban convencidos de que sus proposiciones fundamentales también se conocían sobre la base del mismo principio, pero los autores de estos análisis estaban equivocados: ya que una proposición sintética puede establecerse según el principio de contradicción, pero sólo en la medida en que se postule primero otra proposición sintética de la que pueda resultar la contradicción, pero nunca en sí misma.

Observemos en primer lugar que las proposiciones propiamente matemáticas son siempre juicios *a priori* y no son empíricas, ya que conllevan una necesidad interna que es imposible derivar de la experiencia. Pero si no se quiere admitir esto, ¡que así sea! Restrinjo entonces mi proposición a la matemática pura, cuyo concepto ya implica en sí mismo que no contiene ningún conocimiento empírico, sino sólo conocimiento puro *a priori.*

A primera vista, podríamos pensar que la proposición: $7 + 5 = 12$ es una proposición simplemente analítica que resulta, en virtud del principio de contradicción, del concepto de suma de siete y cinco. Pero cuando miramos más de cerca, vemos que el concepto de suma de siete y cinco no contiene más que la unión de dos números en uno, unión que no concibe en absoluto el número único que une a los otros dos. El concepto de doce no está de ningún modo ya pensado por el simple hecho de que pienso en esta unión de siete y cinco, y puedo descomponer analíticamente mi concepto de tal suma posible hasta donde quiera: no encontraré, sin embargo, el número doce en ella. Hay que salir de estos conceptos apoyándose en una intuición correspondiente a uno de los dos, por ejemplo, los cinco dedos de una mano o (como hace Segner en su aritmética) cinco puntos, y luego añadir al concepto de siete, una tras otra, las unidades del número cinco así dadas en esta intuición. En primer lugar, tomo el número siete, y utilizando los cinco dedos de mi mano como intuición para el concepto de cinco, añado entonces al número siete, una a una, a través de la imagen que me he formado de él, las unidades que antes había tomado juntas para constituir el número cinco, y veo así surgir el número doce. Esto significa que la proposición aritmética es siempre sintética, y estaremos tanto más convencidos de ello cuanto mayores sean los números que tomemos; pues entonces es obvio que, de cualquier manera que demos vueltas a nuestros conceptos, nunca podríamos, sin recurrir a la intuición, hallar la suma mediante la sola descomposición analítica de los conceptos originales.

Tampoco es más analítico ningún principio de la geometría pura. Que una línea recta es el camino más corto entre dos puntos es una proposición sintética. Pues mi concepto de «lo que es recto» no contiene ninguna determinación de magnitud, sino sólo una cualidad. El concepto de «lo más corto» es, por tanto, enteramente añadido, y ningún análisis puede extraerlo del concepto de línea recta. Hay que recurrir, pues, a la intuición, a través de la cual sólo es posible la síntesis.

Algunos pocos principios, que los geómetras presuponen, son verdaderamente analíticos y se basan en el principio de contradicción; pero hay que añadir que sólo sirven, como proposiciones idénticas, para la secuencia del planteamiento metódico y no como principios: por ejemplo, a = a, el todo es idéntico a sí mismo, o (a + b) > a, es decir, el todo es mayor que una de sus partes. Sin embargo, incluso estas proposiciones, aunque válidamente establecidas a partir de conceptos simples, se aceptan en matemáticas por la única razón de que pueden presentarse de forma intuitiva. Es simplemente la ambigüedad de la expresión lo que nos hace creer comúnmente que el predicado de tales juicios apodícticos residiría ya en nuestro concepto y que, en consecuencia, el juicio sería analítico. En efecto, debemos añadir mediante el pensamiento un determinado predicado a un concepto dado, y esta necesidad ya está ligada a los conceptos. Sin embargo, no se trata de lo que debemos añadir por el pensamiento al concepto dado, sino de lo que efectivamente pensamos en él, aunque sólo sea de un modo oscuro, y a partir de ahí resulta que el predicado está en efecto necesariamente unido a estos conceptos, sin por ello ser él mismo concebido en él, sino que es pensado por medio de una intuición que debe añadirse al concepto.

2.   La ciencia de la naturaleza *(physica)* contiene en ella juicios sintéticos *a priori*, que intervienen como principios. Mencionaré simplemente, a título de ejemplo, dos proposiciones: que «en todos los cambios que se producen en el mundo corpóreo, la cantidad de materia permanece invariable», y que «en toda comunicación de movimiento, la acción y la reacción deben necesariamente ser siempre iguales entre sí». Para ambas proposiciones, está claro que no sólo son necesarias, y por tanto su origen es *a priori*, sino que además son sintéticas. En efecto, en el concepto de materia, no pienso en la permanencia, sino simplemente en la presencia de esta materia en el espacio, en virtud del hecho de que lo llena. En este sentido, pues, salgo efectivamente del concepto de materia y voy más allá de él, para añadirle *a priori*, mediante el pensamiento, algo que no se concebía en él. La proposición no es, pues, analítica, sino sintética, y, sin embargo, es pensada *a priori*, como lo son las demás proposiciones de la parte pura de la ciencia de la naturaleza.

3.   En metafísica, incluso si consideramos esta disciplina sólo como una ciencia hasta ahora meramente esbozada, pero que la naturaleza de la razón humana hace, sin embargo, indispensable, debe haber un conocimiento sintético *a priori*. Por eso no se trata en absoluto de limitarse a descomponer los conceptos *a priori* que tenemos de ciertas cosas y, al hacerlo, explicarlas analíticamente; por el contrario, queremos extender a ellas nuestro conocimiento *a priori*, para lo cual debemos valernos de proposiciones fundamentales capaces de añadir al concepto dado algo que no estaba contenido en él y, mediante juicios sintéticos *a priori*, avanzar tanto que la experiencia misma no pueda seguirnos, como por ejemplo en la proposición: «El mundo debe tener un primer comienzo». En este sentido la metafísica consiste, al menos en cuanto a su fin, en proposiciones puramente sintéticas *a priori*.

VI.   Problema general de la razón pura

Ya estamos haciendo grandes progresos cuando podemos reunir una gran variedad de investigaciones bajo la expresión de una sola pregunta. Pues al hacerlo, no sólo facilitamos nuestro propio trabajo, al definirlo con precisión, sino que también facilitamos a quienes deseen examinarlo la tarea de juzgar si hemos cumplido o no nuestro proyecto. En este sentido, el verdadero problema de la razón está contenido en la pregunta: ¿Cómo son posibles los juicios sintéticos *a priori*?

La razón por la que la metafísica ha permanecido hasta nuestros días en un estado tan precario de incertidumbre y contradicción reside pura y simplemente en el hecho de que este problema, y tal vez incluso la diferencia entre juicios analíticos y sintéticos, no se concibió antes. La supervivencia o el colapso de esta ciencia depende de la solución de este problema, o de una demostración convincente de que la posibilidad de resolverlo, para la que la metafísica exige una explicación, nos está de hecho vedada. David Hume, el filósofo que más se acercó a la solución de este problema, aunque estaba lejos de pensarlo de un modo suficientemente definido y en toda su generalidad, sino que se detuvo simplemente en la proposición sintética relativa a la conexión entre el efecto y sus causas *(principium causalitatis)*, creyó poder establecer que tal principio *a priori* es completamente imposible, y que, según su razonamiento, todo lo que llamamos metafísica sería la mera ilusión de una comprensión supuestamente racional de lo que, de hecho, sólo está tomado de la experiencia y ha asumido, por hábito, la apariencia de necesidad. Nunca habría formulado semejante afirmación, que destruye toda perspectiva de una filosofía pura, si hubiera considerado nuestro problema en toda su generalidad, pues entonces se habría dado cuenta de que, según su razonamiento, ya no podría haber ninguna matemática pura, en la medida en que contiene evidentemente proposiciones sintéticas *a priori*. Su sentido común le habría preservado entonces sin duda de esta afirmación

La resolución de esta cuestión incluye al mismo tiempo la posibilidad de la aplicación de la Razón pura en la fundación y construcción de todas las ciencias que contienen un conocimiento teórico *a priori* de los objetos, es decir, incluye la respuesta a las siguientes preguntas:

¿Cómo es posible la matemática pura?
¿Cómo es posible la física pura?

Puesto que estas ciencias existen realmente, no tiene sentido preguntarse cómo son posibles; pues el hecho de que son posibles queda demostrado por su realidad efectiva. Pero en lo que se refiere a la metafísica, ha progresado poco hasta la fecha, y no puede decirse que ninguno de los sistemas conocidos haya alcanzado realmente su objetivo esencial, de modo que es natural dudar con razón de su posibilidad.

No es menos cierto, sin embargo, que también este tipo de conocimiento debe considerarse, en cierto sentido, como dado, y que la metafísica, aunque no tenga una realidad efectiva como ciencia, la posee, sin embargo, como disposición natural del ser humano *(metaphysica naturalis)*. Pues la razón humana, impulsada como está por su propia necesidad, sin dejarse llevar por la simple vanidad de acumular conocimientos, no cesa de preocuparse por estas cuestiones, que no pueden resolverse mediante ningún uso empírico de la razón o a partir de principios derivados de ella; y así ha habido efectivamente en todos los hombres, en todas las épocas, tan pronto como la razón, en ellos, se expande hasta el punto de la especulación, una dimensión de la metafísica, que también permanecerá siempre. En estas condiciones surge también la pregunta: ¿Cómo es posible la metafísica como disposición natural? Dicho de otro modo: ¿Cómo surgen de la naturaleza de la razón humana universal las preguntas que la razón pura se plantea y que su propia necesidad la impulsa a resolver lo mejor que puede?

Pero dado que, hasta el día de hoy, cada vez que hemos intentado responder a estas preguntas naturales, por ejemplo, si «el mundo tuvo un principio», o «si existe desde toda la eternidad», etc., siempre nos hemos encontrado con contradicciones insalvables, no podemos limitarnos a la simple disposición natural a la metafísica, es decir, a la facultad de la razón pura, de la que siempre nace alguna forma de metafísica, en lo que a ella concierne, a la certeza de que puede alcanzar un conocimiento de los objetos, o a la certeza de que no puede, es decir, pronunciarse o bien sobre los objetos de sus preguntas, o bien sobre la potencia o impotencia de la razón para emitir un juicio sobre ellos. En resumen, debe ser posible o bien ampliar nuestra razón pura con seguridad, o bien establecer límites definidos y ciertos para ella. Esta última cuestión, que se desprende del problema general expuesto anteriormente, podría formularse correctamente de la siguiente manera: ¿Cómo es posible la metafísica como ciencia?

La *Crítica de la Razón* nos lleva necesariamente a la Ciencia; la utilización dogmática de la Razón sin Crítica conduce, por el contrario, a afirmaciones infundadas, que siempre pueden ser contradichas por otras tan verosímiles como aquéllas, y en consecuencia al escepticismo.

De la misma manera esta ciencia tampoco puede tener una extensión excesiva, ya que no se ocupa de los objetos de razón, infinitamente diversos, sino meramente de la razón en sí misma, de cuestiones que se generan en ella misma y que se le plantean, no por la naturaleza de otras cosas, sino por su propia naturaleza. Pero en cuanto sea plenamente consciente de su propia facultad en relación con los objetos que proporciona la experiencia, podrá fácilmente determinar con toda certeza y exactitud la extensión y límites de su ejercicio, más allá de los límites de la Experiencia.

Podemos, pues, y debemos, considerar nulos todos los ensayos realizados hasta ahora para construir dogmáticamente una metafísica; pues lo que se presenta como analítico, en uno u otro ensayo, a saber, la simple descomposición de los conceptos que residen *a priori* en nuestra razón, no es todavía en modo alguno el objetivo perseguido, sino que sólo constituye una preparación para la metafísica propiamente dicha, en la medida en que ésta consiste en ampliar sintéticamente nuestro conocimiento *a priori;* y esta descomposición analítica de los conceptos es inadecuada para este fin, ya que se limita a revelar lo que ya contienen, pero no cómo llegamos *a priori* a tales conceptos, para luego poder determinar también su uso legítimo en relación con los objetos de todo conocimiento en general. Por otra parte, tampoco se requiere mucha abnegación para renunciar a todas estas pretensiones, en la medida en que las contradicciones de la razón consigo misma, innegables, incluso inevitables, a causa del modo dogmático de proceder, han hecho perder ya hace tiempo toda consideración a toda la metafísica producida hasta ahora. Más bien hará falta tener firmeza para que la dificultad interna y la oposición externa no nos desvíen de la tarea que nos hemos marcado, a saber, fomentar, mediante un método totalmente opuesto al que ha prevalecido hasta ahora, el desarrollo próspero y fructífero de una ciencia indispensable para la razón humana, de la que sin duda podemos cortar todos los brotes que han surgido hasta ahora, pero no arrancarlos de raíz.

VII. Idea y división de una ciencia particular denominada crítica de la razón pura

De todo lo anterior se desprende, pues, la idea de una ciencia particular que puede denominarse crítica de la razón pura. Puesto que la razón es el poder que nos proporciona los principios del conocimiento *a priori,* la razón pura es, en consecuencia, aquella que contiene los principios que nos permiten conocer algo absolutamente *a priori.* Un Organon de la razón pura sería un conjunto de principios según los cuales todo conocimiento puro *a priori* puede ser adquirido y efectivamente establecido. La aplicación detallada de tal Organon proporcionaría un sistema de razón pura. Sin embargo, dado que esto sería un objetivo demasiado ambicioso y que aún se plantea la cuestión de si es posible, y en qué casos, una ampliación de nuestros conocimientos incluso en este punto, podemos considerar una ciencia que se limite a dar cuenta de la razón pura, de sus fuentes y de sus límites, como una propedéutica del sistema de la razón pura. Tal ciencia debería llamarse, no una doctrina, sino sólo una crítica de la razón pura, y su utilidad, desde el punto de vista especulativo, sería en efecto sólo negativa, en la medida en que serviría, no para ampliar, sino simplemente para aclarar nuestra razón, y preservarla de los errores, lo que ya sería una ganancia muy considerable. Llamo trascendental a todo conocimiento que se ocupa en general menos de los objetos que de nuestro modo de conocer los objetos, en la medida en que este modo debe ser posible *a priori.* Un sistema de tales conceptos se llamaría filosofía trascendental. Pero esta filosofía, a su vez, sigue siendo demasiado vasta para empezar. Tal ciencia tendría que contener tanto el conocimiento analítico como el sintético *a priori* en su totalidad; es, por tanto, demasiado ambiciosa para nuestros propósitos, en la medida en que sólo estamos obligados a llevar el análisis hasta donde sea absolutamente necesario para ver toda la extensión de los principios de la síntesis *a priori,* en la medida en que esto es lo único que nos preocupa. Ahora nos ocuparemos de esta investigación, que podemos llamar propiamente no doctrina sino crítica trascendental, porque su objetivo no es ampliar el conocimiento mismo sino simplemente rectificarlo, y porque debe proporcionar la piedra de toque del valor o falta de valor de todo conocimiento *a priori.* Tal crítica es, pues, una preparación, en la medida de lo posible, para un Organon, y, si éste fracasara, al menos para un canon de este conocimiento, canon según el cual, en todo caso, el sistema completo de la filosofía de la razón pura, ya consista en una ampliación o en una simple limitación de su conocimiento, podría un día ser presentado tanto analítica como sintéticamente. Que esto es posible, e incluso que tal sistema podría no ser demasiado extenso para que podamos esperar su completa realización, puede intuirse ya desde el hecho de que no es la naturaleza de las cosas, que es inagotable, lo que constituye su objeto, sino la razón que juzga la naturaleza de las cosas, y además la razón considerada a su vez únicamente desde el punto de vista del conocimiento *a priori:* su contenido no puede permanecer oculto para nosotros, ya que no necesitamos buscarlo externamente, y todo indica que su tamaño es lo suficientemente pequeño como para que pueda ser plenamente asimilado, juzgado según su valor o falta de valor, y apreciado por sus propios méritos. Menos aún debemos esperar encontrar aquí una crítica de los libros y sistemas de la razón pura; es sólo una crítica del poder de la razón pura misma. Sólo sobre la base de tal crítica tenemos una piedra de toque fiable para valorar el contenido filosófico de las obras antiguas y modernas en este campo; Si no es así, el historiador y el juez estarán emitiendo juicios infundados sobre las afirmaciones de otras personas, teniéndolas por infundadas, basándose en sus propias afirmaciones igualmente infundadas.

La filosofía trascendental es la Idea de una ciencia cuyo plan integral debe ser trazado arquitectónicamente por la Crítica de la Razón Pura, es decir, partiendo de principios fundamentales, y garantizando al mismo tiempo plenamente la integridad y la certeza de todas las piezas que componen este edificio. Es el sistema de todos los principios de la razón pura. Que esta crítica no se llame a su vez filosofía trascendental se debe simplemente a que, para pretender ser un sistema completo, tendría que contener también un análisis detallado de todo el conocimiento humano *a priori*. Ahora bien, es ciertamente necesario que la Crítica ponga ante nuestros ojos una enumeración exhaustiva de todos los conceptos originales constitutivos del conocimiento puro que se mencionan. Sencillamente, prescinde con razón de un análisis detallado de estos conceptos originarios en sí, del mismo modo que prescinde de una enumeración completa de los que se derivan de ellos, por las dos razones siguientes: por una parte, porque tal análisis no sería pertinente, en la medida en que no presenta la dificultad encontrada en la síntesis principal, objeto primordial de toda la crítica; y por otra parte, porque sería contrario a la unidad de nuestro plan asumir la totalidad de tal análisis y derivación, de los que se puede prescindir, habida cuenta del objetivo perseguido. Esta exhaustividad del análisis, como la futura exhaustividad de los conceptos *a priori* derivados de los conceptos originales es, sin embargo, fácil de prever, a condición únicamente de que estos conceptos originales estén presentes, en primer lugar, como principios detallados de la síntesis y que, desde el punto de vista de este objetivo esencial, no falte nada.

Todo lo que constituye la filosofía trascendental pertenece a la Crítica de la razón pura, y es la Idea completa de la filosofía trascendental, sin pretender ser ella misma esa ciencia, pues sólo avanza en el análisis en la medida en que lo requiere la apreciación completa del conocimiento sintético *a priori*.

Para proceder a la división de tal ciencia, debemos ante todo tener cuidado de no dejar penetrar en ella ningún concepto que contenga en sí algo empírico; en otras palabras, debemos asegurarnos de que los conocimientos *a priori* tenidos en cuenta sean completamente puros. En consecuencia, aunque los principios supremos de la moral, así como los conceptos fundamentales de la moral, son conocimientos *a priori,* no pertenecen a la filosofía trascendental, por la razón de que los conceptos de placer y dolor, deseos e inclinaciones, etc., que son todos de origen empírico, sin ser en sí mismos la base de los principios morales, junto con el concepto del deber de dominar los obstáculos que hay que superar, o los impulsos a los que no debemos entregarnos, deben integrarse en la construcción del sistema de la moral pura. De ello se sigue que la filosofía trascendental es una filosofía sólo de la razón pura especulativa. Pues todo lo que es de naturaleza práctica, en la medida en que incluye intenciones, mantiene una relación con los sentimientos, que proceden de fuentes empíricas de conocimiento.

Por consiguiente, si queremos organizar la división de esta ciencia desde el punto de vista universal de un sistema en general, el cual ahora vamos a exponer, debe contener, en primer lugar, una teoría de los elementos, y en segundo lugar, una teoría del método de la razón pura. Cada una de estas partes principales tendrá su propia subdivisión, cuyos fundamentos no hemos de exponer aquí todavía. Sólo es necesario, en el contexto de una simple introducción o declaración introductoria, señalar que existen dos corrientes del conocimiento humano, que tal vez parten de una raíz común, pero desconocida para nosotros, a saber: sensibilidad y razón; a través de la primera, los objetos nos son dados, mientras que, a través de la segunda, son pensados. Ahora bien, en la medida en que contiene representaciones *a priori* que constituyen las condiciones bajo las cuales los objetos nos son dados, la sensibilidad pertenecería a la filosofía trascendental. La teoría trascendental de la sensibilidad debe, pues, pertenecer necesariamente a la primera parte de la ciencia de los elementos, ya que las condiciones bajo las cuales sólo se dan los objetos de conocimiento preceden a aquellas bajo las cuales estos mismos objetos serán pensados.

I. TEORÍA ELEMENTAL TRASCENDENTAL

PRIMERA PARTE DE LA TEORÍA ELEMENTAL TRASCENDENTAL

LA ESTÉTICA TRASCENDENTAL

§1

Cualquiera que sea el modo y el medio por el que el conocimiento se relacione con los objetos, la modalidad según la cual se relaciona con ellos, y que todo pensamiento pretende utilizar como medio, es en cualquier caso la intuición. Esta intuición sólo puede tener lugar en la medida en que el objeto nos es dado, pero esto a su vez sólo es posible, al menos para nosotros los seres humanos, a condición de que el objeto afecte a nuestro espíritu de cierto modo. La capacidad de recibir (receptividad) representaciones de la forma en que nos afectan los objetos se denomina sensibilidad. Por tanto, a través de la mediación de la sensibilidad nos son dados los objetos, y es la sensibilidad la única que nos proporciona intuiciones; pero es a través del entendimiento como son pensados, y es del entendimiento de donde proceden los conceptos. Y todo acto de pensar debe, en última instancia, relacionarse necesariamente, ya sea de forma inmediata (línea directa) o indirecta (línea indirecta) a través de la mediación de ciertos caracteres, con las intuiciones y, por consiguiente, en nuestro caso, con la sensibilidad, por la sencilla razón de que ningún objeto puede sernos dado de otra manera.

El efecto producido por un objeto sobre nuestra capacidad de representación, en la medida en que nos vemos afectados por él, es una sensación. La intuición que se relaciona con el objeto a través de una sensación se denomina empírica. El objeto indeterminado de una intuición empírica se llama fenómeno.

Llamo materia del fenómeno a lo que corresponde a la sensación, mientras que llamo forma del fenómeno a aquello por lo que los diversos aspectos del mismo pueden ordenarse según determinadas relaciones. Puesto que aquello en lo que sólo las sensaciones pueden ser ordenadas y dispuestas según una forma determinada no puede ser a su vez una sensación, se sigue que si la materia de cualquier fenómeno sólo nos es dada ciertamente *a posteriori,* su forma debe por otra parte residir *a priori* en la mente, lista para ser aplicada a todas las sensaciones, y que en consecuencia puede ser considerada aparte de cualquier sensación.

Llamo puras (en sentido trascendental) a todas las representaciones en las que no hay nada que pertenezca a una sensación. De acuerdo con esta designación, la forma pura de las intuiciones sensibles en general se encuentra *a priori* en la mente, una mente en la que todos los diversos fenómenos son intuidos según ciertas relaciones. Esta forma pura de la sensibilidad se llamará también ella misma: intuición pura. Así, cuando desprendo de la representación de un cuerpo, por abstracción, lo que el entendimiento piensa de él, como por ejemplo sustancia, fuerza, divisibilidad, etc., así como lo que pertenece a la sensación, como por ejemplo impenetrabilidad, dureza, color, etc., todavía me queda algo de esta intuición empírica, a saber, la extensión y la figura. Éstas pertenecen, pues, a la intuición pura, que reside *a priori* en la mente, incluso sin objeto real presentado a los sentidos o sin sensación, como mera forma de sensibilidad.

Llamo estética trascendental a la ciencia que se ocupa de todos los principios *a priori* de la sensibilidad.

Debe, pues, existir necesariamente tal ciencia, que constituye la primera parte de la teoría trascendental de los elementos, a diferencia de la que contiene los principios del pensamiento puro y que se llamará lógica trascendental.

En esta primera parte, o Estética trascendental, por tanto, aislaremos primero la sensibilidad, desechando todo lo que el entendimiento piensa en ella por conceptos, de modo que sólo quede la intuición empírica. En segundo lugar, descartaremos de esta intuición empírica todo lo que pertenece a la sensación propiamente dicha, de modo que no quede más que la intuición pura y la forma simple de los fenómenos, única dimensión que la sensibilidad puede proporcionar *a priori.* Esta investigación llevará a la conclusión de que hay dos formas puras de intuición sensible que se presentan como principios del conocimiento *a priori,* a saber, el espacio y el tiempo, que examinaremos a continuación.

PRIMERA SECCIÓN DE LA ESTÉTICA TRASCENDENTAL.
SOBRE EL ESPACIO

§2.   Exposición metafísica de este concepto

Por medio del sentido externo (una propiedad de nuestra mente), nos representamos los objetos como externos a nosotros, y nos los representamos todos en el espacio. Es en el espacio, por tanto, donde se determinan o pueden determinarse su figura, su tamaño y las relaciones recíprocas que estos objetos mantienen entre sí. El sentido interno, por medio del cual la mente se intuye a sí misma o su estado interno, no proporciona ciertamente ninguna intuición del alma misma como objeto; es, sin embargo, una forma determinada en la que sólo se hace posible la intuición del estado interno de la mente, de tal modo que todo lo que pertenece a las determinaciones internas se representa según relaciones temporales. Exteriormente, el tiempo no puede intuirse, como tampoco puede intuirse el espacio como algo dentro de nosotros. Entonces, ¿qué son el espacio y el tiempo? ¿Son seres reales? ¿Son meras determinaciones o incluso relaciones de las cosas con las cosas, pero relaciones de tal tipo que seguirían caracterizando a las cosas en sí mismas, aunque no fueran intuidas por nosotros? ¿O son de una naturaleza por la que únicamente corresponden a la forma de la intuición, y, en consecuencia, a la cualidad subjetiva de nuestro espíritu, imprescindible para que estos predicados puedan atribuirse a alguna cosa? Para instruirnos en estas cuestiones, expondremos primero el concepto de espacio. Por exposición *(expositio)* entiendo, en efecto, la representación clara, aunque no detallada, de lo que pertenece a un concepto; esta exposición es metafísica cuando contiene lo que presenta el concepto como dado *a priori.*

1. El espacio no es un concepto empírico derivado de la experiencia externa. De hecho, para que ciertas sensaciones puedan relacionarse con algo externo a mí (es decir, con algo situado en otro lugar del espacio distinto de aquel en el que me encuentro) y, asimismo, para que yo pueda representarme las cosas a las que corresponden esas sensaciones como exteriores y contiguas unas a otras, y, en consecuencia, no sólo como distintas unas de otras, sino como situadas en lugares distintos, es necesario que la representación del espacio esté ya en la base de la misma. En virtud de esta observación, la representación del espacio no puede tomarse prestada, sobre la base de la experiencia, de las relaciones que estructuran los fenómenos externos, sino que, por el contrario, esta experiencia externa sólo es posible en sí misma, ante todo, a través de la representación mencionada.

2. El espacio es una representación necesaria, *a priori,* que subyace a todas las representaciones externas. Nunca es posible construir una representación según la cual no haya espacio, aunque es perfectamente posible pensar el espacio sin encontrar ningún objeto en él. En consecuencia, el espacio aparece como la condición de posibilidad de los fenómenos, y no como una determinación dependiente de ellos, y es una representación *a priori* que interviene necesariamente en la base de los fenómenos externos.

3. El espacio no es un concepto discursivo o, como dicen algunos, un concepto universal de la relación de las cosas en general, sino una pura intuición. Esto se debe, en primer lugar, a que sólo podemos representar un único espacio, y si llegamos a hablar de varios espacios, entonces sólo nos referimos a partes de un mismo espacio único. Además, estas partes no pueden ser anteriores al espacio único que lo engloba todo, como si fueran sus elementos constitutivos (y que pudiera componerse a partir de ellos), sino que, por el contrario, es sólo en él donde pueden pensarse. En esencia, este espacio es uno; la diversidad que en él se piensa, y por consiguiente también el concepto universal de espacio en general, descansa en última instancia en las limitaciones. Por eso, en lo que se refiere al espacio, una intuición *a priori* (que no es por tanto empírica) subyace a todos los conceptos que desarrollamos sobre él. De este modo, todos los principios geométricos —por ejemplo, el principio de que en un triángulo dos lados sumados deben ser mayores que el tercero— son ellos mismos nunca derivados de los conceptos universales de la línea y del triángulo, sino de la intuición, y esto *a priori* con certeza apodíctica.

4. El espacio se representa como una magnitud infinita dada. Seguramente cualquier concepto debe ser considerado como una representación contenida en un número infinito de posibles representaciones diferentes (en la

medida en que constituye su característica común), y que por consiguiente las subsume bajo sí mismo; pero ningún concepto puede ser pensado como tal si contuviera en sí mismo un número infinito de representaciones. Y, sin embargo, así es como se piensa el espacio (porque todas las partes del espacio coexisten infinitamente). En consecuencia, la representación original del espacio es una intuición *a priori,* no un concepto.

§3.   Exposición trascendental del concepto de espacio

Por exposición trascendental entiendo la explicación de un concepto en cuanto constituye un principio a partir del cual puede vislumbrarse la posibilidad de otros conocimientos sintéticos *a priori.* Para ello, es necesario: 1.º   que tal conocimiento derive efectivamente del concepto dado, 2.º   que este conocimiento sólo sea posible bajo la condición de un tipo muy específico de explicación de este concepto.

La geometría es una ciencia que determina las propiedades del espacio sintéticamente, pero *a priori.* ¿Cuál debe ser entonces la representación del espacio para que sea posible ese conocimiento *a priori?* El espacio debe ser originalmente una intuición; en efecto, partiendo de un concepto simple, no se pueden extraer proposiciones que vayan más allá de él —resultado que, sin embargo, se alcanza en geometría (Introducción, V). Dicho esto, esta intuición debe necesariamente poder manifestarse en nosotros *a priori,* es decir, antes de que se perciba ningún objeto: debe ser, por tanto, una intuición pura, no empírica. Pues las proposiciones geométricas son todas apodícticas, es decir, están siempre asociadas a una conciencia de su necesidad, como en el caso de la proposición siguiente: «el espacio sólo tiene tres dimensiones»; por otra parte, tales proposiciones no pueden ser juicios empíricos o experienciales, ni pueden estar en la conclusión de tales juicios (Introducción, II).

Ahora bien, ¿cómo puede existir en la mente una intuición externa que anticipe los objetos mismos y en la que pueda determinarse el concepto de ellos *a priori?* Evidentemente, sólo en la medida en que esta intuición reside en el sujeto y constituye la propiedad formal que éste posee de ser afectado por los objetos y, por tanto, de recibir una representación inmediata de ellos, es decir, una intuición, y, por tanto, sólo en la medida en que constituye la forma del sentido externo en general.

Sólo nuestra explicación hace comprensible la posibilidad de la geometría como conocimiento sintético *a priori.* Cualquier tipo de explicación que no proporcione esta comprensión, aunque pueda parecer que guarda cierta semejanza con la nuestra, puede distinguirse con toda seguridad de ella en función de esta característica.

Consecuencias de los conceptos anteriormente expuestos

A)   El espacio no representa ninguna propiedad de ninguna cosa en sí, ni estas cosas en sus relaciones entre sí, es decir, ninguna determinación de estas cosas que sería inherente a los objetos mismos y que subsistiría incluso prescindiendo de todas las condiciones subjetivas de la intuición. En efecto, no hay determinaciones, ni absolutas ni relativas, que puedan intuirse anteriores a la existencia de las cosas a las que pertenecen, y por tanto *a priori*.

B) El espacio no es otra cosa que la forma de todos los fenómenos de los sentidos exteriores, es decir, la condición subjetiva de la sensibilidad bajo la cual, sólo para nosotros, es posible una intuición exterior. Ahora bien, puesto que la receptividad del sujeto, que consiste para él en ser afectado por los objetos, precede necesariamente a todas las intuiciones de estos objetos, es fácil comprender cómo la forma de todos los fenómenos puede darse en la mente antes de todas las percepciones reales, por tanto, *a priori,* y cómo puede, como intuición pura en la que todos los objetos deben ser determinados, contener los principios de sus relaciones antes de toda experiencia.

Por tanto, sólo podemos hablar del espacio, de los seres extensos, etc., desde el punto de vista de un ser humano. Si nos liberamos de la condición subjetiva bajo la cual sólo podemos recibir una intuición externa, a saber, la posibilidad de ser afectados por los objetos, la representación del espacio no significa absolutamente nada. Este predicado va unido a las cosas sólo en la medida en que se nos aparecen, es decir, en la medida en que son objetos de la sensibilidad. La forma constante de esta receptividad, que llamamos sensibilidad, es una condición necesaria de todas las relaciones en las que los objetos son intuidos como exteriores a nosotros, y si prescindimos de estos objetos, es una intuición pura la que lleva el nombre de espacio. Puesto que no podemos hacer de las condiciones particulares de la sensibilidad de las cosas condiciones de posibilidad, sino sólo de sus fenómenos, podemos ciertamente decir que el espacio contiene todas las cosas que pueden aparecérsenos fuera de nosotros mismos, pero no todas las cosas en sí, ya sean intuibles o no, y por cualquier sujeto. En efecto, no podemos juzgar en modo alguno las intuiciones de otros seres pensantes, para saber si están sujetas a las condiciones aquí indicadas, que circunscriben nuestra intuición y se nos aplican universalmente. Si añadimos al concepto de sujeto la determinación limitativa de un juicio, entonces el juicio tiene un valor incondicionado. La proposición: «todas las cosas están yuxtapuestas en el espacio» posee su valor sometiéndose a esta limitación de que estas cosas sean tomadas como objetos de nuestra intuición sensible. Si, entonces, añado la condición al concepto y si digo: «todas las cosas, como fenómenos externos, están yuxtapuestas en el espacio», entonces esta regla vale universalmente y sin restricción alguna. Las explicaciones que damos aquí enseñan, pues, la realidad (es decir, el valor objetivo) del espacio respecto a todo lo que puede presentarse ante nosotros externamente como objeto, pero al mismo tiempo la idealidad del espacio respecto a las cosas, en cuanto son consideradas en sí mismas por la razón, es decir, sin tener en cuenta la constitución de nuestra sensibilidad. En este sentido, estamos afirmando la realidad empírica del espacio (con respecto a toda experiencia externa posible), al tiempo que afirmamos su idealidad trascendental, expresión que significa que el espacio no es nada en cuanto omitimos la condición de posibilidad de toda experiencia y lo admitimos como algo que estaría en el fundamento de las cosas en sí mismas.

Dicho esto, aparte del espacio, no existe ninguna otra representación subjetiva referida a algo externo que pueda llamarse objetiva *a priori*. De hecho, no podemos derivar proposiciones sintéticas *a priori* de ninguna de estas otras representaciones, como sí podemos hacerlo de la intuición en el espacio (§3). Por consiguiente, para decirlo con exactitud, no tienen idealidad propia, aunque lo que tienen en común con la representación del espacio es que pertenecen únicamente a la constitución subjetiva de la sensibilidad, por ejemplo, la vista, el oído, el tacto, a través de las sensaciones de color, sonido y calor, que, sin embargo, al ser sólo sensaciones y no intuiciones, no dan a conocer por sí mismas ningún objeto, al menos *a priori*.

La única finalidad de esta observación es evitar el riesgo de explicar la idealidad del espacio aquí afirmada mediante ejemplos en gran medida insuficientes, ya que, por ejemplo, los colores, los sabores, etc., se consideran con razón no como propiedades de las cosas, sino simplemente como modificaciones de nuestra subjetividad, modificaciones que pueden ser diferentes en los distintos individuos. En tales casos, en efecto, lo que originalmente es en sí sólo un fenómeno, por ejemplo, una rosa, adquiere, entendido en sentido empírico, el valor de una cosa en sí, que, sin embargo, puede aparecer a cada ojo de manera diferente desde el punto de vista del color. Por el contrario, el concepto trascendental de los fenómenos en el espacio constituye una advertencia crítica de que absolutamente nada de lo que se intuye en el espacio es una cosa en sí, ni el espacio es una forma de las cosas que les pertenezca por derecho propio, por así decirlo, pero recordando que, por el contrario, los objetos no nos son en modo alguno conocidos en sí mismos, y que lo que llamamos objetos externos no corresponden sino a simples representaciones de nuestra sensibilidad, de las que el espacio es la forma, pero cuyo verdadero correlato, es decir, la cosa-en-sí, no es en modo alguno conocido por ello, ni puede serlo (correlato acerca del cual, por lo demás, nunca nos interrogamos en la experiencia).

SEGUNDA SECCIÓN DE LA ESTÉTICA TRASCENDENTAL.
SOBRE EL TIEMPO

§4. Exposición metafísica del concepto de tiempo

1. El tiempo no es un concepto empírico derivado de ninguna experiencia. Pues la simultaneidad o la sucesión no podrían percibirse si la representación del tiempo interviniera *a priori* como fundamento. Sólo bajo el supuesto *a priori* podemos representarnos la existencia de algo en un mismo tiempo (simultáneamente) o en tiempos distintos (sucesivamente).

2. El tiempo es una representación necesaria que está en la base de todas las representaciones. El tiempo en sí no puede excluirse con respecto a los fenómenos en general, aunque los fenómenos en el tiempo pueden prescindir bastante bien de él. Por tanto, el tiempo está dado *a priori.* Sólo en él es posible toda la efectividad de los fenómenos. Los fenómenos pueden ser sustraídos todos juntos, pero el tiempo mismo (como condición general de su posibilidad) no puede ser suprimido.

3. Esta necesidad *a priori* está también en la base de la posibilidad de los principios apodícticos relativos a las relaciones temporales o de los axiomas del tiempo en general. El tiempo sólo tiene una dimensión; los diferentes tiempos no son simultáneos, sino sucesivos (al igual que los diferentes espacios no son sucesivos, sino simultáneos). Estas proposiciones fundamentales no pueden derivarse de la experiencia, porque la experiencia no proporcionaría ni universalidad rigurosa ni certeza apodíctica. Sólo podríamos decir: tal es lo que enseña la percepción común; pero no: tal es lo que necesariamente debe ser. Estas proposiciones fundamentales tienen el valor de reglas bajo las cuales son posibles las experiencias en general, nos proporcionan su enseñanza antes de la experiencia, y no a través de ella.

4. El tiempo no es un concepto discursivo o, como decimos, un concepto universal, sino una forma pura de intuición sensible. Los distintos tiempos son sólo partes de un mismo tiempo. Pero la representación que sólo puede dar un único objeto es una intuición. Así que la proposición de que tiempos diferentes no pueden ser simultáneos tampoco puede derivarse de un concepto universal. Esta proposición es sintética y no puede derivarse sólo de conceptos. Por tanto, está contenida inmediatamente en la intuición y en la representación del tiempo.

5. La infinitud del tiempo no tiene otro significado que éste: cualquier magnitud temporal determinada sólo es posible como limitación impuesta a un tiempo único que desempeña el papel de fundamento. En consecuencia, la representación originaria del tiempo debe darse como ilimitada. Pero, puesto que las partes mismas y cualquier magnitud de un objeto sólo pueden representarse de un modo determinado mediante una limitación de este último, la representación completa no debe venir dada por conceptos (ya que éstos sólo contienen representaciones parciales), sino que en su fundamento debe estar una intuición inmediata.

§5. Exposición trascendental del concepto de tiempo

Sobre este punto, puedo remitirme al número 3, donde, en aras de la brevedad, he colocado lo que es propiamente trascendental bajo el epígrafe de la exposición metafísica. Añadiré aquí que el concepto de cambio, y con él el concepto de movimiento (como cambio de lugar), sólo es posible mediante y en la representación del tiempo. Añado también que, si esta representación del tiempo no fuera una intuición *a priori* (interna), ningún concepto en absoluto

podría hacer comprensible la posibilidad de un cambio, en un mismo objeto, es decir, la posibilidad de un enlace entre predicados contradictoriamente
opuestos (por ejemplo, el hecho de que una cosa esté en un lugar y el hecho
de que esa misma cosa no esté en el mismo lugar). Sólo en el tiempo, es decir, sucesivamente, pueden confluir en una misma cosa dos determinaciones
contradictorias. Así, nuestro concepto del tiempo da cuenta de la posibilidad
de todo el conocimiento sintético *a priori* que presenta la teoría general del
movimiento, que no es poco fecunda.

§6. Consecuencias de estos conceptos

a) El tiempo no es algo que existiría por sí mismo o que estaría unido
a las cosas como una determinación objetiva y que, en consecuencia, subsistiría, aunque prescindiéramos de todas las condiciones subjetivas de su intuición. En el primer caso, en efecto, tendría que haber algo que, en ausencia
de un objeto real, poseería, sin embargo, realidad. Pero en el segundo caso,
como constituyendo una determinación u orden inherente a las cosas mismas,
no podría preceder a los objetos como su condición, ni ser conocido e intuido
a priori por proposiciones sintéticas. En cambio, esta última posibilidad se
realiza muy fácilmente si el tiempo no es más que la condición subjetiva bajo
la cual pueden tener lugar en nosotros todas las intuiciones. Pues entonces
esta forma de intuición interna puede representarse antes que los objetos, por
tanto, *a priori*.

b) El tiempo no es otra cosa que la forma de nuestro sentido interno,
es decir, nuestra intuición de nosotros mismos y de nuestro estado interior.
Pues el tiempo no puede ser una determinación de fenómenos externos: no
pertenece ni a una figura, ni a una posición, etc.; por el contrario, determina la relación de representaciones en nuestro estado interno. Y precisamente
porque esta intuición interna no nos proporciona ninguna figura, tratamos de
suplir esta falta por analogías, y representamos la sucesión del tiempo por
una línea extendida hasta el infinito, en la que sus diversas partes constituyen una serie que sólo tiene una dimensión, y deducimos de las propiedades
de esta línea todas las propiedades del tiempo, con la única excepción de que
las partes de dicha línea son simultáneas, mientras que las del tiempo son
siempre sucesivas. Esta imagen también arroja luz sobre nuestra afirmación
de que la representación del tiempo en sí es una intuición, en la medida en que
todas sus relaciones pueden expresarse mediante una intuición externa.

c) El tiempo es la condición formal *a priori* de todos los fenómenos
en general. El espacio, como forma pura de toda intuición externa, se limita,
como condición *a priori,* simplemente a los fenómenos externos. Por otra
parte, puesto que todas las representaciones, tengan o no por objeto cosas
exteriores, pertenecen, sin embargo, en sí mismas, como determinaciones de
la mente, al estado interior, y dado que este estado interior, sometido siempre
como está a la condición formal de la intuición interior, pertenece por consi-

guiente al tiempo, debemos concluir que el tiempo es una condición *a priori* de todos los fenómenos en general, y más precisamente la condición inmediata de los fenómenos interiores (de nuestra alma), y por tanto también, mediatamente, la de los fenómenos exteriores. Si puedo decir *a priori:* todos los fenómenos exteriores están en el espacio y se determinan *a priori* según relaciones espaciales, puedo, basándome en el principio del sentido interno, decir de manera bastante universal: todos los fenómenos en general, es decir, todos los objetos de los sentidos, están en el tiempo y están necesariamente sometidos a relaciones temporales.

Si prescindimos del modo en que nos intuimos interiormente y, a través de esta intuición, del modo en que captamos también en la facultad de representación todas las intuiciones exteriores; si, por tanto, tomamos los objetos tal como pueden ser en sí mismos, el tiempo no es nada. Sólo tiene valor objetivo en relación con los fenómenos, porque ya se trata de cosas que recibimos como objetos de nuestros sentidos. Pero ya no es objetivo si prescindimos de la sensibilidad de nuestra intuición, y en consecuencia de nuestro propio modo de representación, y si hablamos de cosas en general. El tiempo es, pues, pura y simplemente una condición subjetiva de nuestra intuición (humana) —que es siempre sensible, es decir, que sólo interviene en la medida en que nos afectan los objetos—, y en sí mismo, fuera del sujeto, no es nada. Sin embargo, es necesariamente objetiva con respecto a todos los fenómenos y, en consecuencia, también con respecto a todas las cosas que se nos puedan presentar en la experiencia. No podemos decir: todas las cosas están en el tiempo, puesto que, en el concepto de las cosas en general, prescindimos de cualquier modo de intuición de estas cosas, mientras que la intuición es la condición propia bajo la cual el tiempo pertenece a la representación de los objetos. Sin embargo, si la condición se añade al concepto, y si decimos: todas las cosas como fenómenos (objetos de intuición sensible) están en el tiempo, entonces el principio posee la corrección objetiva y la universalidad *a priori* que le corresponden.

Lo que decimos enseña, pues, la realidad empírica del tiempo, es decir, su validez objetiva con respecto a todos los objetos que puedan darse a nuestros sentidos. Y puesto que nuestra intuición es siempre sensible, nunca se nos puede dar en la experiencia un objeto que no esté inscrito bajo la condición del tiempo. Por otra parte, negamos que el tiempo tenga pretensión alguna de realidad absoluta, lo que significaría que, independientemente de la forma de nuestra intuición sensible, se adscribiría pura y simplemente a las cosas como si fuera una condición o propiedad de ellas. Tales propiedades, que pertenecen a las cosas en sí mismas, nunca pueden sernos dadas por los sentidos. ¿En qué consiste, pues, la idealidad trascendental del tiempo, según la cual, si prescindimos de las condiciones subjetivas de la intuición sensible, el tiempo no es absolutamente nada y no puede contarse entre los objetos en sí mismos (independientemente de su relación con nuestra intuición), ya sea como sustancia o como accidente? Sin embargo, esta idealidad, no más que la del espacio, no tiene nada en común con las subrepciones de las sensaciones, ya que se supone que el fenómeno mismo al que son inherentes estos predicados posee una realidad objetiva, que aquí desaparece por completo —salvo para decir que es meramente empírica, en otras palabras: que sólo concierne al objeto mismo como fenómeno. Este es un punto sobre el que debemos volver a la observación de la primera sección.

§7. Explicación

Contra esta teoría, que concede al tiempo una realidad empírica, pero le niega una realidad absoluta y trascendental, he oído, de personas perspicaces, una objeción tan unánime que está llamada a presentarse, de modo natural, a la mente de cualquier lector para quien estas consideraciones no sean habituales. La objeción es la siguiente: hay cambios reales (la prueba está en la modificación de nuestras propias representaciones, aunque queramos negar todos los fenómenos exteriores y sus cambios). Pero los cambios sólo son posibles en el tiempo, por lo que el tiempo es algo real. No hay ninguna dificultad en la respuesta. Acepto todo el argumento. El tiempo es, ciertamente, algo real, a saber, la forma real de la intuición interna. Por tanto, tiene una realidad subjetiva en relación con la experiencia interna, es decir, realmente tengo una representación del tiempo y de mis determinaciones en él. Por lo tanto, debe ser considerado en el modo de una realidad, no como un objeto, sino como el modo de representación de mí mismo como objeto. Pero si yo pudiera intuirme a mí mismo o si otro ser pudiera intuirme sin esta condición de sensibilidad, estas mismas determinaciones que ahora representamos como cambios proporcionarían un conocimiento en el que ya no intervendría en absoluto la representación del tiempo, ni, en consecuencia, la del cambio. La realidad empírica del tiempo se mantiene, pues, como la condición de todas nuestras experiencias. Sólo la realidad absoluta no puede atribuírsele, según lo dicho anteriormente. Ésta no es más que la forma real de nuestra intuición interna. Si sustraemos de ella la condición de nuestra sensibilidad, desaparece también el concepto de tiempo; y no es inherente a los objetos mismos, sino sólo al sujeto que los percibe.

Dicho esto, la razón por la que esta objeción ha sido hecha tan unánimemente, y por personas que, sin embargo, no saben oponer nada claro a la doctrina de la idealidad del espacio, es la siguiente: no esperaban poder hacer una demostración apodíctica de la realidad absoluta del espacio, porque les detenía a este respecto el idealismo según el cual la realidad de los objetos externos no es susceptible de ninguna prueba rigurosa, mientras que en cambio la del objeto de nuestro sentido interno (de mí mismo y de mi estado) es inmediatamente clara por la conciencia. Los objetos externos podrían ser una mera apariencia, pero el segundo es, desde su punto de vista, incuestionablemente algo real. Sin embargo, no consideraron que éstas, así como éste, sin poder impugnar su realidad como representaciones, sólo pertenecen siempre al fenómeno, que tiene siempre dos caras: una, donde el objeto es considerado en sí mismo (independientemente del modo de intuición que, por lo mismo, siempre sigue siendo problemática), y la otra, en la que se considera la forma de intuición que hay que buscar no en el objeto mismo, sino en el sujeto al que se le aparece el objeto, aunque esta forma pertenezca, sin embargo, real y necesariamente al fenómeno de este objeto.

El tiempo y el espacio son, por tanto, dos fuentes de conocimiento de las que pueden extraerse *a priori* diversos conocimientos sintéticos, como las matemáticas puras, en particular, ofrecen un ejemplo deslumbrante en el caso del conocimiento del espacio y sus relaciones. De hecho, juntas constituyen las formas puras de toda intuición sensible y, por tanto, hacen posibles las proposiciones sintéticas *a priori*. Pero estas fuentes de conocimiento *a priori* determinan por este mismo hecho (porque sólo son condiciones de la sensibilidad) sus límites, a saber, que sólo se refieren a los objetos en la medida en que éstos son considerados como fenómenos, pero no como cosas en sí mismas. Sólo estos fenómenos constituyen el campo de validez de estas formas, fuera del cual, si vamos más allá, ya no encuentran ninguna utilidad objetiva. Esta realidad del espacio y del tiempo, además, deja intacta la certeza del conocimiento experimental, pues tenemos la misma certeza respecto a él, tanto si estas formas son inherentes a las cosas en sí mismas como si sólo lo son a nuestra intuición de ellas. Por otra parte, quienes afirman la realidad absoluta del espacio y del tiempo en la forma indicada, ya sea que luego los sostengan como sustancias o como meros accidentes, sólo pueden ponerse en contradicción con los principios de la experiencia. Pues si deciden a favor de la primera parte (como es comúnmente la opción de los físicos matemáticos), deben admitir dos no-seres eternos e infinitos subsistiendo por sí mismos (espacio y tiempo), que existen (sin ser, sin embargo, nada real) sólo para comprender en ellos toda la realidad. Si adoptan la segunda opción (adoptada por algunos metafísicos de la naturaleza) y si el espacio y el tiempo son para ellos relaciones entre fenómenos (simultáneos o sucesivos), abstraídas de la experiencia, mientras que se representan en esta abstracción de manera confusa, deben impugnar la validez de las doctrinas *a priori* de las matemáticas relativas a las cosas reales (por ejemplo en el espacio), o al menos su certeza apodíctica, ya que tal certeza no puede surgir *a posteriori* y los conceptos *a priori* de espacio y tiempo son, según este punto de vista, meros productos de la imaginación cuya fuente debe buscarse efectivamente en la experiencia. A partir de las relaciones así abstraídas de esta experiencia, la imaginación ha hecho algo que, por supuesto, contiene lo que hay de universal en ella, pero este algo no puede tener lugar sin las restricciones que la naturaleza le ha impuesto. Las primeras prevalecen en la medida en que abren el campo de la experiencia a las afirmaciones matemáticas. En cambio, se ven muy obstaculizadas por estas mismas condiciones cuando el entendimiento quiere ir más allá de los límites de este campo. Desde este último punto de vista prevalecen ciertamente los segundos, en el sentido de que no encuentran en su camino las representaciones del espacio y del tiempo cuando quieren juzgar los objetos, no como fenómenos, sino como un todo. Sin embargo, no pueden ni establecer la posibilidad de un conocimiento matemático *a priori* (en la medida en que carecen de una verdadera intuición *a priori* del valor objetivo) ni poner las proposiciones experimentales en concordancia necesaria con estas afirmaciones. En nuestra teoría de la verdadera naturaleza de estas dos formas originales de sensibilidad, se remedian estas dos dificultades.

Que la Estética trascendental sólo pueda contener en última instancia estos dos elementos, a saber, el espacio y el tiempo, se explica claramente por el hecho de que todos los demás conceptos pertenecientes a la sensibilidad, incluido el de movimiento, que une las dos dimensiones, presuponen algo empírico. En efecto, el movimiento presupone la percepción de algo móvil. Sin embargo, en el espacio considerado *per se,* no hay nada móvil; en consecuencia, lo móvil debe ser necesariamente algo que se encuentra en el espacio sólo a través de la experiencia, y por tanto debe ser un dato empírico. Del mismo modo, la Estética trascendental no puede contar entre sus datos el concepto de cambio: en este sentido, se requiere para ello la percepción de una existencia cualquiera y de la sucesión de sus determinaciones, de ahí la experiencia.

§8.   Observaciones generales sobre la Estética trascendental

I.   En primer lugar, es necesario explicar, lo más claramente posible, nuestra opinión sobre la naturaleza profunda del conocimiento sensible en general, para evitar cualquier interpretación errónea sobre este tema.

Lo que hemos querido decir, pues, es que toda nuestra intuición no es más que la representación del fenómeno; que las cosas que intuimos no están en sí mismas tal como las intuimos, que sus relaciones no están en sí mismas constituidas tal como se nos aparecen, y que, si suprimiéramos por el pensamiento nuestra subjetividad o incluso sólo la constitución subjetiva de los sentidos en general, todas las propiedades, todas las relaciones de los objetos en el espacio y el tiempo mismos desaparecerían y no podrían, como fenómenos, existir en sí mismos, sino sólo en nosotros. En cuanto a lo que podría considerarse una característica de los objetos en sí mismos, y dejando de lado toda la receptividad de nuestra sensibilidad, eso nos sigue siendo totalmente desconocido. No conocemos otra cosa que nuestra manera de percibirlos, lo que nos es propio y puede incluso no pertenecer necesariamente a todo ser, aunque sí a todo ser humano. Es de esta manera de la que nos ocupamos exclusivamente. El espacio y el tiempo son sus formas puras, la sensación en general es su materia. Sólo podemos conocer estas formas *a priori,* es decir, antes de cualquier percepción real, y por eso se llaman intuiciones puras; la sensación, en cambio, es lo que, en nuestro conocimiento, hace que se llame conocimiento *a posteriori,* es decir, intuición empírica. Estas formas son inherentes a nuestra sensibilidad, de forma perfectamente necesaria y cualesquiera que sean nuestras sensaciones, que pueden ser muy diferentes.

Aunque pudiéramos llevar nuestra intuición al más alto grado de claridad, no nos acercaríamos a la naturaleza de los objetos en sí mismos. Pues sólo conoceríamos completamente, en todo caso, nuestro modo de intuición, es decir, nuestra sensibilidad, que está siempre sujeta a las condiciones de espacio y tiempo que son originariamente inherentes al sujeto; nunca sabríamos lo que podrían ser los objetos en sí, ni siquiera mediante un conocimiento alcanzado a la mayor claridad del fenómeno al que corresponden, que es el único conocimiento de que disponemos.

Sostener, pues, que toda nuestra sensibilidad no es más que la representación confusa de las cosas, que contienen pura y simplemente lo que les pertenece en sí mismas, pero que se expresan bajo un cúmulo de características y representaciones parciales que no distinguimos unas de otras con una conciencia clara, es falsear los conceptos de sensibilidad y fenómeno y tergiversarlos. Hacerlo es desvirtuar los conceptos de sensibilidad y de fenómeno, y hacer así inútil y vacía toda la teoría que de ellos se ha presentado. La diferencia entre una representación confusa y otra distinta es sólo lógica y no concierne al contenido. No cabe duda de que el concepto de rectitud utilizado por el sentido común contiene lo que la especulación más sutil puede extraer de él, salvo que, en el uso cotidiano y práctico, no somos conscientes de las diversas representaciones inscritas en este pensamiento. Esto no significa, sin embargo, que el concepto actual sea sensible y designe un mero fenómeno, pues la «rectitud» en modo alguno puede aparecer fenoménicamente, sino que su concepto reside en el entendimiento y representa una propiedad (la propiedad moral) de las acciones que les pertenece en sí mismas. En cambio, la representación de un cuerpo en la intuición no contiene absolutamente nada que pueda pertenecer a un objeto en sí mismo, sino que sólo contiene la manifestación fenoménica de algo y el modo en que nos vemos afectados por ello; esta receptividad de nuestra capacidad de conocimiento se denomina sensibilidad y permanece, aunque consigamos penetrar en el fenómeno hasta sus profundidades, separada por un abismo del conocimiento del objeto en sí.

La filosofía leibniziano-wolffiana ha dado así a toda la investigación sobre la naturaleza y el origen de nuestro conocimiento un punto de vista enteramente falso, en la medida en que ha considerado la diferencia entre la sensibilidad y el orden intelectual sólo como una diferencia lógica, mientras que es manifiestamente trascendental y concierne no sólo a la forma de la distinción y de la confusión, sino a su origen y a su contenido, de modo que, por medio de la primera, no sólo conocemos la naturaleza de las cosas en sí mismas de un modo confuso, sino que no la conocemos en absoluto, y que, en cuanto hacemos abstracción por el pensamiento de nuestra constitución subjetiva, el objeto representado, con las propiedades que le atribuye la intuición sensible, ya no se encuentra, ni puede encontrarse en ninguna parte, puesto que es precisamente esta constitución subjetiva la que determina su forma como fenómeno.

Además, distinguimos muy bien entre los fenómenos lo que está unido por esencia a su intuición, y se aplica a todos los sentidos humanos en general, de lo que está unido a ella sólo de un modo contingente, en el sentido de que el valor que posee no se relaciona con la sensibilidad en general, sino sólo con una disposición u organización particular de tal o cual sentido. Por consiguiente, se dice que el primer tipo de conocimiento representa el objeto en sí, mientras que el segundo sólo representa el fenómeno de dicho objeto. Sin embargo, esta distinción es sólo empírica. Si lo dejamos así (como suele ocurrir) y no consideramos a su vez (como debería suceder) esta intuición empírica como un mero fenómeno, de tal modo que no podemos encontrar en ella absolutamente nada que concierna a una cosa-en-sí, nuestra distinción trascendental se pierde, y entonces creemos conocer cosas-en-sí, a pesar de que estamos tratando en todas partes (en el mundo sensible), hasta la exploración más profunda de sus objetos, no se trata de otra cosa que de fenómenos. Así decimos, por ejemplo, del arcoíris que es un mero fenómeno que acompaña a una lluvia asociada al sol, mientras que decimos de esta lluvia que es la cosa en sí, lo cual seguirá siendo cierto mientras entendamos este último concepto sólo en su sentido físico, es decir, como aquello que, en la experiencia general, a través de todas las diversas situaciones que se presentan a los sentidos, permanece determinado en la intuición de este modo y no de otro. Pero si tomamos este elemento empírico en general y, sin preocuparnos por su concordancia con ningún sentido humano, nos preguntamos si también representa un objeto en sí mismo (no las gotas de lluvia, pues entonces ya son, como fenómenos, objetos empíricos), entonces la cuestión sobre la relación de la representación con el objeto es trascendental, y no sólo estas gotas son meros fenómenos, sino que incluso su forma redonda, así como el espacio en el que caen, no son nada en sí mismos, sino meras modificaciones o elementos de nuestra intuición sensible —por su parte, el objeto trascendental nos sigue siendo desconocido.

La segunda preocupación importante para nuestra Estética trascendental es que no sea sólo como hipótesis plausible que obtenga algún favor, sino que sea tan cierta e indubitable como puede exigirse a una teoría que ha de servir de Organon. Para que esta certeza quede perfectamente clara, elijamos algún caso que pueda demostrar claramente su valor y dar mayor claridad a lo dicho en el §3.

Supongamos, pues, que el espacio y el tiempo existen en sí mismos objetivamente y constituyen condiciones de posibilidad de las cosas en sí mismas. Lo primero que nos llama la atención es que, en relación con ambos, las proposiciones sintéticas *a priori* surgen en gran número, en particular en lo que se refiere al espacio, que tomaremos principalmente como ejemplo por esta razón. Puesto que las proposiciones de la geometría se conocen sintéticamente *a priori* y con certeza apodíctica, pregunto: ¿de dónde sacamos tales proposiciones, y en qué se basa nuestro entendimiento para llegar a verdades tan absolutamente necesarias y universalmente válidas? No hay otro modo de llegar a ellas que mediante conceptos o intuiciones que, en ambos casos, nos son dados *a priori* o *a posteriori*. Estos últimos, es decir, los conceptos empíricos y la intuición empírica en que se basan, no pueden proporcionar otra proposición sintética que aquella que es también simplemente empírica, es decir, que constituye una proposición experimental; por consiguiente, dicha proposición no puede contener nunca la necesidad y la universalidad absoluta que, sin embargo, son características de todas las proposiciones de la geometría. Pero para lo que sería el primer y único medio de llegar a tal conocimiento, a saber, por conceptos simples o por intuiciones *a priori,* es evidente que de los conceptos simples no puede obtenerse ningún conocimiento sintético, sino sólo un conocimiento analítico. Basta con tomar la proposición de que dos rectas no pueden encerrar ningún espacio, y por tanto no pueden formar ninguna figura, e intentar deducirla del concepto de recta y del número dos; o la otra proposición de que se puede formar una figura a partir de tres líneas rectas, e intenta de la misma manera deducirla simplemente a partir de estos conceptos. Todos los esfuerzos serán vanos, y habrá que recurrir a la intuición, como se hace siempre en geometría. Así que os dais un objeto en la intuición; pero ¿qué clase de intuición es? ¿Es una intuición pura *a priori* o una intuición empírica? Si fuera empírica, nunca podríamos derivar de ella una proposición de validez universal, y menos aún una proposición apodíctica; porque la experiencia nunca podría proporcionar una proposición así. Debe, pues, darse su objeto *a priori* en la intuición y basar en él su proposición sintética. Si, por tanto, no tuviera el poder de la intuición *a priori;* si esta condición subjetiva relativa a la forma no constituyera al mismo tiempo la condición universal *a priori* bajo la cual sólo es posible el objeto mismo de esta intuición (externa); si el objeto (el triángulo) fuera algo en sí mismo independientemente de su relación con tu subjetividad, ¿cómo podrías decir que lo que es necesario, según tus condiciones subjetivas, para construir un triángulo debería ser también necesario para el triángulo mismo? Porque, de hecho, no podrías añadir a tus conceptos (de tres líneas) nada nuevo (la figura), que tendría que encontrarse necesariamente en el objeto, puesto que éste está dado antes de tu conocimiento y no por él. Si, entonces, el espacio (así como el tiempo) no fueran una mera forma de tu intuición que contiene condiciones *a priori* bajo las cuales sólo las cosas pueden constituir para vosotros objetos externos que, sin estas condiciones subjetivas, no son nada en sí mismas, no podríais establecer *a priori* absolutamente nada sintéticamente sobre los objetos exteriores. Es por tanto indudablemente cierto, y no meramente posible o incluso verosímil, que el espacio y el tiempo, en la medida en que son las condiciones necesarias de toda experiencia (externa e interna), son meramente condiciones subjetivas de toda nuestra intuición, respecto de la cual, en consecuencia, todos los objetos son meros fenómenos y no cosas dadas por sí mismas de este modo: con respecto a tales fenómenos, se pueden producir muchas afirmaciones *a priori* con respecto a su forma, pero no menos con respecto a la cosa-en-sí que puede estar en el fundamento de estos fenómenos.

    II.   Para apoyar esta teoría de la idealidad de los sentidos externos e internos, y por consiguiente de la idealidad de todos los objetos de los sentidos como meros fenómenos, puede ser útil la siguiente observación: todo lo que, en nuestro conocimiento, pertenece a la intuición (con excepción, pues, de los sentimientos de placer y dolor, de la voluntad, que no son en modo alguno conocimiento), no contiene más que meras relaciones —relaciones de lugares en una sola intuición (extensión), relaciones de cambios de lugares (movimiento) con las leyes según las cuales se determina este cambio (fuerzas motrices), etc.— que no son conocimiento. Pero lo que está presente en un lugar dado o lo que, aparte del cambio de lugar, actúa en las cosas mismas no se da de este modo. Ahora bien, las meras relaciones no pueden hacer posible el conocimiento de una cosa en sí misma; en consecuencia, tenemos derecho a juzgar que, puesto que el sentido externo no nos da otra cosa que meras representaciones de relaciones, también él sólo puede contener en su representación la relación de un objeto con el sujeto, y no la realidad intrínseca que pertenece al objeto en sí mismo. Lo mismo ocurre con la intuición interna. No sólo las representaciones de los sentidos externos constituyen la materia misma con la que llenamos nuestra mente, sino también el tiempo en el que situamos estas representaciones, que en sí mismo precede a nuestra conciencia de ellas en la experiencia y está en su fundamento como condición formal del modo en que las situamos en la mente, el tiempo contiene ya, por tanto, relaciones de sucesión y simultaneidad, así como la relación que une la simultaneidad a la sucesión (relación de permanencia). Ahora bien, lo que, como representación, puede preceder a cualquier acto de pensar algo, es la intuición, y cuando esta representación no contiene más que relaciones, es incluso la forma de la intuición, la cual, en la medida en que no representa nada, salvo en el caso en que algo se postula en la mente, no puede ser otra cosa que la manera en que la mente se ve afectada por su propia actividad, a saber, la que consiste en postular la representación de estas relaciones, en consecuencia por sí misma, es decir, un sentido interno desde el punto de vista de su forma. Todo lo que es representado por un sentido es, en cuanto tal, siempre un fenómeno, por lo que una de dos: o bien no debe admitirse en absoluto un sentido interno, o bien el sujeto que constituye su objeto sólo podría ser representado por él como un fenómeno, y no como se juzgaría a sí mismo si su intuición fuera simple espontaneidad, es decir, intuición intelectual. A este respecto, la dificultad reside en saber cómo un sujeto puede intuirse a sí mismo internamente; pero esta dificultad es común a todas las teorías. La conciencia de uno mismo (apercepción) es la simple representación del «yo», y si toda la diversidad dentro del sujeto se diera espontáneamente sólo por él, la intuición interna sería intelectual. En el ser humano, esta conciencia requiere una percepción interna de la diversidad que se da previamente en el sujeto, y el modo según el cual esta diversidad se da en la mente sin espontaneidad debe, en virtud de esta diferencia, llamarse sensibilidad. Si el poder de tomar conciencia de sí mismo es descubrir (aprehender) lo que está presente en la mente, este poder debe afectar a la mente, y sólo con esta condición podemos tener intuición de nosotros mismos. Sin embargo, la forma de esta intuición, que interviene de antemano como fundamento en la mente, determina en la representación del tiempo la manera en que lo diverso se reúne en la mente. En efecto, la mente se intuye a sí misma, no como se representaría inmediatamente de modo espontáneo, sino según el modo en que está afectada interiormente, en consecuencia, como se representaría fenoménicamente, y no como es.

III. Cuando digo: en el espacio y en el tiempo, tanto la intuición de los objetos externos como la intuición de sí misma de la mente representan cada una su objeto respectivo tal como afecta a nuestros sentidos, es decir, tal como aparece fenoménicamente, no quiero decir que estos objetos sean una mera apariencia. Pues en el fenómeno, los objetos y las propiedades que les atribuimos son siempre considerados como algo realmente dado; sólo que, en la medida en que este todo depende únicamente del modo de intuición del sujeto en la relación que se establece entre el objeto dado y él mismo, este objeto como fenómeno es distinto de lo que es como objeto *en sí*. En este sentido, no estoy diciendo que los cuerpos parezcan estar fuera de mí, o que mi alma sólo parece estar dada en la conciencia que tengo de mí mismo, cuando sostengo que la cualidad del espacio y el tiempo, que tomo como la condición de su existencia y de acuerdo con la cual me los represento, reside en mi modo de intuición y no en los objetos mismos. Sería culpa mía si viera una mera apariencia en lo que debería considerar como un mero fenómeno. Pero esto no sucede con nuestro principio de la idealidad de todas nuestras intuiciones sensibles; más bien, es si atribuimos una realidad objetiva a estas formas de representación que no podemos evitar convertirlo todo en una mera apariencia. Pues si consideramos el espacio y el tiempo como propiedades que, para ser posibles, deberían encontrarse en las cosas en sí mismas, y si consideramos los absurdos en los que nos enredamos en cuanto admitimos que dos cosas infinitas, que no son ni sustancias ni nada realmente inherente a las sustancias, pero que, sin embargo, deben ser necesariamente algo existente, e incluso la condición necesaria de la existencia de todas las cosas, subsistan aunque todas las cosas existentes hubieran desaparecido: ya no podemos, en estas condiciones, reprochar decentemente al bueno de Berkeley haber reducido los cuerpos a una mera apariencia. En efecto, incluso nuestra propia existencia, que se haría así dependiente de la realidad subsistente en sí misma de un no-ser como el tiempo, se transformaría así necesariamente, con este último, en pura apariencia, absurdo que nadie se ha atrevido aún a sostener.

IV. En teología natural, cuando se concibe un objeto que no sólo no puede ser para nosotros objeto de intuición, sino que absolutamente no puede ser por sí mismo objeto de intuición sensible, se tiene escrupuloso cuidado en eliminar las condiciones de espacio y tiempo (digo «de su intuición», porque todo su conocimiento debe ser intuición y no pensamiento, que siempre presupone límites). Pero ¿qué derecho tenemos a proceder así, cuando antes hemos hecho de estos dos elementos formas de las cosas en sí, y más exactamente formas tales que subsisten como condiciones *a priori* de la existencia de las cosas, aunque hayamos prescindido de las cosas mismas? Pues, como condiciones de toda existencia en general, lo deberían ser también de la existencia de Dios. Si no queremos hacer del espacio y del tiempo las formas objetivas de todas las cosas, sólo podemos hacer de ellas las formas subjetivas de nuestro modo de intuición tanto externo como interno. Se dice que este modo es sensible porque no es originario, es decir, que no es tal que por él se da la existencia misma del objeto de la intuición (modo que, por lo que podemos juzgar, sólo puede pertenecer al Ser Supremo), sino que depende de la existencia del objeto y, por tanto, sólo es posible en la medida en que la capacidad de representación del sujeto se ve afectada por él.

Tampoco es necesario limitar el modo de intuición en el espacio y en el tiempo a la sensibilidad del ser humano. Es posible que todo ser pensante finito deba coincidir necesariamente con el ser humano a este respecto (aunque no podemos pronunciarnos sobre este punto); este modo de intuición no deja, sin embargo, a pesar de este alcance universal, de estar ligado a la sensibilidad, precisamente porque es derivado *(intuitus derivativus)* y no originario *(intuitus originarius),* y porque, en consecuencia, no es una intuición intelectual como la que, por la razón que acabamos de indicar, parece pertenecer únicamente al Ser Supremo, pero nunca a un ser dependiente tanto en lo que se refiere a su existencia como a su intuición (que determina su existencia en relación con objetos dados). Con todo, esta última observación sólo pretende servir de aclaración, no de prueba, de nuestra teoría estética.

Conclusión de la Estética trascendental

Tenemos así uno de los elementos necesarios para la solución del problema general de la filosofía trascendental: ¿cómo son posibles las proposiciones sintéticas *a priori?* Me refiero a las intuiciones *a priori* puras, a saber, el espacio y el tiempo, en las que encontramos, cuando queremos, en un juicio *a priori,* ir más allá del concepto dado, lo que no puede descubrirse *a priori* en el concepto, sino en la intuición que le corresponde, y que debe vincularse sintéticamente a este concepto. El hecho es que estos juicios, por esta razón, nunca pueden ir más allá de los objetos de los sentidos y sólo pueden aplicarse a los objetos de la experiencia posible.

PARTE SEGUNDA DE LA TEORÍA ELEMENTAL TRASCENDENTAL

LA LÓGICA TRASCENDENTAL

INTRODUCCIÓN.   IDEA DE UNA LÓGICA TRASCENDENTAL

I.   Sobre la lógica en general

Nuestro conocimiento procede de dos fuentes fundamentales de la mente, la primera de las cuales es el poder de recibir representaciones (la receptividad de las impresiones), la segunda el poder de conocer un objeto a través de estas representaciones (la espontaneidad de los conceptos); a través de la primera se nos da un objeto, a través de la segunda este objeto es pensado en relación con esta representación (como simple determinación de la mente). Intuición y conceptos constituyen así los elementos de todo nuestro conocimiento, de modo que ni los conceptos, sin una intuición que les corresponda de algún modo, ni una intuición sin conceptos pueden proporcionar conocimiento. Estos dos elementos son puros o empíricos. Empíricos si contienen una sensación (lo que presupone la presencia real del objeto); puros, en cambio, si no hay ninguna sensación implicada en la representación. Esta última puede denominarse materia del conocimiento sensible. En consecuencia, una intuición pura sólo contiene la forma en que algo es intuido, y un concepto puro sólo la forma del pensamiento de un objeto en general. Sólo las intuiciones o conceptos puros son posibles *a priori;* las intuiciones o conceptos empíricos sólo lo son *a posteriori.*

Si queremos llamar sensibilidad a la receptividad de nuestra mente, dado que consiste en recibir representaciones en la medida en que es afectada de algún modo, en cambio el poder de producir nosotros mismos representaciones, es decir, la espontaneidad de nuestro conocimiento, es el entendimiento. Nuestra naturaleza es tal que la intuición sólo puede ser sensible, es decir, sólo contiene el modo en que somos afectados por los objetos. En cambio, el poder de pensar sobre el objeto de la intuición sensible es el entendimiento. Ninguna de estas dos propiedades es preferible a la otra. Sin intuición sensible, ningún objeto nos sería dado, y sin entendimiento, ninguno sería pensado. Los pensamientos sin contenido son vacíos, las intuiciones sin conceptos son ciegas. En consecuencia, es tan necesario hacer sensibles los conceptos (es decir, adjuntarles el objeto en la intuición) como hacer inteligibles las intuiciones (es decir, subsumirlas en los conceptos). Estas dos potencias o capacidades tampoco pueden intercambiar sus funciones respectivas. El entendimiento no puede intuir nada, y los sentidos no pueden pensar nada. Sólo en la medida en que se combinan puede producirse el conocimiento. Esto no significa, sin embargo, que sus funciones respectivas puedan confundirse; al contrario, es una razón de peso para separarlas y distinguir cuidadosamente una de otra. De ahí nuestra distinción entre la ciencia de las reglas de la sensibilidad en general, es decir, la estética, y la ciencia de las reglas del entendimiento en general, es decir, la lógica.

A su vez, la lógica puede enfocarse desde dos puntos de vista, bien como la lógica del uso general del entendimiento, bien como la lógica de su uso particular. La primera contiene las reglas absolutamente necesarias del pensamiento, sin las cuales no puede haber uso del entendimiento, y por lo tanto se aplica a él independientemente de la diversidad de objetos a los que puede aplicarse. La lógica del uso particular del entendimiento contiene las reglas para pensar correctamente sobre un determinado tipo de objeto. La primera puede llamarse lógica elemental mientras que la segunda puede denominarse Organon de una ciencia particular. Es esta última la que más a menudo se coloca en primer lugar en las escuelas, como propedéutica de las ciencias, aunque, según el camino de la razón humana, es el estadio final al que llega la razón, cuando la ciencia hace tiempo que se ha completado y sólo necesita los últimos retoques para ordenarse y alcanzar la perfección. Pues los objetos deben ser ya conocidos en un grado bastante elevado, si queremos indicar las reglas a partir de las cuales se puede establecer una ciencia.

La lógica general es ahora lógica pura o lógica aplicada. En la primera, prescindimos de todas las condiciones empíricas bajo las cuales se ejerce nuestro entendimiento, por ejemplo la influencia de los sentidos, el juego de la imaginación, las leyes de la memoria, la fuerza de la costumbre, la inclinación, etc., y por consiguiente también de las fuentes del prejuicio, e incluso en general de todas las causas de las que proceden o pueden suponerse procedentes ciertos conocimientos, porque estas causas sólo conciernen al entendimiento en determinadas circunstancias de su aplicación, y para conocerlas se requiere la experiencia. Una lógica general pero pura se ocupa, pues, sólo de los principios *a priori,* y es un canon del entendimiento y de la razón, pero sólo desde el punto de vista de la dimensión formal de su uso, cualquiera que sea su contenido (empírico o trascendental). Por otra parte, se dice que una lógica general es aplicada cuando toma por objeto las reglas del uso del entendimiento en las condiciones subjetivas y empíricas que nos enseña la psicología. Posee así principios empíricos, aunque es en verdad general en cuanto se refiere al uso del entendimiento sin distinción de objetos. Por eso no es ni un canon del entendimiento en general ni un Organon de ciencias particulares, sino simplemente un catártico del entendimiento común.

En la lógica general, por tanto, la parte que ha de constituir la doctrina pura de la razón debe estar totalmente separada de la que constituye la lógica aplicada (aunque esta última siga siendo siempre general). En efecto, sólo la primera es una ciencia, aunque breve y árida, y se presenta como exige la exposición escolástica de una doctrina elemental del entendimiento. Los lógicos deben, pues, tener siempre ante los ojos las dos reglas siguientes:

1) Como lógica general, se abstrae de todo el contenido del conocimiento del entendimiento y de la diversidad de sus objetos, y no trata de otra cosa que de la forma simple del pensamiento.

2) Como lógica pura, no tiene principios empíricos: en consecuencia, no deriva nada (a pesar de lo que a veces hemos creído) de la psicología, que, por lo tanto, no influye en absoluto en el canon del entendimiento. Es una doctrina demostrada, y todo en ella debe ser completamente cierto *a priori.*

En cuanto a lo que llamo lógica aplicada (contrariamente a la acepción común de este término, según la cual esta lógica debe contener ciertos ejercicios para los que la lógica pura proporciona la regla), es una representación del entendimiento y de las reglas de su uso necesario *in concreto,* es decir, en las condiciones contingentes de la subjetividad (del sujeto) que pueden oponerse o favorecer este uso y que sólo se dan empíricamente. Trata de la atención, de lo que la impide y de los efectos que produce, del origen del error, del estado correspondiente a la duda, al escrúpulo, a la convicción, etcétera. La doctrina de la virtud (ética aplicada), que considera estas leyes en relación con los obstáculos de los sentimientos, inclinaciones y pasiones a que están más o menos sujetos los hombres, y que nunca podrá constituir una ciencia verdadera y demostrada, porque, tanto como esta lógica aplicada, requiere principios empíricos y psicológicos.

II. Sobre la lógica trascendental

Como hemos mostrado, la lógica general se abstrae de cualquier contenido del conocimiento, es decir, de cualquier relación del conocimiento con el objeto, y sólo considera la forma lógica en las relaciones entre conocimientos, es decir, la forma del pensamiento en general. Sin embargo, dado que hay intuiciones puras, así como intuiciones empíricas (como establece la Estética trascendental), podría muy bien haber también una diferencia entre el pensamiento puro y el pensamiento empírico de los objetos. En este caso, habría una lógica en la que no se prescindiría de todo el contenido del conocimiento; pues la lógica que contuviera simplemente las reglas del pensamiento puro de un objeto excluiría todo conocimiento que tuviera un contenido empírico. También iría en busca del origen de nuestro conocimiento de los objetos, en la medida en que este origen no puede asignarse a los objetos, mientras que, por el contrario, la lógica general no tiene nada que ver con este origen del conocimiento, sino que considera las representaciones, tanto si están primitivamente en nosotros *a priori* como si sólo se dan empíricamente, únicamente según las leyes según las cuales el entendimiento las utiliza relacionándolas, cuando piensa; y en este sentido la lógica general sólo trata de la forma intelectual que puede darse a las representaciones, cualquiera que sea el origen de que procedan.

Y aquí hago una observación que influye en todas las consideraciones que siguen, y que hay que tener presente, a saber: no debemos llamar trascendental (por referirnos a la posibilidad del conocimiento o a su uso *a priori)* a todo conocimiento *a priori,* sino sólo a aquél por el que llegamos a saber que determinadas representaciones (intuiciones o conceptos) exclusivamente *a priori* se aplican, o son posibles, y cómo lo son. En consecuencia, ni el espacio ni ninguna determinación geométrica *a priori* del mismo constituyen una representación trascendental, sino que sólo puede llamarse trascendental el conocimiento de que estas representaciones no son en modo alguno de origen empírico y la capacidad que tienen de poder relacionarse *a priori* con objetos de experiencia. Del mismo modo, el uso que hacemos del espacio en relación con los objetos en general también sería trascendental; en cambio, si se limita exclusivamente a los objetos de los sentidos, se denomina empírico. La distinción entre lo trascendental y lo empírico pertenece, pues, únicamente a la crítica del conocimiento, y no concierne a la relación del conocimiento con su objeto.

Esperando, pues, que pueda haber conceptos capaces de relacionarse *a priori* con los objetos, no como intuiciones puras o sensibles, sino sólo como acciones del pensamiento puro, y que, por consiguiente, aun siendo conceptos, no sean de origen empírico ni estético, nos formamos de antemano la idea de una ciencia del entendimiento puro y del conocimiento racional por la cual pensamos los objetos completamente *a priori*. Tal ciencia, que determinaría el origen, el alcance y el valor objetivo de los conocimientos de esta clase, debería llamarse lógica trascendental, porque sólo trata de las leyes del entendimiento y de la razón, pero sólo en cuanto se refiere a los objetos *a priori*, y no, como la lógica general, indiferentemente tanto al conocimiento empírico como al conocimiento puro de la razón.

III.   Sobre la división de la lógica general en analítica y dialéctica

La vieja y célebre cuestión por la que se pretendía arrinconar a los lógicos, y se pretendía llevarlos o bien a la trampa de una miserable dialéctica, o bien a verse obligados a reconocer su ignorancia, y por consiguiente la vanidad de todo su arte, es ésta: ¿Qué es la verdad? La definición nominal de la verdad, según la cual consiste en la conformidad del conocimiento con su objeto, está aquí concedida y presupuesta; queremos, sin embargo, saber cuál es el criterio universal y seguro de la verdad de cualquier conocimiento.

Ya es una prueba grande y necesaria de sabiduría o inteligencia saber qué preguntas pueden hacerse razonablemente. Porque si la pregunta es en sí misma absurda y exige respuestas vanas, tiene el inconveniente, además de humillar a quien la plantea, de extraviar a veces en respuestas absurdas a quien la oye sin tomar precauciones, y de dar el ridículo espectáculo de dos individuos, uno de los cuales está ordeñando la cabra (como decían los antiguos), mientras el otro sostiene debajo un cedazo.

Si la verdad consiste en la concordancia de un conocimiento con su objeto, este objeto debe, por lo mismo, distinguirse de otros objetos; pues un conocimiento es falso si no concuerda con el objeto al que se refiere, aunque contenga algo que podría aplicarse indudablemente a otros objetos. Ahora bien, un criterio universal de verdad sería aquel que se aplica a todo conocimiento sin distinción de sus objetos. Dicho esto, es evidente que, puesto que este criterio hace abstracción de todo contenido del conocimiento (de la relación con su objeto) y puesto que la verdad concierne precisamente a este contenido, es completamente imposible y absurdo pedir un signo característico de la verdad de este contenido del conocimiento, y que de este modo sería imposible indicar un signo distintivo suficiente y, al mismo tiempo, universal de la verdad. Dado que ya nos hemos referido al contenido del conocimiento como su materia, tendríamos que decir que no se puede reclamar ningún signo distintivo universal de la verdad del conocimiento para su materia, porque esto es en sí mismo contradictorio.

Por otra parte, en lo que se refiere al conocimiento en su forma simple (dejando de lado todo contenido), es igualmente claro que una lógica, en la medida en que expone las reglas universales y necesarias del entendimiento, debe presentar en tales reglas criterios de verdad. Pues lo que contradice estas reglas es falso, ya que el entendimiento contradice sus reglas universales de pensamiento y, por tanto, se contradice a sí mismo. Pero estos criterios sólo se refieren a la forma de la verdad, es decir, del pensamiento en general, y, como tales, son enteramente correctos, pero no suficientes. Pues aun cuando el conocimiento logre concordar plenamente con la forma lógica, es decir, no contradecirse a sí mismo, puede contradecir el objeto. De modo que el criterio simplemente lógico de la verdad, a saber, la concordancia del conocimiento con las leyes universales y formales del entendimiento y de la razón, es ciertamente la condición *sine qua non,* y por consiguiente negativa, de toda verdad; lo cierto es que la lógica no puede ir más allá, y que el error, que no se refiere a la forma sino al contenido, no puede ser descubierto por la lógica con ayuda de ninguna piedra de toque.

La lógica general resuelve, pues, toda la actividad formal del entendimiento y de la razón en sus elementos, y los presenta como los principios de toda apreciación lógica de nuestro conocimiento. Esta parte de la lógica puede llamarse, por tanto, analítica, y es con ello la piedra de toque, al menos negativa, de la verdad, precisamente en la medida en que primero debemos verificar y valorar todo conocimiento en cuanto a su forma, antes de examinarlo en cuanto a su contenido, para establecer si, con respecto al objeto, estas reglas contienen una verdad positiva. Pero como la mera forma del conocimiento, por muy de acuerdo que esté con las leyes lógicas, dista mucho de ser suficiente para establecer la verdad material (objetiva) del conocimiento, nadie puede aventurarse con la sola lógica a emitir juicios sobre los objetos y afirmar nada acerca de ellos, sin emprender antes un estudio exhaustivo de los mismos fuera de la lógica, y procurar después simplemente utilizarlos y enlazarlos en un todo coherente según las leyes lógicas, o, mejor aún, examinarlos únicamente según estas leyes. Sin embargo, hay algo tan seductor en poseer un arte tan especioso de dar a todos nuestros conocimientos la forma del entendimiento, aunque, desde el punto de vista del contenido, puedan seguir siendo muy vacíos y muy pobres, que esta lógica universal, que no es más que un canon que permite la apreciación, se utiliza por así decirlo como un Organon con vistas a la producción efectiva, al menos de manera ilusoria, de afirmaciones objetivas, y que llegamos así, de hecho, a un uso abusivo. Ahora bien, la lógica general, utilizada como un supuesto Organon, se llama *dialéctica.*

Por diverso que haya sido para los antiguos el sentido de esta denominación de una ciencia o de un arte, podemos, sin embargo, por el uso real que hicieron de ella, concluir con seguridad que la dialéctica no era para ellos otra cosa que la lógica de la apariencia. Un arte sofístico de dar a la propia ignorancia, incluso a las propias ilusiones deliberadas, el barniz de verdad, en el que se imitaba el método de profundidad que la lógica prescribe en general y se utilizaban sus tópicos para embellecer cualquier alegato vacío. Ahora bien, como advertencia segura y aprovechable, podemos observar que la lógica general, considerada como Organon, es siempre una lógica de la apariencia, es decir, que es siempre dialéctica. En efecto, en la medida en que no nos enseña nada sobre el contenido del conocimiento, sólo nos enseña las condiciones formales de acuerdo con el entendimiento, que son, por otra parte, totalmente indiferentes con respecto a los objetos, la pretensión de utilizarlo como instrumento (Organon) para aumentar y ampliar el propio conocimiento, al menos según las propias alegaciones, no conduce más que a una cháchara consistente en afirmar lo que se quiera con cierta apariencia, o con la misma facilidad rebatirlo como a uno le plazca.

Semejante enseñanza no corresponde en absoluto a la dignidad de la filosofía. Por eso se ha llamado dialéctica a la lógica, más bien porque es una crítica de la apariencia dialéctica, y así la entendemos aquí.

IV. Sobre la división de la lógica trascendental en analítica trascendental y dialéctica trascendental

En la lógica trascendental aislamos el entendimiento (como, anteriormente, aislamos la sensibilidad en la Estética trascendental), y sacamos de nuestro conocimiento sólo aquella parte del pensamiento que tiene su origen exclusivamente en el entendimiento. Pero el uso de este conocimiento puro depende de lo que constituye su condición: que se nos den objetos en la intuición a los que pueda aplicarse. Pues, sin intuición, todo nuestro conocimiento carece de objetos y, por tanto, permanece completamente vacío. La parte de la lógica trascendental, pues, que establece los elementos del conocimiento puro del entendimiento y los principios sin los cuales no puede pensarse el menor objeto es analítica trascendental, y constituye al mismo tiempo una lógica de la verdad. Ningún conocimiento puede contradecirla sin perder al mismo tiempo todo contenido, es decir, toda relación con cualquier objeto y, en consecuencia, toda verdad. Porque, sin embargo, es muy atractivo y seductor utilizar únicamente este conocimiento puro del entendimiento y estos principios, incluso más allá de los límites de la experiencia, que es la única que puede proporcionarnos la materia (los objetos) a los que se pueden aplicar estos conceptos puros del entendimiento, el entendimiento corre el riesgo, mediante vanos sofismas, de practicar un uso material de los simples principios formales del entendimiento puro y de juzgar sin hacer diferencia alguna sobre objetos que, sin embargo, no nos son dados y quizá ni siquiera puedan sernos dados en modo alguno. En la medida, pues, en que la lógica no debe ser propiamente más que un canon para valorar el uso empírico, se abusa de ella si se la promueve como Organon de uso universal e ilimitado, y si nos aventuramos, sólo con el entendimiento puro, a juzgar, afirmar y decidir sintéticamente sobre objetos en general. En este caso, el uso del entendimiento puro sería dialéctico. La segunda parte de la lógica trascendental debe constituir en este sentido una crítica de esta apariencia dialéctica, y se llama dialéctica trascendental, no como arte de provocar dogmáticamente esta apariencia (arte, por desgracia, muy extendido en los diversos malabarismos metafísicos), sino, por el contrario, como crítica del entendimiento y de la razón desde el punto de vista de su uso hiperfísico —crítica que pretende desvelar la apariencia engañosa inherente a sus ambiciones infundadas. El objetivo de esta crítica es poner al descubierto la apariencia engañosa inherente a sus ambiciones infundadas, y socavar sus pretensiones de hacer descubrimientos y ampliar el conocimiento únicamente por medio de principios trascendentales, con el fin de reducirlos a una simple apreciación del entendimiento puro y preservarlo de la ilusión sofística.

PRIMERA DIVISIÓN DE LA LÓGICA TRASCENDENTAL

ANALÍTICA TRASCENDENTAL

Esta analítica es la descomposición de todos nuestros conocimientos *a priori* en los elementos del conocimiento puro del entendimiento. A este respecto, hay que tener en cuenta los siguientes puntos: 1.° Que los conceptos son conceptos puros y no conceptos empíricos. 2.° Que pertenecen, no a la intuición y a la sensibilidad, sino al pensamiento y al entendimiento. 3.° Que sean conceptos elementales y que se distingan claramente de los conceptos derivados o de los que se componen de ellos. 4.° Que su cuadro sea completo, y que abarquen completamente todo el campo del entendimiento puro. Ahora bien, para estar seguros de esta completitud de una ciencia, no podemos basarnos en la suposición de un agregado producido simplemente por ensayo y error; por eso tal completitud sólo es posible mediante una idea de la totalidad constituida por el conocimiento *a priori* del entendimiento, y por la división así hecha con precisión de los conceptos que lo componen, por consiguiente, sólo mediante su conexión en un sistema. El entendimiento puro se separa completamente, no sólo de todo lo empírico, sino incluso de toda sensibilidad. Es, por tanto, una unidad autosubsistente y autosuficiente que no necesita ser ampliada por adiciones procedentes del exterior. De este modo, el conjunto de su saber constituirá un sistema a aprehender y determinar bajo una idea —un sistema cuya completitud y articulación pueden al mismo tiempo proporcionar una piedra de toque para la exactitud y la calidad de todos los elementos cognoscitivos que se insertan en él—. Por cierto, toda esta parte de la lógica trascendental consta de dos libros, uno de los cuales contiene los conceptos, el otro los principios del entendimiento puro.

Libro primero de la analítica trascendental
Analítica de los conceptos

Por analítica de los conceptos no entiendo su análisis, es decir, el enfoque habitual en la investigación filosófica, que consiste en descomponer y clarificar los conceptos según su contenido, sino la descomposición, todavía raramente intentada, de la potencia del entendimiento mismo, para explorar la posibilidad de los conceptos *a priori* buscándolos sólo en el entendimiento, como en su lugar de nacimiento, y analizando el puro uso del entendimiento en general; pues ésta es la tarea específica de una filosofía trascendental, siendo el resto el tratamiento lógico de los conceptos en la filosofía en general. En el entendimiento humano, pues, rastrearemos los conceptos puros hasta sus primeros gérmenes y las primeras disposiciones en que están dispuestos, para conducirlos al momento en que, finalmente, habiendo llegado a su desarrollo con ocasión de la experiencia y liberados por este mismo entendimiento de las condiciones empíricas que les son inherentes, se presentan en su pureza.

Capítulo primero de la analítica de los conceptos
Sobre el hilo conductor que nos permite descubrir todos los conceptos puros del entendimiento

Cuando entra en juego una facultad de conocer, surgen diferentes conceptos, según las circunstancias, que dan a conocer esta facultad y que pueden ensamblarse en un registro más o menos detallado, dependiendo de si su observación se ha llevado a cabo durante más tiempo o con mayor sagacidad. ¿Dónde acabará esta investigación? Es algo que nunca podrá determinarse con certeza si seguimos este planteamiento un tanto mecánico. Además, los conceptos que encontramos de este modo sólo por casualidad se descubren sin ningún orden y sin ninguna unidad sistemática, sino que sólo después se asocian entre sí según semejanzas y se ordenan según la magnitud de su contenido, del más simple al más complejo, en series establecidas nada menos que sistemáticamente, aunque, en cierto modo, su constitución obedezca a un método.

La filosofía trascendental tiene la ventaja, pero también la obligación, de buscar sus conceptos según un principio, en la medida en que es del entendimiento como unidad absoluta de donde proceden, puros y sin mezcla, y que, por tanto, ellos mismos deben vincularse entre sí en un conjunto según un concepto o una Idea. Ahora bien, tal conjunto proporciona una regla según la cual cada concepto puro del entendimiento puede tener su lugar determinado *a priori,* del mismo modo que puede determinarse su completitud para todos ellos tomados en conjunto —todas éstas son operaciones que, de otro modo, dependerían del capricho y del azar.

Sobre el uso lógico del entendimiento en general

El entendimiento se ha definido anteriormente sólo de forma negativa, mediante la noción de un poder de conocer no sensible. Ahora bien, independientemente de la sensibilidad, no podemos participar en ninguna intuición. Por tanto, el entendimiento no es un poder de intuición. Pero no hay, aparte de la intuición, otra manera de conocer que a través de conceptos. Así que el conocimiento de todo entendimiento, al menos del entendimiento humano, es un conocimiento por conceptos, no intuitivo, sino discursivo. Todas las intuiciones, en cuanto sensibles, se basan en afectos, y los conceptos, en consecuencia, en funciones. Ahora bien, por función entiendo la unidad de acción que consiste en ordenar diversas representaciones bajo una representación común. Los conceptos se basan, pues, en la espontaneidad del pensamiento, del mismo modo que las intuiciones sensibles se basan en la receptividad de las impresiones. El entendimiento no puede hacer otro uso de estos conceptos que juzgar por medio de ellos. Dado que ninguna representación se aplica inmediatamente al objeto, aparte de la intuición, un concepto nunca se relaciona inmediatamente con un objeto, sino con alguna otra representación del mismo (ya sea una intuición o sea ella misma ya un concepto). El juicio es, por tanto, el conocimiento mediato de un objeto y, en consecuencia, la representación de una representación de ese objeto. En todo juicio hay un concepto que es válido para varios conceptos y que, entre esta pluralidad de conceptos, incluye también una representación dada, siendo esta última, de hecho, inmediatamente relacionada con el objeto. Así, por ejemplo, en el juicio: todos los cuerpos son divisibles, el concepto de divisibilidad se relaciona con varios otros conceptos; pero entre éstos se relaciona aquí particularmente con el concepto de cuerpo, mientras que éste se relaciona con ciertos fenómenos que se nos presentan. Así pues, estos objetos están representados mediante el concepto de divisibilidad. Todos los juicios son, en este sentido, funciones de unidad entre nuestras representaciones, en cuanto que, en lugar de una representación inmediata, es una representación superior, que comprende bajo sí ésta y varias otras, la que se utiliza para el conocimiento del objeto, y de este modo se reúnen en una sola un gran número de conocimientos posibles. Pero podemos reducir todas las acciones del entendimiento a juicios, hasta el punto de que el entendimiento en general puede representarse como una facultad de juzgar. Pues es, según lo que hemos visto anteriormente, una facultad de pensar. Pensar es conocer por conceptos. Pero los conceptos se refieren, como predicados de juicios posibles, a alguna representación aún no determinada de un objeto. Así, el concepto de cuerpo significa algo, como un metal, que puede ser conocido por este concepto. Por tanto, es un concepto sólo a condición de que subsuma otras representaciones, a través de las cuales pueda relacionarse con los objetos. Es, por tanto, el predicado de un juicio posible, por ejemplo: cualquier metal es un cuerpo. Por tanto, todas las funciones del entendimiento pueden encontrarse si podemos presentar completamente las funciones de la unidad implicada en los juicios. En la próxima sección se mostrará que este objetivo puede alcanzarse plenamente.

SEGUNDA SECCIÓN. DEL HILO CONDUCTOR TRASCENDENTAL QUE NOS PERMITE DESCUBRIR TODOS LOS CONCEPTOS PUROS DEL ENTENDIMIENTO

§9. Sobre la función lógica del entendimiento en los juicios

Si prescindimos de todo el contenido de un juicio en general y prestamos atención sólo a la forma simple del entendimiento que está presente en él, encontramos que la función del pensamiento en este juicio puede situarse bajo cuatro rúbricas, cada una de las cuales contiene tres momentos. Pueden representarse convenientemente de la siguiente forma:

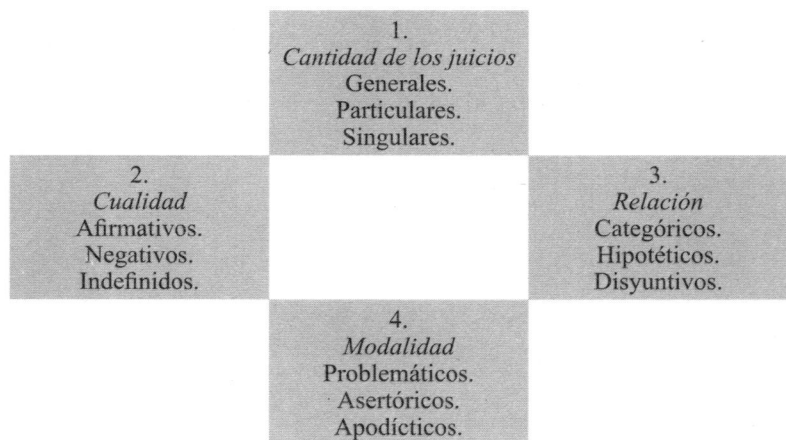

1.
Cantidad de los juicios
Generales.
Particulares.
Singulares.

2.
Cualidad
Afirmativos.
Negativos.
Indefinidos.

3.
Relación
Categóricos.
Hipotéticos.
Disyuntivos.

4.
Modalidad
Problemáticos.
Asertóricos.
Apodícticos.

Dado que esta división parece desviarse de la técnica habitual de los lógicos en algunos puntos, aunque no esenciales, las aclaraciones siguientes no serán inútiles para evitar el malentendido que podríamos temer.

1.° Los lógicos dicen con razón que, por lo que se refiere al uso de los juicios en el razonamiento silogístico, los juicios singulares pueden tratarse del mismo modo que los juicios universales. Pues, por el hecho mismo de que no tienen extensión, su predicado no puede relacionarse simplemente con un elemento de lo que está contenido bajo el concepto de sujeto, mientras se excluye de otro elemento. Por tanto, se aplica a este concepto (del sujeto) sin excepción, como si se tratara de un concepto general que tuviera una extensión para todo el significado de la cual se aplicaría el predicado. Si, por el contrario, comparamos un juicio singular con un juicio general, simplemente como conocimiento, desde el punto de vista de la cantidad, guardan entre sí la misma relación que la unidad con el infinito, y son, por tanto, en sí mismos esencialmente distintos. Por lo tanto, si aprecio un juicio singular, no simplemente según su validez interna, sino también como conocimiento en general, según la cantidad que le es propia en comparación con otros conocimientos, es ciertamente distinto de los juicios generales y merece, en una tabla completa de los momentos del pensamiento en general (aunque ciertamente no es así en la lógica limitada al uso de los juicios considerados en las relaciones que guardan entre sí), un lugar especial.

2.° Del mismo modo, en la lógica trascendental, los juicios infinitos deben distinguirse todavía de los juicios afirmativos, aunque, en la lógica general, se incluyan con razón entre estos últimos y no constituyan un miembro particular de la división. La lógica general prescinde de cualquier contenido del predicado (aunque sea negativo) y observa únicamente si se atribuye al sujeto o se opone a él. La lógica trascendental, en cambio, considera también el juicio desde el punto de vista del valor o contenido de esta afirmación lógica que se realiza mediante un predicado meramente negativo, y mira qué ganancia aporta respecto al conjunto del conocimiento. Si hubiera dicho del alma que no es mortal, al menos habría eliminado un error mediante un juicio negativo. Ahora bien, por la proposición: «el alma no es mortal», es verdad que, desde el punto de vista de la forma lógica, he afirmado realmente algo, al colocar el alma en la extensión ilimitada de los seres que no mueren. Pero, como lo que es mortal forma una parte, y lo que no es mortal, la otra parte de la extensión total de los seres posibles, nada más se dice en mi proposición, excepto que el alma pertenece a la multiplicidad infinita de cosas que subsisten cuando quito todo lo que es mortal. Con esto, sin embargo, la esfera infinita de todo lo posible queda simplemente limitada por el hecho de que lo mortal se separa de ella y el alma se sitúa en lo que queda de su extensión. Pero este espacio subsistente sigue siendo, una vez hecha esta sustracción, todavía infinito, y aún pueden retirarse de él varias partes sin que el concepto del alma se desarrolle en lo más mínimo y se determine afirmativamente. Estos juicios, que son así infinitos respecto a la extensión lógica, sólo son, pues, realmente limitativos respecto al contenido del conocimiento en general, y como tales no deben dejarse fuera del cuadro trascendental de todos los momentos del pensamiento implicados en los juicios, porque la función del entendimiento que aquí se ejerce corre el riesgo de ser importante en el campo de su puro conocimiento *a priori*.

3.º Todas las relaciones de pensamiento en los juicios son las: a) del predicado al sujeto, b) del principio a su consecuencia, c) del conocimiento dividido y de todos los miembros de la división entre sí. En el primer tipo de juicios sólo hay dos conceptos, en el segundo dos juicios, en el tercero varios juicios considerados en sus relaciones recíprocas. La proposición hipotética: «si hay justicia perfecta, los delincuentes serán castigados», contiene propiamente la relación de dos proposiciones: hay justicia perfecta, y: los delincuentes serán castigados. No se decide si estas dos proposiciones son verdaderas en sí mismas. Es sólo la consecuencia lo que se considera en este juicio. Finalmente, el juicio disyuntivo contiene una relación de dos o más proposiciones entre sí, no una relación de consecución, sino de oposición lógica, en la medida en que la esfera de una excluye la esfera de la otra; sin embargo, contiene al mismo tiempo una relación de comunidad, en la medida en que estas proposiciones, juntas, llenan la esfera del conocimiento propiamente dicho: este juicio contiene, pues, una relación de las partes de la esfera de un conocimiento, en la medida en que la esfera de cada parte es un elemento que completa la esfera de la otra para formar el todo completo del conocimiento así dividido —por ejemplo: el mundo existe o por ciega casualidad, o por necesidad interna, o por una causa externa. Cada una de estas proposiciones ocupa una parte de la esfera del conocimiento posible sobre la existencia de un mundo en general, mientras que juntas ocupan toda la esfera. Excluir el conocimiento de una de estas esferas es situarlo en una de las otras y, al contrario, situarlo en una esfera es excluirlo de las demás. En un juicio disyuntivo hay, pues, una cierta comunidad de saberes, que consiste en que se excluyen recíprocamente, sin dejar por ello de determinar el verdadero saber en su conjunto, ya que, tomados en conjunto, constituyen el contenido completo de un único saber dado. Y esto es simplemente lo que me parece necesario señalar a este respecto, en vista de lo que sigue.

4.º La modalidad de los juicios es una función muy particular de los juicios, que tiene el carácter distintivo de que no aporta nada al contenido del juicio (pues aparte de la cantidad, la cualidad y la relación, no hay nada más que constituya el contenido de un juicio), sino que sólo concierne al valor de la cópula en relación con el pensamiento en general. Los juicios problemáticos son aquellos en los que la afirmación o la negación se aceptan como meramente posibles (a criterio de cada uno); los juicios asertóricos son aquellos que se consideran reales (verdaderos); los juicios apodícticos son aquellos en los que la afirmación y la negación se tienen por necesarias. Así, tanto los dos juicios cuya relación constituye el juicio hipotético *(antecedens* y *consequens),* como aquellos en cuya acción recíproca consiste el juicio disyuntivo (miembros de la división), son meramente problemáticos. En el ejemplo citado, la proposición: hay justicia perfecta, no se enuncia asertivamente, sino que se concibe sólo como un juicio dejado al arbitrio de cada persona, que es posible que alguien admita; y sólo la consecuencia es asertórica. Por tanto, tales juicios también pueden, obviamente, ser falsos y, sin embargo, tomados como problemáticos, constituir condiciones para el conocimiento de la verdad. Así, el juicio: el mundo existe por ciego azar, sólo es problemático en el juicio disyuntivo de significación, en el sentido de que alguien podría muy bien aceptar, por un momento, esta proposición, aunque sirva (al indicar el camino falso en el número de todos los que pueden tomarse) para encontrar el camino verdadero. La proposición problemática es, pues, la que expresa una simple posibilidad lógica (que no es objetiva), es decir, una libre elección de atribuir un valor a tal proposición, una aceptación simplemente arbitraria de la misma en el entendimiento. La proposición asertórica concierne a la realidad lógica o a la verdad: por ejemplo, en un silogismo hipotético, el antecedente interviene problemáticamente en el mayor, asertóricamente en el menor, y muestra que la proposición está ya ligada al entendimiento en virtud de sus leyes. La proposición apodíctica piensa en la proposición asertórica como determinada por estas mismas leyes del entendimiento, y en consecuencia como procediendo a una afirmación *a priori,* y de este modo expresa una necesidad lógica. Ahora bien, como aquí todo se incorpora gradualmente al entendimiento, de modo que primero juzgamos algo como problemático, luego lo afirmamos también como verdadero y, finalmente, lo afirmamos como inseparablemente unido al entendimiento, es decir, como necesario y apodíctico, podemos designar estas tres funciones de la modalidad como constituyendo también otros tantos momentos del pensamiento en general.

TERCERA SECCIÓN. DEL HILO CONDUCTOR TRASCENDENTAL
QUE NOS PERMITE DESCUBRIR TODOS LOS CONCEPTOS PUROS
DEL ENTENDIMIENTO

§10. Sobre los conceptos puros del entendimiento o categorías

La lógica general se abstrae, como ya se ha dicho en varias ocasiones, de cualquier contenido de conocimiento, y espera a que le sean dadas representaciones de cualquier parte, para transformarlas primero en conceptos, lo que se hace analíticamente. La lógica trascendental, en cambio, tiene ante sí una variedad de sensibilidad *a priori,* que le ofrece la estética trascendental, para dar materia a los conceptos puros del entendimiento, materia sin la cual estaría sin contenido alguno, y por tanto completamente vacía. Ahora bien, el espacio y el tiempo contienen una variedad de intuición pura *a priori,* pero pertenecen, no obstante, a las condiciones de la receptividad de nuestra mente, bajo las cuales sólo ella puede recibir representaciones de los objetos, y deben, en consecuencia, afectar también siempre a su concepto. Se trata simplemente de que la espontaneidad de nuestro pensamiento exige que esta variedad sea primero de alguna manera tomada, asimilada y vinculada para poder hacer conocimiento de ella. A esta acción la llamo síntesis.

Por síntesis entiendo, pues, en el sentido más general, la acción de sumar diferentes representaciones entre sí y reunir su diversidad en el conocimiento. Tal síntesis es pura cuando la diversidad está dada, no empíricamente, sino *a priori* (como la dada en el espacio y el tiempo). Antes de cualquier análisis de nuestras representaciones, éstas deben estar dadas, y ningún concepto puede nacer analíticamente en función de su contenido. Ciertamente, la síntesis de una variedad (ya sea dada empíricamente o *a priori)* produce primero un conocimiento que puede ser inicialmente tosco y confuso, y por tanto necesitado de análisis; sin embargo, sólo la síntesis es lo que reúne propiamente los elementos en el conocimiento y los unifica constituyendo un determinado contenido; es, por tanto, el primer elemento al que hemos de prestar atención, si queremos juzgar el origen primero de nuestro conocimiento.

La síntesis en general es, como veremos más adelante, el simple efecto de la imaginación, es decir, de una función ciega pero indispensable del alma, sin la cual nunca tendríamos conocimiento alguno, pero de la que sólo muy raramente somos conscientes. Pero reducir esta síntesis a conceptos es una función que pertenece al entendimiento, y a través de la cual éste nos proporciona primero el conocimiento en el sentido propio del término.

La síntesis pura, representada de un modo general, da entonces el concepto puro del entendimiento. Ahora bien, por esta síntesis entiendo la que descansa sobre un fundamento sintético *a priori* de unidad: así, nuestro modo de contar (lo notamos más particularmente en los números grandes) es una síntesis según conceptos, puesto que operá según un fundamento común de unidad (por ejemplo, el decimal). Bajo este concepto, la unidad se hace necesaria en la síntesis de la diversidad.

Las diversas representaciones se reúnen analíticamente bajo un concepto (operación de la que se ocupa la lógica general). La lógica trascendental, en cambio, nos enseña a no reducir las representaciones, sino a reducir a conceptos la pura síntesis de las representaciones. El primer elemento que debe dársenos para conocer todos los objetos *a priori* es la diversidad de la intuición pura; la síntesis de esta diversidad por la imaginación constituye el segundo, pero no proporciona todavía ningún conocimiento. Los conceptos, que dan unidad a esta síntesis pura y consisten exclusivamente en la representación de esta unidad sintética necesaria, forman el tercer elemento necesario para el conocimiento de un objeto que se presenta y reposa en el entendimiento.

La misma función que da unidad a las diversas representaciones en un juicio, da también unidad a la simple síntesis de diversas representaciones en una intuición, unidad que, en términos generales, se llama concepto puro del entendimiento. Así pues, es el mismo entendimiento, mediante los mismos actos por los que establece en los conceptos, por medio de la unidad analítica, la forma lógica de un juicio, el que introduce también en sus representaciones, por medio de la unidad sintética de los elementos diversos en la intuición en general, un contenido trascendental: por eso estas representaciones se llaman conceptos puros del entendimiento, que se relacionan *a priori* con los objetos, cosa que la lógica general no puede hacer.

Así pues, surgen exactamente tantos conceptos puros del entendimiento, que se relacionan *a priori* con los objetos de la intuición en general, como funciones lógicas había en todos los juicios posibles de la tabla anterior; de hecho, el entendimiento se agota por completo en las funciones consideradas, con lo que su potencia queda completamente medida. Llamaremos a estos conceptos, siguiendo a Aristóteles, categorías, ya que nuestro proyecto es sin duda el mismo que el suyo en su origen, aunque difiera mucho en su puesta en práctica.

Este es, pues, el recuento de todos los conceptos originariamente puros de síntesis que el entendimiento contiene *a priori* en sí mismo y en virtud de los cuales sólo él es un entendimiento puro, en la medida en que sólo mediante ellos puede comprender algo en la diversidad de la intuición, es decir, pensar un objeto de la intuición. Esta división se produce sistemáticamente a partir de un principio común, a saber, la facultad de juzgar (que equivale a la facultad de pensar); no procede rapsódicamente de una búsqueda azarosa de conceptos puros que nunca podemos estar seguros de haber contado completamente, ya que este recuento se concluye sólo por inducción, sin considerar que nunca vemos, al proceder así, por qué son precisamente estos conceptos y no otros los que se inscriben en el entendimiento puro. La búsqueda de Aristóteles de estos conceptos fundamentales fue un proyecto digno de una mente penetrante. Pero como no disponía de principios, los fue recopilando a medida que los encontraba, y primero desenterró diez de ellos, a los que llamó categorías (predicamentos). Luego creyó encontrar otros cinco, que añadió con el nombre de post-predicamentos. Sin embargo, su cuadro sigue estando incompleto. Además, incluye también algunos modos de la sensibilidad pura *(quando, ubi, situs,* así como *prius, simul),* e incluso un modo empírico *(motus),* ninguno de los cuales pertenece a este registro genealógico del entendimiento; o se incluyen conceptos derivados con conceptos primitivos *(actio, passio),* mientras que algunos de estos últimos están completamente ausentes.

Tabla de las categorías

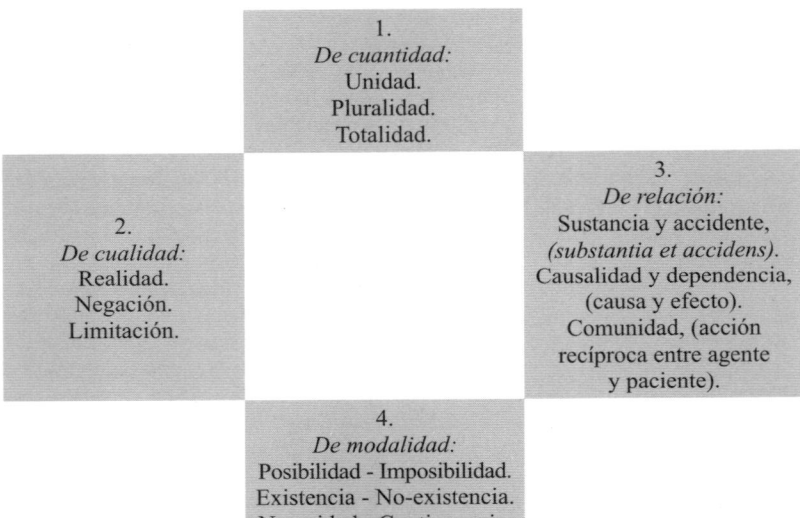

1.
De cuantidad:
Unidad.
Pluralidad.
Totalidad.

2.
De cualidad:
Realidad.
Negación.
Limitación.

3.
De relación:
Sustancia y accidente,
(substantia et accidens).
Causalidad y dependencia,
(causa y efecto).
Comunidad, (acción
recíproca entre agente
y paciente).

4.
De modalidad:
Posibilidad - Imposibilidad.
Existencia - No-existencia.
Necesidad - Contingencia.

En cuanto a estos conceptos primitivos, cabe señalar que las categorías, en la medida en que constituyen los verdaderos conceptos básicos del entendimiento puro, poseen también sus conceptos derivados, igualmente puros, que, en un sistema completo de filosofía trascendental, no pueden en modo alguno omitirse, mientras que, en un ensayo meramente crítico, puedo contentarme con mencionarlos.

Permítanme llamar a estos conceptos puros pero derivados del entendimiento los predicables del entendimiento puro (en contraposición a los predicamentos). Cuando tenemos los conceptos originales y primitivos, los conceptos derivados y subordinados pueden añadirse fácilmente y el árbol genealógico del entendimiento puro puede dibujarse por completo. En la medida en que no me ocupo aquí de elaborar el sistema completo, sino sólo de los principios para construirlo, reservo este añadido para otra empresa. Sin embargo, este objetivo puede alcanzarse suficientemente si consultamos los manuales de ontología y colocamos, por ejemplo, bajo la categoría de causalidad, los predicables de fuerza, acción, pasión; bajo la de comunidad, los de presencia, resistencia; bajo los predicados de modalidad, los de nacimiento, desaparición, cambio, etcétera. Las categorías, cuando se combinan con los modos de la sensibilidad pura, o incluso entre sí, proporcionan un gran número de conceptos *a priori* derivados: identificarlos y enumerarlos de la forma más completa posible sería una empresa útil y agradable, pero de la que se puede prescindir aquí.

Me abstengo deliberadamente de dar definiciones de estas categorías en este tratado, aunque estoy en condiciones de poseerlas. En lo que sigue, analizaré estos conceptos hasta el punto que sea suficiente para la metodología que estoy desarrollando. En un sistema de razón pura, podrían exigírseme legítimamente; pero aquí simplemente me harían perder de vista el tema principal de la investigación, al plantearme dudas y objeciones que muy bien pueden dejarse para otra empresa, sin apartarme nada del proyecto esencial. Sin embargo, de lo poco que he dicho al respecto se desprende que un diccionario completo, con todas las explicaciones necesarias, no sólo es posible, sino también fácil de elaborar. Las casillas ya existen: sólo hay que rellenarlas, y una tópica sistemática, como la presente, difícilmente puede pasar por alto el lugar que corresponde propiamente a cada concepto, y al mismo tiempo logra advertir fácilmente el que aún está vacío.

§11

Se pueden hacer sabias consideraciones sobre esta tabla de categorías, que eventualmente podrían tener importantes consecuencias desde el punto de vista de la forma científica de todo conocimiento racional. En efecto, esta tabla, en la parte teórica de la filosofía, es extremadamente útil, incluso indispensable, para trazar completamente la totalidad que constituye una ciencia en la medida en que se basa en conceptos *a priori,* y para dividirla sistemáticamente según principios determinados. Esto es ya evidente por sí mismo, en la medida en que la tabla en cuestión contiene completamente todos los conceptos elementales del entendimiento, e incluso la forma de un sistema de estos conceptos en el entendimiento humano, de modo que da indicaciones para todos los momentos de una ciencia especulativa que se proyecta, incluido el orden de su desarrollo, como he mostrado en otro lugar. He aquí algunas observaciones.

La primera es que esta tabla, que contiene cuatro clases de conceptos del entendimiento, puede dividirse en primer lugar en dos secciones, la primera de las cuales se refiere a los objetos de la intuición (tanto la intuición pura como la intuición empírica), mientras que la segunda se refiere a la existencia de estos objetos (ya sea en la relación que guardan entre sí, ya sea en relación con el entendimiento).

Me gustaría llamar a la primera clase categorías matemáticas, y a la segunda categorías dinámicas. Como se ve, la primera clase no tiene correlatos, que sólo se encuentran en la segunda. En cualquier caso, esta diferencia debe tener necesariamente un fundamento en la naturaleza del entendimiento.

Segunda observación. En todas partes hay el mismo número de categorías de cada clase, a saber, tres, lo que exige también una reflexión, ya que de otro modo cualquier división *a priori* por conceptos sólo puede ser una dicotomía.

Así, la totalidad no es otra cosa que la pluralidad considerada como unidad, la limitación no es otra cosa que la realidad ligada a la negación, la comunidad no es otra cosa que la causalidad de una sustancia en relación de determinación recíproca con las demás, y finalmente la necesidad no es otra cosa que la existencia que viene dada por la posibilidad misma. Sin embargo, no debemos pensar que, por todo ello, la tercera categoría sea simplemente un concepto derivado y no un concepto básico del entendimiento puro. Pues el enlace de las categorías primera y segunda para producir el tercer concepto requiere un acto particular del entendimiento que no es el mismo que el realizado para la primera y la segunda. Así, el concepto de número (que pertenece a la categoría de totalidad) no siempre es posible allí donde entran en juego los conceptos de multiplicidad y unidad (por ejemplo, en la representación del infinito); o también, porque enlazo el concepto de causa y el de sustancia, no consigo comprender también la influencia, es decir, cómo una sustancia puede convertirse en causa de algo en otra sustancia. Por lo tanto, parece que se requiere un acto particular del entendimiento para esto, y de manera similar para los otros casos.

Tercera observación. Con respecto a una sola categoría, la de comunidad, que se encuentra en el tercer epígrafe, la concordancia con la forma correspondiente de la tabla de funciones lógicas, la de un juicio disyuntivo, no es tan evidente como para las demás. Para estar seguros de esta concordancia, hay que tener en cuenta que, en todos los juicios disyuntivos, el ámbito (el conjunto de lo contenido en el juicio) se representa como un todo dividido en partes (los conceptos subordinados) y que, puesto que una de las partes no puede estar contenida en la otra, se consideran coordinadas entre sí, y no subordinadas, de modo que se determinan mutuamente, no unilateralmente como en una serie, sino recíprocamente como en un agregado (si se postula un miembro de la división, todos los demás quedan excluidos, y viceversa).

Ahora bien, pensamos en una conexión similar en una totalidad constituida por cosas, en efecto, cuando una no está, como efecto, subordinada a la otra como causa de su existencia, sino cuando está coordinada con ella al mismo tiempo y recíprocamente como causa desde el punto de vista de la determinación de las otras (por ejemplo, en un cuerpo cuyas partes se atraen recíprocamente y también se repelen). Este es un tipo de conexión completamente diferente del que se encuentra en la simple relación de causa y efecto (del fundamento a la consecuencia), en la que la consecuencia no determina a su vez recíprocamente al fundamento y, por tanto, no constituye (como el creador del mundo con el mundo. Este mismo procedimiento del entendimiento, cuando se representa a sí mismo la esfera de un concepto dividido, lo observa también cuando piensa en una cosa como divisible; y así como los miembros de la división, en el primer caso, se excluyen mutuamente y, sin embargo, están unidos en una esfera, así, en el segundo caso, se representa a sí mismo las partes de esta cosa como tales que su existencia (como sustancias) pertenece a cada una con exclusión de las demás, y, sin embargo, como unidas en un todo.

§12

Dicho esto, todavía hay un capítulo en la filosofía trascendental de los Antiguos que contiene conceptos puros del entendimiento que, aunque no están incluidos entre las categorías, deberían, sin embargo, según ellos, tener el valor de conceptos *a priori* de objetos —en cuyo caso aumentarían entonces el número de categorías, lo que no puede ser—. Estos conceptos son los evocados por la proposición tan famosa entre los escolásticos: *quodlibet ens est unum, verum, bonum* (todo ser es uno, verdadero, bueno). Ahora bien, aunque el uso de este principio conduce a consecuencias muy pobres (dando lugar a proposiciones visiblemente tautológicas), de modo que en la época moderna ya no se acepta en metafísica más que por una cuestión de forma, un pensamiento que ha perdurado durante tanto tiempo sigue mereciendo, sin embargo, por vacío que parezca, este pensamiento sigue mereciendo que se busque su origen, y nos permite suponer que encuentra su fundamento en alguna regla del entendimiento, fundamento que sólo ha sido, como sucede a menudo, mal interpretado. Estos predicados llamados trascendentales de las cosas no son más que requisitos y criterios lógicos de todo conocimiento de las cosas en general, y le dan como fundamento las categorías de la cantidad, a saber, las de unidad, pluralidad y totalidad. Se trata simplemente de que estas categorías, que deberían tomarse propiamente en sentido material, en la medida en que forman parte de la posibilidad de las cosas mismas, sólo fueron utilizadas de hecho por los Antiguos con un sentido formal, como parte de la exigencia lógica impuesta a todo conocimiento, y, sin embargo, tuvieron la imprudencia de transformar estos criterios del pensamiento en propiedades de las cosas en sí mismas. En todo conocimiento de un objeto existe, en efecto, la unidad del concepto, que puede llamarse unidad cualitativa en la medida en que, bajo este concepto, sólo se piensa en la unidad que permite reunir la diversidad de los conocimientos, de forma muy parecida a la unidad del tema en un drama, un discurso o una fábula. En segundo lugar, la verdad de las consecuencias. Cuantas más consecuencias verdaderas se extraigan de un concepto dado, más indicios habrá de su realidad objetiva. Es lo que podríamos llamar la pluralidad cualitativa de características que pertenecen a un concepto como fundamento común (que no son pensadas en él como cantidad). Finalmente, en tercer lugar, encontramos la perfección, que consiste en que, en sentido inverso, esta pluralidad se reduce globalmente a la unidad del concepto, y que está completamente en sintonía con él y con ningún otro —lo que podemos llamar integridad cualitativa (totalidad)—. De ello se desprende que estos criterios lógicos de la posibilidad del conocimiento en general no hacen aquí sino transformar las tres categorías de la cantidad, donde la unidad, en la producción del *quantum,* debe entenderse de un modo constantemente homogéneo, de modo que permita la conexión en una conciencia de elementos cognoscitivos incluso heterogéneos a través de la intermediación de la cualidad de un conocimiento tomado como principio. Así, el criterio de posibilidad de un concepto (y no de su objeto) es la definición, donde la unidad del concepto, la verdad de todo lo que se puede derivar directamente de él y, finalmente, la integridad de lo que se ha derivado de él constituyen los requisitos previos para la elaboración del concepto en su totalidad. O, de nuevo, el criterio de una hipótesis consiste en la inteligibilidad del principio de explicación aceptado, es decir, en su unidad (sin hipótesis auxiliares), en la verdad de las consecuencias que se derivan de ella (concordancia de estas consecuencias entre sí y con la experiencia), y finalmente en la plenitud del principio de explicación respecto a estas consecuencias, que se refieren ni más ni menos que a lo que se ha admitido en la hipótesis y reproducen *a posteriori* analíticamente lo que se había pensado *a priori* sintéticamente y concuerdan con ello. De este modo, la tabla trascendental de las categorías no se completa en modo alguno con los conceptos de unidad, verdad e integridad, como si de algún modo estuviera incompleta, sino que, una vez que se ha dejado completamente de lado la relación de estos conceptos con los objetos, el modo de utilizarlos se reduce simplemente a las reglas lógicas generales de la concordancia del conocimiento consigo mismo.

Capítulo segundo. De la analítica de los conceptos
Sobre la deducción de los conceptos puros del entendimiento

PRIMERA SECCIÓN. SOBRE LOS PRINCIPIOS DE UNA DEDUCCIÓN TRASCENDENTAL EN GENERAL

§13

Los jurisconsultos, cuando hablan de derechos y usurpaciones de derechos, distinguen, en un caso, la cuestión relativa a lo justo *(quid iuris)* de la relativa al hecho *(quid facti),* y como exigen la prueba de cada una de ellas, designan a la primera, que debe demostrar el derecho o la legitimidad de la pretensión, bajo el nombre de deducción. Utilizamos multitud de conceptos empíricos sin que nadie nos contradiga, y nos creemos autorizados, incluso sin deducción, a atribuirles un sentido y una significación que imaginamos, porque siempre tenemos experiencia para demostrar su realidad objetiva. Sin embargo, hay también conceptos usurpados, como felicidad y destino, que circulan ciertamente por todas partes, beneficiándose de una indulgencia casi general, pero que, no obstante, a veces se ven sometidos a la pregunta: *quid iuris?,* en cuyo caso, para proceder a su deducción, nos encontramos en un dilema no desdeñable, en la medida en que no podemos alegar ningún principio jurídico claro, extraído ni de la experiencia ni de la razón, por el que se manifieste la facultad de utilizarlos.

Pero entre las distintas clases de conceptos que componen el variadísimo tejido del conocimiento humano, hay algunos que también están destinados a un uso puramente *a priori* (completamente independiente de toda experiencia), y cuyo derecho a hacer uso de ellos necesita siempre de una deducción: esto es así porque, para garantizar la legitimidad de tal uso, no bastan las pruebas extraídas de la experiencia, y, sin embargo, necesitamos saber cómo pueden relacionarse esos conceptos con objetos que en ningún caso extraen de experiencia alguna. Por eso llamo a la explicación de cómo los conceptos pueden relacionarse *a priori* con los objetos su deducción trascendental, y la distingo de la deducción empírica, que muestra cómo se adquiere un concepto por la experiencia y por la reflexión sobre ella, y por tanto no se refiere a la legitimidad de este concepto, sino al hecho del que procede su posesión.

Tenemos ya dos clases de conceptos de índole muy distinta, que, sin embargo, tienen en común que ambos se relacionan enteramente *a priori* con los objetos, a saber, los conceptos de espacio y tiempo como formas de la sensibilidad y las categorías como conceptos del entendimiento. Buscar una deducción empírica a partir de ellos sería un esfuerzo completamente inútil, porque lo que precisamente constituye la marca distintiva de su naturaleza reside en el hecho de que se relacionan con los objetos sin haber tomado prestado nada, para su representación, de la experiencia. Por tanto, si es necesaria una deducción a partir de estos conceptos, siempre tendrá que ser trascendental. Sin embargo, con respecto a estos conceptos, como con respecto a todo conocimiento, podemos buscar en la experiencia, no el principio de su posibilidad, sino en todo caso las causas ocasionales de su producción. A este respecto, son las impresiones de los sentidos las que proporcionan la primera oportunidad de comprometer en ellas toda la facultad de conocer y de constituir la experiencia, la cual contiene dos elementos muy heterogéneos, es decir, procedentes de los sentidos, una materia para el conocimiento y una cierta forma que sirve para ordenarlo, y procedentes de la fuente interior de la intuición pura y del pensamiento, que sólo se ponen en ejercicio y producen conceptos con ocasión de las primeras. Tal investigación de los primeros esfuerzos de nuestra facultad de conocimiento para elevarse de percepciones singulares a conceptos generales es indudablemente de gran utilidad, y debemos estar agradecidos al célebre Locke por haber sido el primero en abrir el camino aquí. No es menos cierto que una deducción de conceptos puros *a priori* no puede realizarse nunca de este modo, porque este camino no conduce absolutamente a ninguna parte, en la medida en que, en lo que se refiere a su uso futuro, que debe ser totalmente independiente de la experiencia, estos conceptos deben presentar un acto de nacimiento completamente diferente del que atestigua su derivación de la experiencia. Este intento de derivación fisiológica, que en sentido propio no puede llamarse en absoluto deducción, porque concierne a una cuestión de hecho, lo llamaré, pues, explicación de la posesión del conocimiento puro. Queda claro, pues, que de estos conceptos sólo puede haber una deducción trascendental, y de ningún modo una deducción empírica, y que las deducciones de este último tipo constituyen, respecto a los conceptos puros *a priori,* sólo vanos intentos de los que sólo puede ocuparse alguien que no haya captado la naturaleza enteramente específica de este conocimiento.

Aunque hemos identificado así el único modo posible de deducción del conocimiento *a priori* puro, a saber, el que procede por la vía trascendental, de ello no se sigue que sea también inevitablemente necesario. Ya hemos seguido los conceptos de espacio y tiempo hasta sus fuentes por medio de la deducción trascendental, y hemos explicado y determinado su valor objetivo *a priori.* Sin embargo, la geometría prosigue su marcha confiadamente, a través del puro conocimiento *a priori,* sin necesidad de pedir a la filosofía un certificado que garantice la pura y legítima procedencia de su concepto fundamental de espacio. El uso de este concepto se limita simplemente, en esta ciencia, al mundo sensible exterior, cuya intuición tiene como forma pura el espacio, y donde en consecuencia todo conocimiento geométrico encuentra, por basarse en una intuición *a priori,* una evidencia inmediata y donde los objetos vienen dados por el propio conocimiento *a priori* (en cuanto a la forma) en la intuición. En cambio, con los conceptos puros del entendimiento surge la necesidad ineludible de buscar no sólo su propia deducción trascendental, sino también la del espacio en la medida en que, de hecho, lo que estos conceptos afirman sobre los objetos, lo hacen, no por medio de los predicados de la intuición y de la sensibilidad, sino por medio de los del pensamiento puro *a priori,* se refieren en general a los objetos independientemente de todas las condiciones de la sensibilidad; y como no se basan en la experiencia, no pueden señalar ningún objeto en la intuición *a priori* sobre el que basarían su síntesis antes de cualquier experiencia, y, en consecuencia, no sólo dan lugar a sospechas en cuanto a la validez objetiva y en cuanto a los límites de su uso, sino que también hacen dudoso este concepto de espacio, porque se inclinan a usarlo más allá de las condiciones de la intuición sensible —razón por la cual también era necesario dar una deducción trascendental para él más alto—. El lector debe, pues, convencerse de la necesidad ineludible de tal deducción trascendental antes de haber dado un solo paso en el campo de la razón pura, porque de otro modo procede a ciegas y se ve obligado, después de diversos vagabundeos aquí y allá, a volver en todo caso a la ignorancia de la que partió. Pero también necesita ver de antemano la dificultad inevitable, para no quejarse de la oscuridad que envuelve profundamente la cosa en sí, ni dejarse desanimar demasiado sobre la posibilidad de superar los obstáculos: se trata, o bien de abandonar completamente todas las pretensiones de conocimiento de la razón pura, tal como constituyen el dominio más atractivo, a saber, el que va más allá de los límites de toda experiencia posible, o bien de llevar a la perfección esta investigación crítica.

Hemos podido, anteriormente, hacer comprender fácilmente, con respecto a los conceptos de espacio y tiempo, cómo deben, como conocimiento *a priori,* sin embargo, relacionarse necesariamente con los objetos, y cómo hacen posible un conocimiento sintético de estos objetos independientemente de toda experiencia. Pues, puesto que sólo a través de estas formas puras de la sensibilidad puede aparecérsenos un objeto, es decir, puede ser objeto de intuición empírica, el espacio y el tiempo son intuiciones puras que contienen *a priori* la condición de posibilidad de los objetos como fenómenos, y la síntesis que allí se realiza posee un valor objetivo.

Las categorías del entendimiento, por otra parte, no representan en absoluto para nosotros las condiciones bajo las cuales los objetos se dan en la intuición: en consecuencia, los objetos pueden ciertamente aparecérsenos sin tener que estar necesariamente relacionados con funciones del entendimiento, y sin que el entendimiento contenga por tanto sus condiciones *a priori.* Esto da lugar a una dificultad que no encontramos en el campo de la sensibilidad, a saber, la cuestión de cómo las condiciones subjetivas del pensamiento deben tener un valor objetivo, es decir, proporcionar condiciones para la posibilidad de todo conocimiento de los objetos. Pues los fenómenos pueden darse ciertamente en la intuición sin las funciones del entendimiento. Tomemos, por ejemplo, el concepto de causa, que significa un tipo particular de síntesis en la que, de acuerdo con una regla *a priori,* a algo, digamos A, se le añade algo muy diferente, digamos B. No está claro *a priori* por qué los fenómenos deben contener algo de este tipo (ya que los experimentos no pueden aducirse como prueba, puesto que el valor objetivo de este concepto debe poder mostrarse *a priori);* y, en consecuencia, es dudoso *a priori* que tal concepto no sea susceptible de estar enteramente vacío, y que pueda encontrar alguna vez el menor objeto entre los fenómenos. En efecto, que los objetos de la intuición sensible deban necesariamente conformarse a las condiciones formales de la sensibilidad inscritas *a priori* en la mente, se sigue claramente del hecho de que, de otro modo, no serían objetos para nosotros; pero que además deban conformarse a las condiciones que el entendimiento necesita para la unidad sintética del pensamiento, el argumento que lo justifica no es tan fácil de ver. Pues nada excluye realmente la posibilidad de que haya fenómenos hechos de tal modo que el entendimiento no los encuentre en absoluto conformes con las condiciones de su unidad, y que todo esté en tal confusión que, por ejemplo, en la serie de los fenómenos no se ofrezca nada que proporcione una regla de síntesis y corresponda, por tanto, al concepto de causa y efecto, de modo que este concepto sería, por tanto, totalmente vacío, nulo y carente de sentido. No obstante, los fenómenos ofrecerían a nuestra intuición objetos, porque la intuición no necesita en modo alguno las funciones del pensamiento.

Si pensáramos que podemos evitar la molestia de tales investigaciones diciendo que la experiencia nunca deja de proporcionar ejemplos de tal regularidad de fenómenos, ejemplos que nos dan suficiente oportunidad para abstraer de ellos el concepto de causa y así, al mismo tiempo, verificar el valor objetivo de tal concepto, entonces no notaríamos que el concepto de causa no puede de ninguna manera surgir de esta manera, para verificar el valor objetivo de tal concepto, es que entonces no advertiríamos que el concepto de causa no puede en modo alguno surgir de este modo, sino que debe o bien fundarse enteramente *a priori* en el entendimiento, o bien abandonarse totalmente como una mera quimera. Pues este concepto exige absolutamente que algo A sea tal que de ello resulte necesariamente otra cosa B según una regla puramente universal. Los fenómenos proporcionan sin duda casos que hacen posible una regla según la cual algo sucede habitualmente, pero nunca permiten establecer que el resultado que se sigue sea necesario: en consecuencia, a la síntesis de causa y efecto se une también una dignidad que de ningún modo puede expresarse empíricamente, a saber, que el efecto no sólo viene por añadidura a la causa, sino que es postulado por ella y resulta de ella. La universalidad estricta de la regla tampoco es en absoluto una propiedad de las reglas empíricas, a las que la inducción sólo puede dar una universalidad comparativa, es decir, sólo la posibilidad de ver extendido su uso. El uso de los conceptos puros del entendimiento sería, pues, muy distinto, si quisiéramos tratarlos sólo como productos empíricos.

§14.   Tránsito a la deducción trascendental de las categorías

Sólo hay dos casos posibles en los que una representación sintética y sus objetos pueden coincidir, mantener una relación recíproca necesaria y, por así decirlo, encontrarse: o bien sólo el objeto hace posible la representación, o bien sólo la representación hace posible el objeto. En el primer caso, esta relación es meramente empírica, y la representación nunca es posible *a priori*. Y éste es el caso del fenómeno, en relación con lo que se percibe en él. Pero si nos encontramos en el segundo caso, porque la representación en sí misma (ya que no se trata aquí de su causalidad a través de la voluntad) no produce su objeto en cuanto a su existencia, la representación es, sin embargo, decisiva *a priori* con respecto al objeto si sólo a través de ella es posible conocer algo como objeto. Ahora bien, hay dos condiciones que son las únicas que hacen posible el conocimiento de un objeto: en primer lugar, la intuición, por la que se da este objeto, pero sólo como fenómeno; en segundo lugar, el concepto, por el que se piensa un objeto que corresponde a esta intuición. Pero, de lo anterior se desprende que la primera condición, a saber, aquella bajo la cual sólo los objetos pueden ser intuidos, constituye de hecho *a priori* la base de los objetos en la mente en cuanto a su forma. Todos los fenómenos son, por tanto, necesariamente consistentes con esta condición formal de la sensibilidad, en la medida en que sólo pueden aparecer fenoménicamente gracias a ella, es decir, sólo pueden ser intuidos y dados empíricamente. Se plantea ahora la cuestión de si no intervienen también de antemano conceptos *a priori,* como condiciones bajo las cuales sólo algo, sin ser intuido, es, sin embargo, pensado como objeto en general; pues todo conocimiento empírico de objetos se ajusta necesariamente a tales conceptos, ya que, sin su presuposición, nada es posible como objeto empírico. Ahora bien, sucede que toda experiencia contiene todavía, además de la intuición de los sentidos, por la que algo es dado, un concepto de objeto que se da en la intuición o que aparece: en virtud de lo cual los conceptos de objetos en general intervendrán como condiciones *a priori,* en la base de todo conocimiento empírico. En consecuencia, el valor objetivo de las categorías como conceptos *a priori* descansará en el hecho de que sólo a través de ellas es posible la experiencia (en cuanto a la forma del pensamiento). Pues se relacionan necesariamente y *a priori* con objetos empíricos, ya que sólo a través de ellas en general puede pensarse cualquier objeto empírico.

La deducción trascendental de todos los conceptos *a priori* tiene, por tanto, un principio en el que debe basarse toda investigación, a saber: deben ser reconocidos como condiciones *a priori* de la posibilidad de la experiencia (ya sea de la intuición encontrada en ella o del pensamiento). Por tanto, son necesarios conceptos que proporcionen la base objetiva de la posibilidad de la experiencia. Dicho esto, el desarrollo de la experiencia allí donde se encuentran no es su deducción (sino su ilustración), porque entonces sólo se encontrarían allí contingentemente. Sin esta relación originaria con la experiencia posible, en la que se presentan todos los objetos del conocimiento, no podría entenderse en modo alguno la relación de estos mismos conceptos con cualquier objeto.

El célebre Locke, por descuidar esta consideración, y por haber encontrado en la experiencia conceptos puros del entendimiento, los había derivado también de la experiencia, en la que, sin embargo, procedió tan inconsecuentemente que se atrevió a intentar de este modo llegar al conocimiento mucho más allá de todos los límites de la experiencia. David Hume reconoció que, para poder hacer esto, era necesario que estos conceptos tuvieran su origen *a priori.* Sin embargo, en la medida en que era incapaz de explicar cómo era posible que el entendimiento se viera obligado a pensar en conceptos, que no están ligados en sí mismos en el entendimiento, pero sí necesariamente en el objeto, y porque no tenía idea de que el entendimiento, a través de estos conceptos mismos, era tal vez el autor de la experiencia en la que se encuentran sus objetos, los derivó, constreñidos y forzados, de la experiencia (es decir, de una necesidad subjetiva que surge de una asociación frecuente en la experiencia y, en última instancia, erróneamente considerada objetiva, es decir, del hábito); Pero luego procedió de un modo muy coherente, declarando imposible, con estos conceptos y los principios a que dan lugar, ir más allá de los límites de la experiencia. Dicho esto, la derivación empírica a la que ambos recurren no puede conciliarse con la realidad de los conocimientos científicos *a priori* de que disponemos, las matemáticas puras y la física general, y por tanto se contradice con el hecho.

El primero de estos dos hombres abrió la puerta de par en par a la exaltación del espíritu, porque una vez que la razón tiene los derechos de su parte, ya no se deja frenar por vagos llamamientos a la moderación; en cuanto al segundo, se abandonó por completo al escepticismo tan pronto como creyó haber descubierto, en lo que tan universalmente se tiene por razón, una ilusión de nuestra facultad de conocer. Ahora estamos tratando de ver si no podemos conducir felizmente a la razón humana entre estos dos escollos, fijándole límites definidos y, sin embargo, manteniéndole abierto todo el campo de actividad que sea coherente con su fin.

Antes de hacerlo, quiero simplemente volver, como preliminar, a la explicación de lo que son las categorías. Son conceptos de un objeto en general, por medio de los cuales se considera determinada la intuición de ese objeto con respecto a una de las funciones lógicas del juicio. Así, la función del juicio categórico era la de la relación sujeto-predicado, por ejemplo: todos los cuerpos son divisibles. Simplemente, con respecto al uso puramente lógico del entendimiento, quedaba indeterminado a cuál de los dos conceptos se pretendía dar la función de sujeto y a cuál la de predicado. Pues también podemos decir: algo divisible es un cuerpo. En cambio, por la categoría de sustancia, si subsumo en ella el concepto de cuerpo, obtenemos esta determinación de que la intuición empírica de un cuerpo en la experiencia debe ser considerada siempre sólo como sujeto, y nunca como mero predicado; y lo mismo para todas las demás categorías.

Segunda sección de la deducción de los conceptos puros del entendimiento

§15. Sobre la posibilidad de una síntesis en general

La diversidad de las representaciones puede darse en una intuición que es simplemente sensible, es decir, que no es más que receptividad, y la forma de esta intuición puede residir *a priori* en nuestro poder de representación, sin por ello ser otra cosa que el modo en que el sujeto es afectado. El hecho es que la conexión de una variedad en general nunca puede intervenir en nosotros a través de los sentidos, y que por tanto no puede estar contenida al mismo tiempo en la forma pura de la intuición sensible; pues es un acto de la espontaneidad de la facultad de representación, y en la medida en que, para diferenciarla de la sensibilidad, debemos llamar a esta espontaneidad entendimiento, podemos ser o no conscientes de la conexión, puede ser una conexión de la diversidad de la intuición o de una diversidad de conceptos, y en el primer caso la intuición puede ser sensible o no sensible: todo enlace es, sin embargo, un acto del entendimiento, que quisiéramos designar con la denominación general de síntesis, para señalar al mismo tiempo que no podemos representarnos nada como vinculado en el objeto sin haber producido antes nosotros mismos este enlace en él, y que, de todas las representaciones, la de enlace es la única que no puede ser dada por los objetos, sino que sólo puede ser realizada por el sujeto mismo, porque es un acto de su espontaneidad. Será fácil ver aquí que este acto debe ser necesariamente originariamente único y equivalente para toda ligazón, y que la disociación, el análisis, que parece ser su contrario, lo presupone, sin embargo, siempre; pues, allí donde el entendimiento no ha introducido previamente ninguna ligazón, no puede tampoco disociar nada, en la medida en que sólo a través de él algo ha podido ser dado, como ligado, a la facultad de representación. Pero el concepto de enlace contiene en sí, además del concepto de diversidad y su síntesis, también el de la unidad de esta diversidad. El enlace es la representación de la unidad sintética de lo diverso. La representación de esta unidad no puede, por tanto, provenir de la vinculación, sino que es lo que primero interviene para hacer posible el concepto de vinculación, añadiéndose a la representación de lo diverso. Esta unidad, que precede *a priori* a todos los conceptos de enlace, no puede ser la categoría de unidad antes mencionada (§10); pues todas las categorías se basan en funciones lógicas inscritas en nuestros juicios, pero en estos juicios ya se piensa en el enlace de los conceptos dados y, por tanto, en su unidad. Por tanto, la categoría ya presupone la conexión. En consecuencia, debemos buscar esta unidad (como cualitativa, §12) aún más arriba, a saber, en aquello que contiene el fundamento mismo de la unidad de los diversos conceptos implicados en los juicios, en consecuencia, en el fundamento de la posibilidad del entendimiento, incluso en su uso lógico.

§16. Sobre la unidad originariamente sintética de la apercepción

El «yo pienso» debe poder acompañar a todas mis representaciones, porque si no fuera así, se representaría en mí algo que de ningún modo podría ser pensado, lo que equivale a decir que la representación o bien sería imposible, o al menos no sería nada para mí. La representación que puede darse antes de cualquier pensamiento se llama intuición. En consecuencia, toda la diversidad de la intuición mantiene una relación necesaria con el «yo pienso», en el mismo sujeto donde se encuentra esta diversidad. Pero esta representación (el «yo pienso» originario) es un acto de espontaneidad, es decir, no puede considerarse como perteneciente a la sensibilidad. La llamo apercepción pura para distinguirla de la apercepción empírica, o apercepción originaria, porque es esa conciencia de uno mismo la que, al producir la representación «yo pienso», que debe poder acompañar a todas las demás y es una e idéntica en toda conciencia, no puede ser acompañada por ninguna otra. Llamo también a la unidad de esta representación la unidad trascendental de la autoconciencia, para designar la posibilidad del conocimiento *a priori* que procede de ella. Pues las diversas representaciones que se dan en una determinada intuición no constituirían todas juntas mis representaciones si no pertenecieran todas juntas a una autoconciencia, lo que significa que en la medida en que son mis representaciones (aunque yo no sea consciente de ellas en esta forma), deben en todo caso, por necesidad, conformarse a la condición bajo la cual sólo ellas pueden reunirse en una conciencia de uno mismo general, ya que de otro modo no me pertenecerían completamente. De esta conexión original se siguen muchas consecuencias.

Esta identidad completa de la apercepción de una diversidad dada en la intuición contiene una síntesis de representaciones y sólo es posible mediante la conciencia de esta síntesis. Pues la conciencia empírica, que acompaña a las diversas representaciones, está a su vez dispersa y sin relación con la identidad del sujeto. Esta relación no se establece todavía por el hecho de que yo acompañe cada representación con la conciencia, sino porque añado una representación a otra y soy consciente de su síntesis. Por tanto, sólo a condición de poder vincular en una conciencia una variedad de representaciones dadas me es posible representarme la identidad de la conciencia en estas mismas representaciones —lo que significa que la unidad analítica de la apercepción sólo es posible bajo el supuesto de alguna unidad sintética—. Pensar que estas representaciones dadas en la intuición me pertenecen todas equivale, pues, a decir que las uno en una conciencia, o al menos que puedo unirlas allí; y aunque no es todavía ella misma la conciencia de la síntesis de las representaciones, presupone, sin embargo, la posibilidad de ella. En otras palabras: sólo porque puedo captar la diversidad de estas representaciones en una conciencia las llamo a todas mis representaciones; pues, si no fuera así, tendría un yo tan abigarrado y diverso como las representaciones de las que soy consciente. La unidad sintética de la diversidad de las intuiciones, en cuanto dada *a priori,* es, pues, el fundamento de la identidad de la apercepción misma, que precede *a priori* a todo mi pensamiento determinado. Pero el vínculo no está en los objetos y no puede ser tomado de ellos por la percepción y recibido en el entendimiento pasando primero por él; al contrario, es sólo una operación del entendimiento, que no es en sí mismo más que el poder de vincular *a priori* y de inscribir la diversidad de las representaciones dadas bajo la unidad de la apercepción —éste es el principio supremo de todo conocimiento humano.

Este principio de la unidad necesaria de la apercepción es él mismo, por supuesto, idéntico: es, pues, una proposición analítica; pero declara, sin embargo, necesaria una síntesis de la diversidad dada en la intuición, síntesis sin la cual esta identidad completa de la conciencia de uno mismo no puede ser pensada. Sólo en la intuición, que es distinta de ella, puede darse la diversidad, y es a través de su conexión en una conciencia como puede pensarse. Un entendimiento en el que, a través de la conciencia de uno mismo, todo lo diverso se diera simultáneamente sería intuitivo; el nuestro sólo puede pensar, y debe buscar la intuición en los sentidos. Tengo, pues, conciencia de un yo idéntico en relación con la diversidad de representaciones que se me dan en una intuición, porque llamo mías a todas las representaciones, que forman una sola. Ahora bien, esto equivale a decir que tengo conciencia de una síntesis necesaria *a priori* de estas representaciones, síntesis que se llama unidad sintética originaria de la apercepción, a la que están sometidas todas las representaciones que me son dadas, pero bajo la cual deben inscribirse también por una síntesis.

§17. El principio de la unidad sintética de la apercepción es el principio supremo de todo el ejercicio de entendimiento

El principio supremo de la posibilidad de toda intuición, con respecto a la sensibilidad, consistía, según la Estética trascendental, en que toda la diversidad de la intuición estaba sometida a las condiciones formales del espacio y del tiempo. El principio supremo de esta misma posibilidad, con respecto al entendimiento, consiste en que toda la diversidad de la intuición está sometida a las condiciones de la unidad originariamente sintética de la apercepción. Todas las diversas representaciones de la intuición están sometidas al primero de estos principios en cuanto que nos son dadas; al segundo, en cuanto que deben poder ser vinculadas en una conciencia; de otro modo nada podría ser pensado ni conocido, porque las representaciones dadas no tendrían en común el acto de apercepción «yo pienso» y, por consiguiente, no serían aprehendidas conjuntamente en una conciencia de uno mismo.

En términos generales, el entendimiento es el poder del conocimiento. El conocimiento consiste en la relación determinada de representaciones dadas con un objeto. El objeto, por su parte, es aquello en cuyo concepto se reúne la diversidad de una intuición dada. Ahora bien, toda reunión de representaciones requiere la unidad de la conciencia en su síntesis. En consecuencia, la unidad de conciencia es lo único que constituye la relación de las representaciones con un objeto, y por tanto su validez objetiva: es así como estas representaciones se convierten en conocimiento, y es en esta unidad de conciencia en la que descansa la posibilidad misma del entendimiento.

El primer conocimiento puro del entendimiento, en el que se basa todo el resto de su uso, y que es también, al mismo tiempo, totalmente independiente de todas las condiciones de la intuición sensible, es, pues, el principio de la unidad sintética originaria de la apercepción. Así, la forma simple de la intuición sensible externa, el espacio, no es todavía en modo alguno conocimiento; el espacio sólo proporciona la miscelánea de la intuición *a priori* para el conocimiento posible. Pero para conocer cualquier cosa en el espacio, por ejemplo, una línea, tengo que dibujarla, y así tengo que poner en juego sintéticamente una conexión determinada del múltiple dado, de modo que la unidad de este acto es al mismo tiempo la unidad de la conciencia (en el concepto de línea) y es a través de ella como se conoce por primera vez un objeto (un espacio determinado). La unidad sintética de la conciencia es, pues, una condición objetiva de todo conocimiento: no sólo la necesito yo mismo para conocer un objeto, sino que toda intuición debe someterse a ella para que se convierta en objeto para mí, ya que, de otro modo y sin esta síntesis, lo diverso no se uniría en una conciencia.

Esta última proposición es en sí misma, como se ha dicho, analítica, aunque hace de la unidad sintética la condición de todo pensamiento; pues no dice nada más, excepto que todas mis representaciones, en cualquier intuición dada, deben someterse necesariamente a la condición bajo la cual sólo yo puedo atribuirlas, en tanto que son mis representaciones, al idéntico yo, y consecuentemente, en tanto que están vinculadas sintéticamente en una apercepción, reunirlas mediante la expresión general «yo pienso».

Dicho esto, sin embargo, este principio no constituye un principio para todo entendimiento posible en general, sino que es un principio sólo para aquel entendimiento cuya apercepción pura, en la representación «yo soy», no proporciona todavía ninguna diversidad. El entendimiento cuya conciencia de uno mismo proporcionaría al mismo tiempo la diversidad de la intuición, un entendimiento cuya representación haría existir al mismo tiempo los objetos de esta representación, no necesitaría un acto particular de la síntesis de la diversidad para la unidad de la conciencia, como lo necesita el entendimiento humano, que simplemente piensa, pero sin intuición. Para el entendimiento humano, por el contrario, éste es inevitablemente el primer principio, de modo que no puede formarse ni el más mínimo concepto de otro entendimiento posible, ni de un entendimiento que intuyera él mismo, ni de un entendimiento que tuviera como fundamento una intuición ciertamente sensible, pero, sin embargo, de un tipo enteramente distinto del que interviene en el espacio y en el tiempo.

§18. Naturaleza de la unidad objetiva de la conciencia de uno mismo

La unidad trascendental de la apercepción es aquella por la cual toda la diversidad dada en una intuición se reúne en un concepto del objeto. Por esta razón se llama objetiva y debe distinguirse de la unidad subjetiva de la conciencia, que es una determinación del sentido interno, por la cual esta diversidad de la intuición se da empíricamente con vistas a tal conexión. El que yo pueda hacerme empíricamente consciente de los diversos elementos como simultáneos o como sucesivos depende de circunstancias o condiciones empíricas; por consiguiente, la unidad empírica de la conciencia, tal como opera mediante la asociación de representaciones, está ella misma relacionada con un fenómeno y es totalmente contingente. Por el contrario, la forma pura de la intuición en el tiempo, simplemente como intuición en general que contiene una diversidad dada, está sujeta a la unidad originaria de la conciencia sólo a través de la relación necesaria de la diversidad de la intuición con el uno y único «yo pienso», así a través de la síntesis pura del entendimiento, que sirve *a priori* como fundamento de la síntesis empírica. Sólo esta unidad tiene un valor objetivo; la unidad empírica de la apercepción, que no estamos considerando aquí y que incidentalmente deriva de la primera *in concreto* sólo bajo condiciones empíricas dadas, tiene una validez meramente subjetiva. Un individuo vincula la representación de cierta palabra con una cosa, otro con otra cosa; y la unidad de conciencia, en lo empírico, no tiene validez necesaria y universal en relación con lo dado.

§19. La forma lógica de todos los juicios consiste en la unidad objetiva de la apercepción de todos los objetos que contienen

Nunca me ha satisfecho la definición que los lógicos dan de un juicio en general: es, dicen, la representación de una relación entre dos conceptos. Ahora bien, sin polemizar con ellos sobre el defecto lógico de esta definición de no convenir más que para los juicios categóricos, pero en absoluto para los juicios hipotéticos y disyuntivos (en la medida en que estos últimos contienen no sólo una relación entre conceptos, sino incluso una relación entre juicios, y aunque este defecto lógico haya conducido a muchas consecuencias desafortunadas), constato simplemente que no se determina aquí en qué consiste esta relación.

Dicho esto, si investigo con mayor precisión la relación existente, en cada juicio, entre el conocimiento que se da, y si la distingo, como perteneciente al entendimiento, de la relación establecida según las leyes de la imaginación reproductora (que sólo tiene validez subjetiva), encuentro que un juicio no es otra cosa que el modo de relacionar el conocimiento dado con la unidad objetiva de la apercepción. La finalidad de la cópula en estos juicios es distinguir entre la unidad objetiva de las representaciones dadas y su unidad subjetiva. Designa la relación de estas representaciones con la apercepción originaria y su unidad necesaria, aunque el juicio mismo sea empírico y por tanto contingente, por ejemplo, el juicio que afirma: los cuerpos pesan. Con esto no quiero decir, ciertamente, que estas representaciones se relacionen necesariamente entre sí en la intuición empírica, sino que se relacionan entre sí gracias a la unidad necesaria de la apercepción en la síntesis de las intuiciones, es decir, según principios que operan la determinación objetiva de todas las representaciones en la medida en que de ellas puede resultar conocimiento, principios todos ellos que derivan del principio fundamental de la unidad trascendental de la apercepción. Sólo así surge de esta relación un juicio, es decir, una relación que posee validez objetiva y es suficientemente distinta de la relación entre estas mismas representaciones cuya validez sería meramente subjetiva, por ejemplo, la relación que se establece según las leyes de asociación. Siguiendo a estas últimas, sólo podría decir: cuando cargo un cuerpo, siento una impresión de gravedad, pero no: en sí mismo, el cuerpo pesa —lo que equivale a decir que estas dos representaciones están vinculadas en el objeto, es decir, que son indiferentes al estado del sujeto, y que no se combinan simplemente en la percepción (por mucho que se repita).

§20. Todas las intuiciones sensibles están sujetas a las categorías consideradas como las condiciones que permiten reunir su diversidad en una sola conciencia

La diversidad dada en una intuición sensible se inscribe necesariamente bajo la unidad sintética originaria de la apercepción, pues sólo por su intermedio es posible la unidad de la intuición (§17). Pero el acto del entendimiento, por el cual la diversidad de las representaciones dadas (sean intuiciones o conceptos) es puesta bajo una apercepción general, es la función lógica de los juicios (§19). Toda diversidad, en cuanto dada en una intuición empírica, se determina así en consideración a una de las funciones lógicas del juicio, por la que se reduce a una conciencia en general. Ahora bien, las categorías no son otra cosa que estas mismas funciones del juicio, en cuanto que la diversidad de una intuición dada se determina en relación con ellas (§13). Así, lo diverso en una intuición dada está también necesariamente sometido a las categorías.

§21. Observación

Una diversidad contenida en una intuición que yo llamo propia es representada por la síntesis del entendimiento como perteneciente a la unidad necesaria de la autoconciencia, y esto sucede gracias a la categoría. La categoría muestra así que la conciencia empírica de una diversidad dada en una intuición única está sometida a una conciencia pura *a priori,* del mismo modo que la intuición empírica está sometida a una intuición sensible pura, que también opera *a priori.* La proposición precedente constituye, pues, el punto de partida para una deducción de los conceptos puros del entendimiento en la que, dado que las categorías surgen, independientemente de la sensibilidad, en el entendimiento simple, debemos aún abstraernos del modo en que lo diverso se da en una intuición empírica, para considerar únicamente la unidad que el entendimiento añade a la intuición por medio de la categoría. En lo que sigue (§26), se mostrará a partir del modo en que, en la sensibilidad, se da la intuición empírica, que la unidad de esta intuición no es otra que la que la categoría, de acuerdo con el §20 precedente, prescribe a la diversidad de una intuición dada en general, por lo que el objetivo de la deducción sólo se alcanzará plenamente en la medida en que se explique la validez *a priori* de la categoría respecto de todos los objetos de nuestros sentidos.

Pero hay un elemento que no podía ignorar en la prueba precedente, a saber, que la miscelánea destinada a la intuición debe darse todavía antes de la síntesis del entendimiento e independientemente de ella; lo que ocurre es que el modo de hacerlo aquí queda indeterminado. Pues, si quisiera formar el pensamiento de un entendimiento que fuera él mismo capaz de intuición (como, por ejemplo, un entendimiento divino, que no se representaría a sí mismo objetos dados, sino a través de cuya representación se darían o producirían al mismo tiempo los objetos mismos), las categorías carecerían de todo sentido con respecto a tal conocimiento. No son más que reglas para un entendimiento cuyo poder entero consiste en el pensamiento, es decir, en el acto de devolver a la unidad de la apercepción la síntesis de lo diverso que le ha sido dado por otra parte en la intuición, y que por tanto no conoce absolutamente nada por sí mismo, sino que se contenta con ligar y ordenar la materia destinada al conocimiento, a saber, la intuición, que debe serle dada por el objeto. Pero para la propiedad de nuestro entendimiento de establecer *a priori* la unidad de la apercepción sólo por medio de categorías, y además sólo por categorías precisamente de esta clase y número, puede darse una razón tan pequeña como la que puede darse para el hecho de que tengamos precisamente estas funciones del juicio y no otras, o para el hecho de que el espacio y el tiempo sean las únicas formas de nuestra intuición sensible.

§22. El único uso que tiene la categoría para el conocimiento de las cosas es su aplicación a los objetos de la experiencia

Pensar en un objeto y conocer un objeto no son la misma cosa. Pues el conocimiento tiene dos elementos: primero, el concepto, por el que se piensa un objeto en general (la categoría), y segundo, la intuición, por la que se da; pues si no pudiera darse en absoluto una intuición correspondiente a este concepto, este concepto sería efectivamente un pensamiento, en forma, pero desprovisto de objeto alguno, y a través de él no sería posible en absoluto el conocimiento de cosa alguna, porque, que yo sepa, no habría ni podría haber nada a lo que pudiera aplicarse mi pensamiento. Ahora bien, toda intuición posible para nosotros es sensible (Estética): por tanto, el pensamiento de un objeto en general sólo puede convertirse en conocimiento en nosotros, por medio de un concepto puro del entendimiento, en la medida en que este concepto se pone en relación con los objetos de los sentidos. La intuición sensorial es, o bien intuición pura (espacio y tiempo), o bien intuición empírica de lo que se representa inmediatamente como real en el espacio y en el tiempo, a través de la sensación. Determinando la primera, podemos obtener un conocimiento *a priori* de los objetos (en matemáticas), pero sólo en cuanto a su forma como fenómenos; si puede haber cosas que deban intuirse necesariamente según esta forma queda, sin embargo, aún por decidir. En consecuencia, los conceptos matemáticos en su conjunto no son en sí mismos conocimiento, a menos que supongamos que hay cosas que sólo pueden presentársenos bajo la forma de esta pura intuición sensible. Pero las cosas sólo se dan, en el espacio y en el tiempo, como percepciones (representaciones acompañadas de sensaciones), y por tanto a través del intermediario de una representación empírica. De ello se sigue que los conceptos puros del entendimiento, incluso cuando se aplican a intuiciones *a priori* (como en matemáticas), sólo proporcionan conocimiento si estas intuiciones, y por tanto también, a través de ellas, los conceptos del entendimiento, pueden aplicarse a intuiciones empíricas. En consecuencia, las categorías no nos proporcionan ningún conocimiento de las cosas a través de la intuición, sino a través de su posible aplicación a la intuición empírica, es decir, sólo sirven para hacer posible el conocimiento empírico. Y el conocimiento empírico se llama experiencia. En consecuencia, las categorías no tienen otra utilidad, para el conocimiento de las cosas, que en la medida en que éstas se tienen por objetos de experiencia posible.

§23

La proposición precedente es de la mayor importancia, pues determina los límites del uso de los conceptos puros del entendimiento en relación con los objetos, del mismo modo que la Estética trascendental determinó los límites del uso de la forma pura de nuestra intuición sensible. El espacio y el tiempo, como condiciones de posibilidad en virtud de las cuales se nos pueden dar los objetos, sólo tienen valor cuando se trata de objetos de los sentidos y, por tanto, sólo para la experiencia. Más allá de estos límites, no representan absolutamente nada; pues sólo están en los sentidos y no tienen realidad fuera de ellos. Los conceptos puros del entendimiento se liberan de esta limitación y se extienden a los objetos de la intuición en general, sea o no semejante a la nuestra, siempre que sea sensible y no intelectual. Dicho esto, esta extensión más amplia de los conceptos más allá de nuestra intuición sensible no nos sirve de nada. Pues son entonces conceptos vacíos de objetos, y en cuanto a si sólo tales objetos son alguna vez posibles o imposibles, no podemos en modo alguno juzgar por medio de estos conceptos, meras formas de pensamiento sin realidad objetiva, porque no disponemos de ninguna intuición a la que pueda aplicarse la unidad sintética de la apercepción, único contenido de estos conceptos, aunque sea de este modo como podrían determinar un objeto. Sólo nuestra intuición sensible y empírica puede darles sentido y significado.

Si, aceptamos, pues, como dado un objeto de intuición no sensible, podemos ciertamente producir una representación del mismo por medio de todos los predicados que ya están incluidos en esta presuposición según la cual nada de lo que pertenece a la intuición sensible le conviene: así podemos decir que no está extendido o que no está en el espacio, que su duración está fuera del tiempo, que en él no hay cambio (sucesión de determinaciones en el tiempo), etcétera. Pues, en este caso, no me he representado en absoluto la posibilidad de un objeto para mi concepto puro de entendimiento, ya que no he podido proporcionar ninguna intuición que le corresponda, sino que sólo he podido decir que la nuestra no se aplica a él. Lo decisivo aquí, sin embargo, es que a algo así no se le puede aplicar nunca categoría alguna, por ejemplo, el concepto de sustancia, es decir, de algo que puede existir como sujeto, pero nunca como mero predicado: respecto a tal concepto, no tengo la menor idea de que pueda haber cosa alguna capaz de corresponder a esta determinación del pensamiento, a no ser que una intuición empírica me proporcione la oportunidad de aplicarla. En cualquier caso, desarrollaremos este punto más adelante.

§24. Sobre la aplicación de las categorías a los objetos de los sentidos en general

Los conceptos puros del entendimiento se relacionan, por el simple entendimiento, con los objetos de la intuición en general, ya sea la nuestra o alguna otra, siempre que en todo caso sea sensible; pero ésta es precisamente la razón por la que son simples formas de pensamiento por las que aún no se conoce ningún objeto determinado. La síntesis, o enlace, de lo diverso en estos conceptos se refería únicamente a la unidad de la percepción, y constituía así el fundamento de la posibilidad del conocimiento *a priori,* en cuanto descansa en el entendimiento: por consiguiente, no era simplemente trascendental, sino incluso puramente intelectual. Pero como en el fondo de nosotros mismos hay una cierta forma de intuición sensible *a priori* que descansa en la receptividad de la capacidad de representación (sensibilidad), el entendimiento puede, como espontaneidad, determinar el sentido interno por la diversidad de las representaciones dadas, de un modo conforme a la unidad sintética de la apercepción, y pensar así *a priori* la unidad sintética de la apercepción de la diversidad de la intuición sensible como la condición a la que deben estar necesariamente sometidos todos los objetos de nuestra intuición (intuición humana): en efecto, es así como las categorías, como meras formas del pensamiento, obtienen realidad objetiva, es decir, aplicación a objetos que pueden sernos dados en la intuición, pero sólo como fenómenos; pues sólo respecto de estos últimos somos capaces de intuición *a priori.*

Esta síntesis de la diversidad de la intuición sensible, que es posible y necesaria *a priori,* puede llamarse figurada *(synthesis speciosa),* para distinguirla de la que realizaría el pensamiento, en la categoría simple, en relación con la diversidad de una intuición en general, y que se llama síntesis intelectual *(synthesis intellectualis):* ambas son trascendentales, no sólo porque ellos mismos preceden *a priori* a todo conocimiento, sino también porque fundan *a priori* la posibilidad de otros conocimientos.

Pero la síntesis figurada, cuando sólo se refiere a la unidad originariamente sintética de la apercepción, es decir, a esa unidad trascendental que es el pensamiento en las categorías, debe, para distinguirse del nexo meramente intelectual, llamarse síntesis trascendental de la imaginación. La imaginación es el poder de representar un objeto en la intuición incluso sin su presencia. Ahora bien, dado que toda nuestra intuición es sensible, la imaginación, por la condición subjetiva bajo la cual sólo ella puede dar a los conceptos del entendimiento una intuición correspondiente, pertenece a la sensibilidad; pero en la medida en que su síntesis es un ejercicio de espontaneidad, que es determinante y no meramente, como el sentido, determinable, y que, en consecuencia, puede determinar *a priori* el sentido en cuanto a su forma, de acuerdo con la unidad de la apercepción, la imaginación es, como tal, un poder de determinar *a priori* la sensibilidad, y la síntesis de intuiciones que realiza, de acuerdo con las categorías, debe ser la síntesis trascendental de la imaginación —síntesis que es efecto del entendimiento sobre la sensibilidad y primera aplicación de ésta (a la vez que fundamento de todas las demás) a los objetos de intuición que nos son posibles—. Como síntesis figurada, se distingue de la síntesis intelectual, que se realiza sin intervención alguna de la imaginación, únicamente por mediación del entendimiento. Ahora bien, en la medida en que la imaginación es espontaneidad, también la llamo a veces imaginación productiva, y la distingo así de la imaginación reproductiva, cuya síntesis está sometida exclusivamente a leyes empíricas, a saber, las de asociación, y que, en consecuencia, no aporta nada a la explicación de la posibilidad del conocimiento *a priori* y, por esta razón, no pertenece a la filosofía trascendental, sino a la psicología.

* * *

Es oportuno ahora explicar la paradoja que debe haber golpeado a todos cuando se explicó la forma del sentido interno (§6) —a saber, que el sentido interno nos presenta a la conciencia sólo como aparecemos fenoménicamente a nosotros mismos, y no como somos en nosotros mismos, porque no tenemos ninguna intuición de nosotros mismos que no sea la de la forma en que estamos internamente afectados, lo que parece contradictorio en la medida en que deberíamos comportarnos pasivamente hacia nosotros mismos—. Por eso los sistemas psicológicos tienden a identificar el sentido interno con la facultad de apercepción (que distinguimos escrupulosamente).

Lo que determina el sentido interno es el entendimiento y su poder originario de conectar la diversidad de la intuición, es decir, de someter esta diversidad a una apercepción (como aquello en lo que descansa su posibilidad misma). Porque, dicho esto, el entendimiento, para nosotros que somos seres humanos, no es él mismo una potencia de intuiciones y porque, aunque esta intuición le sea dada en la sensibilidad, no puede, sin embargo, integrarla en sí mismo para, por así decirlo, vincular la diversidad de su propia intuición, por tanto su síntesis, si la consideramos en sí misma, no es otra cosa que la unidad del acto del que es consciente, en cuanto tal, incluso sin la intervención de la sensibilidad, pero por la cual él mismo tiene el poder de determinar interiormente la sensibilidad en relación con la diversidad que puede dársele por la sensibilidad según la forma de su intuición. Bajo el nombre de síntesis trascendental de la imaginación, ejerce, pues, sobre el sujeto pasivo cuya potencia es, una acción de la que decimos con razón que el sentido interno es afectado por ella. La apercepción y su unidad sintética se funden tan poco con el sentido interno que, bajo el nombre de categorías, se relacionan más bien, como fuente de toda conexión, con la variedad de las intuiciones en general, anteriores a toda intuición sensible, y por tanto con los objetos en general. Por el contrario, el sentido interno contiene la forma simple de la intuición, pero sin conexión alguna con la diversidad, y en consecuencia no contiene todavía absolutamente ninguna intuición determinada, cuya posibilidad sólo surge con la conciencia de la determinación del sentido interno por el acto trascendental de la imaginación (influencia sintética del entendimiento sobre el sentido interno), que he llamado síntesis figurada. Esto es lo que siempre percibimos en nuestro interior. No podemos pensar en una línea sin dibujarla mentalmente, o en un círculo sin describirlo; no podemos pensar en las tres dimensiones del espacio sin dibujar, a partir del mismo punto de origen, tres líneas perpendiculares entre sí, o incluso en el tiempo sin dibujar una línea recta (que debe ser la representación exterior figurada del tiempo) y al mismo tiempo concentrar nuestra atención en el acto de síntesis de los diversos por los que determinamos sucesivamente el sentido interno, y de ahí, en este sentido, en la sucesión de esta determinación. Lo que interviene primero para producir incluso el concepto de sucesión es el movimiento, considerado como un acto del sujeto (y no como la determinación de un objeto), y en consecuencia la síntesis de los elementos diversos en el espacio si, prescindiendo de este último, centramos nuestra atención únicamente en el acto por el que determinamos el sentido interno en cuanto a su forma. Por tanto, el entendimiento no encuentra tal conexión de la diversidad en el sentido interno, como si ya estuviera presente, sino que es afectando a este sentido como la produce. Dicho esto, la cuestión de cómo el yo, el «yo pienso», es distinto del yo que se intuye a sí mismo (puesto que todavía puedo representarme, al menos como posible, otro modo de intuición) y, sin embargo, no forma más que un solo y mismo sujeto con este último; en otras palabras: cómo puedo decir entonces que yo, como inteligencia y sujeto pensante, me conozco a mí mismo como objeto pensado, en la medida en que además me soy dado a mí mismo en la intuición, simplemente como los demás fenómenos, no como soy ante el entendimiento, sino como me aparezco a mí mismo: la cuestión entraña ni más ni menos dificultad que la de saber cómo puedo en general ser para mí mismo un objeto, y más precisamente un objeto de intuición y de percepciones internas. Sin embargo, que esto debe ser así en cualquier caso, puede demostrarse claramente, tan pronto como consideremos que el espacio es una mera forma pura de los fenómenos de los sentidos externos, observando que no podemos representar el tiempo, que, sin embargo, no es un objeto de intuición externa, más que por la imagen de una línea que trazamos, un modo de presentación sin el cual no podríamos conocer en modo alguno su unidimensionalidad; de la misma manera debemos siempre derivar la determinación de la longitud del tiempo, o de las épocas, para todas las percepciones internas, de lo que las cosas externas se nos presentan como cambiantes, de modo que debemos ordenar las determinaciones del sentido interno, como fenómenos inscritos en el tiempo, exactamente de la misma manera que ordenamos las del sentido externo en el espacio. En consecuencia, si convenimos, con respecto a este último, en que conocemos así los objetos sólo en la medida en que somos afectados exteriormente, debemos reconocer también, con respecto al sentido interno, que nos proporciona una intuición de nosotros mismos sólo de acuerdo con la manera en que somos afectados interiormente por nosotros mismos; es decir, con respecto a la intuición interna, conocemos nuestro propio sujeto sólo como fenómeno, pero no de acuerdo con lo que es en sí mismo.

§25

Por el contrario, soy consciente de mí mismo, en la síntesis trascendental de la diversidad de las representaciones en general, por consiguiente, en la unidad sintética originaria de la apercepción, no como me aparezco fenoménicamente, ni como soy en mí mismo, sino que sólo soy consciente del hecho de que soy. Esta representación es un pensamiento, no una intuición. Ahora bien, dado que, para el conocimiento de nosotros mismos, además del acto de pensar que relaciona la diversidad de toda intuición posible con la unidad de la apercepción, se requiere todavía un tipo específico de intuición por el que se da esta diversidad, mi propia existencia no es ciertamente una mera apariencia fenoménica (y mucho menos una mera apariencia), sino que la determinación de mi existencia sólo puede realizarse según la forma del sentido interno, según el modo particular en que se da en la intuición interna la diversidad que yo vinculo; y, por consiguiente, no tengo conocimiento de mí mismo tal como soy, sino sólo tal como me aparezco a mí mismo. La conciencia de uno mismo está, pues, todavía lejos de ser conocimiento de uno mismo, a pesar de todas las categorías que constituyen el pensamiento de un objeto en general vinculando lo diverso en una apercepción. Así como para el conocimiento de un objeto distinto de mí necesito no sólo el pensamiento de un objeto en general (en la categoría), sino también una intuición por la que determino este concepto general, así para el conocimiento de mí mismo necesito no sólo la conciencia o el hecho de que me pienso a mí mismo, sino también una intuición de la diversidad presente en mí, por la que determino este pensamiento; y existo como una inteligencia que sólo tiene conciencia de su poder de asociar, pero que, con respecto a la variedad que tiene que asociar, está sujeta a una condición restrictiva que llama sentido interno, consistente en que sólo puede hacer perceptible esta asociación según relaciones temporales, que son completamente exteriores a los conceptos propios del entendimiento. En consecuencia, esta inteligencia sólo puede en todo caso conocerse a sí misma tal como se le aparece simplemente a la luz de una intuición (que no puede ser intelectual y estar dada por el entendimiento mismo), y no como se conocería a sí misma si su intuición fuera intelectual.

§26. Deducción trascendental del uso experimental que generalmente se puede hacer de los conceptos puros del entendimiento

En la deducción metafísica, el origen *a priori* de las categorías se demostró en general por su perfecta concordancia con las funciones lógicas universales del pensamiento, mientras que, en la deducción trascendental, es la posibilidad de estas categorías como conocimiento *a priori* de los objetos de una intuición en general lo que se demostró (§§20, 21). Ahora debemos explicar la posibilidad de conocer *a priori,* por medio de categorías, los objetos que sólo pueden ser dados alguna vez a nuestros sentidos, y esto no con respecto a la forma de su intuición, sino con respecto a las leyes de su conexión: debemos, pues, explicar cómo es posible de algún modo prescribir a la naturaleza su ley e incluso hacerla posible. Pues, sin esta capacidad de las categorías, no podríamos esclarecer cómo todo lo que sólo puede ser dado a nuestros sentidos debe estar necesariamente sometido a las leyes que proceden *a priori* sólo del entendimiento.

En primer lugar, observo que, por síntesis de la aprehensión, entiendo la reunión de lo diverso en una intuición empírica, por la cual se hace posible una percepción, es decir, una conciencia empírica de esta intuición (como fenómeno).

Tenemos *a priori,* en las representaciones del espacio y del tiempo, formas de intuición sensible, tanto externas como internas, y la síntesis de la aprehensión de la diversidad fenoménica debe ajustarse siempre a ellas, puesto que ella misma sólo puede operar según esta condición formal. Pero el espacio y el tiempo se representan *a priori,* no simplemente como formas de la intuición sensible, sino como intuiciones mismas (que contienen una diversidad), en consecuencia, con la determinación de la unidad que esta diversidad presenta *(véase Estética trascendental).* Por tanto, incluso la unidad de la síntesis de lo diverso presente fuera de nosotros o en nosotros, y en consecuencia también vínculo al que debe conformarse todo lo que debe representarse como determinado en el espacio o en el tiempo, está ya, como condición de la síntesis de toda aprehensión, dada *a priori* con (y no en) estas intuiciones. Pero esta unidad sintética no puede ser otra que la de la conexión de los diversos pertenecientes a una intuición dada en general en una conciencia originaria, de acuerdo con las categorías, con una simple aplicación a nuestra intuición sensible. En consecuencia, toda síntesis por la que se hace posible la percepción misma está sujeta a las categorías; y en la medida en que la experiencia es conocimiento realizado por medio de percepciones vinculadas entre sí, las categorías son las condiciones de posibilidad de la experiencia, y por tanto se aplican también *a priori* a todos los objetos de la experiencia.

* * *

Así, cuando, por ejemplo, transformo la intuición empírica de una casa en percepción aprehendiendo la variedad que contiene, la unidad necesaria del espacio y de la intuición sensible externa en general es para mí la base de este proceso, y trazo su configuración, por así decirlo, de acuerdo con esta unidad sintética de la variedad en el espacio. Pero esta misma unidad sintética, si prescindo de la forma del espacio, tiene su asiento en el entendimiento, y constituye la categoría de la síntesis de lo homogéneo en una intuición en general, es decir, la categoría de la cantidad, a la que esta síntesis de la aprehensión, es decir, la percepción, debe por tanto conformarse absolutamente.

Cuando (por poner otro ejemplo) percibo la congelación del agua, aprehendo dos estados (el de fluidez y el de solidez) como manteniendo entre ellos una relación temporal. Pero en el tiempo, que doy como fundamento del fenómeno como intuición interna, me represento necesariamente una unidad sintética de lo diverso, sin la cual esta relación no podría darse en una intuición de modo determinado (desde el punto de vista de la sucesión). Ahora bien, esta unidad sintética, como condición *a priori* bajo la cual relaciono los diversos elementos de una intuición en general, si prescindo de la forma constante de mi intuición interna, es decir, del tiempo, es la categoría de causa, por la cual determino, aplicándola a mi sensibilidad, todo lo que acontece en el tiempo en general con respecto a sus relaciones. Por lo tanto, la aprehensión en un acontecimiento de este tipo, y en consecuencia el acontecimiento mismo con respecto a la posibilidad de percepción, están sujetos al concepto de la relación de efectos y causas, y es lo mismo en todos los demás casos.

* * *

Las categorías son conceptos que prescriben leyes *a priori* a los fenómenos y, por consiguiente, a la naturaleza considerada como la totalidad de todos los fenómenos *(natura materialiter spectata);* y puesto que estas categorías no se derivan de la naturaleza ni se regulan sobre ella como sobre su modelo (pues de otro modo serían meramente empíricas), se plantea entonces la cuestión de cómo entender que la naturaleza deba regularse sobre estas categorías, es decir, cómo pueden determinar *a priori* la conexión de lo diverso en la naturaleza sin derivar esta conexión de la naturaleza. He aquí la solución a este enigma.

El modo en que las leyes de los fenómenos en la naturaleza concuerdan necesariamente con el entendimiento y su forma *a priori,* es decir, con su poder de vincular lo diverso en general, no es más extraño que el modo en que los fenómenos mismos concuerdan necesariamente con la forma *a priori* de la intuición sensible. Pues las leyes no existen más en los fenómenos (sino sólo en relación con el sujeto al que los fenómenos son inherentes, en la medida en que está dotado de entendimiento) que los fenómenos existen en sí mismos (pero sólo en relación con el mismo ser, en la medida en que está dotado de sentido). Las cosas en sí encontrarían en sí mismas la necesidad de su conformidad con las leyes, aparte incluso de un entendimiento que las conozca. Pero los fenómenos no son más que representaciones de cosas de las que se desconoce lo que pueden ser en sí mismas. Como meras representaciones, pues, no están sujetos a otra ley que pueda vincularlos entre sí que la que prescribe el poder que los vincula. Ahora bien, lo que enlaza la diversidad de la intuición sensible es la imaginación, que depende del entendimiento para la unidad de la síntesis intelectual que realiza, y de la sensibilidad para la diversidad implicada en la aprehensión. Dado que toda percepción sensible depende de la síntesis de la aprehensión, pero ésta a su vez, como síntesis empírica, depende de la síntesis trascendental, por tanto de las categorías, de todas las percepciones posibles, por tanto también de todo lo que pueda llegar a la conciencia empírica, es decir, todos los fenómenos de la naturaleza, deben estar necesariamente sujetos, en cuanto a su conexión, a las categorías, de las que depende la naturaleza (considerada simplemente como naturaleza en general) como si encontrara allí el fundamento originario de su necesaria conformidad a las leyes (como *natura formaliter spectata)*. Pero prescribir más leyes que aquellas sobre las que descansa la naturaleza en general, como la conformidad de los fenómenos a leyes en el espacio y en el tiempo, es una operación para la que tampoco basta el puro poder que posee el entendimiento de prescribir *a priori* leyes para los fenómenos por medio de simples categorías. Las leyes particulares, por referirse a fenómenos empíricamente determinados, no pueden derivarse completamente de las categorías, aunque todos estén sometidos a ellas en su conjunto. Necesitamos la ayuda de la experiencia para aprender a conocer estas leyes en general; pero con respecto a la experiencia en general y a lo que puede ser conocido como objeto de experiencia, sólo las leyes del primer tipo nos proporcionan *a priori* la instrucción necesaria.

§27.   Resultado de esta deducción de los conceptos del entendimiento

No podemos pensar ningún objeto sino por medio de categorías; no podemos conocer ningún objeto pensado sino por medio de intuiciones correspondientes a estos conceptos. Ahora bien, todas nuestras intuiciones son sensibles, y este conocimiento, en la medida en que el objeto está dado, es empírico. Pero el conocimiento empírico es experiencia. Por consiguiente, no nos es posible ningún conocimiento *a priori,* salvo el que es exclusivamente conocimiento de objetos de experiencia posible.

Pero este conocimiento, que sólo se limita a los objetos de la experiencia, no es totalmente derivado de la experiencia; por el contrario, tanto en lo que se refiere a las intuiciones puras como a los conceptos puros del entendimiento, se trata de elementos de conocimiento que se encuentran en nosotros *a priori.* Sencillamente, sólo hay dos maneras de concebir una concordancia necesaria de la experiencia con los conceptos de sus objetos: o bien la experiencia hace posibles estos conceptos, o bien estos conceptos hacen posible la experiencia. La primera posibilidad no puede admitirse respecto de las categorías (ni tampoco respecto de la intuición sensible pura); pues éstas son conceptos *a priori,* y por tanto independientes de la experiencia (la afirmación de un origen empírico sería una especie de *generatio aequivoca).* Sólo queda, pues, la segunda posibilidad (que se abre, por así decirlo, a un sistema de epigénesis de la razón pura): que las categorías contengan, del lado del entendimiento, los principios de posibilidad de toda experiencia en general. Cómo, dicho esto, hacen posible la experiencia, y qué principios fundamentales de su posibilidad proporcionan en su aplicación a los fenómenos, es lo que se enseñará con más detalle en el próximo capítulo, dedicado al uso trascendental de la facultad de juzgar. Alguien podría querer proponer, entre las dos únicas vías que se han mencionado, una vía intermedia, a saber, que las categorías no son ni primeros principios *a priori,* espontáneamente pensados, de nuestro conocimiento, ni principios extraídos de la experiencia, sino disposiciones subjetivas al pensamiento, inscritas en nosotros al mismo tiempo que nuestra existencia y que han sido puestas por nuestro creador de tal manera que su uso concuerda exactamente con las leyes de la naturaleza según las cuales se desarrolla la experiencia (una especie de sistema de la preformación de la razón pura). La objeción decisiva a esta vía intermedia (aparte de que, en tal hipótesis, es imposible ver hasta dónde se extiende la suposición de disposiciones predeterminadas para los juicios futuros) es que, en este caso, las categorías carecerían de la necesidad que pertenece por esencia a su concepto. Pues, por ejemplo, el concepto de causa, que expresa la necesidad de una consecuencia a partir del presupuesto de una condición, sería falso si descansara sólo en una necesidad subjetiva, arbitraria e innata en nosotros, que nos llevara a vincular ciertas representaciones empíricas según tal regla de sus relaciones. Yo no podría decir: el efecto está vinculado a su causa en el objeto (es decir, con necesidad), sino: Simplemente estoy hecho de tal manera que no puedo pensar esta representación más que desde la perspectiva de tal conexión —lo que corresponde exactamente al deseo más fuerte del escéptico; porque a partir de entonces todo lo que comprendemos gracias al supuesto valor objetivo de nuestros juicios no es más que pura apariencia, y además no faltaría quien no reconociera, en lo que a él concierne, esta necesidad subjetiva (que debe ser sentida); al menos no podríamos discutir con nadie sobre algo que descansa únicamente, en cada persona, en la manera en que está organizada su subjetividad.

Resumen de esta deducción

Consiste en la presentación de los conceptos puros del entendimiento (y, con ellos, de todo conocimiento teórico *a priori)* como principios de la posibilidad de la experiencia, pero de la experiencia considerada como determinación de los fenómenos en el espacio y en el tiempo en general, extrayéndola finalmente del principio de la unidad originariamente sintética de la apercepción, como forma del entendimiento en su relación con el espacio y el tiempo como formas originarias de la sensibilidad.

* * *

Sólo hasta ahora considero necesaria la división en párrafos, porque estábamos tratando conceptos elementales. Ahora que vamos a utilizarlos, la presentación podrá seguir sin problemas sin dichos párrafos.

Libro segundo de la analítica trascendental
La analítica de los principios

La lógica general está construida según un plan que corresponde exactamente a la división de las facultades superiores de conocer, que son: entendimiento, juicio y razón. En su análisis, pues, esta doctrina trata de conceptos, juicios y razonamientos, en conformidad directa con las funciones y el orden de aquellas facultades de la mente que se comprenden bajo la amplia denominación de entendimiento en general.

En la medida en que la lógica meramente formal en la que aquí pensamos prescinde de cualquier contenido del conocimiento (la cuestión de si es puro o empírico), y sólo se ocupa de la forma del pensamiento en general (el conocimiento discursivo), también puede abarcar, en su parte analítica, el canon destinado a la razón, cuya forma tiene su regla determinada, que se puede ver *a priori* simplemente descomponiendo los actos de la razón en sus momentos, sin tener en cuenta la naturaleza particular del conocimiento de que se trate.

La lógica trascendental, en la medida en que se limita a un contenido específico, a saber, sólo el del conocimiento *a priori* puro, no puede tomarlo como modelo para esta división. Pues es evidente que el uso trascendental de la razón no tiene valor objetivo y que, por tanto, no pertenece a la lógica de la verdad, es decir, a la analítica, sino que, como lógica de la apariencia, requiere, bajo el nombre de dialéctica trascendental, una parte específica del edificio escolástico.

El entendimiento y el juicio encuentran así en la lógica trascendental el canon de su uso con valor objetivo, por consiguiente, de su verdadero uso, y caen así dentro de su parte analítica. Sólo la razón, en sus intentos de establecer algo *a priori* acerca de los objetos y de extender el conocimiento más allá de los límites de la experiencia posible, es entera y plenamente dialéctica, y sus afirmaciones ilusorias no encajan en modo alguno en un canon del tipo que debe contener, en cambio, la analítica.

La analítica de los principios será, pues, simplemente un canon para el Juicio, un canon que enseña al Juicio cómo aplicar a los fenómenos los conceptos del entendimiento que contienen la condición de reglas *a priori*. Por eso, tomando como tema los principios fundamentales propios del entendimiento, utilizaré el nombre de doctrina del Juicio, con el que se designa más exactamente lo que aquí se emprende.

INTRODUCCIÓN. SOBRE EL JUICIO TRASCENDENTAL EN GENERAL

Si el entendimiento en general se define como el poder de las reglas, el juicio es el poder de subsumir bajo reglas, es decir, de distinguir si algo cae o no bajo una regla dada *(casus datae legis)*. La lógica general no contiene ni puede contener preceptos para el juicio. En efecto, puesto que se abstrae de todo contenido de conocimiento, sólo le queda exponer por separado, mediante un enfoque analítico, la forma simple del conocimiento en conceptos, en juicios y en razonamientos, y sacar así a la luz las reglas formales de cualquier uso del entendimiento. Si luego quería mostrar de un modo general cómo debemos subsumirnos bajo estas reglas, es decir, discernir si algo está sometido a ellas o no, sólo podía hacerlo con la ayuda de una regla. Ahora bien, tal regla, precisamente por ser regla, requiere de nuevo el entrenamiento del juicio; y así resulta que el entendimiento es ciertamente capaz de aprender y armarse por medio de reglas, pero que el juicio es un talento particular, que no puede aprenderse en absoluto, sino sólo ejercitarse. De ahí que esta facultad sea también la característica específica de lo que se llama sentido común, cuya ausencia ninguna escuela puede suplir; pues una escuela puede muy bien ofrecer a un entendimiento limitado un cúmulo de reglas tomadas de una inteligencia extraña e injertarlas, por así decirlo, en él: aun así, el alumno debe tener el poder de usarlas correctamente, y ninguna regla que pueda prescribirse con este fin es, a falta de tal don natural, una garantía contra el mal uso. Esta es la razón por la que un médico, un juez o un político pueden tener en mente un gran número de finas reglas de patología, derecho o política, hasta el punto de ser considerados en estas materias como profesores eméritos, y, sin embargo, fallar fácilmente en la aplicación de dichas reglas, bien porque carecen de Juicio natural (aunque no carezcan de entendimiento) y aunque ciertamente perciben lo general *in abstracto,* no tienen la capacidad de discernir si un caso cae dentro de ello *in concreto,* bien porque no han sido suficientemente preparados para el Juicio mediante ejemplos concretos y casos reales. Esta es, por cierto, la única y gran utilidad de los ejemplos: agudizan el Juicio. En cambio, cuando se trata de la exactitud y precisión de lo que el entendimiento capta, suelen ser más bien perjudiciales, en la medida en que rara vez cumplen adecuadamente la condición de la regla (como *casus in terminis),* y que, además, a menudo debilitan la tensión del entendimiento necesaria para percibir las reglas en toda su suficiencia en su generalidad e independientemente de las circunstancias particulares de la experiencia —de modo que, al final, los ejemplos nos acostumbran a utilizar las reglas más como fórmulas que como principios—. De este modo, son como el carro rodante que enseña a andar al Juicio: quien carezca del talento natural que requiere, nunca sabrá prescindir de él.

Dicho esto, si bien la lógica general no puede proporcionar preceptos para el Juicio, no puede decirse lo mismo de la lógica trascendental, de modo que ésta parece tener como asunto propio corregir y asegurar el Juicio, mediante reglas específicas, en el uso que hace del entendimiento puro. En efecto, para ampliar el ámbito del entendimiento en el campo del conocimiento puro *a priori,* y por tanto como doctrina, la filosofía parece completamente innecesaria, o más bien fuera de lugar, ya que después de todos los intentos realizados hasta ahora, ha ganado poco terreno, si es que ha ganado alguno, mientras que, como crítica, para evitar que el Juicio cometa errores *(lapsus judicii)* en el uso del reducido número de conceptos puros del entendimiento de que disponemos, la filosofía se nos ofrece con toda su sagacidad y arte de examinar.

Ahora bien, la filosofía trascendental tiene la particularidad de que, además de la regla (o más bien de la condición general que preside las reglas), que se da en el concepto puro del entendimiento, puede al mismo tiempo indicar *a priori* el caso para el que debe aplicarse la regla. La razón de su privilegio a este respecto sobre todas las demás ciencias que proporcionan conocimientos (excepto las matemáticas) reside en el hecho de que trata de conceptos que deben relacionarse *a priori* con sus objetos y cuyo valor objetivo no puede, por tanto, establecerse *a posteriori,* pues hacerlo sería despreciar por completo su dignidad; Por el contrario, debe al mismo tiempo establecer, según características generales pero suficientes, las condiciones bajo las cuales pueden darse objetos que estén de acuerdo con estos conceptos, ya que de otro modo estos últimos estarían desprovistos de todo contenido y constituirían por tanto meras formas lógicas, pero no conceptos puros del entendimiento.

Esta doctrina trascendental del Juicio contendrá, pues, dos capítulos: el primero trata de la condición sensible bajo la cual sólo pueden utilizarse conceptos puros del entendimiento, es decir, el esquematismo del entendimiento puro; el segundo trata de los juicios sintéticos que, bajo estas condiciones, derivan *a priori* de los conceptos puros del entendimiento y sirven de fundamento a todos los demás conocimientos *a priori,* en otras palabras: los principios fundamentales del entendimiento puro.

Capítulo primero de la doctrina trascendental del juicio (o analítica de los principios).

Sobre el schematismo de los conceptos puros del entendimiento

En toda subsunción de un objeto bajo un concepto, la representación del primero debe ser homogénea con la del segundo, es decir, el concepto debe contener lo que está representado en el objeto que se subsume bajo él —pues esto es precisamente lo que significa la expresión: un objeto está contenido bajo un concepto—. Así, el concepto empírico de plato tiene una dimensión de homogeneidad con el concepto geométrico puro de círculo, en la medida en que la forma redonda que se piensa en el primero puede intuirse en la segunda representación.

Ahora bien, los conceptos puros del entendimiento, comparados con las intuiciones empíricas (o incluso, de un modo general, con las intuiciones sensibles), les son totalmente heterogéneos y nunca pueden encontrarse en ninguna intuición. ¿Cómo, en estas condiciones, es posible la subsunción de estas intuiciones empíricas bajo estos conceptos puros, y en consecuencia la aplicación de la categoría a los fenómenos, dado que en cualquier caso nadie dirá que esta categoría, por ejemplo, la causalidad, puede también ser intuida por los sentidos, y que está contenida en el fenómeno? Es esta cuestión, tan natural y tan importante, la que precisamente hace necesaria una doctrina trascendental del Juicio, para mostrar cómo los conceptos puros del entendimiento pueden aplicarse a los fenómenos en general. En todas las demás ciencias, donde los conceptos por medio de los cuales se piensa el objeto en su generalidad no son tan diferentes y heterogéneos de los que representan el objeto en concreto, tal como se da, no es necesario dar una explicación particular acerca de la aplicación de los primeros a este objeto.

Siendo así, es evidente que debe haber un tercer término que sea homogéneo, por una parte con la categoría, y por otra con el fenómeno, y que permita aplicar el primero al segundo. Esta representación intermedia debe ser pura (desprovista de todo elemento empírico) y, sin embargo, por una parte, intelectual, por otra, sensible. Este es el esquema trascendental.

El concepto de entendimiento contiene la unidad sintética pura de lo diverso en general. El tiempo, como condición formal de la diversidad del sentido interno, y por consiguiente de la conexión de todas las representaciones, contiene una diversidad *a priori* en la intuición pura. Ahora bien, una determinación trascendental del tiempo es homogénea con la categoría (que constituye su unidad), en cuanto es universal y se basa en una regla *a priori*. Pero es, por otra parte, homogénea con el fenómeno, en cuanto que el tiempo está contenido en toda representación empírica de lo diverso. En consecuencia, una aplicación de la categoría a los fenómenos será posible a través de la determinación trascendental del tiempo, que, como esquema de los conceptos del entendimiento, mediatiza la subsunción de los fenómenos bajo la categoría.

A partir de lo que se ha demostrado en la deducción de las categorías, espero que nadie dude ya de que podemos decidir si estos conceptos puros del entendimiento tienen un uso meramente empírico, o si poseen también un uso trascendental, es decir, si se relacionan exclusivamente, como condiciones de posibilidad de la experiencia, *a priori* con los fenómenos, o si, como condiciones de posibilidad de las cosas en general, pueden extenderse a los objetos en sí mismos (sin alguna restricción propia de nuestra sensibilidad). Pues hemos visto que los conceptos son totalmente imposibles y no pueden tener el menor sentido allí donde no se da ningún objeto ni a estos conceptos mismos ni, por lo menos, a sus elementos constitutivos, y que, en consecuencia, no pueden relacionarse en modo alguno con las cosas en sí (independientemente de la cuestión de si éstas pueden sernos dadas y cómo). Por último, hemos visto que los conceptos puros *a priori,* además de la función del entendimiento en la categoría, deben contener también condiciones formales *a priori* de sensibilidad (en particular del sentido interno) que contengan la condición general bajo la cual sólo la categoría puede aplicarse a algún objeto. A esta condición formal y pura de la sensibilidad, a la que el concepto de entendimiento se restringe en su uso, la llamaremos esquema de este concepto de entendimiento, y al método que el entendimiento practica con estos esquemas, lo llamaremos esquematismo del entendimiento puro.

El esquema es siempre, en sí mismo, un simple producto de la imaginación; pero dado que el objetivo de la síntesis realizada por la imaginación no es ninguna intuición particular, sino sólo la unidad en la determinación de la sensibilidad, el esquema debe, sin embargo, distinguirse de la imagen. Así, cuando ordeno cinco puntos uno tras otro: ..... se trata de una imagen del número cinco. En cambio, cuando me limito a pensar en un número en general, que podría ser entonces cinco o cien, este pensamiento es más la representación de un método para representar una multiplicidad (por ejemplo, mil) en una imagen, de acuerdo con un cierto concepto, que la imagen misma, que, en este último caso, difícilmente podría abarcar con la mirada y comparar con el concepto. Es, pues, esta representación de un método general de la imaginación para dotar a un concepto de su imagen lo que yo llamo el esquema correspondiente a este concepto.

Efectivamente, nuestros conceptos puramente sensibles no se basan en imágenes de objetos, sino en esquemas. Para el concepto de triángulo en general, ninguna imagen sería adecuada. En efecto, no alcanzaría la universalidad del concepto, en virtud de la cual éste es válido para todos los triángulos, ya sean rectángulos, ángulos oblicuos, etc., sino que siempre se limitaría simplemente a una parte de esta esfera. El esquema del triángulo no puede existir nunca más que en el pensamiento, y significa una regla de síntesis de la imaginación en relación con las figuras puras en el espacio. Mucho menos un objeto empírico o una imagen de ese objeto llega nunca al concepto empírico: por el contrario, éste se relaciona siempre inmediatamente con el esquema de la imaginación como una regla que sirve para determinar nuestra intuición de acuerdo con un cierto concepto general. El concepto de perro significa una regla según la cual mi imaginación puede trazar la figura de un cuadrúpedo en su dimensión de generalidad, sin limitarse a ninguna figura particular que me ofrezca la experiencia ni a ninguna imagen posible que yo pueda presentar *in concreto*. Este esquematismo de nuestro entendimiento en relación con los fenómenos y su forma simple es un arte oculto en las profundidades del alma humana, cuyos verdaderos mecanismos siempre nos resultará difícil arrancar a la naturaleza y sacar a la luz ante nuestros ojos. En el mejor de los casos podemos decir que la imagen es un producto del poder empírico de la imaginación productiva, que el esquema de los conceptos sensibles (como figuras en el espacio) es un producto y, por así decirlo, un monograma de la imaginación pura *a priori* por medio del cual y según el cual sólo las imágenes se hacen posibles, pero de tal manera que éstas deben estar siempre unidas al concepto sólo a través del intermediario del esquema al que apuntan, y eso sin ser ellas mismas enteramente congruentes con él. Por el contrario, el esquema de un concepto puro del entendimiento es algo que no puede reducirse a ninguna imagen: en efecto, no es más que la síntesis pura realizada según una regla de unidad según los conceptos en general, regla que se expresa por la categoría, y es un producto trascendental de la imaginación que concierne a la determinación del sentido interno en general según las condiciones de su forma (el tiempo) en relación con todas las representaciones, en la medida en que deben articularse *a priori* en un concepto según la unidad de la apercepción.

Sin entrar en un análisis árido y tedioso de lo que requieren en general los esquemas trascendentales de los conceptos puros del entendimiento, preferimos presentarlos en el orden de las categorías y en conexión con ellas.

La imagen pura de todas las magnitudes *(quantorum)* para el sentido externo es el espacio, mientras que la de todos los objetos sensibles en general es el tiempo. Pero el esquema puro de la magnitud *(quantitatis),* considerada como concepto del entendimiento, es el número, que es una representación que abarca la adición sucesiva de unidad a unidad (homogénea). El número, pues, no es otra cosa que la unidad de la síntesis de los diversos elementos incluidos en una intuición homogénea en general, posibilitada por el hecho de que yo produzco el tiempo mismo en la aprehensión de la intuición.

La realidad es, en el concepto puro del entendimiento, lo que corresponde a una sensación en general, por tanto, lo que el concepto mismo indica como existente (en el tiempo); la negación, lo que el concepto representa como no existente (en el tiempo). La oposición de estos dos términos entra así en juego en la distinción que se introduce en relación con el mismo tiempo, según se trate de un tiempo pleno o de un tiempo vacío. En la medida en que el tiempo es sólo la forma de la intuición, por consiguiente, de los objetos como fenómenos, lo que corresponde en ellos a la sensación es la materia trascendental de todos los objetos como cosas en sí (la realidad). Ahora bien, cada sensación tiene un grado o magnitud, por el cual puede llenar más o menos el mismo tiempo, es decir, el sentido interno, relativo a la misma representación de un objeto, hasta que cesa reduciéndose a la nada *(= 0 = negatio).* Hay, pues, una relación y una secuencia, o más bien un paso de la realidad a la negación, que permite representar cualquier realidad como *un quantum;* y el esquema de una realidad como cantidad de algo, en la medida en que este algo llena el tiempo, es precisamente esta producción continua y uniforme de esta realidad en el tiempo, en el curso de la cual se desciende, en el tiempo, de la sensación que posee un cierto grado a su desaparición, o se asciende progresivamente de la negación de esta sensación a la grandeza que la caracteriza.

El esquema de la sustancia es la persistencia de lo real en el tiempo, es decir, la representación de lo real como constituyendo un sustrato de la determinación empírica del tiempo en general: un sustrato, por tanto, que permanece, mientras todo lo demás cambia. (El tiempo no fluye, es la existencia de lo que está sujeto a cambio lo que fluye en él. El tiempo, por tanto, que es en sí mismo inmutable y estable, corresponde en el fenómeno a lo que es inmutable en la existencia, es decir, a la sustancia, y sólo en la sustancia puede determinarse la sucesión temporal y la simultaneidad de los fenómenos).

El esquema de la causa y causalidad de una cosa en general es lo real a lo que, una vez postulado arbitrariamente, sucede siempre otra cosa. Consiste, pues, en la sucesión de lo diverso, en la medida en que esta sucesión está sometida a una regla.

El esquema de la comunidad (acción recíproca), o de la causalidad recíproca de las sustancias en relación con sus accidentes, es la simultaneidad de las determinaciones de la una con las de la otra según una regla general.

El esquema de la posibilidad es la concordancia de la síntesis de las diferentes representaciones con las condiciones del tiempo en general (como, por ejemplo, que los contrarios no pueden encontrarse al mismo tiempo en una cosa, sino sólo sucesivamente); es, pues, la determinación de la representación de una cosa relativa a un tiempo cualquiera.

El esquema de la realidad es la existencia en un tiempo dado.

El esquema de la necesidad es la existencia de un objeto en todo tiempo.

De todo esto se desprende lo que el esquema de cada categoría contiene y hace representable: el de magnitud, la producción (síntesis) del tiempo mismo en la aprehensión sucesiva de un objeto; el esquema de cualidad, la síntesis de la sensación (percepción) con la representación del tiempo, o el hecho de llenar el tiempo; el de relación, la relación de las percepciones entre sí en todo tiempo (es decir, según una regla de la determinación del tiempo); finalmente, el esquema de modalidad y sus categorías, el tiempo mismo como correlato de la determinación de un objeto en cuanto a si pertenece al tiempo y cómo. Los esquemas no son, pues, otra cosa que determinaciones *a priori* del tiempo según reglas, y estas determinaciones se refieren, siguiendo el orden de las categorías, a la serie del tiempo, al contenido del tiempo, al orden del tiempo y al conjunto del tiempo en relación con todos los objetos posibles.

De aquí se desprende que el esquematismo del entendimiento, operado por medio de la síntesis trascendental de la imaginación, no apunta a otra cosa que a la unidad de toda la variedad de la intuición en el sentido interno, y así, indirectamente, a la unidad de la apercepción como función que corresponde al sentido interno (a la receptividad). Los esquemas de los conceptos puros del entendimiento son, pues, las verdaderas y únicas condiciones que permiten dar a estos conceptos una relación con los objetos y, por consiguiente, un sentido, y las categorías no tienen así, en definitiva, otro uso que su posible uso empírico, al final del cual sirven simplemente para someter, por medio de los principios de unidad necesaria *a priori* (en virtud de la unificación necesaria de toda conciencia en una apercepción originaria), los fenómenos a reglas generales de síntesis y hacerlos así capaces de presentar la conexión continua que es constitutiva de una experiencia.

Ahora bien, es en el conjunto correspondiente a toda experiencia posible donde reside todo nuestro conocimiento, y es en la relación universal con esta misma experiencia donde reside la verdad trascendental, que precede a toda verdad empírica y la hace posible.

Pero es obvio que, aunque los esquemas de la sensibilidad realizan primero las categorías, también las restringen, es decir, las confinan a condiciones fuera del entendimiento (es decir, en la sensibilidad). Por eso el esquema es propiamente sólo el fenómeno, o el concepto sensible de un objeto, en su concordancia con la categoría *(NUMERUS est quantitas phaenomenon, SENSATIO*

realitas phaenomenon, CONSTANS *et perdurabile rerum substantia phaenome-*
non, AETERNITAS, NECESSITAS *phaenomenon,* etc.). Ahora bien, si ponemos entre
paréntesis una condición restrictiva, ampliamos, según parece, el concepto
antes restringido; y entonces las categorías, tomadas en su sentido puro y sin
todas las condiciones de la sensibilidad, deberían tener el valor de las cosas
en general, tal como son, mientras que sus esquemas las representan sólo tal
como aparecen, de modo que deberían tener, por tanto, un sentido independiente de sus esquemas y de extensión mucho mayor. En efecto, los conceptos
puros del entendimiento, aun prescindiendo de todas las condiciones sensibles, conservan un significado, pero sólo lógico, a saber, el de la simple unidad de representaciones, a la que, sin embargo, no se da ningún objeto, y por
consiguiente tampoco ningún significado, que pueda proporcionar un concepto del objeto. Así, por ejemplo, sustancia, si dejamos de lado la determinación
sensible de la persistencia, no significaría más que algo que puede ser pensado como sujeto (sin ser predicado de otra cosa). No puedo entonces hacer
nada con esta representación, puesto que no me indica en modo alguno qué
determinaciones posee la cosa para erigirse como tal en su primer sujeto. Las
categorías, sin esquemas, no son pues más que funciones del entendimiento
relativas a los conceptos, pero no representan ningún objeto. Su sentido procede de la sensibilidad, que realiza el entendimiento restringiéndolo.

Capítulo segundo de la doctrina trascendental del juicio
(o analítica de los principios)

Sistema de todos los principios del entendimiento puro

En el capítulo anterior consideramos el Juicio Trascendental sólo desde el
punto de vista de las condiciones generales bajo las cuales es legítimo utilizar
los conceptos puros del entendimiento para juicios sintéticos. Nuestra tarea consiste ahora en presentar de manera sistemática los juicios que el entendimiento,
al someterse a esta precaución crítica, produce realmente *a priori* —algo para
lo que nuestra tabla de categorías debe proporcionarnos sin duda la guía natural
y segura que necesitamos—. En efecto, estas categorías son precisamente lo
que su relación con la experiencia posible debe constituir todo el conocimiento
a priori puro del entendimiento, y lo que su relación con la sensibilidad en general hará por esta misma razón que todos los principios trascendentales del uso
del entendimiento aparezcan enteramente y en forma de sistema.

Los principios *a priori* no derivan su calificación simplemente del hecho
de que contengan en sí los fundamentos de otros juicios, sino también porque
ellos mismos no están fundados en conocimientos más elevados y generales.
Esta propiedad, sin embargo, no siempre los exime de demostración. Aunque
esta demostración no pueda ser llevada más lejos de un modo objetivo, ello no
impide que sea posible, e incluso necesario, proporcionar una demostración
extrayéndola de fuentes subjetivas que permitan la posibilidad de un conoci-

miento del objeto en general, dado que, de no ser así, el principio atraería en todo caso la mayor sospecha de ser una mera afirmación subrepticia.

En segundo lugar, nos limitaremos únicamente a los principios relativos a las categorías. Los principios de la Estética trascendental, según los cuales el espacio y el tiempo son las condiciones de posibilidad de todas las cosas como fenómenos, así como la restricción de estos principios, según la cual no pueden relacionarse con las cosas en sí mismas, no encajan, por tanto, en el campo así trazado para nuestra investigación. Del mismo modo, los principios matemáticos no forman parte de este sistema, porque se derivan únicamente de la intuición y no del concepto puro del entendimiento; sin embargo, al tratarse no obstante de juicios sintéticos *a priori,* su posibilidad encontrará necesariamente un lugar aquí, no para demostrar su corrección y certeza apodíctica —de las que no tienen necesidad—, sino sólo para permitir comprender y deducir la posibilidad de un conocimiento *a priori* tan evidente.

Dicho esto, hay que hablar también del principio de los juicios analíticos, y más precisamente en su oposición al de los juicios sintéticos, que siguen siendo propiamente los que nos ocupan, porque es precisamente esta oposición la que libera a la teoría de los juicios sintéticos de todo malentendido y hace transparentar su naturaleza propia.

PRIMERA SECCIÓN.   DEL SISTEMA DE LOS PRINCIPIOS DEL ENTENDIMIENTO PURO

Sobre el principio supremo de todos los juicios analíticos

Cualquiera que sea el contenido de nuestro conocimiento, y de cualquier modo que se relacione con el objeto, la condición universal, aunque meramente negativa, de todos nuestros juicios en general es que no se contradigan: de otro modo, tomados en sí mismos (incluso sin tener en cuenta el objeto), no son nada. Sin embargo, aunque nuestro juicio no presente contradicción alguna, puede, no obstante, vincular conceptos de un modo que el objeto no vincula, o sin que se nos dé ninguna base, ni *a priori* ni *a posteriori,* para legitimar tal juicio; y así un juicio, aunque esté libre de toda contradicción interna, puede, sin embargo, ser falso o carecer de fundamento.

Ahora bien, la proposición de que «ninguna cosa tiene un predicado que la contradiga» se llama principio de contradicción, y constituye un criterio universal, aunque meramente negativo, de toda verdad; sin embargo, este principio pertenece sólo a la lógica, porque se aplica al conocimiento considerado sólo como conocimiento en general, independientemente de su contenido, y declara que la contradicción lo aniquila y suprime totalmente.

Sin embargo, también se le puede dar un uso positivo, es decir, no sólo para desterrar la falsedad y el error (en la medida en que se basan en la contradicción), sino también para conocer la verdad. En efecto, si el juicio es analítico, ya sea negativo o afirmativo, su verdad debe ser siempre suficientemente reconocible según el principio de contradicción. En efecto, siempre se negará con razón lo contrario de lo que ya está contenido y pensado como concepto en el conocimiento del objeto, mientras que el concepto mismo debe necesariamente afirmarse, ya que lo contrario contradiría al objeto.

Debemos, pues, reconocer el valor universal y plenamente suficiente del principio de contradicción como principio de todo conocimiento analítico; pero la consideración que debemos concederle y la utilidad que debemos reconocerle no exceden de las de un criterio suficiente de verdad. Pues, como ningún conocimiento puede serle contrario sin aniquilarse a sí mismo, resulta que este principio es la condición *sine qua non,* pero no el principio determinante de la verdad de nuestro conocimiento. Ahora bien, en la medida en que tratamos propiamente sólo de la parte sintética de nuestro conocimiento, sin duda tendremos siempre cuidado de no proceder nunca en contra de este principio inviolable, sin que por ello podamos esperar nunca de él ninguna aclaración en cuanto a la verdad de este tipo de conocimiento.

Hay, sin embargo, una fórmula en este famoso principio, aunque desprovista de todo contenido y meramente formal, que contiene una síntesis introducida inadvertidamente y sin ninguna necesidad. Se trata de la siguiente fórmula: es imposible que algo sea y no sea al mismo tiempo. Aparte de que aquí se ha añadido superfluamente la certeza apodíctica (mediante el término «imposible»), mientras que debería poder entenderse por sí sola a partir del principio, éste se ve afectado por la condición del tiempo y dice, por así decirlo: una cosa = A, que es algo = B, no puede ser al mismo tiempo no-B; pero puede muy bien ser ambas cosas (tanto B como no-B) sucesivamente. Por ejemplo, un hombre que es joven no puede al mismo tiempo ser viejo, pero el mismo hombre puede muy bien en un momento ser joven, y en otro no ser joven, es decir, viejo. Ahora bien, el principio de contradicción, en la medida en que es un principio simplemente lógico, no debe en modo alguno limitar lo que enuncia a las relaciones de tiempo: en consecuencia, tal formulación es totalmente contraria a su finalidad. El malentendido surge únicamente del hecho de que se comienza por separar un predicado de una cosa del concepto de esa cosa, y luego se vincula a este predicado su contrario —lo que nunca da lugar a una contradicción con el sujeto, sino sólo con el predicado de este sujeto que ha sido vinculado sintéticamente al primer predicado, y esto sólo, hay que añadir, cuando el primer y el segundo predicado se postulan al mismo tiempo—. Si digo que un ignorante no es culto, tengo que añadir la condición: al mismo tiempo; porque alguien que es ignorante en un momento puede muy bien ser culto en otro momento. En cambio, si digo: ningún ignorante es culto, la proposición es analítica, puesto que el carácter (de ignorancia) contribuye ahora a constituir el concepto del sujeto; y, en este caso, la proposición negativa se sigue claramente, de modo inmediato, del principio de contradicción, sin que sea necesario añadir la condición «al mismo tiempo». Esta es también la razón por la que he modificado anteriormente la fórmula de este principio, para que la naturaleza de una proposición analítica quede así claramente expresada.

SECCIÓN SEGUNDA. DEL SISTEMA DE LOS PRINCIPIOS DEL ENTENDIMIENTO PURO

Sobre el principio supremo de todos los juicios sintéticos

No concierne a la lógica general, que ni siquiera necesita conocer su nombre. En una lógica trascendental, en cambio, es la cuestión más importante de todas, y de hecho la única, cuando se trata de la posibilidad de juicios sintéticos *a priori,* y de las condiciones y el alcance de su validez. En efecto, sólo una vez cumplida esta tarea puede una lógica de este tipo satisfacer plenamente su finalidad, que es determinar la extensión y los límites del entendimiento puro.

En el juicio analítico, me atengo al concepto dado para establecer algo sobre él. Si el juicio ha de ser afirmativo, simplemente atribuyo a este concepto lo que ya estaba pensado en él; si ha de ser negativo, simplemente excluyo de él lo que es opuesto a él. Pero, en los juicios sintéticos, tengo que ir más allá del concepto dado para considerar en su relación con él algo muy distinto de lo que se pensaba en él; en consecuencia, esta relación no es nunca ni una relación de identidad ni una relación de contradicción —lo que significa que no se puede prever ni la verdad ni el error para este juicio, considerado en sí mismo.

Así pues, dado que hay que ir más allá de un concepto dado para compararlo sintéticamente con otro, es necesario un tercer término en el que sólo pueda tener lugar la síntesis de los dos conceptos. Pero, ¿cuál es este tercer término, que es como el medio de todos los juicios sintéticos? Sólo puede ser un conjunto en el que están contenidas todas nuestras representaciones, a saber, el sentido interno y su forma *a priori,* el tiempo. La síntesis de las representaciones descansa en la imaginación, mientras que su unidad sintética (necesaria para el juicio) descansa en la unidad de la apercepción. Es, pues, por este lado por donde hay que buscar la posibilidad de los juicios sintéticos, así como, puesto que estos tres términos contienen entre sí las fuentes de las representaciones *a priori,* la posibilidad de los juicios sintéticos puros; mejor aún, tales juicios serán incluso necesarios en virtud de estos principios si se quiere poner en práctica un conocimiento de los objetos basado únicamente en la síntesis de las representaciones.

Si el conocimiento ha de tener una realidad objetiva, es decir, relacionarse con un objeto y encontrar en él sentido y significado, el objeto debe estar dado de algún modo. Sin esto, los conceptos están vacíos, y ciertamente hemos desarrollado un pensamiento a través de ellos, pero de hecho no hemos obtenido ningún conocimiento a través de este pensamiento: en realidad simplemente hemos jugado con representaciones. Dar un objeto, si esta operación no ha de entenderse de nuevo simplemente como mediata, sino que debe coincidir con una representación inmediata en la intuición, no es otra cosa que relacionar la representación con la experiencia (sea ésta real o en todo caso posible). El espacio y el tiempo mismos, por puros que sean estos conceptos de todo elemento empírico, y por fuerte que sea la certeza de que están plenamente representados *a priori* en la mente, carecerían, sin embargo, de toda validez objetiva, así como de todo sentido o significación, si no fuera por la demostración de la necesidad de su aplicación a los objetos de la experiencia; su representación es incluso un mero esquema que remite siempre a la imaginación reproductora, la cual apela a los objetos de la experiencia sin los cuales estos conceptos no tendrían sentido —y esto es así para todos los conceptos sin distinción.

La posibilidad de la experiencia es, pues, lo que da realidad objetiva a todos nuestros conocimientos *a priori*. Ahora bien, la experiencia descansa en la unidad sintética de los fenómenos, es decir, en una síntesis de los fenómenos en general, realizada a partir de los conceptos del objeto, síntesis sin la cual la experiencia no sería nunca conocimiento, sino una rapsodia de percepciones que no encajarían todas en un contexto estructurado según las reglas de una conciencia universalmente ligada (posible), y en consecuencia tampoco encajarían en la unidad trascendental y necesaria de la apercepción. En la base de la experiencia, pues, hay principios de su forma *a priori*, es decir, reglas generales de unidad implicadas en la síntesis de los fenómenos, y la realidad objetiva de tales reglas, como condiciones necesarias, puede mostrarse en todos los casos en la experiencia, e incluso en su posibilidad. Fuera de esta relación, en cambio, las proposiciones sintéticas *a priori* son completamente imposibles, puesto que entonces no poseen ningún tercer término, es decir, ningún objeto por referencia al cual la unidad sintética de sus conceptos pueda demostrar su realidad objetiva.

Aunque, por consiguiente, tenemos, en los juicios sintéticos, un conocimiento tan *a priori* del espacio en general o de las figuras que la imaginación productiva dibuja en él que no nos es necesaria ninguna experiencia a este respecto, este conocimiento no sería, sin embargo, nada y consistiría, por el contrario, en una mera quimera si no se considerase el espacio como una condición de los fenómenos que constituyen la materia de la experiencia exterior; Estos juicios sintéticos puros se refieren, pues, aunque sólo sea mediatamente, a la experiencia posible o, mejor dicho, a la posibilidad misma de esta experiencia, y éste es el único fundamento sobre el que descansa la validez objetiva de su síntesis.

En la medida, pues, en que la experiencia, como síntesis empírica, es, considerada según su posibilidad, el único modo de conocimiento que proporciona realidad a cualquier otra síntesis, ésta, como conocimiento *a priori*, sólo posee verdad en sí misma (concuerda con el objeto) en la medida en que no contiene más que lo necesario para la unidad sintética de la experiencia en general.

El principio supremo de todo juicio sintético es, pues, el siguiente: todo objeto está sometido a las condiciones necesarias de la unidad sintética de la diversidad de la intuición en una experiencia posible.

De este modo son posibles los juicios sintéticos *a priori,* cuando relacionamos con el conocimiento experimental posible en general las condiciones formales de la intuición *a priori,* la síntesis de la imaginación y su unidad necesaria en la apercepción trascendental, y decimos: las condiciones de posibilidad de la experiencia en general son al mismo tiempo las condiciones de posibilidad de los objetos de la experiencia, y por ello tienen validez objetiva en un juicio sintético *a priori.*

TERCERA SECCIÓN.   DEL SISTEMA DE LOS PRINCIPIOS
DEL ENTENDIMIENTO PURO

Representación sistemática de todos los principios sintéticos del entendimiento puro

Esto no es sólo el poder de las reglas con respecto a lo que sucede, sino incluso la fuente de los principios, en virtud de los cuales todo (todo lo que sólo puede presentarse ante nosotros como objeto) está necesariamente sometido a reglas, porque sin tales reglas los fenómenos nunca serían capaces de permitir el conocimiento de un objeto capaz de corresponderles. Incluso ciertas leyes de la naturaleza, cuando las consideramos como principios del uso empírico del entendimiento, implican al mismo tiempo una cierta expresión de necesidad, en consecuencia, al menos la presunción de que están determinadas a partir de principios que poseen *a priori* y antes de cualquier experiencia su validez. Dicho esto, es indistinto que todas las leyes de la naturaleza estén sujetas a principios superiores del entendimiento, ya que éste se limita a aplicarlas a casos particulares de fenómenos. Por tanto, sólo estos principios proporcionan el concepto que contiene la condición y, por así decirlo, el exponente de una regla en general, mientras que la experiencia proporciona el caso que está sujeto a la regla.

Que tomemos los principios meramente empíricos por principios del entendimiento puro, o viceversa, no es, pues, un peligro real: porque la necesidad ligada a los conceptos, tal como caracteriza a los principios del entendimiento puro, y cuya ausencia se percibe fácilmente en cualquier proposición empírica, por universal que sea su valor, puede preservarnos fácilmente de esta confusión. El hecho es que hay principios puros *a priori* que no puedo atribuir propiamente al entendimiento puro, porque se derivan, no de conceptos puros, sino de intuiciones puras (aunque a través del intermediario del entendimiento); y el entendimiento es el poder de los conceptos. Las matemáticas tienen tales principios, pero su aplicación a la experiencia, y en consecuencia su validez objetiva, e incluso la posibilidad de tal conocimiento sintético *a priori* (su deducción) siguen descansando en el entendimiento puro.

Por esta razón, no contaré entre mis principios los de las matemáticas, sino aquellos que fundan su posibilidad *a priori* y su validez objetiva, que deben ser

101

considerados en consecuencia como principios de estos principios, y que van de los conceptos a la intuición, pero no de la intuición a los conceptos.

En la aplicación de los conceptos puros del entendimiento a una experiencia posible, el uso de su síntesis es matemático o dinámico: pues esta síntesis se refiere en parte simplemente a la intuición, en parte a la existencia de un fenómeno en general. Ahora bien, las condiciones *a priori* de la intuición son, en relación con una experiencia posible, absolutamente necesarias, mientras que las de la existencia de los objetos de una intuición empírica posible son en sí mismas sólo contingentes. De ello se sigue que los principios del uso matemático tendrán el contenido de una necesidad absoluta, es decir, un contenido apodíctico, mientras que los del uso dinámico implicarán ciertamente también el carácter de una necesidad *a priori,* pero sólo bajo la condición de que el pensamiento empírico intervenga en una experiencia, por consiguiente de un modo sólo mediato e indirecto. En consecuencia, no contendrán esa evidencia inmediata (sin perder por ello nada de su propia certeza, que derivan de su relación general con la experiencia) que es propia de los principios matemáticos. En todo caso, éste es un punto que podrá apreciarse mejor al final de este sistema de principios.

La tabla de las categorías nos sirve naturalmente de guía para establecer la tabla de los principios, ya que éstos no son en cualquier caso más que reglas para el uso objetivo de las categorías. Estos son, pues, todos los principios del entendimiento puro:

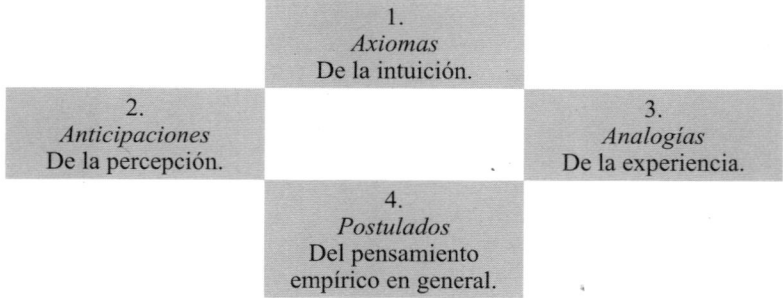

	1. *Axiomas* De la intuición.	
2. *Anticipaciones* De la percepción.		3. *Analogías* De la experiencia.
	4. *Postulados* Del pensamiento empírico en general.	

He elegido estos nombres con cuidado, para no pasar por alto las diferencias que surgen con respecto a la evidencia y la aplicación de estos principios. En efecto, pronto se verá que, por lo que respecta tanto a la evidencia como a la determinación *a priori* de los fenómenos según las categorías de cantidad y cualidad (si tenemos en cuenta sólo la forma de esta última), sus principios difieren notablemente de los de los otros dos, en la medida en que los dos primeros pueden dar lugar de hecho a una certeza intuitiva, mientras que los otros dos sólo son susceptibles de una certeza discursiva, aunque, por ambas partes, pueda haber una certeza completa. Así pues, llamaré a los primeros principios matemáticos, y a los segundos principios dinámicos. Pero obsérvese que no tengo aquí en mente más, en un caso, los principios de las matemáticas que, en el otro, los principios de la dinámica general (física), sino sólo los del entendimiento puro en relación con el sentido interno (sin distinción entre las representaciones que allí se dan), que les dan toda su posibilidad. Los nombro así más en consideración a su aplicación que a su contenido, y procederé ahora a examinarlos en el orden en que se presentan en el cuadro.

1. Axiomas de la intuición

Cuyo principio es: Todas las intuiciones son cuantidades extensivas

Prueba

Todos los fenómenos contienen, en su forma, una intuición del espacio y del tiempo, que sirve de fundamento *a priori* a todos ellos. Por tanto, no pueden ser aprehendidos, es decir, integrados en la conciencia empírica, más que a través de la síntesis de lo diverso por la que se producen las representaciones de un espacio o de un tiempo dados, es decir, a través de la composición de lo homogéneo y de la conciencia de la unidad sintética de esta diversidad (de esta diversidad homogénea). Ahora bien, la conciencia de la diversidad homogénea en la intuición en general, en la medida en que es la única manera de representar un objeto, es el concepto de una magnitud *(quanti)*. En consecuencia, incluso la percepción de un objeto como fenómeno sólo es posible por medio de esta misma unidad sintética de la diversidad de la intuición sensible dada, unidad por la cual la de la composición de la diversidad homogénea es pensada en el concepto de una magnitud; en otras palabras, los fenómenos son todos magnitudes en general, y más precisamente magnitudes extensivas, porque, como intuiciones en el espacio o en el tiempo, deben ser representados por medio de la misma síntesis por la que se determinan el espacio y el tiempo en general.

Llamo magnitud extensiva a aquella en la que la representación de las partes hace posible la representación del todo (y, por tanto, necesariamente, la precede). No puedo representarme una línea, por corta que sea, sin dibujarla en mi mente, es decir, sin producir, a partir de un punto, todas las partes sucesivamente y sin comenzar así por trazar esta intuición. Lo mismo ocurre con todo tiempo, incluso el más breve. El pensamiento que tengo de él sólo contiene la progresión sucesiva de un instante al siguiente, donde por todas las partes del tiempo y su adición se produce finalmente una cierta magnitud de tiempo (duración). Dado que la intuición simple para todos los fenómenos es el espacio o el tiempo, todo fenómeno, como intuición, es una magnitud extensa, ya que sólo por síntesis sucesiva (de parte a parte) puede ser conocido en la aprehensión. Todos los fenómenos son, pues, intuidos ya como agregados (como conjuntos de partes previamente dadas), lo que no ocurre con cualquier tipo de magnitud, sino sólo con aquellas que nos representamos y aprehendemos de modo extensivo.

Sobre esta síntesis sucesiva de la imaginación productora, tal como interviene en la creación de figuras, se funda la matemática de la extensión (geometría), con sus axiomas que expresan las condiciones de la intuición sensible *a priori* bajo las cuales sólo puede establecerse el esquema de un concepto puro del fenómeno: por ejemplo, entre dos puntos sólo es posible una línea recta; dos rectas no encierran ningún espacio, etc. Éstos son los axiomas, las condiciones bajo las cuales puede establecerse el concepto puro del fenómeno. Son los axiomas que sólo se refieren propiamente a las cantidades *(quanta)* como tales.

Sin embargo, por lo que se refiere a la cantidad *(quantitas),* es decir, a la respuesta a la pregunta de cuán grande es algo, no hay axiomas en el sentido propio del término, aunque una serie de proposiciones de este tipo son sintéticas e inmediatamente ciertas *(indemonstrabilia).* En efecto, si una misma cantidad sumada a una misma cantidad o restada de una misma cantidad da una misma cantidad, se trata de proposiciones analíticas, en la medida en que tengo conciencia inmediata de la identidad de una de estas producciones cuantitativas con la otra; y los axiomas deben ser proposiciones sintéticas *a priori.*

Por otra parte, las proposiciones evidentes sobre las relaciones numéricas son ciertamente sintéticas, pero no son generales, como las de la geometría, razón por la cual no pueden llamarse axiomas, sino fórmulas numéricas. El hecho de que 7 + 5 sea igual a 12 no es una proposición analítica. En efecto, no pienso el número 12 ni en la representación de 7, ni en la de 5, ni en la representación de la composición de los dos (si tengo que pensar este número en la suma de los dos términos no es la cuestión aquí, ya que en una proposición analítica la única cuestión es si pienso realmente el predicado en la representación del sujeto). Dicho esto, aunque sea sintética, esta proposición es sólo una proposición singular. Como sólo se trata aquí de la síntesis de lo homogéneo (de unidades), la síntesis sólo puede darse de una sola manera, aunque el uso de estos números sea entonces general. Cuando digo: por medio de tres líneas, dos de las cuales, tomadas juntas, son mayores que la tercera, podemos dibujar un triángulo, estoy tratando aquí de la simple función de la imaginación productiva, que puede dibujar las líneas de tal manera que sean más o menos grandes, y al mismo tiempo hacer que se encuentren en toda clase de ángulos que le plazcan. En cambio, el número 7 sólo es posible de una única manera, y lo mismo ocurre con el número 12, producido por la síntesis del primero con el número 5. Por tanto, las proposiciones de este tipo no deben llamarse axiomas (de lo contrario habría un número infinito de ellos), sino fórmulas numéricas.

Este principio trascendental de la matemática de los fenómenos da una gran extensión a nuestro conocimiento *a priori.* En efecto, sólo él hace que la matemática pura sea aplicable en toda su precisión a los objetos de la experiencia, lo cual, sin este principio, no sería tan evidente e incluso ha sido contradicho en más de una ocasión. Los fenómenos no son cosas en sí mismos. La intuición empírica sólo es posible a través de la intuición pura (la intuición del espacio y del tiempo); por lo tanto, lo que la geometría dice sobre esta última se aplica también, sin contradicción posible, a la primera, y hay que descartar la pista falsa de decir que los objetos de los sentidos no pueden ajustarse a las reglas de construcción en el espacio (por ejemplo, a la divisibilidad infinita de líneas y ángulos). Esto niega al espacio, y con él a todas las matemáticas, toda validez objetiva, y ya no sabemos por qué ni en qué medida debe aplicarse a los fenómenos. La síntesis del espacio y del tiempo, considerada como la forma esencial de toda intuición, es lo que permite al mismo tiempo aprehender el fenómeno, y por consiguiente toda experiencia exterior, y por consiguiente también todo conocimiento de los objetos de esta experiencia, y lo que la matemática, en su uso puro, demuestra sobre la primera, se aplica necesariamente también a la segunda. Todas las objeciones que podrían plantearse aquí no son más que argucias de una razón mal informada, que comete el error de pensar que libera a los objetos de los sentidos de la condición formal de nuestra sensibilidad y se los representa, aunque no sean más que fenómenos, como objetos en sí mismos, dados al entendimiento —en cuyo caso ciertamente nada podría saberse de ellos sintéticamente *a priori,* ni por consiguiente a través del intermediario de los conceptos puros del entendimiento, y la ciencia que los determina, a saber, la geometría, no sería ella misma posible.

2. Anticipaciones de la percepción

Cuyo principio es: En todos los fenómenos, lo real, que es un objeto de sensación, posee una cuantidad intensiva, es decir, un grado.

PRUEBA

La percepción es la conciencia empírica, es decir, la conciencia acompañada simultáneamente por la sensación. Los fenómenos, como objetos de percepción, no son intuiciones puras (meramente formales), como el espacio y el tiempo (pues no pueden ser percibidos en sí mismos). Contienen, por tanto, además de la intuición (formal), los materiales necesarios para algún objeto en general (por el que se representa algo existente en el espacio o en el tiempo), es decir, la realidad de la sensación, esto es, una representación meramente subjetiva de la que sólo podemos tomar conciencia de que el sujeto está afectado, una representación que relacionamos con un objeto en general, en sí mismo. Ahora bien, el paso gradual de la conciencia empírica a la conciencia pura es posible en la medida en que la realidad de aquélla desaparece por completo, y sólo queda una conciencia meramente formal *(a priori)* de lo diverso en el espacio y en el tiempo: en consecuencia, también es posible la síntesis de la producción cuantitativa de una sensación, desde su comienzo, la intuición pura equivalente al cero de la sensación, a alguna magnitud que la caracterice. Ahora bien, en la medida en que la sensación no es en sí misma una representación de un objeto en absoluto, y en ella no hay ni la intuición del espacio ni la del tiempo, no presentará ciertamente una magnitud extensa, pero tendrá, sin embargo, una magnitud [y esto a través de su aprehensión, donde puede crecer la conciencia empírica, en un cierto tiempo, de la nada (cero) a la medida que se da], de ahí una magnitud intensiva, en correspondencia con la cual, una magnitud intensiva, es decir un grado de influencia sobre los sentidos, debe atribuirse a todos los objetos de la percepción, en la medida en que esta percepción contiene la sensación.

Podemos llamar anticipación a todo conocimiento por el cual puedo conocer y determinar a priori lo que pertenece al conocimiento empírico, y sin duda éste es efectivamente el sentido que Epicuro dio a su término πρόληψις (prolepsis). Pero como en los fenómenos hay algo que nunca se conoce a priori y que constituye, por tanto, la verdadera diferencia entre el conocimiento empírico y el conocimiento a priori, a saber, la sensación (como materia de la percepción), se sigue que la sensación es propiamente aquello que de ningún modo puede anticiparse. Podríamos, por el contrario, llamar anticipaciones de los fenómenos a las determinaciones puras inscritas en el espacio y en el tiempo, tanto con respecto a la figura como con respecto a la magnitud, porque representan a priori lo que siempre puede darse a posteriori en la experiencia. Sin embargo, suponiendo que haya algo que pueda conocerse a priori en cada sensación como sensación en general (sin que se dé ninguna sensación particular), esto merecería llamarse anticipación, en un sentido excepcional, ya que parece extraño anticiparse a la experiencia en cuanto a lo que corresponde precisamente a su materia, tal como sólo puede extraerse de ella. Y eso es, de hecho, lo que ocurre aquí.

La aprehensión que tiene lugar por el simple intermediario de la sensación sólo llena un instante (quedando entendido que no estoy considerando, en este caso, la sucesión de varias sensaciones). En la medida en que constituye, en el fenómeno, algo cuya aprehensión no es una síntesis sucesiva, procediendo de las partes a la representación total, no tiene, por tanto, magnitud extensiva: la ausencia de sensación en el mismo instante nos llevaría a representarlo como vacío, y por tanto como = 0. Ahora bien, lo que corresponde a la sensación en la intuición empírica es la realidad (realitas phaenomenon); lo que corresponde a su ausencia es la negación = 0. Dicho esto, toda sensación es susceptible de disminución, tanto que puede disminuir y, por tanto, desaparecer gradualmente. Así pues, entre la realidad presente en el fenómeno y su negación hay una cadena continua de muchas sensaciones intermedias posibles, cada una de las cuales es siempre menos distinta que la diferencia entre la sensación dada y el cero, es decir, la negación total. Esto significa que lo real presente en el fenómeno posee siempre una magnitud, pero una magnitud que no se encuentra en la aprehensión, dado que la aprehensión, a través del intermediario de la simple sensación, tiene lugar en un instante, y no a través de la síntesis sucesiva de varias sensaciones, y por tanto no procede de las partes al todo; en este sentido, lo real posee ciertamente una magnitud, pero no una magnitud extensiva.

Ahora bien, a esta magnitud, que sólo se aprehende como unidad y en la que la pluralidad sólo puede representarse si nos acercamos a la negación = 0, la llamo magnitud intensiva. Toda realidad del fenómeno tiene, pues, una magnitud intensiva, es decir, un grado. Si consideramos esta realidad como causa (ya sea como causa de la sensación o como causa de otra realidad presente en el fenómeno, por ejemplo, de un cambio), damos al grado de realidad, como causa, el nombre de momento, por ejemplo, el momento de la gravedad, y ello porque el grado designa únicamente la magnitud cuya aprehensión no es sucesiva sino instantánea. Este es un punto que sólo toco de pasada, porque por el momento no trato todavía de la causalidad.

Así pues, toda sensación, y por consiguiente también toda realidad presente en el fenómeno, por pequeña que sea, posee un grado, es decir, una magnitud intensiva, que siempre puede ser disminuida, y hay, entre la realidad y la negación, una cadena continua de realidades posibles y de percepciones posibles más pequeñas. Todo color, por ejemplo, el rojo, tiene un grado que, por pequeño que sea, nunca es el más pequeño posible, y lo mismo ocurre en todas partes, con el calor, el momento de gravedad, etc.

La propiedad de las magnitudes de que ninguna parte de ellas es la más pequeña posible (que ninguna parte es simple) se llama su continuidad. El espacio y el tiempo son cuantidades continuas *(quanta continua)* porque ningún intervalo puede darse de ellos sin estar incluido entre límites (puntos o instantes), por consiguiente, sólo de tal manera que este intervalo mismo constituya, a su vez, un espacio o un tiempo. Por tanto, el espacio sólo consiste en intervalos de espacio, y el tiempo sólo en intervalos de tiempo. Los puntos y los instantes no son más que límites, es decir, meros marcadores puntuales que sirven para delimitar el espacio y el tiempo; pero tales marcadores presuponen siempre aquellas intuiciones que pretenden delimitar o determinar, y ni el espacio ni el tiempo pueden estar compuestos de meros marcadores que son como partes constituyentes que pueden darse incluso antes del espacio e incluso antes del tiempo. Las magnitudes de este tipo también pueden llamarse fluentes, porque la síntesis (de la imaginación productiva) implicada en su producción es una progresión en el tiempo, cuya continuidad suele designarse con la expresión fluxión.

Todos los fenómenos en general son, pues, magnitudes continuas, tanto según su intuición, como magnitudes extensivas, como según la simple percepción (sensación y, por tanto, realidad), como magnitudes intensivas. Cuando se interrumpe la síntesis de la diversidad del fenómeno, esta diversidad es un agregado de varios fenómenos (y no un fenómeno propiamente dicho, como *un quantum),* agregado que se produce, no por la simple continuación de la síntesis productiva de un cierto tipo, sino por la repetición de una síntesis cada vez interrumpida. Cuando digo que «13 táleros» forman *un quantum* de plata, me expreso correctamente en la medida en que entiendo por tal el contenido de un marco de plata fina, que es ciertamente una cantidad continua en la que ninguna parte es la más pequeña posible, pero cada parte de la cual podría constituir una moneda de plata conteniendo siempre el material para monedas aún más pequeñas. En cambio, si con esta expresión quiero decir «13 táleros redondos», tomados como otras tantas monedas (cualquiera que sea su contenido metálico), es inadecuado que las describa como *un quantum* de táleros, cuando en realidad debería estar hablando de un agregado, es decir, de un número determinado de monedas de plata. Ahora bien, puesto que, para cualquier número, una unidad debe servir en cualquier caso de base, el fenómeno que constituye tal unidad es *un quantum* y, como tal, siempre un continuo.

Si, pues, todos los fenómenos, ya sean considerados como extensivos o intensivos, son cantidades continuas, la proposición de que todo cambio (el paso de una cosa de un estado a otro) es también continuo podría demostrarse aquí fácilmente con pruebas matemáticas, si la causalidad del cambio en general no se situara completamente fuera de los límites de una filosofía trascendental y no presupusiera principios empíricos. En efecto, que sea posible una causa que modifique el estado de las cosas, es decir, que las determine en contraste con un cierto estado dado, es un punto sobre el que el entendimiento no arroja ninguna luz *a priori,* no sólo porque no percibe la posibilidad (pues esta visión falta en la mayoría de los conocimientos *a priori),* sino porque la mutabilidad sólo concierne a ciertas determinaciones de los fenómenos que sólo la experiencia puede enseñarnos, mientras que su causa se encuentra en lo inmutable. Dado, pues, que no disponemos aquí más que de los puros conceptos fundamentales de toda experiencia posible, a los que no hay que mezclar absolutamente nada empírico, no podemos, sin arruinar la unidad del sistema, anticiparnos a la física general, que se construye sobre ciertas experiencias fundamentales.

Sin embargo, no faltan pruebas de la gran influencia de nuestro principio de anticipación de las percepciones, e incluso de suplencia de sus deficiencias, influencia marcada por el hecho de que cierra la puerta a todas las falsas conclusiones que podrían extraerse de ellas.

Si toda realidad presente en la percepción posee un grado, de modo que entre ésta y la negación hay una serie infinita de grados cada vez menores, aunque cada sentido deba tener un grado determinado de receptividad a las sensaciones, no es posible ninguna percepción, ni por consiguiente ninguna experiencia, que pruebe, inmediata o mediatamente (por cualquier desvío que se quiera tomar en el razonamiento), una ausencia completa de toda realidad en el fenómeno, no es posible ninguna experiencia que pruebe, inmediata o mediatamente (mediante cualquier desvío en el razonamiento), una ausencia completa de toda realidad en el fenómeno, lo que significa que nunca podrá derivarse de la experiencia una prueba de que el espacio está vacío o de que el tiempo está vacío. Esto es así porque, en primer lugar, la ausencia completa de la dimensión de realidad en la intuición sensible no puede ser percibida en sí misma; en segundo lugar, no puede deducirse de ningún fenómeno y de la diferencia en el grado de su realidad, ni puede admitirse nunca como explicación de ese fenómeno. Pues, aunque toda la intuición de un espacio o de un tiempo dados sea plenamente real, es decir, que ninguna parte de esta intuición esté vacía, es necesario, sin embargo —puesto que toda realidad tiene su grado, que puede, en ausencia de cualquier cambio en la magnitud extensiva del fenómeno, que existan infinitamente diversos grados con los que se llenan el espacio y el tiempo, y que la magnitud intensiva presente en los diversos fenómenos pueda ser menor o mayor, aunque la magnitud extensiva de la intuición sea la misma.

Pongamos un ejemplo. Casi todos los físicos, en la medida en que perciben (ya sea por el momento de gravedad o de peso, ya sea por el momento de resistencia contra otra materia en movimiento) una gran diferencia relativa a la cantidad de materia de diferentes especies que ocupan el mismo volumen, concluyen unánimemente que este volumen (la magnitud extensiva del fenómeno) debe contener vacío, aunque en proporciones diferentes, en todas las materias. Pero, ¿a cuál de estos físicos, la mayoría de los cuales se interesan vivamente por las matemáticas y la mecánica, se le habría ocurrido pensar que basaban su conclusión pura y simplemente en una suposición metafísica, que, sin embargo, pretendían evitar con tanto empeño, al admitir que la realidad presente en el espacio (no puedo llamarla aquí impenetrabilidad o peso, porque se trata de conceptos empíricos) sería de una sola especie en todos los lados y sólo podría diferenciarse por la magnitud extensiva, es decir, por el número? A esta suposición, para la que no podrían encontrar ninguna base en la experiencia, y que por lo tanto es simplemente metafísica, opongo una prueba trascendental que ciertamente no tiene que explicar la diferencia en la manera de llenar los espacios, pero que, en cualquier caso, elimina por completo la supuesta necesidad de suponer que sólo podemos explicar la diferencia mencionada admitiendo espacios vacíos, y tiene el mérito de permitir al menos al entendimiento la libertad de pensar esta diversidad también de otra manera, si por casualidad la explicación física hiciera necesaria alguna hipótesis al respecto. Pues aquí vemos que, aunque espacios iguales puedan perfectamente llenarse con materiales diferentes, de modo que no haya en ninguno de ellos un punto en el que tales materiales no estén presentes, cada real de la misma cualidad tiene, sin embargo, su grado (de resistencia o de peso) que, sin disminución de la magnitud extensa o del número, puede ser infinitamente más pequeño, antes de que esta cualidad desaparezca en el vacío y se aniquile. Así, una dilatación que llena un espacio, por ejemplo, el calor, y del mismo modo cualquier otra realidad (presente en el fenómeno), puede, sin dejar la menor parte de este espacio vacía en lo más mínimo, disminuir infinitamente en sus grados y, sin embargo, llenar el espacio con estos grados disminuidos tan bien como otro fenómeno puede hacerlo con grados mayores. Mi intención aquí no es en modo alguno pretender que éste sea de hecho el caso de la diversidad de la materia, en lo que se refiere a su peso específico, sino sólo mostrar, sobre la base de un principio del entendimiento puro, que la naturaleza de nuestras percepciones hace posible tal modo de explicación y que es un error admitir que la realidad presente en el fenómeno es idéntica en lo que se refiere a los grados y se diferencia sólo según la agregación y según su tamaño extenso, e incluso pretender afirmar esto *a priori* por un principio del entendimiento.

Si toda realidad presente en la percepción posee un grado, de modo que entre ésta y la negación hay una serie infinita de grados cada vez menores, aunque cada sentido deba tener un grado determinado de receptividad a las sensaciones, no es posible ninguna percepción, ni por consiguiente ninguna experiencia, que pruebe, inmediata o mediatamente (por cualquier desvío que se quiera tomar en el razonamiento), una ausencia completa de toda realidad en el fenómeno, no es posible ninguna experiencia que pruebe, inmediata o mediatamente (mediante cualquier desvío en el razonamiento), una ausencia completa de toda realidad en el fenómeno, lo que significa que nunca podrá derivarse de la experiencia una prueba de que el espacio está vacío o de que el tiempo está vacío. Esto es así porque, en primer lugar, la ausencia completa de la dimensión de realidad en la intuición sensible no puede ser percibida en sí misma; en segundo lugar, no puede deducirse de ningún fenómeno y de la diferencia en el grado de su realidad, ni puede admitirse nunca como explicación de ese fenómeno. Pues, aunque toda la intuición de un espacio o de un tiempo dados sea plenamente real, es decir, que ninguna parte de esta intuición esté vacía, es necesario, sin embargo —puesto que toda realidad tiene su grado, que puede, en ausencia de cualquier cambio en la magnitud extensiva del fenómeno, que existan infinitamente diversos grados con los que se llenan el espacio y el tiempo, y que la magnitud intensiva presente en los diversos fenómenos pueda ser menor o mayor, aunque la magnitud extensiva de la intuición sea la misma.

Pongamos un ejemplo. Casi todos los físicos, en la medida en que perciben (ya sea por el momento de gravedad o de peso, ya sea por el momento de resistencia contra otra materia en movimiento) una gran diferencia relativa a la cantidad de materia de diferentes especies que ocupan el mismo volumen, concluyen unánimemente que este volumen (la magnitud extensiva del fenómeno) debe contener vacío, aunque en proporciones diferentes, en todas las materias. Pero, ¿a cuál de estos físicos, la mayoría de los cuales se interesan vivamente por las matemáticas y la mecánica, se le habría ocurrido pensar que basaban su conclusión pura y simplemente en una suposición metafísica, que, sin embargo, pretendían evitar con tanto empeño, al admitir que la realidad presente en el espacio (no puedo llamarla aquí impenetrabilidad o peso, porque se trata de conceptos empíricos) sería de una sola especie en todos los lados y sólo podría diferenciarse por la magnitud extensiva, es decir, por el número? A esta suposición, para la que no podrían encontrar ninguna base en la experiencia, y que por lo tanto es simplemente metafísica, opongo una prueba trascendental que ciertamente no tiene que explicar la diferencia en la manera de llenar los espacios, pero que, en cualquier caso, elimina por completo la supuesta necesidad de suponer que sólo podemos explicar la diferencia mencionada admitiendo espacios vacíos, y tiene el mérito de permitir al menos al entendimiento la libertad de pensar esta diversidad también de otra manera, si por casualidad la explicación física hiciera necesaria alguna hipótesis al respecto. Pues aquí vemos que, aunque espacios iguales puedan perfectamente llenarse con materiales diferentes, de modo que no haya en ninguno de ellos un punto en el que tales materiales no estén presentes, cada real de la misma cualidad tiene, sin embargo, su grado (de resistencia o de peso) que, sin disminución de la magnitud extensa o del número, puede ser infinitamente más pequeño, antes de que esta cualidad desaparezca en el vacío y se aniquile. Así, una dilatación que llena un espacio, por ejemplo el calor, y del mismo modo cualquier otra realidad (presente en el fenómeno), puede, sin dejar la menor parte de este espacio vacía en lo más mínimo, disminuir infinitamente en sus grados y, sin embargo, llenar el espacio con estos grados disminuidos tan bien como otro fenómeno puede hacerlo con grados mayores. Mi intención aquí no es en modo alguno pretender que éste sea de hecho el caso de la diversidad de la materia, en lo que se refiere a su peso específico, sino sólo mostrar, sobre la base de un principio del entendimiento puro, que la naturaleza de nuestras percepciones hace posible tal modo de explicación y que es un error admitir que la realidad presente en el fenómeno es idéntica en lo que se refiere a los grados y se diferencia sólo según la agregación y según su tamaño extenso, e incluso pretender afirmar esto *a priori* por un principio del entendimiento.

Sin embargo, esta anticipación de la percepción es siempre, para un investigador habituado a la reflexión trascendental y así convertido en prudente, algo en sí mismo desconcertante, y da lugar a cierta vacilación acerca de si el entendimiento es capaz de anticipar una proposición sintética como la relativa al grado que caracteriza toda dimensión de realidad presente en los fenómenos, y en consecuencia a la posibilidad de la diferencia intrínseca de la sensación misma, aparte de su cualidad empírica; por lo que sigue siendo una cuestión no exenta de mérito a resolver la de saber cómo el entendimiento puede a este respecto producir enunciados sintéticos *a priori* sobre los fenómenos y anticiparse a éstos incluso en lo que contienen de propiamente y simplemente empírico, a saber, en lo que pertenece a la sensación.

La cualidad de la sensación es siempre simplemente empírica y no puede representarse *a priori* en absoluto (por ejemplo, los colores, el gusto, etc.). Pero lo real que corresponde a las sensaciones en general, a diferencia de la negación = 0, sólo representa algo cuyo concepto contiene un ser en sí, y no significa otra cosa que la síntesis que se da en una conciencia empírica en general. En el sentido interno, en efecto, la conciencia empírica puede elevarse de 0 a cualquier grado superior, de modo que la misma magnitud extensa de intuición (por ejemplo, una superficie iluminada) suscita una sensación tan fuerte como un agregado de varias (superficies menos iluminadas) juntas. Podemos, pues, prescindir totalmente de la magnitud extensa del fenómeno y, sin embargo, en la simple sensación, en un solo instante, representar una síntesis de la progresión uniforme desde 0 hasta la conciencia empírica dada. Todas las sensaciones son, pues, como tales, indudablemente dadas sólo *a posteriori,* pero la propiedad que tienen de poseer un grado puede ser conocida *a priori.* Es notable que, en las magnitudes en general, sólo podemos conocer *a priori* una única cualidad, a saber, la continuidad, mientras que, en cualquier cualidad (lo real presente en el fenómeno), no podemos conocer *a priori* más que su cantidad intensiva, a saber, que tiene un grado; todo lo demás queda confiado a la experiencia.

3. Analogías de la experiencia

Cuyo principio es: La experiencia sólo es posible mediante la representación de un enlace necesario de percepciones

Prueba

La experiencia es un conocimiento empírico, es decir, un conocimiento que determina un objeto a partir de percepciones. Es, pues, una síntesis de percepciones que no está contenida ella misma en la percepción, sino que contiene la unidad sintética de la diversidad de estas percepciones en una conciencia, unidad que constituye lo esencial de un conocimiento de los objetos de los sentidos, es decir, de la experiencia (y no sólo de la intuición o sensación de los sentidos). Ahora bien, en la experiencia, las percepciones no se relacionan ciertamente entre sí más que de un modo contingente, de modo que de las percepciones mismas no surge ni puede surgir ninguna necesidad de su conexión; la aprehensión no es, en efecto, más que un ensamblaje de las misceláneas de la intuición empírica, pero no se podría encontrar en ella ninguna representación de un vínculo necesario implicado en la existencia de los fenómenos que la aprehensión reúne en el espacio y en el tiempo. Dicho esto, en la medida en que la experiencia es un conocimiento de los objetos por medio de percepciones, y que por consiguiente la relación establecida en la existencia de los diversos debe representarse en ella, no como el producto de una combinación efectuada en el tiempo, sino que, como se encuentra objetivamente allí, y, sin embargo, el tiempo mismo no puede ser percibido, la determinación de la existencia de los objetos en el tiempo sólo puede realizarse por su conexión en el tiempo en general, en consecuencia, sólo mediante conceptos que efectúen la conexión *a priori.* En la medida, pues, en que estos conceptos llevan siempre consigo una dimensión de necesidad, la experiencia sólo es posible mediante una representación de la vinculación necesaria de las percepciones.

Los tres modos del tiempo son la permanencia, la sucesión y la simultaneidad. De aquí se derivan tres reglas relativas a todas las relaciones temporales entre los fenómenos, según las cuales cada uno de ellos puede tener su existencia determinada en relación con la unidad de todo tiempo, reglas que preceden a toda experiencia y son las únicas que la hacen posible.

El principio general de estas tres analogías descansa en la unidad necesaria de la apercepción, relativa a toda conciencia empírica posible (de la percepción), en todo tiempo, y por consiguiente, puesto que esta unidad interviene *a priori* como fundamento, en la unidad sintética de todos los fenómenos respecto a las relaciones que mantienen entre sí en el tiempo. En efecto, la apercepción originaria se relaciona con el sentido interno (con la totalidad de todas las representaciones), y más precisamente *a priori* con su forma, es decir, con la relación que, en el tiempo, es constitutiva de la conciencia empírica en su diversidad. Ahora bien, es en la apercepción originaria donde toda esta diversidad debe unificarse según sus relaciones temporales; pues esto es lo que se entiende por la unidad trascendental *a priori* de esta apercepción, a la que está sometido todo lo que debe pertenecer a mi conocimiento (es decir, a mi único conocimiento) y puede, por tanto, constituir un objeto para mí. Esta unidad sintética que interviene en la relación temporal de todas las percepciones, determinada *a priori,* es, pues, esta ley de que todas las determinaciones temporales empíricas deben estar sometidas a las reglas de la determinación general del tiempo; y las analogías de la experiencia, de las que ahora queremos ocuparnos, deben ser necesariamente reglas de este género.

Lo especial de estos principios es que no consideran los fenómenos y la síntesis de su intuición empírica, sino sólo la existencia y la relación entre ellos con respecto a esta existencia. Ahora bien, el modo en que se aprehende algo en el fenómeno puede determinarse *a priori* de tal manera que la regla de la síntesis de este fenómeno pueda al mismo tiempo proporcionar esta intuición *a priori* en cada ejemplo empírico que se presente, es decir, implementarla a partir de ahí. Sencillamente, la existencia de los fenómenos no puede conocerse *a priori;* e incluso si pudiéramos por este medio llegar a la conclusión de que existen de alguna manera, seguiríamos sin conocerlos de un modo determinado, es decir, no podríamos anticipar el modo en que su intuición empírica difiere de las demás.

Los dos principios precedentes, que he llamado matemáticos en vista de que legitimaban la aplicación de las matemáticas a los fenómenos, se referían a los fenómenos en cuanto a su simple posibilidad, y enseñaban cómo estos fenómenos, tanto en cuanto a su intuición como en cuanto a la dimensión de realidad presente en su percepción, podían producirse según las reglas de una síntesis matemática; en consecuencia, en ambos casos, podemos recurrir a magnitudes numéricas y, con ellas, a la determinación del fenómeno como magnitud. De este modo, por ejemplo, podré componer y determinar *a priori,* es decir, construir, el grado de sensaciones suscitadas por la luz del Sol con unas doscientas mil veces el brillo de la Luna. Esto significa que podemos designar los principios del primer tipo como principios constitutivos.

No puede decirse lo mismo de los que deben someter la existencia de los fenómenos a reglas *a priori*. En efecto, en la medida en que estos últimos no pueden construirse, estos principios sólo conciernen a la relación de existencia, y sólo pueden proporcionar principios meramente regulativos. En efecto, cuando una percepción nos es dada según una relación temporal con otra (incluso indeterminada), no podemos decir *a priori* qué es la otra percepción y de qué magnitud es, sino cómo está, en lo que concierne a la existencia, necesariamente ligada a la primera en este modo de tiempo. En filosofía, las analogías significan algo muy distinto de lo que representan en matemáticas. En matemáticas, son fórmulas que enuncian la igualdad de dos proporciones de magnitudes, y son siempre constitutivas, de modo que cuando se dan tres términos de la proporción, se da también el cuarto, es decir, se puede construir. En filosofía, en cambio, la analogía es la igualdad de dos relaciones, no cuantitativas, sino cualitativas, donde puedo, a partir de los tres términos dados, conocer e indicar *a priori* sólo la relación con un cuarto, pero no este cuarto término mismo; sin embargo, tengo una regla para buscarlo en la experiencia, y una marca característica para descubrirlo. Una analogía de la experiencia será, pues, sólo una regla según la cual, de las percepciones, debe surgir la unidad de la experiencia (no como percepción en sí, como intuición empírica en general), y valdrá como principio de los objetos (de los fenómenos) de un modo que no es constitutivo, sino simplemente regulativo. Además, la misma observación vale para los postulados del pensamiento empírico en general, que conciernen indisolublemente a la síntesis de la intuición simple (de la forma del fenómeno), de la percepción (de su materia) y de la experiencia (de la relación entre estas percepciones): no son más que principios regulativos, y se distinguen de los principios matemáticos, que son constitutivos, no ciertamente en cuanto a la certeza, que está firmemente establecida *a priori* en ambos casos, sino al menos por el modo de evidencia, es decir, por lo que hay de intuición en ellos (por consiguiente también de demostración).

Siendo así, lo que se ha recordado acerca de todos los principios sintéticos, y debe ser particularmente notado aquí, es que no es como principios del uso trascendental del entendimiento, sino sólo como principios del uso empírico, que estas analogías poseen su única significación y validez, y que, en consecuencia, sólo como tales pueden ser demostradas: a modo de consecuencia, los fenómenos no deben ser subsumidos bajo las categorías consideradas simplemente como tales, sino sólo bajo sus esquemas. En efecto, si los objetos con los que deben relacionarse estos principios fueran cosas en sí mismas, sería totalmente imposible saber nada de ellos *a priori* de manera sintética. En efecto, no son más que fenómenos, cuyo conocimiento completo, al que, sin embargo, deben conducir en última instancia siempre todos los principios *a priori,* sólo es posible la experiencia; por consiguiente, estos principios sólo pueden tener como meta las condiciones de la unidad del conocimiento empírico en la síntesis de los fenómenos; pero tal síntesis sólo se piensa en el esquema del concepto puro del entendimiento, y de la unidad de esta síntesis como síntesis en general, es la categoría que contiene la función, la cual no está restringida por ninguna condición sensible. Estaremos, pues, legitimados por estos principios para combinar los fenómenos sólo según una analogía con la unidad lógica y universal de los conceptos, y en consecuencia nos serviremos ciertamente de la categoría en el principio mismo, pero en la puesta en práctica (la aplicación a los fenómenos) la sustituiremos por el esquema de la categoría, en la medida en que constituye la clave de su uso, o más bien la colocaremos a su lado, como condición restrictiva, bajo el nombre de fórmula del principio.

A. Primera analogía. Principio de la permanencia de la sustancia

En todos los cambios conocidos por los fenómenos, la sustancia persiste, y su cuantidad no aumenta ni disminuye en la naturaleza.

PRUEBA

Todos los fenómenos están en el tiempo, en el que sólo, como sustrato (como forma permanente de la intuición interna), pueden representarse tanto la simultaneidad como la sucesión. El tiempo, pues, en el que debe pensarse cualquier cambio de los fenómenos, permanece y no cambia, porque es aquel en el que la sucesión o la simultaneidad sólo pueden representarse como determinaciones constitutivas de dichos fenómenos. Pero el tiempo no puede ser percibido en sí mismo. En consecuencia, es en los objetos de la percepción, es decir, en los fenómenos, donde debemos encontrar el sustrato que representa el tiempo en general y en el que cualquier cambio o simultaneidad, a través de la relación que los fenómenos mantienen con dicho sustrato, puede ser percibido en la aprehensión. Ahora bien, el sustrato de toda realidad, es decir, de todo lo que pertenece a la existencia de las cosas, es la sustancia, en la cual todo lo que pertenece a la existencia sólo puede ser pensado como determinación. Por consiguiente, el elemento permanente, en relación exclusiva con el cual pueden determinarse todas las relaciones temporales de los fenómenos, es la sustancia en el fenómeno, es decir, lo real presente en él, que, como sustrato de todo cambio, permanece siempre igual. Puesto que esta sustancia no puede, por tanto, cambiar de existencia, su *quantum* en la naturaleza no puede ni aumentar ni disminuir.

Nuestra aprehensión de la diversidad fenoménica es siempre sucesiva y, por tanto, siempre cambiante. Por consiguiente, nunca podremos determinar por esta sola aprehensión si esta variedad, como objeto de la experiencia, es simultánea o sucesiva, a menos que tenga en su fundamento algo que siempre está ahí, es decir, algo que permanece y permanece permanente, de lo cual todo cambio y toda simultaneidad no constituyen sino otras tantas maneras (modos de tiempo), para lo permanente, de existir. Por tanto, sólo en lo permanente son posibles las relaciones temporales (pues simultaneidad y sucesión son las únicas relaciones implicadas en el tiempo), lo que significa que lo permanente es el sustrato de la representación empírica del tiempo mismo, la única que hace posible toda determinación temporal. La permanencia expresa generalmente el tiempo como constituyendo el correlato constante de toda existencia de fenómenos, de todo cambio y de todas las relaciones que lo acompañan. Pues el cambio no concierne al tiempo mismo, sino sólo a los fenómenos inscritos en el tiempo (del mismo modo que la simultaneidad no es un modo del tiempo mismo, en la medida en que no hay partes en el tiempo que sean simultáneas, sino que todas son sucesivas). Si quisiéramos atribuir la sucesión al tiempo mismo, aún tendríamos que pensar en otro tiempo en el que esta sucesión fuera posible. Es por el intermediario de lo permanente, y sólo por él, que la existencia recibe, en las diversas partes sucesivas de la serie cronológica, una magnitud que llamamos duración. En la simple sucesión considerada en sí misma, la existencia nunca deja de desaparecer y reaparecer, y nunca tiene la menor magnitud. Sin este elemento permanente, no hay relación temporal. Pero el tiempo no puede ser percibido en sí mismo; por consiguiente, este elemento permanente presente en los fenómenos constituye el substrato de toda determinación temporal, y en consecuencia también la condición de posibilidad de toda unidad sintética de las percepciones, es decir, de la experiencia, y con respecto a esta dimensión de permanencia toda existencia y todo cambio que se produce en el tiempo sólo puede ser considerado siempre como un modo de existencia de lo que permanece y persiste. En todos los fenómenos, pues, la dimensión de la permanencia es el objeto mismo, es decir, la sustancia (fenómeno), mientras que todo lo que cambia o puede cambiar sólo pertenece al modo de existir de esta sustancia o estas sustancias y, por tanto, a sus determinaciones.

Encuentro que, desde tiempo inmemorial, no sólo el filósofo, sino incluso el entendimiento común, han presupuesto esta permanencia como constituyendo un substrato de todo cambio fenoménico, y que siempre lo admitirán como indudable; si bien el filósofo se expresa a este respecto con algo más de precisión cuando dice lo siguiente: a través de todos los cambios que ocurren en el mundo, la sustancia permanece y sólo cambian los accidentes. Sin embargo, en ninguna parte encuentro siquiera un intento de demostración de lo que constituye así una proposición sintética, y rara vez aparece siquiera en el primer rango, que le correspondería, de las leyes puras y enteramente *a priori* de la naturaleza. En efecto, la proposición de que la sustancia es permanente es tautológica. En efecto, sólo esta permanencia es la razón por la que aplicamos la categoría de sustancia a los fenómenos, y habría sido necesario probar que, en todos los fenómenos, hay algo permanente en relación con lo cual lo que cambia no es otra cosa que una determinación de la existencia de este permanente. Pero como semejante prueba nunca puede ser producida dogmáticamente, es decir, por conceptos, puesto que se trata de una proposición sintética *a priori,* y puesto que nunca se ha imaginado que tales proposiciones sólo sean válidas en relación con la experiencia posible y que, por tanto, sólo puedan ser demostradas por medio de una deducción de la posibilidad de la experiencia, no es de extrañar que, aunque esta proposición se haya puesto en la base de toda experiencia (porque sentimos la necesidad de ella con ocasión del conocimiento empírico), nunca haya sido demostrada.

A un filósofo le preguntaron: ¿Cuánto pesa el humo? Respondió: Reste el peso de la ceniza restante del peso de la madera quemada, y tendrá el peso del humo. Por lo tanto, asumió que, incluso en el fuego, la materia (sustancia) no desaparece, sino que sólo se altera su forma. Del mismo modo, la proposición de que «nada nace de la nada» era simplemente otra consecuencia del principio de permanencia, o más bien del principio que postula la existencia siempre persistente de lo que es propiamente materia en los fenómenos. Pues si lo que queremos llamar sustancia en los fenómenos ha de ser el verdadero sustrato de toda determinación temporal, entonces toda existencia, ya sea en el pasado o en el futuro, sólo puede encontrar sus determinaciones allí y sólo allí. Por eso sólo podemos dar a un fenómeno el nombre de sustancia en la medida en que supongamos que su existencia es de todos los tiempos, lo cual nunca puede expresarse correctamente con el término «permanencia», ya que éste se refiere más bien al futuro. Sin embargo, la necesidad interna de ser permanente está igualmente indisolublemente unida a la necesidad, para algo, de haber existido siempre, y así la expresión puede permanecer: «Nada se crea de la nada, nada vuelve a la nada». He aquí dos proposiciones que los antiguos ligaron indisolublemente, y que ahora separamos a veces por malentendido, porque imaginamos que se refieren a las cosas en sí mismas, y que la primera iría contra la dependencia del mundo de una causa suprema (incluso de su sustancia). Este temor no era necesario, puesto que aquí sólo se trata de fenómenos, que intervienen en el campo de la experiencia, una experiencia cuya unidad nunca sería posible si concediéramos que pueden surgir cosas nuevas (en cuanto a la sustancia). Entonces, en efecto, desaparecería sólo aquello que puede representar la unidad del tiempo, a saber, la identidad del substrato, tal que constituye aquello por referencia a lo cual sólo todo cambio posee su unidad completa. Esta permanencia, sin embargo, no es otra cosa que el modo en que nos representamos la existencia de las cosas (en el fenómeno).

Las determinaciones de una sustancia que no son más que modos particulares de su existencia se llaman accidentes. Estas determinaciones son siempre reales, puesto que se refieren a la existencia de la sustancia (las negaciones son sólo determinaciones que expresan la inexistencia de algo relativo a la sustancia). Ahora bien, cuando atribuimos una existencia particular a esta dimensión de la realidad presente en la sustancia (por ejemplo al movimiento considerado como accidente de la materia), llamamos a esta existencia inherencia, para distinguirla de la existencia de la sustancia, que llamamos subsistencia. Esto conduce sencillamente a muchos malentendidos, y hablamos con más precisión y exactitud si caracterizamos el accidente sólo por el modo en que se determina positivamente la existencia de una sustancia. Sin embargo, es en todo caso inevitable, en virtud de las condiciones del uso lógico de nuestro entendimiento, aislar, por así decir por abstracción, lo que puede cambiar en la existencia de una sustancia, mientras que la sustancia permanece, y considerarlo en relación con lo que es propiamente permanente y se encuentra en su raíz; razón también por la cual, de hecho, esta categoría está incluida bajo el título de relaciones, más en la medida en que constituye la condición de ellas que porque ella misma contendría una relación.

Sobre esta permanencia se legitima también el concepto de cambio. Nacer y perecer no son cambios en lo que nace y perece. El cambio es un modo de existencia que sucede a otro modo de existencia del mismo objeto. En este sentido, todo lo que cambia permanece, y sólo su estado sufre una transformación. Sin embargo, en la medida en que este cambio sólo concierne a las determinaciones que pueden cesar o que aún hacen su aparición, podemos decir, en una expresión que aparentemente tiene algo de paradójica: sólo lo permanente (la sustancia) experimenta el cambio; lo que puede variar no experimenta el cambio, sino sólo una transformación, en la medida en que ciertas determinaciones cesan y otras hacen su aparición.

Por tanto, el cambio sólo puede percibirse en relación con las sustancias, y el nacimiento o la desaparición absolutos, a menos que se refieran únicamente a una determinación de lo permanente, no corresponden a ninguna percepción posible, ya que es precisamente lo permanente lo que hace posible la representación del paso de un estado a otro y del no-ser al ser, pasos que, como tantas determinaciones cambiantes de lo que permanece, sólo pueden, por tanto, dar lugar a un conocimiento empírico. Si aceptamos que algo comienza absolutamente a ser, entonces debemos tener un punto en el tiempo en el que ese objeto no era. Pero ¿a qué queremos anclar este punto, si no es a lo que ya existía? Pues un tiempo vacío que le precede no es objeto de percepción; pero si vinculamos este nacimiento a cosas que estaban antes y que duraban hasta lo que nace, entonces este último no era más que una determinación de lo que ya estaba, con su dimensión de permanencia. Lo mismo ocurre con la desaparición: presupone la representación empírica de un momento en el que un fenómeno ya no existe.

Las sustancias (en el fenómeno) son los sustratos de todas las determinaciones del tiempo. El nacimiento de unas y la desaparición de otras eliminaría incluso la única condición de la unidad empírica del tiempo, y los fenómenos se relacionarían entonces con dos tipos de tiempo en los que, paralelamente, fluiría la existencia, lo cual es absurdo. Pues no hay más que un tiempo, en el que todos los tiempos diferentes deben necesariamente postularse, no simultáneamente, sino sucesivamente.

En consecuencia, la permanencia es una condición necesaria bajo la cual sólo los fenómenos pueden determinarse, como cosas o como objetos, en una experiencia posible. En cuanto a cuál es el criterio empírico de esta permanencia necesaria y, con ella, de la sustancialidad de los fenómenos, lo que sigue nos proporcionará la oportunidad de hacer las observaciones necesarias.

B. Segunda analogía. Principio de la sucesión cronológica según la ley de la causalidad

Todos los cambios tienen lugar en función de la ley de la relación entre causa y efecto

PRUEBA

(Que todos los fenómenos de sucesión en el tiempo no son, en su totalidad, más que cambios, es decir, un ser y un no-ser que se suceden en las determinaciones de la sustancia, que permanece allí, y que por consiguiente no hay razón para prever un ser de la sustancia misma, que suceda a su no-ser, o un no-ser de la sustancia, que suceda a su existencia, o sea: que no hay nacimiento ni desaparición de la sustancia misma, lo ha demostrado el principio precedente. Este principio podría haberse enunciado también de la siguiente manera: toda transformación (sucesión) de los fenómenos no es más que cambio; pues el nacimiento o la desaparición de la sustancia no son cambios de ella, ya que el concepto de cambio presupone al mismo sujeto como existente con dos determinaciones opuestas, en consecuencia, como permanente. Después de esta advertencia preliminar viene la prueba).

Percibo que los fenómenos se suceden, es decir, que en un momento dado se presenta un estado de cosas cuyo opuesto se presentaba en el estado precedente. Estrictamente hablando, pues, relaciono dos percepciones en el tiempo. Ahora bien, tal conexión no es obra del mero sentido y la intuición, sino el producto de un poder sintético de la imaginación, que determina el sentido interno en relación con el tiempo. Sin embargo, la imaginación puede asociar los dos estados evocados de dos maneras diferentes, de modo que uno preceda al otro, o viceversa; pues el tiempo no puede ser percibido en sí mismo, y es en relación con él, por así decirlo empíricamente, como podemos determinar en el objeto lo que precede y lo que viene después. Por consiguiente, sólo soy consciente del hecho de que mi imaginación sitúa uno de los términos antes, el otro después, pero no de que, en el objeto, un estado precede al otro, o, dicho de otro modo: la simple percepción deja indeterminada la relación objetiva de los fenómenos sucesivos. En consecuencia, para que esta relación pueda ser conocida de un modo determinado, la relación entre los dos estados debe ser pensada de tal modo que quede así determinado como necesario cuál de los dos debe colocarse en primer lugar, cuál en segundo, y no a la inversa. Ahora bien, el concepto capaz de introducir una necesidad de unidad sintética sólo puede ser un concepto puro del entendimiento, que no se encuentra en la percepción; y aquí es el concepto de la relación de causa y efecto, cuyo primer término determina al segundo, en el tiempo, como consecutivo a él, y no como algo que pudiéramos simplemente imaginar que pudiera precederle (o como algo que pudiera no percibirse en absoluto). Por consiguiente, sólo en la medida en que sometemos la sucesión de los fenómenos, y por tanto todo cambio, a la ley de la causalidad, es posible la experiencia misma, es decir, el conocimiento empírico de estos fenómenos; en consecuencia, ellos mismos sólo son posibles, como objetos de experiencia, según esta misma ley.

La aprehensión de la diversidad del fenómeno es siempre sucesiva. Las representaciones de las partes se suceden. En cuanto a si también se suceden en el objeto, éste es un segundo punto de reflexión que no está contenido en el primero. Ciertamente, podemos llamar «objeto» a cualquier cosa, e incluso a cualquier representación, en cuanto tenemos conciencia de ella; pero lo que esta palabra significa con respecto a los fenómenos, considerados no en cuanto (como representaciones) son objetos, sino sólo en cuanto caracterizan un objeto, es cuestión de una investigación más profunda. En la medida en que son, simplemente como representaciones, al mismo tiempo objetos de la conciencia, no se distinguen en absoluto de la aprehensión, es decir, de lo que hace que sean admitidos en la síntesis de la imaginación, y por lo tanto hay que decir: los diversos fenómenos son, en la mente, siempre producidos sucesivamente. Si los fenómenos fuesen cosas en sí mismas, nadie podría medir, a partir de la sucesión de representaciones de su diversidad, el modo en que esta diversidad se enlaza en el objeto. Esto se debe a que, en cualquier caso, sólo tratamos con nuestras representaciones; lo que las cosas pueden ser en sí mismas (independientemente de las representaciones a través de las cuales nos afectan) cae por completo fuera de nuestra esfera de conocimiento. Dicho esto, aunque los fenómenos no sean cosas en sí, y, sin embargo, constituyan lo único que puede sernos dado a los efectos de nuestro conocimiento, debo mostrar qué tipo de asociación retorna en el tiempo a lo diverso inscrito en los fenómenos mismos, mientras que la representación de este diverso, en la aprehensión, es siempre sucesiva. Así, por ejemplo, la aprehensión de lo diverso contenido en el fenómeno de una casa frente a mí es sucesiva. Pero la cuestión que se plantea es si lo diverso de esta casa misma es también en sí sucesivo, lo cual, para ser sinceros, nadie estaría de acuerdo. Sencillamente, en cuanto elevo mis conceptos de un objeto a significación trascendental, la casa no es en absoluto una cosa en sí, sino sólo un fenómeno, es decir, una representación cuyo objeto trascendental se desconoce; entonces, ¿qué quiero decir con esta pregunta: cómo pueden relacionarse los elementos diversos incluidos en el fenómeno (que, sin embargo, no es nada en sí)? Lo que se encuentra en la aprehensión sucesiva es considerado aquí como una representación, pero el fenómeno que me es dado, aunque no sea más que un conjunto de estas representaciones, es considerado como el objeto de estas representaciones, objeto con el cual mi concepto, tal como lo derivo de las representaciones de la aprehensión, debe concordar. Vemos entonces que, puesto que la concordancia del conocimiento con el objeto define la verdad, sólo podemos tratar aquí de las condiciones formales de la verdad empírica, y que el fenómeno, por oposición a las representaciones de la aprehensión, sólo puede representarse como objeto de estas representaciones, y distinto de ellas, si está sometido a una regla que lo diferencia de cualquier otra aprehensión y hace necesario un modo de enlace entre la diversidad. Lo que, en el fenómeno, contiene la condición de esta regla necesaria de aprehensión, es el objeto.

Ahora podemos llegar a nuestro asunto. Que algo ocurra, es decir, que algo, o un estado, llegue a ser que antes no existía, no puede ser percibido empíricamente allí donde no se ha producido previamente un fenómeno que no contuviera en sí este estado; pues una realidad que sucede a un tiempo vacío, en consecuencia, un comienzo que no precede a ningún estado de cosas, no puede ser aprehendido más que el tiempo vacío mismo. Toda aprehensión de un acontecimiento es, en este sentido, una percepción que sucede a otra percepción. Pero, dado que en toda síntesis de aprehensión hay, como mostré anteriormente en relación con el fenómeno de una casa, tal aprehensión no se distingue todavía por ello de otras aprehensiones. Permítaseme simplemente hacer esta observación: si, en un fenómeno que contiene un acontecimiento, llamo A al estado precedente de la percepción, mientras que llamo B al estado siguiente, B sólo puede seguir a A en la aprehensión, mientras que la percepción A no puede seguir a B, sino que sólo puede precederla. Por ejemplo, veo un barco que baja por un río. Mi percepción de su posición río abajo sigue a mi percepción de la posición que ocupaba río arriba en el curso del agua, y es imposible que, en la aprehensión de este fenómeno, el barco sea percibido primero río abajo y luego río arriba en el río. El orden en que se suceden las percepciones en la aprehensión está, pues, determinado aquí, y la aprehensión está sujeta a él. En el ejemplo anterior de una casa, mis percepciones podrían, en la aprehensión, comenzar por la cresta y terminar por el suelo, pero también comenzar por abajo y terminar por arriba, del mismo modo que podrían aprehender por la derecha o por la izquierda las misceláneas de la intuición empírica. En la serie de estas percepciones, pues, no había ningún orden determinado que me impusiera por dónde debía empezar en la aprehensión para ligar empíricamente lo diverso. Por otra parte, tal regla interviene siempre en la percepción de lo que sucede, y hace necesario el orden en que se presentan las sucesivas percepciones (en la aprehensión de este fenómeno).

En nuestro caso, pues, tendré que derivar la sucesión subjetiva de la aprehensión de la sucesión objetiva de los fenómenos, ya que de otro modo la primera es enteramente indeterminada y no diferencia un fenómeno de otro. La primera, considerada sólo en sí misma, no prueba nada acerca de la conexión de la diversidad en el objeto, porque es completamente arbitraria. El segundo consistirá, pues, en el orden de la diversidad fenoménica, orden según el cual la aprehensión de lo uno (lo que sucede) se sigue según una regla de la de lo otro (lo que precede). Sólo así puedo tener razón al decir que el fenómeno mismo, y no sólo mi aprehensión, debe tener una sucesión —lo que significa que no podría realizar la aprehensión de otro modo que precisamente según esta sucesión.

Según tal regla, pues, lo que en general precede a un acontecimiento debe contener la condición referida a una regla según la cual dicho acontecimiento se sigue siempre de él, y ello necesariamente; pero a la inversa, yo no puedo, partiendo del acontecimiento considerado, retroceder y determinar (por aprehensión) lo que le precede. En efecto, ningún fenómeno vuelve del instante siguiente al que le precede, aunque esté relacionado con algún instante anterior; en cambio, a partir de un instante dado, el proceso que conduce al instante determinado que le sigue es necesario. En consecuencia, puesto que hay en todo caso algo que le sigue, debo relacionarlo necesariamente con otra cosa en general que le precede y a la que sigue según una regla, es decir, de un modo necesario, de modo que el acontecimiento, considerado como lo condicionado, proporciona con certeza la indicación de una condición y que ésta, a su vez, determina a su vez el acontecimiento.

Supongamos que no hubiera nada antes de un acontecimiento a lo que éste tuviera que seguir según una regla: cualquier sucesión percibida estaría entonces determinada sólo en la aprehensión, es decir, sólo subjetivamente, pero, en consecuencia, lo que, en las percepciones, debería realmente preceder y lo que debería seguir no estaría determinado en absoluto objetivamente. Sólo tendríamos, pues, un conjunto de representaciones, que no se referirían a ningún objeto, lo que significa que nuestra percepción no distinguiría en modo alguno un fenómeno de otro en cuanto al tiempo, ya que la sucesión, en el acto de aprehensión, es siempre idéntica y, por tanto, no hay nada en el fenómeno que lo determine de tal modo que se haga necesaria una cierta sucesión en cuanto que sería objetiva. No diré, pues, que dos estados se suceden en el fenómeno, sino sólo que una aprehensión sucede a otra, lo cual es algo meramente subjetivo y no determina ningún objeto, por lo que no puede tener valor de conocimiento de ningún objeto (ni siquiera en el fenómeno).

Así, cuando experimentamos que algo sucede, suponemos siempre que algo le precede, a lo que sucede el primer suceso según una regla. Pues, de otro modo, no diría del objeto que le sigue, ya que la mera sucesión en mi aprehensión, si no está determinada por una regla relativa a un término precedente, no legitima ninguna sucesión en el objeto. Es, pues, siempre en consideración a una regla, según la cual los fenómenos están determinados, en su sucesión, es decir, en cuanto llegan, por el estado precedente, que hago objetiva mi síntesis subjetiva (de aprehensión), y es exclusiva y únicamente bajo este supuesto que es posible la experiencia misma de algo que llega.

Es cierto que esto parece contradecir todas las observaciones que siempre se han hecho sobre el modo en que se utiliza nuestro entendimiento: según estas observaciones, sólo habría sido percibiendo y comparando numerosos acontecimientos que se suceden concordantemente de acontecimientos anteriores como nos habríamos visto llevados a descubrir una regla según la cual ciertos acontecimientos se suceden siempre de ciertos fenómenos, y que así se nos habría dado la oportunidad de forjar el concepto de causa. Desde este punto de vista, este concepto sería simplemente empírico, y la regla que establece, a saber, que todo lo que sucede tiene una causa, sería tan contingente como la experiencia misma: su universalidad y necesidad serían entonces sólo imaginarias y no tendrían ninguna validez universal real, puesto que no estarían fundadas *a priori,* sino sólo en la inducción. A este respecto ocurre lo mismo que con las demás representaciones puras *a priori* (por ejemplo, el espacio y el tiempo), que sólo podemos derivar de la experiencia en forma de conceptos claros porque los hemos inscrito en la experiencia, constituyendo así la experiencia sólo por su intermediación. No cabe duda de que la claridad lógica que alcanza esta representación de una regla que determina la serie de los acontecimientos, al tomar la forma de un concepto de la causa, sólo es posible cuando nos hemos servido de ella en la experiencia: el hecho es que la referencia a esta representación, como condición de la unidad sintética de los fenómenos en el tiempo, era, sin embargo, el fundamento de la experiencia misma, y por tanto la precedía *a priori.*

Por tanto, es importante mostrar mediante un ejemplo que incluso en la experiencia atribuimos sucesión (como ocurre en un acontecimiento en el que sucede algo que antes no estaba allí) al objeto, y que la distinguimos de la sucesión subjetiva de nuestra aprehensión sólo a condición de que encontremos en su base una regla que nos exige observar este orden de percepciones en lugar de otro, hasta el punto de que es propiamente esta necesidad la única que hace posible la representación de una sucesión en el objeto.

Tenemos representaciones en nuestro interior de las que también podemos tomar conciencia. Pero por muy extensa, exacta y precisa que sea esta conciencia, siguen siendo meras representaciones, es decir, determinaciones internas de nuestra mente en tal o cual relación temporal. ¿Cómo, entonces, nos las arreglamos para suponer que estas representaciones tienen un objeto, o para atribuirles, además de su realidad subjetiva como modificaciones, alguna realidad objetiva? Una significación objetiva no puede consistir en la relación con otra representación (de lo que quisiéramos llamar un objeto), porque, de lo contrario, reaparece la pregunta: ¿cómo esta otra representación, a su vez, surge de sí misma y adquiere, más allá de la significación subjetiva que le pertenece como determinación del estado de nuestra mente, una significación objetiva? Si investigamos qué nueva propiedad confiere a nuestras representaciones la relación con un objeto, y qué dignidad derivan de ella, encontramos que la relación con el objeto no hace más que conferir una cierta necesidad al enlace de las representaciones y someterlo a una regla; y que, a la inversa, nuestras representaciones adquieren valor objetivo sólo en la medida en que es necesario un cierto orden en su relación cronológica.

En la síntesis de los fenómenos, la variedad de las representaciones es siempre sucesiva. De este modo, ningún objeto es representado, porque a través de esta sucesión, que es común a todas las aprehensiones, nada se distingue de otra cosa. Ahora bien, tan pronto como percibo o presupongo que hay en esta sucesión una relación con el estado precedente según la cual la representación sigue según una regla, entonces algo se presenta como un acontecimiento, o como algo que ocurre, es decir, conozco un objeto que debo inscribir en el tiempo, en un cierto lugar determinado, el cual, después del estado precedente, no se le puede atribuir de otro modo. Cuando, por lo tanto, percibo que algo está sucediendo, en esta representación se encuentra primero el contenido de que algo precede, ya que es precisamente en relación con este elemento anterior que el fenómeno obtiene su relación cronológica, es decir, viene a la existencia después de un tiempo anterior en el que no estaba. Pero sólo puede obtener su lugar determinado en esta relación cronológica en la medida en que, en el estado precedente, se presupone algo a lo que siempre sucede, es decir, obedeciendo a una regla; de lo que se sigue, en efecto, que, en primer lugar, no puedo invertir la serie y colocar lo que llega antes de lo que sucede; y que, en segundo lugar, si se presupone el estado precedente, este acontecimiento determinado se sigue inevitable y necesariamente. Por eso aparece un orden entre nuestras representaciones, un orden en el que el acontecimiento presente (en la medida en que se ha producido) se refiere a algún estado que le precede, como a un correlato, ciertamente todavía indeterminado, de este acontecimiento que se da, cuyo correlato se refiere entonces de un modo determinante como consecutivo a él y lo liga a él de un modo necesario en la serie del tiempo.

Si es pues una ley necesaria de nuestra sensibilidad, por consiguiente una condición formal de todas las percepciones, que el tiempo que precede determina necesariamente el que sigue (en la medida en que sólo puedo llegar al siguiente por mediación del precedente), es también una ley indispensable de la representación empírica de la serie cronológica que los fenómenos del tiempo pasado determinan toda existencia en el tiempo siguiente, y que los fenómenos del tiempo siguiente tienen lugar, como acontecimientos, sólo en la medida en que los del tiempo anterior determinan su existencia en el tiempo, es decir, la establecen según una regla. Pues sólo en los fenómenos podemos conocer empíricamente esta continuidad, que es característica del modo en que se vincula el tiempo.

Para toda experiencia, y para la posibilidad de esta experiencia, se requiere el entendimiento, y la primera función que cumple a este respecto no es la de hacer clara la representación de los objetos, sino la de hacer posible la representación de un objeto en general. Ahora bien, esto sucede por el hecho mismo de que transfiere el orden del tiempo a los fenómenos y a su existencia, asignando a cada uno de ellos, en consecuencia, un lugar en el tiempo determinado *a priori,* en relación con los fenómenos precedentes, pues de otro modo no concordaría con el tiempo mismo, que determina para todas sus partes el lugar que les pertenece. Ahora bien, la determinación de estos lugares no puede derivarse de la relación de los fenómenos con el tiempo absoluto (puesto que no es objeto de percepción), sino que, por el contrario y a la inversa, los fenómenos deben determinar unos para otros sus lugares en el tiempo mismo y hacer que estos lugares sean necesarios en el orden del tiempo, es decir que lo que sigue o sucede debe suceder según una regla universal a lo que estaba contenido en el estado precedente; de este modo se constituye una serie de fenómenos que, por mediación del entendimiento, produce y hace necesario el mismo orden, la misma secuencia continua, en la serie de las percepciones posibles, que se encuentra *a priori* en la forma de la intuición interna (el tiempo) donde todas las percepciones deben obtener su lugar.

Que algo suceda es, pues, una percepción perteneciente a una experiencia posible, que se hace real si considero el fenómeno como determinado en cuanto al lugar que ocupa en el tiempo, en consecuencia, como un objeto que siempre puede encontrarse según una regla en la sucesión de las percepciones. Pero esta regla para determinar algo según la sucesión del tiempo estipula que debemos encontrar en lo que precede la condición bajo la cual el acontecimiento sigue siempre (es decir, con necesidad). El principio de razón suficiente es, pues, el fundamento de la experiencia posible, es decir, del conocimiento objetivo de los fenómenos desde el punto de vista de sus relaciones mutuas en la sucesión del tiempo.

La prueba de este principio descansa únicamente en los momentos que siguen. Todo conocimiento empírico se basa en la síntesis que hace la imaginación de lo diverso, que es siempre sucesiva, es decir, las representaciones se suceden siempre. Pero la sucesión nunca está determinada, en la imaginación, en cuanto al orden en que se desarrolla (en cuanto a lo que debe preceder y lo que debe seguir), y la serie de representaciones que se suceden puede tomarse tanto hacia arriba como hacia abajo. Ahora bien, si esta síntesis es una síntesis de aprehensión (de la diversidad de un fenómeno dado), el orden está determinado en el objeto o, para decirlo más precisamente, hay aquí, en la síntesis sucesiva que determina un objeto, un orden según el cual algo debe necesariamente preceder, y según el cual también, si se postula este término, el otro debe necesariamente seguirlo. Si, pues, mi percepción ha de contener el conocimiento de un acontecimiento, es decir, corresponder al hecho de que algo sucede realmente, debe ser un juicio empírico en el que la sucesión se piensa determinada, es decir, presupone cronológicamente otro fenómeno al que necesariamente sucede o sigue una regla. De lo contrario, si yo planteara el antecedente y el suceso no le siguiera necesariamente, tendría que considerar a este último como un mero juego subjetivo de mi imaginación y, si a pesar de todo me representara algo objetivo de este modo, llamarlo puro y simple sueño. Por consiguiente, la relación de los fenómenos (en la medida en que constituyen percepciones posibles) según la cual lo subsiguiente (lo que sucede) está, en cuanto a su existencia, determinado en el tiempo por algún antecedente, y esto con necesidad y según una regla, en consecuencia la relación de causa a efecto, es la condición de la validez objetiva de nuestros juicios empíricos con respecto a la serie de percepciones, y en consecuencia esta última relación es la condición de la verdad empírica de estos juicios y en consecuencia de la experiencia. Por consiguiente, el principio de la relación causal en la sucesión de los fenómenos tiene también un valor que precede a todos los objetos de la experiencia (sujetos a las condiciones de la sucesión), porque él mismo es el fundamento de la posibilidad de tal experiencia.

Aquí surge de nuevo una dificultad que es preciso resolver. El principio de conexión causal entre los fenómenos se limita, en nuestra fórmula, a su sucesión, mientras que, en el uso que hacemos de él, parece que también es apropiado para su simultaneidad, y que causa y efecto pueden existir al mismo tiempo. Por ejemplo, en la habitación hace un calor que no hace al aire libre. Busco la causa y encuentro una estufa encendida. Ahora bien, esta estufa, que interviene aquí como causa, existe al mismo tiempo que su efecto, el calor en la habitación; no hay pues aquí sucesión cronológica entre la causa y el efecto, sino que son simultáneos, y, sin embargo, la ley conserva su valor. La mayor parte de las causas eficientes presentes en la naturaleza existen al mismo tiempo que sus efectos, y la sucesión cronológica de estos últimos se debe únicamente al hecho de que la causa no puede producir todo su efecto en un solo instante. Pero, en el instante en que el efecto comienza a producirse, mantiene siempre una relación de simultaneidad con la causalidad de su causa, porque, si ésta hubiera dejado de existir un instante antes, el efecto no se habría producido. Hay que señalar aquí que se trata del orden del tiempo, no de su transcurso: la relación se mantiene, aunque no haya transcurrido tiempo alguno. El tiempo que interviene entre la causalidad de la causa y su efecto inmediato puede desaparecer (y los dos términos pueden, por tanto, ser simultáneos), pero la relación entre ellos sigue siendo siempre determinable en función del tiempo. Si considero como causa una pelota que se coloca sobre un cojín blando y le hace una ligera hendidura, es simultánea con su efecto. Pero sigo distinguiéndolos por la relación temporal que caracteriza su conexión dinámica. En efecto, si coloco la bola sobre el cojín, a lo que antes era una superficie lisa le sigue una ligera hendidura; en cambio, si el cojín tiene, por la razón que sea, una ligera hendidura, no le sigue la presencia de una bola de plomo.

Así pues, la sucesión es, sin duda, el único criterio empírico del efecto en relación con la causalidad de la causa que le precede. El vaso es la causa de que el agua se eleve por encima de su superficie horizontal, aunque ambos fenómenos sean simultáneos. En efecto, en cuanto utilizo el vaso para sacar agua de un recipiente más grande, algo se produce a continuación, a saber, el cambio del estado horizontal que tenía en el recipiente al estado cóncavo que adopta en el vaso.

Esta causalidad conduce al concepto de acción, que a su vez conduce al concepto de fuerza y, por tanto, al concepto de sustancia. Como no quiero mezclar mi empresa crítica, que se ocupa exclusivamente de las fuentes del conocimiento sintético *a priori,* con análisis que buscan simplemente explicitar conceptos (y no ampliarlos), dejaré de lado un examen detallado de estos conceptos, reservándolo para un futuro sistema de la razón pura: por lo demás, gran parte de tal análisis puede encontrarse ya en manuales de este tipo que ya han aparecido. No puedo, sin embargo, pasar en silencio el criterio empírico de una sustancia, en la medida en que parece manifestarse no a través de la permanencia del fenómeno, sino mejor y más fácilmente a través de la acción.

Donde hay acción, y por consiguiente actividad y fuerza, hay también sustancia, y es sólo en la sustancia donde debemos buscar el asiento donde se encuentra esta fecunda fuente de fenómenos. No podríamos decirlo mejor, pero si necesitamos explicar qué entendemos por sustancia, y si queremos evitar el círculo vicioso, no es tan fácil responder. ¿Cómo podemos concluir inmediatamente de la acción a la permanencia del agente, que es una característica tan esencial y propia de la sustancia *(phaenomenon)?* Dicho esto, partiendo de lo anterior, la solución a la cuestión no presenta tanta dificultad, aunque, si procedemos de la manera común, que consiste en hacer sólo un uso analítico de nuestros conceptos, esta cuestión es totalmente insoluble. La acción significa ya la relación del sujeto de causalidad con el efecto. Ahora bien, puesto que todo efecto consiste en lo que sucede y, por consiguiente, en algo que es susceptible de cambio y que el tiempo caracteriza mediante la sucesión, el sujeto último de lo que cambia es lo permanente, como sustrato de todo lo que cambia, es decir, la sustancia. En efecto, según el principio de causalidad, son siempre las acciones las que constituyen el sustrato primero de todo cambio en los fenómenos, y estas acciones no pueden, por tanto, residir en un sujeto que a su vez cambie, porque de lo contrario se requerirían otras acciones, así como otro sujeto que determinara ese cambio. En virtud de este principio, pues, la acción es un criterio empírico concluyente de la sustancialidad, sin que yo tenga que empezar por investigar la permanencia de este sujeto comparando percepciones, lo cual, por cierto, no podría lograrse por este medio con el desarrollo que exige la grandeza y el valor rigurosamente universal del concepto. En efecto, que el primer sujeto de la causalidad ejercida por todo lo que nace y perece no puede él mismo nacer y perecer, es una conclusión segura que conduce a la necesidad empírica y a la permanencia en la existencia, y en consecuencia al concepto de una sustancia constitutiva del fenómeno.

Cuando algo sucede, el mero hecho de que suceda, aparte de lo que sucede, es en sí mismo un objeto de investigación. El paso del no-ser de un estado al estado en cuestión, incluso suponiendo que este último no contuviera ninguna cualidad en el fenómeno, es ya en sí mismo tal que hace necesaria la investigación. El hecho de surgir de este modo concierne, como se mostró en la división A, no a la sustancia (pues no surge), sino sólo a su estado. Se trata, pues, de un simple cambio, y no de un surgir originario de la nada. Cuando este surgir originario se considera como efecto de una causa extraña, se llama creación, la cual no puede admitirse como un acontecimiento que se da entre los fenómenos, en cuanto que su mera posibilidad eliminaría ya la unidad de la experiencia. Sin embargo, si considero todas las cosas, no como fenómenos, sino como cosas en sí mismas y como objetos del simple entendimiento, pueden ser consideradas, aun siendo sustancias, no obstante, como dependiendo para su existencia de una causa extraña (lo que, sin embargo, implicaría que los significados de los términos pasarían a ser totalmente otros y no podrían aplicarse a los fenómenos como posibles objetos de experiencia).

Siendo así, ¿cómo es posible, en general, que algo se transforme? ¿Cómo es posible que a un estado en un momento dado le suceda en otro momento un estado opuesto? No tenemos ninguna noción *a priori* de ello. Para ello necesitamos el conocimiento de fuerzas reales, que sólo pueden darse empíricamente, por ejemplo, las fuerzas motrices o, lo que es equivalente, ciertos fenómenos sucesivos (como los movimientos) que remiten a tales fuerzas. Por otra parte, la forma de cualquier cambio, la condición bajo la cual sólo este cambio, como proceso por el que surge otro estado, puede tener lugar (cualquiera que sea su contenido, es decir, cualquiera que sea el estado que se cambia), en consecuencia, la sucesión de estados en sí (lo que sucede), puede, sin embargo, examinarse *a priori* según la ley de causalidad y las condiciones del tiempo.

Cuando una sustancia pasa de un estado A a otro estado B, el instante correspondiente al segundo estado es distinto del correspondiente al primero y le sigue. Del mismo modo, el segundo estado, como realidad (fenoménica), es distinto del primero en el que esta realidad no estaba presente, del mismo modo que B es distinto de cero. Esto significa que, si el estado B se distingue del estado A sólo por la magnitud, el cambio corresponde al producto B-A, que no estaba presente en el estado anterior y con respecto al cual era, por tanto, igual a cero.

Entonces, la pregunta es: ¿cómo pasa algo del estado A al estado B? Entre dos instantes hay siempre un tiempo, y entre dos estados presentes en estos dos instantes hay siempre una diferencia, que posee una magnitud (porque todas las partes de los fenómenos son siempre, a su vez, magnitudes). Por consiguiente, todo paso de un estado a otro se produce en un tiempo contenido entre dos instantes, el primero de los cuales determina el estado del que procede la cosa y el segundo aquel al que llega. Estos dos instantes constituyen, pues, los límites del tiempo correspondiente a un cambio y, por consiguiente, los límites del estado intermedio entre los dos estados, y como tales pertenecen al cambio tomado en su conjunto. Ahora bien, todo cambio tiene una causa, que demuestra su causalidad durante todo el tiempo en que se produce el cambio. Esta causa, por tanto, no produce su cambio de golpe (de una vez o en un instante), sino a lo largo de un período de tiempo, de modo que, al igual que el tiempo se desarrolla desde el instante inicial A hasta su culminación en B, la magnitud de la realidad (B-A) también es producida por todos los grados menores que se contienen entre el primero y el último. Por tanto, todo cambio sólo es posible mediante una acción continua de causalidad que, en la medida en que es uniforme, se denomina momento. El cambio no está constituido por estos momentos, sino que es producido por ellos como su efecto.

Esta es, pues, la ley de la continuidad de todo cambio, cuyo principio es el siguiente: ni el tiempo ni el fenómeno inscrito en el tiempo están constituidos por partes que sean las más pequeñas posibles, y, sin embargo, la cosa, al cambiar de estado, pasa a través de todas estas partes para llegar a lo que es en su segunda forma, como a través de tantos elementos. Dentro de lo que es real en el fenómeno, no hay diferencia, como no la hay en la magnitud del tiempo, que es la más pequeña; y así el nuevo estado de realidad se desarrolla a partir del primero, donde no estaba presente, pasando a través de todos los infinitos grados de esta misma realidad, entre los cuales las diferencias son todas menores que la que existe entre 0 y A.

La utilidad que esta proposición pueda tener en la exploración de la naturaleza no nos concierne aquí. Pero cómo tal proposición, que parece ampliar hasta tal punto nuestro conocimiento de la naturaleza, es posible enteramente *a priori,* es una cuestión que requiere nuestro examen con mucha insistencia, aunque una simple ojeada demuestra su realidad y su corrección, y podemos, en consecuencia, pensar que estamos dispensados de responder a la pregunta de cómo es posible la proposición. En efecto, son tantas las pretensiones infundadas de ampliar nuestro conocimiento por la pura razón, que debemos convertir en regla general el ser extremadamente suspicaces y no creer ni admitir nada de esta clase, ni siquiera sobre la fe de la prueba dogmática más clara, sin documentos capaces de proporcionar una deducción bien fundada.

Todo aumento del conocimiento empírico y todo avance de la percepción no es otra cosa que una ampliación de la determinación del sentido interno, es decir, una progresión en el tiempo, cualesquiera que sean los objetos, los fenómenos o las intuiciones puras. Esta progresión en el tiempo lo determina todo y no está en sí misma determinada por nada más, lo que significa que sus partes sólo están en el tiempo y que vienen dadas por la síntesis del tiempo, pero no antes de él. Por eso, en la percepción, todo paso a algo que sigue en el tiempo es una determinación del tiempo operada por la producción de esta percepción, y en la medida en que esta determinación corresponde siempre, y en todas sus partes, a una magnitud, este paso es la producción de una percepción que pasa, como magnitud, por todos los grados, ninguno de los cuales es el más pequeño, y esto desde el grado 0 hasta su grado determinado. Esto permite conocer *a priori* una ley de los cambios, en lo que concierne a su forma. Sólo anticipamos nuestra propia aprehensión, cuya condición formal, puesto que reside en nosotros antes que cualquier fenómeno susceptible de darse, debe ciertamente poder ser conocida *a priori.*

Así, del mismo modo que el tiempo contiene la condición sensible *a priori* de la posibilidad de una progresión continua de lo que existe a lo que sigue, el entendimiento, por la unidad de la apercepción, constituye la condición *a priori* de la posibilidad de una determinación continua de todos los lugares susceptibles de volver a los fenómenos en este tiempo, y esto a través de la serie de causas y efectos, las primeras de las cuales conllevan inevitablemente la existencia de los segundos, y atribuyen así al conocimiento empírico de las relaciones del tiempo una validez para cada tiempo (en general), y en consecuencia una validez objetiva.

C.   Tercera analogía.   Principio de la simultaneidad según la ley de acción recíproca o de la comunidad

Todas las sustancias, en la medida en que pueden percibirse en el espacio como simultáneas, mantienen una relación de acción recíproca universal

Prueba

Las cosas son simultáneas cuando, en la intuición empírica, la percepción de una puede seguir a la percepción de la otra, y viceversa (lo que no puede suceder en la sucesión cronológica de los fenómenos, como hemos demostrado en relación con el segundo principio). Así, puedo aplicar mi percepción primero a la Luna y luego a la Tierra, o igualmente a la inversa, primero a la Tierra y luego a la Luna, y como las percepciones de estos objetos pueden sucederse, digo que existen simultáneamente. La simultaneidad es, pues, la existencia de los elementos diversos al mismo tiempo. Dicho esto, no podemos percibir el tiempo mismo para concluir, a partir del hecho de que las cosas se plantean en el mismo tiempo, que sus percepciones pueden sucederse. Por tanto, la síntesis de la imaginación en la aprehensión pondría en juego cada una de estas percepciones simplemente como una percepción que está presente en el sujeto cuando la otra no lo está, y viceversa, sin indicar que los objetos son simultáneos, es decir, que si uno está presente, el otro también lo está al mismo tiempo, y que esto es necesario para que las percepciones se sucedan. Por consiguiente, se requiere un concepto del entendimiento que exprese la sucesión recíproca de las determinaciones de estas cosas que existen simultáneamente separadas entre sí, para decir que la sucesión recíproca de las percepciones se funda en el objeto y representar así la simultaneidad como objetiva. Pero la relación de sustancias según la cual una contiene determinaciones cuyo fundamento está contenido en la otra es la relación de influencia, y cuando es de modo recíproco que el fundamento de las determinaciones está contenido en la otra, es la relación de comunidad o acción recíproca. Por consiguiente, la coexistencia simultánea de sustancias en el espacio sólo puede ser conocida en la experiencia mediante la suposición de que tiene lugar entre ellas una acción recíproca; esta suposición es, por tanto, también la condición de posibilidad de las cosas mismas como objetos empíricos.

130

Las cosas son simultáneas en la medida en que existen al mismo tiempo. Pero, ¿cómo reconocer que existen al mismo tiempo? Cuando el orden implicado en la síntesis de la aprehensión de esta variedad es indiferente, es decir, cuando puede ir de A a E, pasando por B, C, D, o igualmente recíprocamente de E a A. En efecto, si se tratara de síntesis sucesivas en el tiempo (en el orden que parte de A y termina en E), sería imposible iniciar la aprehensión perceptiva desde E y volver a A, puesto que A pertenecería al pasado y, por tanto, ya no podría ser objeto de aprehensión.

Ahora bien, admítase que, en una diversidad de sustancias consideradas como fenómenos, cada una de ellas está enteramente aislada, es decir, que ninguna de ellas actúa sobre otra ni sufre recíprocamente influencia alguna: digo que la existencia simultánea de estas sustancias no sería objeto posible de percepción, y que la existencia de una no podría conducir, por ningún camino de síntesis empírica, a la existencia de otra. Pues, si se piensa que están separadas por un espacio enteramente vacío, entonces la percepción que va de una a otra en el tiempo determinaría ciertamente la existencia en el tiempo de la segunda, y esto por medio de una percepción posterior, pero no podría distinguir si el fenómeno sigue objetivamente al primero o es simultáneo con él.

Por consiguiente, además de la mera existencia, debe haber algo por lo que A determine el lugar de B en el tiempo, y por lo que B, a su vez, determine también el lugar de A, ya que sólo las sustancias pensadas bajo esta condición pueden representarse empíricamente como existentes al mismo tiempo. Ahora bien, sólo esto determina para un término su lugar en el tiempo, que es su causa o la de sus determinaciones. Por consiguiente, cada sustancia (puesto que sólo puede ser consecuencia en relación con sus determinaciones) debe contener necesariamente la causalidad de ciertas determinaciones en las otras sustancias y al mismo tiempo los efectos de la causalidad de estas otras en ella, es decir, todas deben estar (inmediata o mediatamente) en una relación de comunidad dinámica, si se quiere reconocer la simultaneidad en toda experiencia posible. Ahora bien, todo es necesario con respecto a los objetos de la experiencia, sin lo cual la experiencia de estos objetos mismos sería imposible. Es, pues, necesario que todas las sustancias que intervienen en el fenómeno, en la medida en que son simultáneas, estén en plena comunidad de acción recíproca entre sí.

El término *Gemeinschaft* (comunidad) tiene dos significados en alemán, y equivale en latín tanto a *communio* como a *commercium*. Aquí lo utilizamos en el segundo sentido, en el que designa una comunidad dinámica sin la cual nunca podría conocerse empíricamente la propia comunidad de lugar. En nuestros experimentos, es fácil advertir que las influencias continuas que se ejercen en todos los lugares del espacio pueden por sí solas conducir nuestro sentido de un objeto a otro, que la luz que juega entre nuestro ojo y los cuerpos celestes puede por sí sola producir una comunidad mediata entre nosotros y estos cuerpos y probar así su simultaneidad, que no podemos cambiar empíricamente de lugar (percibir este cambio) sin que la materia haga posible en todas partes que percibamos nuestro lugar, y que sólo a través de la influencia recíproca que allí se ejerce la materia puede probar su simultaneidad y con ello (aunque sólo sea indirectamente) la coexistencia de los objetos, incluidos los más distantes. Sin comunidad, cada percepción (del fenómeno en el espacio) queda aislada de las demás, y la cadena de representaciones empíricas, es decir, la experiencia, volvería a empezar desde el principio cuando apareciera un nuevo objeto, sin que el anterior pudiera en absoluto relacionarse con él o situarse en una relación temporal con él. No pretendo refutar de este modo el espacio vacío; pues bien puede encontrarse en lugares donde no llega ninguna percepción y donde ningún conocimiento empírico de la simultaneidad encuentra un lugar: el hecho es que tal espacio no puede entonces constituir en modo alguno un objeto para toda nuestra experiencia posible.

Lo siguiente puede servir de explicación. En nuestra mente, todos los fenómenos, en la medida en que están contenidos en una experiencia posible, deben estar en una comunidad *(communio)* de percepción; y en la medida en que los objetos deben representarse como vinculados según una simultaneidad de existencia, deben determinar recíprocamente su lugar en el tiempo y formar así un todo. Para que esta comunidad subjetiva descanse sobre un fundamento objetivo o se aplique a fenómenos considerados entonces como sustancias, es necesario que la percepción de unos, como fundamento, haga posible la percepción de otros, y viceversa, de modo que la sucesión, que siempre se inscribe en las percepciones, como aprehensiones, no se atribuya a los objetos, sino que éstos puedan representarse como existiendo simultáneamente. Ahora bien, se trata de una influencia recíproca, es decir, de un comercio *(commercium)* de sustancias, sin el cual la relación empírica de simultaneidad no puede encontrar un lugar en la experiencia. A través de este comercio, los fenómenos, en la medida en que están fuera unos de otros y, sin embargo, conectados, forman un compuesto *(compositum reale),* y compuestos de este tipo son entonces posibles de muchas maneras. Las tres relaciones dinámicas, de las que derivan todas las demás, son, pues, las de inherencia, consecuencia y composición.

* * *

Estas son, pues, las tres analogías de la experiencia. No son otra cosa que principios que rigen la determinación de la existencia de los fenómenos en el tiempo, según los tres modos de éste: la relación con el tiempo mismo como magnitud (la magnitud de la existencia, es decir, la duración), la relación que interviene en el tiempo como serie (sucesión) y, finalmente, la relación interna con el tiempo como totalidad de la existencia (simultaneidad). Esta unidad de la determinación del tiempo es dinámica en su totalidad, es decir, el tiempo no se considera como algo en lo que la experiencia determinaría inmediatamente el lugar de cada existencia, lo cual es imposible porque el tiempo absoluto no es un objeto de percepción con el que se puedan reunir los fenómenos; sino que es la regla del entendimiento, en aplicación de la cual sólo la existencia de los fenómenos puede recibir una unidad sintética según las relaciones del tiempo, regla que determina para cada uno de ellos el lugar que ocupa en el tiempo, y por tanto lo fija *a priori* y de un modo válido para todos los tiempos y para cada uno de ellos.

Por naturaleza (en sentido empírico) entendemos la sucesión de los fenómenos, en cuanto a su existencia, según reglas necesarias, es decir, según leyes. Hay, pues, ciertas leyes, y ciertamente leyes *a priori,* que ante todo hacen posible una naturaleza; las leyes empíricas sólo pueden intervenir y ser descubiertas por medio de la experiencia, y ciertamente sólo en la medida en que ellas mismas se conforman a estas leyes originarias según las cuales sólo la experiencia es ante todo posible. Así pues, nuestras analogías presentan adecuadamente la unidad de la naturaleza en la secuencia de todos los fenómenos bajo ciertos exponentes que no expresan otra cosa que la relación del tiempo (en la medida en que abarca toda la existencia) con la unidad de la percepción, que sólo puede darse en la síntesis que tiene lugar según las reglas. En conjunto, las analogías dicen, pues, que todos los fenómenos están inscritos en una naturaleza y deben estar inscritos en ella, ya que, de lo contrario, sin esta unidad *a priori,* no sería posible ninguna unidad de experiencia y, por consiguiente, tampoco ninguna determinación de los objetos de esta experiencia.

Pero debo hacer una observación sobre el tipo de demostración que hemos utilizado en relación con estas leyes trascendentales de la naturaleza, y sobre lo que hay de particular en esta demostración, observación que debe ser al mismo tiempo muy importante como prescripción para cualquier otro intento de demostrar proposiciones *a priori* que sean a la vez intelectuales y sintéticas. Si hubiéramos querido demostrar dogmáticamente, es decir, por conceptos, estas analogías, a saber: que todo lo que existe sólo se encuentra en lo que ofrece una dimensión de permanencia, que todo acontecimiento presupone algo, en el estado precedente, al que sucede en virtud de una regla, finalmente que en los elementos diversos que presentan un carácter de simultaneidad los estados están simultáneamente en relación unos con otros según una regla (están en comercio recíproco), todo nuestro esfuerzo habría sido vano. En efecto, es absolutamente imposible pasar de un objeto y de su existencia a la existencia de otro objeto o a su modo de existir mediante simples conceptos de estas cosas, sea cual sea el modo en que las analicemos. Entonces, ¿qué nos queda? La posibilidad de la experiencia, como conocimiento en el que todos los objetos deben poder sernos dados en última instancia, si es que su representación ha de poseer una realidad objetiva para nosotros. Ahora bien, es en este tercer término, cuya forma esencial consiste en la unidad sintética de la apercepción de todos los fenómenos, donde hemos encontrado condiciones *a priori* de la determinación temporal integral y necesaria de toda existencia fenoménica, sin las cuales la determinación empírica del tiempo sería ella misma imposible, así como reglas de unidad sintética *a priori* mediante las cuales podríamos anticipar la experiencia. En ausencia de este método, y a causa de la ilusión de intentar demostrar dogmáticamente proposiciones sintéticas que el uso empírico del entendimiento recomienda tomar como sus principios, sucedió entonces que tantas veces, pero siempre en vano, hemos buscado una prueba del principio de razón suficiente. En cuanto a las otras dos analogías, nadie ha pensado en ellas, aunque siempre se han usado tácitamente, porque les faltaba el hilo de las categorías que es lo único que puede revelar y señalar todas las lagunas del entendimiento, tanto en los conceptos como en los principios.

4. Los postulados del pensamiento empírico en general

1.º Lo que se ajusta a las condiciones formales de la experiencia (en cuanto a intuición y conceptos) es posible.

2.º Lo que se relaciona con las condiciones materiales de la experiencia (de la sensación) es real.

3.º Aquello cuya relación con la realidad se determina según las condiciones generales de la experiencia es necesario (existe necesariamente).

Explicación

Lo especial de las categorías de modalidad es que no añaden en absoluto, respecto a la determinación del objeto, nada al concepto al que están unidas como predicados, sino que expresan meramente la relación con la facultad de conocer. Cuando el concepto de una cosa es ya bastante completo, puedo preguntarme todavía, con respecto a este objeto, si es meramente posible o si es también real, o, en este último caso, si es también necesario. De este modo, no se piensa en ninguna determinación adicional en el objeto mismo, sino que simplemente se plantea la cuestión de qué relación guarda este objeto (dotado de todas sus determinaciones) con el entendimiento y su uso empírico, con el juicio empírico y con la razón (en su aplicación a la experiencia).

Éstas son precisamente las razones por las que los principios de modalidad no son otra cosa que precisiones de los conceptos de posibilidad, realidad y necesidad, en su uso empírico, y, por tanto, al mismo tiempo, condiciones restrictivas que limitan todas las categorías a un uso meramente empírico, sin que se permita o admita su uso trascendental. Si, en efecto, las categorías no tienen un significado puramente lógico y no expresan analíticamente la forma del pensamiento, sino que deben relacionarse con las cosas y su posibilidad, realidad o necesidad, entonces deben relacionarse con la experiencia posible y su unidad sintética, en la que sólo los objetos son dados al conocimiento.

El postulado de la posibilidad de las cosas exige, pues, que su concepto sea coherente con las condiciones formales de la experiencia en general. Pero esta experiencia en general, más precisamente su forma objetiva, contiene toda la síntesis necesaria para el conocimiento de los objetos. Un concepto que encierra en sí una síntesis debe considerarse vacío y no se relaciona con ningún objeto, si dicha síntesis no pertenece a la experiencia, bien porque se deriva de ésta —en cuyo caso se denomina concepto empírico—, o bien es una síntesis en la que, en cuanto constituye una condición *a priori,* se apoya la experiencia en general (la forma de la experiencia) —y en este caso es un concepto puro, que, sin embargo, pertenece a la experiencia, puesto que su objeto sólo puede encontrarse en ella. Pues ¿dónde va uno a buscar su carácter de posibilidad para un objeto que ha sido pensado mediante un concepto sintético *a priori,* si no lo hace a partir de la síntesis que constituye la forma del conocimiento empírico de los objetos? Que tal concepto no contenga ninguna contradicción es, por supuesto, una condición lógica necesaria; pero para la realidad objetiva del concepto, es decir, para la posibilidad de su objeto como pensado a través del concepto, esto es ampliamente insuficiente. Así, en el concepto de una figura encerrada entre dos rectas, no hay contradicción, porque los conceptos de dos rectas y el de su encuentro no contienen la negación de ninguna figura; al contrario, la imposibilidad no descansa en el concepto mismo, sino en su construcción en el espacio, es decir, en las condiciones impuestas por el espacio y su determinación —condiciones que, a su vez, tienen su realidad objetiva, es decir, se refieren a cosas posibles, porque contienen en sí, *a priori,* la forma de la experiencia en general.

Mostremos ahora la considerable utilidad e influencia de este postulado de posibilidad. Cuando me represento una cosa como permanente, de modo que todo lo que cambia no deja de pertenecer enteramente a su estado, nunca puedo, basándome únicamente en tal concepto de permanencia, saber que una cosa de este tipo es posible. O cuando me represento algo cuya constitución es tal que, una vez planteado, otra cosa le sigue siempre e inevitablemente, tal cosa puede ciertamente ser pensada sin contradicción; pero en cuanto a si tal propiedad (como la causalidad) se encuentra en alguna cosa que sea posible, no podemos juzgarlo. Por último, puedo pensar en varias cosas (sustancias) cuya constitución es tal que el estado de una conduce a una consecuencia en el estado de la otra, y viceversa; pero si una relación de este tipo puede caracterizar alguna cosa en absoluto no puede deducirse de estos conceptos, que contienen una síntesis meramente arbitraria. Por consiguiente, sólo en la medida en que estos conceptos expresan *a priori* cuáles son las relaciones de las percepciones en cada experiencia posible, reconocemos su realidad objetiva, es decir, su verdad trascendental, y esto, es cierto, independientemente de dicha experiencia, pero no, sin embargo, independientemente de toda relación con la forma de una experiencia en general y con la unidad sintética en la que sólo los objetos pueden ser empíricamente conocidos.

Si quisiéramos entonces forjar conceptos verdaderamente nuevos de sustancias, fuerzas y acciones recíprocas a partir de la mera materia que nos proporciona la percepción, sin tomar prestado de la experiencia misma el ejemplo de su conexión, nos perderíamos en puras quimeras, que no muestran ningún signo de su posibilidad en la medida en que no tomamos la experiencia como maestra y tampoco tomamos prestados estos conceptos de esa experiencia. Tales conceptos imaginarios no pueden recibir el carácter de su posibilidad, *a priori,* a la manera de las categorías, como condiciones de las que depende toda experiencia, sino sólo *a posteriori,* como dados por la experiencia misma, y por tanto su posibilidad debe ser conocida *a posteriori* y empíricamente, pues de otro modo no puede ser conocida en absoluto. Una sustancia que estuviera permanentemente presente en el espacio, sin llenarlo (como la sustancia intermedia entre la materia y el ser pensante que algunos han querido introducir), o una facultad particular que tendría nuestra mente para poder intuir anticipadamente el futuro (y no simplemente concluirlo), o finalmente un poder que tendría esta misma mente para entrar en comunidad de pensamiento con otros hombres (por distantes que estuvieran): se trata de conceptos cuya posibilidad carece de todo fundamento, puesto que no puede fundarse en la experiencia y en las leyes que nos son conocidas, y puesto que, sin esta experiencia, esta posibilidad no es más que una conexión arbitraria de pensamientos, que, aunque ciertamente no contengan ninguna contradicción, no pueden en ningún caso pretender ninguna realidad objetiva, ni por consiguiente referirse a la posibilidad de un objeto tal como queremos pensarlo aquí. En cuanto a la realidad, huelga decir que no podemos concebirla, *in concreto,* sin el apoyo de la experiencia, puesto que la realidad, en la medida en que constituye la materia de la experiencia, sólo puede referirse a la sensación, pero no concierne a la forma de la relación, forma con la que, ciertamente, siempre podríamos jugar entregándonos a ficciones.

Pero dejo de lado todo aquello cuya posibilidad sólo puede deducirse de la realidad presente en la experiencia, y examino aquí únicamente la posibilidad de las cosas que proceden de conceptos *a priori,* acerca de las cuales sigo afirmando que nunca pueden surgir de tales conceptos considerados en sí mismos, sino siempre sólo en cuanto constituyen condiciones formales y objetivas de una experiencia en general.

Ciertamente, parece que la posibilidad de un triángulo puede conocerse a partir de su concepto considerado en sí mismo (puesto que es ciertamente independiente de la experiencia); en efecto, podemos darle un objeto enteramente *a priori,* es decir, construirlo. Pero como esta construcción sólo representa la forma de un objeto, tal triángulo no sería nunca más que un producto de la imaginación, y la posibilidad de un objeto que le corresponda seguiría siendo dudosa, en la medida en que tal posibilidad exigiría todavía algo más, a saber, que tal figura fuera pensada bajo las condiciones puras sobre las que descansa todo objeto de experiencia. Ahora bien, sólo porque el espacio es una condición formal *a priori* de la experiencia exterior, y porque la misma síntesis productora de imágenes mediante la cual construimos un triángulo en la imaginación es perfectamente idéntica a la que utilizamos al aprehender un fenómeno para darnos un concepto experimental de él, asociamos a este concepto de triángulo la representación de la posibilidad de tal cosa. Y así, la posibilidad de las magnitudes continuas, e incluso de las magnitudes en general (puesto que los conceptos de las mismas son todos sintéticos), no se afirma nunca claramente a partir de los conceptos mismos, sino sólo a partir de estos mismos conceptos tomados como condiciones formales para la determinación de los objetos en la experiencia en general; y, en efecto, ¿dónde querríamos buscar los objetos correspondientes a los conceptos, si no es en la experiencia por la cual nos son dados los objetos? Sin embargo, podemos, sin recurrir antes a la experiencia misma, conocer y caracterizar la posibilidad de las cosas, simplemente en relación con las condiciones formales bajo las cuales algo en general se determina como objeto en la experiencia, por tanto enteramente *a priori,* aunque sólo en relación con la experiencia y dentro de sus límites.

El postulado relativo al conocimiento de la realidad de las cosas es que tal conocimiento requiere una percepción, por consiguiente una sensación de la que se tiene conciencia: ciertamente no se requiere una conciencia inmediata del objeto mismo cuya existencia se quiere conocer, pero el postulado requiere en todo caso la concordancia de este objeto con alguna percepción real, y esto de acuerdo con las analogías de la experiencia que presentan cualquier conexión real en una experiencia en general.

No se puede encontrar ningún carácter de existencia en el mero concepto de cosa. En efecto, aunque este concepto fuera tan exhaustivo que no faltara nada para pensar una cosa con todas sus determinaciones internas, la existencia no tiene, sin embargo, absolutamente nada que ver con todas estas determinaciones, sino sólo con la cuestión de si tal cosa nos es dada de tal modo que su percepción pueda, si es necesario, preceder al concepto. Pues el hecho de que el concepto preceda a la percepción significa simplemente que la cosa es posible; mientras que la percepción, que da al concepto su materia, es el único carácter de la realidad. Pero también podemos, con anterioridad a la percepción de la cosa y, por tanto, comparativamente, conocer de su existencia *a priori,* siempre que simplemente concuerde con algunas percepciones según los principios de su conexión empírica (las analogías). Pues entonces la existencia de la cosa está efectivamente ligada a nuestras percepciones en una experiencia posible, y podemos, partiendo de nuestra percepción actual y tomando estas analogías como hilo conductor, llegar a la cosa en la serie de las percepciones posibles. Así, sabemos de la existencia de la materia magnética que penetra en todos los cuerpos al percibir el modo en que las limaduras de hierro son atraídas por los imanes, aunque no podamos percibir inmediatamente esta materia debido al modo en que están constituidos nuestros órganos. Pues, en general, según las leyes de la sensibilidad y el contexto de nuestras percepciones, también lograríamos alcanzar una intuición empírica inmediata de esta materia, si nuestros sentidos fueran más refinados; su tosquedad, sin embargo, no afecta en absoluto a la forma de la experiencia posible en general. Dondequiera, pues, que la percepción y lo relacionado con ella se extienden según leyes empíricas, allí se extiende también nuestro conocimiento de la existencia de las cosas. Desde el momento en que no partimos de la experiencia, o no procedemos según las leyes de la secuencia empírica de los fenómenos, es en vano que nos jactemos de querer adivinar y buscar la existencia de cualquier cosa. Sin embargo, el idealismo plantea una poderosa objeción a estas reglas para la demostración mediata de la existencia: su refutación, por tanto, encuentra aquí el lugar que le corresponde.

* * *

Refutación del idealismo

El idealismo (por el que entiendo el idealismo material) es la teoría que declara que la existencia de objetos en el espacio fuera de nosotros es, o bien simplemente dudosa e indemostrable, o bien falsa e imposible; el primer caso corresponde al idealismo problemático de Descartes, que declara indubitable sólo una afirmación empírica *(assertio),* a saber: Yo soy; el segundo caso corresponde al idealismo dogmático de Berkeley, que hace del espacio, con todas las cosas a las que está unido como condición inseparable del mismo, algo imposible en sí mismo y, por tanto, también sostiene que las cosas inscritas en el espacio son meras ficciones. El idealismo dogmático es inevitable si consideramos el espacio como una propiedad que debe atribuirse a las cosas en sí mismas; de hecho, es entonces un no-ser, como lo es todo aquello a lo que sirve, como condición. Pero el fundamento de tal idealismo lo derribamos en la Estética trascendental. El idealismo problemático, que no afirma nada de eso, sino que se limita a alegar nuestra impotencia para demostrar por la experiencia inmediata una existencia fuera de la nuestra, es racional y conforme a un modo de pensar profundo y filosófico, a saber: no permitir ningún juicio que pretenda decidir antes de haber encontrado una prueba suficiente. La prueba exigida debe, pues, demostrar que también tenemos experiencia de las cosas externas, y no sólo imaginación —lo que, sin duda, sólo puede lograrse demostrando que nuestra propia experiencia interna, indubitable para Descartes, sólo es posible bajo el supuesto de la experiencia externa.

Teorema

La simple conciencia de mi propia existencia, aunque empíricamente determinada, prueba la existencia de objetos en el espacio fuera de mí

Prueba

Soy consciente de que mi existencia está determinada en el tiempo. Toda determinación del tiempo presupone algo persistente en la percepción. Pero esta persistencia no puede ser algo en mí porque mi existencia en el tiempo puede ser determinada por esta persistencia en primer lugar. La percepción de esta permanencia sólo es posible, por tanto, a través de una cosa fuera de mí, y no a través de la mera representación de una cosa fuera de mí. En consecuencia, la determinación de mi existencia en el tiempo sólo es posible mediante la existencia de cosas reales que percibo fuera de mí. Ahora bien, la conciencia, en el tiempo, está necesariamente ligada a la conciencia de la posibilidad de esta determinación del tiempo: por tanto, está también necesariamente ligada a la existencia de cosas fuera de mí, como condición de la determinación del tiempo; lo que equivale a decir que la conciencia de mi propia existencia es al mismo tiempo conciencia inmediata de la existencia de otras cosas fuera de mí.

Primera observación. Se verá que, en la prueba precedente, el juego del idealismo se vuelve contra él con mucha mayor legitimidad. El idealismo admitía que la única experiencia inmediata es la experiencia interna, y que de ella concluimos que existen cosas externas —pero según una conclusión extraída de manera incierta, como siempre que concluimos de efectos dados a causas determinadas, ya que la causa de las representaciones que atribuimos, quizá falsamente, a las cosas externas puede encontrarse también en nosotros mismos. Ahora bien, aquí se demuestra simplemente que la experiencia externa es precisamente inmediata, que sólo a través de ella somos capaces, no ciertamente de tener conciencia de nuestra propia existencia, pero en todo caso de determinar esta existencia en el tiempo, es decir, la experiencia interna. Ciertamente la representación: Yo soy, que expresa la conciencia susceptible de acompañar a cualquier pensamiento, es lo que contiene inmediatamente en sí la Existencia de un sujeto, pero no contiene todavía ningún conocimiento de dicho sujeto, por consiguiente tampoco ningún conocimiento empírico, es decir, ninguna experiencia; pues, además del pensamiento de algo existente, este conocimiento requiere todavía la intuición, en este caso la intuición interna, en relación con la cual, es decir, en relación con el tiempo, el sujeto debe necesariamente determinarse —razón por la cual los objetos externos son absolutamente necesarios, de modo que, por vía de consecuencia, la experiencia interna misma sólo es posible mediata y únicamente a través de la experiencia externa.

Segunda observación. Todo uso experimental de nuestra facultad de conocer en la determinación del tiempo es, por tanto, perfectamente coherente con lo que se acaba de decir. No sólo podemos percibir cualquier determinación del tiempo sólo a través del cambio que tiene lugar en las relaciones externas (movimiento) con respecto a lo que es permanente en el espacio (por ejemplo, el movimiento del Sol con respecto a los objetos de la Tierra), sino que ni siquiera tenemos a nuestra disposición nada permanente que podamos situar, como intuición, y, sin embargo, esta permanencia misma no se deriva de la experiencia externa propiamente dicha, sino que es presupuesta *a priori* por la existencia de las cosas externas como condición necesaria de toda determinación del tiempo, en consecuencia también como determinación del sentido interno acerca de nuestra propia existencia. La conciencia que tengo de mí mismo en la representación «yo» no es en absoluto una intuición, sino una representación meramente intelectual de la espontaneidad de un sujeto pensante. En consecuencia, este «yo» no tiene el más mínimo predicado intuitivo que, como permanente, pueda servir de correlato a la determinación del tiempo presente en el sentido interno, como es el caso, por ejemplo, de la impenetrabilidad para la materia como intuición empírica.

Tercera observación. Del hecho de que se requiera la existencia de los objetos externos para la posibilidad de una conciencia determinada de nosotros mismos, no se sigue que toda representación intuitiva de las cosas externas contenga al mismo tiempo su existencia, pues tal representación puede ser perfectamente el mero efecto de la imaginación (tanto en los sueños como en el delirio); sin embargo, sólo se produce mediante la reproducción de percepciones externas anteriores, que, como hemos demostrado, sólo son posibles mediante la experiencia externa en general. En cuanto a si tal o cual supuesta experiencia no es una mera imaginación, esto es lo que hay que averiguar a partir de las determinaciones particulares de esta experiencia y de su concordancia con los criterios de toda experiencia real.

* * *

Finalmente, el tercer postulado concierne a la necesidad material implicada en la existencia, y no a la necesidad meramente formal y lógica implicada en la conexión de los conceptos. Ahora bien, dado que ninguna Existencia de los objetos de los sentidos puede ser conocida enteramente *a priori,* pero que, sin embargo, puede ser conocida comparativamente *a priori,* en relación con otra existencia ya dada; dado, sin embargo, que incluso en este último caso sólo podemos llegar a la existencia que necesariamente debe estar contenida en alguna parte de la cadena de la experiencia, y de la cual la percepción dada es una parte; por lo tanto, la necesidad de la existencia nunca puede ser conocida a partir de conceptos, sino siempre a partir de su relación con lo que se percibe, y esto de acuerdo con las leyes generales de la experiencia. Ahora bien, no hay existencia que pueda ser conocida como necesaria bajo la condición de otros fenómenos dados, excepto la de los efectos resultantes de causas dadas según las leyes de la causalidad. Así pues, no es de la existencia de las cosas (sustancias), sino sólo de la de su estado de lo que podemos conocer la necesidad, y ésta, en verdad, a partir de otros estados que se dan en la percepción, de acuerdo con las leyes empíricas de la causalidad. De ello se sigue que el criterio de la necesidad reside únicamente en la siguiente ley de la experiencia posible, a saber, que todo lo que sucede está determinado *a priori,* fenoménicamente hablando, por su causa. De aquí se sigue que sólo conocemos la necesidad de los efectos que se producen en la naturaleza y cuyas causas nos son dadas, y que el carácter de necesidad de la existencia no se extiende más allá del campo de la experiencia posible, sin que sea válido, ni siquiera dentro de este campo, para la existencia de las cosas como sustancias, ya que éstas nunca pueden ser concebidas como efectos empíricos o como algo que se produce y llega a ser. La necesidad concierne, pues, sólo a las relaciones entre fenómenos ligados según la ley dinámica de la causalidad, y sólo a la posibilidad, basada en esta ley, de concluir *a priori,* de una existencia cualquiera (de una causa) a otra existencia (al efecto). Todo lo que sucede es hipotéticamente necesario: se trata de un principio fundamental que somete el cambio en el mundo a una ley, es decir, a una regla que se aplica a la existencia necesaria, regla sin la cual ni siquiera existiría la naturaleza. En consecuencia, el principio según el cual «nada sucede por ciega casualidad» *(in mundo non datur casus)* es una ley *a priori* de la naturaleza; análogamente, el principio según el cual ninguna necesidad que intervenga en la naturaleza es una necesidad ciega, sino por el contrario, siempre una necesidad condicionada y, por tanto, inteligible *(in mundo non datur fatum)*. Estos dos principios son leyes que someten el juego de los cambios a una naturaleza de las cosas (como fenómenos) o, lo que es equivalente, a la unidad del entendimiento, en la que sólo estas cosas pueden pertenecer a una experiencia considerada como unidad sintética de los fenómenos. Estos dos principios forman parte de los principios dinámicos. El primero es propiamente una consecuencia del principio de causalidad (tal como aparece en las analogías de la experiencia). El segundo forma parte de los principios de modalidad, que añade a la determinación causal el concepto de necesidad, pero una necesidad sujeta al entendimiento. El principio de continuidad prohíbe cualquier salto *(in mundo non datur saltus)* en la serie de los fenómenos (de los cambios), pero también, dentro del conjunto constituido por todas las intuiciones empíricas en el espacio, cualquier vacío o hiato entre dos fenómenos *(in mundo non datur hiatus);* pues el principio puede enunciarse así: nada puede entrar en la experiencia que pruebe un vacío o incluso que simplemente lo permita como parte de la síntesis empírica. En efecto, por lo que se refiere al vacío, que, sin embargo, puede pensarse fuera de la esfera de la experiencia posible (fuera del mundo), no entra en la jurisdicción del mero entendimiento, que sólo legisla sobre las cuestiones relativas a la utilización de los fenómenos dados para los fines del conocimiento empírico, sino que constituye un objeto de examen para la razón idealizadora, que sale de la esfera de la experiencia posible y pretende emitir un juicio sobre lo que rodea y limita esta misma esfera: es, pues, en el marco de la dialéctica trascendental donde debe examinarse el problema del vacío. Como todos los principios trascendentales, podríamos fácilmente representar estos cuatro principios *(in mundo non datur casus, non datur fatum, non datur saltus, non datur hiatus)* en su orden, según el orden de las categorías, y asignar a cada uno su lugar. Tales principios, sin embargo, coinciden todos en que no admiten nada en la síntesis empírica que pueda dañar o socavar el entendimiento y la secuencia continua de todos los fenómenos, es decir, la unidad de los conceptos del entendimiento. Pues sólo en esto se hace posible la unidad de la experiencia, dentro de la cual todas las percepciones han de tener necesariamente su lugar.

En cuanto a si el campo de lo posible es más amplio que el campo que abarca el conjunto de lo real, y si este último es a su vez más amplio que el conjunto que abarca todo lo necesario, se trata de cuestiones muy finas, cuya solución es ciertamente de naturaleza sintética, pero que competen únicamente a la razón: pues equivalen más o menos a preguntarse si todas las cosas, en cuanto fenómenos, pertenecen en su conjunto al todo y al contexto de una experiencia única, de la que formaría parte una percepción cualquiera, que no puede por consiguiente vincularse en este caso a ningún otro fenómeno, o si mis percepciones pueden pertenecer (en el modo en que todas ellas se vinculan) a más de una experiencia posible. El entendimiento sólo proporciona *a priori* a la experiencia en general la regla relativa a las condiciones subjetivas y formales, tanto de la sensibilidad como de la apercepción, que son las únicas que hacen posible esta experiencia. Serían posibles otras formas de intuición (que el espacio y el tiempo), así como otras formas de entendimiento (que la forma discursiva del pensamiento o conocimiento por conceptos), que en ningún caso podríamos pensarlas ni hacerlas concebibles; pero, aunque lo consiguiéramos, estas formas no pertenecerían, sin embargo, a la experiencia, tal como ésta constituye el único conocimiento en el que se nos dan los objetos. En cuanto a si podrían pertenecer a la totalidad de nuestra experiencia posible percepciones distintas de las que disponemos en general, y si podría presentarse un campo de materia completamente distinto, el entendimiento, que sólo se ocupa de la síntesis de lo dado, no puede decidirlo. Además, es evidente la pobreza de nuestro razonamiento habitual, por el que producimos un vasto imperio de lo posible, del que cada elemento de la realidad (cada objeto de la experiencia) es sólo una parte. Toda cosa real es posible; de aquí se sigue naturalmente, según las reglas lógicas de la conversión de las proposiciones, esta derivada, simplemente particular: Alguna cosa posible es real —proposición que parece tener el mismo sentido que: Hay muchas cosas posibles que no son reales. De hecho, parece que incluso podríamos francamente poner el número de lo posible por encima del de lo real, ya que hay que añadir algo a lo posible para constituir lo real. Simplemente, este proceso de adición a lo posible no puede ser conocido por mí. Pues lo que habría que añadir a lo posible sería imposible. Para mi entendimiento lo único que puede añadirse de acuerdo con las condiciones formales de la experiencia es la conexión con alguna percepción; pero lo que está conectado con ella de acuerdo con las leyes empíricas es real, aunque no se perciba inmediatamente. Por otra parte, no es posible concluir de lo dado que sea posible otra serie de fenómenos en conexión global con lo que me es dado en la percepción, y por tanto más que una sola experiencia que comprenda todo en sí, y menos aún sin que se dé algo, ya que sin materia nada, en ninguna parte, puede ser pensado. Lo que sólo es posible bajo condiciones que en sí mismas son simplemente posibles, no lo es desde cualquier punto de vista. Así, al menos, es como se plantea la cuestión de si la posibilidad de las cosas se extiende más allá de la experiencia.

He mencionado estas cuestiones con el único fin de no dejar ninguna laguna en lo que, según la opinión común, pertenece a los conceptos del entendimiento. Pero, en realidad, la posibilidad absoluta (que se aplica a todos los puntos de vista) no es un mero concepto de la razón y no puede en modo alguno ser de utilidad empírica: por el contrario, tal concepto sólo pertenece a la razón, que va más allá de cualquier posible uso empírico de la razón. Por eso hemos tenido que contentarnos con una observación meramente crítica a este respecto, dejando el asunto en la penumbra hasta que podamos retomar el problema más adelante de un modo más amplio.

Al concluir esta cuarta cuestión de la tercera sección y cerrar con ella, al mismo tiempo, el sistema de todos los principios del entendimiento puro, debo indicar todavía la razón por la que he llamado directamente postulados a los principios de la modalidad. No quiero tomar aquí este término en el sentido que le han dado algunos autores filosóficos contemporáneos, por oposición al sentido que le atribuyen los matemáticos, a quienes pertenece, a saber, que postular equivaldría a dar una proposición como inmediatamente cierta, sin justificación ni prueba; si de hecho admitiéramos que las proposiciones sintéticas, por evidentes que sean, pudieran, sin ayuda de ninguna deducción, ser acreditadas con adhesión incondicional simplemente sobre la base de su propia afirmación, toda crítica del entendimiento desaparecería; y como no faltan las afirmaciones más audaces, que ni siquiera son rechazadas por la fe común (que no es, sin embargo, una prueba de credibilidad), nuestro entendimiento estaría abierto a cualquier ilusión, sin poder negar su aprobación a afirmaciones que, aunque ilegítimas, exigen, sin embargo, ser aceptadas en el mismo tono seguro que los axiomas verdaderos. Cuando, por tanto, se añade sintéticamente una determinación *a priori* al concepto de cosa, una proposición de este tipo debe ir necesariamente acompañada, si no de una prueba, al menos de una deducción de la legitimidad de su afirmación.

El hecho es que los principios de modalidad no son objetivamente sintéticos, puesto que los predicados de posibilidad, realidad y necesidad no amplían en absoluto el concepto al que se aplican, añadiendo algo a la representación del objeto. Dado que, no obstante, son siempre sintéticos, sólo lo son de un modo subjetivo, es decir, añaden al concepto de una cosa (de lo real), algo de lo que de otro modo no dicen nada, la facultad de saber dónde encuentra este concepto su origen y su sede: de este modo, en la medida en que este concepto se articula en la razón con las condiciones formales de la experiencia, se dice que su objeto es posible; si concuerda con la percepción (sensación, como materia de los sentidos) y es determinado por ella mediante el entendimiento, el objeto es real; si es determinado por la concatenación de percepciones según conceptos, el objeto es calificado de necesario. Los principios de la modalidad no expresan, pues, otra cosa, respecto de un concepto, que la acción de la facultad de conocer por la que se produce este concepto. Ahora bien, en matemáticas llamamos postulado al principio práctico que no contiene otra cosa que la síntesis por la cual nos damos primero un objeto y producimos su concepto: por ejemplo, trazar un círculo sobre una superficie, con una línea dada, partiendo de un punto dado; y una proposición de este tipo no puede ser demostrada, en la medida en que el procedimiento que exige es precisamente aquel por el cual sólo nosotros producimos el concepto de tal figura. Así pues, podemos con el mismo derecho postular los principios de la modalidad, puesto que no añaden a su concepto de las cosas en general, sino que sólo indican el modo en que en general este concepto se relaciona con la facultad de conocer.

* * *

Observación general sobre el sistema de los principios

Es algo muy notable que no podamos ver la posibilidad de nada a partir de la simple categoría, sino que necesitemos siempre una intuición para sacar a la luz la realidad objetiva del concepto puro del entendimiento. Tomemos, por ejemplo, las categorías de relación. ¿Cómo puede 1.º existir algo sólo como sujeto, es decir, como sustancia, y no como determinación de otras cosas? ¿O cómo 2.º porque algo es, otra cosa debe ser, y en consecuencia cómo en general algo puede ser causa? ¿O cómo 3.º cuando existen varias cosas, del hecho de que una de ellas exista, se sigue algo para las demás y viceversa, y por consiguiente cómo puede surgir una comunidad de sustancias? Son preguntas que los meros conceptos no pueden responder. La misma observación se aplica a las demás categorías, por ejemplo: ¿cómo puede una cosa ser idéntica a varias tomadas en conjunto, es decir, ser una magnitud? Y así sucesivamente. Mientras no se presente ninguna intuición, no sabemos si, por medio de las categorías, estamos pensando un objeto o si algún objeto en absoluto puede ser adecuado para ellas; de ahí que confirmemos que no son en sí mismas conocimiento alguno, sino meras formas de pensamiento para producir conocimiento a partir de intuiciones dadas. De ahí también que ninguna proposición sintética pueda construirse a partir de categorías simples. Por ejemplo: en el centro de toda existencia hay una sustancia, es decir, algo que sólo puede existir como sujeto y no como mero predicado; o: todo es *un quantum,* etc. No hay nada ahí que pueda construirse a partir de categorías simples. No hay nada ahí que pueda servirnos para ir más allá de un concepto dado y adjuntarle otro. Tampoco ha sido nunca posible demostrar una proposición sintética partiendo de conceptos puros del entendimiento, por ejemplo, la proposición de que todo lo que existe contingentemente tiene una causa. A lo sumo, hemos podido demostrar que, sin esta relación, no podríamos concebir la existencia de lo contingente, es decir, conocer *a priori* mediante el entendimiento la existencia de tal cosa; pero de ello no se sigue que esta misma relación sea también la condición de posibilidad de las cosas mismas. Por eso, si nos remitimos a nuestra demostración del principio de causalidad, observaremos que sólo podíamos demostrarlo con respecto a los objetos de la experiencia posible, «todo lo que sucede (todo acontecimiento) presupone una causa», y que aun así sólo podíamos demostrarlo como principio de la posibilidad de la experiencia, como consecuencia del conocimiento de un objeto dado en la intuición empírica, y no sobre la base de meros conceptos. Pero entonces el concepto de lo contingente se entiende ya de tal modo que contiene, no la categoría de modalidad (como algo cuya inexistencia puede concebirse), sino la de relación (como algo que sólo puede existir como consecuencia de otro) —y en este caso se trata ciertamente de una proposición idéntica: «lo que sólo puede existir como consecuencia tiene su causa»—. De hecho, cuando tenemos que dar ejemplos de existencia contingente, nos referimos siempre a los cambios, y no sólo a la posibilidad de pensar lo contrario. Ahora bien, el cambio es un acontecimiento que, como tal, sólo es posible como resultado de una causa, cuya inexistencia es, por tanto, en sí misma posible, y así la contingencia se reconoce por el hecho de que algo sólo puede existir como efecto de una causa; si, por tanto, se admite que una cosa es contingente, decir que tiene una causa es una proposición analítica.

Pero es aún más notable que, para que podamos comprender la posibilidad de que las cosas se ajusten a las categorías, y demostrar así la realidad objetiva de éstas, necesitemos no sólo intuiciones, sino incluso intuiciones siempre externas. Si tomamos, por ejemplo, los conceptos puros de relación, encontramos que: 1. Para dar al concepto de sustancia, en la intuición, algo permanente que le corresponda (y demostrar así la realidad objetiva de este concepto de substancia), necesitamos una intuición en el espacio (la intuición de la materia), porque sólo las determinaciones espaciales tienen carácter de permanencia, mientras que el tiempo, por consiguiente, todo lo que pertenece al sentido interno, no cesa nunca de transcurrir. 2. Para hacer del cambio el modelo de intuición correspondiente al concepto de causalidad, debemos tomar como ejemplo el movimiento como cambio en el espacio, y sólo así podremos llegar a una representación clara de los cambios cuya posibilidad no puede comprender ningún entendimiento puro. El cambio es la vinculación de determinaciones mutuamente contradictorias en la existencia de una misma cosa. Ahora bien, ¿cómo es posible que de un estado dado de una cosa se siga un estado opuesto de la misma cosa? Esto es lo que ninguna razón no sólo no puede concebir sin ejemplo, sino que ni siquiera puede hacer comprensible sin intuición; y esta intuición es la del movimiento en el espacio de un punto cuya existencia en diversos lugares (como sucesión de determinaciones opuestas) es la única que nos permite la intuición del cambio. En efecto, para que podamos concebir los cambios internos, debemos poder captar el tiempo, como forma de sentido interno, figuradamente por medio de una línea, y el cambio interno por medio del trazado de esta línea (movimiento), así como, en consecuencia, captar nuestra propia existencia sucesiva en sus diferentes estados por medio de una intuición externa. La razón específica de esto es que todo cambio presupone algo permanente en la intuición, aunque sólo sea para ser él mismo percibido como cambio, pero que no hay absolutamente ninguna intuición permanente en sentido interno. Finalmente, la categoría de comunidad, en cuanto a su posibilidad, no puede ser concebida en absoluto por la simple razón, y en consecuencia no es posible percibir la realidad objetiva de este concepto sin una intuición, y lo que es más, sin una intuición externa en el espacio. Pues ¿cómo concebir la posibilidad de que, existiendo varias sustancias, de la existencia de una pueda seguirse algo (como efecto) en la existencia de las otras, y viceversa, y que así, por haber algo en la primera que no puede comprenderse únicamente de la existencia de las otras, deba ser recíprocamente lo mismo para estas últimas? Esto es lo que exigiría, en efecto, la comunidad, pero no puede entenderse en absoluto en el caso de cosas cada una de las cuales subsiste enteramente aislada. Por eso Leibniz, al atribuir una comunidad a las sustancias del mundo, pero tal como él sólo las concibe a través de su entendimiento, necesitaba la mediación de una divinidad; pues tal comunidad le parecía justamente incomprensible sobre la base de su mera existencia. Dicho esto, podemos muy bien colocarnos en situación de captar la posibilidad de la comunidad (de las sustancias como fenómenos) si nos la representamos en el espacio y, por tanto, en la intuición externa. En efecto, el espacio contiene ya *a priori* relaciones formales externas, que son las condiciones de posibilidad de las relaciones reales (implicadas en la acción y la reacción, y por tanto en la comunidad). Con la misma facilidad puede demostrarse que la posibilidad de las cosas como magnitudes, y por tanto la realidad objetiva de la categoría de cantidad, sólo pueden representarse también en la intuición externa, y que entonces sólo pueden aplicarse al sentido interno a través de esta intuición externa. Pero para no alargarme, debo dejar los ejemplos a este respecto a la reflexión del lector.

Toda esta observación es de gran importancia, no sólo para confirmar nuestra anterior refutación del idealismo, sino aún más, cuando se trata de conocernos a nosotros mismos a partir de la mera conciencia interior y de determinar nuestra naturaleza sin ayuda de intuiciones empíricas externas, para mostrarnos los límites de la posibilidad del conocimiento.

La consecuencia final de toda esta sección es, por tanto, que todos los principios del entendimiento puro no son más que principios *a priori* de la posibilidad de la experiencia, y que todas las proposiciones sintéticas *a priori* se refieren también sólo a la experiencia, descansando su misma posibilidad enteramente en esta relación con la experiencia.

Capítulo tercero.   De la doctrina trascendental del juicio (o analítica de los principios)

Sobre el principio de distinción de todos los objetos en general en fenómenos y noumena

Ahora no sólo hemos recorrido el país de la razón pura y considerado escrupulosamente cada una de sus partes, sino que también hemos tomado todas sus medidas y determinado el lugar que ocupa cada cosa. Este país, sin embargo, es una isla y, por tanto, está encerrado por la propia naturaleza dentro de límites inmutables. Es la tierra de la verdad (nombre fascinante), rodeada por un vasto océano azotado por tempestades, cargado de ilusiones, donde muchos bancos de niebla y muchos bloques de hielo, pronto a derretirse, ofrecen la engañosa apariencia de nuevas tierras y, engañando constantemente al navegante con vanas esperanzas de nuevos descubrimientos, le comprometen en aventuras a las que nunca puede renunciar, pero que tampoco puede llevar a buen término. Antes de aventurarnos en el mar para explorarlo en todas sus dimensiones y cerciorarnos de que hay algo que esperar, nos será útil echar otro vistazo al mapa del país que vamos a abandonar, y preguntarnos, en primer lugar, si en algún caso no podríamos contentarnos con lo que contiene, o incluso si no deberíamos, necesariamente, contentarnos con él, en el caso de que en ningún otro lugar exista tierra firme alguna en la que podamos establecernos; A continuación, nos preguntaremos sobre qué bases poseemos nosotros mismos este país y conseguimos mantenerlo contra todas las pretensiones enemigas. Aunque ya hemos dado amplias respuestas a estas preguntas en el curso del Análisis, un resumen de las soluciones que ha aportado puede, sin embargo, reforzar nuestra convicción por la forma en que este resumen reúne los momentos en un solo punto.

En efecto, hemos visto que todo lo que la razón deriva de sí misma sin tomarlo prestado de la experiencia sólo puede serle útil para el único fin de la experiencia. Los principios de la razón pura, ya sean constitutivos *a priori* (como los principios matemáticos) o meramente regulativos (como los principios dinámicos), no contienen nada, por así decirlo, sino el esquema puro de la experiencia posible. Esta última, en efecto, no deriva su unidad más que de la unidad sintética que la razón imparte originariamente y por sí mismo a la síntesis de la imaginación relativa a la percepción, unidad con la cual los fenómenos, como datos para una experiencia posible, deben ya *a priori* encontrarse en relación y llegar a concordar. Siendo así, aunque estas reglas de la razón no sólo son verdaderas *a priori,* sino que incluso constituyen la fuente de toda verdad, es decir, de la concordancia de nuestro conocimiento con los objetos, en la medida en que contienen el principio de la posibilidad de la experiencia como totalidad de todo conocimiento en el que los objetos pueden llegar a sernos dados, no nos parece suficiente que se nos diga no sólo lo que es verdad, sino también lo que deseamos saber. Si, pues, por medio de esta investigación crítica no aprendemos nada más de lo que sin duda habríamos llegado espontáneamente por el uso simplemente empírico de nuestro entendimiento, y sin una investigación tan sutil, parece que la ventaja obtenida al final no es proporcional a la inversión y al aparato empleados. Dicho esto, podemos responder que ninguna curiosidad es más perjudicial para la expansión de nuestros conocimientos que la de querer saber siempre de antemano, antes de emprenderla, la utilidad de la investigación, e incluso antes de que podamos formarnos la menor noción de esta utilidad, aunque se nos ponga delante de los ojos. Sin embargo, hay una ventaja que puede ser admitida, y tomada a pecho, incluso por el aprendiz menos entusiasta y la mente más limitada ante una investigación tan trascendental: la razón que se preocupa simplemente de su uso empírico y no reflexiona sobre las fuentes de su propio conocimiento puede, en efecto, alcanzar grandes éxitos, pero hay una cosa que excede sus facultades, y es fijar por sí mismo los límites de su uso y determinar lo que bien puede residir dentro o fuera de toda su esfera;

pues saber esto requiere precisamente la investigación profunda que hemos instituido. Por otra parte, si es incapaz de distinguir si ciertas cuestiones están o no dentro de su horizonte, entonces nunca podrá estar seguro de lo que necesita y de lo que posee, y debe esperar ser llamada al orden a menudo y vergonzosamente cuando sobrepase los límites de su dominio (como es inevitable) y vague entre quimeras e ilusiones.

Que, por consiguiente, el entendimiento sólo puede hacer un uso empírico de todos sus principios *a priori* e incluso de todos sus conceptos, pero nunca un uso trascendental, es una proposición que, si podemos convencernos de ella, abre el camino a importantes consecuencias. El uso trascendental de un concepto, en cualquier principio, es el que consiste en relacionarlo con las cosas en general y en sí mismas, mientras que el uso empírico es el que consiste en relacionarlo sólo con los fenómenos, es decir, con los objetos de la experiencia posible. Ahora bien, de lo que sigue se desprende que sólo es posible este último uso. Todo concepto requiere, en primer lugar, la forma lógica de un concepto (de pensamiento) en general, y luego la posibilidad de darle un objeto con el que se relacione. Sin esto último, carece de sentido y está completamente vacío de contenido, aunque aún pueda contener en sí mismo la función lógica propia de la constitución de un concepto a partir de ciertos datos. Ahora bien, el objeto no puede ser dado a un concepto más que en la intuición, e incluso si una intuición pura es posible *a priori* antes del objeto, también ella sólo puede recibir su objeto, y en consecuencia su validez objetiva, en relación con la intuición empírica, de la que es la forma simple. En consecuencia, todos los conceptos y, con ellos, todos los principios, por muy *a priori* que sean incluso, se relacionan, sin embargo, con intuiciones empíricas, es decir, con datos para la experiencia posible. De otro modo no tienen validez objetiva, sino que son un mero juego de la imaginación o del entendimiento con sus respectivas representaciones. Contentémonos con tomar como ejemplo los conceptos de las matemáticas, y más precisamente, en primer lugar, en sus intuiciones puras: el espacio tiene tres dimensiones; entre dos puntos, sólo puede trazarse una línea recta, etc. Aunque todos estos principios y la representación del objeto de que trata esta ciencia se producen enteramente *a priori* en la mente, no significarían, sin embargo, nada si fuéramos incapaces de presentar sistemáticamente su significado en los fenómenos (en los objetos empíricos). Por eso exigimos también que un concepto abstracto se haga sensible, es decir, que se presente en la intuición un objeto que le corresponda, pues de lo contrario el concepto seguiría (como decimos) sin tener sentido, es decir, carente de significado. Las matemáticas cumplen esta condición mediante la construcción de la figura, que es un fenómeno presente a los sentidos (aunque producido *a priori*). En esta misma ciencia, el concepto de magnitud busca su apoyo y su sentido en el número, pero el número busca su apoyo y su sentido en los dedos, en los granos de la tablilla de cálculo o en las líneas y puntos que se ponen ante nuestros ojos. El concepto se produce siempre *a priori,* junto con los principios o fórmulas sintéticas que proceden de tales conceptos; pero su uso y su relación con los objetos pretendidos sólo pueden buscarse, en última instancia, en la experiencia de la que constituyen *a priori* la posibilidad (en cuanto a la forma).

Que lo mismo ocurre con todas las categorías y con todos los principios formados a partir de ellas se deduce claramente del hecho de que no podemos dar una definición real de una sola de estas categorías, es decir, hacer comprensible la posibilidad de su objeto, sin remitirnos inmediatamente a las condiciones de la sensibilidad, por consiguiente, a la forma de los fenómenos, en la medida en que la aplicación de las categorías debe limitarse a estos fenómenos como a sus únicos objetos; En efecto, si suprimimos esta condición, desaparece toda significación, es decir, toda relación con el objeto, y ningún ejemplo puede entonces permitir captar lo que es la cosa que, a partir de entonces, se entiende propiamente por tales conceptos.

No se puede definir el concepto de magnitud en general más que diciendo, por ejemplo, que es la determinación de una cosa mediante la cual podemos pensar cuántas veces está contenida una unidad en esa cosa. Simplemente, la expresión «cuántas veces» se basa en la repetición sucesiva, por consiguiente, en el tiempo y en la síntesis (de lo homogéneo) en el tiempo. De modo que sólo podemos definir la realidad como opuesta a la negación si construimos (como un proceso memorial acumulativo) el pensamiento de un tiempo (como un todo en el que se engloba todo lo que es) que está lleno de esta realidad o está vacío. Si prescindo de la permanencia (que es la existencia en todo tiempo), lo único que me queda para concebir la sustancia es la representación lógica del sujeto, que creo conseguir representándome algo que puede manifestarse simplemente como sujeto (sin ser predicado de nada). Ahora bien, no sólo no conozco ninguna condición bajo la cual esta primacía lógica sea apropiada para alguna cosa, sino que además no hay absolutamente nada más que pueda hacerse con ella, ni puede extraerse de ella la más mínima consecuencia, en la medida en que ningún objeto correspondiente al uso de este concepto queda así determinado, y por tanto no se sabe en absoluto si este concepto posee alguna vez la más mínima significación. En cuanto al concepto de causa (si prescindo del tiempo, en el que algo sucede a otra cosa según una regla), no encontraría en la categoría pura más que la de que hay algo de lo que podemos concluir que existe otra cosa, y no sólo causa y efecto serían de este modo completamente indistinguibles entre sí, sino que además, puesto que el poder sacar rápidamente tal conclusión requiere condiciones de las que no sé nada, el concepto no tendría determinación alguna en cuanto a su aplicación a objeto alguno. El llamado principio según el cual todo elemento contingente tiene una causa se presenta, es cierto, con bastante gravedad, como si tuviera dignidad propia. Sencillamente, si te pregunto qué entiendes por contingente y me respondes: es aquello de lo que es posible la inexistencia, me gustaría saber a qué pretendes reconocer esta posibilidad de inexistencia, si no imaginas una sucesión en la serie de los fenómenos y, en esta sucesión, una existencia que sucede a la inexistencia (o viceversa), por consiguiente un cambio; pues afirmar que la inexistencia de una cosa no es en sí contradictoria es apelar en vano a una condición lógica ciertamente necesaria al concepto, pero que está lejos de ser suficiente para la posibilidad real de la afirmación; en este sentido, puedo muy bien suprimir en el pensamiento cualquier sustancia existente sin contradecirme, pero no puedo sacar de ello ninguna conclusión en cuanto a la contingencia objetiva de estas sustancias en su existencia, es decir, en cuanto a la posibilidad de su inexistencia en sí. En cuanto al concepto de comunidad, es fácil ver que, puesto que las categorías puras de sustancia y causalidad no permiten ninguna definición del objeto, la causalidad recíproca de las sustancias en su relación mutua *(commercium)* es igualmente improbable que lo haga. Nadie ha sido capaz hasta ahora de definir la posibilidad, la existencia y la necesidad, a no ser por una tautología flagrante, siempre que hemos intentado extraer su definición únicamente del entendimiento puro. Pues la ilusión que consiste en sustituir la posibilidad lógica del concepto (es decir, cuando no se contradice a sí mismo) por la posibilidad trascendental de las cosas (es decir, cuando se encuentra un objeto que corresponde al concepto), esta ilusión sólo puede engañar y satisfacer a los que no son expertos.

De aquí se sigue irrefutablemente que los conceptos puros del entendimiento nunca pueden ser de utilidad trascendental, sino siempre de utilidad meramente empírica, y que sólo en relación con las condiciones generales de la experiencia posible pueden relacionarse los principios del entendimiento puro con los objetos de los sentidos, sin que puedan relacionarse nunca con las cosas tomadas absolutamente (sin tener en cuenta el modo en que podemos intuirlas).

El Análisis trascendental conduce al siguiente resultado importante: muestra que el entendimiento no puede hacer nada más *a priori* que anticipar la forma de una posible experiencia en general, y que en la medida en que lo que no es un fenómeno no puede ser objeto de experiencia, el entendimiento no puede ir nunca más allá de los límites de la sensibilidad, dentro de los cuales sólo nos son dados los objetos. Los principios del entendimiento son simplemente principios de la exposición de los fenómenos, y el pomposo título de una ontología, que pretende proporcionar en una doctrina sistemática, sobre las cosas tomadas absolutamente, un conocimiento sintético *a priori* (por ejemplo, el principio de causalidad), debe dejar paso al modesto título de un simple análisis del entendimiento puro.

Pensar es el acto de relacionar una intuición dada con un objeto. Si la naturaleza de esta intuición no está dada de ningún modo, el objeto es simplemente trascendental y el concepto del entendimiento no tiene otro uso que el trascendental, a saber, el de asegurar la unidad del pensamiento de una multiplicidad en general. Mediante una categoría pura, en la que prescindimos de todas las condiciones de la intuición sensible, en la medida en que sólo ésta nos es posible, no se determina así ningún objeto, sino que sólo se expresa de diferentes modos el pensamiento de un objeto en general. Una parte integrante del uso de un concepto, sin embargo, es también una función de juicio según la cual un objeto se subsume bajo ese concepto, constituyendo así, al menos formalmente, la condición bajo la cual algo puede darse en la intuición. Si falta esta condición de juicio (el esquema), desaparece toda subsunción, pues no se da nada que pueda subsumirse bajo el concepto. El uso meramente trascendental de las categorías no es, pues, de hecho, verdaderamente un uso, y no tiene un objeto determinado, ni siquiera meramente determinable en cuanto a la forma. De ello se sigue que la categoría pura tampoco basta para constituir un principio sintético *a priori*, y que los principios del entendimiento puro sólo tienen un uso empírico, pero nunca un uso trascendental, y que fuera del campo de la experiencia posible no puede haber principios sintéticos *a priori* en ninguna parte.

Por tanto, tal vez sea prudente decirlo así: las categorías puras, en ausencia de las condiciones formales de la sensibilidad, tienen simplemente un significado trascendental, pero no tienen ningún uso trascendental, porque tal uso es en sí mismo imposible, en la medida en que faltan entonces todas las condiciones de cualquier uso (en los juicios), a saber, las condiciones formales de la subsunción de cualquier supuesto objeto bajo estos conceptos. Dado, pues, que (como categorías simplemente puras) no deben ser de uso empírico y que no pueden ser de uso trascendental, están desprovistas de toda utilidad si las aislamos de toda sensibilidad, es decir, no pueden aplicarse a nada que pretenda constituir un objeto, sino que son simplemente la forma pura del uso del entendimiento respecto de los objetos en general, y la forma pura del pensamiento, sin que por ello podamos pensar o determinar ningún objeto sólo a través de ellas.

Hay aquí, sin embargo, una ilusión fundamental difícil de evitar. Las categorías no se basan, en cuanto a su origen, en la sensibilidad, como es el caso de las formas de la intuición, el espacio y el tiempo; por tanto, parecen permitir una aplicación más amplia más allá de todos los objetos de los sentidos. Sin embargo, en lo que a ellas concierne, no son más que formas del pensamiento, que contienen simplemente el poder lógico de unir *a priori* en una conciencia la diversidad dada en una intuición, y en cuanto les quitamos la única intuición que nos es posible, poseen aún menos sentido que aquellas formas sensibles puras a través de las cuales al menos, en todo caso, se nos da un objeto, mientras que una modalidad, propia de nuestro entendimiento, de proceder a la vinculación de lo diverso no significa absolutamente nada si no se complementa con esta intuición en la que sólo puede darse lo diverso. Sin embargo, cuando designamos ciertos objetos, como fenómenos, como seres de los sentidos *(phaenomena)* distinguiendo de su naturaleza en sí el modo en que los intuimos, tenemos ya la idea de oponer, por así decirlo, tales fenómenos, y llamar seres del entendimiento *(noumena)*, bien a los mismos objetos considerados según esta naturaleza en sí, aunque no tengamos ninguna intuición de ellos a este respecto, bien a otras cosas posibles que no son en modo alguno objetos de nuestros sentidos, sino que corresponden a objetos simplemente pensados por el entendimiento. Se plantea entonces la cuestión de si nuestros conceptos puros del entendimiento no podrían tener, con respecto a estos objetos, un sentido y ser una especie de conocimiento de los mismos.

Pero casi inmediatamente surge aquí un equívoco que puede conducir a grandes malentendidos: como el entendimiento, mientras llama simplemente objeto a un fenómeno considerado según una cierta relación, todavía se hace simultáneamente, fuera de esta relación, la representación de un objeto en sí mismo e imagina desde entonces que podría hacerse también conceptos de tales objetos, y como, puesto que el entendimiento no proporciona otros conceptos que las categorías, el objeto en el segundo sentido considerado debe ser al menos susceptible de ser pensado por medio de estos conceptos puros del entendimiento, éste se ve llevado a tomar el concepto totalmente indeterminado de un ser del entendimiento, identificado con algo en general externo a nuestra sensibilidad, por un concepto determinado de un ser que podríamos conocer de algún modo por medio del entendimiento.

Si por noúmeno entendemos una cosa en cuanto que no es objeto de nuestra intuición sensible, prescindiendo así de nuestro modo de intuirla, entonces se trata de un noúmeno tomado en sentido negativo. Si, por el contrario, nos referimos al objeto de una intuición no sensible, estamos admitiendo un modo particular de intuición, a saber, la intuición intelectual, que, sin embargo, no es la nuestra, y cuya posibilidad ni siquiera podemos prever, y sería entonces un noúmeno tomado en sentido positivo.

La doctrina de la sensibilidad es, pues, al mismo tiempo la doctrina de los noúmenos en sentido negativo, es decir, de las cosas que el entendimiento debe pensar fuera de esta relación con nuestro modo particular de intuición, por consiguiente, no simplemente como fenómenos, sino como cosas en sí, sin dejar por ello de entender con respecto a ellas, dada esta abstracción, que el entendimiento no puede servirse de sus categorías en este modo de considerar estas cosas, puesto que las categorías no tienen sentido más que en relación con la unidad de las intuiciones en el espacio y en el tiempo, y no pueden, a causa de la simple idealidad del espacio y del tiempo, determinar *a priori* esta misma unidad más que por medio de estos conceptos generales de enlace. Donde no puede encontrarse esta unidad del tiempo, por consiguiente, en el noúmeno, allí las categorías pierden completamente todo uso e incluso todo sentido, porque no puede verse en absoluto la posibilidad misma de las cosas que deben corresponder a las categorías —por eso sólo puedo remitirme a lo que he alegado al principio, en la observación general del capítulo anterior. En efecto, la posibilidad de una cosa nunca puede demostrarse simplemente por el hecho de que un concepto de ella sea no contradictorio, sino sólo en la medida en que este concepto se apoye en una intuición que le corresponda. De modo que si quisiéramos aplicar las categorías a objetos no considerados como fenómenos, tendríamos que tomar como fundamento una intuición distinta de la intuición sensible, y en este caso el objeto sería un noúmeno entendido en sentido positivo. Ahora bien, puesto que tal intuición, a saber, la intuición intelectual, está absolutamente fuera de nuestro poder de conocer, el uso de las categorías no puede en modo alguno extenderse más allá de los límites de los objetos de la experiencia; y los seres de los sentidos corresponden, en efecto, a los seres del entendimiento, e incluso puede haber seres del entendimiento a los que nuestro poder sensible de intuición no se refiera en absoluto, pero nuestros conceptos del entendimiento, como meras formas de pensamiento destinadas a nuestra intuición sensible, no los alcanzan en lo más mínimo; lo que, por consiguiente, llamamos noumena debe, como tal, entenderse sólo en sentido negativo.

Si elimino todo pensamiento (estructurado a través de categorías) del conocimiento sensible, no queda conocimiento de objeto alguno; en efecto, sólo a través de la intuición no se piensa absolutamente nada, y el hecho de que se produzca en mí esta afección de la sensibilidad no constituye en modo alguno la vinculación de tal representación a objeto alguno. Si, por el contrario, suprimo toda intuición, subsiste la forma del pensamiento, es decir, el modo de determinar un objeto a partir de la diversidad de una intuición posible. En consecuencia, las categorías van más allá de la intuición sensible, en la medida en que piensan los objetos en general, sin tener en cuenta, por otra parte, el modo particular (propio de la sensibilidad humana) en que esos objetos pueden muy bien darse. Pero no determinan con ello una esfera más amplia de objetos, puesto que no podemos admitir que tales objetos puedan sernos dados sin presuponer la posibilidad de otro modo de intuición que la intuición sensible, lo que nada nos autoriza a hacer.

Llamo problemático a un concepto que no contiene ninguna contradicción, y que además está unido a otros conocimientos para constituir el límite de los conceptos dados, pero cuya realidad objetiva no puede ser conocida de ningún modo. El concepto de un noúmeno, es decir, de algo que debe ser pensado (únicamente por un entendimiento puro), en absoluto como un objeto de los sentidos, sino como una cosa en sí, no es en modo alguno contradictorio, ya que no puede decirse en ningún caso de la sensibilidad que sea el único modo posible de intuición. Es más, este concepto es necesario para evitar extender la intuición sensible hasta las cosas-en-sí, y limitar así la validez objetiva del conocimiento sensible (pues los otros tipos de conocimiento, a los que el conocimiento sensible no tiene acceso, se llaman precisamente noúmenos, indicando así que el conocimiento sensible no puede extender su objeto a todo lo que el entendimiento piensa). En otras palabras, estamos dotados de un entendimiento que problemáticamente se extiende más allá de esta esfera, pero no tenemos ninguna intuición, ni siquiera el concepto de una intuición posible, por medio de la cual se nos pudieran dar objetos fuera del campo de la sensibilidad, y por medio de la cual el entendimiento pudiera ser utilizado asertivamente más allá de la sensibilidad. El concepto de noúmeno es, pues, simplemente un concepto limitador, capaz de limitar las pretensiones de la sensibilidad, y, en consecuencia, sólo tiene una utilidad negativa. No es, sin embargo, una ficción arbitraria, sino que, por el contrario, está relacionado con la limitación de la sensibilidad, sin que, no obstante, pueda plantear nada positivo fuera del campo de la sensibilidad.

La división de los objetos en fenómenos y noumena, y del mundo en un mundo de los sentidos y un mundo del entendimiento, no puede, por tanto, aceptarse en modo alguno como poseedora de un sentido positivo, aunque la división de los conceptos en sensibles e intelectuales pueda ciertamente aceptarse. Si nos alejamos de los sentidos, ¿cómo hacer comprensible que nuestras categorías (que serían los únicos conceptos que quedarían disponibles para los noumena) sigan significando algo, dado que, para que guarden relación con algún objeto, necesariamente debe seguir dándose algo más que la simple unidad de pensamiento, a saber, además, una intuición posible a la que puedan aplicarse esas categorías? El concepto de noúmeno, considerado de manera meramente problemática, sigue siendo, no obstante, no sólo admisible, sino incluso, en tanto que concepto que impone límites a la sensibilidad, inevitable. En este caso, sin embargo, el noúmeno no es un objeto inteligible particular destinado a nuestro entendimiento; por el contrario, un entendimiento al que perteneciera constituiría él mismo un problema, a saber: ¿cómo conocería su objeto, no discursivamente a través del intermediario de las categorías, sino intuitivamente, en una intuición no sensible, constituyendo así un entendimiento cuya posibilidad no podemos en absoluto imaginar? Nuestro entendimiento recibe así una extensión negativa, es decir, no está limitado por la sensibilidad, sino que lo limita por el hecho de que llama noumena a las cosas en sí (cuando no son consideradas como fenómenos). Sin embargo, también se pone inmediatamente límites a sí mismo: límites que significan que no puede conocer las cosas en sí mismas a través de ninguna de sus categorías, y que sólo puede pensarlas como algo desconocido.

En los escritos de los modernos, sin embargo, encuentro un uso completamente distinto de las expresiones «mundo sensible» y «mundo inteligible», que se aparta por completo del significado dado por los antiguos —un nuevo significado que ciertamente no presenta dificultades, pero en el que no se encuentra más que mera palabrería. Según este uso, algunos gustaban de llamar al mundo de los sentidos, en la medida en que es intuido, el conjunto de los fenómenos, mientras que en la medida en que este mismo conjunto es pensado según las leyes universales del entendimiento, lo llamaban el mundo del entendimiento. La astronomía teórica, que consiste en la simple observación del cielo estrellado, nos permitiría representar lo primero, mientras que la astronomía contemplativa (explicada, por ejemplo, en términos del sistema copernicano del mundo o de las leyes newtonianas de la gravitación) nos permitiría representar lo segundo, es decir, un mundo inteligible. En realidad, semejante distorsión de los términos no es más que un subterfugio sofístico utilizado para eludir una cuestión difícil reduciendo el sentido de la pregunta a algo más conveniente. En relación con los fenómenos, es incuestionable que el entendimiento y la razón pueden ser utilizados; pero se plantea la cuestión de si siguen teniendo alguna utilidad cuando el objeto no es un fenómeno (cuando es un noúmeno), en el sentido en que tomamos el objeto cuando lo consideramos en sí mismo como simplemente inteligible, es decir, como dado sólo al entendimiento y en absoluto a los sentidos. La cuestión, entonces, es la siguiente: aparte de este uso empírico del entendimiento (incluso en la representación newtoniana del universo), ¿es todavía posible un uso trascendental que se aplique al noúmeno como constitutivo de un objeto? Hemos respondido negativamente a esta pregunta. Así pues, cuando decimos que los sentidos nos representan los objetos tal como aparecen, pero el entendimiento tal como son, debemos tomar esta última expresión en un sentido que no es trascendental, sino meramente empírico, en el sentido de que designa los objetos tal como deben ser representados, como objetos de experiencia, en la secuencia global de los fenómenos y no según lo que pueden ser fuera de la relación con una experiencia posible y, por tanto, con los sentidos en general, en consecuencia como objetos del entendimiento puro. Pues esto nos seguirá siendo siempre desconocido, en la medida en que también nos sigue siendo desconocido que tal conocimiento trascendental (extra) sea alguna vez posible, al menos como conocimiento sujeto a nuestras categorías habituales. El entendimiento y la sensibilidad sólo pueden determinar objetos para nosotros uniendo sus facultades. Si las separamos, tenemos intuiciones sin conceptos, o conceptos sin intuiciones, pero en ambos casos representaciones que no podemos relacionar con ningún objeto determinado.

Si, después de todas estas aclaraciones, alguien todavía vacila en renunciar al uso meramente trascendental de las categorías, que intente emplearlas a efectos de alguna afirmación sintética. En efecto, una afirmación analítica hace avanzar poco al entendimiento, y en la medida en que sólo se ocupa de lo que ya está pensado en el concepto, deja indecisa la cuestión de si este concepto, en sí mismo, se refiere a objetos o si sólo significa la unidad del pensamiento en general (lo que prescinde por completo del modo en que puede darse un objeto): al entendimiento le basta entonces con saber lo que está incluido en su concepto; le es indiferente a qué puede aplicarse el concepto mismo. Que esta persona ensaye entonces algún principio sintético y supuestamente trascendental, como por ejemplo: «todo lo que es existe como sustancia o como determinación unida a ella»; o este otro: «todo lo que es contingente existe como efecto de otra cosa, que se ve a partir de su causa», etc. Pregunto entonces: ¿de dónde procede este principio? Pregunto entonces: ¿de dónde quiere este alguien derivar estas proposiciones sintéticas, si los conceptos no han de valer en relación con la experiencia posible, sino en relación con las cosas en sí (noumena)? ¿Dónde está el tercer término, siempre necesario en una proposición sintética, que permite unir en una misma proposición conceptos que no tienen ningún parentesco lógico (analítico)? Nadie podrá jamás demostrar una proposición semejante y, lo que es más, nunca podrá justificar la posibilidad de una afirmación tan pura a menos que tenga en cuenta el uso empírico del entendimiento y, a partir de ahí, renuncie por completo al juicio puro libre de los sentidos. Así, el concepto de objetos puros, simplemente inteligible, está totalmente desprovisto de principios que permitan aplicarlo, ya que no podemos imaginar ninguna modalidad según la cual deban darse estos objetos puros, y el pensamiento problemático que, sin embargo, deja un lugar abierto para ellos sólo sirve, como un espacio vacío, para imponer límites a los conceptos empíricos, sin por ello contener o indicar por sí mismo ningún otro objeto de conocimiento fuera de la esfera de estos últimos.

APÉNDICE

Sobre la anfibología de los conceptos de reflexión, producida por la confusión entre el uso empírico del entendimiento y su uso trascendental

La reflexión no se ocupa de los objetos en sí para obtener conceptos directamente de ellos, sino que es el estado mental en el que primero nos proponemos descubrir las condiciones subjetivas en las que podemos llegar a los conceptos. Es la conciencia de la relación entre las representaciones dadas y nuestras diversas fuentes de conocimiento, una relación que es la única que puede determinar exactamente cómo se relacionan entre sí. La primera pregunta que hay que plantearse antes de profundizar en el estudio de nuestras representaciones es: ¿en qué poder de conocimiento confluyen? ¿Se relacionan o comparan por el entendimiento o por los sentidos? Muchos juicios se aceptan por costumbre o se articulan por inclinación; pero como ninguna reflexión les precede, o al menos les sigue, y ello desde una perspectiva crítica, pasan por tener su origen en el entendimiento. No todos los juicios requieren un examen, es decir, una atención a los fundamentos de la verdad que expresan; en efecto, cuando son inmediatamente ciertos, por ejemplo: que entre dos puntos sólo puede haber una línea recta, no puede indicarse a su respecto ninguna marca de verdad aún más inmediata que la que proviene de su misma expresión. Por otra parte, todos los juicios, e incluso todas las comparaciones, requieren reflexión, es decir, que distingamos la facultad de conocimiento a la que pertenecen los conceptos dados. Llamo reflexión trascendental al acto por el cual aproximo la comparación de las representaciones en general a la facultad de conocimiento a la que pertenece, y por el cual distingo si es como perteneciente al entendimiento puro o a la intuición sensible como se comparan entre sí estas representaciones. Ahora bien, las relaciones según las cuales los conceptos pueden relacionarse entre sí en un estado mental son las de identidad y diversidad, de adecuación e inadecuación, de interior y exterior, y finalmente de determinabilidad y determinación (materia y forma). La determinación exacta de esta relación descansa en la cuestión de en qué facultad del conocimiento se relacionan subjetivamente los conceptos entre sí, si en la sensibilidad o en el entendimiento. De hecho, la diferencia entre estas facultades produce una gran diferencia en el modo en que debemos pensar los conceptos.

Antes de cualquier juicio objetivo, comparamos conceptos, con el fin de llegar a la identidad (de varias representaciones bajo el mismo concepto) necesaria para los juicios universales, o a la diversidad de estas representaciones cuando se trata de producir juicios particulares, al acuerdo, del que pueden proceder juicios afirmativos, y al desacuerdo, que da lugar a juicios negativos, y así sucesivamente. Por esta razón, deberíamos, al parecer, llamar a los conceptos mencionados conceptos de comparación. Pero como no se trata de una cuestión de forma lógica, sino del contenido de los conceptos, es decir, de la cuestión de si las cosas mismas son idénticas o diversas, si concuerdan entre sí o discrepan, etc., las cosas pueden tener una relación bifacial entre sí, las cosas pueden tener una relación bifacial con nuestra facultad de conocer, es decir, con la sensibilidad y con el entendimiento, y como el modo en que deben relacionarse entre sí depende del lugar que ocupan en cada uno de estos modos, en estas condiciones la reflexión trascendental, es decir, la relación de las representaciones dadas a uno u otro modo de conocimiento, puede determinar por sí sola la relación que tienen entre sí; y la cuestión de si las cosas son idénticas o diversas, si concuerdan entre sí o no, etc., no puede decidirse de una vez. La cuestión de si las cosas son iguales o diferentes, si concuerdan entre sí o no, etc., no puede decidirse de una vez, a partir de los conceptos mismos, por su simple comparación, sino que tendrá que ser determinada por la determinación distintiva del modo de conocimiento al que pertenecen, y esto por medio de la reflexión trascendental. Podría decirse, pues, que la reflexión lógica es una mera comparación, ya que se prescinde totalmente de la facultad de conocimiento a la que pertenecen las representaciones dadas, por lo que, en esta medida, en cuanto a su asiento en la mente, deben ser tratadas como si fueran homogéneas; en cambio, la reflexión trascendental (que se refiere a los objetos mismos) contiene el principio de la posibilidad de la comparación objetiva de las representaciones entre sí, por lo que es realmente muy distinta de la primera, ya que la facultad de conocimiento a la que pertenecen estas representaciones no es la misma. Esta reflexión trascendental es un deber del que nadie puede prescindir si quiere emitir algún tipo de juicio *a priori* sobre las cosas. Pretendemos ahora hacernos cargo de esta reflexión, y extraer de ella una significativa visión de la función específica del entendimiento.

1. *Identidad y diversidad.* Cuando un objeto se nos presenta varias veces, pero cada vez con las mismas determinaciones internas (cualidad y cantidad), es entonces, si lo afirmamos como objeto del entendimiento puro, siempre el mismo, no una pluralidad de cosas, sino una sola cosa (identidad numérica); en cambio, si se trata de un fenómeno, ya no se trata de comparar conceptos, porque por muy idéntico que sea todo desde este punto de vista conceptual, la diversidad de los lugares en los que se da este fenómeno al mismo tiempo es, sin embargo, un principio suficiente para fundar la diver-

sidad numérica del objeto (de los sentidos) mismo. Así, en dos gotas de agua podemos prescindir completamente de cualquier diversidad interna (de cualidad y cantidad), y basta con que se intuyan al mismo tiempo en lugares diferentes para considerarlas como numéricamente diversas. Leibniz consideraba los fenómenos como cosas en sí mismas, por consiguiente inteligibles, es decir, objetos del entendimiento puro (aunque los llamaba fenómenos a causa del carácter confuso de sus representaciones), y así su principio de los indiscernibles era inatacable; pero, como se trata de objetos de la sensibilidad, y el entendimiento no tiene para ellos un uso puro, sino un uso meramente empírico, la pluralidad numérica y la diversidad están ya dadas por el espacio mismo en la medida en que condiciona los fenómenos exteriores. En efecto, una parte del espacio, aunque pueda ciertamente ser perfectamente semejante e igual a otra, se encuentra, sin embargo, fuera de ella y, precisamente por eso, constituye una parte distinta de la primera, que se le añade para formar un espacio mayor; y esto vale para todo lo que se encuentra al mismo tiempo en los diferentes lugares del espacio, por profundamente semejante e igual que sea por lo demás.

2. *Adecuación e inadecuación.* Cuando la realidad nos es representada únicamente por el entendimiento puro (realidad nouménica), es imposible pensar en un conflicto entre realidades, es decir, en una relación de tal naturaleza que, estando estas realidades unidas en el mismo sujeto, anulen recíprocamente sus efectos, y que $3 - 3$ sea equivalente a 0. Por el contrario, la realidad fenoménica puede sin duda presentar un conflicto entre sus elementos y, en la medida en que varios elementos se reúnen en un mismo sujeto, los efectos de uno pueden aniquilar total o parcialmente los efectos del otro, como por ejemplo en el caso de dos fuerzas motrices que operan sobre la misma línea recta, que atraen o empujan un punto en direcciones opuestas, o de un placer que equilibra un dolor.

3. *Interior y exterior.* En un objeto del entendimiento puro, sólo es interior lo que no tiene absolutamente ninguna relación (en cuanto a existencia) con nada distinto de él. Por el contrario, las determinaciones interiores de una sustancia fenoménica en el espacio sólo existen como relaciones, y esta sustancia es ella misma, sencillamente, un conjunto de relaciones puras. Conocemos la sustancia en un espacio dado sólo en términos de las fuerzas que actúan en ese espacio, ya sea para atraer a él otras fuerzas (atracción) o para impedir que entren en él (repulsión e impenetrabilidad); no conocemos ninguna otra propiedad que constituya el concepto de la sustancia que aparece fenoménicamente en el espacio y que llamamos materia. Por el contrario, como objeto del entendimiento puro, toda sustancia debe poseer determinaciones y facultades internas que participen de su realidad interior. Pero ¿qué puedo pensar, a modo de accidentes internos, sino los que me presenta mi sentido interno, es decir, lo que es en sí mismo un pensamiento, o es análogo a este pensamiento? Por eso Leibniz hizo de todas las sustancias (e incluso de todos los elementos de la materia, después de haberles quitado por el pensamiento

todo lo que puede significar una relación externa, por consiguiente, también la composición), porque se las representó a todas como noumena, simples sujetos, dotados de facultades de representación, en una palabra: mónadas.

4. *Materia y forma.* Son dos conceptos que están en la raíz de todo otro pensamiento, tan inseparablemente ligados a cualquier uso del entendimiento. El primero significa lo determinable en general, el segundo su determinación (ambos en sentido trascendental, en la medida en que prescindimos de toda diversidad dentro de lo dado y del modo en que se determina). Los lógicos solían llamar a la materia género, y a la forma diferencia específica. En cualquier juicio, podemos llamar materia lógica a los conceptos dados (objeto del juicio), y forma de este juicio a la relación entre estos conceptos (establecida mediante la cópula). En cualquier ser, los elementos constitutivos son su materia; el modo en que estos elementos se relacionan en una cosa es su forma esencial. Además, con respecto a las cosas en general, se consideraba que la realidad ilimitada era la materia de todo lo posible, mientras que la limitación de esta realidad (la negación) era la forma por la que una cosa se distingue de otra según los conceptos trascendentales. El entendimiento, en efecto, requiere primero que algo esté dado (al menos en el concepto) para poder determinarlo de cierta manera. De ahí que, en el concepto del entendimiento puro, la materia preceda a la forma, y ésta es la razón por la que Leibniz admite primero las cosas (mónadas) y, dentro de ellas, una facultad de representación, y luego, sobre esta base, establece su relación externa y la comunidad de sus estados (es decir, representaciones). En consecuencia, el espacio y el tiempo eran posibles, el primero sólo mediante la relación de las sustancias, el segundo sólo mediante la conexión de sus determinaciones entre sí como principios y consecuencias. En efecto, esto debería ser así si el entendimiento puro pudiera relacionarse inmediatamente con los objetos, y si el espacio y el tiempo fueran determinaciones de las cosas en sí mismas. Pero si son meras intuiciones sensibles en las que determinamos todos los objetos exclusivamente como fenómenos, entonces la forma de la intuición (en cuanto constitución subjetiva de la sensibilidad) precede a toda materia (sensaciones): en consecuencia, el espacio y el tiempo preceden (anterioridad lógica) a todos los fenómenos, así como a todos los datos de la experiencia, y no hacen más que posibilitarlos. El filósofo intelectualista no podía aceptar que la forma precediera a las cosas mismas y determinara su posibilidad: una oposición que quedaba enteramente justificada una vez que admitía que intuitivamente percibimos las cosas tal como son (aunque sea a través de una representación confusa). Pero como la intuición sensible es una condición subjetiva muy particular, una condición *a priori* que se encuentra en el fundamento de toda percepción y cuya forma es originaria, la forma sólo se da por sí misma y, lejos de que la materia (o las cosas mismas que aparecen fenoménicamente) tenga que intervenir como fundamento (como nos veríamos obligados a juzgar a partir de simples conceptos), la posibilidad de la materia presupone más bien que se dé una intuición formal (espacio y tiempo).

OBSERVACIÓN

Sobre la anfibología de los conceptos de reflexión

Permítaseme llamar lugar trascendental al lugar que asignamos a un concepto, ya sea en la sensibilidad o en el entendimiento. En la misma línea, una valoración del lugar apropiado para cada concepto en vista de la diversidad de su uso, y una indicación de las reglas para determinar este lugar para todos los conceptos, constituirían la tópica trascendental —una doctrina que proporcionaría una protección radical contra lo que el entendimiento puro puede dejarse captar subrepticiamente, y contra las ilusiones que de ello se derivan, al distinguir siempre a qué facultad del conocimiento pertenecen propiamente los conceptos—. Podemos llamar locus lógico a cualquier concepto, a cualquier título al que pertenezcan varias clases de conocimiento. Esta es la base de los tópicos lógicos de Aristóteles, que podían ser utilizados por retóricos y oradores para buscar, bajo ciertos títulos del pensamiento, lo que mejor se ajustaba al tema propuesto, y desarrollar razonamientos sutiles o entregarse a una abundante cháchara al respecto, todo ello con apariencia de profundidad.

La Tópica trascendental, en cambio, sólo contiene las cuatro agrupaciones precedentes que ordenan toda comparación y distinción, agrupaciones que difieren de las categorías en que no presentan el objeto según lo que constituye su concepto (magnitud, realidad), sino sólo la comparación de las representaciones que preceden al concepto de las cosas, y ello en toda su diversidad. Esta comparación, sin embargo, requiere una reflexión previa, es decir, una determinación del lugar al que pertenecen las representaciones de las cosas así comparadas, para saber si es el entendimiento puro el que las piensa o la sensibilidad la que las da en el fenómeno.

Los conceptos pueden compararse lógicamente sin preocuparse de cuáles sean sus objetos, si pertenecen al entendimiento, como noumena, o a la sensibilidad, como fenómeno. Pero si, partiendo de estos conceptos, queremos acceder a los objetos, es necesaria una reflexión trascendental previa para determinar para qué facultad del conocimiento deben ser objetos, si para el entendimiento puro o para la sensibilidad. Sin esta reflexión, hago un uso muy inseguro de estos conceptos, y el resultado consiste en pretendidos principios sintéticos que la razón crítica no puede reconocer y que se basan exclusivamente en una anfibología trascendental, es decir, en una confusión del objeto puro del entendimiento con el fenómeno.

A falta de tal tópico trascendental, y engañado así por la anfibología de los conceptos de reflexión, el célebre Leibniz erigió un sistema intelectual del mundo, o más bien creyó conocer la constitución interna de las cosas, comparando todos los objetos simplemente con ayuda de su entendimiento y de los conceptos formales de su pensamiento. Nuestra tabla de los conceptos de reflexión nos proporciona la inesperada ventaja de poner ante nuestros ojos los criterios distintivos de su doctrina en todas sus partes y, al mismo tiempo, el principio rector de este modo específico de pensamiento, un principio rector que se basaba únicamente en un malentendido. Leibniz comparó todas las cosas entre sí simplemente por medio de conceptos, y no encontró, como es natural, más elementos distintivos que aquellos por los que el entendimiento distingue sus conceptos puros entre sí. No consideraba como originales las condiciones de la intuición sensible, que van acompañadas de sus propias diferencias; la sensibilidad no era para él, en efecto, más que un modo confuso de representación y no una fuente particular de representaciones; el fenómeno era para él la representación de la cosa en sí, aunque esta representación era distinta, en forma lógica, del conocimiento proporcionado por el entendimiento, en la medida en que tal representación, con la falta de análisis que es su característica habitual, introduce en el concepto de la cosa una cierta mezcla de representaciones secundarias que el entendimiento es capaz de aislar de ella. En una palabra: Leibniz intelectualizó los fenómenos, del mismo modo que Locke, mediante su sistema de noogonía (si se me permite la expresión), había sensorializado en general los conceptos del entendimiento, es decir, los había presentado como nada más que conceptos empíricos o abstractos de reflexión. En lugar de buscar en el entendimiento o en la sensibilidad dos fuentes de representaciones bien distintas, pero que sólo podían juzgar objetivamente las cosas colaborando entre sí, cada uno de estos grandes hombres se limitó únicamente a una de estas dos fuentes, que, según su opinión, se relacionaban inmediatamente con las cosas en sí mismas, mientras que la fuente sólo confundía u ordenaba las representaciones de la primera.

Leibniz comparó entonces los objetos de los sentidos, simplemente en el entendimiento, considerándolos como cosas en general. En primer lugar, en la medida en que deben ser juzgados por el entendimiento como idénticos o diferentes. Puesto que, entonces, sólo tenía ante sus ojos los conceptos de estos objetos, y no su lugar en la intuición, en la que sólo pueden darse los objetos, y puesto que no prestó atención al lugar trascendental de estos conceptos (a la cuestión de si su objeto debe atribuirse a los fenómenos o a las cosas en sí mismas), no podía sino acabar extendiendo su principio de indistinguibilidad, que sólo se aplica a los conceptos de las cosas en general, a los objetos de los sentidos (los fenómenos del mundo), y creyendo haber ampliado así de manera significativa el conocimiento de la naturaleza. Ciertamente, si conozco una gota de agua en todas sus determinaciones internas como una cosa en sí misma, no puedo dar el menor valor a la opinión de que cualquier gota de agua es diferente de otra, si el concepto de esta última es enteramente idéntico al de la primera. Pero si la gota de agua es un fenómeno espacial, tiene su lugar, no meramente en el entendimiento (bajo conceptos), sino en la intuición sensible externa (en el espacio); y, en este caso, los lugares son totalmente indiferentes a las determinaciones internas de las cosas, y un lugar = b puede alojar una cosa totalmente semejante e idéntica a otra que esté situada en un lugar = a, tan bien como si fuera intrínsecamente muy diferente de ella. La diversidad de lugares físicos hace que la pluralidad y diferenciación de los objetos como fenómenos, sin ninguna condición adicional, no sólo sea posible en sí misma, sino incluso necesaria. En consecuencia, esta aparente ley de Leibniz no es una ley de la naturaleza. Es pura y simplemente una regla analítica para comparar las cosas mediante conceptos simples.

En segundo lugar, el principio de que las realidades (como meras afirmaciones) nunca se contradicen lógicamente entre sí es un principio absolutamente cierto en lo que se refiere a la relación de conceptos, pero no tiene el menor significado ni sobre la naturaleza ni en ninguna parte sobre ninguna cosa en sí (de la que no tenemos ningún concepto). En efecto, la verdadera contradicción se produce allí donde $A - B = 0$, es decir, allí donde, estando una realidad asociada a otra en un sujeto, la una suprime el efecto de la otra —que es lo que ponen constantemente ante nuestros ojos todos los obstáculos y reacciones que se producen en la naturaleza, hechos que, sin embargo, en la medida en que se basan en fuerzas, deben llamarse realidades fenoménicas—. La mecánica general, al tomar en consideración el hecho de las direcciones opuestas, puede incluso fijar en una regla *a priori* la condición empírica de esta contradicción, condición de la que el concepto trascendental de la realidad es completamente ignorante. Aunque Leibniz no proclamó esta proposición con toda la solemnidad propia de un nuevo principio, sin embargo, la utilizó para nuevas afirmaciones, y sus sucesores la integraron expresamente en su sistema leibnizo-wolffiano. Según este principio, todos los males, por ejemplo, no son más que consecuencias de los límites inherentes a las criaturas, es decir, negaciones, porque éstas son lo único que se opone a la realidad (así ocurre, en efecto, en el simple concepto de cosa en general, pero no en las cosas consideradas como fenómenos). Del mismo modo, los seguidores de Leibniz encuentran no sólo posible, sino incluso natural, unir toda la realidad en un ser sin temor a encontrar ninguna oposición, porque no conocen otra que la de la contradicción (por la que se suprime el concepto mismo de cosa), pero no toman en consideración la del daño recíproco, que se produce cuando un principio real suprime el efecto del otro —hecho cuyas condiciones de representación sólo encontramos en la sensibilidad.

En tercer lugar, la Monadología de Leibniz tiene como único principio el modo en que este filósofo representó la distinción entre lo interno y lo externo simplemente en relación con el entendimiento. Las sustancias en general deben poseer necesariamente un interior, que es por tanto independiente de todas las relaciones externas, y por tanto también de la composición. Lo simple es, pues, el fundamento de la interioridad de las cosas en sí mismas. Pero tampoco la dimensión interior de su estado puede consistir en el lugar, la figura, el contacto o el movimiento (determinaciones que son todas relaciones externas), y no podemos, por tanto, atribuir a las sustancias otro estado interno que aquel por el que nosotros mismos determinamos, internamente, nuestro sentido, a saber, el estado de las representaciones. Así fueron concebidas las mónadas, que deben constituir la materia prima de todo el universo, pero cuyo poder activo reside únicamente en las representaciones, a través de las cuales no tienen propiamente otra acción que sobre sí mismas.

Pero, por la misma razón, su principio de la comunidad posible entre las sustancias debía basarse en una armonía preestablecida y no podía corresponder a una influencia física. En efecto, como cada cosa sólo se ocupa de lo que le es interno, es decir, de sus representaciones, ninguna relación recíproca activa podía intervenir para vincular el estado de las representaciones de una sustancia con el de otra, sino que era necesaria una tercera causa, que influyera sobre todas tomadas en conjunto, para hacer corresponder sus estados, y esto no por medio de una ayuda ocasional que interviniera de un modo particular en cada caso concreto (sistema de ayuda), sino por la unidad de la idea de una causa válida para todos los casos, y en la que todos deben recibir juntos, según leyes universales, su existencia y su permanencia, y por consiguiente también su mutua correspondencia.

En cuarto lugar, el famoso sistema del tiempo y del espacio de Leibniz, en el que intelectualizó estas dos formas de sensibilidad, procedía únicamente de la misma ilusión de la reflexión trascendental. Si quiero, apoyándome en el simple entendimiento, representarme las relaciones exteriores entre las cosas, esto sólo puede hacerse mediante un concepto de su acción recíproca, y si tengo que conectar el estado de una cosa con otro estado, esto sólo puede hacerse siguiendo el orden de los principios y de las consecuencias. Así, Leibniz concebía el espacio como un cierto orden en la comunidad de las sustancias, y el tiempo como la sucesión dinámica de sus estados. Sin embargo, atribuía lo que ambos parecían poseer por sí mismos e independientemente de las cosas a la confusión de estos conceptos, que haría que lo que es una simple forma de relaciones dinámicas se tomara por una intuición propia, poseedora de consistencia propia y anterior a las cosas mismas. El espacio y el tiempo eran, pues, la forma inteligible de la conexión entre las cosas en sí (las sustancias y sus estados). Pero las cosas eran sustancias inteligibles (sustancias noumenales). Sin embargo, quería hacer pasar estos conceptos por fenómenos, en la medida en que no concedía a la sensibilidad ningún modo de intuición propio, sino que buscaba todas las representaciones en el entendimiento, incluso la representación empírica de los objetos, y sólo concedía a los sentidos la despreciable función de confundir y desfigurar las representaciones del entendimiento.

Aunque pudiéramos, por medio del entendimiento puro, decir algo sintéticamente sobre las cosas-en-sí (lo que, sin embargo, es imposible), esto no se aplicaría en modo alguno a los fenómenos, que no representan cosas-en-sí. En este último caso, pues, en la reflexión trascendental siempre tendré que comparar mis conceptos únicamente bajo las condiciones de la sensibilidad, y así el espacio y el tiempo no serán determinaciones de las cosas-en-sí, sino de los fenómenos: lo que puedan ser las cosas-en-sí no lo sé, ni necesito saberlo, en la medida en que una cosa nunca puede presentárseme más que en el fenómeno.

Procedo del mismo modo con respecto a los demás conceptos de la reflexión. La materia es la sustancia fenoménica. Lo que le pertenece interiormente, lo busco en todas las partes del espacio que ocupa, así como en todos los efectos que produce, que ciertamente no pueden ser nunca más que fenómenos de los sentidos externos. Así que, a decir verdad, no tengo nada que sea estrictamente interior, sino que para mí la interioridad sólo es comparativa, la cual, a su vez, sólo está constituida por relaciones externas. Pero lo que, según el entendimiento puro, correspondería a la dimensión estrictamente interior de la materia es también una mera quimera; pues la materia no es en ninguna parte un objeto para el entendimiento puro, mientras que el objeto trascendental susceptible de ser el fundamento de este fenómeno que llamamos materia, es un mero algo del que nunca llegaríamos a comprender lo que es, aunque alguien nos lo dijera. Pues sólo podemos comprender aquello que implica en nuestra intuición algo que corresponde a las palabras que empleamos. Si, al quejarnos de que no percibimos en absoluto la interioridad de las cosas, queremos decir que no comprendemos por puro entendimiento lo que las cosas que se nos aparecen fenoménicamente bien pueden ser en sí mismas, estas quejas son totalmente injustificadas e irrazonables; pues pretenden que podemos, sin los sentidos, conocer, sin embargo, las cosas, intuirlas por consiguiente, que tenemos por tanto un poder de conocer totalmente diferente del poder humano, no sólo en grado, sino incluso en intuición y modo de conocimiento, que en este sentido no deberíamos ser hombres, sino seres de los que nosotros mismos no podemos decir si son alguna vez posibles, y mucho menos cómo están constituidos. La observación y el análisis de los fenómenos penetran en el interior de la naturaleza, y no podemos saber hasta dónde llegarán con el tiempo. En cuanto a estas cuestiones trascendentales, por otra parte, que van más allá de la naturaleza, nunca podríamos, en ningún caso, darles respuesta, aunque se nos descubriera plenamente la naturaleza, en la medida en que no se nos da la posibilidad de observar nuestra propia mente con otra intuición que la de nuestro sentido interno. Es en nuestros sentidos internos donde reside el secreto del origen de nuestra sensibilidad. La relación de nuestra sensibilidad con un objeto y lo que constituye el fundamento trascendental de esta unidad están sin duda demasiado profundamente ocultos para que nosotros, que sólo nos conocemos a través del sentido interno, en consecuencia, como fenómenos, podamos utilizar un instrumento de exploración tan poco apto para encontrar otra cosa que, una vez más, fenómenos cuya causa no sensible quisiéramos, sin embargo, investigar.

Lo que también hace útil esta crítica de las conclusiones extraídas de meros actos de reflexión es que muestra claramente la nada de todas las conclusiones extraídas acerca de objetos que se comparan entre sí únicamente en el entendimiento, y al mismo tiempo confirma lo que hemos subrayado principalmente, a saber, que, aunque los fenómenos no se incluyen como cosas en sí entre los objetos del entendimiento puro, son, sin embargo, los únicos acerca de los cuales nuestro conocimiento puede tener una realidad objetiva, es decir, donde los conceptos corresponden a la intuición.

Cuando nuestro pensamiento es meramente lógico, sólo comparamos nuestros conceptos entre sí en el entendimiento para averiguar si dos conceptos contienen lo mismo, si se contradicen o no, si algo está contenido en el concepto o se añade a él, y cuál de los dos conceptos está dado, lo cual, por otra parte, sólo tiene valor como forma de pensar sobre el concepto dado. Pero si aplico estos conceptos a un objeto en general (en el sentido trascendental), sin determinar más éste para saber si es objeto de intuición sensible o de intuición intelectual, aparecen inmediatamente restricciones (que imponen la necesidad de no ir más allá de este concepto) que distorsionan cualquier uso empírico de estos conceptos y demuestran así que la representación de un objeto como cosa en general no sólo es, por así decirlo, insuficiente, sino también, sin una determinación sensible de estos conceptos e independientemente de una condición empírica, contradictoria en sí misma; que debemos, pues, o bien prescindir de todo objeto (en lógica), o bien, si admitimos uno, pensarlo en las condiciones de la intuición sensible; que, por consiguiente, lo inteligible requeriría una intuición muy particular, que no tenemos, y que en ausencia de tal intuición este inteligible no es nada para nosotros, pero que, por otra parte, los fenómenos tampoco pueden ser objetos en sí mismos. En efecto, si pienso simplemente en las cosas en general, la diversidad de relaciones externas no puede constituir evidentemente una diversidad de las cosas mismas, sino que la presupone, y si el concepto de la una no difiere absolutamente, internamente, del de la otra, no hago más que poner una misma cosa en relaciones diferentes. Por otra parte, al añadir una simple afirmación (realidad) a otra, se aumenta, de hecho, lo positivo, y no se le quita o se suprime nada; en consecuencia, la realidad presente en las cosas en general no puede poner en juego ninguna contradicción entre sus elementos, etc.

* * *

Los conceptos de reflexión poseen, como hemos demostrado, a través de cierto malentendido, una influencia tal sobre el uso del entendimiento que han podido conducir incluso a uno de los más penetrantes de todos los filósofos hacia un pretendido sistema de conocimiento intelectual que se compromete a determinar los objetos sin la colaboración de los sentidos. Esta es precisamente la razón por la que la revelación de las causas engañosas de la anfibología de estos conceptos, como conducentes a principios falsos, es de gran utilidad para determinar los límites del entendimiento y garantizarlos con exactitud.

Ciertamente puede decirse que lo que, en general, conviene o repugna a un concepto, conviene o repugna también a cualquier particular subsumido bajo ese concepto *(dictum de omni et nullo);* por todo ello, sería absurdo transformar este principio lógico de modo que dijera que lo que no está contenido en un principio universal tampoco lo está en los conceptos particulares que subsume; en efecto, éstos son conceptos particulares precisamente porque contienen en sí mismos más de lo que está pensado en el concepto general. Sin embargo, todo el sistema intelectual de Leibniz está construido sobre este último principio; por tanto, se derrumba al mismo tiempo que este principio, junto con toda la ambigüedad resultante en el uso del entendimiento.

El principio de indistinguibilidad se basaba propiamente en la suposición de que, si una cierta distinción no puede encontrarse en el concepto de una cosa en general, tampoco puede encontrarse en las cosas mismas, y que, en consecuencia, todas las cosas que no se distinguen ya entre sí en su concepto (en cuanto a calidad o cantidad) son perfectamente idénticas *(numero eadem)*. Pero como en el simple concepto de una cosa cualquiera se prescinde de muchas de las condiciones necesarias de una intuición, nos vemos entonces llevados, por una extraña precipitación, a tomar lo que se ha prescindido como algo que no puede encontrarse en ninguna parte, y concedemos a la cosa sólo lo que está contenido en su concepto.

El concepto de pie cúbico de espacio, dondequiera y cuantas veces quiera pensarlo, es en sí mismo perfectamente idéntico. El hecho es que dos pies cúbicos se distinguen, sin embargo, en el espacio, simplemente por los lugares que ocupan *(numero diversa);* estos lugares son las condiciones de la intuición en la que se da el objeto de este concepto, condiciones que no pertenecen al concepto, sino a toda sensibilidad. Del mismo modo, no hay absolutamente ninguna contradicción en el concepto de una cosa cuando nada negativo ha sido puesto en relación con un término afirmativo, y los conceptos simplemente afirmativos no pueden, uniéndose, producir la menor supresión. Dicho esto, en la intuición sensible, en la que la realidad está dada (por ejemplo, el movimiento), se dan condiciones (por ejemplo, direcciones opuestas) que fueron despreciadas en el concepto del movimiento en general, condiciones que hacen posible una contradicción, que no es ciertamente una contradicción lógica, consistente en transformar un término puramente positivo en un cero = 0; y o puede decirse, por tanto, que todas las realidades concuerdan por la única razón de que no se observa ninguna contradicción entre sus conceptos.

En cuanto a los conceptos simples, el interior es el sustrato de todas las determinaciones relacionales o externas. Cuando, por tanto, prescindo de todas las condiciones de la intuición y me atengo pura y simplemente al concepto de una cosa en general, puedo prescindir de todas las relaciones externas; entonces debe quedar, sin embargo, un concepto de algo que no signifique relaciones, sino sólo determinaciones internas. Parecería entonces que pertenece a cada cosa (sustancia) un «algo» que le es absolutamente interno y que precedería a todas las determinaciones externas, siendo lo único que las haría posibles, y que por consiguiente este substrato sería algo que ya no contendría en sí mismo ninguna relación externa, y sería por tanto simple (pues las cosas corpóreas son, sin embargo, siempre sólo relaciones, al menos relaciones que sus partes mantienen entre sí); y puesto que no conocemos más determinaciones absolutamente internas que las del sentido interno, se seguiría también que este substrato no sólo sería simple, sino que además (según la analogía con nuestro sentido interno) estaría determinado por representaciones, es decir, que todas las cosas serían propiamente mónadas, es decir, seres simples dotados de representaciones. Todo esto sería también correcto si las condiciones bajo las cuales sólo se nos pueden dar objetos de intuición externa, y de las cuales se abstrae el concepto puro, no impusieran algo más que el concepto de cosa en general. En efecto, parece en esta ocasión que un fenómeno que posee permanencia en el espacio (la extensión impenetrable) puede contener relaciones simples y no tener ningún contenido que sea absolutamente interno, constituyendo, sin embargo, el sustrato primario de toda percepción externa. Por medio de conceptos simples, obviamente no puedo, sin plantear algo interno, pensar nada que sea externo, precisamente porque los conceptos de relaciones presuponen cosas que están absolutamente dadas (y que entran en relación) y son imposibles sin tales cosas. Pero puesto que en la intuición está contenido algo que no reside en absoluto en el mero concepto de cosa en general, y puesto que este algo proporciona el sustrato que de ningún modo puede ser conocido por meros conceptos, a saber, un espacio que, con todo lo que contiene, consiste en puras relaciones formales o incluso reales, no puedo decir: puesto que, sin algo absolutamente interno, ninguna cosa puede ser representada por meros conceptos, entonces tampoco hay, en las cosas mismas que están subsumidas bajo estos conceptos y en su intuición, nada que sea externo a ellas que no tenga como fundamento algo absolutamente interno. En efecto, si prescindimos de todas las condiciones de la intuición, no nos queda en el concepto simple otra cosa que lo interior en general y la relación de sus partes entre sí, por la cual sólo es posible lo exterior. Pero esta necesidad, que se basa únicamente en la abstracción, no entra en juego en las cosas, en la medida en que se dan en la intuición con determinaciones que expresan relaciones simples, sin tener nada interior como fundamento, precisamente por esta razón de que no son cosas en sí, sino pura y simplemente fenómenos. Lo que conocemos de la materia consiste sólo en relaciones puras (lo que llamamos determinaciones internas de la materia es interno sólo de un modo comparativo); pero entre estas relaciones las hay independientes y permanentes, por las cuales se nos da un objeto determinado. El hecho de que, a partir del momento en que hago abstracción de estas relaciones, ya no me quede nada que pensar, no elimina el concepto de cosa como fenómeno, ni el concepto de objeto *in abstracto,* sino toda posibilidad de un objeto determinable por conceptos simples, es decir, un noúmeno. Es ciertamente sorprendente oír decir que una cosa debe consistir enteramente en relaciones, pero hay que añadir que tal cosa es un mero fenómeno y no puede en modo alguno ser pensada por medio de categorías puras; ella misma consiste en la mera relación de algo en general con los sentidos. Del mismo modo, si partimos de conceptos simples, no podemos sin duda pensar las relaciones de las cosas *in abstracto* de otro modo que considerando una cosa como causa de determinaciones presentes en la otra; pues éste es el concepto que nuestro entendimiento tiene de las relaciones mismas. Se trata simplemente de que, en la medida en que prescindimos de toda intuición, desaparece todo un modo en el que lo diverso puede determinar recíprocamente el lugar de sus elementos, es decir: la forma de la sensibilidad (el espacio), que, sin embargo, precede a toda causalidad empírica.

Si por objetos meramente inteligibles entendemos cosas que son pensadas por categorías puras sin ningún esquema de sensibilidad, tales objetos son imposibles. Pues la condición del uso objetivo de todos nuestros conceptos del entendimiento es simplemente el modo de nuestra intuición sensible, por el cual nos son dados los objetos, y si prescindimos de este modo de intuición, los conceptos en cuestión no guardan ya relación alguna con ningún objeto. Además, suponiendo que quisiéramos admitir otro modo de intuición que el modo sensible que nos pertenece, las funciones que son las de nuestro pensamiento carecerían, con respecto a este modo de intuición, de todo sentido. Pero si por objetos meramente inteligibles entendemos únicamente objetos de intuición no sensible, a los que, sin embargo, no pueden aplicarse nuestras categorías, y de los que, por tanto, no podemos tener conocimiento (ni intuición ni concepto), estamos ciertamente obligados, en esta significación meramente negativa, a admitir los noumena, dado que no expresan otra cosa, sino que nuestro modo de intuición se aplica, no a todas las cosas, sino sólo a los objetos de nuestros sentidos, en consecuencia que su validez objetiva es limitada, y que por consiguiente queda un lugar para algún otro modo de intuición y por tanto también para las cosas que son sus objetos. Pero entonces el concepto de noúmeno es problemático, es decir, es la representación de algo de lo que no podemos decir ni que sea posible ni que sea imposible, dado que no conocemos en absoluto otro tipo de intuición que la nuestra, que es sensible, ni otro modo de conceptos que las categorías, aunque ninguno de estos dos modos se adapte a un objeto extrasensible. No podemos, pues, extender positivamente el campo de los objetos de nuestro pensamiento más allá de las condiciones de nuestra sensibilidad, ni podemos admitir todavía, fuera de los fenómenos, objetos de pensamiento puro, es decir, noumena, porque estos objetos no tienen ningún sentido positivo susceptible de ser indicado. Pues hay que reconocer que las categorías por sí solas no bastan para el conocimiento de las cosas en sí mismas, y que, sin los datos de la sensibilidad, serían simplemente formas subjetivas de la unidad del entendimiento, pero carecerían de objeto. El pensamiento en sí mismo no es ciertamente un producto de los sentidos, y como tal tampoco está limitado por ellos, pero no es, por todo ello, inmediatamente susceptible de un uso propio y puro, sin el concurso de la sensibilidad, ya que entonces carece de objeto. Tal objeto ni siquiera puede llamarse noúmeno; pues este término significa precisamente el concepto problemático de un objeto para una intuición y un entendimiento muy distintos de los nuestros, lo cual es, por tanto, en sí mismo un problema. El concepto del noúmeno no es, pues, el concepto de un objeto, sino el problema inevitablemente relacionado que plantea la limitación de nuestra sensibilidad, que es si no podría haber objetos totalmente independientes de esta intuición de la sensibilidad, cuestión que sólo puede responderse indeterminadamente, a saber: puesto que la intuición sensible no se aplica indistintamente a todas las cosas, queda lugar para otros muchos objetos, que por tanto no pueden negarse absolutamente, pero tampoco pueden, a falta de un concepto determinado (ya que ninguna categoría es apta para ello), afirmarse como objetos constitutivos de nuestro entendimiento.

El entendimiento limita así la sensibilidad, sin ampliar su propio campo, y al advertir a la sensibilidad que no pretenda relacionarse con las cosas en sí, sino exclusivamente con los fenómenos, forja el pensamiento de un objeto en sí, pero sólo como objeto trascendental, que es causa del fenómeno (sin ser, por consiguiente, él mismo un fenómeno) y no puede ser pensado ni como magnitud, ni como realidad, ni como sustancia (porque estos conceptos requieren siempre formas sensibles, dentro de las cuales determinan un objeto). Por eso nos sigue siendo completamente desconocido si este objeto en sí podría encontrarse dentro o fuera de nosotros, si se suprimiría al mismo tiempo que la sensibilidad o si, suponiendo que dejáramos de lado la sensibilidad, subsistiría todavía. Si queremos llamar noúmeno a este objeto, porque su representación no es sensible, somos libres de hacerlo. Pero como no podemos aplicarle ninguno de los conceptos de nuestro entendimiento, esta representación permanece vacía para nosotros en cualquier caso y no sirve más que para designar los límites de nuestro conocimiento sensible y dejar disponible un espacio que no podemos llenar ni por la experiencia posible ni por el entendimiento puro.

La crítica de este entendimiento puro no nos permite, pues, obtener un nuevo campo de objetos fuera de los que se le pueden ofrecer como fenómenos, ni aventurarnos en los mundos inteligibles, ni siquiera en su concepto. El error que nos conduce de la manera más engañosa a este punto, y que puede excusarse, aunque no justificarse, consiste en que el uso del entendimiento, contrariamente a su destino, debe hacerse trascendental, y que los objetos, es decir, las intuiciones posibles, deben ser regulados por conceptos, y no los conceptos por intuiciones posibles (en cuanto que son las únicas sobre las que descansa la validez objetiva de dichos conceptos). La causa de este error, sin embargo, es que la apercepción, y con ella el pensamiento, precede a toda posible ordenación determinada de las representaciones. Así pues, pensamos algo en general y, por un lado, lo determinamos de un modo sensible, pero al hacerlo distinguimos, sin embargo, el objeto en general, tal como se representa *in abstracto,* de este modo de intuición. Nos queda entonces un modo de determinarlo simplemente por el pensamiento, que ciertamente constituye una mera forma lógica sin contenido, pero que, sin embargo, nos parece un modo según el cual el objeto existiría en sí mismo *(noúmeno),* independientemente de la intuición, que se limita a nuestros sentidos.

* * *

Antes de dejar la Analítica trascendental, debemos añadir algo que, sin ser de excepcional importancia en sí mismo, puede, sin embargo, parecer necesario para que el sistema sea completo. El concepto supremo con el que comienza generalmente la filosofía trascendental es la división en posible e imposible. Sin embargo, en la medida en que toda división presupone un concepto que se divide, hay que indicar todavía un concepto superior, a saber, el concepto de objeto en general (tomado problemáticamente y sin considerar si es algo o nada). Puesto que las categorías son los únicos conceptos que se refieren a los objetos en general, el planteamiento para distinguir si un objeto es algo o nada seguirá el orden y la indicación de las categorías.

1. A los conceptos de todo, muchos y uno, se opone el concepto que lo elimina todo, es decir, el concepto de nada, y así el objeto de un concepto al que no corresponde absolutamente ninguna intuición equivale a nada, es decir, es un concepto sin objeto, como lo son los noumena, que no pueden contarse entre las posibilidades, sin que por ello deban darse por imposibles *(ens rationis),* o análogamente, como por ejemplo ciertas nuevas fuerzas fundamentales cuya noción se piensa ciertamente sin contradicción, pero también sin ningún ejemplo sacado de la experiencia, y que por ello no deben ser puestas entre las posibilidades.

2. La realidad es algo, la negación es nada, es decir, es un concepto de la falta de un objeto, como la sombra, el frío *(nihil privativum).*

3. La simple forma de la intuición, sin sustancia, no es en sí misma un objeto, sino la condición meramente formal de la misma (como fenómeno), como el espacio puro y el tiempo puro, que son ciertamente algo, como formas del acto de intuir, pero no son ellos mismos objetos susceptibles de ser intuidos *(ens imaginarium).*

4. El objeto de un concepto que se contradice a sí mismo es la nada, porque el concepto «nada» es lo imposible, como por ejemplo la figura rectilínea con dos lados *(nihil negativum).*

La tabla de esta división del concepto de nada (puesto que la división paralela del algo se sigue de sí misma) debería, por tanto, disponerse como sigue:

NADA
Como

1. Concepto vacío sin objeto.
Ens rationis

2. Objeto vacío de un concepto.
Nihil privativum

3. Intuición vacía sin objeto.
Ens imaginarium

4. Objeto vacío sin concepto.
Nihil negativum

Vemos que el ser de la razón (número 1) se diferencia del no-ser (número 4) en que el primero no puede contarse entre las posibilidades, porque es simplemente una ficción (aunque no contradictoria), mientras que el segundo se opone a la posibilidad, en cuanto que el concepto se destruye a sí mismo. Ambos, sin embargo, son conceptos vacíos. Por el contrario, *nihil privativum* (número 2) y *ens imaginarium* (número 3) son datos vacíos de conceptos. Si la luz no ha sido dada a los sentidos, tampoco puede imaginarse la oscuridad, ni espacio alguno si no se han percibido seres extensos. Tanto la negación como la forma simple de la intuición no constituyen objetos sin realidad.

SEGUNDA DIVISIÓN. DE LA LÓGICA TRASCENDENTAL

DIALÉCTICA TRASCENDENTAL

Introducción

I. Sobre la apariencia trascendental

Anteriormente hemos llamado a la dialéctica en general una lógica de la apariencia. Esto no significa que sea una teoría de la verosimilitud; pues la verosimilitud es una verdad, pero conocida sobre la base de principios insuficientes, una verdad cuyo conocimiento es, por tanto, ciertamente defectuoso, sin que por ello sea engañoso, y que, por tanto, no debe separarse de la parte analítica de la lógica. Menos aún es lícito confundir fenómeno y apariencia en una misma cosa, pues la verdad o la apariencia no están en el objeto, en la medida en que este objeto es intuido, sino en el juicio que se hace de él, en la medida en que es pensado. Por tanto, es cierto decir que los sentidos no cometen errores, no porque hagan siempre el juicio correcto, sino porque no hacen ningún juicio. En consecuencia, tanto la verdad como el error, y por tanto también la apariencia en cuanto engaña, sólo pueden encontrarse en el juicio, es decir, sólo en la relación del objeto con nuestro entendimiento. No hay error en el conocimiento que concuerda enteramente con las leyes del entendimiento. Tampoco hay error en una representación de sentido (puesto que no contiene juicio). Dicho esto, ninguna fuerza de la naturaleza puede desviarse por sí misma de las leyes que la rigen. Por eso, ni el entendimiento por sí mismo (sin estar influido por otra causa) ni los sentidos por sí mismos cometen error. El entendimiento no puede porque, si actúa simplemente conforme a las leyes que lo rigen, el efecto obtenido (el juicio) debe necesariamente estar de acuerdo con estas leyes. Y es en el acuerdo con las leyes del entendimiento en lo que consiste la dimensión formal de la verdad. En los sentidos no hay absolutamente ningún juicio, ni verdadero ni falso. Por lo tanto, puesto que no tenemos otra fuente de conocimiento aparte de éstas dos, resulta que el error sólo puede producirse por la influencia inadvertida de la sensibilidad sobre el entendimiento, bajo cuyo efecto los principios subjetivos del juicio llegan a mezclarse con los principios objetivos y hacen que se desvíen de su finalidad: es como si un cuerpo en movimiento mantuviera siempre, por sí mismo, una línea recta en una dirección invariable, pero cuando otra fuerza ejerce su influencia sobre él en otra dirección, esta trayectoria se modifica en un movimiento que sigue una curva. Para distinguir entre la acción específica del entendimiento y la fuerza que interactúa con él, será necesario, pues, considerar el juicio erróneo como la diagonal entre dos fuerzas que determinan el juicio en dos direcciones diferentes, constituyendo un ángulo entre ellas, por así decirlo, y descomponer este efecto combinado según los efectos simples del entendimiento y de la sensibilidad. Esto es lo que hay que hacer en los juicios puros *a priori* formulados por medio de la reflexión trascendental, que (como ya se ha mostrado) asigna a cada representación su lugar en la facultad de conocimiento que le corresponde, permitiendo así distinguir también la influencia de la sensibilidad sobre el entendimiento.

Nuestro propósito aquí no es tratar de la apariencia empírica (por ejemplo, la ilusión óptica) que surge del uso empírico de las reglas, por lo demás correctas, del entendimiento, y a través de la cual el Juicio es extraviado por la influencia de la imaginación. Por el contrario, sólo se trata de la apariencia trascendental, que ejerce su influencia sobre principios cuyo uso nunca se aplica a la experiencia, caso en el que al menos tendríamos una piedra de toque para comprobar su corrección, y que por el contrario, a pesar de todas las advertencias de la crítica, nos lleva completamente más allá del uso empírico de las categorías y nos engaña con la quimera de una extensión del entendimiento puro. Llamaremos inmanentes a aquellos principios cuya aplicación se sitúa estrictamente dentro de los límites de la experiencia posible, pero trascendentes a los que pretenden transgredir estos límites. Con este término, sin embargo, no pretendo calificar el uso o abuso trascendental de las categorías, simple error en el que cae nuestro juicio cuando la crítica no le sujeta suficientemente las riendas y no presta suficiente atención a los límites del territorio en el que sólo al entendimiento puro le está permitido desempeñar su papel. Con esto me refiero a principios eficaces que nos animen a derribar todas estas barreras y a entregarnos a un territorio totalmente nuevo en el que no se reconozca ninguna demarcación en ninguna parte. Lo trascendental y lo trascendente no son, pues, la misma cosa. Los principios del entendimiento puro, que expusimos anteriormente, deben ser simplemente de uso empírico, y no de uso trascendental, es decir, tales que se extiendan más allá de los límites de la experiencia. En cambio, un principio que hace retroceder estos límites e incluso ordena transgredirlos se llama trascendental. Si nuestra crítica logra revelar la apariencia de estos llamados principios, entonces aquellos cuyo uso es meramente empírico pueden ser llamados, en contraste con ellos, principios inmanentes del entendimiento puro.

La apariencia lógica, que consiste en la mera imitación de la forma de la razón (la aparición de paralogismos), resulta sólo de la falta de atención a la regla lógica. En consecuencia, tan pronto como esta regla se aplica al caso precedente, la apariencia desaparece por completo. La apariencia trascendental, en cambio, no cesa, aun cuando haya sido descubierta y la crítica trascendental haya puesto de manifiesto su nada (por ejemplo, la apariencia contenida en la proposición: el mundo debe tener necesariamente un comienzo en el tiempo). La razón de esto es que nuestra razón (considerada subjetivamente como una potencia humana de conocimiento) contiene reglas y máximas fundamentales para su uso que tienen la apariencia de principios objetivos, y por las cuales la necesidad subjetiva de una cierta conexión de nuestros conceptos, requerida por el entendimiento, es tomada como una necesidad objetiva para la determinación de las cosas en sí mismas. Se trata de una ilusión que no puede evitarse, del mismo modo que no podemos evitar que el mar nos parezca más alto en alta mar que cerca de la orilla, porque entonces lo vemos con rayos más altos, o del mismo modo que el propio astrónomo no puede evitar que la Luna le parezca más grande cuando sale, aunque no se deje engañar por esta apariencia.

La dialéctica trascendental se contentará, pues, con señalar la apariencia de los juicios trascendentales e impedir al mismo tiempo que esta apariencia nos engañe; pero que tal apariencia llegue (como en el caso de la apariencia lógica) hasta desaparecer y dejar de ser apariencia es un resultado que nunca podrá alcanzar. Se trata, en efecto, de una ilusión natural e inevitable, que se apoya ella misma en principios subjetivos que da como objetivos, mientras que la dialéctica lógica, al resolver los paralogismos, sólo se ocupa de un error en la observación de los principios, o de una apariencia artificial al imitarlos. Hay, pues, una dialéctica natural e inevitable de la razón pura: no aquella en la que un ignorante se confunde por falta de conocimientos, o la que un sofista ha construido ingeniosamente para extraviar a las personas razonables, sino la que está inseparablemente unida a la razón humana y que, incluso después de haber descubierto su carácter quimérico, no dejará de jugar con ella y de empujarla incansablemente a errores momentáneos que hay que superar constantemente.

II.   Sobre la razón pura como sede de la ilusión trascendental

A.   Sobre la razón en general

Todo nuestro conocimiento comienza con los sentidos, pasa de ahí al entendimiento y termina con la razón, a la cual no puede encontrarse nada en nosotros que sea superior para tratar la materia de la intuición y someterla a la más alta unidad del pensamiento. Como ahora debo dar una definición de esta facultad suprema del conocimiento, me encuentro un tanto avergonzado. Como en el caso del entendimiento, hay un uso meramente formal de esta facultad, es decir, un uso lógico, cuando la razón hace abstracción de todo contenido del conocimiento, pero hay también un uso real, en cuanto que ella misma contiene la fuente de ciertos conceptos y principios que no toma prestados ni de los sentidos ni del entendimiento. Ciertamente, la primera de estas capacidades ha sido definida desde hace mucho tiempo por los lógicos como la facultad de razonar mediatamente (en oposición a proceder por inferencia inmediata); por todo ello, la segunda capacidad, que produce por sí misma conceptos, aún no ha salido a la luz. Ahora bien, puesto que la razón se presenta aquí dividida en una capacidad lógica y una capacidad trascendental, debemos buscar entonces un concepto superior de esta fuente de conocimiento, subsumiendo bajo él estos dos conceptos; dicho esto, podemos esperar, sin embargo, por analogía con los conceptos del entendimiento, que el concepto lógico nos proporcione al mismo tiempo la clave del concepto trascendental, y que la tabla de funciones de los conceptos del entendimiento proporcione al mismo tiempo el árbol genealógico de los conceptos de la razón.

En la primera parte de nuestra lógica trascendental, definimos el entendimiento como la potencia de las reglas; aquí distinguiremos la razón del entendimiento llamándola capacidad de los principios.

El término principio es equívoco y suele designar simplemente un conocimiento que puede utilizarse como principio, aunque, en sí mismo y en virtud de su propio origen, no sea un principio. Cualquier proposición universal, aunque se derive de la experiencia (por inducción), puede utilizarse como principal en el razonamiento; sin embargo, esto no significa que sea un principio. Los axiomas matemáticos (por ejemplo, que entre dos puntos sólo puede haber una línea recta) son, en efecto, conocimientos universales *a priori* y, por tanto, se denominan con razón principios, en relación con los casos que pueden subsumirse en ellos. Queda, sin embargo, el hecho de que no puedo decir por todo ello que conozco, a partir de principios, esta propiedad de la línea recta en general y en sí misma: la conozco, por el contrario, sólo en pura intuición.

Llamaré, pues, conocimiento procedente de principios a aquel en que conozco por conceptos lo particular en lo universal. Todo razonamiento es, pues, una forma de la operación de derivar el conocimiento de un principio. Esto es así porque el mayor proporciona siempre un concepto que hace que todo lo subsumido bajo la condición de este concepto sea conocido a partir de él según un principio. Ahora bien, en la medida en que cualquier conocimiento universal puede servir de mayor en un razonamiento, y en la medida en que el entendimiento proporciona tales proposiciones universales *a priori,* pueden también, por tanto, desde el punto de vista del uso que es posible de ellas, llamarse principios.

Sin embargo, si consideramos estos principios del entendimiento puro en sí mismos en cuanto a su origen, son nada menos que conocimientos conceptuales. En efecto, ni siquiera serían posibles *a priori* si no incluyéramos la intuición pura (como en matemáticas) o las condiciones de la experiencia posible en general. Que todo lo que sucede tiene una causa no puede concluirse en modo alguno del concepto de lo que sucede en general: más bien, es este principio el que muestra cómo sólo podemos tener un concepto empírico definido de lo que sucede.

El entendimiento no puede en modo alguno proporcionarnos un cono-cimiento sintético por conceptos, y es precisamente a éstos a los que llamo principios en el sentido absoluto del término, aunque todas las proposiciones universales en general puedan llamarse comparativamente principios.

Hay un antiguo deseo que tal vez se cumpla algún día (¿quién sabe dentro de cuánto?): es que alguna vez podamos descubrir, en lugar de la infinita diversidad de las leyes civiles, cuáles son sus principios; pues sólo ahí puede residir el secreto de simplificar, como decimos, la legislación. Pero aquí las leyes no hacen más que imponer a nuestra libertad condiciones restrictivas que la ponen en completa armonía consigo misma; también se refieren a algo que es enteramente obra nuestra y de lo que podemos, gracias a estos mismos conceptos, ser las causas. Por otra parte, preguntar cómo los objetos en sí mismos, cómo la naturaleza de las cosas, deben estar sujetos a principios y determinados según conceptos simples, es exigir, si no algo imposible, al menos algo muy insensato. Cualquiera que sea el caso a este respecto (pues esto es todavía una investigación por hacer), queda claro aquí, por lo menos, que el conocimiento que procede de principios (considerado en sí mismo) es algo muy distinto del simple conocimiento del entendimiento, que ciertamente puede también proceder de otro conocimiento tomando la forma de un principio, pero en sí mismo no descansa (en cuanto sintético) en el simple pensamiento, ni contiene en sí mismo, por conceptos, algo universal.

Si el entendimiento consiste en el poder de unificar los fenómenos por medio de reglas, la razón por su parte es el poder de unificar las reglas del entendimiento bajo principios. La razón, por tanto, nunca se relaciona directamente ni con la experiencia ni con ningún objeto, sino con el entendimiento, para dar a los diversos conocimientos de éste, sobre la base de conceptos, una unidad *a priori* que puede llamarse unidad racional, y que es de un tipo enteramente distinto del que puede producir el entendimiento.

Este es el concepto general del poder de la razón, en la medida en que hemos podido hacerlo comprensible, a falta total de ejemplos (que sólo podrán darse más adelante).

B.   Sobre el uso lógico de la razón

Se distingue entre lo que se conoce inmediatamente y lo que sólo puede ser la conclusión de un razonamiento. Que hay tres ángulos en una figura delimitada por tres rectas se sabe inmediatamente; pero que los ángulos juntos son iguales a dos rectos es sólo una conclusión a la que llegamos. Debido a que constantemente necesitamos construir razonamientos y a que, por tanto, nos hemos acostumbrado por completo a hacerlo, acabamos por dejar de advertir esta distinción y, como ocurre en las llamadas ilusiones sensoriales, a menudo damos por percibido inmediatamente algo a lo que, sin embargo, sólo nos ha conducido la conclusión de un razonamiento. En todo razonamiento hay una proposición que sirve de proposición básica, otra, a saber, la inferencia, que se extrae de ella, y finalmente la conclusión (consecuencia) según la cual la verdad de esta última está indiscutiblemente ligada a la verdad de la primera. Si el juicio inferido está ya incluido en la primera proposición, de tal modo que puede deducirse de ella sin mediación de una tercera representación, se dice que el razonamiento es inmediato; yo lo llamaría más fácilmente razonamiento del entendimiento. Pero si, además del conocimiento tomado como proposición básica, se requiere otro juicio para llegar a la conclusión, el razonamiento se llama razonamiento a partir de la razón. La proposición «todos los hombres son mortales» ya incluye las proposiciones «algunos hombres son mortales», «algunos mortales son hombres», «nada inmortal es un hombre», y estas proposiciones son consecuencias inmediatas de la primera. En cambio, la proposición: «todos los científicos son mortales» no está incluida en el juicio que hemos supuesto (porque el concepto de científico no interviene en él en absoluto), y sólo puede deducirse de él mediante un juicio intermedio.

En todo razonamiento, primero pienso una regla (mayor) por medio del entendimiento. En segundo lugar, mediante el juicio, subsumo el conocimiento bajo la condición de la regla (menor). Finalmente, determino mi conocimiento por el predicado de la regla (conclusión), en consecuencia *a priori,* gracias a la razón. La relación, pues, que la mayor, como regla, representa entre el conocimiento y su condición, expresa los distintos tipos de razonamiento de la razón. Hay, pues, exactamente tres clases de razonamientos, como ocurre con todos los juicios en general, en cuanto que se distinguen por el modo en que expresan la relación del conocimiento en el entendimiento: son los razonamientos categóricos, hipotéticos o disyuntivos.

Si, como ocurre la mayoría de las veces, la conclusión ha sido pronunciada en forma de juicio, para ver si este juicio no se sigue de juicios ya enunciados, por los que, en este caso, se piensa en un objeto completamente distinto, busco entonces en el entendimiento la afirmación de esta proposición concluyente, a fin de verificar que no se encuentra ya en el entendimiento, bajo ciertas condiciones, según una regla general. Si entonces descubro tal condición, y si el objeto de la proposición concluyente puede subsumirse bajo la condición dada, esta conclusión se extrae entonces de la regla, que también se aplica a otros objetos de conocimiento. Así vemos que la razón, mediante sus razonamientos, trata de reducir la gran diversidad del conocimiento del entendimiento al menor número de principios (de condiciones universales) y producir así la más alta unidad.

C. Sobre el uso puro de la razón

¿Es posible aislar la razón, y si es así, sigue siendo una fuente específica de conceptos y juicios que proceden exclusivamente de ella y a través de los cuales se relaciona con los objetos, o es sólo un poder subalterno, consistente en conferir a un conocimiento dado una cierta forma, que se llama lógica, y por la cual los conocimientos del entendimiento se ordenan simplemente unos en relación con otros, y las reglas inferiores se subordinan a las superiores (cuya condición incluye en su esfera la condición de las precedentes), en la medida en que puede lograrse por su comparación? Esta es la cuestión de la que debemos ocuparnos ahora, por encima de todas las demás. En efecto, la diversidad de las reglas y la unidad de los principios constituyen una exigencia de la razón para poner al entendimiento en completo acuerdo consigo mismo, del mismo modo que el entendimiento somete la diversidad de la intuición a los conceptos y procede así a vincular esta diversidad. El hecho es que tal principio no prescribe ninguna ley para los objetos, y no contiene el fundamento de la posibilidad de conocerlos y determinarlos como tales en general. Por el contrario, es simplemente una ley subjetiva de la gestión de los recursos de nuestro entendimiento, consistente, por comparación de los conceptos de éste, en reducir su uso general al menor número posible, sin que esté justificado que exijamos de los objetos mismos tal cohesión, tan beneficiosa para la conveniencia del uso y la extensión de nuestro entendimiento, y que al mismo tiempo confiera a esta máxima una validez objetiva. En resumen, se trata de saber si la razón en sí misma, es decir, la razón pura, contiene *a priori* proposiciones fundamentales y reglas sintéticas, y en qué pueden consistir estos principios.

El procedimiento formal y lógico que la razón emplea en sus propios razonamientos nos da ya, a este respecto, una indicación suficiente para descubrir el fundamento sobre el que debe descansar el principio trascendental de la razón en el marco del conocimiento sintético por la razón pura.

En primer lugar, el razonamiento de la razón no se aplica a las intuiciones, para reducirlas a reglas (como hace el entendimiento con sus categorías), sino a conceptos y juicios. Así pues, aunque la razón pura también se ocupa de los objetos, no tiene una relación inmediata con ellos y sus intuiciones, sino que sólo se relaciona con el entendimiento y sus juicios, que se aplican primero a los sentidos y sus intuiciones, para determinar su objeto. La unidad de la razón no es, pues, la unidad de la experiencia posible, sino que, por el contrario, es esencialmente distinta de ella, en la medida en que esta unidad de la experiencia posible es la de la unidad del entendimiento. La afirmación de que todo lo que sucede tiene una causa no es en modo alguno un principio conocido y prescrito por la razón. Este principio hace posible la unidad de la experiencia y no toma prestado nada de la razón, que no habría podido imponer tal unidad sintética sobre la base de meros conceptos, sin esta relación con la experiencia posible.

En segundo lugar, la razón, en su uso lógico, busca la condición universal de su juicio (de la conclusión) y el razonamiento mismo de la razón no es otra cosa que un juicio que se forma subsumiendo su condición bajo una regla general (mayor). Ahora bien, en la medida en que esta regla se expone a su vez al mismo intento por parte de la razón, y hay que buscar así la condición de la condición (mediante un prosilogismo), por lo que se ve, el principio específico de la razón en general (en su uso lógico) es encontrar, para el conocimiento condicionado del entendimiento, lo incondicionado por lo que se completa su unidad.

Dicho esto, esta máxima lógica de la razón sólo puede llegar a ser un principio de la razón pura en la medida en que admitamos que, si lo condicionado está dado, es también toda la serie de condiciones, subordinadas unas a otras, la que está dada (es decir, contenida en el objeto y en la conexión que expresa), serie que, en consecuencia, es ella misma incondicionada.

El hecho es que tal principio de la razón pura es manifiestamente sintético; en efecto, lo condicionado se relaciona analíticamente con alguna condición, pero no con lo incondicionado. De este principio han de resultar, pues, necesariamente diversas proposiciones sintéticas, de las que el entendimiento puro nada sabe, pues sólo se ocupa de objetos de experiencia posible, cuyo conocimiento y síntesis son siempre condicionales. Lo incondicionado, en cambio, si se da realmente, puede ser objeto de un examen particular sobre la base del conjunto de determinaciones que lo distinguen de cualquier término condicionado, y en consecuencia debe proporcionar el material para muchas proposiciones sintéticas *a priori*.

Las proposiciones fundamentales que se derivan de este principio supremo de la razón pura serán, siendo esto así, trascendentes con respecto a todos los fenómenos, es decir, nunca será posible hacer de él un uso empírico que le sea adecuado. Será, pues, enteramente distinto de todos los principios del entendimiento (cuyo uso es plenamente inmanente, puesto que sólo tienen como tema la posibilidad de la experiencia). En cuanto a la cuestión de saber ahora si (I) este principio según el cual la serie de las condiciones se despliega (en la síntesis de los fenómenos, o incluso en la del pensamiento de las cosas en general) hasta lo incondicionado tiene, o no, ningún valor objetivo, y qué consecuencias se siguen de ello para el uso empírico del entendimiento; o si (II) por el contrario, tal principio de razón no tiene en ninguna parte un valor objetivo, sino por el contrario una prescripción puramente lógica que exige que mediante el ascenso a condiciones cada vez más elevadas nos aproximemos a su plenitud e introduzcamos así en nuestro conocimiento la más alta unidad racional posible; en cuanto a la cuestión de conocer, digo, si (III) esta necesidad de la razón, por un malentendido, se ha tenido por un principio trascendental de la razón pura que postula de un modo precipitado, en los objetos mismos, tal plenitud integral de la serie de condiciones, sino también lo que son, en este caso, las interpretaciones erróneas y las ilusiones que bien pueden deslizarse en razonamientos cuya mayor se deriva de la razón pura (constituyendo así, tal vez, más una petición de principio que un postulado) y que se elevan de la experiencia a sus condiciones: Tal es nuestro objeto en la dialéctica trascendental, que ahora nos proponemos desarrollar a partir de sus fuentes profundamente ocultas en la razón humana. La dividiremos en dos partes principales, la primera de las cuales debe tratar de los conceptos trascendentales de la razón pura, la segunda de sus razonamientos trascendentales y dialécticos.

Libro primero.   De la dialéctica trascendental
Sobre los conceptos de la razón pura

Cualesquiera que sean las circunstancias que hacen posibles los conceptos derivados de la razón pura, éstos no son simplemente conceptos reflejados, sino conceptos producidos en la conclusión del razonamiento. Los conceptos del entendimiento son también pensados *a priori*, anteriores a la experiencia y al efecto de la experiencia; pero no contienen más que la unidad de la reflexión sobre los fenómenos, en cuanto deben pertenecer necesariamente a una conciencia empírica posible. Sólo ellas hacen posible el conocimiento y la determinación de un objeto. Proporcionan, pues, la materia prima para el razonamiento, y ante ellas no hay conceptos *a priori* de los objetos de los que puedan derivarse. Por el contrario, su realidad objetiva se basa únicamente en que, dado que constituyen la forma intelectual de toda experiencia, siempre debe ser posible mostrar su aplicación en la experiencia.

Sin embargo, la expresión «concepto de razón» muestra de antemano que tal concepto no puede quedar confinado dentro de los límites de la experiencia, en la medida en que se refiere a un conocimiento del que todo conocimiento empírico es sólo una parte (aunque sea la totalidad de la experiencia posible o su síntesis empírica), y a un conocimiento al que ninguna experiencia real llega nunca por completo, aunque siempre forme parte de ella. Los conceptos de la razón sirven para comprender, del mismo modo que los conceptos del entendimiento sirven para oír (percepciones). Puesto que contienen lo incondicionado, se refieren a algo en lo que se integra toda experiencia, pero que nunca es él mismo objeto de experiencia: algo a lo que la razón conduce en los razonamientos que deriva de la experiencia y según lo cual evalúa y mide el grado de su uso empírico, pero algo que nunca constituye un elemento de la síntesis empírica. Si tales conceptos tienen, no obstante, un valor objetivo, pueden ser llamados *conceptus ratiocinati* (conceptos correctamente concluidos); si no, son al menos obtenidos subrepticiamente por una apariencia de razonamiento y pueden ser llamados *conceptus ratiocinantes* (conceptos sofísticos). Pero como esto sólo puede decidirse en el capítulo que trata de los razonamientos dialécticos de la razón pura, no podemos todavía considerar este punto aquí. A modo de anticipación, sin embargo, así como hemos llamado categorías a los conceptos puros del entendimiento, designaremos a los conceptos de la razón pura con un nuevo término y los llamaremos ideas trascendentales, designación que, sin embargo, explicaremos y justificaremos ahora.

Capítulo primero.   Del libro primero de la dialéctica trascendental
Sobre las ideas en general

A pesar de la gran riqueza de nuestras lenguas, el sujeto pensante se encuentra a menudo perdido para encontrar la expresión que se ajuste exactamente a su concepto, y sin esa expresión no puede hacerse entender verdaderamente ni por los demás ni, lo que es más, por sí mismo. Forjar palabras nuevas es un intento de legislar en una lengua que rara vez tiene éxito, y antes de recurrir a este medio extremo, es prudente explorar alguna lengua muerta y culta para ver si no se podría encontrar el concepto buscado con la expresión que le conviene; Y si el uso antiguo de la expresión se ha vuelto incierto por negligencia de su autor, es aún mejor reforzar el sentido que le era más propio (aunque ello signifique dejar abierta a la duda la cuestión de si se le dio exactamente el mismo sentido en el pasado) que echarlo todo a perder sólo por hacernos incomprensibles.

Por eso, si para expresar un determinado concepto sólo hay una palabra que se ajuste exactamente, en su significado ya recibido, a ese concepto, que es muy importante distinguir de otros conceptos afines, conviene no prodigarse desconsideradamente con dicha palabra ni utilizarla, simplemente para variar sus expresiones, como sinónimo de otras, sino conservar escrupulosamente su significado específico; de lo contrario sucede fácilmente que, al no captar la expresión la atención unívocamente, sino perderse entre la multitud de otras cuyo significado se desvía mucho del suyo, se perderá también el pensamiento que ella sola hubiera podido conservar.

Platón utilizó el término Idea de tal manera que queda claro que se refería a algo que no sólo no deriva nunca de los sentidos, sino que va mucho más allá de los conceptos del entendimiento, a los que se había dedicado Aristóteles, en la medida en que nunca se encuentra en la experiencia nada que se corresponda con ellos. Para Platón, las Ideas son arquetipos de las cosas mismas, y no simples claves de experiencias posibles, como lo son las categorías. En su opinión, las Ideas derivan de la razón suprema, de la que se han convertido en parte integrante de la razón humana, la cual, sin embargo, ya no se encuentra en su estado original, sino que tiene que esforzarse por recordar las antiguas Ideas, ahora muy oscurecidas, mediante la reminiscencia (lo que se llama filosofía). No quiero entrar aquí en una búsqueda literaria para definir el sentido que este gran filósofo daba a su expresión. Simplemente señalo que no tiene absolutamente nada de excepcional que, tanto en la conversación cotidiana como en sus escritos, al comparar los pensamientos que expresa sobre el tema que trata, comprendamos mejor a un autor de lo que él mismo se comprendió, por haber determinado insuficientemente su concepto y, en consecuencia, hablar o incluso pensar a veces en contra de lo que era su propia intención.

Platón era muy consciente de que nuestra facultad de conocer tiene una necesidad mucho más elevada que la de conocer simplemente los fenómenos según las leyes de la unidad sintética, para poder leerlos como experiencia, y de que nuestra razón se eleva naturalmente al nivel de un conocimiento que va demasiado lejos para que ningún objeto que pueda proporcionar la experiencia pueda corresponderle jamás, pero un conocimiento que, sin embargo, tiene su realidad y no se reduce en absoluto a meras quimeras.

Platón encontró sus Ideas principalmente en todo lo que es práctico, es decir, en lo que se basa en la libertad, que a su vez se basa en el conocimiento que es un producto específico de la razón. Quien quisiera extraer los conceptos de virtud de la experiencia, quien (como de hecho han hecho muchos) quisiera erigir en modelo, en fuente de conocimiento, lo que sólo puede servir a lo sumo de ejemplo para una clarificación incompleta, estaría haciendo de la virtud una realidad fantasmal equívoca, variable con el tiempo y el contexto, incapaz de servir nunca de regla. Por el contrario, todo el mundo se da cuenta de que, si alguien se le representa como un modelo de virtud, sin embargo, siempre posee sólo en su propia mente el verdadero original, con el que compara este supuesto modelo y según el cual sólo él hace una valoración del mismo. Ahora bien, ésta es la Idea de virtud, frente a la cual todos los posibles objetos de experiencia pueden servir ciertamente como referencias (pruebas de que lo que el concepto de razón impone es, hasta cierto punto, realizable), pero no como modelos. El hecho de que un hombre nunca actúe de un modo adecuado a lo que contiene la Idea pura de virtud no prueba en modo alguno que haya algo quimérico en este pensamiento. En efecto, todo juicio sobre el valor moral, o sobre la ausencia de valor moral, sólo es posible a través de esta Idea; por consiguiente, está necesariamente en la base de todo progreso que nos acerque a la perfección moral, por muy lejos que nos mantengan de ella los obstáculos inscritos en la naturaleza humana, obstáculos cuya altura no puede determinarse.

La República de Platón se ha convertido en proverbial como ejemplo supuestamente sorprendente de una perfección onírica que sólo puede tener su asiento en el cerebro del pensador ocioso, y Brucker encuentra ridícula la forma en que el filósofo sostenía que un príncipe nunca podría gobernar bien si no participaba de las Ideas. Simplemente sería mejor tomar este pensamiento en mayor consideración y (allí donde este ser excepcional nos abandona sin ayuda) dedicar nuevos esfuerzos a sacarlo a la luz, en lugar de desecharlo como inútil, bajo el muy miserable y desafortunado pretexto de que es impracticable. Una constitución cuyo objetivo sea la mayor libertad humana, fundada en leyes que aseguren que la libertad de cada individuo pueda coexistir con la de los demás (sin que este objetivo sea la mayor felicidad, pues ésta se seguirá por sí misma), es en todo caso como mínimo una Idea necesaria que debe tomarse como fundamento, no sólo al trazar los primeros esbozos de una constitución política, sino también para todas las leyes, y en la que deben despreciarse desde el principio todos los obstáculos actuales, derivados quizá no tanto, inevitablemente, de la naturaleza humana, sino mucho más del desprecio en que se tienen las verdaderas Ideas en materia de legislación. Pues nada puede ser más perjudicial y más indigno de un filósofo que apelar, como hace el vulgo, a una experiencia supuestamente contraria, dado que esta experiencia no se habría encontrado en modo alguno si estas instituciones hubieran sido conformes con las Ideas en el momento en que fueron necesarias, y si, en lugar de estas últimas, conceptos burdos no hubieran abortado, precisamente por haber sido extraídos de la experiencia, todas las buenas intenciones.

Cuanto más acordes sean la legislación y el gobierno con tal Idea, más raras serán las sanciones penales, y por ello es enteramente razonable prever (como afirma Platón) que, en favor de una organización perfecta de esta legislación y gobierno, no será necesaria ninguna de estas sanciones. Ahora bien, aunque esta situación no pueda realizarse nunca, la Idea es, sin embargo, enteramente pertinente, lo que hace de esta máxima el modelo necesario para acercar cada vez más, por referencia a ella, la constitución jurídica de los hombres a la mayor perfección posible. En efecto, nadie puede ni debe determinar cuál puede ser el grado máximo al que debe detenerse la humanidad y, correlativamente, qué distancia queda necesariamente entre la Idea y su puesta en práctica, precisamente porque se trata de una cuestión de libertad y porque la libertad puede sobrepasar cualquier límite que se le asigne.

Sin embargo, no es sólo en la esfera en la que la razón humana muestra la verdadera causalidad y en la que las Ideas se convierten en causas eficientes (tanto de las acciones como de sus objetos), es decir, en la esfera moral, sino que es también con respecto a la naturaleza misma donde Platón ve con razón pruebas claras del carácter originario de las Ideas. Una planta, un animal, el orden regular del universo (probablemente también, por tanto, todo el orden de la naturaleza) muestran claramente que sólo son posibles según las Ideas; muestran que en verdad ninguna criatura individual, en las condiciones particulares de su existencia, corresponde a la Idea de lo que es más perfecto en su especie (como tampoco el hombre corresponde a la Idea de humanidad, que él mismo lleva en su alma como modelo de sus acciones). Muestran, sin embargo, que estas Ideas están determinadas para cada una de ellas en el entendimiento supremo, inmutable y completamente, que son las causas originales de las cosas, y que sólo el conjunto constituido por su conexión en el universo es plenamente adecuado a la Idea que tenemos de ellas. Dejando a un lado lo que hay de excesivo en la expresión, el impulso de la mente por el que el filósofo se eleva desde la consideración de la copia que constituye, en su dimensión física, el orden del mundo hasta la vinculación arquitectónica de este orden según fines, es decir, según Ideas, es un esfuerzo que merece ser respetado e imitado. Pero en lo que se refiere a los principios de la moral, de la legislación y de la religión, donde las Ideas hacen posible primero la experiencia misma (la del bien), aunque nunca puedan expresarse plenamente en ella, este esfuerzo tiene un mérito muy particular, cuya falta proviene únicamente del hecho de que se aprecia únicamente a través de las reglas empíricas cuyo valor, en tanto que principios, debe borrarse, precisamente a causa de estas mismas Ideas. En efecto, por lo que se refiere a la naturaleza, es la experiencia la que nos proporciona la regla y constituye la fuente de la verdad; en cambio, por lo que se refiere a las leyes morales, la experiencia es (¡ay!) la madre de la apariencia, y es muy censurable derivar de lo que se hace las leyes de lo que debo hacer, o querer restringirlas a ello.

En lugar de todas estas consideraciones, cuya exposición adecuada constituye de hecho la dignidad propia de la filosofía, ocupémonos ahora de un trabajo menos brillante, pero que tampoco carece de mérito, a saber: nivelar y consolidar el terreno destinado a albergar el majestuoso edificio de la moral, terreno en el que hay toda clase de topos que la razón, a la caza de tesoros, ha cavado en él en vano, a pesar de sus buenas intenciones, y que debilitan el edificio a construir. El uso trascendental de la razón pura, sus principios y sus Ideas: esto es, pues, lo que ahora necesitamos conocer con precisión, para poder determinar y apreciar adecuadamente la influencia y el valor de la razón pura. Sin embargo, antes de concluir esta introducción preliminar, quisiera pedir a los que llevan la filosofía en el corazón (y en general son menos de los que pretenden hacerlo), si se convencen de lo que acabo de decir y de lo que seguirá, de dar su protección al término «Idea» entendido en su sentido original, para que no se confunda más con los otros términos con los que se designan comúnmente toda clase de representaciones, en un desorden que no nos importa, perjudicando así a la ciencia. Sin embargo, no nos faltan términos perfectamente apropiados a cada tipo de representación, para no tener que invadir el dominio que pertenece a otro. He aquí una escala graduada. El género es la representación en general. Por debajo está la representación con conciencia (percepción). Una percepción que se refiere exclusivamente al sujeto, constituyendo una modificación de su estado, es la sensación; una percepción objetiva es el conocimiento. Se trata de la intuición o del concepto. La intuición se relaciona inmediatamente con el objeto y es singular; el concepto se relaciona con él mediatamente a través de una característica que puede ser común a varias cosas. El concepto es un concepto empírico o un concepto puro, y el concepto puro, en la medida en que tiene su fuente exclusivamente en el entendimiento (y no en una imagen pura de la sensibilidad), se llama noción. Un concepto derivado de nociones, más allá de la posibilidad de la experiencia, es la Idea, o concepto racional. Cualquiera que haya estado acostumbrado a esta manera de distinguir las representaciones no puede sino encontrar insoportable oír llamar «Idea» a la representación del color rojo. Ni siquiera debería llamársele noción (concepto del entendimiento).

Capítulo segundo del libro primero de la dialéctica trascendental

Sobre las ideas trascendentales

La Analítica trascendental nos ha proporcionado un ejemplo de cómo la simple forma lógica de nuestro conocimiento puede contener el origen de conceptos puros *a priori,* que nos representan los objetos antes de cualquier experiencia, o más bien expresan la unidad sintética que por sí sola hace posible el conocimiento empírico de los objetos. La forma de los juicios (transformada en un concepto de la síntesis de las intuiciones) produjo categorías, que dirigen todo uso del entendimiento en la experiencia. Sobre el mismo modelo, podemos esperar que la forma de los razonamientos de la razón, si se aplica a la unidad sintética de las intuiciones, de acuerdo con las categorías, contendrá la fuente de conceptos particulares *a priori* que podemos llamar conceptos puros de la razón o Ideas trascendentales, y que determinarán, según principios, el uso del entendimiento en la totalidad de la experiencia considerada como un todo.

La función de la razón, en sus razonamientos, consiste en la universalidad del conocimiento por conceptos, y el razonamiento de la razón misma es un juicio determinado *a priori* en toda la extensión de lo que constituye su condición. La proposición: Cayo es mortal, podría derivarla con la misma facilidad de la experiencia por medio del entendimiento solamente. Simplemente, busco un concepto que contenga la condición bajo la cual se da el predicado (la afirmación en general) de este juicio (es decir, aquí, el concepto de hombre), y después de haber realizado la subsunción bajo esta condición tomada en toda su extensión (todos los hombres son mortales), determino en consecuencia el conocimiento de mi objeto (Cayo es mortal).

Por eso, en la conclusión de un razonamiento de razón, restringimos un predicado a un determinado objeto, después de haberlo pensado primero en el mayor, según toda su extensión, bajo una determinada condición. Esta cantidad completa de extensión, relativa a tal condición, se llama universalidad. A ésta corresponde, en la síntesis de las intuiciones, el Todo o totalidad de las condiciones. De modo que el concepto trascendental de razón no es otro que el de totalidad de condiciones para un condicionado dado. Ahora bien, puesto que sólo lo incondicionado hace posible la totalidad de las condiciones, y puesto que, a la inversa, la totalidad de las condiciones es siempre ella misma incondicionada, un concepto puro de razón puede definirse en general por el concepto de lo incondicionado, en la medida en que contiene un fundamento para la síntesis de lo condicionado.

A partir de ahí, cuantos más tipos de relaciones haya que el entendimiento represente por medio de categorías, más tipos de conceptos puros de razón habrá; y por tanto tendremos que buscar, en primer lugar, un incondicionado de la síntesis categorial en un sujeto, en segundo lugar, la síntesis hipotética de los miembros de una serie, y en tercer lugar, la síntesis disyuntiva de las partes en un sistema.

Tal es, en efecto, el número de tipos de razonamiento que tienden cada uno, mediante prosilogismos, hacia lo incondicionado: el primero, hacia un sujeto que ya no es él mismo un predicado; el segundo, hacia una suposición que no presupone nada más; el tercero, hacia un agregado de los miembros de la división que no requiere nada más para completar la división de un concepto. Por eso los conceptos puros que la razón forja de la totalidad en la síntesis de las condiciones son necesarios, al menos como problemas, para hacer avanzar la unidad del entendimiento, en la medida de lo posible, hasta lo incondicionado, y por eso encuentran su fundamento en la naturaleza de la razón humana; por otra parte, puede ser también que estos conceptos trascendentales permanezcan desprovistos de todo uso, *in concreto,* que les sea propio, y que no tengan, por tanto, otra utilidad que la de orientar al entendimiento en la dirección en la que su uso, extendiéndose lo más posible, se disponga al mismo tiempo de tal modo que esté completamente de acuerdo consigo mismo.

Pero al hablar aquí de la totalidad de las condiciones y de lo incondicionado como título común a todos los conceptos de la razón, volvemos a encontrarnos con una expresión de la que no podemos prescindir y que, por la ambigüedad que le acompaña debido a su inveterado mal uso, no podemos utilizar con ninguna certeza. La palabra absoluto es una de las pocas que, en su acepción primitiva, rendía plenamente un concepto al que ninguna otra palabra disponible en la misma lengua se adaptaba exactamente, y cuya pérdida o, lo que es equivalente, el uso flotante que se puede hacer de ella, conlleva necesariamente con ella la pérdida del concepto mismo —mientras que éste es un concepto que, por concernir tan fuertemente a la razón, no puede ser eliminado sin causar un gran daño a todos los juicios trascendentales. La palabra absoluto se utiliza hoy a menudo simplemente para indicar que se toma en consideración un determinado elemento de una cosa en sí misma y que, por tanto, tiene un valor intrínseco. En este sentido, la expresión «absolutamente posible» significaría aquello que en sí mismo (internamente) es posible, proposición que, de hecho, es lo menos que puede decirse de un objeto. Por otra parte, la misma expresión se utiliza a veces para indicar que algo es válido en todos los aspectos (es decir, sin restricción, por ejemplo, la potencia absoluta), y en este sentido significaría lo que es posible en todos los aspectos, una proposición que, en este caso, es lo máximo que puede decirse sobre la posibilidad de una cosa. Es cierto que estos significados a veces se juntan. Así, por ejemplo, lo que es intrínsecamente imposible es también imposible en todos los aspectos y, por tanto, absolutamente imposible. Pero en la mayoría de los casos ambos significados están infinitamente alejados el uno del otro, y no puedo concluir en modo alguno que, porque algo sea en sí mismo posible, sea también, por esta razón, posible en todos los aspectos, y por tanto absolutamente posible. Aun así, mostraré en lo que sigue que la necesidad absoluta no depende en modo alguno en todos los casos de la necesidad interna, y que no debe considerarse equivalente a ésta. Lo contrario de lo que es intrínsecamente imposible, por lo tanto también lo contrario de lo que es imposible en todos los aspectos, es en sí mismo absolutamente necesario; pero no puedo concluir recíprocamente que lo contrario de una cosa absolutamente necesaria sea intrínsecamente imposible, es decir, que la necesidad absoluta de las cosas sea una necesidad interna —pues esta necesidad interna es, en algunos casos, una expresión completamente vacía a la que no podemos conectar el menor concepto, mientras que, por el contrario, el concepto de la necesidad de una cosa en todos los aspectos (para todo lo posible) implica determinaciones bastante particulares—. Ahora bien, como la pérdida de un concepto de gran aplicación en la filosofía especulativa nunca puede ser indiferente para el filósofo, espero que tampoco le será indiferente ver con qué cuidado procedemos a la determinación y conservación de la expresión a la que va unido este concepto.

Usaré, pues, el término «absoluto» en este sentido más amplio, y lo contrapondré a lo que es válido sólo comparativamente o en un aspecto particular; pues lo que posee tal valor está limitado por condiciones, mientras que lo que es absolutamente válido lo es sin restricción.

Ahora bien, el concepto trascendental de razón se refiere siempre sólo a la totalidad absoluta en la síntesis de las condiciones, y nunca se detiene en lo que es absolutamente incondicionado, es decir, en todos los aspectos. En efecto, la razón pura deja todo al entendimiento cuando se trata de relacionarse inmediatamente con los objetos de la intuición o más bien con su síntesis en la imaginación. Sólo se reserva para sí la totalidad absoluta del uso de los conceptos del entendimiento y trata de conducir la unidad sintética del pensamiento en la categoría a lo absolutamente incondicionado. Esta totalidad puede llamarse, por tanto, unidad de razón de los fenómenos, del mismo modo que la totalidad expresada en la categoría puede llamarse unidad del entendimiento. Así pues, la razón sólo se refiere al uso del entendimiento, y esto, ciertamente, no en cuanto que el entendimiento contenga el fundamento de una experiencia posible (pues la totalidad de las condiciones no es un concepto que pueda utilizarse en una experiencia, porque ninguna experiencia es incondicionada), sino para dirigirlo a orientarse hacia una cierta unidad de la que el entendimiento no posee ningún concepto y que tiende a reunir todos los actos del entendimiento, con respecto a cada objeto, en un todo absoluto. Por eso el uso objetivo de los conceptos puros de la razón es siempre trascendente, mientras que el de los conceptos puros del entendimiento no puede ser nunca, dada la naturaleza de este último, sino inmanente, ya que se limita simplemente a la experiencia posible.

Por Idea entiendo un concepto necesario de la razón al que no puede darse ningún objeto que le corresponda en los sentidos. Así, nuestros actuales conceptos puros de razón son Ideas trascendentales. Son conceptos de razón pura, en el sentido de que consideran todo conocimiento empírico como determinado por una totalidad absoluta de condiciones. No se forjan arbitrariamente, sino que nos son suministrados por la naturaleza misma de la razón y, por tanto, se refieren necesariamente a todo el uso del entendimiento. Por último, son trascendentales y trascienden los límites de toda experiencia, en la que, por tanto, nunca podemos encontrar un objeto adecuado a la Idea trascendental. Cuando nombramos una Idea, decimos mucho sobre el objeto (como objeto del entendimiento puro), pero decimos muy poco sobre el sujeto (es decir, sobre su realidad bajo una condición empírica), por la precisa razón de que, como concepto de un máximo, la Idea nunca puede darse *in concreto* de un modo que le sea adecuado. Ahora bien, puesto que éste es propiamente todo el propósito del uso meramente especulativo de la razón, y puesto que aproximarse a un concepto sin poder llegar nunca a su realización real es no ver el concepto en absoluto, decimos de un concepto de este tipo que es simplemente una Idea. Así, podríamos decir que la totalidad absoluta de todos los fenómenos es simplemente una Idea, porque en la medida en que nunca podemos esbozar la imagen de algo de este tipo, sigue siendo un problema carente de solución. Por el contrario, en el uso práctico del entendimiento, puesto que sólo se trata de una puesta en práctica según reglas, la Idea de la razón práctica siempre puede darse efectivamente *in concreto,* aunque sólo de un modo parcial, mejor aún: es la condición indispensable de todo uso práctico de la razón. Su realización es siempre limitada y defectuosa, pero dentro de unos límites que no son determinables: por tanto, permanece siempre sometida a la influencia del concepto de una perfección absolutamente completa. En virtud de ello, la Idea práctica es siempre extremadamente fecunda y, en relación con las acciones reales, ineludiblemente necesaria. En ella, la razón pura posee incluso la causalidad que le permite producir realmente lo que está contenido en su concepto; de ahí que no podamos decir de la sabiduría, de una manera un tanto desdeñosa, que sólo es una Idea; al contrario, precisamente porque es la idea de la unidad necesaria de todos los fines posibles, debe servir de regla para todo lo que tiene carácter práctico, como condición originaria o al menos restrictiva.

Ahora bien, aunque nos veamos obligados a decir de los conceptos trascendentales de la razón que no son más que Ideas, de ningún modo tendremos que considerarlos superfluos y vanos. Pues si ningún objeto puede ser determinado únicamente por ellos, pueden en todo caso, de un modo fundamental y sin que lo sepamos, servir al entendimiento de canon con vistas a ampliar su uso y hacerlo unánime; por este medio, el entendimiento no conoce indudablemente su objeto más de lo que lo conocería según sus conceptos, pero al menos, en este conocimiento, es mejor conducido y llevado más lejos. Esto por no decir nada del hecho de que estas Ideas hacen quizás posible un paso de los conceptos de la naturaleza a los conceptos prácticos y pueden así proporcionar a las Ideas morales mismas un apoyo y un enlace con el conocimiento especulativo de la razón. Sobre todos estos puntos, es en la secuela donde debemos esperar encontrar aclaraciones.

De acuerdo con nuestro plan, sin embargo, dejamos aquí de lado las Ideas prácticas y, en consecuencia, consideramos la razón sólo en su uso especulativo y, dentro de éste, aún más estrechamente, considerándola sólo en su uso trascendental. Debemos ahora seguir el mismo camino que el tomado anteriormente en la deducción de las categorías, es decir, examinar la forma lógica del conocimiento racional y ver si, por casualidad, la razón no es también una fuente de conceptos que nos hacen considerar los objetos en sí mismos como sintéticamente determinados *a priori* con respecto a tal o cual función de la razón.

La razón, considerada como el poder de dar una cierta forma lógica al conocimiento, es el poder de sacar una conclusión, es decir, de juzgar mediatamente (subsumiendo la condición de un juicio posible bajo la condición de un juicio dado). El juicio dado es la regla universal (principal). La subsunción de la condición de otro juicio posible bajo la condición de la regla es la menor. El juicio emitido, que afirma la regla en el caso subsumido, es la conclusión. En otras palabras: la regla dice algo universal bajo cierta condición; ahora, en un caso que se presenta, se cumple la condición de la regla; por tanto, lo que era universalmente válido bajo esta condición se considera también válido en el caso que se presenta (que implica esta condición). Es fácil ver que la razón llega al conocimiento mediante actos del entendimiento que constituyen una serie de condiciones. Si llego a la proposición: «todos los cuerpos son mudables», sólo partiendo del conocimiento más remoto (en el que aún no interviene el concepto de cuerpo, pero que, sin embargo, contiene su condición) según el cual: «todos los compuestos son mudables», luego pasando de éste a otra proposición, más próxima, sujeta a la condición de la primera, según la cual: «los cuerpos se componen», y finalmente, de ésta a una tercera que a su vez vincula el conocimiento remoto (cambiante) al conocimiento presente: por tanto los cuerpos son cambiantes, he llegado al conocimiento (conclusión) mediante una serie de condiciones (premisas). Ahora bien, cualquier serie cuyo exponente (ya sea el del juicio categórico o el del juicio hipotético) esté dado puede continuarse; por consiguiente, el mismo acto de razón conduce a la *ratiocinatio polysyllogistica,* que corresponde a una serie de razonamientos que pueden continuarse en proporciones indeterminadas, ya sea del lado de las condiciones (por prosilogismos), ya sea del lado de lo condicionado (por episilogismos).

Siendo así, pronto nos damos cuenta de que la cadena o serie de prosilogismos, es decir, el conocimiento perseguido del lado de los principios o condiciones a un conocimiento dado, en otras palabras, la serie ascendente de razonamientos, se ve obligada, sin embargo, a comportarse frente a la potencia de la razón de manera distinta a la serie descendente, es decir, de manera distinta a la progresión que la razón hace, del lado de lo condicionado, por episilogismos. Puesto que, en el primer caso, el conocimiento (conclusión) sólo se da como condicionado, no puede alcanzarse, mediante la razón, más que suponiendo al menos que todos los miembros de la serie por el lado de las condiciones están dados (totalidad en la serie de premisas); en cambio, del lado de lo condicionado o de las consecuencias, sólo se piensa en una serie en devenir, y no en una serie ya enteramente presupuesta o dada, y por tanto en una mera progresión potencial. En consecuencia, si se considera el conocimiento como condicionado, la razón se ve obligada a considerar la serie de condiciones en línea ascendente como completada y como dada en su totalidad. Pero si este mismo conocimiento es considerado al mismo tiempo como condición de otros conocimientos, que constituyen entre sí una serie de consecuencias en línea descendente, la razón puede ser totalmente indiferente a la cuestión de hasta dónde se extiende esta progresión a parte *posteriori* y si la totalidad de esta serie es alguna vez realmente posible; pues no necesita una serie de este tipo para la conclusión que se le presenta, en la medida en que esta conclusión está ya por sus principios a parte *priori* ilimitados suficientemente determinada y garantizada. Así pues, tanto si, por el lado de las condiciones, la serie de premisas tiene un primer término como condición suprema, como si no lo tiene, y entonces es a parte *priori* ilimitada, debe, no obstante, contener la totalidad de la condición, aunque nunca lleguemos a captarla; y toda la serie debe ser necesariamente incondicionalmente verdadera si se quiere tener por verdadero lo condicionado, como consecuencia que procede de esta serie. Esta es una exigencia de la razón, que presenta su conocimiento como determinado *a priori* y como necesario, ya sea en sí mismo —en cuyo caso no hay necesidad de ningún principio—, ya sea, cuando el conocimiento es producto de la deducción, como miembro de una serie de principios que son a su vez incondicionalmente verdaderos.

Capítulo tercero del primer libro de la dialéctica trascendental
Sistema de las ideas trascendentales

No se trata aquí de una dialéctica lógica, que se abstrae de todo contenido de conocimiento y se limita exclusivamente a desvelar la falsa apariencia inscrita en la forma de los razonamientos, sino de una dialéctica trascendental, que debe contener enteramente *a priori* el origen de ciertos conocimientos derivados de la razón pura y de ciertos conceptos extraídos como conclusión de un razonamiento (y cuyo objeto no puede en modo alguno darse empíricamente), conceptos que están, por tanto, totalmente fuera del poder del entendimiento puro. De la relación natural que debe tener el uso trascendental de nuestro conocimiento, tanto en los razonamientos como en los juicios, con el uso lógico, hemos deducido que sólo habrá tres clases de razonamientos dialécticos, que se relacionan con las tres clases de razonamientos por los que puede llegar la razón, a partir de los principios, al conocimiento, y que en todo caso su asunto es, partiendo de la síntesis condicionada a la que el entendimiento permanece siempre apegado, remontar hasta una síntesis incondicionada que nunca puede alcanzar.

Ahora bien, el conjunto de relaciones que pueden mantener nuestras representaciones es 1.º la relación con el sujeto; 2.º la relación con los objetos —que pueden intervenir bien como fenómenos, bien como objetos del pensamiento en general—. Si combinamos esta subdivisión con la anterior, toda relación que caracteriza a las representaciones, de las que podemos formar un concepto o una Idea, tiene tres dimensiones: 1.ª la relación con el sujeto; 2.ª la relación con los diversos del objeto en el fenómeno, 3.ª la relación con todas las cosas en general.

Ahora bien, todos los conceptos puros en general deben trabajar hacia la unidad sintética de las representaciones, pero los conceptos de la razón pura (las Ideas trascendentales) deben trabajar hacia la unidad sintética incondicionada de todas las condiciones en general. En consecuencia, todas las Ideas trascendentales pueden agruparse en tres clases, la primera de las cuales contiene la unidad absoluta (incondicionada) del sujeto pensante; la segunda, la unidad absoluta de la serie de condiciones del fenómeno; la tercera, la unidad absoluta de la condición de todos los objetos del pensamiento en general.

El sujeto pensante es el objeto de la psicología; el conjunto de todos los fenómenos (el mundo), el objeto de la cosmología; y lo que contiene la suprema condición de posibilidad de todo lo pensable (el ser de todos los seres), el objeto de la teología. La razón pura nos proporciona así la Idea de una psicología trascendental (psicología racional), de una cosmología trascendental (cosmología racional) y de un conocimiento trascendental de Dios (teología trascendental). El mero esbozo de una u otra de estas ciencias no puede ser trazado por el entendimiento, aunque éste se apoyara en el más alto uso lógico de la razón, es decir, en todos los razonamientos imaginables, para progresar desde un objeto del entendimiento (fenómeno) a todos los demás, hasta los más remotos miembros de la síntesis empírica: tal esquema, por otra parte, es exclusivamente un producto puro y auténtico de la razón pura, es decir, un problema para la razón pura.

¿Cuáles son los modos de conceptos puros de la razón que caen bajo estas tres rúbricas de todas las Ideas trascendentales? En el capítulo siguiente se expondrá esto en su totalidad. Extrapolan el hilo seguido para las categorías. Pues la razón pura nunca se refiere directamente a los objetos, sino a los conceptos que el entendimiento se forja. Del mismo modo, habrá que esperar al desarrollo completo para que se aclare cómo la razón, únicamente mediante el uso sintético de la misma función que utiliza para el razonamiento categorial, debe llegar por necesidad al concepto de unidad absoluta del sujeto pensante, cómo el procedimiento lógico implicado en el razonamiento hipotético debe necesariamente llevar a la Idea del absoluto incondicionado en una serie única de condiciones dadas, y cómo finalmente la forma simple del razonamiento disyuntivo conduce necesariamente al concepto racional supremo de un ser de todos los seres, cuyo pensamiento nos parece a primera vista extremadamente paradójico. Estrictamente hablando, ninguna deducción objetiva del tipo que hemos podido proporcionar en relación con las categorías es posible a partir de estas Ideas trascendentales. En efecto, no tienen relación con ningún objeto que pueda ser dado de modo que les corresponda, precisamente porque sólo son Ideas. Por otra parte, podríamos emprender su derivación subjetiva a partir de la naturaleza de nuestra razón; y esto es lo que hemos hecho en este capítulo.

Es fácil ver que la razón pura no tiene otro objetivo que la plenitud absoluta de la síntesis por el lado de las condiciones (ya sean de inherencia, dependencia o concurrencia) y que no tiene que preocuparse de la plenitud absoluta por el lado de lo condicionado. En efecto, sólo necesita lo primero para suponer la serie total de condiciones y así proporcionarla *a priori* al entendimiento. Pero una vez que una condición está completa e incondicionalmente dada, ya no necesita un concepto racional para extender la serie, porque el entendimiento desciende por sí mismo por grados de la condición a lo condicionado. Así pues, las Ideas trascendentales sólo sirven para ascender en la serie de las condiciones a lo incondicionado, es decir, a los principios. Y si nos formamos una Idea de la totalidad absoluta de tal síntesis (del *progressus),* por ejemplo, de la serie entera de todos los cambios por venir en el mundo, esto es un ser de razón *(ens rationis)*, que sólo se piensa arbitrariamente y cuya suposición la razón no hace necesariamente. Pues la posibilidad de lo condicionado presupone ciertamente la totalidad de sus condiciones, pero no la de sus consecuencias. En consecuencia, un concepto de este tipo no es una Idea trascendental, que es de lo único que tenemos que preocuparnos aquí.

Por último, vemos también que entre las Ideas trascendentales mismas hay una cierta coherencia y unidad, y que la razón pura, a través de ellas, reúne todos sus conocimientos en un sistema. Progresar del conocimiento de sí mismo (del alma) al conocimiento del mundo, y a través de éste al ser original, es un proceso tan natural que parece análogo a la progresión lógica de la razón que lleva de las premisas a la conclusión. ¿Existe realmente aquí, en el fondo oculto de las cosas, un parentesco de proceso, del tipo que existe entre el proceso lógico y el proceso trascendental? Esta es otra pregunta que sólo podrá responderse mediante investigaciones ulteriores. Ya hemos alcanzado, provisionalmente, nuestro objetivo, puesto que, a propósito de los conceptos trascendentales, que suelen mezclarse con otros en la teoría de los filósofos, sin que éstos los distingan correctamente de los conceptos del entendimiento, hemos logrado liberarlos de esta situación equívoca, indicar su origen y, al mismo tiempo, su número preciso, más allá del cual ya no puede haber ninguno, y representarlos según una secuencia sistemática: todas las operaciones que desembocan en un campo particular para la razón pura quedan así trazadas y delimitadas.

Libro segundo de la dialéctica trascendental

Sobre los razonamientos dialécticos de la razón pura

Puede decirse que el objeto de una Idea únicamente trascendental es algo de lo que no tenemos concepto, aunque la razón haya producido necesariamente esta Idea según sus leyes originarias. Pues, en efecto, de un objeto adecuado a la exigencia de la razón no hay concepto posible del entendimiento, es decir, ningún concepto tal que pueda mostrarse y hacerse susceptible de intuirse en una experiencia posible. Sería mejor decir, sin embargo, y correríamos entonces menos riesgo de malentendidos, que, del objeto correspondiente a una Idea, no podemos tener conocimiento, aunque sí un concepto problemático del mismo.

Ahora bien, la realidad trascendental (subjetiva) de los conceptos puros de la razón descansa al menos en el hecho de que somos conducidos a tales Ideas por razonamientos necesarios. Hay, pues, razonamientos que no contienen premisas empíricas y mediante los cuales, a partir de algo que conocemos, concluimos otra cosa de la que no tenemos concepto y a la que, sin embargo, atribuimos, por una apariencia inevitable, realidad objetiva. A juzgar por sus resultados, tales razonamientos merecen ser llamados sofismas y no razonamientos, sin embargo, por lo que les da origen, no cabe duda de que pueden llevar este último nombre, en la medida en que no corresponden a invenciones ni nacen de modo contingente, sino que surgen de la naturaleza de la razón. Son sofismas, no del ser humano, sino de la razón pura misma, de los que ni siquiera el más sabio de todos los hombres puede librarse, de modo que, aunque tal vez fuera capaz, después de muchos esfuerzos, de preservarse del error, nunca podría librarse por completo de la apariencia que constantemente le persigue y abusa de él.

No hay, pues, más que tres clases de razonamientos dialécticos, tantas como Ideas a que conducen sus conclusiones. En los razonamientos de la primera clase, concluyo desde el concepto trascendental del sujeto, concepto que no contiene nada de diversidad, hasta la unidad absoluta de este sujeto mismo, sin tener por ello el menor concepto de él. Llamaré a esta conclusión dialéctica paralogismo trascendental. La segunda clase de razonamientos sofísticos se basa en el concepto trascendental de la totalidad absoluta de la serie de condiciones de un fenómeno dado en general; y como siempre tengo un concepto intrínsecamente contradictorio de la unidad sintética incondicionada de un lado de la serie, concluyo que la unidad del lado opuesto es correcta, aunque tampoco tenga ningún concepto de ella. Llamaré antinomia de la razón pura a la situación de la razón en conclusiones dialécticas de este tipo. Finalmente, en el tercer tipo de razonamiento sofístico, concluyo de la totalidad de las condiciones requeridas para pensar los objetos en general, en la medida en que nos pueden ser dadas, a la unidad sintética absoluta de todas las condiciones de posibilidad de las cosas en general —en otras palabras: concluyo, de las cosas que conozco por su mero concepto trascendental, a un ser de todos los seres, que conozco aún menos por un concepto trascendental, y de cuya necesidad incondicionada no puedo formarme ningún concepto—. Llamaré a este razonamiento dialéctico el ideal de la razón pura.

PRIMERA SECCIÓN DEL LIBRO SEGUNDO DE LA DIALÉCTICA

TRASCENDENTAL

Sobre los paralogismos de la razón pura

El paralogismo lógico consiste en la falsedad formal de un razonamiento, cualquiera que sea su contenido. Un paralogismo trascendental, en cambio, tiene un fundamento trascendental que favorece la producción de conclusiones falsas en la forma. En otras palabras, un razonamiento defectuoso de este tipo tendrá su fundamento en la naturaleza de la razón humana e inducirá a una ilusión inevitable, aunque no sea imposible separar sus elementos.

Llegamos ahora a un concepto que no ha sido incluido anteriormente en la lista general de conceptos trascendentales, pero que, sin embargo, debe adjuntarse a ella, sin que sea necesario en absoluto modificar esta tabla y declararla incompleta. Me refiero al concepto o, si se prefiere, al juicio: Pienso. Ahora bien, es fácil ver que es el vehículo de todos los conceptos en general, y por consiguiente también de los conceptos trascendentales, que así se comprende siempre en ellos y que en consecuencia es tan trascendental como ellos, sin que por ello pueda tener ningún título particular que le corresponda, pues sólo sirve para mostrar que todo pensamiento pertenece a la conciencia. Sin embargo, por puro que sea de todo empirismo (de todas las impresiones de los sentidos), este concepto sirve, no obstante, para diferenciar dos clases de objetos sobre la base de la naturaleza de nuestra facultad de representación. Yo, como pensador, soy un objeto de los sentidos internos y se me llama alma. Lo que es objeto de los sentidos externos se llama cuerpo. En virtud de esto, el término «yo», como ser pensante, designa ya el objeto de la psicología, que puede llamarse ciencia racional del alma en todos los casos en que no quiero saber nada más del alma que lo que puede concluirse de este concepto yo, en cuanto se presenta en todo pensamiento, y esto independientemente de toda experiencia (que me determina más precisa e *in concreto).*

Ahora bien, la doctrina racional del alma es, en efecto, una empresa de este tipo; pues si la más mínima dimensión empírica de mi pensamiento, si alguna percepción particular de mi estado interno se encontrara todavía mezclada con los principios del conocimiento que son los de esta ciencia, ya no sería una doctrina racional del alma, sino una doctrina empírica. Por lo tanto, ya tenemos ante nosotros una supuesta ciencia construida sobre la única expresión: yo pienso, y cuyo fundamento o falta de fundamento podemos aquí investigar muy pertinentemente según un planteamiento coherente con la naturaleza de una filosofía trascendental. No debemos detenernos en el hecho de que, con respecto a esta expresión, que expresa la autopercepción, tengo en todo caso una experiencia interna, para concluir que la psicología racional, que se construye sobre esta base, nunca sería pura, sino que estaría parcialmente fundada en un principio empírico. Esta percepción interna, en efecto, no es más que la simple apercepción: pienso, que precisamente hace posibles todos los conceptos trascendentales en los que decimos: pienso la sustancia, pienso la causa, etc. Pues la experiencia interna en general y su posibilidad, o la percepción en general y su relación con otra percepción, no pueden ser consideradas como conocimiento empírico, a no ser que se dé empíricamente alguna distinción o determinación particular que lo especifique; antes bien, deben ser consideradas como conocimiento de lo empírico en general, lo que las hace parte de la búsqueda de la posibilidad de toda experiencia, que es ciertamente trascendental. El más mínimo objeto de percepción (por ejemplo, simplemente placer o dolor) añadido a la representación universal de la autoconciencia transformaría inmediatamente la psicología racional en psicología empírica.

El yo pienso es, pues, el texto único de la psicología racional a partir del cual ésta debe desarrollar toda su ciencia. Por tanto, es fácil ver que si este pensar debe relacionarse con un objeto (yo mismo), no puede contener otra cosa que predicados trascendentales de este objeto, ya que el menor predicado empírico corrompería la pureza racional y la independencia de esta ciencia con respecto a toda experiencia.

Pero sólo tendremos que seguir el hilo de las categorías; simplemente, como aquí se nos ha dado primero una cosa, el yo, como ser pensante, no modificaremos ciertamente el orden de las categorías entre sí, tal como se ha presentado antes en el cuadro, pero, sin embargo, partiremos ahora de la categoría de sustancia, por la que una cosa se representa en sí misma, y seguiremos así la serie de las categorías en sentido inverso. El tema de la doctrina racional del alma, del que debe derivarse todo lo que es capaz de contener, es, en consecuencia, el siguiente:

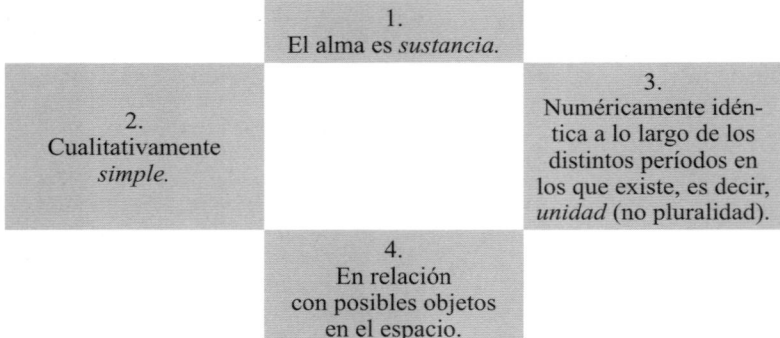

1.
El alma es *sustancia.*

2.
Cualitativamente
simple.

3.
Numéricamente idéntica a lo largo de los distintos períodos en los que existe, es decir, *unidad* (no pluralidad).

4.
En relación
con posibles objetos
en el espacio.

De estos principios elementales proceden todos los conceptos de la doctrina pura del alma, únicamente por su combinación y sin que haya necesidad de conocer otro principio. Esta sustancia, considerada simplemente como objeto del sentido interno, proporciona el concepto de inmaterialidad; como sustancia simple, el de incorruptibilidad; su identidad, como sustancia intelectual, da la personalidad; y estos tres conceptos tomados en conjunto proporcionan la espiritualidad; la relación con los objetos en el espacio da el comercio con los cuerpos; en virtud del cual la psicología pura representa la sustancia pensante como principio de vida en la materia, es decir, como alma *(anima)* y como principio de animalidad; este último, contenido dentro de los límites de la espiritualidad, da la inmortalidad.

A este conjunto corresponden cuatro paralogismos de una doctrina trascendental del alma, que se tiene falsamente por ciencia de la razón pura acerca de la naturaleza de nuestro ser pensante. Para el fundamento de esta doctrina, sin embargo, no podemos tomar otra cosa que la simple representación que está en sí misma vacía de contenido: Yo, representación de la que ni siquiera puede decirse que sea un concepto, sino que es una simple conciencia que acompaña a todos los conceptos. A través de este Yo, de este Él o de este Ello (la cosa) que piensa, no representamos más que un sujeto trascendental de pensamientos = X, cuyo sujeto sólo es conocido por los pensamientos, que son sus predicados, y del que, si se le considera aparte de ellos, nunca podremos tener el menor concepto. Así pues, nos encontramos constantemente en un círculo con respecto a él, puesto que antes y cada vez tenemos que valernos de su representación para enunciar cualquier juicio sobre él, dificultad que no puede separarse de dicha simple representación, ya que la conciencia, en sí misma, no es tanto una representación que distingue un objeto particular como una forma de representación en general, en la medida en que debe llamarse conocimiento; pues sólo de la representación puedo decir que a través de ella pienso algo.

Pero al principio debe parecer extraño que la condición bajo la cual pienso en general, y que es por tanto simplemente una propiedad constitutiva del sujeto, sea al mismo tiempo válida para todo lo que piensa, y que podamos pretender fundar en una proposición de apariencia empírica un juicio apodíctico y universal afirmando que: todo lo que piensa está constituido del mismo modo que la conciencia de mí mismo declara que yo mismo estoy constituido. Pero la razón de esto es que necesariamente debemos atribuir *a priori* a las cosas todas las propiedades que constituyen las condiciones bajo las cuales las pensamos. Ahora bien, no puedo tener la menor representación de un ser pensante por ninguna experiencia exterior, sino sólo por la conciencia que tengo de mí mismo. Tales objetos no son, pues, otra cosa que la transferencia de esta conciencia de mí mismo a otras cosas, que sólo pueden representarse como seres pensantes en virtud de esta operación. Pero la proposición «yo pienso» se toma aquí sólo en un sentido problemático; no estamos viendo si es posible que contenga la percepción de una existencia (el *cogito, ergo sum* de Descartes), la estamos considerando sólo desde el punto de vista de su posibilidad, para ver qué propiedades se pueden derivar de esta proposición tan simple en cuanto a su sujeto (si existe o no).

Si en la base de nuestro conocimiento racional puro de los seres pensantes en general hubiera algo más que el *cogito,* si nos ayudáramos de las observaciones que hacemos sobre el juego de nuestros pensamientos y de las leyes naturales propias del sujeto pensante que pudieran derivarse de ellas, tendríamos una psicología empírica, que sería una especie de fisiología del sentido interno y podría tal vez servir para explicar sus fenómenos, pero nunca para revelar propiedades que no pertenecen en modo alguno a la experiencia posible (como la simplicidad), ni para proporcionar ninguna enseñanza apodíctica acerca de la naturaleza de los seres pensantes en general; no sería, pues, psicología racional.

Ahora bien, dado que la proposición: Pienso (tomada en sentido problemático) contiene la forma de todo juicio del entendimiento en general, y que acompaña como vehículo a todas las categorías, es evidente que las conclusiones que de ella pueden extraerse sólo pueden contener un uso trascendental del entendimiento, uso que excluye toda mezcla con cualquier cosa proveniente de la experiencia, y de cuyo progreso, según lo que hemos mostrado anteriormente, no podemos formarnos de antemano ninguna idea favorable. (Lo seguiremos, pues, críticamente a través de todos los predicados de la psicología pura, procurando examinarlos, en aras de la brevedad, en una secuencia que nada interrumpa).

Para empezar, he aquí una observación general que puede servir para que nuestra atención a este tipo de razonamiento sea más sostenida. No conozco ningún objeto por el mero hecho de pensar en él, sino que sólo en la medida en que determino una intuición dada desde el punto de vista de la unidad de conciencia, operación en la que consiste todo pensamiento, puedo afirmar que la conozco. Así pues, no me conozco a mí mismo por el mero hecho de ser consciente de mí mismo como ser pensante, sino sólo a condición de ser consciente de la intuición que tengo de mí mismo como intuición determinada en relación con la función de mi pensamiento. Todos los modos de autoconciencia en el pensamiento no son todavía en sí mismos conceptos del entendimiento aplicados a objetos (categorías), sino meras funciones que no dan al pensamiento absolutamente ningún objeto que conocer y, en consecuencia, no me dan a mí mismo que conocer como objeto. Lo que constituye el objeto no es la conciencia del Ello determinante, sino sólo la del Ello determinable, es decir, la de mi intuición interior (en la medida en que la diversidad contenida en ella puede ser enlazada sintéticamente de acuerdo con la condición universal de la unidad de la apercepción en el pensamiento).

1)   Siendo esto así, en todo juicio yo soy siempre el sujeto determinante de la relación que constituye el juicio. Pero que el yo, el yo-pensador, deba tener siempre, en el pensamiento, el valor de un sujeto y pueda ser considerado como algo que no está unido a él meramente como predicado, es una proposición apodíctica e incluso idéntica; pero no significa que yo sea, como objeto, un ser subsistente por sí mismo, es decir, una sustancia. Esta última proposición va muy lejos, y en consecuencia requiere también datos que no se encuentran en modo alguno en el pensamiento, y es más (en la medida en que considero simplemente al ser pensante como tal), que nunca encontraré en él.

2)   Que el yo de la apercepción, en consecuencia el yo de todo pensamiento, es un elemento singular que no puede resolverse en una pluralidad de sujetos, y que en consecuencia designa un sujeto lógicamente simple, está ya incluido en el concepto de pensamiento, y es por tanto una proposición analítica; pero esto no significa que el yo pensante sea una sustancia simple, lo que sería una proposición sintética. El concepto de sustancia se refiere siempre a las intuiciones, que, en el yo, sólo pueden ser sensibles; por consiguiente, están completamente fuera del campo del entendimiento y de su pensamiento, que, sin embargo, es lo que aquí se quiere decir adecuada y exclusivamente cuando decimos que el yo, en el pensamiento, es simple. Además, sería extraño que lo que en otra parte requiere tanto cuidado para distinguir, en lo que la intuición presenta, lo que en ella es sustancia, y más aún para reconocer si esta sustancia puede ser también simple (como sucede con las partes de la materia), sería extraño, digo, que esto pudiera dárseme aquí de un modo tan directo, como por una revelación, y esto en la más pobre de las representaciones.

3) La proposición que afirma la identidad de mí mismo en todas las diversas cosas de las que tengo conciencia es una proposición que también está contenida en los conceptos mismos, y es, por tanto, una proposición analítica. Pero esta identidad del sujeto, de la que puedo tener conciencia en todas sus representaciones, no concierne a la intuición de este sujeto en la que se da como objeto; ni, por tanto, puede significar la identidad de la persona por la que se entiende la conciencia de la identidad de la propia sustancia como ser pensante, a través de todos los cambios de estado. Por tanto, no podemos conseguir probar esta identidad analizando simplemente la proposición: Pienso; para ello necesitaríamos varios juicios sintéticos basados en la intuición dada.

4) Decir que distingo mi propia existencia, como existencia de un ser pensante, de otras cosas externas a mí (de las que también forma parte mi cuerpo) es, también en este caso, una proposición analítica; pues las otras cosas son las que yo pienso como distintas de mí mismo. Por otra parte, no puedo saber de ninguna manera si esta conciencia de mí mismo es realmente posible sin cosas fuera de mí, a través de las cuales se me dan representaciones, y si puedo, por tanto, existir simplemente como un ser pensante (sin ser un hombre).

De modo que el análisis de la conciencia de mí mismo asociada a todo pensamiento en general no hace avanzar en modo alguno mi conocimiento de mí mismo como objeto. El desarrollo lógico del pensamiento en general se confunde con una determinación metafísica del objeto.

Sería un gran escollo, y de hecho el único, contra toda nuestra crítica, si fuera posible probar *a priori* que todos los seres pensantes son en sí mismos sustancias simples, y por tanto que como tales (lo cual es una consecuencia del mismo argumento) llevan inseparablemente consigo la personalidad y son conscientes de su existencia distinta de toda materia. Pues, al hacerlo, habríamos dado ciertamente un paso más allá del mundo sensible, habríamos entrado en el campo de los noumena, y en ese caso, que nadie nos niegue el derecho a extendernos más en él, a construir sobre él y a tomar posesión de él, cada uno según le favorezca su buena estrella. En efecto, la proposición de que todo ser pensante es, en cuanto tal, una sustancia simple es una proposición sintética *a priori,* puesto que, en primer lugar, va más allá del concepto que le sirve de principio y añade al pensamiento en general la modalidad de la existencia, y en segundo lugar, añade a este concepto un predicado (el de simplicidad) que no puede darse en la más mínima experiencia. A partir de entonces, las proposiciones sintéticas *a priori* podrían practicarse y aceptarse, no simplemente, como hemos afirmado, en relación con los objetos de la experiencia posible, y más precisamente como principios de la posibilidad de esta experiencia, sino que podrían referirse también a las cosas en general y en sí mismas, consecuencia que pondría fin a todas las críticas emprendidas y nos obligaría a permanecer en la antigua situación. Pero el peligro aquí no es tan grande, si nos fijamos más detenidamente.

El proceso de la psicología racional se basa en un paralogismo representado por el siguiente silogismo:

Aquello que sólo puede ser pensado como sujeto no existe de otro modo que como sujeto y es, por tanto, sustancia.
Ahora bien, un ser pensante, considerado simplemente como tal, sólo puede ser pensado como sujeto.
Por tanto, también existe sólo como tal, es decir, como sustancia.

En la mayor se trata de un ser que puede ser pensado en general, en todos los aspectos, y por tanto también como puede darse en la intuición. En la menor, en cambio, se trata del mismo ser sólo en cuanto se considera a sí mismo como sujeto únicamente en relación con el pensamiento y con la unidad de conciencia, pero no, al mismo tiempo, en relación con la intuición por la que se da como objeto al pensamiento. Por consiguiente, se llega a la conclusión *per sophisma figurae dictionis,* es decir, mediante un razonamiento engañoso.

Que esta reducción del famoso argumento a un paralogismo es bastante correcta se hace claro y distinto si nos referimos a la observación general sobre la representación sistemática de los principios y a la sección que trata de los noúmenos, donde se ha demostrado que el concepto de una cosa que puede existir en sí misma como sujeto, y no meramente como predicado, no contiene en sí ninguna realidad objetiva, lo que significa que no podemos saber si puede haber en alguna parte un objeto que le corresponda, en la medida en que no percibimos la posibilidad de tal modo de existencia, y que, en consecuencia, tal concepto no proporciona absolutamente ningún conocimiento. Para que este concepto designe, bajo el nombre de sustancia, un objeto susceptible de ser dado, para que se convierta en conocimiento, debe tener como fundamento una intuición permanente, condición indispensable para la realidad objetiva de un concepto, intuición que constituye aquello por lo que sólo el objeto es dado. Ahora bien, en la intuición interior no tenemos absolutamente nada que sea permanente, puesto que el yo no es más que la conciencia de mi propio pensamiento; si nos limitamos simplemente al pensamiento, carecemos en consecuencia de la condición necesaria que nos permite aplicarnos a nosotros mismos, como seres pensantes, el concepto de sustancia, es decir, el concepto de un sujeto que subsiste por sí mismo. Del mismo modo, con la realidad objetiva de este concepto, desaparece por completo la simplicidad de la sustancia que se le atribuye, la cual se transforma en una unidad puramente lógica y cualitativa de la autoconciencia en el pensamiento en general, esté o no compuesto el sujeto.

Refutación de la demostración de Mendelssohn de la permanencia del alma

Este penetrante filósofo advirtió pronto la insuficiencia del argumento habitual utilizado para probar que el alma (una vez admitido que es un ser simple) no puede dejar de ser por descomposición en partes, insuficiencia ligada al hecho de que este argumento no permite alcanzar el objetivo de garantizar la persistencia necesaria del alma, ya que aún podría permitirse que dejara de existir por extinción. Así, en su *Fedón,* trató de salvar al alma de este modo de perecer, que equivaldría a una verdadera aniquilación, empeñándose en demostrar que un simple ser no puede en modo alguno dejar de ser, en la medida en que, puesto que no puede disminuir, ni, por consiguiente, perder poco a poco algo de su existencia y ser así aniquilado gradualmente (puesto que no tiene partes y, por tanto, no contiene ninguna pluralidad en sí mismo), no habría tiempo entre un instante, en el que es, y el otro instante, en el que ya no sería, lo cual es imposible. Simplemente no consideró que, aunque concediéramos al alma esta naturaleza simple ya que, de hecho, no contiene ninguna diversidad cuyos elementos estarían unos fuera de otros, por consiguiente ninguna magnitud extensiva, no podríamos, más que a cualquier otra cosa que existe, negarle una magnitud intensiva, es decir, un grado de realidad con respecto a todas sus potencias, e incluso, de manera general, con respecto a todo lo que constituye la existencia; este grado puede disminuir pasando por todos los grados menores, de los que hay un número infinito, y así la llamada sustancia (la cosa cuya permanencia, por cierto, ya no está garantizada) puede reducirse a la nada, si no por descomposición en sus partes, al menos por la disminución progresiva de sus fuerzas (así por languidez, si se me permite esta expresión). Pues incluso la conciencia tiene siempre un grado, que puede constantemente disminuir más: lo mismo ocurre con la facultad de tener conciencia de sí mismo, como con todas las demás facultades. La permanencia del alma, considerada como mero objeto de los sentidos internos, no está, pues, demostrada y es incluso indemostrable, aunque su permanencia durante la vida, el período en que el ser pensante (como ser humano) es al mismo tiempo, para sí mismo, un objeto de los sentidos externos, es en sí misma clara; pero esto no es en absoluto suficiente para el psicólogo racional que se propone demostrar a partir de conceptos simples la permanencia absoluta del alma incluso más allá de la vida.

Si tomamos, pues, las proposiciones que hemos expuesto anteriormente como sintéticamente conectadas, y así es como deben tomarse, en la medida en que deben aplicarse, en la psicología racional vista como sistema, a todos los seres pensantes, y si partimos de la categoría de relación con esta proposición: todos los seres pensantes son, como tales, sustancias, para ir subiendo por la serie de categorías hasta completar el círculo, acabamos encontrándonos con la existencia de estos seres. En este sistema, los seres pensantes no sólo son conscientes de su existencia independientemente de las cosas externas, sino que pueden determinarla por sí mismos (en vista de la permanencia, que pertenece necesariamente al carácter de sustancia). Pero de ello se sigue que, en este mismo sistema racionalista, el idealismo es inevitable, al menos el idealismo problemático, y que si no se requiere en absoluto la existencia de las cosas externas para determinar nuestra propia existencia en el tiempo, se admitirá sin la menor razón, sin poder aportar nunca una prueba.

Si, por el contrario, seguimos el planteamiento analítico, en el que tomamos como fundamento el yo-pensamiento, como una proposición que ya contiene en sí misma una existencia como dada, y en consecuencia partiendo de la modalidad, y si descomponemos esta proposición en sus elementos para conocer su contenido, a fin de saber si este yo determina su existencia en el espacio o en el tiempo, y cómo lo hace, entonces las proposiciones de la psicología racional no partirán del concepto de un ser pensante en general, sino de una realidad actual, y es del modo en que ésta es pensada, una vez abstraído todo lo que hay de empírico en ella, de donde se deducirá lo que pertenece a un ser pensante en general, como muestra la siguiente tabla:

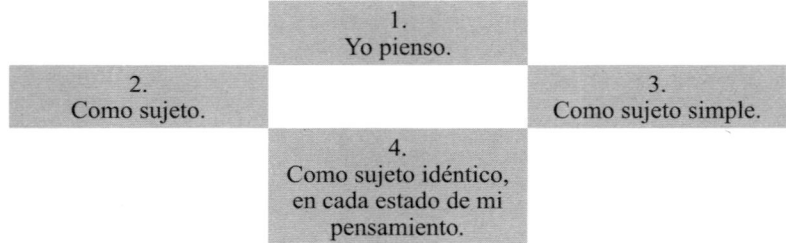

Ahora bien, como aquí, en la segunda proposición, no se determina si yo puedo existir y ser pensado sólo como sujeto y no también como predicado de otro sujeto, el concepto de sujeto se toma aquí en un sentido puramente lógico, y la cuestión de si ha de entenderse o no como sustancia queda sin determinar. Sólo en la tercera proposición adquiere tanta importancia en sí misma la unidad absoluta de la apercepción, el Yo simple, en la representación a la que se refiere cualquier conexión o separación constitutiva del pensamiento, aunque todavía no he decidido nada acerca de la naturaleza o subsistencia del sujeto. La apercepción es algo real, y su simplicidad está ya contenida en su posibilidad. Ahora bien, en el espacio no hay nada real que sea simple; pues los puntos (que constituyen el único elemento simple del espacio) son sólo límites, y no en sí mismos algo que sirva, como parte, para constituir el espacio. De aquí se sigue, pues, la imposibilidad de una explicación de mi naturaleza (como sujeto simplemente pensante) sobre la base de los principios del materialismo. Pero como mi existencia, en la primera proposición, se da por supuesta, entendiendo que no significa: «todo ser pensante existe» (lo que al mismo tiempo afirmaría una necesidad absoluta sobre estos seres y, por tanto, diría demasiado), sino simplemente: «existo pensando», esta proposición es empírica y sólo puede determinar mi existencia en relación con mis representaciones en el tiempo. Por otra parte, puesto que en primer lugar necesito aquí algo permanente, y puesto que nada de este tipo, en la medida en que me pienso a mí mismo, me es dado en la intuición interna, no me es posible determinar, mediante esta conciencia del yo simple, el modo en que existo, ya sea como sustancia o como accidente. Si, pues, el materialismo es incapaz de proporcionar un modo de explicación de mi existencia, el espiritualismo es igualmente inadecuado a este respecto; y la conclusión que hay que sacar de esto es que, de cualquier modo que sea, no podemos adquirir el menor conocimiento de la naturaleza de nuestra alma, en lo que concierne a la posibilidad de que exista separadamente en general.

Y, además, ¿cómo sería posible, por medio de la unidad de conciencia, que nosotros mismos conocemos sólo porque la necesitamos indispensablemente para la posibilidad de la experiencia, cómo nos sería posible salir de la experiencia (de nuestra existencia actual) y ampliar nuestro conocimiento de la naturaleza de todos los seres pensantes en general, mediante esta proposición empírica, pero indeterminada con respecto a cualquier tipo de intuición: «Yo pienso»?

Así pues, no hay psicología racional, como doctrina, que añada nada al conocimiento que tenemos de nosotros mismos. Pero si la consideramos como disciplina, pone límites infranqueables, en este dominio, a la razón especulativa, por una parte para que no se precipite en el seno del materialismo, que niega el alma, y por otra para que no se pierda con exaltación en el espiritualismo, que para nosotros no tiene fundamento en la vida. Por el contrario, cuando nuestra razón se niega a dar una respuesta satisfactoria a las preguntas, motivadas por la curiosidad, sobre lo que hay más allá de la vida, nos advierte que esto debe considerarse como una señal de que la razón nos invita a aplicar nuestro conocimiento de nosotros mismos, no a una especulación estéril que sobrepasa todos los límites, sino a un uso práctico, que es el único uso fructífero. Tal uso, aunque sólo se aplique a los objetos de la experiencia, toma, sin embargo, prestados sus principios de una fuente superior y regula así nuestra conducta como si nuestro destino se extendiera infinitamente más allá de la experiencia y, por consiguiente, más allá de esta vida.

De todo esto se desprende que un simple malentendido está en la raíz de la psicología racional. La unidad de la conciencia, que está en el fundamento de las categorías, se toma allí, como objeto, para una intuición del sujeto, objeto al que se aplica la categoría de sustancia. Pero esta unidad es sólo unidad en el pensamiento, y por ella sola no se da ningún objeto. En consecuencia, la categoría de sustancia, que presupone siempre que se da una intuición, no puede aplicarse a tal unidad, a través de la cual, por tanto, el sujeto no puede ser conocido en absoluto. El sujeto de las categorías no puede, por tanto, por el mero hecho de pensarlas, recibir un concepto de sí mismo como si fuera un objeto de estas categorías; pues, para poder pensarlas, tiene que tomar como fundamento su pura autoconciencia, una conciencia que, sin embargo, tenía que ser explicada. Del mismo modo, el sujeto en el que la representación del tiempo encuentra su fundamento originario no puede determinar así su propia existencia en el tiempo, y si esta última perspectiva es imposible, la primera, que consistiría en la determinación de sí mismo (como ser pensante en general) por medio de las categorías, tampoco puede realizarse.

Así, un conocimiento que se buscaba más allá de los límites de la experiencia posible, y que, sin embargo, es del mayor interés para la humanidad, se resuelve en una esperanza ilusoria, en tanto que se le pide a la filosofía especulativa. Sin embargo, la severidad mostrada por la Crítica, por el hecho mismo de que demuestra la imposibilidad de determinar dogmáticamente nada, concerniente a un objeto de la experiencia, que sobrepase los límites de ésta, presta al mismo tiempo a la razón, en relación con este mismo interés, el servicio, que no carece de importancia para ella, de garantizarla igualmente contra toda posible afirmación en contrario. Sólo puede hacerlo de dos maneras: o demostrando apodícticamente su proposición; o, si fracasa, buscando las razones de esta impotencia; y si éstas se encuentran dentro de los límites necesarios de nuestra razón, entonces se impone a cualquier adversario la misma ley que nos ordena renunciar a toda pretensión de afirmar dogmáticamente cualquier cosa.

Sin embargo, el derecho, e incluso la necesidad, de admitir una vida futura de acuerdo con los principios fundamentales del uso práctico de la razón que se encuentran con su uso especulativo, no se pierden en lo más mínimo por esta razón; porque la prueba exclusivamente especulativa, además, nunca ha sido capaz de ejercer la más mínima influencia sobre la razón común de los hombres. Puesto que tales pruebas descansan sobre un cabello, la propia Escuela sólo ha podido mantenerlas allí durante tanto tiempo haciéndolas girar incesantemente sobre sí mismas como un trompo, y, a los ojos de la propia Escuela, no proporcionan ninguna prueba consistente sobre la que se pueda construir nada. Por el contrario, las pruebas que el mundo puede utilizar conservan aquí todo su valor, y más bien ganan en claridad, gracias al hecho de que estas pretensiones dogmáticas se han detenido, y en la medida en que vuelven a situar la razón en su dominio propio, a saber, el orden de los fines, que es, sin embargo, al mismo tiempo un orden de la naturaleza. Por consiguiente, en la medida en que es en sí misma una potencia práctica, la razón está legitimada, sin limitarse a las condiciones del orden de la naturaleza, para extender el orden de los fines y, con él, nuestra propia existencia más allá de los límites de la experiencia y de la vida. Juzgando por analogía con la naturaleza de los seres vivos de este mundo, respecto de los cuales la razón debe adoptar necesariamente como principio que no hay órgano, ni potencia, ni propensión, nada, por tanto, que sea superfluo o desproporcionado a su uso, y por tanto sin finalidad, sino que, por el contrario, todo es exactamente adecuado a su destino en la vida, el ser humano, que es el único que puede contener el último fin último de todo esto, debería ser la única criatura que hiciera una excepción a este respecto. Pues las disposiciones de su naturaleza —con lo que no me refiero simplemente a las que se expresan en sus talentos y a las tendencias que le impulsan a servirse de ellos, sino sobre todo a la ley moral que lleva en sí—, estas disposiciones van tan lejos de la utilidad y de las ventajas que podría obtener de ellas en esta vida, que esta misma ley moral le enseña a estimar más que cualquier otra cosa la simple conciencia de la rectitud de ánimo, aun a costa de todas las ventajas, hasta esa pura sombra que es la gloria, inclusive, y que el ser humano se siente interiormente llamado a hacerse, por su conducta en este mundo y renunciando a muchas ventajas, digno de ser ciudadano de un mundo mejor del que tiene idea. Este poderoso argumento, siempre irrefutable, acompañado por un conocimiento cada vez mayor de la finalidad manifiesta asociada a todo lo que encontramos ante nuestros ojos y por la perspectiva así abierta sobre la inmensidad de la creación, consecuentemente acompañado también por la conciencia del carácter ilimitado de la expansión posible de nuestro conocimiento y de nuestra inclinación a esta expansión, este argumento, por tanto, permanece siempre, incluso si renunciáramos a percibir, a partir del mero conocimiento teórico de nosotros mismos, cuál es la duración necesaria de nuestra existencia.

Conclusión de la solución al paralogismo psicológico

La apariencia dialéctica, en psicología racional, se basa en la confusión de una Idea de razón (la de una inteligencia pura) con el concepto, en todo indeterminado, de un ser pensante en general. Pienso en mí mismo en términos de una experiencia posible, prescindiendo de toda experiencia real, y concluyo que puedo tener conciencia de mi existencia incluso fuera de la experiencia y de sus condiciones empíricas. En consecuencia, confundo la abstracción posible de mi existencia empíricamente dada con la supuesta conciencia de una existencia posible de mi yo pensante separado del resto, y creo conocer en el sujeto trascendental lo que hay de sustancial en mí, mientras que sólo tengo en el pensamiento la unidad de conciencia que está en la base de toda actividad de determinación, pues constituye la forma simple del conocimiento.

El problema de explicar la relación del alma con el cuerpo no pertenece propiamente a la psicología de que aquí se trata, en la medida en que ésta se fija como meta demostrar la personalidad del alma incluso fuera de esta relación (después de la muerte) y es, por tanto, trascendente, en el sentido propio de la palabra, aunque trate de un objeto de experiencia, pero sólo en la medida en que deja de ser objeto de experiencia. Sin embargo, incluso tal cuestión puede responderse suficientemente siguiendo nuestra doctrina. La dificultad que este problema ha suscitado descansa, como sabemos, en la presupuesta heterogeneidad del objeto del sentido interno (el alma) y los objetos de los sentidos externos, ya que el primero implica sólo el tiempo, mientras que, para los segundos, el espacio se añade como condición formal de su intuición. Sin embargo, si consideramos que, a este respecto, estas dos clases de objetos no difieren entre sí intrínsecamente, sino sólo en la medida en que uno aparece al otro externamente, y que, por consiguiente, lo que, como cosa en sí, está en la base del fenómeno de la materia podría muy bien no ser tan heterogéneo, entonces esta dificultad desaparece, y la única que queda es cómo es posible una unión de sustancias en general: la solución de esta cuestión está enteramente fuera del campo de la psicología, y, como el lector juzgará fácilmente por lo que se ha dicho en el Analítico de las formas y potencias fundamentales, está, sin duda, fuera del campo de todo conocimiento humano.

Observación general sobre el paso de la psicología racional a la cosmología

La proposición «pienso», o «existo pensando», es una proposición empírica. Pero en el fundamento de tal proposición hay una intuición empírica, y por tanto también el objeto pensado como fenómeno. Así pues, todo parece suceder como si, según nuestra teoría, el alma entera, incluso en el pensamiento, se transformase en un fenómeno, y que de este modo nuestra conciencia misma, como pura apariencia, quedase de hecho reducida a la nada.

El pensamiento, tomado en sí mismo, no es más que la función lógica, en consecuencia, la pura espontaneidad de la conexión de lo diverso de una intuición que sólo es posible, y no presenta en modo alguno al sujeto de la conciencia como un fenómeno, por la sencilla razón de que no tiene en cuenta el modo de la intuición y no se pregunta si es sensible o intelectual. En consecuencia, no me represento ni como soy ni como me aparezco a mí mismo, sino que me pienso sólo como un objeto cualquiera en general, prescindiendo del modo según el cual es intuido. Cuando me represento aquí como sujeto de pensamientos o incluso como fundamento del pensamiento, estos modos de representación no se refieren a las categorías de sustancia o causa, pues éstas son funciones del pensamiento (del juicio) ya aplicadas a nuestra intuición sensible y que serían ciertamente indispensables si quisiera conocerme. Pero yo sólo quiero tener conciencia de mí mismo como pensador, y dejo de lado la cuestión de cómo se da mi propio Ser en la intuición; en efecto, podría ser un mero fenómeno para mí como pensador, pero no como pensador; en la conciencia que tengo de mí mismo a través del mero pensamiento, soy el ser mismo, pero nada de este ser se me da todavía de este modo para el pensamiento.

Por otra parte, la proposición: «Yo pienso», en cuanto es equivalente a: «Por otra parte», la proposición: «Yo pienso», en la medida en que equivale a: «Yo existo pensando», no es una simple función lógica, sino que determina al sujeto (que es por tanto, al mismo tiempo, objeto) en relación con la existencia, y no puede intervenir sin el sentido interno, cuya intuición nunca proporciona el objeto como cosa en sí, sino simplemente como fenómeno. En esta proposición, pues, ya no es simplemente la espontaneidad del pensamiento, sino la receptividad de la intuición, es decir, el pensamiento de mí mismo, lo que se aplica a la intuición empírica del mismo sujeto. Es en esta última donde el yo pensante debería, por tanto, buscar las condiciones requeridas para la posible aplicación de sus funciones lógicas con respecto a las categorías de sustancia, causa, etc., no sólo para poder designarse a sí mismo, sino también para poder aplicar sus funciones lógicas a las categorías de sustancia y causa, Esto, sin embargo, es imposible en la medida en que la intuición empírica interna es sensible y no proporciona otra cosa que los datos del fenómeno, los cuales no pueden proporcionar nada, en lo que concierne al objeto de la conciencia pura, que haga conocer su existencia separada, sino que sólo pueden ser de alguna utilidad con respecto a la experiencia.

Supongamos, sin embargo, que posteriormente encontramos, no en la experiencia, sino en ciertas leyes del uso puro de la razón que no son meras reglas lógicas, sino leyes establecidas *a priori* y concernientes a nuestra existencia, una oportunidad de suponernos enteramente legisladores *a priori* con respecto a nuestra propia existencia e incluso como autodeterminadores de esa existencia: De este modo, se descubriría una espontaneidad por la que nuestra realidad efectiva sería determinable, sin necesidad de las condiciones suplementarias de la intuición empírica; y nos daríamos cuenta entonces de que, en la conciencia de nuestra existencia, está contenido *a priori* algo capaz de servir para determinar esta existencia, que en lo absoluto sólo es determinable de un modo sensible, pero que, sin embargo, podría determinarse por añadidura, con respecto a una cierta capacidad interna, relativa a un mundo inteligible (ciertamente constituyendo un simple objeto de pensamiento).

Con todo, esto no representaría el menor progreso para todas las tentativas desarrolladas por la psicología racional. En efecto, gracias a esta maravillosa potencia, que la conciencia de la ley moral es la primera en revelarme, dispondría ciertamente de un principio puramente intelectual que me permitiría determinar mi existencia, pero ¿por medio de qué predicados lo haría? Sólo por aquellos que sólo pueden dárseme en la intuición sensible; y así me vería devuelto a donde estaba en la psicología racional, a saber, al hecho de necesitar intuiciones sensibles para dar sentido a los conceptos de mi entendimiento, sustancia, causa, etc., gracias a los cuales sólo puedo tener conocimiento de mí mismo: ahora bien, estas intuiciones nunca pueden ayudarme a ir más allá del campo de la experiencia. Sin embargo, desde el punto de vista del uso práctico, que, no obstante, se dirige siempre a los objetos de la experiencia, aún me estaría permitido aplicar estos conceptos a la libertad y al sujeto de la libertad, de acuerdo con su significado análogo en el uso teórico —concedido que me refiero con esto simplemente a las funciones lógicas de sujeto y predicado, de principio y consecuencia, según las cuales se determinan las acciones o efectos que se ajustan a estas leyes, de tal modo que estos actos y efectos pueden explicarse siempre, junto con las leyes de la naturaleza, de acuerdo con las categorías de sustancia y causa, aunque deriven de un principio completamente distinto. Esto se dice simplemente para evitar el malentendido al que se expone fácilmente la doctrina que trata de nuestra intuición de nosotros mismos como fenómenos. Más adelante tendremos ocasión de hacer uso de estas aclaraciones.

La antinomia de la razón pura

Mostramos, en la introducción a esta parte de nuestro trabajo, que toda la apariencia trascendental de la razón pura descansa sobre silogismos dialécticos cuyo esquema es proporcionado por la lógica en los tres tipos formales de razonamientos en general, de modo muy semejante a como las categorías encuentran su esquema lógico en las cuatro funciones de todos los juicios. El primer tipo de estos silogismos sofísticos tendía a la unidad incondicionada de las condiciones subjetivas de todas las representaciones en general (del sujeto o del alma), por correspondencia con los razonamientos categóricos cuya mayor afirma, como principio, la relación de un predicado con un sujeto. El segundo tipo de argumentación dialéctica adoptará, pues, como contenido, por analogía con los razonamientos hipotéticos, la unidad incondicionada de las condiciones objetivas en el fenómeno, del mismo modo que el tercer tipo, que aparecerá en el capítulo siguiente, tiene como tema la unidad incondicionada de las condiciones objetivas de posibilidad de los objetos en general.

Pero notemos que el paralogismo trascendental sólo ha puesto en juego una apariencia unilateral relativa a la Idea del sujeto de nuestro pensamiento, y que la afirmación de lo contrario no puede encontrar la menor apariencia procedente de los conceptos de la razón. La ventaja está enteramente del lado del pneumatismo, aunque no puede negar el vicio hereditario que hace que, a pesar de todas las apariencias a su favor, se esfume en cuanto es sometido al fuego de la crítica.

La situación es muy diferente si aplicamos la razón a la síntesis objetiva de los fenómenos: cree, ciertamente con gran apariencia, afirmar su principio de unidad incondicionada, pero pronto se enreda tanto en contradicciones que se ve obligada a renunciar a sus pretensiones relativas al punto de vista cosmológico.

Vemos aquí un nuevo fenómeno de la razón humana, a saber, una antitética natural que surge sin necesidad de ningún tipo de estrujamiento cerebral ni de trampas ingeniosas, pero a la que la razón se precipita inevitablemente por sí misma, y por la que se salva ciertamente de dormirse en la convicción imaginaria producida por una apariencia meramente unilateral, pero al mismo tiempo se ve tentada o bien a abandonarse a la desesperación escéptica, o bien a adoptar una arrogancia dogmática y mostrarse intransigente respecto a ciertas afirmaciones sin escuchar ni hacer justicia a las razones para argumentar lo contrario. Dos perspectivas que corresponden ambas a la muerte de una filosofía sana, aunque la primera pueda llamarse también la eutanasia de la razón pura.

Antes de desvelar las escenas de discordia y desgarro provocadas por este conflicto de las leyes (antinomia) de la razón pura, pretendemos ofrecer algunas explicaciones que puedan arrojar luz y justificar el método que estamos utilizando para tratar nuestro tema. Llamo a todas las Ideas trascendentales, en cuanto se refieren a la totalidad absoluta en la síntesis de los fenómenos, conceptos del mundo, en parte precisamente por esta totalidad, también incondicionada, en la que se basa el concepto de Universo, que a su vez es sólo una Idea, en parte porque persiguen pura y simplemente la síntesis de los fenómenos, de ahí la síntesis empírica, mientras que, por el contrario, la totalidad absoluta en la síntesis de las condiciones de todas las cosas posibles en general dará lugar a un ideal de la razón pura, totalmente distinto del concepto del mundo aunque mantenga una relación con él. Por eso, al igual que los paralogismos constituyeron la base de una psicología dialéctica, la antinomia de la razón pura pondrá al descubierto los principios trascendentales de una cosmología supuestamente pura (racional), no para validarla y apropiársela, sino —como ya indica la expresión «conflicto de la razón» utilizada aquí— para presentarla en su deslumbrante pero falsa apariencia, como una Idea que no puede conciliarse con los fenómenos.

Capítulo primero.   De la antinomia de la razón pura
Sistema de las ideas cosmológicas

Para poder contar ahora estas ideas según un principio, y hacerlo con precisión sistemática, hay que señalar en primer lugar que los conceptos puros y trascendentales sólo pueden provenir del entendimiento, que la razón no produce por sí misma ningún concepto, sino que en todo caso sólo libera al concepto de entendimiento de los límites inevitables de la experiencia posible y busca así extenderlo más allá de los límites de lo empírico, aunque esto se haga manteniendo un vínculo con lo empírico. Esto se logra de la manera en que, para una condición condicionada dada, la razón exige una totalidad absoluta del lado de las condiciones (condiciones a las que el entendimiento somete todos los fenómenos de la unidad sintética) y convierte así la categoría en una Idea trascendental, a fin de dar a la síntesis empírica una completitud absoluta persiguiendo esta síntesis hasta lo incondicionado (que nunca se alcanza en la experiencia, sino sólo en la idea). La razón basa esta exigencia en el siguiente principio: si lo condicionado está dado, entonces toda la suma de las condiciones está también dada, y por consiguiente lo absolutamente incondicionado, que es lo único que hace posible lo condicionado. Así, en primer lugar, las Ideas trascendentales no serán propiamente otra cosa que categorías extrapoladas a lo incondicionado, y se reducirán a una tabla ordenada según los títulos de este último. Pero, en segundo lugar, no todas las categorías se prestarán a ello, sino sólo aquellas en las que la síntesis constituya una serie, y más precisamente una serie en la que las condiciones, en relación con un condicionado, estén subordinadas unas a otras (y no coordinadas entre sí). La totalidad absoluta es exigida por la razón sólo en la medida en que concierne a la serie ascendente de condiciones relativas a un condicionado dado, y no consecuentemente cuando concierne a la línea descendente de consecuencias, o incluso al conjunto de condiciones coordinadas que conducen a estas consecuencias. Esto se debe a que, en relación con una condición condicionada dada, ya se presuponen condiciones que, además, deben tomarse como dadas con ella, en lugar de que, dado que las consecuencias no hacen posibles sus condiciones, sino que las presuponen, podemos despreocuparnos, en la progresión hacia las consecuencias (es decir, al descender de la condición dada a la condición condicionada), de si la serie cesa o no, y en general la cuestión de su totalidad no es en absoluto un presupuesto de la razón.

Así, necesariamente nos representamos también como dado (aunque siga siendo indeterminable para nosotros) un tiempo transcurrido en su totalidad hasta el instante dado. Por otra parte, en la medida en que el futuro no es la condición necesaria para alcanzar el presente, es completamente indiferente, para captar este presente, considerar el tiempo por venir de tal o cual manera, haciéndolo cesar en un momento dado o haciéndolo continuar *ad infinitum*. Tomemos la serie *m, n, o,* donde *n* se da como condicionado por *m,* pero al mismo tiempo como condición de *o:* tanto si la serie es ascendente yendo de lo condicionado *n* a *m (l, k, j,* etc.), como si es descendente yendo de lo condicionado *n* a lo condicionado *o (p, q, r,* etc.), tengo que presuponer que se trata de una serie de condiciones. Por otra parte, la posibilidad de *n* no descansa en la serie que le sigue, a saber, *o, p, q, r,* serie que, en consecuencia, tampoco puede considerarse como dada, sino sólo como susceptible de ser dada.

Llamaré regresiva a la síntesis de una serie tomada del lado de las condiciones, es decir, la que parte de la condición más próxima al fenómeno dado y va así hacia las condiciones más lejanas; por el contrario, llamaré progresiva a la que, del lado de lo condicionado, va de la consecuencia más próxima hacia la más lejana. El primero procede según los antecedentes, el segundo según los consecuentes. Las ideas cosmológicas se ocupan, pues, de la totalidad de la síntesis regresiva y proceden según el orden de los antecedentes, no según el orden de los consecuentes. Suponiendo que se produzca este último planteamiento, nos encontramos entonces ante un problema arbitrario e innecesario de la razón pura, ya que, para captar plenamente lo que se da en el fenómeno, necesitamos ciertamente los fundamentos, pero no las consecuencias.

Ahora bien, para establecer la tabla de las ideas, según la de las categorías, tomamos primero los dos *quanta* que son el origen de toda nuestra intuición, el tiempo y el espacio. El tiempo es en sí mismo una serie (y la condición formal de toda serie), y por esta razón es necesario distinguir *a priori,* por referencia a un presente dado, los antecedentes, como condiciones (el pasado), de los consecuentes (el futuro). En consecuencia, la Idea trascendental de la totalidad absoluta de la serie de condiciones, con respecto a un condicionado dado, se refiere sólo a la totalidad del tiempo pasado. Según la Idea de razón, todo el tiempo transcurrido, como condición del momento dado, es necesariamente pensado también como dado. Por otra parte, en cuanto al espacio, no hay en él, considerado intrínsecamente, distinción posible entre regresión y progresión, porque constituye un agregado, no una serie, en la medida en que sus partes están todas juntas y al mismo tiempo. Sólo puedo considerar el momento presente como condicionado por el tiempo pasado, pero nunca como condición de él, porque este momento sólo surge por el paso del tiempo (o más bien por el paso del tiempo pasado). Pero como las partes del espacio no están subordinadas unas a otras, sino coordinadas entre sí, una parte no es la condición de posibilidad de la otra, y el espacio no constituye en sí mismo una serie, como el tiempo. Simplemente, la síntesis de las diversas partes del espacio, a través de la cual lo aprehendemos, es, sin embargo, sucesiva; se produce, pues, en el tiempo y contiene una serie. Y puesto que, en esta serie de espacios agregados (por ejemplo, el de los pies en un poste), partiendo de un espacio dado, los que le agregamos por el pensamiento son siempre la condición del límite de los precedentes, la medida de un espacio debe considerarse también como la síntesis de una serie de condiciones relativas a un condicionado dado; simplemente, el lado de las condiciones no es intrínsecamente distinto del lado donde está el condicionado, y en consecuencia regresión y progresión parecen, en el espacio, fundirse. Pero como una parte del espacio no está dada por las otras, sino sólo limitada por ellas, hay que considerar también como condicionado cada espacio limitado como tal, puesto que presupone otro espacio como condición de su límite, y así sucesivamente. Desde el punto de vista de la delimitación, la progresión en el espacio es, pues, también regresión, y la Idea trascendental de la totalidad absoluta de la síntesis en la serie de las condiciones concierne también al espacio: puedo preguntarme tanto por la totalidad absoluta del fenómeno en el espacio como por su totalidad en el tiempo transcurrido. Por lo demás, si se puede responder a tales preguntas es un punto que puede determinarse más adelante.

En segundo lugar, la realidad en el espacio, es decir, la materia, es un condicionado cuyas condiciones internas son las partes del espacio y cuyas partes de estas partes constituyen las condiciones remotas, de modo que aquí tiene lugar una síntesis regresiva cuya razón exige la totalidad absoluta, que sólo puede producirse mediante una división completa a través de la cual la realidad de la materia se disuelve o bien en la nada, o bien, en todo caso, en lo que ya no es materia, es decir, en lo simple. Por consiguiente, también aquí hay una serie de condiciones y una progresión hacia lo incondicionado.

En tercer lugar, por lo que se refiere a las categorías relativas a la relación real entre los fenómenos, la categoría de la sustancia, con sus accidentes, no se ajusta a una Idea trascendental, es decir, en consideración a esta categoría, la razón no tiene razón para moverse regresivamente hacia las condiciones. Esto se debe a que los accidentes (en la medida en que son inherentes a una única sustancia) están coordinados entre sí y no forman una serie. Pero en cuanto a su relación con la sustancia, no están propiamente subordinados a ella: son, de hecho, el modo mismo en que la sustancia existe. Lo que en este caso podría parecer todavía una Idea de la razón trascendental sería el concepto de lo sustancial. Simplemente, en la medida en que este término no significa más que el concepto del objeto en general, que subsiste en la medida en que no lo pensamos más que como el sujeto trascendental sin todo predicado, pero en la medida en que no se trata aquí más que de lo incondicionado en la serie de los fenómenos, es evidente que lo sustancial no puede constituir ningún miembro de esta serie. La misma consideración vale para las sustancias que están en comunidad, que son simples agregados y no tienen exponentes de rango, puesto que no están subordinadas unas a otras como condiciones de su posibilidad, como bien podría decirse de los espacios cuyo límite nunca estuviera determinado en sí mismo, sino siempre por otro espacio. Sólo queda, pues, la categoría de la causalidad, que presenta una serie de causas para un efecto dado, categoría según la cual podemos remontarnos desde este efecto, en tanto que constituye lo condicionado, hasta sus causas como condiciones y responder a la cuestión de la razón.

En cuarto lugar, los conceptos de lo posible, lo real y lo necesario no conducen a ninguna serie, salvo en el único sentido de que lo que es contingente en la existencia debe considerarse siempre como condicionado y que, según la regla del entendimiento, indica una condición que a su vez indica necesariamente una condición superior, hasta que la razón sólo encuentra la necesidad incondicionada en la totalidad de esta serie.

De acuerdo con las cuatro rúbricas del cuadro de las categorías, no hay pues más que cuatro Ideas cosmológicas, si nos limitamos a las que implican necesariamente una serie en la síntesis de las diversas.

	1. *La completitud* *absoluta de la* composición *de la* *totalidad dada de* *fenómenos.*	
2. *La completitud* *absoluta de la* división, *de una totalidad dada* *en los fenómenos.*		3. *La completitud* *absoluta de la* génesis *de un fenómeno en* *general.*
	4. *La completitud* *absoluta de la* dependencia de la existencia *de lo que* *es cambiante en el* *fenómeno.*	

En primer lugar, conviene observar aquí que la Idea de totalidad absoluta no concierne más que a la exposición de los fenómenos, y que, por consiguiente, no concierne al concepto puro del entendimiento que se refiere a una totalidad de cosas en general. Los fenómenos son, pues, considerados aquí como dados, y la razón exige la completitud absoluta de las condiciones de su posibilidad, en la medida en que estas condiciones constituyen una serie: exige, pues, una síntesis absolutamente completa (completa desde todo punto de vista) por medio de la cual el fenómeno pueda ser expuesto según las leyes del entendimiento.

En segundo lugar, es propiamente lo incondicionado lo único que la razón busca al perseguir esta síntesis de condiciones en forma de serie, más precisamente de serie regresiva; por así decirlo, busca la completitud de la serie de premisas, de tal modo que entonces, así reunidas, ya no presupongan otras. Ahora bien, esta incondicionalidad está siempre contenida en la totalidad absoluta de la serie, cuando nos la representamos en la imaginación. Sin embargo, esta síntesis absolutamente completa es sólo una Idea; no podemos saber, al menos de antemano, si tal síntesis es también posible del lado de los fenómenos. Cuando todo se representa por simples conceptos puros del entendimiento, sin aportar las condiciones de la intuición sensible, podemos decir directamente que, para un término condicionado dado, se da también toda la serie de condiciones subordinadas unas a otras; pues este término condicionado sólo se da en virtud de esta serie. Simplemente, por el lado de los fenómenos, debe haber una limitación particular en cuanto al modo en que se dan las condiciones, a saber: mediante la síntesis sucesiva de la diversidad de la intuición, que, regresivamente, debe ser completa. Ahora bien, si esta completitud es posible en el registro sensible sigue siendo un problema. El hecho es que la idea de esta integridad está inscrita, sin embargo, en la razón, independientemente de la posibilidad o imposibilidad de atribuirle adecuadamente conceptos empíricos. Además, como lo incondicionado está necesariamente contenido en la totalidad absoluta de la síntesis regresiva del múltiple fenoménico (ya que opera bajo la dirección de las categorías, que lo representan como una serie de condiciones para un condicionado dado), e incluso si dejamos sin resolver la cuestión de si esta totalidad puede realizarse y cómo, la razón elige aquí el camino que consiste en partir de la idea de totalidad, aunque su objetivo último sea propiamente la incondicionalidad, ya sea de toda la serie o de una parte de ella.

Esta incondicionalidad puede entonces pensarse de dos maneras: o bien se piensa que consiste únicamente en toda la serie, de la que por consiguiente todos los miembros sin excepción estarían condicionados y de la que sólo la totalidad que forman sería incondicionada —y en este caso se dice que la regresión es infinita—; o bien el absoluto incondicionado es sólo una parte de la serie a la que los demás miembros de la serie están subordinados, pero que ella misma no está sometida a ninguna condición. En el primer caso, la serie es *a parte priori* sin límites (sin principio), es decir, infinita, y, sin embargo, enteramente dada, pero la regresión nunca se completa del todo y sólo potencialmente puede decirse que es infinita. En el segundo caso, la serie tiene un primer término que, en relación con el tiempo transcurrido, se llama principio del mundo; en relación con el espacio, límite del mundo; en relación con las partes de una totalidad dada dentro de sus límites, lo simple; en relación con las causas, espontaneidad absoluta (libertad); en relación con la existencia de cosas sujetas a cambio, necesidad absoluta de la naturaleza.

Tenemos dos términos, mundo y naturaleza, que a veces se confunden. El primero significa el conjunto matemático de todos los fenómenos y la totalidad de su síntesis, tanto grande como pequeña, es decir, en la realización progresiva de esta síntesis tanto por composición como por división. Sin embargo, este mismo mundo se llama naturaleza en la medida en que se considera como un todo dinámico y en la medida en que tenemos a la vista, no la agregación en el espacio o en el tiempo, para implementarla como una magnitud, sino la unidad en la existencia de los fenómenos. La condición de lo que sucede se llama entonces causa, y la causalidad incondicionada de la causa, en el fenómeno, se llama libertad, mientras que la causalidad condicionada se llama causa natural en el sentido restringido del término. Lo condicionado, en la existencia en general, se llama contingente, y lo incondicionado necesario. La necesidad incondicionada de los fenómenos puede llamarse necesidad natural.

Ya he llamado cosmológicas a las ideas de que nos ocupamos actualmente, en parte porque por mundo se entiende la totalidad de todos los fenómenos, y nuestras Ideas apuntan también a lo incondicionado sólo entre los fenómenos, en parte también porque la palabra mundo, en sentido trascendental, significa la totalidad absoluta de la totalidad de las cosas existentes, y nosotros apuntamos sólo a la completud de la síntesis (aunque sólo sea, estrictamente hablando, a partir de una regresión en la serie de las condiciones). Si consideramos, además, que estas Ideas son todas trascendentales y que, aunque no van más allá del objeto, es decir, de los fenómenos, en lo que se refiere a la especie, sino que tienen que ver exclusivamente con el mundo sensible (y no con los noumena), empujan, sin embargo, la síntesis hasta un grado que va más allá de toda experiencia posible, podemos llamarlas a todas, en mi opinión con toda propiedad, conceptos del mundo. En relación con la distinción entre lo incondicionado matemático y lo incondicionado dinámico a la que apunta la regresión, llamaré, sin embargo, a los dos primeros conceptos de mundo en sentido restringido (conceptos de mundo tanto en lo grande como en lo pequeño), pero daré a los otros dos el nombre de conceptos trascendentes de la naturaleza. Esta distinción no tiene, por el momento, gran importancia, pero puede adquirirla a medida que prosiga la discusión.

Capítulo segundo.   De la antinomia de la razón pura
Antitética de la razón pura

Si todo conjunto de doctrinas dogmáticas es un teísmo, entonces por antitético no entiendo las afirmaciones dogmáticas contrarias, sino el conflicto de conocimientos aparentemente dogmáticos (tesis y antítesis), sin atribuir a uno más que al otro un título más particular para recibir nuestra aprobación. La antitética no se ocupa, pues, en absoluto de las afirmaciones unilaterales, sino que considera el conocimiento universal de la razón sólo en el plano del conflicto entre ellas y de las causas de este conflicto. La antitética trascendental es una investigación de la antinomia de la razón pura, sus causas y su resultado. Cuando aplicamos nuestra razón, en el uso que hacemos de los principios del entendimiento, no sólo a los objetos de la experiencia, sino que nos atrevemos a extenderla más allá de los límites de la experiencia, surgen tesis sofísticas que no tienen ni confirmación que esperar ni refutación que temer en la experiencia, y cada una de las cuales no sólo carece de contradicción interna, sino que incluso encuentra en la naturaleza de la razón las condiciones de su necesidad —con la única reserva de que, desgraciadamente, la proposición contraria también tiene razones igualmente válidas y necesarias para ser apoyada.

Las cuestiones que se plantean naturalmente en tal dialéctica de la razón pura son, pues: 1.ª ¿Cuáles son, en efecto, las proposiciones que someten inevitablemente a la razón pura a una antinomia? 2.ª ¿Cuáles son las causas en las que se apoya esta antinomia? 3.ª ¿Puede, sin embargo, la razón, y de qué manera, encontrar un camino de certeza que le permanezca abierto cuando se enfrenta a esta contradicción?

Una tesis dialéctica de la razón pura debe, pues, contener necesariamente en sí misma lo que la distingue de todas las proposiciones sofísticas, a saber, en primer lugar, que no se refiere a una cuestión arbitraria que planteamos simplemente situándonos desde cierto punto de vista que nos agrada, sino a una cuestión que toda razón humana, en el curso que le es propio, debe necesariamente afrontar; y, en segundo lugar, que lleva consigo, al igual que su contrario, no sólo una apariencia creada artificialmente que desaparece en cuanto la reconocemos, sino una apariencia natural e inevitable que, aunque ya no nos engañe, conserva su fuerza de ilusión, aunque no engañe, y que, por tanto, puede ciertamente hacerse inofensiva, pero nunca extirparse.

Tal doctrina dialéctica no se referirá a la unidad del entendimiento en los conceptos de la experiencia, sino a la de la razón en las Ideas puras: puesto que las condiciones de esta unidad deben concordar primero, en la medida en que se trata de una síntesis realizada según reglas, con el entendimiento, y, sin embargo, al mismo tiempo, en la medida en que esta síntesis se define por una unidad absoluta, con la razón, tales condiciones serán, si la unidad realizada es adecuada a la de la razón, demasiado amplias para el entendimiento, y, si la unidad es adecuada al entendimiento, demasiado estrechas para la razón. Por tanto, el resultado sólo puede ser un conflicto ineludible, se pretenda proceder como se pretenda.

Estas afirmaciones sofísticas abren, por tanto, una arena dialéctica en la que siempre tiene las de ganar la parte a la que se le permite tomar la ofensiva, y la parte que se ve obligada a adoptar un enfoque meramente defensivo está segura de someterse. Los campeones sólidos, tanto si luchan por la causa correcta como por la equivocada, están seguros de obtener la corona de la victoria siempre y cuando sólo se cuiden de tener el privilegio de lanzar el último asalto y no se vean obligados a apoyar un nuevo ataque de su adversario. No es difícil imaginar que este campo de batalla ha sido hollado muchas veces antes, que se han obtenido muchas victorias en ambos bandos, pero que para la última, que decide el asunto, siempre se ha tenido cuidado de asegurar que el defensor de la buena causa siga siendo el único dueño del juego prohibiendo a su adversario volver a tomar las armas. Como juez imparcial del combate, debemos dejar de lado por completo la cuestión de si es por la buena o por la mala causa por lo que los combatientes están luchando, y es a ellos solos a quienes debemos dejar la tarea de decidir su disputa entre ellos. Tal vez, cansados de luchar más que verdaderamente heridos, sean capaces de ver por sí mismos la vanidad de su disputa y se dejen como buenos amigos.

Este método de convertirse en espectador de un enfrentamiento entre afirmaciones, o más bien de provocar este enfrentamiento, no para pronunciarse finalmente a favor de una u otra parte, sino para investigar si el objeto no será una simple fantasía que cada parte persigue en vano y a la que no puede ganar nada, aunque no encuentre resistencia, esta manera de proceder, digo, puede llamarse método escéptico. Es muy distinto del escepticismo, principio de ignorancia razonada y científica que socava los fundamentos de todo conocimiento, dejándolo sin seguridad ni garantía alguna. En efecto, el método escéptico tiende a la certeza, en la medida en que trata de descubrir, en ese combate lealmente entablado y conducido con inteligencia por ambas partes, el punto de desacuerdo, para hacer como los sabios legisladores que, la vergüenza de los jueces en los juicios, extraen de sí mismos una lección sobre lo que hay de incompleto e insuficientemente preciso en sus leyes. Dados los límites de nuestra sabiduría, la antinomia que surge en la aplicación de las leyes es la mejor prueba del nomotética para hacer que la razón, que no ve fácilmente sus tropiezos en la especulación abstracta, esté más atenta a los momentos que intervienen en la determinación de sus principios.

No es menos cierto que este método escéptico sólo es esencialmente propio de la filosofía trascendental, y que en todo caso se puede prescindir de él en cualquier otro campo que no sea éste. En matemáticas, su empleo sería absurdo, ya que en esta disciplina no hay afirmaciones falsas que puedan ocultarse y hacerse invisibles, en la medida en que las demostraciones proceden siempre necesariamente siguiendo el hilo de la intuición pura e incluso mediante una síntesis siempre evidente. En la filosofía experimental, una duda provisional puede ser ciertamente útil, pero al menos no es posible ningún malentendido que no pueda ser fácilmente aclarado, y es en el experimento donde deben residir en última instancia, en cualquier caso, los medios últimos para decidir lo que está en disputa, tanto si se descubren allí antes como después. También la moral puede proporcionar todos sus principios *in concreto,* con sus consecuencias prácticas, al menos en las experiencias posibles, y evitar así el malentendido que acompaña a la abstracción. Por el contrario, las afirmaciones trascendentales, que pretenden observaciones que se extienden incluso más allá del campo de todas las experiencias posibles, no son ni tales que la síntesis abstracta que contienen pueda darse en alguna intuición *a priori,* ni tales que el punto de desacuerdo entre ellas pueda descubrirse a través de alguna experiencia. La razón trascendental no nos permite, por tanto, otra piedra de toque que la de intentar reunir las afirmaciones que produce y, en consecuencia, dejar que se enfrenten primero entre sí en una lucha libre y sin trabas —y es precisamente esta lucha la que ahora pretendemos organizar.

Antinomia de la razón pura
Primer conflicto de las ideas trascendentales

Tesis

El mundo tiene un comienzo en el tiempo y está también, en relación con el espacio, contenido dentro de ciertos límites.

Prueba

Supongamos que el mundo no tiene principio con respecto al tiempo: en este caso, hasta cada momento dado ha transcurrido una eternidad y, por consiguiente, en el mundo ha transcurrido una serie infinita de estados de cosas sucesivos. Ahora bien, la infinitud de una serie consiste precisamente en que nunca puede ser completada por una síntesis sucesiva. En consecuencia, un comienzo del mundo es una condición necesaria de su existencia; esto es lo que primero teníamos que demostrar.

En cuanto al segundo punto, supongamos de nuevo lo contrario: en este caso, el mundo será una totalidad infinita dada de cosas que existen al mismo tiempo. Ahora bien, la magnitud de un *quantum* que no esté dado dentro de ciertos límites como los que posee toda intuición, no podemos imaginarla de otro modo que, mediante la síntesis de sus partes, y la totalidad de tal *quantum,* sólo podemos imaginarla mediante la síntesis completada o mediante la adición repetida de la unidad a sí misma. De esto se deduce que, para representarnos el mundo que llena todos los espacios como un todo, tendríamos que considerar completada la síntesis sucesiva de las partes de un mundo infinito, es decir, tendríamos que considerar transcurrido un tiempo infinito en el curso de la enumeración de todas las cosas coexistentes, lo cual es imposible. Así pues, un conjunto infinito de cosas reales no puede considerarse como un todo dado, ni, en consecuencia, como dado al mismo tiempo. Un mundo, por tanto, no es infinito con respecto al espacio, sino que está contenido dentro de sus propios límites; éste era el segundo punto a demostrar.

Antítesis

El mundo no tiene principio ni límites en el espacio, pero es infinito tanto en el espacio como en el tiempo.

Prueba

Supongamos que el mundo tiene un principio. Puesto que el comienzo es una existencia precedida por un tiempo en el que la cosa no es, tiene que haber habido un tiempo anterior en el que la cosa no era, es decir, un tiempo vacío. Sin embargo, en un tiempo vacío no es posible el nacimiento de ninguna cosa, porque ninguna parte de este tiempo en lugar de otra posee en sí misma una condición distintiva de existencia en lugar de no existencia (y esto, tanto en la hipótesis en la que el mundo nace por sí mismo como en aquella en la que nace bajo el efecto de otra causa). Así, en el mundo, muchas series de cosas pueden muy bien comenzar a ser, pero el mundo mismo no puede tener comienzo, y es, por tanto, en relación con el tiempo pasado, infinito.

En cuanto al segundo punto, supongamos primero lo contrario, a saber, que el mundo es, con respecto al espacio, finito y limitado y que, por consiguiente, se encuentra en un espacio vacío que a su vez no es limitado: en este caso, no sólo habría una relación de las cosas en el espacio, sino también una relación de las cosas con el espacio. Ahora bien, dado que el mundo es un todo absoluto fuera del cual no hay objeto de intuición, y por consiguiente ningún correlato del mundo con el que se relacione, la relación del mundo con el espacio vacío no sería una relación de éste con un objeto. Pero una relación de este tipo, y por consiguiente también la limitación del mundo por el espacio vacío, no es nada; de ahí que el mundo no esté limitado en modo alguno en relación con el espacio, es decir, que tenga una extensión infinita.

Observaciones sobre la primera antinomia

I. SOBRE LA TESIS

En el intercambio de estos argumentos opuestos, no he buscado subterfugios para desarrollar (como decimos) una prueba de abogado, prueba que utiliza en su provecho la imprudencia del adversario y se aprovecha voluntariamente de su apelación a una ley equívoca para establecer sus propias pretensiones injustificadas sobre la refutación de esta ley. Cada uno de estos argumentos ha sido extraído de la naturaleza de las cosas, y hemos dejado de lado la ventaja que podrían proporcionar los errores de razonamiento cometidos por los dogmáticos de ambos bandos.

También podría haber demostrado aparentemente la tesis planteando, como suelen hacer los dogmáticos, un concepto incorrecto de la infinitud de una cantidad dada. Una magnitud es infinita en cuanto no se puede encontrar una magnitud mayor (es decir, una magnitud que siempre supera la multitud de veces en la que está contenida una unidad dada). Pero ningún conjunto es el mayor posible, ya que siempre se le pueden añadir una o más unidades. Así pues, una magnitud infinita dada es imposible y, en consecuencia, también lo es un mundo infinito (tanto en cuanto a la serie de cosas que pasan como en cuanto a la extensión): el mundo es, pues, limitado por ambos lados. Podría haber desarrollado mi argumento de este modo; lo que ocurre es que este concepto de cantidad contable no encaja con lo que entendemos por un todo infinito. En consecuencia, su concepto tampoco es el concepto de máximo, sino que lo que se piensa así es sólo su relación con una unidad que debemos adoptar arbitrariamente y con respecto a la cual es mayor que cualquier número. Ahora bien, según que adoptemos una unidad mayor o menor, el infinito será mayor o menor; sin embargo, el infinito, en cuanto consiste únicamente en la relación con esta unidad dada, seguiría siendo siempre el mismo, aunque la magnitud absoluta del conjunto seguiría siendo totalmente desconocida, lo que no viene al caso aquí.

El verdadero concepto (trascendental) de infinito reside en el hecho de que la síntesis sucesiva de la unidad realizada en la medida de un cuanto no puede completarse nunca. De ahí se sigue con absoluta certeza que no puede haber transcurrido una eternidad de estados reales que se suceden hasta un momento dado (el presente) y, por tanto, que el mundo debe tener necesariamente un principio.

En cuanto a la segunda parte de la tesis, la dificultad de una serie a la vez infinita y transcurrida cae ciertamente por su propio peso; pues la variedad de un mundo infinito en extensión se da simultáneamente. Sólo que, para pensar la totalidad de tal conjunto contable, en la medida en que no podemos referirnos a límites que por sí mismos constituyan esta totalidad en la intuición, debemos dar cuenta de nuestro concepto, que en este caso no puede ir del todo al conjunto determinado de partes, sino que, por el contrario, debe probar la posibilidad de un todo por la síntesis sucesiva de las partes. Ahora bien, como esta síntesis no puede constituir una serie que pueda llegar a completarse, no podemos formar el pensamiento de una totalidad, ni ante ella ni, por consiguiente, a partir de ella. Pues el concepto mismo de la totalidad es en este caso la representación de una síntesis completamente acabada de las partes, y esta terminación completa es imposible, como también es imposible su concepto.

II. Sobre la antítesis

La prueba de la infinitud de las series dadas del mundo y del concepto de mundo descansa en el hecho de que, de otro modo, sería necesario que el tiempo y el espacio vacíos constituyeran los límites del mundo. Ahora bien, no ignoro los intentos de evitar esta consecuencia afirmando que sería muy posible que hubiera un límite del mundo, en términos de tiempo y espacio, sin que fuera necesario admitir un tiempo absoluto anterior al comienzo del mundo, o un espacio absoluto que se extendiera fuera del mundo efectivamente real, lo cual es imposible. En cuanto a esta última parte del argumento, comparto plenamente la opinión de los filósofos de la escuela leibniziana. El espacio es simplemente la forma de la intuición externa, no un objeto realmente real capaz de ser intuido externamente, y no es un correlato de los fenómenos, sino la forma de los fenómenos mismos. Por tanto, el espacio no puede intervenir primera y absolutamente (por sí mismo), en la existencia de las cosas, como instancia determinante, ya que no es en modo alguno un objeto, sino sólo la forma de los objetos posibles. En este sentido, las cosas, como fenómenos, sí determinan el espacio, es decir, entre todos los predicados posibles del espacio (magnitud y razón), hacen que tal o cual pertenezca a la realidad; pero, a la inversa, el espacio no puede, como algo que posee consistencia propia, determinar la realidad efectiva de las cosas desde el punto de vista de la magnitud o de la figura, porque no es en sí mismo nada efectivamente real. Un espacio puede muy bien (lleno o vacío) estar limitado por fenómenos, pero los fenómenos no pueden estar limitados por un espacio vacío que les es exterior. La misma consideración se aplica al tiempo. Admitido todo esto, es, sin embargo, indiscutible que debemos admitir absolutamente estas dos no-cosas, el espacio vacío exterior al mundo y el tiempo vacío anterior a él, tan pronto como admitamos un límite al mundo, ya sea espacial o temporal.

Pues el expediente por el cual tratamos de evitar la consecuencia al final de la cual decimos que, si el mundo tiene límites (espaciales y temporales), entonces el vacío infinito debe necesariamente determinar la existencia de cosas que son realmente reales desde el punto de vista de su magnitud, este expediente consiste sólo, subrepticiamente, en pensar, que en lugar de un mundo sensible pensamos en un mundo inteligible, que en lugar del primer comienzo (una existencia precedida por un tiempo de inexistencia) pensamos generalmente en una existencia que no presupone ninguna otra condición en el mundo, que en lugar del límite de la extensión pensamos en los límites del universo, y que evitamos así encontrarnos con el espacio y el tiempo en el camino. Sin embargo, aquí sólo hablamos del mundo de los fenómenos y de su grandeza, en relación con el cual no podemos de ninguna manera prescindir de las condiciones mencionadas para la sensibilidad sin eliminar la esencia de este mundo. El mundo sensible, si es limitado, reside necesariamente en el vacío infinito. Si queremos dejar de lado este vacío y, en consecuencia, el espacio en general como condición *a priori* de la posibilidad de los fenómenos, entonces todo el mundo sensible desaparece. En nuestro problema, es únicamente este mundo sensible el que nos es dado. El mundo inteligible no es más que el concepto universal del mundo en general, en el que hacemos abstracción de todas las condiciones según las cuales intuimos este mundo, y en relación al cual, por consiguiente, no es posible absolutamente ninguna proposición sintética, afirmativa o negativa.

Antinomia de la razón pura
Segundo conflicto de las ideas trascendentales

Tesis

En el mundo, toda sustancia compuesta está formada por partes simples, y en todas partes no hay más que lo simple o lo que está compuesto de ello.

Prueba

Supongamos que las sustancias compuestas no están formadas por partes simples: en este caso, si se suprimiera en el pensamiento toda composición, no quedaría ninguna parte compuesta, ni ninguna parte simple (puesto que no hay partes simples); en consecuencia, no quedaría absolutamente nada y, por tanto, no se daría ninguna sustancia. Por consiguiente, o bien es imposible conseguir suprimir en el pensamiento toda composición, o bien debe quedar algo subsistente después de su supresión fuera de toda composición, es decir, lo simple. Pero en el primer caso, el compuesto, por su parte, no estaría formado por sustancias (ya que la composición es entonces sólo una relación contingente de las sustancias, independientemente de la cual deben subsistir como seres que persisten por sí mismos en la existencia). Puesto que, sin embargo, la suposición contradice lo que se ha supuesto, sólo queda concebible el segundo caso, a saber, que el compuesto sustancial en el mundo conste de partes simples.

De ello se sigue inmediatamente que las cosas del mundo son todas ellas seres simples en su conjunto, que la composición no es más que un estado externo de estas cosas, y que, aunque nunca podamos liberar a las sustancias elementales de este estado ligado y aislarlas, la razón debe, sin embargo, pensar en ellas como los primeros sujetos de toda composición y, por consiguiente, antes de esta composición, como seres simples.

ANTÍTESIS

No hay nada en el mundo que esté compuesto de partes simples, y no hay nada en ninguna parte del mundo que sea simple.

PRUEBA

Supongamos que una cosa compuesta (como sustancia) está formada por partes simples. En la medida en que toda relación exterior, y por consiguiente toda composición de sustancias, sólo es posible en el espacio, el compuesto debe necesariamente estar formado por tantas partes como partes hay en el espacio que ocupa. Ahora bien, el espacio no está formado por partes simples, sino por espacios. Por tanto, cada parte del compuesto debe ocupar un espacio. Pero las partes absolutamente primarias de cualquier compuesto son simples. Por tanto, lo simple ocupa un espacio. Pero en la medida en que toda cosa real que ocupa un espacio contiene en sí una diversidad de elementos externos entre sí, y por tanto está compuesta, y esto como compuesto real, hecho no de accidentes (pues éstos, sin sustancia, no pueden ser externos entre sí) sino de sustancias, lo simple sería un compuesto sustancial, lo cual es contradictorio.

La segunda proposición de la antítesis, a saber, que en el mundo no hay absolutamente nada simple, debe significar aquí solamente que la existencia de lo absolutamente simple no puede ser probada por ninguna experiencia o percepción, ni externa ni interna, y que, por consiguiente, lo absolutamente simple es una idea pura cuya realidad objetiva no puede ser demostrada nunca en ninguna experiencia posible y, en consecuencia, está desprovista, en la exposición de los fenómenos, tanto de toda aplicación como de todo objeto. En efecto, admitamos que pudiéramos encontrar, para esta idea trascendental, un objeto de experiencia: para ello sería necesario que la intuición empírica de cualquier objeto pudiera reconocerse como no conteniendo absolutamente ninguna diversidad de elementos exteriores entre sí y ligados para formar una unidad. Ahora bien, puesto que, al no ser conscientes de tal diversidad, no tenemos derecho a concluir que es enteramente imposible en cualquier intuición de un objeto, sino que esta última perspectiva es totalmente necesaria para la simplicidad absoluta, se sigue que esta simplicidad no puede concluirse de percepción alguna. Puesto que, por consiguiente, nada puede darse nunca como objeto absolutamente simple en ninguna experiencia posible, y puesto que el mundo sensible debe considerarse, no obstante, como la totalidad de todas las experiencias posibles, no hay, pues, en ninguna parte de él nada simple que se le dé.

Esta segunda proposición de la antítesis va mucho más lejos que la primera, que sólo destierra lo simple de la intuición del compuesto, mientras que ésta lo destierra de toda la naturaleza; de ahí que no pueda demostrarse a partir del concepto de un objeto dado de la intuición externa (el compuesto), sino de su relación con una experiencia posible en general.

Observaciones sobre la segunda antinomia

I. Sobre la tesis

Cuando hablo de un todo necesariamente constituido por partes simples, me refiero sólo a un todo sustancial, como es el compuesto propiamente dicho, es decir, la unidad accidental de una diversidad de elementos que, dados separadamente (al menos en el pensamiento), se colocan en conexión recíproca y forman así una unidad. El espacio no debería llamarse propiamente un compuesto, sino un todo, ya que sus partes sólo son posibles en el todo, mientras que el todo no es posible a partir de las partes. Además, sólo podría llamarse compuesto ideal, pero no real. Pero esto no son más que sutilezas. Puesto que el espacio no es un compuesto de sustancias (ni es un compuesto de accidentes reales), sucederá necesariamente que si le quito toda composición, no quedará nada, ni siquiera el punto; pues el punto sólo es posible como límite de un espacio (y, por tanto, de un compuesto). El espacio y el tiempo no se componen, pues, de partes simples. Lo que sólo pertenece al estado de una sustancia, aunque posea una magnitud (por ejemplo, el cambio), tampoco se constituye a partir de lo simple, es decir, un cierto grado de cambio no surge de la adición de varios cambios simples. Nuestra conclusión de lo compuesto a lo simple se aplica sólo a las cosas que poseen consistencia propia. Ahora bien, los accidentes que presenta el estado de una cosa no poseen por sí mismos su consistencia. Por tanto, es fácil corromper la prueba de la necesidad de lo simple, en cuanto hace de lo simple el carácter de las partes constitutivas de cualquier compuesto sustancial, y por tanto en general de la causa que defendemos, dando a esta prueba una extensión excesiva y pretendiendo aplicarla indistintamente a cualquier compuesto, como, de hecho, ha sucedido ya muy a menudo.

Además, hablo aquí de lo simple sólo en la medida en que se da necesariamente en el compuesto, en la medida en que dicho compuesto puede disolverse en él como en sus partes constituyentes. El sentido propio del término mónada (en el sentido en que lo emplea Leibniz) debe aplicarse ciertamente sólo a lo simple que se da inmediatamente como sustancia simple (por ejemplo en la autoconciencia), y no como elemento del compuesto, elemento que sería preferible llamar átomo. Y puesto que pretendo aportar la prueba de las sustancias simples sólo en relación con el compuesto del que son elementos, podría llamar a la tesis de la segunda antinomia atomística trascendental. Pero como esta palabra se utiliza desde hace mucho tiempo para designar una manera particular de explicar los fenómenos corporales (moleculares), y como presupone por tanto conceptos empíricos, podemos llamarla principio dialéctico de la monadología.

II. Sobre la antítesis

Contra esta proposición de una división infinita de la materia, cuya prueba es puramente matemática, se han presentado objeciones por parte de los monadistas, sospechosos ya de no querer conceder a las pruebas matemáticas más claras la capacidad de hacernos penetrar en la naturaleza del espacio, en la medida en que éste es de hecho la condición de posibilidad de toda materia, y de considerar por el contrario estas pruebas como meras inferencias extraídas de conceptos abstractos pero arbitrarios, y que no podrían referirse a cosas reales. Como si fuera posible pensar en otro tipo de intuición que la que se da en la intuición original del espacio, y como si las determinaciones *a priori* de esta última no se refirieran al mismo tiempo a todo lo que sólo es posible en la medida en que llena este espacio. Si hiciéramos caso a estos monadistas, además del punto matemático, que es simple y no es una parte sino sólo el límite de un espacio, habría que imaginar también puntos físicos, que ciertamente son también simples, pero que tienen la ventaja, como partes del espacio, de llenarlo por su mera agregación. Ahora bien, sin repetir aquí las refutaciones comunes y claras de este absurdo, refutaciones que se pueden encontrar en gran número, y como además es totalmente vano tratar de refutar, mediante razonamientos sutiles y utilizando conceptos puramente discursivos, la evidencia de las matemáticas, me limito a observar que si la filosofía riñe aquí con las matemáticas, es porque olvida que, en esta cuestión, se trata simplemente de fenómenos y de su condición. En consecuencia, no basta en este caso encontrar, para el concepto del entendimiento puro del compuesto, el concepto de lo simple, sino descubrir para la intuición del compuesto (la materia) la intuición de lo simple; y ésta es una operación completamente imposible según las leyes de la sensibilidad, y por consiguiente también para los objetos de los sentidos. Esto no se aplica, sin embargo, al todo sustancial fenoménico, que, como intuición empírica en el espacio, incluye necesariamente la propiedad de que ninguna de sus partes es simple porque ninguna de las partes del espacio es simple. Sin embargo, los monadistas fueron lo suficientemente inteligentes como para evitar esta dificultad no presuponiendo el espacio como condición de posibilidad de los objetos de la intuición externa (cuerpos), sino presuponiendo esta intuición y la relación dinámica de las sustancias en general como condición de posibilidad del espacio. Ahora bien, sólo tenemos concepto de los cuerpos en cuanto fenómenos, pero en cuanto tales presuponen necesariamente el espacio como condición de posibilidad de todos los fenómenos externos; y la vía de escape es, por tanto, inútil, pues ya hemos descartado suficientemente su posibilidad anteriormente en la Estética trascendental. Si los cuerpos fueran cosas en sí, la prueba de los monadistas sería incuestionablemente válida.

La segunda afirmación dialéctica tiene la peculiaridad de tener en contra una afirmación dogmática que, entre todas las afirmaciones sofísticas, es la única que se compromete a probar de un modo evidente, para un objeto de experiencia, la eficacia de lo que antes pusimos entre las Ideas trascendentales, a saber, la simplicidad absoluta de la sustancia: en este caso se trata de argumentar que el objeto del sentido interno, el yo pensante, es una sustancia absolutamente simple. Sin inmiscuirme ahora en este punto (discutido en detalle anteriormente), advierto que, si algo es pensado simplemente como objeto sin el añadido de ninguna determinación sintética de su intuición (como sucede con esta representación desnuda: yo), nada diverso, ni composición alguna, puede ciertamente percibirse en tal representación. Además, en la medida en que los predicados por los que pienso este objeto son sólo intuiciones del sentido interno, tampoco puede encontrarse en ella nada que pueda probar la presencia de una diversidad de elementos subsistentes aparte unos de otros, ni, en consecuencia, ninguna composición real. La naturaleza de la autoconciencia es tal que no puede, puesto que el sujeto pensante es su propio objeto, dividirse (a pesar de las determinaciones que le son inherentes), ya que, en relación consigo mismo, todo objeto es una unidad absoluta. Sin embargo, si este sujeto es considerado desde fuera, como objeto de intuición, manifestará en sí mismo, a pesar de todo, la composición como fenómeno. Y es siempre de este modo como debemos considerarlo en todo caso cuando queremos saber si contiene elementos diversos y exteriores entre sí.

Antinomia de la razón pura
Tercer conflicto de las ideas trascendentales

TESIS

La causalidad que opera según las leyes de la naturaleza no es la única de la que pueden derivarse los fenómenos del mundo considerados en su totalidad. Para explicarlos, sigue siendo necesario admitir una causalidad por la libertad.

PRUEBA

Supongamos que no hay más causalidad que la que se ejerce según las leyes de la naturaleza: en este caso, todo lo que sucede presupone un estado anterior al que sucede inevitablemente según una regla. Pero el estado anterior mismo debe ser algo que ha sucedido (que ha sucedido en el tiempo, puesto que antes no existía), ya que si hubiera existido siempre, su consecuencia tampoco habría empezado a existir, sino que también habría existido siempre. De modo que la causalidad de la causa por la que algo sucede es a su vez algo que ha sucedido, y que, según la ley de la naturaleza, presupone a su vez un estado anterior y la causalidad de ese estado, y ese estado presupone igualmente un estado aún anterior, y así sucesivamente. Si, pues, todo sucede según simples leyes de la naturaleza, en todo caso sólo hay un comienzo subordinado, pero nunca un primer comienzo, por lo que en general no hay completitud de la serie por el lado de las causas que surgen unas de otras. Ahora bien, la ley de la naturaleza consiste precisamente en que nada sucede sin una causa suficientemente determinada *a priori*. Por consiguiente, la proposición de que toda causalidad sólo es posible según las leyes de la naturaleza se contradice a sí misma en su universalidad ilimitada, y esta causalidad no puede, por tanto, aceptarse como la única.

En virtud de ello, debemos admitir una causalidad por la que algo sucede sin que la causa misma esté determinada a su vez por una causa antecedente según leyes necesarias, es decir, una espontaneidad absoluta de las causas consistente en encontrarse por sí misma en el origen de una serie de fenómenos que se desarrolla según las leyes de la naturaleza, en consecuencia, una libertad trascendental, sin la cual, incluso en el curso de la naturaleza, la sucesión serial de fenómenos nunca es completa por parte de las causas.

ANTÍTESIS

No hay libertad, sino que todo en el mundo sucede según las leyes de la naturaleza.

PRUEBA

Supongamos que hay una libertad en el sentido trascendental, constituyendo una especie particular de causalidad según la cual podrían seguirse los acontecimientos del mundo, es decir, un poder de comenzar absolutamente un estado, por consiguiente también una serie de consecuencias de este estado: en este caso, no es sólo una serie la que comenzará absolutamente bajo el efecto de esta espontaneidad, sino que es también la determinación de esta espontaneidad misma de producir la serie, es decir, la causalidad, de modo que nada precede por lo que la acción que interviene de este modo esté determinada según leyes constantes. Pero todo comienzo de la acción presupone un estado de la causa de esa acción en el que esa causa no actúa todavía, y un primer comienzo dinámico de la acción presupone un estado que no tiene conexión causal con el estado anterior de la misma causa, es decir, que no resulta en modo alguno de él. La libertad trascendental se opone, pues, a la ley de la causalidad, y tal conexión de estados sucesivos de causas eficientes, en virtud de la cual no es posible ninguna unidad de experiencia, y que, por tanto, tampoco se encuentra en ninguna experiencia, es, en consecuencia, un objeto de pensamiento totalmente vacío.

Por consiguiente, la secuencia y el orden de los acontecimientos del mundo no deben buscarse más que en la naturaleza. La libertad (independencia) de las leyes de la naturaleza es ciertamente una liberación de la coacción, pero es también una liberación del hilo conductor de todas las reglas. En efecto, no puede decirse que en lugar de las leyes de la naturaleza sean las leyes de la libertad las que intervienen en la causalidad del curso del mundo, en la medida en que, si estuviera determinado según leyes, no sería libertad, sino ella misma pura y simplemente naturaleza. En este sentido, naturaleza y libertad trascendental se distinguen entre sí como conformidad a las leyes y ausencia de leyes: la primera, es cierto, inflige al entendimiento la dificultad que consiste en buscar cada vez más arriba en la serie de las causas el origen de los acontecimientos, puesto que la causalidad está siempre allí condicionada, pero le promete a cambio una unidad de experiencia íntegra y conforme a las leyes. Por otra parte, la ilusión de libertad promete ciertamente al intelecto un descanso de su exploración de la cadena de las causas, conduciéndolo hacia una causalidad incondicionada que está ella misma en el origen de su acción, pero que, en la medida en que esta causalidad misma es ciega, rompe el hilo de las reglas según las cuales sólo es posible una experiencia integralmente coherente.

Observaciones sobre la tercera antinomia

I. Sobre la tesis

La Idea trascendental de la libertad está lejos de constituir todo el contenido del concepto psicológico del mismo nombre, que es en gran parte empírico; sólo constituye, en efecto, el concepto de la espontaneidad absoluta de la acción, en cuanto fundamento propio de la imputabilidad de esta acción. Esta idea es, sin embargo, el verdadero escollo de la filosofía, que encuentra dificultades insuperables para admitir esta misma especie de causalidad incondicionada. Lo que, pues, en la cuestión relativa a la libertad de la voluntad, ha puesto siempre en tan gran aprieto a la razón especulativa, es propiamente sólo de orden trascendental, y se refiere únicamente al hecho de saber si debemos admitir que una potencia comience por sí misma una serie de cosas o de estados sucesivos. ¿Cómo es posible tal potencia? No es realmente necesario poder responder a esta pregunta, puesto que, en lo que concierne a la causalidad según las leyes de la naturaleza, debemos contentarnos con reconocer *a priori* que tal causalidad debe suponerse, aunque no comprendemos en absoluto cómo puede ser que, por la existencia de un cierto ser, se postule la de otro, y nos vemos obligados a este respecto a limitarnos únicamente a la experiencia. En efecto, hemos demostrado debidamente esta necesidad de un primer comienzo de una serie de fenómenos a partir de la libertad sólo en la medida en que era indispensable para concebir un origen del mundo, aunque todos los estados que siguen puedan tenerse por una secuencia que tiene lugar según simples leyes de la naturaleza. Pero, puesto que con esto se ha demostrado una vez el poder de comenzar una serie en el tiempo enteramente por sí misma (aunque no se haya comprendido), se nos permite ahora hacer que diversas series comiencen por sí mismas, desde el punto de vista de la causalidad, en medio del curso del mundo, y atribuir a sus sustancias un poder de obrar por la libertad. Pero no nos dejemos llevar aquí por el malentendido de que, puesto que una serie sucesiva sólo puede tener un primer comienzo en el mundo por comparación (ya que en cualquier caso siempre hay un estado antecedente de las cosas en el mundo), no sería posible ningún comienzo absolutamente primero de las series durante el curso del mundo. De hecho, no estamos hablando aquí de un comienzo absolutamente primero en relación con el tiempo, sino en relación con la causalidad. Si ahora (por ejemplo) me levanto de mi asiento en completa libertad y sin la influencia de causas naturales, que determinan necesariamente, entonces, en virtud de este acontecimiento, que va acompañado de sus consecuencias naturales *ad infinitum,* comienza absolutamente una nueva serie, aunque, en relación con el tiempo, este acontecimiento no sea más que la continuación de una serie antecedente. Pues esta decisión y este hecho no se inscriben en modo alguno en la sucesión de los simples efectos naturales, ni constituyen una simple prolongación de ellos; por el contrario, las causas determinantes de la naturaleza dejan de desempeñar un papel en la serie, aguas arriba con respecto a este acontecimiento, que ciertamente les sucede, pero no resulta de ellas, razón por la cual debe ser designado como un comienzo absolutamente primero de una serie de fenómenos, no ciertamente con respecto al tiempo, pero sí con respecto a la causalidad.

Lo que confirma vivamente la necesidad de que la razón se refiera, en la serie de las causas naturales, a un primer comienzo libre, y lo hace claramente evidente, es que todos los filósofos de la Antigüedad (con excepción de la escuela epicúrea) se vieron obligados a admitir, para explicar los movimientos del mundo, un primer motor, es decir, una causa que actuara libremente y que inaugurara primero y por sí misma esta serie de estados. De hecho, no tuvieron la audacia de hacer comprensible un primer comienzo partiendo de la simple naturaleza.

II.   Sobre la antítesis

Quien asuma la defensa de la omnipotencia de la naturaleza (fisiocracia trascendental) adoptando el punto de vista opuesto a la doctrina de la libertad, podría argumentar contra el razonamiento sofístico de esta última de la siguiente manera. Si no admites ningún término en el mundo que sea matemáticamente primo en el orden del tiempo, tampoco necesitas buscar un término que sea dinámicamente primo en el orden de la causalidad. ¿Quién te encargó imaginar un estado absolutamente primero del mundo y, en consecuencia, un comienzo absoluto de las series sucesivas de fenómenos y, para que pudieras proporcionar a tu imaginación un punto en el que descansar, imponer límites a la naturaleza ilimitada? Puesto que las sustancias siempre han formado parte del mundo, o al menos puesto que la unidad de la experiencia hace necesaria tal suposición, no hay dificultad en admitir también que el cambio de sus estados, es decir, la serie de sus cambios, habría existido desde el principio, y en consecuencia que no hay necesidad de buscar ningún primer comienzo, ni desde el punto de vista matemático ni desde el punto de vista dinámico. No es posible comprender cómo puede tener lugar una derivación tan infinita, sin la posición de un primer término en relación al cual todo lo demás simplemente se sigue. Pero si, por esta razón, quieres descartar estos enigmas de la naturaleza, te verás obligado a descartar muchas propiedades sintéticas fundamentales (fuerzas fundamentales) que puedes comprender igualmente poco, e incluso la posibilidad de cambio en general debe resultarte chocante. Pues si no descubrieras por experiencia que es real, nunca podrías descubrir *a priori* cómo es posible tal sucesión continua de ser y no-ser.

Incluso si, en cualquier caso, se concediera un poder trascendental de libertad para iniciar los cambios en el mundo, al menos este poder debería necesariamente estar fuera del mundo (aunque siempre siempre sigue siendo una pretensión temeraria admitir, fuera de la totalidad de todas las intuiciones posibles intuiciones, otro objeto que no puede darse no puede darse en ninguna percepción percepción posible). Simplemente, en el mundo mismo nunca podemos permitir que se atribuya a las sustancias tal poder, porque entonces desaparecería en gran parte la cadena de fenómenos que determinan recíprocamente, con la necesidad, según la universal necesidad, según leyes universales (secuencia que llamamos naturaleza), y con esta secuencia la característica distintiva de la verdad empírica, tal como la experiencia de los sueños. En efecto, ante tal poder de libertad, liberado de toda ley, ya no podemos pensar en una naturaleza, puesto que las leyes de la naturaleza se verían continuamente modificadas por las influencias ejercidas por esta libertad, y que el juego de de los fenómenos, regular y uniforme según naturaleza, se hace así confuso e incoherente.

Antinomia de la razón pura
Cuarto conflicto de las ideas trascendentales

Tesis

Algo pertenece al mundo que, como su parte o causa, es un ser absoluto.

226

El mundo sensible, como conjunto de todos los fenómenos, contiene al mismo tiempo una serie de cambios. En efecto, sin esta serie, no se nos daría la representación misma de la serie del tiempo como constituyendo una condición de posibilidad del mundo sensible. Todo cambio, dicho esto, está sujeto a su condición, que le precede en el tiempo, y bajo la cual es necesario. Ahora bien, toda cosa condicionada que se da presupone, en relación con su existencia, una serie completa de condiciones, hasta lo absolutamente incondicionado, que es lo único absolutamente necesario. Así pues, debe existir algo absolutamente necesario para que exista un cambio como su consecuencia. Pero este término necesario pertenece él mismo al mundo sensible. Supongamos, en efecto, que estuviera fuera de éste: la serie de cambios que se producen en el mundo derivaría su principio de este primer término sin que este primer término, como causa necesaria, formara parte él mismo del mundo sensible. Pero esto es imposible. Puesto que el comienzo de una serie temporal sólo puede ser determinado por lo que le precede según el orden del tiempo, la condición suprema para el comienzo de una serie de cambios debe existir necesariamente en el tiempo en que esta serie aún no existía (puesto que el comienzo es una existencia precedida por un tiempo en que la cosa que comienza aún no existía). Por tanto, la causalidad de la causa necesaria de los cambios, en consecuencia, la causa misma, pertenece al tiempo, en consecuencia al fenómeno (en relación al cual sólo es posible el tiempo, que constituye su forma); en consecuencia, no puede pensarse separándolo del mundo sensible, como conjunto global de todos los fenómenos. Así pues, algo absolutamente necesario pertenece al mundo mismo (ya se trate de toda la serie del mundo o de una parte de ella).

ANTÍTESIS

En ninguna parte hay un ser que sea absolutamente necesario, ni en el mundo ni fuera de él, como constituyendo su causa.

PRUEBA

Supongamos que el mundo mismo es un ser necesario, o que hay en él tal ser: en estas condiciones, o bien habría, en la serie de sus cambios, un comienzo que sería absolutamente necesario, por consiguiente desprovisto de causa, lo que contradice la ley dinámica de la determinación de todos los fenómenos en el tiempo; o bien la serie misma estaría desprovista de todo comienzo y, aunque contingente y condicionada en todas sus partes, sería, sin embargo, en su totalidad absolutamente necesaria e incondicionada, lo que es contradictorio en sí mismo, puesto que la existencia de una multitud no puede ser necesaria si ninguna de sus partes posee una existencia en sí misma necesaria.

Supongamos, por el contrario, que hay fuera del mundo una causa del mundo que es absolutamente necesaria: en la medida en que esta causa sería el miembro supremo en la serie de causas de los cambios en el mundo, proporcionaría en primer lugar el comienzo de la existencia de las causas de estos cambios y de su serie. Pero entonces también tendría que empezar a actuar, y su causalidad pertenecería entonces al tiempo, y por tanto a todos los fenómenos, es decir, al mundo: en consecuencia, la causa misma no estaría fuera del mundo, lo que contradice la hipótesis. Así pues, no hay ningún ser absolutamente necesario, ni en el mundo ni fuera de él (pero ligado causalmente a él).

Observaciones sobre la cuarta antinomia

I. Sobre la tesis

Para probar la existencia de un ser necesario, me veo obligado aquí a utilizar únicamente el argumento cosmológico, que se eleva de lo condicionado en el fenómeno a lo incondicionado en el concepto, considerando este incondicionado como la condición necesaria de la totalidad absoluta de la serie. La búsqueda de esta prueba a partir de la simple Idea de un ser supremo dentro de todos los seres es asunto de otro principio de razón, y tal prueba tendrá que ser aportada más específicamente.

Siendo así, la prueba cosmológica pura sólo puede probar la existencia de un ser necesario dejando abierta la cuestión de si este ser es el mundo mismo o algo distinto de este mundo. Para resolver este problema, se necesitan principios que ya no sean cosmológicos ni formen parte de la serie de los fenómenos, sino conceptos de los seres contingentes en general (considerados sólo como objetos del entendimiento) y un principio que permita vincular estos seres, mediante conceptos simples, a un ser necesario, elementos todos de una filosofía trascendente para la que todavía no hay lugar aquí.

El hecho es que, una vez que empezamos a adoptar la prueba cosmológica sobre la base de la serie de los fenómenos y de la regresión que en ella tiene lugar según las leyes empíricas de la causalidad, no podemos luego abandonarla bruscamente y pasar a algo que, como miembro, no pertenece en absoluto a la serie.

Pues, para que algo desempeñe el papel de condición, debe ser considerado exactamente en el mismo sentido que la relación de lo condicionado con su condición en la serie que debía conducir, en progreso continuo, a esta condición suprema. Ahora bien, desde el momento en que esta relación es sensible y cae bajo el posible uso empírico del entendimiento, la condición, o causa suprema, sólo puede venir a cerrar la regresión respetando las leyes de la sensibilidad, por consiguiente, sólo en cuanto pertenece a la serie del tiempo, y el ser necesario debe ser considerado como el miembro último de la serie del mundo.

Sin embargo, nos hemos tomado la libertad de dar tal salto (μετάβασις εις ἄλλο γένος). En efecto, partiendo de los cambios que se producen en el mundo, se sacaba la conclusión de su contingencia empírica, es decir, de la dependencia de estos cambios de causas empíricamente determinantes, y se obtenía así una serie ascendente de condiciones empíricas, lo que por cierto era bastante correcto. Pero como no se podía encontrar ningún primer comienzo o miembro último para esta serie, nos apartamos repentinamente del concepto empírico de contingencia y tomamos la categoría pura de la causalidad, que proporcionaba entonces una serie puramente inteligible cuya completitud descansaba en la existencia de una causa absolutamente necesaria, que entonces, al no estar ligada a ninguna condición sensible, se liberaba también de la condición temporal que le imponía comenzar por sí misma a ejercer su causalidad. Por todo ello, este planteamiento es totalmente ilegítimo, como podemos concluir de las siguientes consideraciones.

Lo contingente, en el sentido puro de la categoría, es aquello de lo que es posible el contrario contradictorio. Ahora bien, no podemos en modo alguno, a partir de la contingencia empírica, concluir que la contingencia es inteligible. Lo que cambia es aquello cuyo opuesto (con respecto a su estado) es real en otro momento y también, por consiguiente, posible; en consecuencia, este estado no es el opuesto contradictorio del estado anterior; para ello sería necesario que, al mismo tiempo que existía el estado anterior, su opuesto hubiera podido estar en su lugar, conclusión que no puede extraerse del cambio. Un cuerpo que estaba en movimiento (A) pasa a estar en reposo (no-A). Ahora bien, del hecho de que un estado opuesto al estado A le suceda, no podemos concluir en modo alguno que el opuesto contradictorio de A era posible, y en consecuencia que A es contingente; pues ello exigiría que, al mismo tiempo que se producía el movimiento, hubiera podido intervenir en su lugar el reposo. En realidad, lo único que sabemos es que el reposo era efectivo en el tiempo siguiente, y que, por tanto, también era posible. Pero el movimiento en un tiempo y el reposo en otro no son opuestos contradictorios. La sucesión de determinaciones opuestas, es decir, el cambio, no prueba, por tanto, la contingencia en el sentido de los conceptos del entendimiento puro y, en consecuencia, no puede conducir a la existencia de un ser necesario según los conceptos puros del entendimiento. El cambio sólo prueba la contingencia empírica, es decir, que el nuevo estado, sin una causa perteneciente al tiempo anterior, no podría por sí mismo haber intervenido de un modo conforme a la ley de causalidad. Esta causa, aunque la consideráramos absolutamente necesaria, debe en cualquier caso encontrarse en el tiempo y formar parte de la serie de fenómenos.

II. SOBRE LA ANTÍTESIS

Si, remontando la serie de los fenómenos, creemos encontrar dificultades que se oponen a la existencia de una causa suprema que sería absolutamente necesaria, entonces tales dificultades no deben fundarse en simples conceptos de la existencia necesaria de una cosa en general, y por consiguiente no deben ser ontológicas, sino que deben resultar de la conexión causal con una serie de fenómenos, en tanto que se trata de admitir para esta serie una condición que sería ella misma incondicionada: por consiguiente, estas dificultades deben ser cosmológicas y deducirse según leyes empíricas. Se trata aquí de mostrar que el ascenso en la serie de las causas (dentro del mundo sensible) no puede terminar nunca con una condición empíricamente incondicionada, y que el argumento cosmológico basado en la contingencia de los estados del mundo debidos a los cambios que se producen en él se vuelve en definitiva contra la hipótesis de una causa primera capaz de constituir absolutamente el primer término de la serie.

Dicho esto, en esta antinomia se revela un extraño contraste: el mismo argumento que sirvió, en la tesis, para concluir a la existencia de un ser originario, sirve, en la antítesis, para concluir a la inexistencia de este mismo ser, y esto de una manera igualmente clara. Al principio se decía: hay un ser necesario, porque todo tiempo pasado contiene en sí la serie de todas las condiciones y, por tanto, también lo incondicionado (lo necesario). Ahora decimos: no hay ser necesario, precisamente porque todo tiempo pasado contiene en sí la serie de todas las condiciones (que, en consecuencia, son todas tomadas en conjunto, a su vez condicionadas). La causa de esta situación es la siguiente. El primer argumento considera sólo la totalidad absoluta de la serie de condiciones, una de las cuales determina la siguiente en el tiempo, y así es como obtiene un término incondicionado y necesario. El segundo argumento, en cambio, apunta a la contingencia de cualquier término determinado en la serie temporal (puesto que a cada término de esta serie le precede un tiempo, tiempo en el que la condición debe necesariamente estar ella misma determinada como condicionada), a consecuencia de lo cual desaparece por completo cualquier término incondicionado y cualquier necesidad absoluta. El hecho es que, en ambos casos, la manera de argumentar está totalmente en consonancia con la razón humana común, que muy a menudo corre el riesgo de entrar en desacuerdo consigo misma tan pronto como aprehende su objeto desde dos puntos de vista diferentes. El conflicto que había surgido entre dos famosos astrónomos sobre una dificultad similar punto de vista fue considerado por monsieur Dortous de Mairan como un fenómeno suficientemente notable que le dedicó un tratado especial. Uno argumentó lo siguiente: la Luna gira alrededor de su eje, porque continuamente presenta el mismo lado a la Tierra; el otro argumentaba: la Luna no gira alrededor de su eje, precisamente porque continuamente presenta el mismo lado de la Tierra. Ambos argumentos eran correctos, siempre y cuando el punto de vista desde el que se pretendía observar el movimiento de la Luna.

Capítulo tercero.   De la antinomia de la razón pura
Sobre el interés de la razón en este conflicto consigo misma

Tenemos ahora a nuestra disposición todo el juego dialéctico de las Ideas cosmológicas, que no permiten en absoluto que se les dé un objeto congruente en ninguna experiencia posible, ni siquiera que la razón las piense en plena concordancia con las leyes universales de la experiencia, aunque no estén concebidas arbitrariamente, sino a las que la razón, en el continuo progreso de la síntesis empírica, se ve necesariamente conducida cuando quiere liberarse de toda condición y aprehender en su totalidad incondicionada lo que, según las reglas de la experiencia, sólo puede ser determinado siempre como condicionado. Estas afirmaciones sofísticas son otros tantos intentos de resolver cuatro problemas naturales e inevitables de la razón; además, sólo puede haber este número de cuatro, ni más ni menos, puesto que no hay más series de supuestos sintéticos que delimiten *a priori* la síntesis empírica.

Hemos representado las brillantes afirmaciones de la razón, cuando extiende su dominio más allá de los límites de la experiencia, sólo a través de secas fórmulas que contienen únicamente lo que sirve de punto de apoyo a sus legítimas exigencias, y, como corresponde a una filosofía trascendental, las hemos despojado de toda dimensión empírica, a pesar de que todo el brillo de las afirmaciones de la razón sólo puede aparecer en su conexión con esta dimensión empírica. Pero en esta aplicación del uso de la razón y en su ampliación gradual, la filosofía, al abandonar el campo de la experiencia y al ascender poco a poco hasta estas Ideas sublimes, muestra tal dignidad que, si tan sólo pudiera sostener sus pretensiones, dejaría muy por debajo de ella a todas las demás ciencias producidas por el hombre, en la medida en que promete fundar nuestras mayores esperanzas y descubrirnos los fines últimos hacia los cuales deben converger, en última instancia, todos los esfuerzos de la razón. ¿Tiene el mundo un principio y algún límite a su extensión en el espacio? ¿Existe en alguna parte, y tal vez en mi Yo pensante, una unidad indivisible e indestructible, o no hay más que lo divisible y lo perecedero? ¿Soy libre en mis actos o, como los demás seres, me dejo llevar por el hilo de la naturaleza y del destino? Por último, ¿existe una causa suprema del mundo, o las cosas de la naturaleza y su orden constituyen el objeto último al que estamos obligados a detenernos en todas nuestras consideraciones? Estas son cuestiones por cuya solución el matemático daría de buena gana toda su ciencia; pues, en todo caso, no puede proporcionarle ninguna satisfacción en relación con los fines de la humanidad que son los más elevados y que están más cerca de su corazón. Incluso la dignidad propia de las matemáticas (este orgullo de la razón humana) reside en la manera en que proporcionan a la razón la dirección que le permite percibir, tanto en lo grande como en lo pequeño, el orden y la regularidad de la naturaleza, junto con la admirable unidad de las fuerzas que la mueven, y esto mucho más allá de lo que puede esperar la filosofía, que construye sus argumentos sobre la experiencia común: Las matemáticas proporcionan así el impulso y el coraje necesarios para utilizar la razón de un modo que va más allá de toda experiencia, al tiempo que proporcionan a la filosofía, que se ocupa de estas cuestiones, los mejores materiales para basar su investigación, en la medida en que su contenido lo permita, en intuiciones adecuadas.

Desgraciadamente para la especulación (pero afortunadamente quizá para los fines prácticos del ser humano), la razón se encuentra, en medio de sus mayores esperanzas, tan enredada en un cúmulo de argumentos y contraargumentos que, incapaz, ni por su honor ni por su propia seguridad, ni de retroceder ni de considerar esta disputa con indiferencia como un mero juego, y menos aún de proponer simplemente la paz, y esto a causa del altísimo interés del conflicto, sólo le queda reflexionar sobre el origen de esta desunión de la razón consigo misma para preguntarse si un simple malentendido no podría ser responsable de ella y si, una vez aclarado este malentendido, las pretensiones indudablemente orgullosas de ambas partes no podrían tal vez desaparecer, para dejar paso al reinado duraderamente tranquilo de la razón sobre el entendimiento y los sentidos.

Por el momento, pospondremos por un tiempo esta explicación radical y examinaremos primero de qué lado preferiríamos estar si nos viéramos obligados a tomar partido. Dado que, en este caso, no estamos cuestionando la piedra de toque lógica de la verdad, sino únicamente nuestros propios intereses, una investigación de este tipo, aunque no decida nada sobre el derecho en litigio entre las dos partes, es, sin embargo, útil en la medida en que permite comprender las razones por las que los participantes en este conflicto se inclinaron más fácilmente hacia un lado que hacia el otro, sin que fuera precisamente un conocimiento particular del tema lo que les llevó a hacerlo. Del mismo modo, esta investigación ofrece la ventaja de explicar otras cosas accesorias, como el fanatismo mostrado por una de las partes y la fría afirmación de sus posiciones por la otra, o por qué aclamamos alegremente a uno de los dos bandos, mientras que desde el principio se nos previene irremediablemente contra el otro.

Sin embargo, hay algo que, en esta valoración provisional, determina el único punto de vista desde el que podemos establecer con la debida solidez, y es la comparación de los principios de los que parten los dos partidos. En las afirmaciones de la antítesis hay una perfecta uniformidad de modo de pensar y una completa unidad de máxima, a saber un principio que es el del empirismo puro, no sólo en cuanto a la explicación de los fenómenos que ocurren en el mundo, sino también en cuanto a la solución de las Ideas trascendentales relativas al universo mismo. Por el contrario, las afirmaciones de la tesis, además del modo empírico de explicación empleado dentro de la serie de los fenómenos, adoptan como fundamento otros principios intelectuales; por esta razón, la máxima no es simple. Sin embargo, llamaré a esta máxima, en vista de su característica distintiva esencial, el dogmatismo de la razón pura.

Por el lado, pues, del dogmatismo que interviene en la determinación de las Ideas cosmológicas de la razón, es decir, por el lado de la tesis, vemos:

En primer lugar, un cierto interés práctico, en el que todo hombre sensible participa de buen grado, en cuanto comprende su verdadero interés. Que el mundo tiene un principio, que mi Yo pensante es simple y por lo tanto incorruptible por naturaleza, que en las acciones de las que es árbitro es al mismo tiempo libre y dueño de la coacción ejercida por la naturaleza, y que finalmente todo el orden de cosas que constituyen el mundo deriva de un ser original del que todo toma prestada su unidad y la manera en que se enlaza con vistas a fines, he aquí las piedras angulares de la moral y de la religión. La antítesis nos priva de todos estos puntos de apoyo, o al menos lo parece.

En segundo lugar, el dogmatismo expresa también un interés especulativo por la razón. En efecto, admitiendo y utilizando de este modo las Ideas trascendentales, podemos aprehender completamente *a priori* toda la serie de condiciones y captar la derivación de lo condicionado a partir de lo incondicionado, lo que no es posible con la antítesis, que da así una imagen muy perjudicial de sí misma al revelarse incapaz de dar una respuesta a la cuestión de las condiciones de su síntesis que nos exima de interrogarnos sin cesar más y más allá. Según ella, a partir de un principio dado, hay que elevarse a un término aún más alto, cada parte conduce a una parte aún más pequeña, cada acontecimiento tiene siempre un acontecimiento por encima que constituye su causa, y las condiciones de la existencia en general se apoyan siempre de nuevo en otras, sin obtener nunca en una cosa que posea su propia consistencia, como ser originario, un punto de apoyo y de respaldo incondicional.

En tercer lugar, esta vertiente tiene también la ventaja de la popularidad, que no es ciertamente su menor recomendación. El sentido común no encuentra la menor dificultad en las Ideas de un principio incondicionado de toda síntesis, en la medida en que está más acostumbrado a descender a las consecuencias que a ascender a los principios, y encuentra en los conceptos de lo absolutamente primero (por cuya posibilidad apenas se preocupa) algo conveniente y que al mismo tiempo le proporciona un punto fijo en el que fijar el hilo al que atar sus pasos, mientras que, por el contrario, cuando remonta implacablemente de lo condicionado a la condición, siempre con un pie en el aire, no puede encontrar nada que le satisfaga realmente.

Del lado del empirismo, que interviene en la determinación de las Ideas cosmológicas, es decir, del lado de la antítesis, he aquí lo que encontramos:

En primer lugar, ningún interés práctico derivado de los principios puros de la razón, como el que transmiten con ellos la moral y la religión. Por el contrario, el mero empirismo parece quitar a ambos toda fuerza e influencia. Si no hay un ser primero distinto del mundo, si el mundo no tiene principio y por tanto tampoco creador, si nuestra voluntad no es libre y si el alma es tan divisible y corruptible como la materia, entonces las Ideas morales y sus principios pierden también todo valor y se derrumban al mismo tiempo que las Ideas trascendentales que constituían su sustento teórico.

El empirismo, en cambio, ofrece ventajas muy atractivas al interés especulativo de la razón, que superan con mucho las prometidas por el doctor dogmático de las Ideas de la razón. Según él, el entendimiento permanece siempre en su propio terreno, a saber, el campo de las simples experiencias posibles, cuyas leyes puede investigar y mediante las cuales es capaz de ampliar *ad infinitum* los conocimientos que puede aprehender y de los que puede estar seguro. Aquí, el entendimiento puede y debe presentar el objeto, tanto en sí mismo como en las relaciones que pueda tener, a la intuición, o en todo caso presentarlo en conceptos cuya imagen pueda proponerse clara y distintamente en intuiciones análogas que se den. No sólo no necesita abandonar esta cadena del orden natural para apegarse a ideas cuyos objetos no conoce, puesto que estos objetos, como seres de pensamiento, no pueden darse nunca, sino que no le está permitido en absoluto abandonar lo que es de su competencia ni, so pretexto de haber llegado ya al final de ella, pasar de allí al dominio de la razón idealizante y de los conceptos trascendentes, donde ya no estaría obligado a realizar sus observaciones y desarrollar sus investigaciones de acuerdo con las leyes de la naturaleza, sino que, por el contrario, sólo tendría que pensar e inventar, con la seguridad de que nunca se vería contradicho por los hechos de la naturaleza, puesto que ya no dependería de su testimonio, sino que, por el contrario, sería libre de hacer caso omiso de ellos, o incluso de someterlos a una autoridad superior, a saber, la de la razón pura.

Por consiguiente, el empirista nunca permitirá que ninguna época de la naturaleza sea considerada como la época absolutamente primaria, ni que ningún límite encontrado por la mirada a su alrededor sea considerado como constituyendo el límite último, ni que los objetos de la naturaleza que él puede descomponer mediante la observación y las matemáticas y determinar sintéticamente en la intuición (lo extenso) pasen a objetos que ni el sentido ni la imaginación pueden jamás presentar *in concreto* (lo simple); Tampoco aceptará que, incluso en la naturaleza, se tome como fundamento un poder de obrar independiente de las leyes de la naturaleza (la libertad), y que se menosprecie así la tarea del entendimiento, que consiste en seguir el hilo de las reglas necesarias, para buscar el origen de los fenómenos; por último, tampoco tolerará que, respecto de cualquier cosa, busquemos su causa fuera de la naturaleza (es decir, un ser primero), ya que, en la medida en que la naturaleza es el único elemento que nos proporciona objetos y es capaz de informarnos de las leyes, no conocemos otra cosa que la naturaleza.

Ciertamente, si el filósofo empirista pretende, con su antítesis, sólo disminuir la temeridad y arrogancia de una razón que, ignorante de su verdadero destino, hace alarde de su penetración y conocimiento precisamente allí donde cesa toda penetración y conocimiento, de una razón que pretende presentar como avance del interés especulativo aquello cuyo valor se decide desde el punto de vista del interés práctico, y ello para, cuando le facilita las cosas, romper el hilo de la investigación física y, alegando la ampliación del conocimiento, renovar este hilo hasta las Ideas trascendentales por las que, propiamente hablando, nada podemos saber, salvo que nada sabemos; si, digo, el empirista se contentara con esto, su principio sería una máxima que nos invitaría a moderar nuestras pretensiones, a cultivar la modestia en lo que afirmamos y, al mismo tiempo, a ampliar lo más posible nuestro entendimiento gracias al único maestro de que disponemos verdaderamente, a saber, la experiencia. En efecto, en este caso no se nos retirarían los presupuestos intelectuales y la creencia que exigen nuestros intereses prácticos: simplemente, no podrían ponerse en juego bajo el título y con la pompa de la ciencia y la penetración racional, ya que el conocimiento propiamente especulativo no puede alcanzar otro objeto que el de la experiencia, y si traspasamos los límites de la experiencia, la síntesis que busca nuevos conocimientos independientes de la experiencia no tiene ningún sustrato intuitivo contra el que pueda ejercerse.

Por otra parte, si el propio empirismo se vuelve dogmático con respecto a las ideas (como sucede en la mayoría de los casos) y si niega rotundamente lo que se encuentra más allá de la esfera de su conocimiento intuitivo, él mismo cae en el defecto de la inmodestia, tanto más censurable cuanto que causa un daño irreparable a los intereses prácticos de la razón.

Esta es la diferencia entre el epicureísmo y el platonismo.

Cada una de ellas dice más de lo que sabe, de modo que la primera fomenta el conocimiento y favorece su desarrollo, aunque en detrimento del interés práctico, mientras que la segunda proporciona ciertamente excelentes principios para el interés práctico, pero por la misma razón, en relación con todo aquello de lo que sólo podemos tener un conocimiento especulativo, permite a la razón abandonarse a explicaciones idealistas de los fenómenos naturales y descuidar la investigación de tipo físico en relación con ellos.

Finalmente, por lo que se refiere al tercer momento, que puede caracterizarse como una elección provisional entre las dos partes opuestas, es bastante extraño constatar que el empirismo no goza de ninguna popularidad, mientras que uno se vería inducido a creer que el entendimiento común debería adoptar con avidez un proyecto que prometiera satisfacerlo exclusivamente con el conocimiento experimental y su secuenciación de acuerdo con la razón, en lugar de que la dogmática trascendental le obligara a elevarse a conceptos muy por encima de la penetración y la capacidad racional de las mentes más entrenadas. Pero esto es precisamente lo que le motiva. Porque se encuentra en una situación en la que ni siquiera los más doctos pueden hacer más que él. Si no oye nada, o muy poco, de estos debates, lo cierto es que nadie puede jactarse tampoco de oír más, y aunque no pueda expresarse sobre tales temas tan doctamente como otros, puede en todo caso permitirse raciocinios infinitamente más extensos, porque sólo da vueltas en el campo de las Ideas, sobre las que se es tanto más locuaz por no saber nada de ellas, mientras que, en lo que se refiere a la investigación de la naturaleza, habría que callarse por completo y admitir que no se sabe nada. La facilidad con que pueden utilizarse y la vanidad que engendran son ya una fuerte recomendación en favor de estos principios. Además, aunque es muy difícil para un filósofo admitir como principio algo de lo que él mismo no puede dar cuenta, o incluso introducir conceptos cuya realidad objetiva no puede vislumbrarse, nada es más habitual para el entendimiento común. Quiere tener algo que pueda servirle con seguridad como punto de partida. No le preocupa la dificultad de comprender tal presuposición, porque (dado que no sabe lo que significa comprender) nunca se le ocurre, y da por sentado aquello con lo que se ha familiarizado por el uso frecuente. Pero al final, para él, todo interés especulativo desaparece ante el interés práctico, y se imagina que ve y sabe lo que sus preocupaciones o esperanzas le llevan a admitir o creer. Así el empirismo queda despojado de toda popularidad por la razón que se abandona a las ideas trascendentales, y por muchas desventajas que pueda tener con respecto a los más altos principios prácticos, no hay por lo menos razón para temer que salga alguna vez de los confines de las escuelas y que obtenga alguna autoridad en el mundo y se gane el favor de la multitud.

La razón humana es, por naturaleza, arquitectónica, lo que significa que considera todos los conocimientos como pertenecientes a un sistema posible y que sólo admite como principios aquellos que, como mínimo, no prohíben que los conocimientos ya adquiridos se integren con otros en cualquier sistema. Las proposiciones de la antítesis son tales que hacen totalmente imposible completar un edificio de conocimientos. Según ellas, hay siempre, más allá de un estado del mundo, un estado aún más antiguo, en cada parte todavía otros, ellos mismos a su vez divisibles, antes de cualquier acontecimiento otro que, a su vez, fue producido igualmente por otros medios, y, en la existencia en general, todo es sólo siempre condicionado, sin que sea posible reconocer ninguna existencia incondicionada y primera. Puesto que, entonces, la antítesis no admite ningún primer término o comienzo que pueda servir absolutamente de fundamento a lo que estamos construyendo, un edificio completo de conocimiento es totalmente imposible con tales presupuestos. Por eso el interés arquitectónico de la razón (que requiere una unidad de razón que no sea una unidad empírica, sino una pura unidad *a priori)* lleva consigo una recomendación natural en favor de las afirmaciones de la tesis.

Dicho esto, si un hombre pudiera liberarse de todo interés y tener en cuenta las afirmaciones de la razón, cualesquiera que fuesen sus consecuencias, sólo a la luz de la consistencia de sus fundamentos, tal hombre, suponiendo que no conociera otra salida a su apuro que la de adherirse a una u otra de las doctrinas opuestas, se encontraría en un estado de perpetua oscilación. Hoy se convencería de que la voluntad humana es libre; mañana, teniendo en cuenta la cadena indisoluble de la naturaleza, daría por sentado que la libertad se reduce a una ilusión sobre uno mismo, y que todo es sólo naturaleza. Pero a la hora de hacer y actuar, este juego de la razón meramente especulativa se disiparía como las imágenes fantasmales de un sueño, y elegiría sus principios únicamente en función del interés práctico. Sin embargo, como corresponde a un ser que reflexiona e investiga, dedicar cierto tiempo exclusivamente al examen de su propia razón, pero para ello despojarse por completo de toda parcialidad y comunicar así sus observaciones a los demás para saber cómo las aprecian, nadie puede, pues, ser reprochado ni, menos aún, prohibido por presentar ante el jurado tesis y antítesis de tal manera que puedan, sin tener que temer amenaza alguna, ser argumentadas ante jurados de la misma condición (es decir, la condición de hombres débiles).

Capítulo cuarto. De la antinomia de la razón pura

Sobre los problemas trascendentales de la razón pura en la medida en que deben resolverse absolutamente

Querer resolver todos los problemas y responder a todas las preguntas sería un alarde impúdico y una presunción tan extravagante que perdería inmediatamente todo crédito. Sin embargo, hay ciencias cuya naturaleza implica que cualquier cuestión que se plantee en ellas debe poder resolverse absolutamente a partir de lo que se sabe, en la medida en que la respuesta debe proceder de las mismas fuentes de las que surge la pregunta, ciencias en las que en modo alguno es lícito alegar una ignorancia inevitable, sino que, por el contrario, puede exigirse la solución. Lo que, en todos los casos posibles, es justo o injusto, debemos poder saberlo según la regla, puesto que la cuestión concierne a nuestra obligación y no tenemos obligación hacia lo que no podemos conocer. En la explicación de los fenómenos de la naturaleza, sin embargo, muchas cosas sólo pueden permanecer inciertas para nosotros, y muchas cuestiones deben permanecer necesariamente irresolubles, puesto que lo que sabemos de la naturaleza está en todo caso lejos de ser suficiente frente a lo que tenemos que explicar. La cuestión es, pues, si en la filosofía trascendental hay alguna cuestión relativa a un objeto propuesto a la razón que sea insoluble precisamente por esta razón pura, y si podemos con razón negarnos a dar una respuesta decisiva colocando la cosa, como absolutamente incierta (por todo lo que podemos saber), entre aquellas de las que tenemos ciertamente un concepto suficiente para plantear una cuestión, pero respecto de las cuales no tenemos, sin embargo, ni los medios ni el poder de dar nunca una respuesta.

Ahora bien, afirmo que la filosofía trascendental tiene esta particularidad, entre todos los saberes especulativos, de que ninguna cuestión relativa a un objeto dado a la razón pura es insoluble para esta misma razón humana, y que nunca podemos alegar ninguna ignorancia inevitable, o la profundidad insondable del problema, para librarnos de la obligación de responderla radical y completamente. En efecto, el mismo concepto que nos permite plantear la cuestión debe permitirnos responderla absolutamente, puesto que el objeto (como en el caso de lo justo y lo injusto) no se encuentra fuera del concepto.

Siendo esto así, en la filosofía trascendental sólo hay cuestiones cosmológicas acerca de las cuales podemos exigir con razón una respuesta satisfactoria sobre la naturaleza del objeto, sin que el filósofo pueda eludirla alegando el pretexto de una oscuridad impenetrable; y estas cuestiones sólo pueden referirse a Ideas cosmológicas. El objeto, en efecto, debe ser dado empíricamente, y la cuestión sólo concierne a su conformidad con una Idea.

Por ejemplo, ¿se trata de saber si este algo cuyo fenómeno (en nosotros) es el pensamiento (el alma), constituye un ser simple en sí mismo, si hay una causa de todas las cosas tomadas en conjunto que sea absolutamente necesaria, etc.? En todos estos casos, debemos entonces, para nuestra Idea, buscar un objeto que podemos convenir que nos es desconocido, pero que por todo eso no es imposible. Sólo las Ideas cosmológicas tienen esta propiedad de poder presuponer como dado su objeto y la síntesis empírica requerida por el concepto del mismo; y la cuestión que plantean concierne únicamente al resultado último de esta síntesis, en cuanto debe contener una totalidad absoluta, que entonces ya no es nada empírico, puesto que no puede darse en ninguna experiencia. Ahora bien, en la medida en que se trata aquí de una cosa sólo como objeto de una experiencia posible, y no como cosa en sí, la respuesta a la cuestión cosmológica trascendental, puesto que no concierne a ningún objeto en sí, no puede encontrarse en ninguna parte fuera de la Idea; y, con respecto a la experiencia posible, no nos planteamos la cuestión de lo que puede darse *in concreto* en ninguna experiencia, sino que nos preguntamos qué está contenido en la idea a la que la síntesis empírica debe simplemente aproximarse: es, pues, a partir de la Idea, y sólo a partir de ella, como debe poder resolverse esta cuestión; pues esta Idea es una creación pura y simple de la razón, que no puede, por tanto, prescindir de dar una respuesta ni descargar esta carga sobre el objeto desconocido.

No es tan extraordinario como puede parecer a primera vista que una ciencia sólo pueda exigir y esperar ciertas soluciones a todas las cuestiones de su competencia, aunque todavía no se hayan encontrado. Aparte de la filosofía trascendental, existen todavía dos ciencias racionales puras, una de contenido puramente especulativo, la otra de contenido práctico: las matemáticas puras y la moral pura. ¿Alguien ha oído alguna vez que la cuestión de qué relación exacta guarda el diámetro con la circunferencia, si tal relación está representada por un número racional o por un número irracional, se tenga por incierta a causa de la necesaria ignorancia de las condiciones? En la medida en que esta relación no podía ser fijada adecuadamente por el primer tipo de número y aún no había sido hallada por el segundo, se consideró que, al menos, podía reconocerse con certeza la imposibilidad de tal solución, y Lambert aportó una prueba de ello. En los principios universales de la moral, nada puede ser incierto porque las proposiciones o son totalmente nulas o deben seguirse necesariamente de nuestros conceptos racionales. Por el contrario, en la física hay una infinidad de conjeturas en relación con las cuales nunca podemos esperar ninguna certeza, ya que los fenómenos naturales son objetos que se nos dan independientemente de nuestros conceptos y para los que, por tanto, la clave no se encuentra en nosotros y en nuestro pensamiento puro, sino fuera de nosotros, hasta el punto de que, en muchos casos, estos objetos no se pueden encontrar y no se puede esperar ninguna explicación cierta para ellos. No tengo en cuenta aquí las cuestiones de los Analíticos trascendentales relativas a la deducción de nuestro conocimiento puro, porque, por el momento, sólo tratamos de la certeza de los juicios en relación con los objetos, y no en relación con el origen de nuestros conceptos mismos.

No podremos, pues, declinar la obligación de dar una solución, al menos crítica, a las cuestiones de razón expuestas anteriormente, quejándonos de los estrechos límites de nuestra razón y admitiendo, con la apariencia de un autoconocimiento lleno de humildad, que está más allá de nuestra razón decidir si el mundo existe desde toda la eternidad o si tuvo un principio; si el espacio del mundo está infinitamente lleno de seres, o si está contenido dentro de ciertos límites; si hay algo simple en el mundo, o si todo debe estar infinitamente dividido; si hay una creación o una producción por la libertad, o si todo está unido a la cadena que presenta el orden de la naturaleza; finalmente, si hay algún ser totalmente incondicionado y necesario en sí mismo, o si todo está condicionado en cuanto a su existencia y, por consiguiente, dependiente de lo exterior y contingente en sí mismo. Pues todas estas cuestiones conciernen a un objeto que no puede darse en ninguna otra parte que en nuestro pensamiento, me refiero a la totalidad absolutamente incondicionada de la síntesis de los fenómenos. Si, sobre este punto, no podemos decir nada ni determinar nada a partir de nuestros propios conceptos que sea cierto, no podemos echarle la culpa a la cosa que se nos oculta, pues no hay tal cosa que se nos pueda dar (ya que en ningún caso puede encontrarse fuera de nuestra Idea); por el contrario, debemos buscar su origen en nuestra Idea misma, que es un problema que no acepta solución y que nos obstinamos en tratar como si le correspondiera un objeto real. Una exposición clara de la dialéctica que está inscrita en nuestro concepto mismo nos conduciría muy rápidamente a la completa certeza de cuál debe ser nuestro juicio en relación con tal cuestión.

Si afirmáis desconocer este problema, se os puede plantear en primer lugar esta pregunta, a la que al menos debéis dar una respuesta clara: ¿De dónde sacáis las Ideas cuya solución os confunde en tal dificultad? ¿Son fenómenos que tenéis que explicar, y para los cuales, siguiendo estas Ideas, no tenéis más que buscar los principios o la regla de exposición? Admitid que la naturaleza se os revela totalmente, que nada se oculta a vuestros sentidos o a vuestra conciencia de todo lo que se presenta a vuestra intuición: por todo eso, no podrás conocer en concreto, por ninguna experiencia, el objeto de tus Ideas (pues se requiere todavía, además de esta intuición completa, una síntesis perfecta y la conciencia de su totalidad absoluta, lo que no es posible por ningún conocimiento empírico); por consiguiente, tu pregunta no puede ser en modo alguno necesaria para la explicación de cualquier fenómeno que pueda presentarse, como no puede por tanto ser planteada por el objeto mismo. Pues el objeto nunca puede presentarse a ti, ya que no puede ser dado por ninguna experiencia posible. Cualesquiera que sean las percepciones posibles, siempre permaneces sujeto a condiciones, ya sea en el espacio o en el tiempo, y nunca llegas a algo incondicionado que sea tal que puedas decidir si esta incondicionalidad ha de situarse en un comienzo absoluto de la síntesis o en una totalidad absoluta de la serie, sin comienzo. Pero la totalidad, en su sentido empírico, es siempre simplemente comparativa. La totalidad absoluta de la cantidad (el universo), la totalidad de la división, la totalidad de la inferencia, la totalidad de la condición de la existencia en general, así como todas las cuestiones sobre si resulta de una síntesis finita o de una síntesis que debe continuarse *ad infinitum,* no tienen nada que ver con ninguna experiencia. Por ejemplo, no podréis dar una explicación de los fenómenos de un cuerpo que sea en lo más mínimo mejor, o incluso que sea simplemente diferente, admitiendo que está formado por partes simples o que sigue estando siempre formado por partes compuestas; pues ningún fenómeno simple, ni tampoco una composición infinita, puede presentarse jamás ante vosotros. Los fenómenos sólo son explicables en la medida en que las condiciones de su explicación se dan en la percepción, pero todo lo que puede darse en ellos, una vez unidos en un todo absoluto, no corresponde él mismo a la percepción. Ahora bien, es precisamente este todo cuya explicación se requiere en los problemas trascendentales de la razón.

Así pues, puesto que la solución misma de estos problemas no puede encontrarse nunca en la experiencia, no se puede decir que lo que haya que atribuir al objeto en este caso sea incierto. Esto se debe a que su objeto sólo está en su cerebro y de ningún modo puede darse fuera de él; en consecuencia, su única preocupación debe ser llegar a un acuerdo consigo mismo y evitar la anfibología que hace de su Idea una supuesta representación de un objeto que está empíricamente dado y, por tanto, también es susceptible de ser conocido según las leyes de la experiencia. Por tanto, la solución dogmática no es posiblemente incierta, sino imposible. En cambio, la solución crítica, que puede ser plenamente cierta, considera la cuestión, no objetivamente en absoluto, sino en función del fundamento del conocimiento sobre el que descansa.

Capítulo quinto. De la antinomia de la razón pura
Representación escéptica de las cuestiones cosmológicas a través de las cuatro Ideas trascendentales

Abandonaríamos de buen grado la exigencia de que nuestras preguntas recibieran una respuesta dogmática si pudiéramos ver de antemano que, cualquiera que sea la respuesta, no hará más que aumentar aún más nuestra ignorancia y sumirnos de una incomprensibilidad en otra, de una oscuridad en una oscuridad aún mayor, y tal vez incluso en contradicciones. Si nuestra pregunta se plantea únicamente con vistas a una respuesta afirmativa o negativa, es prudente dejar en suspenso por el momento lo que podríamos suponer que es el fundamento de la respuesta, y comenzar por evaluar lo que ganaríamos si respondiéramos en un sentido, y análogamente si respondiéramos en el sentido contrario. Ahora bien, si resulta que en ambos casos el resultado es simplemente un sinsentido, entonces tenemos una razón fundada para examinar nuestra pregunta misma desde un punto de vista crítico y ver si no descansaría en una presuposición infundada si jugara con una Idea que traiciona su falsedad más en la aplicación y a través de sus consecuencias que en la representación abstracta. Esta es la gran utilidad del modo escéptico de tratar las cuestiones que la razón pura plantea a la razón pura, y así podemos librarnos a poco precio de un gran libertinaje dogmático para instaurar en su lugar una crítica equilibrada que, como un verdadero catártico, ahuyentará felizmente la ceguera delirante, al mismo tiempo que el gusto, que la acompaña, por una multiplicación desenfrenada de los conocimientos.

Si, frente a una idea cosmológica, pudiera reconocer de antemano que, cualquiera que fuese su inclinación con relación a lo incondicionado de la síntesis regresiva de los fenómenos, sería en todo caso o demasiado grande o demasiado pequeña para cualquier concepto de comprensión, comprendería entonces que esta idea, que sólo tiene que ver con un objeto de experiencia, un objeto que debe poder concordar con un concepto del entendimiento, sólo puede ser enteramente vacía y carente de sentido, puesto que el objeto no concuerda con ella, cualquiera que sea la manera en que yo intente poner en práctica esta conformidad. Y esto es, en efecto, lo que sucede con todos los conceptos del mundo, que, precisamente por ello, enredan a la razón, mientras se aferra a ellos, en una inevitable antinomia. Supongamos lo siguiente:

Primero, que el mundo no tiene principio: en este caso, es demasiado grande para su concepto, porque su concepto, que consiste en una regresión sucesiva, nunca puede alcanzar toda la eternidad. Plantea que tiene principio: esta vez es demasiado pequeño para tu concepto del entendimiento en la regresión empírica que necesariamente le pertenece. En efecto, puesto que el comienzo presupone siempre un tiempo que le precede, no es todavía incondicionado, y la ley del uso empírico del entendimiento te prescribe preguntar de nuevo por una condición superior del tiempo: el mundo es, pues, evidentemente demasiado pequeño para esta ley.

Lo mismo ocurre con la doble respuesta a la pregunta sobre el tamaño del mundo en relación con el espacio. Si es infinito e ilimitado, es demasiado grande para cualquier concepto empírico posible. Si es finito y limitado, cabe preguntarse qué determina este límite. El espacio vacío no es un correlato de las cosas que posea consistencia propia, y no puede ser una condición en la que uno pueda detenerse, y menos aún una condición empírica que constituya parte de una experiencia posible (pues ¿quién puede tener una experiencia del vacío absoluto?). Ahora bien, la totalidad absoluta de la síntesis empírica exige siempre que lo incondicionado sea un concepto derivado de la experiencia. Por tanto, un mundo limitado es demasiado pequeño para su concepto.

En segundo lugar, si todo fenómeno en el espacio (la materia) consta de un número infinito de partes, la regresión realizada por la división es siempre demasiado grande para su concepto; y si la división del espacio debe detenerse en uno cualquiera de sus miembros (en lo simple), la regresión es demasiado pequeña para la Idea de lo incondicionado. Pues este miembro deja aún abierta la posibilidad de una regresión a una pluralidad de partes contenidas en él.

En tercer lugar, si se admite que, en todo lo que sucede en el mundo, no hay nada que no deba considerarse como una consecuencia que se produce según las leyes de la naturaleza, entonces la causalidad de la causa es, a su vez, siempre algo que sucede y que constantemente hace necesaria la regresión a causas aún más elevadas y, en consecuencia, la continuación de la serie de condiciones a parte *priori*. La mera naturaleza eficiente es, pues, demasiado grande para todo vuestro concepto en la síntesis de los acontecimientos del mundo.

Si elegís, aquí o allá, acontecimientos espontáneos, por consiguiente, producción por la libertad, os preocupáis por el porqué de tales acontecimientos, que correspondería a una ley implacable de la naturaleza, y os veis obligados, en virtud de la ley de causalidad que rige la experiencia, a ir más allá de este punto: encontráis entonces que tal totalidad de conexión causal es demasiado pequeña para el concepto empírico que necesitáis.

En cuarto lugar, si se admite un ser absolutamente necesario (ya sea el mundo mismo, algo en el mundo o la causa del mundo), se le sitúa en un tiempo infinitamente alejado de cualquier momento susceptible de darse, pues de otro modo dependería de otra existencia más antigua. Pero, a partir de entonces, esta existencia es inaccesible a tu concepto empírico y demasiado grande para que puedas llegar a ella por cualquier tipo de regresión continua.

Si, por el contrario, según tu punto de vista, todo lo que pertenece al mundo (ya sea como condicionado o como condición) es contingente, entonces cualquier existencia que te sea dada es demasiado pequeña para tu concepto. En efecto, te obliga a indagar aún más en otra existencia de la que depende.

En todos estos casos, hemos dicho que la Idea del mundo es o demasiado grande o demasiado pequeña para la regresión empírica y, por consiguiente, para cualquier concepto posible del entendimiento. ¿Por qué no hemos dicho lo contrario, que en el primer caso el concepto empírico es siempre demasiado pequeño para la Idea, mientras que en el segundo es demasiado grande, y por qué, en consecuencia, echamos, por así decirlo, la culpa a la regresión empírica, en lugar de incriminar a la Idea cosmológica acusándola de desviarse, excesiva o deficientemente, de lo que constituye su objetivo, a saber, la experiencia posible? He aquí por qué: la experiencia posible es lo único que puede dar realidad a nuestros conceptos; sin ella, todo concepto es simplemente una Idea, desprovista de verdad y privada de toda relación con un objeto. Por eso el concepto empírico posible era el rasero con el que necesariamente había que juzgar la Idea, para determinar si es una mera Idea y un ser de razón, o si encuentra su objeto en el mundo. Pues sólo puede decirse que algo es demasiado grande o demasiado pequeño en relación con otra cosa si sólo se acepta en términos de este último término, y si éste sólo se regula en términos del primero. Uno de los juegos del programa de las antiguas escuelas dialécticas era esta pregunta: si una pelota no puede pasar por un agujero, ¿debemos decir que la pelota es demasiado grande o que el agujero es demasiado pequeño? En este caso, la forma que elijas para expresarte es equivalente: no sabes cuál de las dos cosas existe en relación con la otra. En cambio, no dirías que un hombre es demasiado grande para su prenda, sino que es la prenda la que es demasiado pequeña para el hombre.

Por lo menos, pues, nos vemos llevados a la legítima sospecha de que las Ideas cosmológicas y, con ellas, todas las afirmaciones sofísticas en conflicto entre sí, pueden tener por fundamento un concepto vacío y meramente imaginario de la manera en que se nos da el objeto de estas Ideas; y esta sospecha puede ponernos ya en el buen camino para descubrir la ilusión que nos ha extraviado durante tanto tiempo.

Capítulo sexto.   De la antinomia de la razón pura

El idealismo trascendental como clave para resolver la dialéctica cosmológica

Hemos demostrado suficientemente en la Estética trascendental que todo lo que se intuye en el espacio y en el tiempo, por consiguiente, todos los objetos de una experiencia que nos es posible, no son más que fenómenos, es decir meras representaciones que, en la medida en que nos las representamos como seres extendidos o como series de cambios, no poseen fuera de nuestro pensamiento ninguna existencia que encuentre su propio fundamento en sí misma. Es a esta concepción a la que llamo idealismo trascendental. El realista, en el sentido trascendental, convierte estas modificaciones de nuestra sensibilidad en cosas subsistentes en sí mismas, y transforma así las meras representaciones en cosas en sí mismas.

Sería injusto para nosotros que se nos atribuyera el idealismo empírico, del que tanto se ha abusado, el cual, si bien admite la realidad del espacio mismo, niega la existencia de los seres extendidos presentes en él, o al menos la encuentra dudosa, y no admite a este respecto ninguna diferencia entre sueño y verdad que pueda ser suficientemente demostrada. En cuanto a los fenómenos del sentido interno en el tiempo, no encuentra dificultad en admitirlos como cosas reales; más aún, sostiene que esta experiencia interna por sí sola prueba suficientemente la existencia real de su objeto (en sí mismo, con toda esta determinación temporal).

Nuestro idealismo trascendental concede, por el contrario, que los objetos de la intuición externa existen también efectivamente tal como son intuidos en el espacio, del mismo modo que todos los cambios en el tiempo existen tal como el sentido interno se los representa. En efecto, en la medida en que el espacio es ya una forma de la intuición que llamamos intuición externa, y puesto que sin objetos en el espacio no habría absolutamente ninguna representación empírica, podemos y debemos admitir los seres extendidos en él como efectivamente reales; y lo mismo vale para el tiempo. Queda el hecho de que este espacio mismo, así como este tiempo y, con ellos, todos los fenómenos no son, sin embargo, cosas en sí, sino que no son más que representaciones y no pueden en modo alguno existir fuera de nuestra mente; e incluso la intuición interna y sensible de nuestra mente (intuida como objeto de la conciencia), cuya determinación está representada por la sucesión de diversos estados en el tiempo, no es ni el verdadero yo, tal como existe en sí mismo, ni el sujeto trascendental, sino sólo un fenómeno que se da a la sensibilidad de este ser desconocido para nosotros. La existencia de este fenómeno interno como algo que existiría en sí mismo de este modo no puede concederse, puesto que su condición es el tiempo, que no puede ser una determinación de ninguna cosa en sí. Pero en el espacio y en el tiempo la verdad empírica de los fenómenos es suficientemente cierta, y se distingue adecuadamente de lo que podría parecerse a un sueño, siempre que, en ambos registros, los fenómenos se sucedan exacta y completamente, conformes a las leyes empíricas, dentro de una experiencia.

Los objetos de la experiencia no se dan, pues, nunca en sí mismos, sino sólo en la experiencia, y no existen en modo alguno fuera de la experiencia. Que pueda haber habitantes en la Luna, aunque ningún ser humano haya tenido jamás la percepción de ellos, debe ciertamente concederse, pero esto sólo significa que, en el posible progreso de la experiencia, podríamos encontrarlos; pues todo lo que concuerda en un contexto con una percepción según las leyes que rigen el curso de la experiencia es efectivamente real. Por lo tanto, son efectivamente reales en cuanto se integran con mi conciencia efectiva en un todo empírico coherente, aunque no lo son por todo ello, ya que son, en sí mismas, es decir, fuera de este progreso de la experiencia, efectivamente reales.

Nada nos es dado realmente, salvo la percepción y la progresión empírica de esta percepción hacia otras percepciones posibles. Pues en sí mismos los fenómenos, como meras representaciones, sólo son reales en la percepción, que no es en realidad otra cosa que la realidad de una representación empírica, es decir, de un fenómeno. Designar, antes de la percepción, un fenómeno como cosa real, o bien significa que, en la marcha hacia adelante de la experiencia, hemos de encontrarnos necesariamente con tal percepción, o bien no tiene ningún sentido. Pues que existe en sí mismo, sin relación alguna con nuestros sentidos y con la experiencia posible, podría decirse ciertamente si se tratara de una cosa en sí. Pero no es más que un fenómeno en el espacio y en el tiempo, los cuales no son determinaciones de las cosas en sí, sino sólo determinaciones de nuestra sensibilidad; por consiguiente, lo que se encuentra en ellos (los fenómenos) no es algo en sí, sino que corresponde a meras representaciones que, si no se dan en nosotros (en la percepción), no se encuentran en ninguna parte.

El poder sensible de la intuición no es, en rigor, más que una receptividad, que consiste en ser afectado en cierto modo por representaciones cuya relación entre sí es una pura intuición del espacio y del tiempo (formas simples de nuestra sensibilidad), y que se llaman objetos en cuanto que están en esta relación (espacio y tiempo) conectados y determinables según leyes que regulan la unidad de la experiencia. La causa no sensible de estas representaciones nos es siempre desconocida, y por eso no podemos intuirla como objeto, pues tal objeto tendría entonces que no estar representado ni en el espacio ni en el tiempo (en la medida en que estos últimos son simples condiciones de la representación sensible), condiciones en cuya ausencia somos incapaces de pensar la más mínima intuición. Podemos, sin embargo, llamar objeto trascendental a la causa meramente inteligible de los fenómenos en general, pero sólo para tener algo que poner en correspondencia con la sensibilidad vista como receptividad. A este objeto trascendental podemos asignar todo el alcance y toda la cohesión general de nuestras percepciones posibles, y podemos decir que está dado en sí mismo, antes de cualquier experiencia. Pero los fenómenos así asignados a este objeto no están dados en sí mismos: sólo están dados en esta experiencia, puesto que son meras representaciones que se refieren a un objeto real sólo como percepciones, es decir, si esta percepción comercia con todas las demás según las reglas que estructuran la unidad de la experiencia. Así podemos decir que las cosas reales del tiempo pasado están dadas en el objeto trascendental de la experiencia; pero son objetos para mí y son reales en el tiempo pasado sólo en la medida en que me represento que una serie regresiva de percepciones posibles (según el hilo de la historia, o según la progresión de causas y efectos) que obedecen a leyes empíricas, en una palabra al curso del mundo, conduce a una serie temporal transcurrida que aparece como la condición del tiempo presente. Esta última serie, sin embargo, sólo se representa como real si forma parte de la cadena de la experiencia posible, y no en sí misma, de modo que todos los acontecimientos transcurridos antes de mi existencia y desde tiempo inmemorial no significan otra cosa que la posibilidad de prolongar la cadena de la experiencia retrocediendo desde la percepción presente hacia las condiciones que la determinan en el tiempo.

En consecuencia, cuando me represento todos los objetos de los sentidos que existen en todos los tiempos y en todos los espacios, no los sitúo allí antes de la experiencia, sino que esta representación no es otra cosa que el pensamiento de una experiencia posible, en su absoluta plenitud. Sólo en ella se dan estos objetos (que no son más que representaciones). Sin embargo, si decimos que existen antes de toda mi experiencia, esto sólo significa que deben encontrarse en la parte de la experiencia a la que, partiendo de mi percepción actual, debo remontarme. La causa de las condiciones empíricas de esta progresión, por consiguiente, cuáles son los elementos que puedo encontrar, o incluso el punto hasta el cual puedo encontrar regresivamente tales elementos, es trascendental y, por tanto, me es necesariamente desconocida. De hecho, tampoco es esto lo que está en cuestión, sino únicamente la regla que rige la progresión de la experiencia en la que los objetos, es decir, los fenómenos, me son dados. En cuanto al resultado, me da lo mismo decir: es posible que, en el curso de la progresión del experimento, encuentre estrellas en el espacio que estén cien veces más lejos que las estrellas más lejanas que veo, o bien: es posible que tales estrellas se encuentren en el espacio del mundo, aunque ningún ser humano las haya visto o pueda percibirlas jamás; pues aunque se dieran como cosas en sí mismas, sin relación alguna con una posible experiencia en general, son, sin embargo, algo para mí, por tanto objetos, sólo en la medida en que están contenidas en la serie de regresiones empíricas. Sólo en otro sentido, si precisamente estos fenómenos han de servir para elaborar la Idea cosmológica de un todo absoluto, y si se trata, por tanto, de una cuestión que rebasa los límites de la experiencia posible, es importante apreciar distintamente el modo en que comprendemos la realidad efectiva de estos objetos de los sentidos, a fin de descartar una ilusión engañosa que ha de surgir inevitablemente de la interpretación errónea de nuestros propios conceptos de la experiencia.

Capítulo séptimo. De la antinomia de la razón pura

Una decisión crítica sobre el conflicto cosmológico de la razón consigo misma

Toda la antinomia de la razón pura descansa sobre este argumento dialéctico: Cuando se da lo condicionado, se da también toda la serie de todas sus condiciones; y los objetos de los sentidos nos son dados como condicionados; por consiguiente, etc. A través de este silogismo, cuya mayor parte parece tan natural y tan evidente, se introducen así, según el tipo de diversidad de las condiciones (en la síntesis de los fenómenos), en la medida en que constituyen una serie, tantas Ideas cosmológicas que postulan la totalidad absoluta de estas series y, por lo mismo, ponen inevitablemente a la razón en contradicción consigo misma. Antes de descubrir el engaño de este argumento sofístico, sin embargo, debemos prepararnos rectificando y determinando algunos de los conceptos aquí implicados.

En primer lugar, es clara e inequívocamente cierta la siguiente proposición: Cuando se nos da lo condicionado, se nos propone como tarea una regresión en la serie de todas sus condiciones; pues el concepto de lo condicionado implica ya que por medio de tal regresión algo se relaciona con una condición y, si ésta es a su vez condicionada, con una condición más lejana, y así sucesivamente, pasando por todos los miembros de la serie. Esta proposición es, pues, analítica y no tiene nada que temer de la crítica trascendental. Es un postulado lógico de la razón, que prescribe que el entendimiento debe perseguir, y llevar lo más lejos posible, esta conexión entre un concepto y sus condiciones, conexión ya inscrita en el concepto mismo.

Luego, si lo condicionado y su condición son cosas en sí mismas, entonces, estando dado lo condicionado, no sólo se establece como tarea a perseguir la regresión a la condición, sino que esta condición está al mismo tiempo ya realmente dada, y en la medida en que esto se aplica a todos los miembros de la serie, es la serie completa de condiciones, y en consecuencia también lo incondicionado, lo que está simultáneamente dado o más bien presupuesto por el hecho mismo de que lo condicionado, que sólo era posible a través de esta serie, está dado. Aquí, la síntesis de lo condicionado con su condición es una síntesis del mero entendimiento, que representa las cosas tal como son, sin preguntarse si podemos llegar a conocerlas y cómo. En el caso, por el contrario, de que se trate de fenómenos que, en cuanto meras representaciones, no están en modo alguno dados si no llego a conocerlos (es decir, a sí mismos, puesto que no son sino conocimiento empírico), no puedo decir exactamente en el mismo sentido que, si lo condicionado está dado, todas las condiciones (en cuanto fenómenos) que lo presiden están también dadas, y, en consecuencia, no puedo concluir en modo alguno a la totalidad absoluta de su serie. Pues los fenómenos no son, en la aprehensión misma, otra cosa que una síntesis empírica (en el espacio y en el tiempo) y, por tanto, sólo están dados en este último. Ahora bien, de ningún modo se sigue que, si lo condicionado (en el fenómeno) está dado, la síntesis que constituye su condición empírica esté también *ipso facto* dada al mismo tiempo que ella, o que esté por ello presupuesta; al contrario, sólo interviene en la regresión y nunca sin ella. Pero en tal caso bien puede decirse que una regresión hacia las condiciones, es decir, una síntesis empírica perseguida, está de este lado impuesta o fijada como la tarea a perseguir, y que no dejará de haber condiciones dadas por esta regresión.

Se sigue claramente que la mayor del razonamiento cosmológico toma lo condicionado en el sentido trascendental de una categoría pura, mientras que la menor lo toma en el sentido empírico de un concepto del entendimiento aplicado a fenómenos simples, y en consecuencia que nos encontramos aquí con ese engaño dialéctico que se llama *sophisma figurae dictionis*. Pero este engaño no es intencional: por el contrario, es una ilusión perfectamente natural de la razón común. En efecto, gracias a tal ilusión, presuponemos (en el mayor) las condiciones y sus series, por así decir sin nuestro conocimiento, tan pronto como algo se da como condicionado, cumpliendo así simplemente con el requisito lógico de que tenemos las premisas completas que permiten una conclusión dada; y puesto que, en la conexión de lo condicionado con su condición, no es probable que se encuentre ningún orden de tiempo, las presuponemos en sí mismas como dadas al mismo tiempo. Por otra parte, también es natural (en la menor) considerar los fenómenos como cosas en sí y tanto como objetos dados al mero entendimiento, como era el caso en la mayor, puesto que he prescindido de todas las condiciones de la intuición bajo las cuales sólo pueden darse objetos. Sin embargo, al hacerlo habíamos dejado de lado una diferencia entre los conceptos que vale la pena señalar. La síntesis de lo condicionado con su condición y toda la serie de condiciones (en la mayor) no implicaba en absoluto ninguna limitación por el tiempo, ni ningún concepto de sucesión. Por el contrario, la síntesis empírica y la serie de condiciones del fenómeno (que se subsume en la menor) son necesariamente sucesivas y sólo se dan una tras otra en el tiempo; en consecuencia, no podría presuponer, ni aquí ni allí, la totalidad absoluta de la síntesis y de la serie así representadas, puesto que allí todos los miembros de la serie se dan en sí mismos (sin condición de tiempo), mientras que aquí sólo son posibles en consideración a la regresión sucesiva, que sólo se da en la medida en que es efectivamente recorrida.

Frente a la prueba convincente del error oculto del argumento en el que se basan comúnmente las afirmaciones cosmológicas, las dos partes en conflicto pueden ser desestimadas con razón, ya que no apoyan su pretensión en ninguna base sólida. Con todo, su disputa no habría llegado aún a su fin por el hecho de que se habrían convencido de que ambas o una de ellas estarían equivocadas en aquello mismo que sostienen (en la conclusión) sin saber apoyarlo con argumentos válidos. Nada, sin embargo, parece más claro que esto: de dos proposiciones, una de las cuales sostiene que el mundo tuvo un principio, la otra que el mundo no tiene principio, sino que existe desde toda la eternidad, hay al menos una que está fundada en derecho. Pero si éste es el caso, puesto que la claridad es igual en ambos lados, es, sin embargo, imposible descubrir jamás cuál de las partes tiene razón; y el conflicto continúa, después como antes, aunque las partes hayan sido llamadas por el tribunal de la razón a calmarse. No queda, pues, otro medio de poner fin radicalmente al conflicto, a satisfacción de ambas partes, que convencerlas de que, siendo tan capaces de refutarse mutuamente, luchan en vano, y de que cierta apariencia trascendental les ha pintado una realidad donde no se encuentra ninguna. Este es el camino que seguiremos ahora para poner fin a un conflicto que ningún juicio puede resolver.

* * *

Zenón de Elea, dialéctico sutil, ya fue criticado por Platón por comportarse deliberadamente como un sofista al pretender, para mostrar su habilidad, demostrar una misma proposición con argumentos que parecen buenos y luego derribarla inmediatamente con otros argumentos igual de sólidos. Afirmaba que Dios (que para él probablemente no era otra cosa que el mundo) no es ni finito ni infinito, que no está ni en movimiento ni en reposo, que no se parece ni se diferencia de ninguna otra cosa. A quienes le juzgaron sobre la base de esta práctica les pareció que había querido negar totalmente dos proposiciones mutuamente contradictorias, lo cual es absurdo. Pero sencillamente no me parece que este agravio estuviera fundado con razón. Pronto aclararé la primera de estas proposiciones examinándola más detenidamente. En cuanto a las otras, si con el término «Dios» se refería al universo, seguramente tenía que decir que el universo ni está constantemente presente en su lugar (en reposo) ni cambia de lugar (no se mueve), porque ambas cosas sólo están en el universo, pero que el universo no está él mismo en ningún lugar. Si el universo incluye en sí todo lo que existe, tampoco es, como tal, semejante o desemejante a ninguna otra cosa, puesto que fuera de él no hay ninguna otra cosa con la que pueda compararse. Si dos juicios opuestos entre sí presuponen una condición inadmisible, ambos caen a pesar de su oposición (que no es, sin embargo, una contradicción propiamente dicha), porque cae la condición bajo la cual sólo cada una de estas proposiciones debería encontrar su validez. Si alguien dijera: todo cuerpo o huele bien o huele mal, surgiría un tercer caso, a saber, que no huele nada en absoluto (que no tiene olor), y a partir de ahí las dos proposiciones contradictorias podrían ser falsas. Si digo que cualquier cuerpo está perfumado o no está perfumado, los dos juicios son opuestos contradictorios, y sólo el primero es falso, mientras que su opuesto contradictorio, a saber, que algunos cuerpos no están perfumados, también incluye en él a los cuerpos que no huelen en absoluto. En la oposición anterior, la condición accidental del concepto de cuerpo (olor) estaba todavía presente en el juicio contrario, y por tanto no era suprimida por él: en consecuencia, este último no era el opuesto contradictorio del primero.

Si digo: el mundo, en lo que concierne al espacio, o es infinito o no es infinito, es necesario, si la primera proposición es falsa, que su opuesta contradictoria, a saber, el mundo no es infinito, sea verdadera. Pero si se tratase de decir: el mundo es infinito o finito (no infinito), entonces podría ser que ambas proposiciones fuesen falsas. Pues, en este caso, considero que el mundo está determinado en sí mismo en cuanto a su magnitud, ya que, en la proposición contraria, no estoy simplemente descartando el infinito y con él, tal vez, toda su existencia considerada en sí misma, sino que estoy añadiendo una determinación al mundo en cuanto a una cosa realmente real en sí misma, que podría ser falsa con la misma facilidad si, de hecho, el mundo no se diera en absoluto como una cosa en sí misma, ni tampoco, en consecuencia, como infinito o como finito en cuanto a su magnitud. Permítaseme llamar a este tipo de oposición oposición dialéctica, mientras que la oposición contradictoria se denomina oposición analítica. Dos juicios dialécticamente opuestos pueden, pues, ser ambos falsos, ya que uno no contradice simplemente al otro, sino que dice algo más de lo necesario para la contradicción.

Si consideramos las dos proposiciones: el mundo es infinito en tamaño, el mundo es finito en tamaño, como contradictorias entre sí, admitimos que el mundo (toda la serie de fenómenos) es una cosa en sí. Pues sigue siendo, aunque yo elimine la regresión infinita o finita en la serie de los fenómenos. Pero si dejo de lado esta suposición o apariencia trascendental y niego que el mundo constituya una cosa en sí, la oposición contradictoria de las dos afirmaciones se transforma en una oposición meramente dialéctica; y, puesto que el mundo no existe en absoluto en sí mismo (independientemente de la serie regresiva de mis representaciones), no existe ni como un todo infinito en sí mismo, ni como un todo finito en sí mismo. El mundo sólo puede encontrarse en la regresión empírica de la serie de los fenómenos, y en absoluto por sí mismo. Por consiguiente, si esta serie está siempre condicionada, nunca se da en su totalidad, y el mundo no es, pues, en modo alguno un todo incondicionado: no existe ni, como tal, con una magnitud infinita ni con una magnitud finita.

Lo que se ha dicho aquí sobre la primera Idea cosmológica, es decir, sobre la totalidad absoluta de la magnitud en el fenómeno, vale también para todas las demás. La serie de condiciones sólo puede encontrarse en la síntesis regresiva misma, pero no en sí misma en el fenómeno como en una cosa poseedora de existencia propia, dada antes de toda regresión. Por eso tendré que decir también que la multiplicidad de partes, en un fenómeno dado, no es en sí ni finita ni infinita, puesto que el fenómeno no es nada existente en sí mismo y las partes sólo están dadas por la regresión operada por la síntesis que procede a la descomposición de dicho fenómeno, y en esta misma regresión, que nunca se da absolutamente como un todo, ni como finita ni como infinita. La misma observación se aplica a la serie de causas subordinadas entre sí, o a la serie que va de la existencia condicionada a la existencia incondicionalmente necesaria, que nunca puede ser considerada, en relación con la totalidad que constituye, ni como finita en sí misma ni como infinita, puesto que, como serie de representaciones subordinadas, sólo consiste en la regresión dinámica, pero de ningún modo puede existir en sí misma, antes de esta regresión y como serie de cosas que poseen en sí mismas su consistencia.

De este modo, la antinomia de la razón pura con respecto a sus Ideas cosmológicas se elimina mostrando que es meramente dialéctica y corresponde al conflicto ligado a una apariencia que surge del hecho de que la Idea de totalidad absoluta, que sólo tiene valor como condición de las cosas en sí mismas, se ha aplicado a fenómenos que sólo existen en representación y, cuando constituyen una serie, en regresión sucesiva, pero que, por lo demás, carecen de toda existencia. Dicho esto, también podemos, por otra parte, derivar de esta antinomia una utilidad real, no dogmática, por supuesto, pero en todo caso crítica y doctrinal: en efecto, podemos así demostrar indirectamente la idealidad trascendental de los fenómenos, en la hipótesis de que alguien no se hubiera dado por satisfecho con la prueba directa aportada en la Estética trascendental. La demostración consistiría en este dilema: si el mundo es un todo autoexistente, o es finito o es infinito. Ahora bien, tanto la primera como la segunda posibilidad son falsas (en virtud de las pruebas, indicadas anteriormente, de un lado de la antítesis y, del otro, de la tesis). Por tanto, también es falso que el mundo (el conjunto de todos los fenómenos) sea un todo autoexistente. De ahí se sigue que los fenómenos en general no son nada fuera de nuestras representaciones, que es precisamente lo que queríamos decir cuando hablábamos de su idealidad trascendental.

Se trata de un punto importante. Vemos, pues, que las pruebas dadas anteriormente de las cuatro antinomias no eran ilusorias, sino bien fundadas, al menos a condición de suponer que los fenómenos o un mundo sensible que los comprendiera a todos en sí serían cosas en sí. Sin embargo, el conflicto entre las proposiciones derivadas de ellas nos muestra que hay algo falso en esta suposición, y nos lleva así a descubrir el verdadero contenido de las cosas como objetos de los sentidos. La Dialéctica trascendental viene así en apoyo, no ya del escepticismo, sino del método escéptico, que puede mostrar aquí un ejemplo de su gran utilidad si dejamos que los argumentos de la razón, en su mayor libertad, se formulen unos contra otros: aunque al final no nos proporcionen lo que buscábamos, siempre nos aportarán algo útil y aprovechable para la rectificación de nuestros juicios.

Capítulo octavo. De la antinomia de la razón pura
El principio regulador de la razón pura en relación con las ideas cosmológicas

Dado que el principio cosmológico de totalidad no da un máximo de la serie de condiciones en un mundo sensible considerado como cosa en sí, sino que tal máximo sólo puede fijarse como tarea en la regresión dentro de esta serie, el principio de razón pura en cuestión, si se toma en su sentido legítimo, conserva todo su valor, no ciertamente como axioma que prescribe pensar como real la totalidad comprendida en el objeto, sino como constituyendo un problema para el entendimiento, por tanto para el sujeto: el de proseguir, de acuerdo con el cierre presente en la Idea, la regresión en la serie de las condiciones en relación con un condicionado dado. Pues en la sensibilidad, es decir, en el espacio y en el tiempo, toda condición a la que podamos llegar en la exposición de fenómenos dados está a su vez condicionada, ya que estos fenómenos no son objetos en sí mismos entre los que pueda inscribirse jamás lo absolutamente incondicionado, sino simples representaciones empíricas que deben encontrar siempre su condición en la intuición, que los determina con respecto al espacio o al tiempo. En rigor, pues, el principio de razón no es más que una regla que, en la serie de las condiciones de los fenómenos dados, prescribe una regresión a la que nunca es posible encontrar un término absolutamente incondicionado en el que pueda detenerse. No es, pues, un principio de posibilidad de la experiencia y del conocimiento empírico de los objetos de los sentidos, ni, en consecuencia, un principio del entendimiento, puesto que toda experiencia es comprendida dentro de sus propios límites (de acuerdo con la intuición dada), ni tampoco un principio constitutivo de la razón, que permita extender el concepto del mundo sensible más allá de toda experiencia posible, sino que es un principio que permite perseguir y extender la experiencia hasta donde sea posible, un principio según el cual ningún límite empírico debe tener el valor de un límite absoluto, por tanto, un principio de razón que, por regla general, postula lo que debemos realizar en la regresión y no anticipa lo que se da en sí mismo en el objeto antes de cualquier regresión. De ahí mi designación de principio regulador de la razón, mientras que, al contrario, el principio de la totalidad absoluta de la serie de condiciones, consideradas como dadas en sí en el objeto (en los fenómenos), sería un principio cosmológico constitutivo, cuya nulidad he querido indicar precisamente mediante esta distinción, con la esperanza de evitar así que atribuyamos, como ocurre por otra parte inevitablemente (por subrepción trascendental), una realidad objetiva a una Idea que sólo sirve de regla.

Para determinar adecuadamente el sentido de esta regla de la razón pura, debemos notar en primer lugar que ella no puede decir qué es el objeto, sino cómo debe realizarse la regresión empírica para llegar al concepto completo del objeto. Pues si se diera el primer suceso, se trataría de un principio constitutivo, lo que nunca es posible sobre la base de la razón pura. No podemos, pues, en modo alguno pensar en decir que la serie de condiciones de un condicionado dado es en sí finita o infinita; porque, si así fuera, una simple Idea de totalidad absoluta, que sólo se construye en esta misma Idea, pensaría en un objeto que no puede darse en ninguna experiencia, ya que se atribuiría a una serie de fenómenos una realidad objetiva independiente de la síntesis empírica. La Idea de la razón prescribirá, pues, simplemente a la síntesis regresiva en la serie de las condiciones una regla en virtud de la cual progresa de lo condicionado a lo incondicionado por la mediación de todas las condiciones subordinadas entre sí, aunque nunca se llegue a lo incondicionado. Pues lo absolutamente incondicionado no se encuentra en modo alguno en la experiencia.

Ahora bien, para ello es necesario primero determinar exactamente qué puede decirse de la síntesis de una serie, en la medida en que nunca es completa. A este respecto, se suelen utilizar dos expresiones que deberían permitir establecer una distinción en esta materia, sin saber, no obstante, cuál es exactamente el fundamento de esta distinción. Los matemáticos hablan simplemente de un *progressus in infinitum.* Aquellos cuyas investigaciones se refieren a los conceptos (filósofos) quieren sustituir esta expresión imponiendo como la única válida la de un *progressus in indefinitum.* Sin detenerme a examinar los escrúpulos que les impulsaron a hacer tal distinción, ni el uso, fructífero o estéril, que se hace de ella, deseo determinar exactamente qué son esos conceptos en relación con mi propio objetivo.

De una línea recta, puede decirse con razón que podría prolongarse hasta el infinito, y aquí la distinción entre el infinito y la progresión que continúa indefinidamente *(progressus in indefinitum)* no sería más que una sutileza vacía. Porque, ciertamente, cuando decimos: extiende una línea, sería sin duda más correcto añadir: *in indefinitum,* que decir: *in infinitum,* porque la primera expresión sólo significa: extiéndela hasta donde quieras, mientras que la segunda significa: nunca debes dejar de extenderla (punto que no se pretende precisamente aquí); sin embargo, cuando se trata sólo de una cuestión de potencia, la primera expresión es completamente correcta; pues siempre puedes extender la línea infinitamente. Y lo mismo ocurre en todos los casos en que sólo se habla de progresión, es decir, del proceso de avance que va de lo condicionado a lo condicionado: este proceso progresa, en la serie de los fenómenos, *ad infinitum.* Partiendo de una pareja de padres, se puede avanzar *ad infinitum* a lo largo de la línea descendente de la generación, y también se puede ver perfectamente que efectivamente continúa en el mundo. Pues aquí la razón nunca necesita la totalidad absoluta de la serie, en cuanto que no la presupone como condición y como dado *(datum)*, sino sólo como algo condicionado que sólo es susceptible de ser dado *(dabile)* y aumenta indefinidamente.

No se puede decir lo mismo del problema de saber hasta dónde se extiende la regresión que, en una serie, se remonta desde lo dado condicionado hasta las condiciones: ¿Puedo decir que es una regresión infinita hacia atrás o simplemente una regresión hacia atrás que se extiende con una extensión indeterminable *(in indefinitum)*. Y ¿puedo así, a partir de los hombres vivos hoy, remontarme infinitamente en la serie de sus antepasados, o sólo podemos decir que, por mucho que me remonte, nunca encontraré un fundamento empírico que me autorice a sostener que la serie ha llegado a su límite en alguna parte, de modo que estoy legitimado y al mismo tiempo obligado, para cada uno de los antepasados, a buscar sus antepasados aún más atrás, aunque no pueda suponer precisamente ninguno?

Digo, pues, que si el todo se da en la intuición empírica, la regresión va hasta el infinito en la serie de sus condiciones internas. Pero si sólo hay un miembro de la serie a partir del cual debe ir la regresión para llegar a la totalidad absoluta, entonces sólo hay una regresión de extensión indeterminada *(in indefinitum)*. Así pues, debemos decir de la división de una materia dada dentro de sus límites (un cuerpo) que llega hasta el infinito. Pues esta materia está dada en su totalidad, por consiguiente, con todas sus partes posibles, en la intuición empírica. Ahora bien, en la medida en que la condición de este todo es su parte, y la condición de esta parte, la parte de dicha parte, etc., y en esta regresión dentro de la descomposición no hay nunca un miembro de esta serie de condiciones que sea incondicionado (indivisible), no sólo no hay ninguna razón empírica para poner fin a la división, sino que los miembros más alejados de la división que se continúa están ellos mismos empíricamente dados antes de esta división que continúa, es decir, la división va hasta el infinito. Por otra parte, ningún experimento posible da la serie de los antepasados, con respecto a un individuo dado, en su totalidad absoluta; pero la regresión va, sin embargo, de cada miembro de este proceso de engendramiento a un miembro superior, hasta tal punto que no se puede encontrar ningún límite empírico que presente un miembro como absolutamente incondicionado. Como, sin embargo, los miembros que podrían en este caso proporcionar la condición tampoco están presentes en la intuición empírica del todo anterior a la regresión, ésta no va hasta el infinito (en la división de lo dado), sino que desarrolla indeterminadamente la búsqueda, para los miembros dados, de un cierto número de miembros que, a su vez, sólo se dan alguna vez como condicionados.

En ninguno de los dos casos, ni en la regresión *in infinitum* ni en la regresión *in indefinitum,* la serie de condiciones se considera infinitamente dada en el objeto. No se trata de cosas dadas en sí mismas, sino sólo de fenómenos que, como condiciones unos de otros, sólo se dan en la regresión misma. La cuestión, pues, ya no es cuán extensa es esta serie de condiciones en sí misma, si es finita o infinita, pues no es nada en sí misma; sino más bien cómo debemos organizar la regresión empírica y hasta dónde debemos proseguirla. Y en este caso hay que hacer una distinción nada despreciable con respecto a la regla de esta progresión. Si el todo se ha dado empíricamente, es posible retroceder hasta el infinito en la serie de sus condiciones internas. Si, por el contrario, el todo no está dado, sino que sólo puede darse por regresión empírica, sólo puedo decir que es posible avanzar infinitamente hacia condiciones aún más elevadas en la serie. En el primer caso, podría decir: siempre hay más miembros, que están empíricamente dados, de los que alcanzo por regresión (procediendo a la descomposición); pero en el segundo, simplemente: siempre puedo, en la regresión, ir aún más lejos, puesto que ningún miembro está empíricamente dado como absolutamente incondicionado, siempre es posible un miembro superior, y en consecuencia el hecho de preguntar por él aparece como una cuestión necesaria. En el primer caso, era necesario encontrar más miembros de la serie; en el segundo, siempre es necesario preguntar por un número mayor, puesto que ninguna experiencia interviene para fijar un límite absoluto. Pues, o bien no tienes ninguna percepción que limite absolutamente tu regresión empírica, y por ello necesariamente no debes considerar tu regresión como completa; o bien tienes tal percepción que limita tu serie, y por ello esta percepción no puede formar parte de la serie cuyas etapas ya has recorrido (por esta razón de que lo que limita sólo puede ser distinto de lo que por ello es limitado), y por ello debes continuar tu regresión también con respecto a esta condición, y así sucesivamente.

La próxima sección arrojará la luz que merecen estas observaciones aplicándolas.

Capítulo noveno.   De la antinomia de la razón pura

Sobre el uso empírico del principio regulador de la razón en relación con todas las ideas cosmológicas

Puesto que, como hemos demostrado repetidamente, no hay ningún uso trascendental ni de los conceptos puros del entendimiento ni de los de la razón, y puesto que la totalidad absoluta de la serie de condiciones en el mundo sensible se basa únicamente en un uso trascendental de la razón, que requiere esta totalidad incondicionada de lo que presupone como algo en sí mismo, pero puesto que el mundo sensible no incluye nada por el estilo, nunca más puede tratarse de la magnitud absoluta de las series presentes en este mundo para saber si pueden ser limitadas o ilimitadas en sí mismas, sino sólo para determinar hasta dónde debemos retroceder en la regresión empírica, cuando relacionamos la experiencia con nuestras condiciones, si queremos detenernos, de acuerdo con lo que es regla de la razón, en ninguna otra solución de estas cuestiones que la que está de acuerdo con el objeto.

En este sentido, el valor que nos queda por reconocer en el principio de razón sólo puede ser el de una regla relativa a la progresión y magnitud de una experiencia posible, una vez que hemos demostrado suficientemente su falta de valor como principio constitutivo de los fenómenos en sí mismos. Por consiguiente, si logramos que este valor aparezca fuera de toda duda, el conflicto de la razón consigo misma habrá terminado por completo, ya que, gracias a esta solución crítica, no sólo se habrá superado la apariencia que la dividía de sí misma, sino que en su lugar se habrá establecido el sentido según el cual está de acuerdo consigo misma, y cuya interpretación errónea era la única que causaba el conflicto, y un principio que por lo demás es dialéctico se transformará en un principio doctrinal. En efecto, si podemos justificar el sentido subjetivo de este principio, que consiste en determinar el mayor uso posible del entendimiento en la experiencia de un modo coherente con los objetos de esa experiencia, todo sucede exactamente como si, a la manera de un axioma (lo cual es imposible sobre la base de la razón pura), determinara *a priori* los objetos en sí mismos; pues incluso tal axioma no podría ejercer, con respecto a los objetos de la experiencia, mayor influencia en la ampliación y rectificación de nuestro conocimiento que demostrando su alcance operativo en el uso empírico más extenso de nuestro entendimiento.

I. Solución de la idea cosmológica relativa a la composición total de los fenómenos de un universo

Aquí, como en otras cuestiones cosmológicas, la base del principio regulador de la razón es la proposición de que en la regresión empírica no puede haber experiencia de un límite absoluto, por tanto, ninguna experiencia de una condición que, como tal, sea absolutamente incondicionada empíricamente. La razón de ello es que, en tal experiencia, los fenómenos tendrían que estar limitados por la nada, o por el vacío, en lo cual tropezaría la búsqueda de la regresión, por medio de la percepción, lo cual es imposible.

Ahora bien, esta proposición, que equivale a decir que, en la regresión empírica, sólo alcanzo, en cada etapa, una condición que debe ella misma considerarse necesariamente como empíricamente condicionada, esta proposición contiene *in terminis* la regla que estipula que, por muy lejos que haya llegado en la serie ascendente, debo plantearme constantemente la cuestión de un miembro superior de la serie, si puede o no serme conocido por la experiencia.

En este sentido, para resolver el primer problema cosmológico, es necesario y suficiente simplemente decidir si, en la regresión hacia la grandeza incondicionada del universo (en términos de tiempo y espacio), este ascenso que nunca encuentra su límite puede llamarse una regresión hasta el infinito, o sólo una regresión para la que es imposible determinar hasta dónde puede continuarse *(in indefinitum).*

La simple representación general de la serie de todos los estados pasados del mundo, junto con las cosas que pertenecen simultáneamente al espacio del mundo, no es en sí misma otra cosa que una posible regresión empírica de la que me formo un pensamiento, aunque de un modo aún indeterminado, y a través del cual sólo puede formarse el concepto de tal serie de condiciones para la percepción dada. Ahora bien, sólo aprehendo el universo en mi concepto, pero de ningún modo dispongo de él (como totalidad) en la intuición. De su magnitud, por tanto, no puedo sacar ninguna conclusión en cuanto a la magnitud de la regresión, ni puedo determinar esta última por referencia a la primera; por el contrario, debo formarme primero un concepto de la magnitud del mundo por medio de la magnitud de la regresión empírica. Pero de esta última no sé nada más, salvo que desde cada miembro dado de la serie de condiciones debo progresar siempre más, empíricamente, hacia un miembro superior (más distante). De modo que la magnitud del todo constituido por los fenómenos no está absolutamente determinada, de tal manera que tampoco puede decirse que esta regresión llegue hasta el infinito, pues ello consistiría en anticipar los miembros a los que la regresión no ha llegado todavía y representarse su número como tan grande que ninguna síntesis empírica podría alcanzarlo: en consecuencia, esto sería determinar la magnitud del mundo antes de la regresión (aunque de un modo meramente negativo), lo cual es imposible. Pues el mundo no me es dado por ninguna intuición (en su totalidad): en consecuencia, su tamaño tampoco me es dado en modo alguno antes de la regresión. En consecuencia, no podemos decir absolutamente nada acerca de la grandeza del mundo en sí mismo, ni siquiera que esté sujeto a regresión *in infinitum,* sino que sólo por referencia a la regla que determina la regresión empírica en él debemos buscar el concepto de su grandeza. Ahora bien, lo único que dice esta regla es que, por muy lejos que hayamos llegado en la serie de las condiciones empíricas, no debemos admitir ningún límite absoluto, sino que estamos obligados a subordinar cada fenómeno, en cuanto condicionado, a otro en cuanto constitutivo de su condición, y así progresar más hacia esta condición, que corresponde a una regresión *in indefinitum,* la cual, por no determinar ninguna magnitud en el objeto, debe distinguirse claramente de la regresión *in infinitum.*

Así pues, no puedo decir que el mundo sea infinito en términos de tiempo pasado o de espacio. Pues tal concepto de magnitud, en la medida en que lo convierte en infinito dado, es empíricamente imposible, y por tanto también absolutamente imposible respecto al mundo considerado como objeto de los sentidos. Tampoco diré que la regresión que conduce de una percepción dada a todo lo que la limita en serie, tanto en el espacio como en el tiempo, llega hasta el infinito: esto presupone, en efecto, la grandeza infinita del mundo; ni diré que es finita: pues el límite absoluto es igualmente imposible empíricamente. En virtud de esto, pues, no puedo decir nada acerca de todo el objeto de la experiencia (del mundo sensible), sino sólo acerca de la regla según la cual la experiencia debe organizarse y proseguirse de modo coherente con su objeto.

La primera respuesta negativa a la cuestión cosmológica sobre el tamaño del mundo consiste en sostener que el mundo no tiene un primer comienzo en el tiempo ni un límite extremo en el espacio.

En efecto, en el caso contrario, estaría limitado por el tiempo vacío, por una parte, y por el espacio vacío, por otra. Ahora bien, en la medida en que, como fenómeno, no puede estar limitado en sí mismo por ninguno de los dos, puesto que un fenómeno no es una cosa en sí, tendría que ser posible percibir la limitación, por un tiempo absolutamente vacío o por un espacio vacío —gracias a lo cual estos límites extremos del mundo se darían en una experiencia posible—. Pero tal experiencia, al estar vacía de contenido, es imposible. De modo que un límite absoluto del mundo es empíricamente imposible, y por tanto también absolutamente imposible.

De aquí se sigue al mismo tiempo esta respuesta afirmativa: la regresión en la serie de los fenómenos del mundo, en la medida en que constituye una determinación de la magnitud del mundo, va *in indefinitum,* lo que equivale a decir que el mundo sensible no tiene magnitud absoluta, sino que la regresión empírica (por la que sólo el mundo puede darse por el lado de sus condiciones) tiene su regla —a saber, la de progresar siempre, desde cualquier miembro de la serie considerado como término condicionado, hacia un miembro aún más lejano (ya sea por medio de la propia experiencia, siguiendo el hilo de la historia, o recorriendo la cadena de los efectos y sus causas) y no dejar nunca de ampliar el posible uso empírico del propio entendimiento, que es también la tarea propia y única de la razón en sus principios.

Esto no prescribe una regresión empírica específica, que avanzaría constantemente dentro de un cierto tipo de fenómenos. Así, por ejemplo, no se nos ordena, partiendo de un hombre vivo, retroceder cada vez más en una serie de antepasados, sin esperar encontrar nunca una primera pareja, o avanzar en la serie de los cuerpos del mundo, sin admitir un sol último. Pero lo que se nos ordena hacer es sólo progresar de fenómeno en fenómeno, aunque estos fenómenos no proporcionen ninguna experiencia real (si el grado de esta percepción es tan bajo para nuestra conciencia que no puede convertirse en experiencia), porque, sin embargo, pertenecen a la experiencia posible.

Todo comienzo está en el tiempo, y todo límite de lo que tiene extensión está en el espacio. Pero el espacio y el tiempo sólo existen en el mundo sensible. Por consiguiente, los fenómenos del mundo sólo están limitados de un modo condicionado, pero el mundo mismo no está limitado ni de un modo condicionado ni de un modo incondicionado.

Precisamente por eso ni el mundo ni siquiera la serie de condiciones de un condicionado dado pueden darse nunca plenamente de modo que constituyan una serie del mundo, y por eso el concepto de la grandeza del mundo sólo se da por regresión, y no, antes de esta regresión, en una intuición colectiva. Pero la regresión sólo consiste siempre en el acto de determinar la magnitud, y por eso no da un concepto determinado, ni da un concepto de una magnitud que sería infinita en relación con una medida determinada: en consecuencia, no va al infinito (como si estuviera dado), sino a una distancia indeterminada, para dar (a la experiencia) una magnitud que sólo empieza a hacerse efectiva por esta regresión.

II. Solución de la idea cosmológica de totalidad de la división de un todo dado en la intuición

Cuando divido un todo que está dado en la intuición, paso de un término condicionado a las condiciones de su posibilidad. La división en partes *(subdivisio* o *decompositio)* es una regresión en la serie de estas condiciones. La totalidad absoluta de esta serie sólo se daría entonces si la regresión pudiera llegar a partes simples. Pero si, en una descomposición ininterrumpida, todas las partes son siempre a su vez divisibles, la división, es decir, la regresión, va de lo condicionado a sus condiciones *in infinitum,* puesto que las condiciones (las partes) están contenidas en lo condicionado mismo y, puesto que lo condicionado está dado en su totalidad en una intuición encerrada en sus límites, también ellas están dadas todas juntas con él. Por consiguiente, la regresión no debe llamarse simplemente un ascenso indefinido hacia arriba, como sólo lo permitía la Idea cosmológica anterior, en la medida en que tenía que ir de lo condicionado a sus condiciones, que estaban fuera de él y, en consecuencia, no se daban al mismo tiempo que él, sino que sólo intervenían en la regresión empírica. Por todo ello, en modo alguno es lícito decir de un todo tal, que es infinitamente divisible, que está compuesto de infinitas partes. Pues, aunque todas las partes estén contenidas en la intuición del todo, la división total no está contenida en ella, ya que sólo consiste en la continuación de la descomposición, es decir, en la regresión misma, que es la única que hace efectiva la serie. Ahora bien, como esta regresión es infinita, todos los miembros (las partes) que alcanza están ciertamente contenidos como agregados en el todo dado, pero no está contenida en ella toda la serie de la división, que es infinita en la sucesión, pero nunca es infinita en toda su extensión, y por consiguiente no puede presentar una multitud infinita o una síntesis de ella en un todo.

Esta observación general puede, en primer lugar, aplicarse muy fácilmente al espacio. Todo espacio intuido dentro de sus límites es tal totalidad cuyas partes, en cualquier descomposición, son siempre a su vez espacios, y en consecuencia es infinitamente divisible.

De aquí se sigue también con toda naturalidad la segunda aplicación a un fenómeno exterior encerrado dentro de sus límites (cuerpo). La divisibilidad de este cuerpo se basa en la divisibilidad del espacio, que constituye la posibilidad del cuerpo en la medida en que es un todo extendido. Por tanto, el cuerpo es infinitamente divisible, sin estar compuesto por un número infinito de partes.

Parece ser cierto que, puesto que un cuerpo debe representarse como una sustancia en el espacio, difiere de él en lo que concierne a la ley de la divisibilidad del espacio; pues ciertamente puede concederse, en cualquier caso, que la descomposición en el espacio nunca puede hacer desaparecer toda composición, ya que entonces incluso todo el espacio, que no tiene nada subsistente en sí mismo, dejaría de ser (lo cual es imposible); que, por otra parte, si toda composición de la materia fuese suprimida por el pensamiento, no quedaría nada en absoluto, esto no parece compatible con el concepto de una sustancia, que debería propiamente ser el sujeto de toda composición y subsistir en sus elementos incluso si la unión de estos elementos en el espacio, por la cual constituyen un cuerpo, fuese suprimida. Pero lo que llamamos sustancia en los fenómenos no es lo mismo que lo que pensaríamos de una cosa en sí misma por medio de un concepto puro del entendimiento. Esta sustancia no es un sujeto absoluto, sino una imagen permanente de la sensibilidad, y no es otra cosa que una intuición en la que no hay nada incondicionado.

Siendo así, aunque esta regla de progresión hasta el infinito es indudablemente aplicable cuando se trata de la subdivisión de un fenómeno, considerado simplemente en la medida en que llena el espacio, no tiene, sin embargo, ningún valor cuando queremos extenderla también a la multitud de partes que están ya, en cierto modo, separadas dentro del todo dado y que constituyen en este sentido un *quantum discretum*. Admitir que, en cada todo estructurado (organizado), cada parte está a su vez estructurada y que, de este modo, a través de la división infinita de las partes, nos encontramos siempre con nuevas partes estructuradas, o, en una palabra, que el todo está infinitamente estructurado, no es en absoluto concebible, aunque es perfectamente concebible que las partes de la materia, en su descomposición infinita, puedan estar estructuradas. Pues la infinitud de la división de un fenómeno dado en el espacio se basa únicamente en el hecho de que la divisibilidad está simplemente dada, es decir, en una multitud de partes que son en sí mismas absolutamente indeterminadas, mientras que las partes mismas sólo están dadas y determinadas por la subdivisión: en resumen, en el hecho de que el todo no está en sí mismo ya dividido. En consecuencia, la división puede determinar en este todo una multitud que se extiende hasta donde estemos dispuestos a llegar en la regresión en la que se produce la división. En cambio, cuando se trata de un cuerpo orgánico estructurado infinitamente, el todo se representa ya, mediante este concepto, como dividido, y encontramos en él, antes de cualquier regresión que realice la división, una multitud de partes determinadas en sí mismo, pero infinita —que se contradice a sí misma, en la medida en que este desarrollo infinito se ve como una serie que nunca puede completarse (infinita) y, sin embargo, porque se entiende sintéticamente, también se ve como completada—. La división infinita caracteriza el fenómeno sólo como *quantum continuum,* y es inseparable del llenado del espacio, ya que precisamente en este llenado reside el fundamento de la divisibilidad infinita. Pero, en cuanto consideramos algo como un *quantum discretum,* la multitud de unidades adquiere un carácter determinado: también se hace, en consecuencia, siempre igual a un número. Hasta dónde, pues, se extiende la organización en un cuerpo estructurado, sólo la experiencia puede decidirlo, y aunque no llegue con certeza a ninguna parte que sea inorgánica, lo cierto es que las partes de este tipo deben encontrar al menos un lugar en la experiencia posible. Pero en cuanto hasta dónde se extiende la división trascendental de un fenómeno en general, esto no es en absoluto una cuestión que pueda ser resuelta por la experiencia, sino que se trata de un principio de razón, que exige que, de acuerdo con la naturaleza de este fenómeno, la regresión empírica en la descomposición de lo que se extiende no sea tomada nunca como absolutamente completa.

* * *

Observación final sobre la solución de las ideas trascendentales de carácter matemático y consideración preliminar sobre la solución de las ideas trascendentales de carácter dinámico

Cuando presentábamos en un cuadro la Antinomia de la razón pura a través de todas las Ideas trascendentales, indicando el fundamento de este conflicto y el único medio de eliminarlo (es decir, de declarar falsas las dos afirmaciones que se oponían), representábamos en todas partes las condiciones como pertenecientes al término que condicionaban según las relaciones de espacio y de tiempo, que es el presupuesto habitual del sentido común, sobre el cual, por consiguiente, descansaba también enteramente este conflicto. A este respecto, todas las representaciones dialécticas de la totalidad en la serie de condiciones, en relación con un condicionado dado, eran también, por tanto, del mismo tipo. Se trataba siempre de una serie en la que la condición estaba ligada a lo condicionado de tal modo que constituían ambos miembros de esta serie, y en la que, por consiguiente, eran del mismo tipo, ya que la regresión nunca debía pensarse como completa, o bien, si esto sucedía, un miembro en sí condicionado debía ser considerado falsamente como un primer miembro, y por tanto como incondicionado. Así pues, no era el objeto, es decir, la cosa condicionada, lo que realmente examinábamos, sino la serie de condiciones que lo presiden, sólo en cuanto a su magnitud, y la dificultad, que no podía superarse por ningún compromiso, sino sólo cortando por lo sano el nudo del debate, consistía en que la razón hacía la cosa o demasiado larga o demasiado corta para el entendimiento, hasta el punto de que éste nunca lograba igualar la idea que la razón forjaba de este modo.

Dicho esto, hemos descuidado, a este respecto, una distinción esencial que prevalece entre los objetos, es decir, entre los conceptos del entendimiento que la razón se esfuerza en elevar al rango de Ideas —a saber, que, según la tabla de categorías que dimos anteriormente, dos de ellas designan una síntesis matemática de los fenómenos, mientras que las otras dos designan una síntesis dinámica. Hasta ahora hemos podido prescindir por completo de esta distinción, puesto que, así como en la representación general de todas las Ideas trascendentales nos quedábamos siempre únicamente en el nivel de las condiciones inscritas en el fenómeno, así también, en las dos Ideas trascendentales de carácter matemático, no teníamos otro objeto que el que está en el fenómeno. Pero ahora que pasamos a los conceptos dinámicos del entendimiento en la medida en que han de conciliarse con la Idea de razón, esta distinción adquiere importancia y abre una perspectiva enteramente nueva con respecto al proceso en el que está implicada la razón, un proceso que antes se había descartado por descansar, por ambas partes, en suposiciones falsas, pero un proceso que ahora, en cuanto, tal vez, entra en la antinomia dinámica una suposición que puede coexistir con la pretensión de la razón, puede desde este punto de vista, y en la medida en que el juez supla los defectos de los medios legales que habían sido ignorados por ambas partes, dar lugar a un compromiso que satisfaga a ambas partes, cosa que no podía suceder en el conflicto presente en la antinomia matemática.

Ciertamente, todas las series de condiciones son homogéneas, en la medida en que nos limitamos a considerar su extensión para determinar si son acordes con la Idea o si son demasiado grandes o demasiado pequeñas para ella. Sin embargo, el concepto de entendimiento que está en la base de estas Ideas contiene o bien sólo una síntesis de lo homogéneo (que se supone para toda magnitud, tanto en su reconstitución como en su división), o bien también una síntesis de lo heterogéneo —posibilidad que puede admitirse al menos en la síntesis dinámica de la conexión causal, así como en la de lo necesario con lo contingente.

De ahí que no pueda intervenir en el encadenamiento matemático de series de fenómenos otra condición que una condición sensible, es decir, una condición que forme ella misma parte de la serie, mientras que, por otra parte, la serie dinámica de condiciones sensibles admite al menos todavía una condición heterogénea que no forma parte de la serie, pero que, como condición puramente inteligible, se encuentra fuera de la serie —lo que da satisfacción a la razón y coloca lo incondicionado a la cabeza de los fenómenos, sin perturbar la serie de los fenómenos, en la medida en que siempre están condicionados, y sin romper esta serie, en contradicción con los principios del entendimiento.

Ahora bien, como las Ideas dinámicas permiten admitir una condición de los fenómenos que es exterior a su serie, es decir, una condición que no es ella misma un fenómeno, sucede algo muy distinto de lo que resultaba de la antinomia matemática. La consecuencia de esta última fue que las dos afirmaciones dialécticas antitéticas tuvieron que ser declaradas falsas. Por otra parte, la manera en que lo que en las series dinámicas está enteramente condicionado, y que es inseparable de estas series consideradas como fenómenos, llega a combinarse con la condición ciertamente incondicionada empíricamente, pero también no sensible, da satisfacción por una parte al entendimiento y por otra a la razón, y mientras se derrumban los argumentos dialécticos que de algún modo buscaban una totalidad absoluta en los meros fenómenos, por el contrario las proposiciones de la razón, en el sentido rectificado que adquieren, pueden ser ambas verdaderas: cuestión que nunca puede plantearse respecto a las ideas cosmológicas que se refieren simplemente a una unidad matemáticamente incondicionada, porque en ellas no hay otra condición de la serie de fenómenos que la que es también ella misma un fenómeno y que, como tal, constituye a su vez un miembro de la serie.

III. Solución de las ideas cosmológicas relativas a la totalidad de la derivación de los acontecimientos del mundo a partir de sus causas

Sólo se puede pensar en dos tipos de causalidad en relación con lo que sucede, ya sea según la naturaleza o por medio de la libertad. La primera consiste en la conexión de un estado, en el mundo sensible, con un estado precedente al que sucede según una regla. Ahora bien, en la medida en que la causalidad de los fenómenos se basa en condiciones temporales, y el estado anterior, si hubiera existido en todo tiempo, no habría producido un efecto que surge por primera vez en el tiempo, la causalidad de la causa de lo que llega o comienza a ser también ha comenzado a ser y ella misma requiere, de acuerdo con el principio del entendimiento, una causa a su vez.

Por el contrario, entiendo la libertad, en el sentido cosmológico del término, como el poder de inaugurar un estado por sí mismo —una libertad cuya causalidad, por tanto, no está a su vez sujeta, según la ley de la naturaleza, a otra causa que la determine según el tiempo. La libertad es en este sentido una Idea trascendental pura que, en primer lugar, no contiene nada prestado de la experiencia, y cuyo objeto, en segundo lugar, no puede darse de un modo determinado en ninguna experiencia, porque es una ley universal, incluso para la posibilidad de cualquier experiencia, que todo lo que sucede, por consiguiente también la causalidad de la causa que en sí misma intervino o comenzó a ser, debe poseer a su vez una causa; por lo que entonces todo el campo de la experiencia, hasta donde puede extenderse, se transforma en un todo que no es otro que la Naturaleza. Pero en la medida en que, en este modo, ninguna totalidad absoluta de condiciones puede obtenerse en la relación causal, la razón forma la Idea de una espontaneidad capaz de comenzar a actuar por sí misma sin que otra causa tenga que intervenir previamente para determinarla a su vez a actuar según la ley de la cadena causal.

Es particularmente notable que sea sobre esta Idea trascendental de libertad sobre la que se funda el concepto práctico de libertad, y que sea esta idea la que constituya, en esta libertad, el momento real en el que se atan las dificultades que siempre han rodeado la cuestión de su posibilidad. La libertad entendida en sentido práctico es la independencia del árbitro de la coacción ejercida por las inclinaciones de la sensibilidad. Pues un árbitro es sensible en la medida en que está patológicamente afectado (por los motivos de la sensibilidad); se dice que es animal *(arbitrium brutum)* cuando puede estar patológicamente necesitado. El árbitro humano es de hecho un *arbitrium sensitivum,* no *brutum,* sino *liberum,* porque la sensibilidad no hace necesaria su acción, sino porque reside en el hombre un poder de determinarse independientemente de la coacción ejercida por las inclinaciones sensibles.

Es fácil ver que si toda la causalidad presente en el mundo sensible fuese sólo la naturaleza, cada acontecimiento estaría determinado por otro en el tiempo según leyes necesarias, y que, por consiguiente, puesto que los fenómenos, en cuanto determinan la voluntad, deberían hacer necesaria toda acción como consecuencia que naturalmente se seguiría de ella, la supresión de la libertad trascendental haría desaparecer al mismo tiempo toda libertad práctica. Pues esto presupone que, aunque algo no sucediera, sin embargo, debería haber sucedido, y que su causa en el fenómeno no fuera, por tanto, tan decisiva como para que no hubiera en nuestra voluntad una causalidad capaz de producir, independientemente de estas causas naturales, e incluso contra su poder e influencia, algo determinado en el orden del tiempo según leyes empíricas, y, en consecuencia, de iniciar una serie de acontecimientos enteramente por sí misma.

Sucede aquí, pues, lo que generalmente encontramos en el conflicto de una razón que se aventura más allá de los límites de la experiencia posible, a saber, que el problema no es propiamente fisiológico, sino trascendental. De aquí se sigue que la cuestión de la posibilidad de la libertad concierne ciertamente a la psicología, pero que, en la medida en que descansa sobre argumentos dialécticos de la simple razón pura, es exclusivamente la filosofía trascendental la que debe ocuparse de obtener la solución. Ahora bien, para poner a la filosofía trascendental, que no puede negarse a dar una respuesta satisfactoria a este respecto, en condiciones de hacerlo, debo primero tratar de determinar con más precisión, mediante una observación, el método que debe observar en relación con este problema.

Si los fenómenos fuesen cosas en sí mismas, por consiguiente, si el espacio y el tiempo fuesen formas de la existencia de las cosas en sí mismas, las condiciones y lo condicionado pertenecerían siempre a una misma serie de la que serían miembros, y el resultado sería también, en el caso presente, la antinomia que es común a todas las ideas trascendentales, a saber, que esta serie tendría que parecer inevitablemente demasiado grande o demasiado pequeña para el entendimiento. Pero los conceptos dinámicos de la razón, de los que nos ocupamos en éste y en el próximo número, tienen la peculiaridad de que, al no tratarse de un objeto considerado como magnitud, sino sólo de su existencia, podemos también prescindir de la magnitud de la serie de condiciones y tener en cuenta únicamente la relación dinámica de la condición con lo condicionado, de modo que, en la cuestión de la naturaleza y la libertad, nos encontramos ya con la dificultad de saber si sólo la libertad, en general, es posible y, en caso afirmativo, si puede coexistir con la universalidad de la ley natural de causalidad; si, en consecuencia, es una proposición exactamente disyuntiva que todo efecto que se produce en el mundo debe proceder o bien de la naturaleza o bien de la libertad, o si ambos procesos no pueden tener lugar al mismo tiempo en un mismo acontecimiento considerado en una relación diferente. La corrección de este principio, que postula una secuencia integral de todos los acontecimientos del mundo sensible según leyes inmutables de la naturaleza, está ya firmemente establecida como principio de la analítica tras-cendental, y no puede ponerse en duda. La cuestión, pues, es sólo si, a pesar de este principio, en relación con el mismo efecto determinado según la naturale-za, puede intervenir también la libertad, o si queda enteramente excluida por esta regla inviolable. Y aquí la hipótesis, ciertamente común pero engañosa, de la realidad absoluta de los fenómenos, muestra inmediatamente la influencia perjudicial que puede tener al confundir la razón. Pues si los fenómenos son cosas en sí mismas, no hay necesidad de salvar la libertad. La naturaleza es entonces la causa integrante y en sí misma suficientemente determinante de todo acontecimiento, y la condición de cada uno sólo está siempre contenida en la serie de fenómenos que están, al mismo tiempo que sus efectos, nece-sariamente sometidos a la ley de la naturaleza. Si, por otra parte, no se tiene a los fenómenos por más valor que el que tienen de hecho, es decir, no por cosas en sí, sino por meras representaciones ligadas entre sí según leyes em-píricas, ellos mismos deben tener todavía fundamentos que no sean fenóme-nos. Pero tal causa inteligible no está determinada, en cuanto a su causalidad, por fenómenos, aunque sus efectos se manifiesten fenoménicamente y puedan ser determinados por otros fenómenos. Está, pues, al mismo tiempo que su causalidad, fuera de la serie, aunque sus efectos se encuentren en la serie de las condiciones empíricas. El efecto puede, pues, ser considerado, en relación con su causa inteligible, como libre, y al mismo tiempo, en relación con los fenómenos, como una consecuencia que resulta de ellos según la necesidad de la naturaleza —distinción que, si se expone de un modo general y entera-mente abstracto, sólo puede parecer extremadamente sutil y oscura, pero que se aclarará en la aplicación—. Aquí sólo quería hacer esta observación: puesto que la concatenación integral de todos los fenómenos en el contexto de la na-turaleza es una ley ineludible, esta ley no podría sino derribar necesariamente toda libertad si se quisiera permanecer obstinadamente apegado a la realidad de los fenómenos. De ahí también que quienes siguen la opinión común a este respecto no consigan nunca conciliar naturaleza y libertad.

Posibilidad de conciliar la causalidad por la libertad con la ley universal de la necesidad de la naturaleza

Llamo inteligible a aquello que, en un objeto de los sentidos, no es él mismo fenómeno. Si, pues, aquello que necesariamente, en el mundo sensible, debe ser considerado como fenómeno posee también en sí mismo una poten-cia que no es objeto de intuición sensible, pero por la cual puede, sin embargo, ser causa de fenómenos, podemos considerar la causalidad de este ser desde dos puntos de vista: como inteligible, según su acción como la de una cosa en sí; y como sensible, según los efectos de esta acción, considerada como fenó-meno en el mundo sensible. Nos formaríamos así, respecto a la potencia de tal sujeto, un concepto empírico y al mismo tiempo también un concepto intelec-tual de su causalidad, conceptos que intervienen conjuntamente respecto a un mismo efecto. Tal doble modo de pensar acerca de la potencia de un objeto de los sentidos no contradice ninguno de los conceptos que hemos de formarnos acerca de los fenómenos y de la experiencia posible. En efecto, puesto que estos fenómenos, al no ser cosas en sí mismos, deben tener como fundamento un objeto trascendental que los determina como meras representaciones, nada impide atribuir a este objeto trascendental, aparte de la propiedad en virtud de la cual se fenomenaliza, otra causalidad que no es fenómeno, aunque su efecto se encuentre, sin embargo, en el fenómeno. Siendo esto así, toda causa eficiente debe poseer necesariamente un carácter, es decir, una ley de su causalidad, sin la cual no sería en absoluto una causa. Y así tendríamos, en relación con un sujeto del mundo sensible, en primer lugar un carácter empírico, por el cual sus acciones, como fenómenos, se encontrarían de un lado a otro encadenadas según las leyes constantes de la naturaleza con otros fenómenos, podrían deducirse de ellos como de sus condiciones, y constituirían por tanto, en conexión con estos otros fenómenos, miembros de una única serie constitutiva del orden de la naturaleza; En segundo lugar, sería necesario también conceder a este sujeto un carácter inteligible por el cual es ciertamente la causa de sus acciones consideradas como fenómenos, pero que él mismo no está sometido a ninguna de las condiciones de la sensibilidad y ni siquiera es un fenómeno. También podríamos llamar al primero el carácter de esta cosa en el fenómeno, y al segundo el carácter de la cosa en sí misma.

Este sujeto agente no estaría, pues, sujeto, según su carácter inteligible, a ninguna condición del tiempo, pues el tiempo es sólo condición de los fenómenos, pero no de las cosas en sí. En él no se produciría ni desaparecería ningún acto: en consecuencia, tampoco estaría sujeto a la ley de toda determinación del tiempo y de todo lo que es cambiante, a saber, que todo lo que sucede encuentra su causa en los fenómenos (del estado precedente). En una palabra, su causalidad, en cuanto intelectual, no formaría parte en modo alguno de la serie de condiciones empíricas que hacen necesario el acontecimiento perteneciente al mundo sensible. Ciertamente, este carácter inteligible nunca podría ser conocido inmediatamente, puesto que sólo podemos percibir algo en la medida en que se fenomenaliza; pero, no obstante, habría que pensarlo de acuerdo con el carácter empírico, del mismo modo que en el pensamiento debemos dar generalmente a los fenómenos un objeto trascendental como fundamento, aunque no sepamos nada de lo que es en sí mismo.

De acuerdo con su carácter empírico, este sujeto estaría, pues, como fenómeno, sometido a todas las leyes de determinación que tienen lugar según la conexión causal; y como tal no sería más que una parte del mundo sensible, cuyos efectos, como sucede con todos los demás fenómenos, se seguirían inevitablemente de la naturaleza. Así como los fenómenos exteriores ejercerían su influencia sobre él, y su carácter empírico, es decir, la ley de su causalidad, sería conocida por la experiencia, así todos sus actos deberían ser explicables según las leyes de la naturaleza, y todo lo que se requiere para su determinación completa y necesaria debería encontrarse en la experiencia posible.

Por otra parte, según su carácter inteligible (aunque sólo podamos poseer el concepto general de él), debe decirse, sin embargo, que el mismo sujeto está libre de toda influencia de la sensibilidad y de toda determinación por los fenómenos; y puesto que nada ocurre en él, en la medida en que es un noúmeno, puesto que no se produce en él ningún cambio que requiera una determinación dinámica del tiempo, por consiguiente una conexión con fenómenos que puedan ser considerados como causas, este ser actuante sería como tal, en sus actos, independiente y libre con respecto a toda necesidad de la naturaleza, en la medida en que esta necesidad sólo se da en el mundo sensible. Esta manera de decir sería válida sin que los efectos tuvieran que comenzar por sí mismos en el mundo sensible, puesto que siempre están determinados de antemano por condiciones empíricas situadas en el tiempo precedente, pero, sin embargo, sólo por mediación del carácter empírico (que no es más que la fenomenalización del carácter inteligible), y sólo son posibles como continuación de la serie de causas naturales. Así, libertad y naturaleza, cada una en su sentido pleno y completo, se encontrarían al mismo tiempo y sin contradicción alguna en las mismas acciones, según que las refiramos a su causa inteligible o a su causa sensible.

Explicación de la combinación de la Idea cosmológica de la libertad y la necesidad universal de la naturaleza

He pensado que sería una buena idea comenzar esbozando los contornos de la solución de nuestro problema trascendental, de modo que podamos hacernos una mejor idea del camino seguido por la razón para resolverlo. Analizaremos a continuación los diversos momentos a través de los cuales se concreta esta solución, y ponderaremos cada uno de ellos en particular.

La ley de la naturaleza según la cual todo lo que sucede tiene una causa, la ley según la cual la causalidad de esta causa, es decir, la acción, por ser anterior en el tiempo y puesto que, con respecto a un efecto que ha comenzado a ser, ella misma no puede haber existido siempre, sino que, por el contrario, debe haberse producido necesariamente, tiene también entre los fenómenos su causa por la que está determinada, la ley según la cual, en consecuencia, todos los acontecimientos están empíricamente determinados en un orden de la naturaleza, esta ley por la que sólo los fenómenos pueden constituir una naturaleza y proporcionar los objetos de una experiencia, es una ley del entendimiento de la que no está permitido bajo ningún pretexto apartarse o excluir ningún fenómeno, pues de lo contrario se colocaría fuera de toda experiencia posible, y al distinguirlo así de todos los objetos de una experiencia posible, estaríamos haciendo de él simplemente un ser de razón y una quimera.

Dicho esto, aunque no veamos aquí más que una cadena de causas que no autoriza ninguna totalidad absoluta en la regresión hacia sus condiciones, esta objeción, sin embargo, no nos detiene en absoluto, puesto que ya ha sido eliminada en la apreciación general hecha de la antinomia de la razón cuando tiende hacia lo incondicionado en la serie de los fenómenos. Si queremos ceder a la ilusión del realismo trascendental, no quedan ni naturaleza ni libertad. Aquí, la única cuestión es saber si, desde el momento en que no reconocemos en la serie entera de todos los acontecimientos más que una necesidad de la naturaleza, es, sin embargo, posible considerar esta misma necesidad, que por una parte es un simple efecto de la naturaleza, como constituyendo, sin embargo, por otra parte un efecto de la libertad, o si hay una contradicción directa entre estos dos tipos de causalidad.

Entre las causas presentes en el fenómeno, no puede ciertamente haber nada que pueda absolutamente y por sí mismo iniciar una serie. Cada acción, en cuanto fenómeno, en la medida en que produce un acontecimiento, es ella misma un acontecimiento, un hecho generador, que presupone otro estado en el que se encuentra su causa; así pues, todo lo que sucede no es más que una continuación de la serie, y no es posible ningún comienzo que se produzca por sí mismo. Todas las acciones de las cosas naturales en la continuación del tiempo son, pues, a su vez, efectos que presuponen también su causa en la serie del tiempo. De la conexión causal de los fenómenos no puede esperarse una acción original, por la que suceda algo que antes no existía.

Sin embargo, ¿es entonces también necesario que, si los efectos son fenómenos, la causalidad de su causa, que (es decir, la causa) es a su vez también un fenómeno, tenga que ser necesariamente exclusivamente empírica? ¿Y no es más bien posible que, aun cuando se requiera absolutamente para todo efecto que se produzca en el fenómeno una conexión con su causa según las leyes de la causalidad empírica, esta causalidad empírica misma, sin romper en lo más mínimo su conexión con las causas naturales, pueda, sin embargo, ser efecto de una causalidad no empírica, sino inteligible —es decir, no empírica, sino inteligible?—, sino inteligible —es decir, ¿no es posible que la causalidad empírica represente el efecto de una acción originaria, en relación con los fenómenos, correspondiente a una causa que, como tal, no consiste por tanto en un fenómeno, sino que es inteligible en relación con esta potencia, aunque deba necesariamente, en la medida en que constituye un eslabón de la cadena de la naturaleza, ser atribuida al mundo sensible?

Necesitamos el principio de causalidad de los fenómenos para poder buscar y dotar a los acontecimientos naturales de condiciones naturales, es decir, de causas inscritas en el fenómeno. Si se concede este punto y no se debilita por ninguna excepción, el entendimiento que, por su uso empírico, no ve en todos los acontecimientos más que la naturaleza, y que además es perfectamente legítimo al proceder así, tiene todo lo que puede exigir, y las explicaciones físicas siguen su curso sin tropezar con el menor obstáculo. Ahora bien, no le hace el menor mal admitir, aunque sea una mera ficción, que entre las cosas naturales hay algunas que poseen una potencia que sólo es inteligible, en la medida en que la determinación de esta potencia para la acción no descansa nunca en condiciones empíricas, sino en simples principios del entendimiento, de tal manera, sin embargo, que la acción ejercida por esta causa en el fenómeno se ajusta a todas las leyes de la causalidad empírica. Pues de este modo el sujeto actuante, como *causa phaenomenon,* estaría encadenado a la naturaleza por una dependencia indisoluble de todos sus actos, y sólo el *phaenomenon* de este sujeto (con toda su causalidad ejercida en el fenómeno) contendría ciertas condiciones que, si queremos remontarnos del objeto empírico al objeto trascendental, sólo podrían considerarse como inteligibles. Pues si sólo en lo que puede desempeñar el papel de causa dentro de los fenómenos seguimos la regla de la naturaleza, podemos despreocuparnos de lo que, en el sujeto trascendental, que nos es empíricamente desconocido, debe ser pensado como fundamento de estos fenómenos y de la secuencia que los estructura en su conjunto. Este fundamento inteligible no tiene nada que ver con cuestiones empíricas, sino que concierne, por así decirlo, sólo al pensamiento en el entendimiento puro. Y aunque los efectos de este pensamiento y de esta acción del entendimiento puro se encuentren en los fenómenos, debe, sin embargo, ser posible explicar perfectamente estos fenómenos a partir de sus causas fenoménicas según las leyes de la naturaleza, puesto que nos sometemos a su carácter meramente empírico como principio supremo de su explicación y dejamos totalmente de lado, como desconocido, el carácter inteligible que es la causa trascendental de aquél, salvo en la medida en que nos es indicado por el carácter empírico como por su signo sensible. Apliquemos esto a la experiencia. El ser humano es uno de los fenómenos del mundo sensible y, como tal, es también una de las cosas naturales cuya causalidad ha de estar necesariamente sujeta a leyes empíricas. Como tal, también debe tener un carácter empírico, como todas las demás cosas de la naturaleza. Nos damos cuenta de este carácter a través de las facultades y potencias que expresa en los efectos que produce. En la naturaleza inanimada o meramente animal, no encontramos ninguna razón para formarnos el pensamiento de ninguna potencia que esté condicionada más que de un modo puramente sensible. Sólo el ser humano, que por lo demás no conoce toda la naturaleza más que por los sentidos, se conoce además a sí mismo por simple apercepción, y esto mediante acciones y determinaciones internas de las que no puede en absoluto dar cuenta por la impresión sensible; así es ciertamente para sí mismo, por una parte, un fenómeno, pero por otra parte, es decir, en relación con ciertas potencias, constituye un objeto simplemente inteligible, puesto que la acción que ejerce no puede en modo alguno imputarse a la receptividad de la sensibilidad. Llamamos a estas potencias entendimiento y razón; es principalmente esta última la que se distingue de un modo bastante específico y notable de todas las facultades empíricamente condicionadas, en cuanto que examina sus objetos sólo en función de Ideas y determina el entendimiento en función de estas Ideas, el cual hace entonces uso empírico de sus conceptos (incluidos sus conceptos puros).

Que esta razón posee entonces causalidad, o al menos que nos representamos tal causalidad en ella, se sigue claramente de los imperativos que prescribimos como reglas, en todo el dominio práctico, a las facultades de acción. El deber expresa un tipo de necesidad y conexión con los principios que no se encuentra en ninguna otra parte de la naturaleza. El entendimiento sólo puede conocer lo que existe, ha existido o existirá. Es imposible que algo en la naturaleza tenga que ser de otro modo de lo que realmente es en todas estas relaciones de tiempo; incluso debe decirse que el deber, cuando simplemente tenemos el curso de la naturaleza ante nuestros ojos, no tiene absolutamente ningún significado. No podemos preguntar qué debe suceder en la naturaleza, como tampoco podemos preguntar qué propiedades debe tener un círculo; pero lo que podemos preguntar es únicamente qué sucede en la naturaleza, o qué propiedades posee el círculo.

Este deber expresa así una acción posible, cuyo fundamento no es más que un simple concepto, mientras que, por el contrario, el fundamento de una simple acción natural no puede ser nunca otra cosa que un fenómeno. La acción debe ser ciertamente posible en condiciones naturales, cuando el deber se aplica a ella; pero estas condiciones no conciernen a la determinación del árbitro mismo: sólo conciernen a su efecto y al resultado que produce en el fenómeno. Por muchos motivos naturales que me impulsen a querer, por muchos motivos sensibles que haya, no pueden producir el deber; lo único que pueden producir es una voluntad que, lejos de ser necesaria, está siempre condicionada, y a la que, por el contrario, el deber que la razón enuncia opone medida y finalidad, e incluso prohibición y respeto. Ya se trate de un objeto de la mera sensibilidad (lo agradable) o incluso de la razón pura (el bien), la razón no cede al principio empíricamente dado, y no sigue el orden de las cosas tal como aparecen en el fenómeno. Por el contrario, crea para sí, con perfecta espontaneidad, un orden propio, y lo hace siguiendo Ideas a las que relaciona condiciones empíricas y según las cuales declara necesarias incluso acciones que, sin embargo, no se han producido ni quizá se producirán, pero suponiendo respecto de todas ellas que la razón puede ejercer la causalidad respecto de ellas —pues, de lo contrario, no esperaría que sus ideas tuvieran efectos en la experiencia.

Ahora bien, dejémoslo así, y admitamos al menos como posible que la razón posee efectivamente causalidad respecto de los fenómenos: es necesario en estas condiciones, cualquiera que sea la razón, que atestigüe, sin embargo, un carácter empírico, dado que toda causa presupone una regla en virtud de la cual ciertos fenómenos se suceden como otros tantos efectos y que toda regla exige una uniformidad de efectos que funda el concepto de la causa (entendida como potencia); este concepto, en la medida en que debe surgir necesariamente de fenómenos simples, podemos llamarlo su carácter empírico, que es constante, mientras que los efectos aparecen bajo formas cambiantes según la diversidad de las condiciones que los acompañan y limitan parcialmente.

Toda persona tiene, pues, un carácter empírico de su voluntad, que no es otra cosa que una cierta causalidad de su razón, en la medida en que ésta revela, a través de sus efectos en el fenómeno, una regla de la que podemos inferir los motivos racionales que subyacen en él y el modo en que actúan en cuanto a su especie y sus grados, y apreciar los principios subjetivos de su voluntad. Puesto que este carácter empírico debe derivarse a su vez, como efecto, de los fenómenos y de su regla, tal como la proporciona la experiencia, todas las acciones del hombre dentro de los fenómenos están determinadas según el orden de la naturaleza por su carácter empírico y por las demás causas que cooperan en su producción; y si pudiéramos explorar hasta el fondo todos los fenómenos de su voluntad, no habría una sola acción del ser humano que no pudiéramos predecir con certeza y reconocer como necesaria sobre la base de sus condiciones antecedentes. En relación con este carácter empírico, pues, no hay libertad, y, sin embargo, sólo en este sentido podemos considerar al ser humano cuando deseamos exclusivamente observar y explorar fisiológicamente, como sucede en antropología, las causas de sus acciones.

Sin embargo, si examinamos estas mismas acciones en relación con la razón, y más precisamente no en relación con la razón especulativa, para explicarlas en cuanto a su origen, sino sólo en cuanto que la razón es la causa capaz de producirlas ella misma, en una palabra, si las relacionamos con la razón desde el punto de vista práctico, encontramos una regla y un orden completamente distintos del orden de la naturaleza. Porque entonces, tal vez, todo lo que ha sucedido de acuerdo con el curso de la naturaleza, y que sólo podía suceder inevitablemente según sus fundamentos empíricos, no tenía por qué suceder. El hecho es que a veces encontramos, o al menos creemos encontrar, que las ideas de la razón han dado efectivamente pruebas de causalidad en relación con las acciones de los seres humanos vistos como fenómenos, y que estas acciones han ocurrido, no porque estuvieran determinadas por causas empíricas, sino porque estaban determinadas por principios de la razón.

Suponiendo, pues, que pueda decirse que la razón posee causalidad con respecto a los fenómenos: ¿podría decirse que su acción es libre, cuando está exactamente determinada y es necesaria en su carácter empírico (en lo que corresponde a los sentidos)? Ésta, a su vez, está determinada en su carácter inteligible (en lo que concierne al pensamiento). Pero no conocemos este carácter inteligible: nos referimos a él a través de fenómenos que nos dan conocimiento inmediato sólo de lo que pertenece a los sentidos (el carácter empírico). Ahora bien, la acción, en cuanto debe ser asignada a lo que pertenece al pensamiento como su causa, de ningún modo resulta de él, sin embargo, según leyes empíricas, es decir, de tal modo que las condiciones de la razón pura la precedan: lo que la precede son sólo los efectos de estas condiciones de la razón pura en el fenómeno del sentido interno. La razón pura, como potencia simplemente inteligible, no está sometida a la forma del tiempo, ni, por consiguiente, a las condiciones de la sucesión cronológica. La causalidad de la razón en su carácter inteligible no nace ni comienza a producir sus efectos en un momento determinado. Pues, si así fuera, ella misma estaría sometida a la ley natural de los fenómenos, en cuanto que esta ley determina las series causales según el tiempo, y la causalidad sería entonces naturaleza, y no libertad. Podemos, pues, decir: si la razón puede poseer causalidad respecto de los fenómenos, es porque es una potencia por la cual la condición sensible de una serie empírica de efectos obtiene su primer comienzo. En efecto, la condición que está en la razón no es sensible y, por tanto, ella misma no comienza. En virtud de esto, entonces, ocurre lo que hemos estado experimentando como faltante en toda serie empírica —a saber, que la condición de una serie sucesiva de acontecimientos puede ser ella misma empíricamente incondicionada. Pues la condición está aquí fuera de la serie de los fenómenos (en lo inteligible), y por consiguiente no está sujeta a ninguna condición sensible ni a ninguna determinación temporal por una causa antecedente.

Sin embargo, esta misma causa pertenece también, en otro aspecto, a la serie de los fenómenos. El ser humano es él mismo un fenómeno. Su voluntad tiene un carácter empírico que es la causa (empírica) de todas sus acciones. No hay una sola condición que determine al hombre de acuerdo con este carácter que no esté contenida en la serie de efectos de la naturaleza y que no obedezca a su ley, según la cual no hay causalidad empíricamente incondicionada de lo que sucede en el tiempo. En consecuencia, ninguna acción dada (porque sólo puede ser percibida como fenómeno) puede comenzar absolutamente por sí misma. Pero no puede decirse de la razón que, con anterioridad al estado en el que determina al árbitro, exista otro estado precedente en el que este estado esté a su vez determinado. En la medida en que la razón no es ella misma un fenómeno y no está sometida a ninguna de las condiciones de la sensibilidad, no hay en sí misma sucesión cronológica respecto a su causalidad, y por tanto no puede aplicársele la ley dinámica de la naturaleza, que determina la sucesión cronológica según reglas.

La razón es, pues, la condición permanente de todos los actos de la voluntad en los que el ser humano aparece fenoménicamente. Cada uno de estos actos está determinado en el carácter empírico del hombre incluso antes de producirse. Con respecto al carácter inteligible, del cual el carácter empírico no es más que el esquema sensible, no hay ni antes ni después; y toda acción, independientemente de la relación cronológica en que se encuentre con otros fenómenos, es el efecto inmediato del carácter inteligible de la razón pura, la cual, por consiguiente, actúa libremente, sin estar determinada en la cadena de las causas naturales por principios que, externos o internos, la precederían en el tiempo; y esta libertad de la razón no puede ser considerada solamente de un modo negativo, como independencia de las condiciones empíricas (pues en tal caso la potencia de la razón dejaría de ser causa de los fenómenos), sino que debe ser designada también de un modo positivo, como potencia de comenzar por sí misma una serie de acontecimientos, de tal modo que nada comienza por sí mismo, sino que, como condición incondicionada de todo acto que procede de la voluntad, no admite más allá de sí ninguna condición cronológicamente anterior, y esto aunque su efecto comience en la serie de los fenómenos sin que, sin embargo, pueda constituir nunca allí un comienzo absolutamente primero.

Para explicar el principio regulador de la razón por medio de un ejemplo derivado del uso empírico de este principio, pero no para confirmarlo (pues tales pruebas son inapropiadas para las afirmaciones trascendentales), tomemos un acto procedente del árbitro, por ejemplo una mentira maliciosa por la que un hombre ha introducido cierta confusión en la sociedad, y para el cual buscamos primero los motivos explicativos de los que puede haberse originado, y luego valoramos cómo puede, con sus consecuencias, imputársele. Desde el primer punto de vista, se taladra el carácter empírico de este hombre hasta sus fuentes, que se buscan en su mala educación, en sus malas compañías, en parte también en la malicia de una naturaleza insensible a la vergüenza, y que se atribuye también en parte a la ligereza de ánimo y a la irreflexión, sin descuidar las causas circunstanciales que hayan podido intervenir. En todo esto, procedemos como generalmente lo hacemos en la búsqueda de la serie de causas determinantes en relación con un efecto natural dado. Ahora bien, aun creyendo que la acción está así determinada, culpamos, sin embargo, al agente, y no a causa de su desafortunado estado natural, ni a causa de las circunstancias que hayan podido influir en él, ni siquiera a causa de la forma en que anteriormente llevó su vida. La presuposición es que podemos dejar totalmente de lado lo sucedido con esta conducta y mirar la serie de condiciones que han pasado como si fueran nulas, y en su lugar considerar esta acción como totalmente incondicional en relación con el estado anterior, como si el agente iniciara así una serie de consecuencias por sí mismo. Esta culpa se basa en una ley de la razón, por la cual ésta es considerada como una causa que podría y debería haber determinado la conducta de este hombre de otra manera, independientemente de todas las condiciones empíricas que hemos nombrado. La acción se atribuye al carácter inteligible de su autor; éste tiene, en el momento mismo en que miente, plena responsabilidad por lo que hace —en consecuencia, la razón, a pesar de todas las condiciones empíricas del acto realizado, era plenamente libre, y el acto debe atribuirse enteramente a su negligencia.

De esta imputación se desprende fácilmente que lo que tenemos en mente es que la razón no está afectada en modo alguno por toda esta sensibilidad, que no cambia (aunque sí cambian sus fenómenos, es decir, el modo en que se manifiesta en sus efectos); que en ella no interviene ningún estado anterior de modo que determine el siguiente; en consecuencia, que no pertenece en absoluto a la serie de condiciones sensibles que hacen necesarios los fenómenos de acuerdo con las leyes de la naturaleza. Es, esta razón, presente e idéntica a lo largo de todas las acciones realizadas por el hombre en todas las circunstancias del tiempo, pero no es ella misma en el tiempo, y no se coloca, por así decirlo, en un nuevo estado donde antes no estaba; es determinante, en relación con este nuevo estado, pero no determinable. En este sentido, no podemos preguntar: ¿por qué la razón no se ha determinado a sí misma de otro modo? sino sólo: ¿por qué su causalidad no ha determinado los fenómenos de otro modo? Ahora bien, no es posible responder a esta pregunta, porque otro carácter inteligible habría dado otro carácter empírico; y cuando decimos que a pesar de toda la conducta anterior de su vida, el autor de la mentira podría, sin embargo, no haberla cometido, esto significa simplemente que la mentira está inmediatamente al alcance de la razón, que la razón, en su causalidad, no está sujeta a ninguna de las condiciones del fenómeno y del curso del tiempo, y que, aunque la diferencia cronológica constituye ciertamente una diferencia crucial entre los fenómenos en el modo en que se relacionan entre sí, por otra parte, puesto que estos fenómenos no son cosas en sí, ni por consiguiente causas en sí, esta diferencia no puede constituir ninguna diferencia entre las acciones en su relación con la razón.

Podemos, pues, al apreciar las acciones libres en cuanto a su causalidad, remontarnos sólo hasta la causa inteligible, pero no más allá de ella; podemos reconocer que esta causa determina libremente, es decir, independientemente de la sensibilidad, y que así puede ser la condición incondicionada desde el punto de vista sensible de los fenómenos. Pero ¿por qué el carácter inteligible da precisamente estos fenómenos y este carácter empírico en las circunstancias actuales? Esta es una pregunta que excede con mucho cualquier poder que pueda tener nuestra razón para dar una respuesta, e incluso su derecho a formular simplemente preguntas. Es como si preguntáramos cómo es que el objeto trascendental de nuestra intuición sensible externa proporciona precisamente una intuición en el espacio y ninguna otra. Sencillamente, el problema que debíamos resolver no nos obliga en absoluto a responder a tal pregunta, pues consistía únicamente en saber si la libertad entra en conflicto con la necesidad natural en una misma acción —y hemos respondido suficientemente a esta pregunta una vez que hemos mostrado que, puesto que en la libertad es posible una relación con un tipo de condiciones enteramente distinto que en la necesidad natural, la ley de esta última no afecta a la primera, y que, por consiguiente, ambas pueden intervenir independientemente la una de la otra y sin perturbarse mutuamente.

Hay que advertir que no pretendíamos demostrar la realidad de la libertad como representación de una de las potencias que contienen la causa de los fenómenos de nuestro mundo sensible. Pues, aparte de que esto no habría sido en modo alguno una consideración trascendental, que sólo tiene que ver con los conceptos, tampoco habría podido tener éxito, en la medida en que, a partir de la experiencia, nunca podemos concluir algo que no debe pensarse en absoluto según las leyes de la experiencia. Hay que añadir que no hemos intentado demostrar ni siquiera la posibilidad de la libertad; pues este intento tampoco habría tenido éxito, ya que, en general, no podemos conocer *a prio-*

ri, por meros conceptos, la posibilidad de ningún principio o causalidad real. La libertad es tratada aquí sólo como una Idea trascendental, a través de la cual la razón piensa que puede inaugurar absolutamente la serie de condiciones presentes en los fenómenos a través de lo que es incondicionado desde el punto de vista sensible —lo cual, sin embargo, la lleva a enredarse en una antinomia con sus propias leyes, que prescribe para el uso empírico del entendimiento. Que esta antinomia descansa entonces en una mera apariencia, y que la naturaleza al menos no entra en conflicto con la causalidad por la libertad, fue el único punto que pudimos establecer, como también fue lo único importante para nosotros.

IV. Solución de la idea cosmológica de la totalidad de la dependencia de los fenómenos de su existencia en general

En el párrafo anterior consideramos los cambios del mundo sensible en su serie dinámica, en la que cada uno está sujeto a otro como su causa. En adelante, esta serie de estados sólo nos sirve de guía para llegar a una existencia que puede ser la condición suprema de todo lo que cambia, es decir, el ser necesario. No hablamos aquí de causalidad incondicionada, sino de la existencia incondicionada de la sustancia misma. Así pues, la serie que tenemos a la vista es, estrictamente hablando, sólo la serie de los conceptos y no una serie de intuiciones, en la medida en que una es la condición de la otra.

Dicho esto, es fácil ver que, en la medida en que todo en la totalidad de los fenómenos está sujeto a cambio y consecuentemente condicionado a la existencia, en ninguna parte de la serie de la existencia dependiente puede haber un miembro que no esté condicionado, y cuya existencia sería absolutamente necesaria, y que en este sentido, si los fenómenos fuesen cosas en sí mismas, pero que por este mismo hecho su condición perteneciese, con lo condicionado, a una y la misma serie de intuiciones, un ser necesario nunca podría encontrar un lugar en ella, como condición de la existencia de los fenómenos del mundo sensible.

Pero lo que distingue la regresión dinámica de la regresión matemática es que, mientras que la regresión matemática sólo se ocupa de la composición de las partes para constituir un todo, o de la descomposición de un todo en sus partes, las condiciones de esta serie deben considerarse siempre como partes de ella, y por tanto como del mismo género, y en consecuencia también como fenómenos, la regresión dinámica no se ocupa de la composición de las partes para constituir un todo, ni de la descomposición de un todo en sus partes, por otra parte, para los que no se trata de la posibilidad de un todo incondicionado formado a partir de partes dadas o de la de una parte incondicionada extraída de un todo dado, sino de la manera en que un estado deriva de su causa, o de la existencia contingente de la sustancia misma a partir de la existencia necesaria, precisamente no es necesario que la condición constituya una serie empírica con lo condicionado.

Ante la aparente antinomia que se nos presenta, nos queda una salida abierta, ya que las dos tesis en conflicto pueden ser verdaderas al mismo tiempo, en dos aspectos distintos, de tal manera que todas las cosas del mundo sensible son enteramente contingentes, y por tanto tienen también sólo una existencia empíricamente condicionada, y, sin embargo, interviene también, con respecto a toda la serie, una condición no empírica, es decir, un ser incondicionalmente necesario. Pues este ser, como condición inteligible, no pertenecería en modo alguno a la serie de modo que constituyera un miembro de ella (ni siquiera el miembro más elevado), ni haría que ningún miembro de la serie fuera empíricamente incondicionado, sino que dejaría el mundo sensible en su totalidad a su existencia empíricamente condicionada, tal como discurre a través de todos sus miembros. En cuyo caso este modo de situar una existencia incondicionada en el fundamento de los fenómenos se distinguiría de la causalidad empíricamente incondicionada (de la libertad) mencionada en el artículo anterior por el hecho de que, cuando se trataba de la libertad, la cosa misma como causa (sustancia fenoménica) seguía perteneciendo a la serie de condiciones, En este caso, el ser necesario debe ser pensado como completamente externo a la serie del mundo sensible (como *ens extramundanum)* y como simplemente inteligible, de modo que él mismo no está sujeto a la ley de la contingencia y a la dependencia de todos los fenómenos.

El principio regulador de la razón es, pues, con respecto a nuestro problema, que todo en el mundo tiene una existencia empíricamente condicionada, y que no hay en ninguna parte, con respecto a propiedad alguna, una necesidad incondicionada; que no hay ningún miembro de la serie de condiciones cuya condición empírica no debamos esperar y, en la medida de lo posible, buscar siempre en una experiencia posible, y que nada nos autoriza a derivar existencia alguna de una condición situada fuera de la serie empírica, ni siquiera a tenerla por, en la serie misma, absolutamente independiente y autónoma —lo que no pone, sin embargo, en duda que toda la serie pueda fundarse en algún ser inteligible (que está, pues, libre de toda condición empírica y contiene más bien el fundamento de la posibilidad de todos estos fenómenos).

Dicho esto, nuestra intención en este asunto no es en absoluto demostrar la existencia incondicionalmente necesaria de un ser, ni siquiera fundamentar en estas consideraciones siquiera la posibilidad de una condición puramente inteligible para la existencia de los fenómenos del mundo sensible: de hecho, lo que tenemos en mente es sólo, al igual que limitamos la razón de tal modo que no abandone el hilo de las condiciones empíricas y no se pierda en principios trascendentes de explicación que no serían susceptibles de ninguna presentación *in concreto,* delimitar también la ley del uso meramente empírico del entendimiento, de modo que no decida sobre la posibilidad de las cosas en general y no declare imposible lo inteligible, aunque no podamos utilizarlo para explicar los fenómenos. Todo esto muestra que la completa contingencia de todas las cosas de la naturaleza y de todas sus condiciones (empíricas) es perfectamente compatible con la presuposición deliberada de una condición necesaria, aunque sea puramente inteligible, y que no puede haber contradicción real entre estas afirmaciones, lo que significa que ambas pueden ser verdaderas. Siempre es posible que un ser inteligible absolutamente necesario sea en sí mismo imposible: al menos tal conclusión no puede extraerse en modo alguno de la contingencia y dependencia universales de todo lo que pertenece al mundo sensible, ni del principio según el cual no debemos detenernos en ningún miembro particular de este mismo mundo, en la medida en que es contingente, y apelar a una causa situada fuera del mundo. La razón sigue su propio camino en el uso empírico, y su propio camino particular en el uso trascendental.

El mundo sensible no contiene más que fenómenos, que, sin embargo, son meras representaciones que, a su vez, están siempre condicionadas sensorialmente; y como aquí nunca tenemos por objeto cosas-en-sí, no debe extrañarnos que nunca se nos permita, partiendo de cualquier miembro de la serie empírica, dar un salto fuera de la secuencia sensible, como si éstas fueran cosas-en-sí existentes fuera de su fundamento trascendental, y que pudiéramos abandonar para buscar fuera de ellas la causa de su existencia. Esto es ciertamente lo que debe suceder inevitablemente al final para las cosas contingentes, pero no para las simples representaciones de las cosas, cuya contingencia misma no es más que un fenómeno y no puede conducir a otra regresión que a lo que determina los fenómenos, es decir, a lo empírico. Pero pensar en un fundamento inteligible para los fenómenos, es decir, para el mundo sensible, y pensarlo libre de la contingencia de éste, no va ni contra la regresión empírica ilimitada en la serie de los fenómenos ni contra la contingencia integral de éstos. De hecho, esto es lo único que había que hacer para eliminar la aparente antinomia, y sólo podía hacerse así. Pues si cada condición de cada condicionado (en cuanto a la existencia) es sensible y por tanto pertenece a la serie, ella misma es condicionada (como demuestra la antítesis de la cuarta antinomia). Era necesario, pues, o bien mantener un conflicto con la razón, que exige lo incondicionado, o bien situar a ésta fuera de la serie, en lo inteligible, cuya necesidad no exige ni tolera ninguna condición empírica, y que es, por tanto, en relación con los fenómenos, incondicionalmente necesaria.

El uso empírico de la razón (con respecto a las condiciones de existencia en el mundo sensible) no se ve afectado por el hecho de admitir un ser puramente inteligible, sino que procede siempre, de acuerdo con el principio de contingencia integral, de condiciones empíricas a condiciones superiores que son siempre igualmente empíricas. Pero este principio regulativo tampoco excluye el hecho de admitir una causa inteligible situada fuera de la serie, siempre que se trate del puro uso de la razón (en relación con fines). Pues entonces esta causa designa sólo el fundamento simplemente trascendental y desconocido para nosotros de la posibilidad de la serie sensible en general —fundamento cuya existencia, independiente de todas las condiciones de esta serie y, en relación con ella, incondicionalmente necesaria, no es en modo alguno contraria a su contingencia ilimitada, ni, por consiguiente, a la regresión, siempre inacabada, en la serie de las condiciones empíricas.

Observación final sobre toda la antinomia de la razón pura

Mientras, por medio de nuestros conceptos de razón, no tengamos por objeto más que la totalidad de las condiciones presentes en el mundo sensible y lo que, con respecto a éstas, puede servir a la razón, nuestras Ideas son ciertamente trascendentales, pero cosmológicas no obstante. En cambio, en cuanto situamos lo incondicionado (que, en rigor, es de lo que se trata) en lo que está completamente fuera del mundo sensible, por consiguiente fuera de toda experiencia posible, las Ideas se vuelven trascendentales: no sirven simplemente para completar el uso empírico de la razón (que sigue siendo siempre una idea que nunca puede llevarse a la práctica, pero que, sin embargo, debe perseguirse), sino que se escinden completamente de él y se transforman ellas mismas en objetos cuya materia no se toma prestada de la experiencia y cuya realidad objetiva tampoco se basa en la realización de la serie empírica, sino en puros conceptos *a priori*. Tales Ideas trascendentales tienen un objeto puramente inteligible, que es lícito admitir como objeto trascendental del que nada se sabe por otra parte, pero con respecto al cual, para pensarlo como algo determinable por sus predicados distintivos e intrínsecos, no tenemos por nuestra parte ni los principios de su posibilidad (en su independencia con respecto a todos los conceptos de la experiencia) ni la menor justificación que nos permita admitir tal objeto: por consiguiente, no es más que un ser de razón. Sin embargo, de todas las Ideas cosmológicas, la que dio lugar a la cuarta antinomia nos incita a intentar dar este paso. Pues la existencia de los fenómenos, que de ningún modo se funda en sí misma, sino que está siempre condicionada, nos invita a buscar algo distinto de todos los fenómenos, que sea en consecuencia un objeto inteligible por el que cese esta contingencia. Pero en la medida en que, una vez que nos hemos permitido admitir, fuera del campo de la sensibilidad en su conjunto, una realidad efectiva que posee su propia consistencia, los fenómenos ya no deben ser considerados más que como modos contingentes de representación de objetos inteligibles por seres que son ellos mismos inteligencias, no nos queda más que la analogía según la cual utilizamos los conceptos de la experiencia para forjarnos cualquier concepto de cosas inteligibles de las que no tenemos el menor conocimiento en sí mismas. Puesto que sólo llegamos a conocer lo contingente a través de la experiencia, pero estamos hablando aquí de cosas que absolutamente no deben ser objeto de experiencia, nos veremos obligados a derivar el conocimiento de ellas de lo que es en sí mismo necesario, de los puros conceptos de las cosas en general. De modo que el primer paso que damos fuera del mundo sensible nos obliga a dar como punto de partida de nuestro nuevo conocimiento la búsqueda del ser absolutamente necesario, y a derivar de los conceptos de este ser los conceptos de todas las cosas en cuanto puramente inteligibles; y éste es el intento que nos proponemos hacer en el capítulo siguiente.

SECCIÓN TERCERA DEL LIBRO SEGUNDO DE LA DIALÉCTICA TRASCENDENTAL

EL IDEAL DE LA RAZÓN PURA

Capítulo primero.   Sobre el ideal en general

Hemos visto anteriormente que por medio de los conceptos puros del entendimiento, sin todas las condiciones de la sensibilidad, no puede representársenos absolutamente ningún objeto, puesto que faltan en ellos las condiciones de la realidad objetiva de estos conceptos y no encontramos en ellos otra cosa que la simple forma del pensamiento. Sin embargo, pueden presentarse *in concreto,* si los aplicamos a los fenómenos; pues es en ellos donde obtienen propiamente la materia requerida por el concepto empírico, que no es otra cosa que un concepto del entendimiento *in concreto.* Pero las ideas están aún más alejadas de la realidad objetiva que las categorías, pues no puede encontrarse ningún fenómeno respecto del cual puedan representarse *in concreto.* Contienen una cierta plenitud que ningún conocimiento empírico posible puede alcanzar, y la razón sólo considera en ellas una unidad sistemática que trata de aproximar a la unidad empíricamente posible, sin alcanzarla nunca plenamente.

Sin embargo, lo que yo llamo el ideal parece estar mucho más alejado de la realidad objetiva que la Idea, por la que entiendo la Idea, no sólo *in concreto,* sino *in individuo,* es decir, como cosa singular que sólo puede ser determinada o completamente determinada por la Idea.

La humanidad, en toda su perfección, no sólo contiene la extensión de todas las propiedades esenciales que pertenecen a esta naturaleza, tal como constituyen el concepto que tenemos de ella, empujado a la más perfecta congruencia con los fines de esta naturaleza —que correspondería a nuestra Idea de humanidad perfecta—, sino que contiene también todo lo que, fuera de este concepto, pertenece a la determinación integral de la Idea; pues de todos los predicados opuestos, hay uno y sólo uno que, sin embargo, es apropiado a la Idea del ser humano más perfecto. Lo que para nosotros es un ideal era para Platón una Idea del entendimiento divino, un objeto singular en la intuición pura de éste, el grado de perfección más acabado para cada especie de seres posibles y el fundamento arquetípico de todos los ejemplares que se encuentran en el fenómeno.

Sin elevarnos, sin embargo, tan alto, debemos convenir en que la razón humana contiene no sólo Ideas, sino ideales, que ciertamente no poseen, como los de Platón, una fuerza creadora, pero tienen (como principios reguladores) una fuerza práctica y están en el fundamento de lo que hace posible la perfección de ciertas acciones. Los conceptos morales no son del todo conceptos puros del entendimiento, en la medida en que están enraizados en algo empírico (placer o displacer). Sin embargo, si los consideramos desde el punto de vista del principio por el que la razón establece límites a la libertad que, en sí misma, está desprovista de leyes (por tanto, si los consideramos sólo en cuanto a su forma), pueden muy bien servir como ejemplos de conceptos puros de la razón. La virtud y, con ella, la sabiduría humana, en toda su pureza, son Ideas. Pero el sabio (del que habla el estoico) es un ideal, es decir, un ser humano que sólo existe en el pensamiento, pero que corresponde plenamente a la Idea de sabiduría. Así como la Idea proporciona la regla, el ideal sirve, en tal caso, de prototipo para la completa determinación de la copia; y no tenemos otra medida para juzgar nuestras acciones que la conducta de ese hombre divino presente en nosotros con el que nos comparamos, según el cual nos evaluamos y perfeccionamos, aunque nunca podamos alcanzar su perfección. Estos ideales, aunque no podamos atribuirles ninguna realidad objetiva (existencia), no deben ser considerados como quimeras; al contrario, proporcionan a la razón una medida indispensable para juzgar: la razón necesita, en efecto, el concepto de lo que es absolutamente perfecto en su género para poder apreciar y medir, según él, el grado y el defecto de lo imperfecto. En cuanto a tratar de realizar el ideal en un ejemplo, es decir, en un fenómeno, como en el caso del sabio de una novela, esto es irrealizable e incluso en sí mismo algo insensato, además de poco edificante, ya que los límites naturales, que hacen colapsar continuamente la perfección inscrita en la Idea, hacen imposible cualquier ilusión en tal intento y provocan así que el bien presente en la Idea se convierta él mismo en objeto de sospecha y en mera ficción.

Lo mismo ocurre con el ideal de la razón pura, que sólo puede basarse siempre en determinados conceptos y servir de regla y modelo, ya sea para la acción que de ellos se deriva o para su valoración. Es muy distinto con las creaciones de la imaginación, que nadie puede explicar o de las que nadie puede proporcionar un concepto inteligible: como monogramas, compuestos de trazos dispersos y determinados por ninguna regla aparente, forman, por así decirlo, un dibujo flotante en medio de experiencias diversas más que una imagen determinada, semejante a la que los pintores y fisonomistas dicen tener en mente, y deben ser como una silueta incomunicable de sus producciones o incluso de sus apreciaciones. Estas creaciones de la imaginación pueden designarse, aunque impropiamente, como ideales de la sensibilidad, porque deben ser el modelo inaccesible de las posibles intuiciones empíricas y, sin embargo, no proporcionan ninguna regla susceptible de definición y examen.

Lo que la razón se propone con su ideal, por el contrario, es efectuar una determinación completa según reglas *a priori;* piensa, pues, en un objeto que debe ser completamente determinable según principios, a pesar de que falten a este respecto condiciones suficientes en la experiencia y de que el concepto mismo sea, por tanto, trascendente.

Capítulo segundo de la tercera sección
Sobre el ideal trascendental (Prototypon transcendantale)

Todo concepto, con respecto a lo que no está contenido en él, es indeterminado y está sometido al principio de determinabilidad, según el cual, de dos predicados contradictoriamente opuestos, sólo uno puede volver a él. Principio que se basa a su vez en el principio de contradicción y es, por tanto, un principio puramente lógico que prescinde de cualquier contenido del conocimiento y sólo toma en consideración la forma lógica.

Pero cada cosa, en cuanto a su posibilidad, sigue estando sometida al principio de determinación integral, según el cual, de todos los predicados posibles de las cosas, en la medida en que se comparan con sus contrarios, sólo uno debe convenirle. Esto no descansa simplemente en el principio de contradicción, puesto que, además de la relación de dos predicados contradictorios, consideramos también cada cosa en su relación con la posibilidad en su totalidad, como el conjunto global de todos los predicados de las cosas en general, y al presuponer tal posibilidad como condición *a priori,* nos representamos cada cosa como si de su participación en esta posibilidad total derivase su propia posibilidad. El principio de la determinación completa concierne, pues, al contenido y no sólo a la forma lógica. Es el principio de la síntesis de todos los predicados que deben formar el concepto completo de una cosa, y no el de la representación analítica que opera por intermediación de uno de los dos predicados opuestos, y contiene un presupuesto trascendental, a saber, el de la materia de toda posibilidad, materia que debe contener *a priori* los datos requeridos para la posibilidad particular de cada cosa.

La proposición: toda cosa existente está integralmente determinada, significa que, no sólo de cada par de predicados opuestos dados, sino también de todos los predicados posibles, hay siempre uno que se ajusta a ella; no es simplemente, por esta proposición, predicados que se comparan lógicamente entre sí, sino que es la cosa misma la que se compara trascendentalmente con el conjunto total de todos los predicados posibles. Esto equivale a decir que, para conocer completamente una cosa, debemos conocer todo lo posible y determinarla por ello, ya sea afirmativa o negativamente. La determinación integral es, pues, un concepto que nunca podemos presentar *in concreto* en su totalidad, y se basa, por tanto, en una Idea que tiene su sede únicamente en la razón, la cual prescribe al entendimiento la regla para su uso completo.

Ahora bien, aunque esta idea del todo global de toda posibilidad, en la medida en que este todo interviene de un modo fundacional como condición de la determinación integral de cada cosa, es ella misma todavía indeterminada con respecto a los predicados que pueden constituir este todo, y no pensamos en ella más que como un conjunto de todos los predicados posibles en general, encontramos, al examinarla más de cerca que esta Idea, como concepto originario, excluye una multitud de predicados que ya están dados por otros como derivados o que no pueden coexistir, y que se purifica hasta formar un concepto que está determinado integralmente *a priori*, convirtiéndose así en el concepto de un objeto singular que está determinado integralmente por la Idea sola y que, por tanto, debe llamarse ideal de la razón pura.

Si consideramos todos los predicados posibles, no simplemente desde el punto de vista lógico, sino desde el punto de vista trascendental, es decir, según su contenido tal como puede pensarse *a priori* en ellos, encontramos que a través de algunos de estos predicados se representa un ser, y a través de otros un mero no-ser. La negación lógica, que se indica simplemente con la palabrita «no», nunca está propiamente unida a un concepto, sino sólo a la relación de este concepto con otro en el juicio, y por tanto no puede bastar para caracterizar un concepto en relación con su contenido. La expresión «no mortal» no puede en modo alguno proporcionar el medio de saber que por ello es un mero no-ser lo que se representa en el objeto, sino que deja de lado todo contenido. Una negación trascendental, en cambio, significa el no-ser en sí, al que se opone una afirmación trascendental, que corresponde a algo cuyo concepto expresa ya un ser en sí, y por eso se llama realidad, porque sólo por ella, y hasta donde puede extenderse, los objetos son algo (cosas), mientras que la negación opuesta significa, en cambio, una simple falta, y donde se piensa en ella, y sólo en ella, se representa la supresión de todas las cosas.

Pero nadie puede pensar en una negación de manera definida sin tener como fundamento la afirmación opuesta. Un ciego de nacimiento no puede formarse la menor idea de la oscuridad, porque no tiene idea de la luz; un salvaje no puede pensar en la indigencia, porque no tiene idea del bienestar. El ignorante no tiene noción de su ignorancia, porque no tiene noción de la ciencia, y así sucesivamente. Así todos los conceptos de las negaciones son igualmente derivados, y las realidades contienen los datos y, por así decirlo, la materia o contenido trascendental de la posibilidad y determinación integral de todas las cosas.

Si, pues, la determinación integral tiene como fundamento en nuestra razón un sustrato trascendental que contiene, por así decirlo, la provisión de material de la que pueden derivarse todos los predicados posibles de las cosas, este sustrato no es otra cosa que la Idea de un todo constituido por la realidad *(omnitudo realitatis)*. Todas las negaciones verdaderas no son, pues, sino límites, nombre que no podríamos darles si no fuera lo ilimitado (el todo) lo que se toma como fundamento.

Dicho esto, es también por esta posesión total de la realidad por lo que el concepto de cosa en sí se representa como integralmente determinado, y el concepto de un *ens realissimum* es el de un ser singular, ya que, de todos los predicados opuestos posibles, sólo uno, a saber, el que pertenece absolutamente al ser, está incluido en su determinación. Se trata, pues, de un ideal trascendental que está en el fundamento de la determinación integral necesariamente presente en todo lo que existe, y que constituye, en cuanto a su posibilidad, la condición material suprema y completa con la que todo pensamiento de los objetos en general debe necesariamente relacionarse en cuanto a su contenido. Pero éste es también el único ideal verdadero del que es capaz la razón humana, ya que sólo en este único caso el concepto inherentemente universal de una cosa se determina integralmente por sí mismo y se conoce como representación de un individuo.

La determinación lógica de un concepto por la razón descansa únicamente en un silogismo disyuntivo en el que el mayor contiene una división lógica (la división de la esfera de un concepto universal), el menor limita esta esfera a una parte, y la conclusión determina el concepto por esta parte. El concepto universal de una realidad en general no puede dividirse *a priori,* puesto que sin experiencia no se conocen especies determinadas de realidad que estén contenidas bajo este género. Por tanto, el trascendental mayor de la determinación completa de todas las cosas no es otra cosa que la representación del todo global de toda la realidad, no sólo un concepto que incluye bajo él todos los predicados según su contenido trascendental, sino que los incluye en él; y la determinación completa de cada cosa descansa en la limitación de este todo constituido por la realidad, en cuanto se atribuye a la cosa una dimensión de esta realidad, mientras que el resto queda excluido de ella —lo que concuerda con el «o... o...» de la disyuntiva mayor y con la determinación del objeto por uno de los miembros de esta división en la menor—. En virtud de esto, el uso de la razón, por el que hace del ideal trascendental el fundamento de su determinación de todas las cosas posibles, es análogo a aquel según el cual procede en los silogismos disyuntivos —que fue el principio que tomé anteriormente como fundamento de la división sistemática de todas las Ideas trascendentales, según el cual estas Ideas se producen de un modo paralelo y que corresponde a los tres tipos de silogismos.

Huelga decir que la razón, para alcanzar este fin, es decir, para representar simplemente la determinación necesaria e integral de las cosas, no presupone la existencia de tal ser conforme al ideal, sino sólo la Idea de este ser, para derivar de una totalidad incondicionada de determinación integral la totalidad condicionada, es decir, la de lo limitado. En este sentido, para ella, el ideal es el modelo original *(prototypon)* de todas las cosas que, en conjunto, como copias defectuosas *(ectypa),* derivan de él la materia de su posibilidad y, aunque se aproximan más o menos a ella, permanecen en todo caso siempre infinitamente lejos de alcanzarla.

Así, toda posibilidad de las cosas (de la síntesis de las diversas correspondientes a su contenido) es considerada como derivada, y sólo aquello que contiene en sí toda la realidad es considerado como originario. En efecto, todas las negaciones (que son, sin embargo, los únicos predicados por los que todo lo demás puede distinguirse del ser más real) son meras limitaciones de una realidad superior y, en último término, de la realidad suprema: en consecuencia, la presuponen y son simplemente derivadas de ella en cuanto a su contenido. Toda la diversidad de las cosas es sólo un modo igualmente diverso de limitar el concepto de la realidad suprema, que es su sustrato común, del mismo modo que todas las figuras sólo son posibles como modos diversos de limitar el espacio infinito. Por eso el objeto de su ideal, que sólo se encuentra en la razón, se llama también el ser originario *(ens originarium)*, en cuanto que no tiene ningún ser por encima de él, se llama el ser supremo *(ens summum)*, y en cuanto que todo, en cuanto condicionado, está sometido a él, se llama el ser de todos los seres *(ens entium)*. El hecho es que todo esto no designa la relación objetiva de un objeto que es realmente real con otras cosas: es meramente la relación de la Idea con los conceptos, y quedamos así en completa ignorancia en cuanto a la existencia de un ser de tan excepcional eminencia.

Puesto que tampoco puede decirse que un ser originario esté constituido por una pluralidad de seres derivados, en la medida en que cada uno de ellos lo presupone y, en consecuencia, no puede constituirlo, el ideal del ser originario debe necesariamente pensarse también como simple.

La derivación de cualquier otra posibilidad a partir de este ser originario no debe, pues, considerarse, en sentido estricto, como una limitación de su realidad suprema y, por así decirlo, como una división de la misma; pues si así fuera, el ser originario no sería considerado más que como un simple agregado de seres derivados, lo cual, según acabamos de ver, es imposible, aunque inicialmente, en un primer esbozo, hayamos dado esta representación. Más aún, la realidad suprema residiría en el principio de la posibilidad de todas las cosas como fundamento y no como conjunto, y la diversidad de las cosas no se basaría en la limitación del ser originario mismo, sino en el despliegue completo de lo que deriva de él, al que pertenecería, por tanto, también toda nuestra sensibilidad, con la realidad incluida en el fenómeno, que no puede pertenecer como ingrediente a la idea de ser supremo.

Si nos adherimos más estrechamente a esta idea hipostasiándola, podremos determinar el ser originario, por el solo concepto de realidad suprema, como ser único, simple, autosuficiente, eterno, etc., en suma: podremos determinarlo en su totalidad, en su totalidad, en su totalidad, en resumen: podremos determinarlo en su totalidad incondicionada por todos los predicados. El concepto de tal ser es el de Dios entendido en sentido trascendental; y así el ideal de la razón pura es el objeto de una teología trascendental, como también indiqué anteriormente.

Sin embargo, este uso de la Idea trascendental excedería ya los límites de su determinación y admisibilidad. Pues sólo como concepto de toda realidad la razón la colocó en el fundamento de la determinación integral de las cosas en general, sin exigir que toda esta realidad esté objetivamente dada y constituya ella misma una cosa. Esta última es una mera ficción mediante la cual reunimos y realizamos en un ideal, bajo la forma de un ser particular, la diversidad incluida en nuestra Idea, sin que tengamos derecho a hacerlo, o incluso sin que tengamos derecho a admitir sin más detracción la posibilidad de tal hipótesis. La misma observación vale también para todas las consecuencias que se derivan de tal ideal, que no tienen nada que ver con la determinación integral de las cosas en general (para la cual sólo era necesaria la Idea) y que no tienen la menor influencia sobre ella.

No basta con describir el proceso de nuestra razón y su dialéctica: hay que tratar también de descubrir sus fuentes, para poder explicar esta apariencia misma como un fenómeno del entendimiento; pues el ideal del que partimos se funda en una Idea natural y no en una Idea procedente simplemente del árbitro. Por eso pregunto cómo logra la razón considerar toda posibilidad de las cosas como derivada de una única posibilidad que constituye su fundamento, me refiero a la de la realidad suprema, y luego suponer que ésta está contenida en un ser originario particular.

La respuesta a esta pregunta es evidente por sí misma a partir de los desarrollos de los Analíticos trascendentales. La posibilidad de los objetos de los sentidos es una relación de estos objetos con nuestro pensamiento en la que algo (a saber, la forma empírica) puede ser pensado *a priori,* pero en la que lo que constituye la materia, la realidad en el fenómeno (lo que corresponde a la sensación), debe necesariamente estar dado —de otro modo ni siquiera podría ser pensado en absoluto y, en consecuencia, su posibilidad no podría ser representada. Ahora bien, un objeto de los sentidos sólo puede determinarse plenamente si se compara con todos los predicados del fenómeno y si se representa por medio de estos predicados de manera afirmativa o negativa. Siendo esto así, puesto que aquí lo que constituye la cosa en sí (en el fenómeno), a saber, lo real, debe necesariamente estar dado, pues de otro modo ni siquiera podría ser pensado en absoluto, pero como aquello en lo que se da lo real de todos los fenómenos es la experiencia única que lo abarca todo, la materia de la posibilidad de todos los objetos-sentidos sólo puede asumirse como dada en un todo global en cuya limitación sólo puede descansar toda posibilidad de los objetos empíricos, su diferencia entre sí y su determinación integral. Ahora bien, de hecho, no hay otros objetos que nos puedan ser dados que los objetos de los sentidos, y de ninguna otra manera que en el contexto de una experiencia posible: en consecuencia, nada es objeto para nosotros si no presupone el concepto global de toda realidad empírica como condición de su posibilidad. Según una ilusión natural, vemos entonces en esto un principio que debería valer para todas las cosas en general, mientras que en rigor sólo vale para las que se dan como objetos de nuestros sentidos. Como resultado, el principio empírico de nuestros conceptos de la posibilidad de las cosas como fenómenos se convierte, mediante la eliminación de esta restricción, en un principio trascendental de la posibilidad de las cosas en general.

Queda que el modo en que hipostasiamos ulteriormente esta Idea del todo de toda realidad procede del hecho de que transformamos dialécticamente la unidad distributiva del uso experimental del entendimiento en la unidad colectiva de un todo constituido por la experiencia, y que a través de este todo del fenómeno forjamos el pensamiento de una cosa singular que contiene en sí toda la realidad empírica y que entonces, mediante la subrepción trascendental ya mencionada, se confunde con el concepto de una cosa que se sitúa en la cumbre de la posibilidad de todas las cosas, para cuya completa determinación es esta cosa singular la que proporciona las condiciones reales.

Capítulo tercero de la tercera sección
Sobre las pruebas de la razón especulativa que llevan a la conclusión de la existencia de un ser supremo

A pesar de esta necesidad apremiante de la razón de suponer algo que pueda servir de fundamento completo al entendimiento en la determinación completa de sus conceptos, advierte, sin embargo, con demasiada facilidad lo que hay de ideal y de puramente ficticio en tal suposición para dejarse persuadir sólo por esto de admitir de una vez como ser efectivamente real a una mera criatura espontáneamente generada por su pensamiento, si no fuera empujado por otro medio a buscar en alguna parte un punto en el que descansar en la regresión de lo condicionado, que está dado, a lo incondicionado, que, ciertamente, no está en sí mismo y según su simple concepto dado como efectivamente real, sino que sólo puede completar la serie de condiciones relacionadas con sus fundamentos. Ahora bien, éste es el curso natural que sigue toda razón humana, incluso la más común, aunque no toda razón lo siga. No parte de conceptos, sino de la experiencia común y, por tanto, toma como fundamento algo que existe. Pero el terreno que así se ha dado se derrumba si no descansa sobre la roca inamovible de lo absolutamente necesario. Pero esto, a su vez, flota sin asidero si todavía hay un espacio vacío fuera y debajo de él, si él mismo no lo llena todo y no deja así espacio disponible para él por qué, es decir, si no es infinito en su realidad.

Si algo existe, sea lo que sea, también debemos conceder que algo existe necesariamente. Pues lo contingente sólo existe bajo la condición de otra cosa que constituye su causa, y a partir de ahí el razonamiento sigue aplicándose con la misma validez a una causa que ya no existe contingentemente y que, por tanto, existe incondicionalmente y con necesidad. Este es el argumento en el que la razón basa su progreso hacia el ser original.

Ahora bien, cuando la razón indaga sobre el concepto de un ser al que le corresponde tal privilegio, en cuanto a la existencia, como el de la necesidad incondicionada, no es para concluir *a priori* del concepto de este ser a su existencia (pues si tuviera esta audacia, Es sólo para encontrar, entre todos los conceptos posibles de las cosas, el que no contenga en sí nada que entre en conflicto con la necesidad absoluta. Pues, que algo absolutamente necesario debe existir, ya lo tiene por establecido según el primer razonamiento. Si, pues, descarta todo lo que no concuerda con esta necesidad, con excepción de una cosa, esa cosa es el ser absolutamente necesario, independientemente de que entonces podamos o no concebir su necesidad, es decir, derivarla de su solo concepto.

Ahora bien, aquello cuyo concepto contiene en sí la solución de todos los porqués, una razón de ser que no falta en ningún dominio y desde ningún punto de vista, que proporciona una condición suficiente en cualquier registro, parece constituir por esto mismo el ser que corresponde a la necesidad absoluta, ya que, por la manera en que posee en sí todas las condiciones para todo lo posible, no necesita él mismo ninguna condición, ni siquiera es capaz de necesitarlas, y, por tanto, satisface al menos en cierta medida el concepto de necesidad incondicionada —lo que no puede hacer tan bien ningún otro concepto—, el cual, por contener lagunas y necesitar ser completado, no muestra en sí mismo tal carácter de independencia respecto de todas las condiciones ulteriores. Es cierto que, a partir de esto, todavía no podemos concluir con certeza que lo que no contiene en sí mismo la condición suprema y en todos los aspectos completa deba estar a su vez necesariamente, como resultado, condicionado en cuanto a su existencia: pero en cualquier caso no posee en sí mismo la característica única de la existencia incondicionada, y gracias a la cual la razón es capaz de reconocer, mediante un concepto *a priori,* a cualquier ser como incondicionado.

El concepto de un ser dotado de realidad suprema sería, pues, el que, de todos los conceptos posibles de las cosas, mejor correspondería al concepto de un ser incondicionalmente necesario, y aunque no lo satisfaga por completo, en cualquier caso no tenemos elección, sino que, por el contrario, nos vemos obligados a atenernos a él, porque no podemos dejar que la existencia de un ser necesario se disipe con el viento. El hecho es que, aun concediendo esta existencia, no podemos, sin embargo, encontrar nada en todo el campo de la posibilidad que pueda reclamar legítimamente tal privilegio en la existencia.

Este es, pues, el curso natural de la razón humana. En primer lugar, se persuade de la existencia de un ser necesario. En este ser, reconoce una existencia incondicionada. Ahora bien, busca el concepto de lo que es independiente de toda condición y lo encuentra en aquello que contiene en sí la condición suficiente de todas las demás cosas, es decir, en aquello que contiene toda la realidad. Pero el todo, que nada limita, es unidad absoluta e implica el concepto de un solo ser, a saber, el concepto del ser supremo; y así la razón concluye que el ser supremo, como fundamento originario de todas las cosas, existe de modo absolutamente necesario.

A este concepto no se le puede negar una cierta consistencia a la hora de decidir, es decir, cuando hemos concedido la existencia de algún ser necesario y convenimos en que debemos seguirle la corriente, dondequiera que queramos situar a este ser; pues entonces no podemos hacer una elección que sea más pertinente, o más bien no tenemos elección, sino que nos vemos obligados a dar nuestro apoyo a la unidad absoluta que definiría la realidad completa, como constitutiva de la fuente originaria de la posibilidad. Pero si no hay nada que nos obligue a decidirnos, y preferimos dejar todo el asunto en suspenso hasta que nos veamos obligados a dar nuestro asentimiento por el mero peso de los argumentos, es decir, si sólo se trata de valorar lo que sabemos sobre este problema y lo que sólo nos lisonjeamos de saber, entonces el razonamiento precedente ya no parece estar en una perspectiva tan ventajosa, y necesita un favor que sustituya a los títulos de legitimidad de los que carece. Pues si aceptamos como bien establecido todo lo que aquí se nos presenta, a saber, que, en primer lugar, de cualquier existencia dada (que, por cierto, es sólo la mía), podemos concluir legítimamente la existencia de un ser absolutamente incondicionado, y que, en segundo lugar, debemos considerar como absolutamente incondicionado un ser que contiene toda la realidad, por tanto, también cualquier condición, y que, por consiguiente, se encuentra así el concepto de una cosa correspondiente a la necesidad absoluta, no podemos concluir de ello en modo alguno que el concepto de un ser limitado que no posee la realidad suprema esté por ello en contradicción con la necesidad absoluta. Pues, aunque en el concepto de este ser limitado no encuentro lo incondicionado, que ya implica la totalidad de las condiciones, no podemos en absoluto concluir de ello que su existencia deba por eso mismo ser condicionada, del mismo modo que, en un silogismo hipotético, no puedo decir: donde no se encuentra una determinada condición (a saber, aquí, la de la totalidad según los conceptos), tampoco se encuentra lo condicionado. Más bien, seguimos siendo libres de dar a todos los demás seres limitados el valor de seres incondicionalmente necesarios, aunque no podamos concluir su necesidad a partir del concepto general que tenemos de ellos. Pero, de este modo, este argumento no nos proporcionaría, sin embargo, ningún concepto de las propiedades de un ser necesario, y nunca llegaría a nada.

No obstante, este argumento conserva cierta importancia y prestigio que no pueden, a pesar de esta insuficiencia objetiva, serle quitados de golpe. Pues supongamos que existen obligaciones plenamente fundadas en la Idea de la razón, pero que carecerían de toda realidad en su aplicación a nosotros mismos, es decir, sin motivos, si no supusiéramos un ser supremo capaz de dar a las leyes prácticas su eficacia y su influencia: en esta hipótesis, también estaríamos obligados a seguir los conceptos que, aunque no puedan ser objetivamente suficientes, son, sin embargo, preponderantes según la medida de nuestra razón, y en comparación con los cuales no conocemos en todo caso nada mejor ni más convincente. El deber de elegir inclinaría aquí la balanza poniendo fin a la irresolución de la especulación mediante una adición práctica: además, la razón no encontraría justificación en sí misma, a pesar de toda la vigilancia con que ejerce sus funciones de juez, si, bajo la influencia de motivos apremiantes, no siguiera, a pesar de la forma sólo incompleta con que ilumina el debate, estos principios de su juicio más allá de los cuales no conocemos al menos ninguno mejor.

Este argumento, aunque de hecho trascendental (puesto que descansa en la insuficiencia intrínseca de lo contingente), es, sin embargo, tan simple y natural que se adecua al sentido común más extendido, en cuanto se le expone. Vemos que las cosas se transforman, nacen y mueren; por consiguiente, estas cosas, o al menos su estado, deben tener una causa. Pero para cada causa que pueda darse en la experiencia puede plantearse de nuevo la misma pregunta. Ahora bien, ¿qué mejor lugar para situar la causalidad suprema que allí donde está también la causalidad suprema, es decir, en el ser que, para todo efecto posible, contiene en sí, originariamente, la razón suficiente, y cuyo concepto se establece también muy fácilmente por esta sola característica: una perfección que lo incluye todo en sí? Sostenemos que esta causa suprema es absolutamente necesaria porque nos parece absolutamente necesario llegar hasta ella, y no tenemos ninguna razón para ir más allá. Por eso vemos en todos los pueblos, a través de su politeísmo más ciego, algunos destellos del monoteísmo al que han sido conducidos, no por la reflexión o la especulación profunda, sino simplemente por el curso natural del entendimiento común, adquiriendo gradualmente la comprensión de las cosas.

Sólo hay tres tipos posibles de pruebas especulativas de la existencia de Dios

Todos los caminos que podemos intentar seguir con este fin parten o bien de la experiencia determinada y de la naturaleza particular de nuestro mundo sensible, tal como esta experiencia nos la da a conocer, y se elevan desde aquí, siguiendo las leyes de la causalidad, hasta la causa suprema situada fuera del mundo; o toman como fundamento empírico sólo una experiencia indeterminada, es decir, alguna existencia; o finalmente prescinden de toda experiencia y concluyen enteramente *a priori,* a partir de conceptos simples, a la existencia de una causa suprema. La primera prueba es la prueba físico-teológica, la segunda la prueba cosmológica, la tercera la prueba ontológica. No hay más, ni puede haber más.

Mostraré que la razón alcanza tan poco en uno de estos caminos (el empírico) como en el otro (el trascendental), y que es en vano que despliegue sus alas para elevarse por encima del mundo sensible por la pura fuerza de la especulación. En cuanto al orden en que se examinarán estos tipos de prueba, será directamente el inverso del adoptado por la razón a medida que se desarrolla gradualmente, y en el que nosotros mismos los presentamos por primera vez. Se verá que, aunque la experiencia proporciona la primera oportunidad, es, sin embargo, el simple concepto trascendental el que guía a la razón en el esfuerzo que realiza de este modo y el que fija, en todos sus intentos de este tipo, la meta que se ha propuesto. Comenzaré, pues, por examinar la prueba trascendental y veré después qué puede hacer la adición de la dimensión empírica para aumentar su fuerza demostrativa.

Capítulo cuarto de la tercera sección
Sobre la imposibilidad de una prueba ontológica de la existencia de Dios

Es fácil ver, por lo que precede, que el concepto de un ser absolutamente necesario es un puro concepto de la razón, es decir, una mera Idea cuya realidad objeta está aún lejos de ser demostrada por el hecho de que la razón la necesite: una Idea que, por lo demás, no hace más que indicarnos cierta perfección, por inaccesible que sea, y sirve propiamente más bien para limitar nuestro entendimiento que para ampliarlo a nuevos objetos. Ahora bien, hay en esto algo extraño y paradójico: el razonamiento que concluye de una existencia dada en general a alguna existencia absolutamente necesaria parece constrictivo y riguroso, y, sin embargo, tenemos enteramente en contra todas las condiciones que el entendimiento impone para forjar un concepto de tal necesidad.

Siempre hemos hablado del ser absolutamente necesario, y no nos hemos tomado tantas molestias para comprender si podemos pensar simplemente en algo de este tipo, y cómo, como para demostrar su existencia. Ahora bien, es ciertamente bastante fácil dar una definición nominal de este concepto, a saber, que es algo cuya inexistencia es imposible; pero no estamos mejor instruidos para ello en cuanto a las condiciones que hacen imposible considerar el no-ser de una cosa como absolutamente impensable, y que son propiamente lo que queremos saber, es decir, si por medio de este concepto nos forjamos o no, en general, el pensamiento de algo. Pues rechazar, recurriendo a la palabra: incondicionado, todas las condiciones que el entendimiento necesita siempre para considerar algo como necesario no me hace comprender todavía, tanto como necesario, si a partir de entonces, mediante este concepto de un ser incondicionalmente necesario, sigo pensando algo o si, tal vez, no pienso absolutamente nada.

Es más, este concepto, que se había aventurado al azar y que con el tiempo se convirtió en un lugar común, se creía poder explicar, además, recurriendo a un sinfín de ejemplos, de modo que cualquier otro cuestionamiento de su comprensibilidad parecía totalmente inútil. Cada proposición de la geometría, por ejemplo, que un triángulo tiene tres ángulos, es absolutamente necesaria; y es en estos términos que se empezó a hablar de un objeto situado completamente fuera de la esfera de nuestro entendimiento, como si comprendiéramos perfectamente lo que queríamos decir con el concepto que teníamos de él.

Todos los ejemplos expuestos están, sin excepción, extraídos únicamente de juicios, y no de las cosas y de su existencia. Pero la necesidad incondicionada de los juicios no es una necesidad absoluta de las cosas. Pues la necesidad absoluta de los juicios es sólo una necesidad condicionada de la cosa o predicado presente en el juicio. La proposición anterior no decía que tres ángulos sean absolutamente necesarios, sino que, bajo la condición de que exista (esté dado) un triángulo, existen también en él (necesariamente) tres ángulos. Sin embargo, esta necesidad lógica era una ilusión tan poderosa que, después de haber formado un concepto *a priori* de una cosa tal que, según la opinión común que tenemos de ella, la existencia encaja en su comprensión, pensamos que podíamos concluir con seguridad que, porque la existencia pertenece necesariamente al objeto de este concepto, es decir, a condición de que yo postule esta cosa como dada (como existente), se postule también necesariamente su existencia (en virtud de la regla de identidad), y, por tanto, que este ser era él mismo absolutamente necesario porque su existencia era entendida por el pensamiento en un concepto arbitrariamente aceptado y a condición de que yo postule el objeto de este concepto.

Si en un juicio de identidad suprimo el predicado y conservo el sujeto, surge una contradicción, y por eso digo que el predicado pertenece necesariamente al sujeto. Pero si suprimo el sujeto al mismo tiempo que el predicado, no surge ninguna contradicción, porque no queda nada con lo que pueda surgir una contradicción. Suprimir los tres ángulos de un triángulo es una contradicción, pero suprimir el triángulo junto con sus tres ángulos no es una contradicción. Ocurre exactamente lo mismo con el concepto de un ser absolutamente necesario. Si suprimes su existencia, suprimes la cosa misma con todos sus predicados; ¿de dónde puede venir entonces la contradicción? Externamente, no hay nada con lo que pueda haber contradicción, puesto que la cosa no debe ser externamente necesaria; internamente, tampoco hay nada de eso, puesto que, al suprimir la cosa misma, has suprimido al mismo tiempo todas las determinaciones internas. Dios es omnipotente: éste es un juicio necesario. La omnipotencia no puede suprimirse en cuanto se postula una divinidad, es decir, un ser infinito, a cuyo concepto es idéntico el de omnipotencia. Pero si dices Dios no es, entonces no se da ni la omnipotencia ni ningún otro de sus predicados; pues todos ellos se suprimen al mismo tiempo que el sujeto, y no se manifiesta la menor contradicción en este pensamiento.

Has visto, pues, que, si suprimo el predicado de una sentencia al mismo tiempo que el sujeto, nunca puede producirse una contradicción interna, cualquiera que sea el predicado. Entonces no te queda otra salida que decir: hay sujetos que no pueden suprimirse en absoluto y que, por tanto, deben permanecer en su lugar. Pero eso equivaldría a decir que hay sujetos absolutamente necesarios —presuposición cuya legitimidad he puesto precisamente en duda, y cuya posibilidad querías mostrarme—. Pues no puedo formarme el menor concepto de una cosa que, si se suprimiera con todos sus predicados, dejaría tras de sí una contradicción; y sin la contradicción no tengo, por simples conceptos *a priori* puros, ningún criterio de imposibilidad.

Contra todo este razonamiento general (del que ningún ser humano puede escapar), me invitas a admitir, a partir de un caso que presentas como prueba de hecho, que hay, sin embargo, un concepto, y de hecho éste es el único, para el que el no-ser, es decir, la supresión de su objeto, sería contradictorio en sí mismo; y este concepto es el del ser más real de todos. Tiene, dices, toda la realidad, y estás justificado en admitir tal ser como posible (lo que acepto por el momento, aunque el hecho de que un concepto no sea contradictorio no prueba todavía la posibilidad de su objeto). Ahora bien, también se entiende existencia cuando decimos cualquier realidad: por tanto, la existencia está inscrita en el concepto de un posible. Si se suprime entonces esta cosa, se suprime también la posibilidad intrínseca de la cosa, lo cual es contradictorio.

Respondo: ya has entrado en contradicción cuando, en el concepto de una cosa que sólo querías pensar en términos de su posibilidad, ya has introducido el concepto de su existencia, bajo cualquier nombre que se oculte. Si te concedemos este punto, aparentemente has ganado la partida, pero de hecho no has dicho nada; porque has cometido una simple tautología. Le pregunto: esta proposición: esta cosa o aquella otra cosa (que le concedo que es posible, sea lo que sea) existe, esta proposición, le pregunto, ¿es una proposición analítica o una proposición sintética? Si es analítica, por la existencia de la cosa, no añades nada a tu pensamiento de esa cosa; pero en ese caso, o bien el pensamiento en ti debería ser la cosa misma, o bien has presupuesto la existencia como perteneciente a la posibilidad, y de ahí se supone que la existencia se concluye de la posibilidad interna, lo cual no es más que una miserable tautología. El término realidad, que en el concepto de la cosa suena muy distinto del de existencia en el concepto del predicado, no resuelve nada. Pues si además llamas realidad a todo lo que postulas (sin que lo que postulas esté determinado), ya has postulado la cosa, con todos sus predicados, en el concepto del sujeto y la has admitido como efectivamente real, y no haces más que repetirla en el predicado. Si, por otra parte, estás de acuerdo, como razonablemente debe estarlo cualquier ser razonable, en que toda proposición de existencia es sintética, ¿cómo puedes entonces sostener que el predicado de existencia no puede ser eliminado sin contradicción, puesto que este privilegio sólo pertenece por derecho propio a las proposiciones analíticas, en la medida en que lo que las caracteriza descansa precisamente en ello?

Ciertamente podría esperar haber aniquilado este vano argumento gracias a una determinación precisa del concepto de existencia, si no hubiera observado que la ilusión consistente en confundir un predicado lógico con un predicado real (es decir, con la determinación de una cosa) está muy cerca de negarse a escuchar a la razón. Cualquier cosa puede servir como predicado lógico, e incluso el sujeto puede ser predicado de sí mismo; pues la lógica se abstrae de todo contenido. Pero la determinación es un predicado que se añade al concepto de sujeto y lo aumenta. Por tanto, no debe estar ya contenido en él.

Evidentemente, ser no es un predicado real, es decir, un concepto de algo que pueda añadirse al concepto de cosa. Es simplemente la posición de una cosa o de ciertas determinaciones en sí misma. En el uso lógico, es pura y simplemente la cópula de una sentencia. La proposición: «Dios es omnipotente» contiene dos conceptos que tienen sus objetos: Dios y la omnipotencia; la palabrita: es no es otro predicado, sino es sólo lo que coloca al predicado en relación con el sujeto. Ahora bien, si tomo el sujeto (Dios) con todos sus predicados (a los que pertenece también la omnipotencia), y digo: Dios es, o: hay un Dios, no estoy planteando un nuevo predicado añadido al concepto de Dios, sino sólo el sujeto en sí con todos sus predicados, y al mismo tiempo, ciertamente, el objeto relacionado con mi concepto. Ambos sólo pueden tener exactamente el mismo contenido, y al concepto, que simplemente expresa posibilidad, no se le puede añadir nada más, por el simple hecho de que (mediante la expresión: es) pienso su objeto como absolutamente dado. Y así lo realmente real no contiene nada más que lo meramente posible. Cien táleros reales no contienen el menor elemento más que cien táleros posibles. Pues en la medida en que estos últimos significan el concepto, mientras que los primeros significan el objeto y su posición en sí mismo, mi concepto, en el caso de que cien táleros reales contuvieran más que cien táleros posibles, no expresaría la totalidad del objeto y, en consecuencia, tampoco sería su concepto adecuado. Pero cuando se trata del estado de mi fortuna, cien táleros reales son algo más que su mero concepto (es decir, su posibilidad). Pues si pertenece a la realidad efectiva, el objeto no está simplemente contenido analíticamente en mi concepto, sino que se añade sintéticamente a mi concepto (que es una determinación de mi estado), sin que los cien táleros que tenía en mente aumenten en lo más mínimo por esta existencia fuera de mi concepto.

Cuando pienso una cosa, pues, cualesquiera que sean los predicados por medio de los cuales la pienso, y por muchos que sean (incluso en la determinación completa), por el hecho de que sigo añadiendo que esta cosa existe, no añado el menor elemento a la cosa. Pues, si así fuera, ya no sería sólo la misma cosa la que existe, sino algo más de lo que había basado mi pensamiento en mi concepto, y ya no podría decir que es exactamente el objeto de mi concepto lo que existe. Si, además, en una cosa llego a pensar toda la realidad menos una, la realidad que falta no se le añade por el hecho de que yo diga que existe tal cosa que incluye una falta; al contrario, existe precisamente afectada por la misma falta que cuando yo la había pensado, ya que de otro modo sería otra cosa distinta de lo que yo había pensado la que existiría. Si, pues, me formo el pensamiento de un ser que considero la realidad suprema (libre de toda carencia), siempre queda la cuestión de si existe o no. Pues, aunque a mi concepto no le falta nada del posible contenido real de una cosa en general, le sigue faltando algo en relación con el conjunto de todo mi estado de pensamiento, a saber, que el conocimiento de este objeto también es posible *a posteriori*. Y es aquí donde también se pone de manifiesto la causa de la dificultad que reina a este respecto. Si se tratara de un objeto de los sentidos, no podría confundir la existencia de la cosa con el mero concepto de la cosa. A través del concepto, en efecto, el objeto es pensado sólo como concordante con las condiciones universales de un posible conocimiento empírico en general, mientras que a través de la existencia es pensado como formando parte del contexto de la experiencia en su totalidad; en cuyo caso, a través de su conexión con el contenido de toda experiencia, el concepto del objeto no aumenta ciertamente en lo más mínimo, sino que nuestro pensamiento recibe además una posible percepción del mismo. Si, por el contrario, queremos pensar la existencia únicamente en términos de la categoría pura, no es de extrañar que no podamos proporcionar ningún criterio para distinguirla de la mera posibilidad.

Cualquiera que sea la naturaleza y el alcance de nuestro concepto de objeto, debemos ir más allá del concepto para atribuir existencia a lo que contiene. En el caso de los objetos de los sentidos, esto se hace articulando este contenido a una de mis percepciones de acuerdo con las leyes empíricas. Pero en el caso de los objetos del pensamiento puro, no hay absolutamente ninguna manera de conocer su existencia, ya que tendríamos que conocerla totalmente *a priori,* mientras que nuestra conciencia de cualquier existencia (ya sea inmediatamente, a través de la percepción, o a través de un razonamiento que vincule algo a la percepción) pertenece enteramente a la unidad de la experiencia, y si bien una existencia fuera de este campo no puede ciertamente declararse absolutamente imposible, al menos es una suposición que nada nos autoriza a justificar.

El concepto de un ser supremo es una idea muy útil en muchos aspectos; pero, precisamente porque no es más que una idea, es totalmente incapaz de ampliar nuestro conocimiento en relación con lo que existe. Ni siquiera nos permite saber más sobre la posibilidad de la pluralidad. El criterio analítico de posibilidad, consistente en que las posiciones simples (de realidades) no dan lugar a contradicción, ciertamente no puede discutirse; en la medida, sin embargo, en que la vinculación de todas las propiedades reales en una cosa es una síntesis sobre cuya posibilidad no podemos juzgar *a priori,* puesto que las realidades no nos son específicamente dadas y, aunque lo fueran, el criterio de la posibilidad del conocimiento sintético sólo puede buscarse siempre en la experiencia, a la que, sin embargo, no puede pertenecer el objeto de una Idea, el famoso Leibniz está lejos de haber conseguido aquello de lo que presumía cuando afirmaba conocer *a priori* la posibilidad de un ser ideal tan sublime.

En este sentido, sería una pérdida de tiempo y esfuerzo dedicarse a esta famosa prueba ontológica (cartesiana), que pretende demostrar la existencia de un ser supremo a través de conceptos, y ningún ser humano podría enriquecerse en conocimientos a partir de simples Ideas más de lo que podría enriquecerse en dinero un comerciante que, para mejorar el estado de su fortuna, quisiera añadir unos cuantos ceros al extracto de su caja registradora.

Capítulo quinto de la tercera sección
Sobre la imposibilidad de una prueba cosmológica de la existencia de Dios

Era un planteamiento totalmente antinatural, y una simple renovación del espíritu escolástico, intentar derivar de una idea forjada de forma totalmente arbitraria la existencia del objeto correspondiente a esta idea. En efecto, jamás se habría intentado seguir este camino si la razón no hubiera sentido primero la necesidad de admitir, para la existencia en general, algo necesario (donde podríamos detenernos en la regresión ascendente), y si la razón no se hubiera visto obligada, puesto que esta necesidad debe ser incondicionada y cierta *a priori,* a buscar un concepto que pudiera satisfacer, en la medida de lo posible, tal exigencia y darnos el conocimiento de una existencia completamente *a priori.* Ahora bien, se pensaba que este concepto se encontraba en la Idea de un ser que era el más real de todos, y así se utilizaba esta Idea para procurar un conocimiento más definido de algo que ya se estaba persuadido o convencido por otra parte de que sólo podía existir —a saber, del ser necesario—. Sin embargo, se ocultó este funcionamiento natural de la razón, y en lugar de llegar a este concepto, se intentó partir de él para deducir la necesidad de la existencia, que sólo se pretendía completar. El resultado es esta desafortunada prueba ontológica, que no contiene nada que satisfaga ni al entendimiento natural y sano ni al examen metódico.

La prueba cosmológica, que examinaremos ahora, mantiene la unión de la necesidad absoluta con la realidad suprema, pero en vez de concluir, como la anterior, de la realidad suprema a la necesidad en la existencia, concluye más bien de la necesidad incondicionada, previamente dada, de algún ser, a la realidad ilimitada de ese ser, y así al menos vuelve a poner todo en la pista de un tipo de razonamiento que no sé si es racional o sofístico, pero que en cualquier caso tiene algo de natural y que trae consigo, no sólo para el entendimiento común, sino también para el especulativo, la mayor persuasión. Más aún, es tal razonamiento el que ha trazado visiblemente, para todas las pruebas de la teología natural, las primeras directrices que siempre se han seguido y que siempre se seguirán, con la ayuda de algunos adornos y embellecimientos, tanto si queremos adornarlos como disimularlos. Esta prueba, que Leibniz llamó también prueba a *contingentia mundi,* será ahora explicada y examinada.

Se puede enunciar de la siguiente manera: Si algo existe, debe existir también un ser absolutamente necesario. Ahora bien, yo existo al menos yo mismo; por tanto, existe un ser absolutamente necesario. La menor contiene una experiencia, la mayor concluye de una experiencia en general a la existencia de lo necesario. La prueba comienza así propiamente con la experiencia, y por consiguiente no está totalmente establecida *a priori* u ontológicamente; y puesto que el objeto de toda experiencia posible se llama mundo, se llama por esta razón prueba cosmológica. En la medida en que, por lo demás, se abstrae de cualquier propiedad particular de los objetos de la experiencia, por la que este mundo pueda distinguirse de cualquier mundo posible, se diferencia también, aunque sólo sea en su nombre, de la prueba físico-teológica, que se sirve, para fundar su demostración, de observaciones relativas a la naturaleza particular de este mundo sensible nuestro.

Dicho esto, la prueba conduce a otras conclusiones: el ser necesario sólo puede ser determinado de un modo único, es decir, sólo puede ser determinado por uno de todos los predicados que se le pueden oponer, y en consecuencia debe ser determinado exhaustivamente por su concepto. Ahora bien, sólo hay un concepto posible de una cosa que la determine exhaustivamente *a priori,* a saber, el concepto del *ens realissimum.* Así pues, el concepto del ser más real de todos es el único a través del cual puede pensarse un ser necesario, es decir, hay necesariamente un ser supremo.

Este argumento cosmológico reúne tantos principios sofísticos que la razón especulativa parece haber utilizado todo su arte dialéctico para crear la mayor apariencia trascendental posible. Sin embargo, nos proponemos dejar de lado por un momento este examen, para poner simplemente de relieve una artimaña de la razón especulativa por la que hace aparecer como nuevo un viejo argumento en forma disfrazada y pide el acuerdo de dos testigos, a saber, el testigo constituido por la razón pura y otro cuyo testimonio es de fuente empírica, cuando en realidad es sólo el primero el que cambia de traje y de voz para ser considerado como segundo testigo. Con el fin de proporcionar una base sólida, esta prueba se apoya en la experiencia y da así la impresión de ser distinta del argumento ontológico, que deposita toda su confianza en simples conceptos puros *a priori.* Pero la prueba cosmológica sólo utiliza esta experiencia para dar un único paso, es decir, para llegar a la existencia de un ser necesario en general. En cuanto a las propiedades de este ser, el fundamento empírico de esta prueba no puede decirnos nada acerca de ellas, pero en este punto la razón se separa completamente de ella y busca, entre conceptos simples, qué propiedades debe tener un ser absolutamente necesario en general, es decir, un ser que, entre todas las cosas posibles, contenga en sí mismo las condiciones requeridas (requisitos) para la necesidad absoluta. Ahora bien, ella piensa que sólo puede encontrar estos requisitos en el concepto de un ser que es el más real de todos, y por tanto concluye que éste es el ser absolutamente necesario. Pero está claro que esto supone que el concepto de un ser que posee la realidad suprema satisface plenamente el concepto de necesidad absoluta en la existencia, es decir, que es posible concluir de esta realidad a esta necesidad —según una proposición apoyada por el argumento ontológico, que por tanto se integra en la prueba cosmológica tomándolo como fundamento, aunque se hubiera querido evitar—. Pues la necesidad absoluta es una existencia derivada de conceptos simples. Ahora bien, si digo que el concepto del *ens realissimum* es un concepto de este tipo, y que de hecho es el único que se ajusta a la existencia necesaria y es adecuado a ella, debo conceder también que de él puede concluirse esta última. Estrictamente hablando, pues, sólo la prueba ontológica que procede de conceptos simples contiene toda la fuerza demostrativa de la llamada prueba cosmológica; y la experiencia que se plantea no sirve rigurosamente para nada, salvo quizá para conducirnos al concepto de necesidad absoluta, pero no para demostrarlo en una cosa dada. Pues, tan pronto como ponemos la mira en tal objetivo, debemos abandonar inmediatamente toda experiencia y buscar entre los conceptos puros uno que pueda contener las condiciones de posibilidad de un ser absolutamente necesario. Pero simplemente con que, de este modo, se perciba la posibilidad de tal ser, se demuestra también su existencia; pues esto equivale a decir que, entre todo lo posible, sólo hay un ser que implica necesidad absoluta, lo que significa que este ser existe de modo absolutamente necesario.

Todo el engaño que implica este razonamiento es muy fácil de descubrir si exponemos las cosas en la forma adecuada. He aquí tal presentación.

Si la proposición es correcta: todo ser absolutamente necesario es al mismo tiempo el ser supremamente real (lo que constituye el *nervus probandi* de la prueba cosmológica), debe, como todos los juicios afirmativos, poder convertirse al menos *per accidens;* es decir: algunos seres supremamente reales son al mismo tiempo seres absolutamente necesarios. Ahora bien, un *ens realissimum* no difiere de otro en ningún aspecto, y por tanto lo que vale para algunos seres subsumidos bajo este concepto vale también para todos. En consecuencia, puedo (en este caso) convertir también la proposición absolutamente, lo que da: todo ser supremamente real es un ser necesario. Ahora bien, puesto que esta proposición se determina *a priori* únicamente sobre la base de sus conceptos, el mero concepto de ser supremamente real debe implicar la necesidad absoluta de este ser; esto es precisamente lo que afirmaba la prueba ontológica y lo que la prueba cosmológica no quiso reconocer, aunque basara en ello, aunque subrepticiamente, su razonamiento.

Así pues, el segundo camino que sigue la razón especulativa para probar la existencia del ser supremo no sólo es tan engañoso como el primero, sino que además tiene el defecto de cometer una *ignoratio elenchi* al prometer abrir un nuevo camino, cuando en realidad, tras un breve desvío, nos devuelve al antiguo, que habíamos dejado por él.

He mencionado anteriormente de forma breve que este argumento cosmológico oculta todo un nido de pretensiones dialécticas que la crítica trascendental puede fácilmente descubrir y destruir. Por el momento, me limitaré a señalarlas, y dejaré al lector experimentado la tarea de explorar más a fondo cuáles son aquí los principios falaces, y cómo destruirlos.

Así tenemos, por ejemplo: 1.º El principio trascendental que consiste en concluir de lo contingente a una causa, principio que sólo tiene sentido en el mundo sensible, pero que fuera de él no tiene sentido alguno. Pues el concepto puramente intelectual de lo contingente no puede producir ninguna proposición sintética como la de causalidad, y el principio de causalidad no tiene sentido ni criterio para su uso, sino en el mundo sensible; pero aquí debe servir precisamente para salir del mundo sensible e ir más allá de él. 2.º El principio que nos lleva a concluir de la imposibilidad de una serie infinita de causas dadas unas sobre otras en el mundo sensible a una causa primera —conclusión a la que los principios del uso de la razón, incluso en la experiencia, no nos autorizan, lejos de darnos la capacidad de extender este principio más allá de la experiencia (donde esta cadena no puede extenderse en absoluto). 3.º La falsa autosatisfacción que experimenta la razón en relación con la terminación de esta serie, debida al hecho de que finalmente descartamos toda condición, sin la cual, sin embargo, no puede surgir ningún concepto de necesidad, y que, en la medida en que entonces no podemos comprender nada más, consideramos esto como una terminación de nuestro concepto. 4.º La confusión entre la posibilidad lógica de un concepto de reunión de toda la realidad (que no presenta ninguna contradicción interna) y la posibilidad trascendental, que requiere un principio que haga factible dicha síntesis, pero principio que a su vez sólo puede referirse al campo de las experiencias posibles, etc.

El artificio de la prueba cosmológica tiene por único objeto evitar el recurso a la prueba consistente en demostrar *a priori,* a partir de conceptos simples, la existencia de un ser necesario: de esta prueba, que debería administrarse ontológicamente, nos sentimos de hecho totalmente incapaces. Por eso, partiendo de una existencia real tomada como fundamento (de la experiencia en general), concluimos, en la medida en que esto puede hacerse, que hay alguna condición absolutamente necesaria de esta existencia. Entonces no tenemos necesidad de explicar su posibilidad. Pues si se demuestra que existe, la cuestión de su posibilidad se hace innecesaria. Si ahora queremos determinar con más precisión este ser necesario en cuanto a su naturaleza propia, no buscamos lo que es suficiente para comprender la necesidad de su existencia a partir de su concepto, ya que si pudiéramos hacerlo no necesitaríamos suponer nada empírico: no, sólo buscamos la condición negativa *(conditio sine qua non)* sin la cual un ser no sería absolutamente necesario. Pero aquí, desgraciadamente, la condición requerida para la necesidad absoluta sólo puede encontrarse en un único ser, que por tanto tendría que contener en su concepto todo lo requerido para la necesidad absoluta, y así hacer posible un razonamiento que concluyera *a priori* esa necesidad; En otras palabras, también tendría que ser capaz de concluir a la inversa que aquello a lo que este concepto (de realidad suprema) es apropiado es absolutamente necesario, y si no puedo llegar a esta conclusión (que tengo que conceder, si quiero evitar la prueba ontológica), soy igual de infeliz en mi nuevo camino y termino de vuelta donde empecé. En efecto, el concepto de ser supremo satisface *a priori* todas las cuestiones que pueden plantearse sobre las determinaciones internas de una cosa, y por eso constituye también un ideal sin equivalente, puesto que el concepto universal lo designa al mismo tiempo como un individuo entre todas las cosas posibles. Por otra parte, no satisface en absoluto la cuestión acerca de su propia existencia, aunque esto fuera lo único realmente en juego, y si alguien admitiera la existencia de un ser necesario y sólo quisiera saber cuál de todas las cosas debe ser considerada como tal, no se podría responder: he aquí el ser necesario.

Sin duda es lícito admitir la existencia de un ser supremamente suficiente como causa en relación con todos los efectos posibles, para facilitar la unidad de los principios de explicación que busca la razón. Sin embargo, atreverse a decir que tal ser existe necesariamente no es ya la modesta expresión de una hipótesis permitida, sino que es, por el contrario, la más orgullosa pretensión de certeza apodíctica; pues el conocimiento de lo que uno se jacta de conocer como absolutamente necesario debe implicar también la necesidad absoluta.

Todo el problema del ideal trascendental se reduce, por tanto, a encontrar o bien un concepto para la necesidad absoluta, o bien la necesidad absoluta de cualquier cosa para el concepto de esa cosa. Si podemos hacer lo uno, también debemos poder hacer lo otro; pues la razón sólo reconoce como absolutamente necesario lo que según su concepto es necesario. Ahora bien, tanto lo uno como lo otro están enteramente más allá de todos los esfuerzos extremos que podamos hacer para satisfacer a nuestro entendimiento en este punto, pero también más allá de todos nuestros intentos de apaciguarlo con respecto a esta incapacidad suya.

La necesidad incondicionada que tan indispensablemente necesitamos como soporte último de todas las cosas es el verdadero abismo de la razón humana. Incluso la eternidad, por aterradora que sea la sublimidad con que Haller pudo representarla, está lejos de producir la misma impresión de vértigo en la mente; pues se limita a medir la duración de las cosas, pero no constituye su soporte. No podemos descartar ni tolerar la idea de que un ser, aunque nos lo representemos como el más elevado de todos los seres posibles, pueda decirse a sí mismo, por así decirlo: Soy eterno por la eternidad, y fuera de mí no hay nada más que lo que existe simplemente por mi voluntad; pero ¿de dónde vengo? Aquí todo se derrumba bajo nosotros, y la mayor perfección, como la más pequeña, flota, sin nada que la sostenga, simplemente frente a la razón especulativa, a la que no le cuesta nada hacer desaparecer tanto a la una como a la otra sin encontrar el menor obstáculo.

Hay muchas fuerzas de la naturaleza que, expresando su existencia por medio de ciertos efectos, permanecen impenetrables para nosotros; porque no podemos proseguir su investigación lo bastante lejos por medio de la observación. El objeto trascendental que está en el fundamento de los fenómenos, y con él lo que hace que nuestra sensibilidad esté sujeta a estas condiciones últimas y no a otras, son y siguen siendo para nosotros impenetrables, aunque la cosa misma esté de hecho dada, sin que por ello sea conocida. Sin embargo, no puede decirse que un ideal de la razón pura sea impenetrable, puesto que no puede proporcionar otra garantía de su realidad que la necesidad que siente la razón de completar toda unidad sintética a través de él. En la medida en que, como objeto susceptible de ser pensado, nunca está dado, tampoco es, como tal, impenetrable; mucho más, como simple Idea, debe encontrar su asiento y su solución en la naturaleza de la razón, y en este sentido puede ser alcanzado; pues la razón consiste precisamente en que seamos capaces de dar cuenta de todos nuestros conceptos, de todas nuestras opiniones y afirmaciones, ya sea por principios objetivos o, cuando se trata de una mera apariencia, por principios subjetivos.

Descubrimiento y explicación de la ilusión dialéctica en todas las pruebas trascendentales de la existencia de un ser necesario

Las dos pruebas producidas hasta ahora eran trascendentales, es decir, independientes de los principios empíricos. Pues, aunque la experiencia en general está en el fundamento de la prueba cosmológica, ésta no se produce a partir de ninguna propiedad particular de la experiencia, sino a partir de principios puros de la razón, en relación con una existencia dada por la conciencia empírica en general, e incluso deja de lado este punto de partida para apoyarse en simples conceptos puros. ¿Cuál es, pues, en estas pruebas trascendentales, la causa de la aparición dialéctica, pero natural, que une los conceptos de necesidad y de realidad suprema, y realiza e hipostasía lo que, sin embargo, sólo puede ser una Idea? ¿Cuál es la causa que hace inevitable admitir entre las cosas existentes algo como siendo en sí mismo necesario, y, sin embargo, al mismo tiempo nos hace retroceder aterrorizados ante la existencia de tal ser como ante un abismo? y ¿cómo puede ser que la razón consiga entenderse a sí misma en esta materia y escapar al vaivén que es la marca de un asentimiento tímido y siempre reasumido, para alcanzar una claridad donde encuentra reposo?

Es sumamente notable que, si suponemos que algo existe, no podamos evitar la consecuencia de que algo también existe necesariamente. El argumento cosmológico se basaba en esta conclusión perfectamente natural (aunque todavía no cierta). Por otra parte, cualquiera que sea el concepto que yo admita de una cosa, encuentro que nunca puedo pensar en la existencia de esa cosa como absolutamente necesaria, y que nada me impide, cualquiera que sea su existencia, pensar en su no-ser; en consecuencia, veo que debo admitir, con respecto a lo que existe en general, algo necesario, pero que no puedo pensar en una sola cosa, por sí misma, como necesaria en sí misma. Esto equivale a decir que nunca puedo completar la regresión a las condiciones de la existencia sin admitir un ser necesario, pero que nunca puedo empezar por él.

Si, con respecto a las cosas existentes en general, debo pensar algo necesario, pero no me encuentro autorizado a pensar ninguna cosa, en sí misma, como necesaria, se sigue inevitablemente que la necesidad y la contingencia no deben concernir y afectar a las cosas mismas, ya que, de lo contrario, surgiría una contradicción; por consiguiente, que ninguno de estos dos principios es objetivo, sino que sólo pueden ser siempre principios subjetivos de la razón, que la obligan, por una parte, a buscar, para todo lo que se da como existente, algo que sea necesario, es decir, a no detenerse nunca más que donde encuentra una explicación que se completa *a priori,* pero también, por otra parte, a no esperar nunca esta integridad, es decir, a no admitir nunca como incondicionado nada empírico, prescindiendo así de la necesidad de producir una deducción ulterior. En este sentido, ambos principios como meramente heurísticos y regulativos, que no miran sino al interés formal de la razón, pueden coexistir perfectamente. En efecto, uno de ellos dice: tenéis que filosofar sobre la naturaleza como si para todo cuanto pertenece a la existencia hubiera un primer principio necesario, con el único objeto de poner unidad sistémica en vuestro conocimiento siguiendo esa idea, a saber: un principio supremo imaginario; en cambio, el otro os advierte de que no debéis aceptar como tal principio supremo, es decir, como absolutamente necesaria, ninguna determinación relativa a la existencia de las cosas, sino mantener siempre abierto el camino hacia la ulterior derivación y, por consiguiente, seguir tratándola siempre en todo momento como condicionada. Mas si ante nosotros debe considerarse como absolutamente necesario lo que se percibe en las cosas, tampoco puedo considerarse como absolutamente necesaria ninguna cosa (que se dé empíricamente).

Pero de ahí se sigue que debemos suponer lo absolutamente necesario como exterior al mundo, puesto que sólo tiene que servir de principio de la mayor unidad posible de los fenómenos, en cuanto fundamento supremo de éstos, unidad a la que nunca podemos llegar en el mundo, ya que la segunda regla nos obliga a considerar todas las causas empíricas de la unidad como derivadas.

Los filósofos de la antigüedad consideraban contingente toda forma de naturaleza, mientras que, según el juicio de la razón común, veían la materia como originaria y necesaria. Pero si en vez de considerar la materia en relación con los fenómenos, como constituyendo su substrato, la hubieran considerado en sí misma, en su existencia, la Idea de la necesidad absoluta se habría extinguido inmediatamente. Pues no hay nada que ate absolutamente a la razón a esta existencia, sino que, por el contrario, puede siempre y sin contradicción suprimirla en el pensamiento; además, era en el pensamiento donde residía también para ellos la necesidad absoluta. Era, pues, necesario, en relación con esta convicción, que algún principio regulador desempeñara el papel de fundamento. En efecto, la extensión y la impenetrabilidad (en cuanto forman conjuntamente el concepto de materia) corresponden también al principio empírico supremo de la unidad de los fenómenos, y este principio, en cuanto es empíricamente incondicionado, posee en sí mismo una propiedad de principio regulador. Sin embargo, puesto que toda determinación de la materia que constituye su dimensión de realidad, y por tanto también su impenetrabilidad, es un efecto (un acto) que debe tener su causa, y por tanto nunca es más que derivada, la materia no encaja, en ningún caso, con la idea de un ser necesario como principio de unidad derivada: cada una de sus propiedades reales es en efecto, puesto que derivada, sólo condicionalmente necesaria, y puede por tanto en sí misma suprimirse, pero con ella se suprimiría toda la existencia de la materia, mientras que, si no fuera así, habríamos alcanzado empíricamente el fundamento supremo de la unidad —lo que nos está vedado por el segundo principio regulador. Resulta, pues, que la materia, y en general lo que pertenece al mundo, no puede aplicarse a la Idea de un ser originario y necesario, como mero principio de la mayor unidad empírica, sino que este ser debe, por el contrario, situarse fuera del mundo, ya que, por consiguiente, siempre podemos derivar confiadamente los fenómenos del mundo y su existencia de otros fenómenos, como si no existiera un ser necesario, pero, sin embargo, podemos esforzarnos constantemente por conseguir una derivación completa, como si tal ser se presupusiera como fundamento último.

El ideal del ser supremo, según estas consideraciones, no es otra cosa que un principio regulador de la razón, consistente en mirar cada correlación del mundo como si procediera de una causa necesaria completamente suficiente, a fin de encontrar en ella una base para la regla de una unidad sistemática y necesaria, según leyes universales, en la explicación de esta correlación: no se trata, pues, de afirmar una existencia que sería necesaria en sí misma. Pero al mismo tiempo es inevitable representarse este principio formal como constitutivo, mediante la subrepción trascendental, y pensar esta unidad bajo una forma hipostasiada. Del mismo modo que el espacio, puesto que originalmente hace posibles todas las figuras, que no son más que diversas limitaciones suyas, aunque no sea más que un principio de la sensibilidad, se tiene, sin embargo, precisamente por ello, por algo absolutamente necesario y que subsiste por sí mismo, y por un objeto dado en sí mismo *a priori,* así también, puesto que la unidad sistemática de la naturaleza no puede en modo alguno erigirse en principio del uso empírico de nuestra razón si no tomamos como fundamento la Idea de un ser soberanamente real considerado como causa suprema, sucede también, con toda naturalidad, que esta Idea se representa así como un objeto efectivamente real y éste, a su vez, como necesario, porque es la condición última, y que, en consecuencia, un principio regulador se transforma en un principio constitutivo. Este cambio se muestra por el hecho de que, cuando considero este ser supremo, que era absolutamente (incondicionalmente) necesario en relación con el mundo, como una cosa en sí, esta necesidad no es susceptible de ningún concepto y, por tanto, sólo puede encontrarse en mi razón como condición formal del pensamiento, pero no como condición material e hipostasiada de la existencia.

Capítulo sexto de la tercera sección
La imposibilidad de la prueba físico-teológica

Si, por tanto, ni el concepto de las cosas en general ni la experiencia de cualquier existencia en general pueden proporcionar lo que se requiere, sólo queda un medio disponible: investigar si una experiencia dada, en consecuencia, la de las cosas de este mundo, su naturaleza y su orden no proporcionan un fundamento probatorio que pueda proporcionarnos de manera fiable la convicción de la existencia de un ser supremo. A tal prueba la llamaríamos físico-teológica. Si además fuera imposible, nunca habría prueba suficiente que permitiera, sobre la base de la razón meramente especulativa, demostrar la existencia de un ser correspondiente a nuestra idea trascendental.

Quedará claro muy rápidamente, después de todas las observaciones presentadas anteriormente, que podemos esperar que esta cuestión se decida con bastante facilidad y franqueza. En efecto, ¿cómo puede darse jamás una experiencia adecuada a una Idea? Precisamente por la naturaleza de las Ideas, ninguna experiencia puede corresponderles. La Idea trascendental de un ser originario necesario y totalmente suficiente es tan desproporcionadamente grande, sobrepasa todo lo empírico y siempre condicionado, que, por una parte, nunca podremos extraer de la experiencia materia suficiente para llenar tal concepto, y, por otra, siempre andamos a tientas en medio de lo condicionado, sin cesar en vano de buscar lo incondicionado, de lo que ninguna ley de síntesis empírica alguna nos proporciona un ejemplo ni la menor pista.

Si el ser supremo se inscribiera en esta cadena de condiciones, él mismo sería un miembro de la serie de tales condiciones, y al igual que los miembros inferiores a los que precede, requeriría aún investigaciones ulteriores para alcanzar, remontándose aún más atrás, su principio. Si, por el contrario, queremos separarlo de esta cadena y, en la medida en que es un ser meramente inteligible, no incluirlo en la serie de las causas naturales, ¿qué puente puede construir la razón, en estas condiciones, para alcanzarlo, dado que todas las leyes del paso de los efectos a las causas, toda síntesis y toda extensión incluso de nuestros conocimientos en general, no se aplican más que a la experiencia posible, por consiguiente simplemente a los objetos del mundo sensible, y que no pueden tener sentido más que en relación con estos objetos?

El mundo actual, ya sea que lo exploremos en la infinitud del espacio o en la división ilimitada a que puede dar lugar, nos ofrece un teatro de diversidad, orden, finalidad y belleza tan inconmensurables que, incluso a través del conocimiento que nuestro débil entendimiento ha podido adquirir, cualquier lenguaje, Todos los números pierden su poder de medida e incluso nuestros pensamientos ya no pueden trazar ninguna frontera, de modo que nuestro juicio sobre el conjunto sólo puede disolverse en un asombro silencioso, pero tanto más elocuente por ello. Por todos lados, vemos una cadena de efectos y causas, de fines y medios, una regularidad en la generación o corrupción de las cosas; y puesto que nada ha llegado por sí mismo al estado en que se encuentra, se refiere una y otra vez a otra cosa como constituyendo su causa, lo que hace necesaria de nuevo, exactamente la misma cuestión, de modo que, suponiendo que continuáramos de esta manera, el todo en su totalidad se hundiría inevitablemente en el abismo de la nada, si no admitiéramos algo que, fuera de esta infinidad de cosas contingentes, encontrando por sí mismo originariamente y en toda independencia su consistencia, sirviera de apoyo a lo contingente y le asegurara, como causa de su origen, también su duración. ¿Cómo podemos pensar en la grandeza de esta causa suprema (en relación con todas las cosas del mundo)? No conocemos el mundo en su totalidad; menos aún sabemos apreciar su grandeza por comparación con todo lo posible. Pero ¿qué nos impide, puesto que necesitamos un ser supremo y último desde el punto de vista de la causalidad, situarlo al mismo tiempo, en cuanto a su grado de perfección, más allá de todas las demás posibilidades? Esto es algo fácil de hacer, aunque ciertamente sólo podemos pensar en hacerlo limitándonos al frágil esbozo de un concepto abstracto, por la forma en que nos representamos toda la perfección posible unida en él como en una única sustancia: este concepto, que favorece la exigencia de nuestra razón en cuanto a la economía de los principios, no está entonces en sí mismo sujeto a ninguna contradicción, y es incluso provechoso para extender el uso de la razón dentro de la experiencia, gracias a la manera en que tal Idea puede conducirnos hacia el orden y la finalidad, y esto sin que entre nunca decisivamente en contradicción con ninguna experiencia.

Esta prueba merece ser mencionada siempre con respeto. Es la más antigua, la más clara y la más adecuada a la razón humana común. Anima el estudio de la naturaleza, del mismo modo que ella misma saca su existencia de este estudio y recibe siempre de él nuevas fuerzas. Introduce fines e intenciones allí donde nuestra observación no había descubierto ninguno por sí misma, y amplía nuestro conocimiento de la naturaleza gracias al hilo conductor constituido por una unidad particular cuyo principio es exterior a la naturaleza. Pero este conocimiento actúa de nuevo, como contrapartida, sobre su causa, es decir, sobre la Idea que le da origen, y acentúa nuestra creencia en un autor supremo, hasta el punto de hacer de ella una convicción irresistible.

Sería, pues, no sólo privarnos de un consuelo, sino también intentar lo imposible, tratar de retirar algo de la autoridad de esta prueba. La razón, incesantemente reforzada por argumentos tan poderosos y siempre multiplicándose en el fondo, aunque sean meramente empíricos, no puede verse tan degradada por una duda nacida de una especulación sutil y abstracta que no tenga que ser arrancada de toda morosa irresolución, como de un sueño, contemplando las maravillas de la naturaleza y la majestuosa disposición del mundo, para elevarse de la grandeza a la grandeza suprema, de lo condicionado a su condición, al autor último e incondicionado.

Aunque no tenemos ninguna objeción que presentar contra la razonabilidad y utilidad de este procedimiento, sino más bien recomendarlo y alentarlo, no podemos, sin embargo, aprobar las pretensiones que este modo de argumentación podría hacer a una certeza apodíctica y a una aprobación que no necesitaría ningún favor o apoyo externo; y no se corre el riesgo de dañar la buena causa cuando se reduce el discurso dogmático de un razonador arrogante al tono moderado y modesto apropiado para una creencia que es suficiente para disipar las ansiedades, pero que se cuida de no imponer una sumisión incondicional. Sostengo, pues, que la prueba físico-teológica por sí sola no puede demostrar nunca la existencia de un ser supremo, sino que debe dejar siempre a la prueba ontológica (a la que sólo sirve de introducción) la tarea de colmar esta laguna, y que, en consecuencia, es siempre y de nuevo esta última la que contiene el único principio de prueba posible (en la medida en que puede haber alguna prueba especulativa), que ninguna razón humana puede desatender.

Los momentos principales de la prueba físico-teológica que hemos mencionado son los siguientes: 1.° En todas partes del mundo hay signos claros de una ordenación conforme a un designio determinado, realizada con gran sabiduría y que constituye un todo tan indescriptible en la diversidad de su contenido como ilimitado en la magnitud de su extensión. 2.° Esta ordenación conforme a fines es totalmente extraña a las cosas del mundo y sólo está unida a ellas de un modo contingente, es decir: la naturaleza de esta diversidad de cosas no podría por sí misma, por medios convergentes de tantas clases, haberse ajustado a intenciones finales, si estos medios no hubieran sido elegidos muy expresamente para este fin y ordenados a este fin por un principio organizador dotado de razón tomando como fundamento las Ideas e interviniendo de acuerdo con ellas. 3.° Hay, pues, una causa (o causas) sublime y sabia que debe ser la causa del mundo, no simplemente como naturaleza omnipotente que actúa ciegamente, por su fecundidad, sino como inteligencia, por su libertad. 4.° Podemos concluir a la unidad de esta causa a partir de la unidad de la relación recíproca de las partes del mundo consideradas como las diversas piezas de una construcción, esto con certeza para lo que alcanza nuestra observación, y más allá con probabilidad, siguiendo todos los principios de la analogía.

Sin discutir, aquí, con la razón natural sobre su razonamiento, por el cual, de la analogía entre algunas producciones de la naturaleza y lo que el arte humano produce cuando hace violencia a la naturaleza y la obliga a no proceder según sus propios fines, sino a plegarse a los nuestros (de la semejanza entre estas producciones y las casas, los barcos, relojes), concluye que la naturaleza debe tener como principio precisamente tal causalidad, a saber, un entendimiento y una voluntad, derivando de otro arte, pero un arte sobrehumano, la posibilidad interna de las acciones espontáneas de la naturaleza (que interviene primero para hacer posible todo arte y quizá incluso la razón). Tal vez este tipo de argumentación sería incapaz de resistir la crítica trascendental más rigurosa, pero debemos admitir que, en cuanto tenemos que designar una causa, no podemos proceder aquí con más seguridad que por analogía con obras finalizadas de este tipo, que son las únicas cuyas causas y modo de acción nos son completamente conocidos. La razón no podría justificarse ante sí misma si quisiera pasar de la causalidad, que conoce, a oscuros e indemostrables principios de explicación, que desconoce.

Según este razonamiento, la finalidad y la organización armoniosa de tantas disposiciones de la naturaleza deberían probar simplemente la contingencia de la forma, pero no la de la materia, es decir, de la sustancia presente en el mundo; Pues, para probar esto último, sería necesario también poder demostrar que las cosas del mundo serían en sí mismas incapaces de llegar a tal orden y a tal concordancia según leyes universales si no fuesen, incluso en su sustancia, el producto de una sabiduría suprema —lo que exigiría, sin embargo, dar principios de prueba muy distintos de los de la analogía con el arte humano—. La prueba podría, pues, a lo sumo demostrar que hay un arquitecto del mundo, que estaría siempre muy limitado por las aptitudes de la materia que elaborara, pero no un creador del mundo, a cuya Idea todo está sometido: esto no basta, ni mucho menos, para el gran fin que nos proponemos, a saber: demostrar que hay un ser original suficiente para todo. Si quisiéramos demostrar la contingencia de la materia misma, tendríamos que recurrir a un argumento trascendental, que es precisamente lo que debíamos evitar.

El razonamiento va, pues, del orden y la finalidad que se observan por doquier en el mundo, como una disposición enteramente contingente, a la existencia de una causa que es proporcional a ellos. El concepto de esta causa debe, sin embargo, darnos algo enteramente determinado que conocer acerca de ella, y no puede, por tanto, ser otro que el de un ser que posee todo poder, toda sabiduría, etc., en una palabra: toda perfección, como un ser suficiente para todo. Pues los predicados de grandísimo, asombroso, inconmensurable poder y excelencia no proporcionan ningún concepto determinado y no dicen propiamente lo que la cosa es en sí misma, sino que son meras representaciones relativas de la grandeza del objeto, que el observador (del mundo) compara consigo mismo y con su poder de aprehensión y que expresan siempre la misma valoración, tanto si el objeto se hace mayor o menor, en relación con él, por el sujeto que lo observa. Cuando se trata de la grandeza (perfección) de una cosa en general, no hay otro concepto determinado que el que incluye toda perfección posible, y sólo el todo *(omnitudo)* de la realidad está conceptualmente determinado en su totalidad.

Ahora bien, no quiero esperar que alguien pueda presumir de percibir la relación de la grandeza del mundo que observa (tanto en su extensión como en su contenido) con la omnipotencia, de la organización del mundo con la sabiduría suprema, de la unidad del mundo con la unidad absoluta de su autor, etcétera. La teología física no puede, pues, dar un concepto definido de la causa última del mundo y, en consecuencia, no puede bastar para constituir un principio de teología que pueda a su vez fundar la religión.

El paso hacia la totalidad absoluta es totalmente imposible por la vía empírica. Sin embargo, es este paso el que se da en la prueba físico-teológica. ¿Con qué medios se puede franquear un abismo tan grande?

Una vez que se ha llegado a admirar la grandeza de la sabiduría, del poder, etc., del autor del mundo, y no se puede ir más lejos, se abandona de repente esta argumentación, que se llevó a cabo con la ayuda de los principios empíricos de la prueba, y se pasa a la contingencia del mundo, contingencia que también se había extraído desde el principio del orden y de la finalidad presentes en él. Sólo de esta contingencia se pasa ahora, únicamente mediante conceptos trascendentales, a la existencia de un ser absolutamente necesario, y del concepto de necesidad absoluta de la causa primera se pasa al concepto enteramente determinado o determinante de este ser, a saber, de una realidad que todo lo abarca. La prueba físico-teológica se encontró así detenida en su camino, y en este desconcierto dio de repente el salto a la prueba cosmológica; y como esta última no es más que una prueba ontológica disfrazada, sólo alcanzó plenamente su objetivo, en efecto, por mediación de la razón pura, a pesar de que inicialmente había negado todo parentesco con ella y entregado toda la demostración a las pruebas manifiestas derivadas de la experiencia.

Los adeptos de la teología física no tienen, pues, ninguna razón para mostrar tanto desdén por la prueba trascendental y para mirarla, con el desprecio de los naturalistas que verían a través de ella, como si fuera una tela de araña tejida por soñadores de mente oscura. Pues si quisieran simplemente examinarse a sí mismos, encontrarían que después de haber hecho un vasto viaje sobre el terreno de la naturaleza y de la experiencia, y porque se ven todavía tan lejos del objeto que aparece ante su razón, abandonan de repente este terreno y pasan al reino de las simples posibilidades, donde esperan, en alas de las Ideas, acercarse a lo que había eludido todas sus investigaciones empíricas. Una vez que han imaginado, después de un salto tan grande, que por fin han pisado suelo firme, extienden el concepto que acaban de determinar (en posesión del cual han llegado, sin saber cómo lo han hecho) sobre todo el campo de la creación, y explican este ideal, que era un simple producto de la razón pura, de una manera ciertamente bastante miserable y en gran parte indigna de su objeto, por la experiencia, sin querer admitir, sin embargo, que han llegado a este conocimiento o a esta hipótesis siguiendo un camino distinto del de la experiencia.

Así, la prueba físico-teológica tiene como fundamento la prueba cosmológica, pero ésta a su vez tiene como fundamento la prueba ontológica de la existencia de un ser original único como ser supremo; y puesto que aparte de estas tres no hay ni una sola que esté abierta a la razón especulativa, la prueba ontológica derivada de simples conceptos puros de la razón es la única prueba posible, si es que al menos es posible una prueba cuando se trata de una proposición que va tan lejos de cualquier uso empírico del entendimiento.

Capítulo séptimo de la tercera sección
Crítica de toda teología derivada de los principios especulativos de la razón

Si entiendo por teología el conocimiento del ser originario, procede o de la simple razón *(theologia rationalis)* o de la revelación *(revelata)*. Ahora bien, la primera o bien concibe simplemente su objeto mediante la razón pura, por medio de conceptos puramente trascendentales *(ens originarium, realissimum, ens entium),* y se llama teología trascendental, o bien lo concibe por medio de un concepto que extrae de la naturaleza (de nuestra alma), viendo en ella la inteligencia suprema, y entonces debe llamarse teología natural. El que sólo admite una teología trascendental se llama deísta; el que admite además una teología natural se llama teísta. El primero admite que en todo caso podemos conocer la existencia de un ser originario por la simple razón, pero considera que el concepto que poseemos de él es meramente trascendental, es decir, que es el concepto de un ser que tiene toda la realidad, pero cuya realidad no podemos determinar con mayor precisión. El segundo afirma que la razón es capaz de determinar el objeto con mayor precisión por analogía con la naturaleza, es decir, como un ser que contiene en sí mismo, a través de su entendimiento y voluntad, el fundamento original de todas las demás cosas. Bajo el nombre de Dios, pues, la primera se representa simplemente como causa del mundo (dejando indecisa la cuestión de si es causa por la necesidad de su naturaleza o por la libertad), mientras que la segunda se representa como autor del mundo.

La teología trascendental o bien piensa que puede deducir la existencia del ser original de la experiencia en general (sin determinar nada más preciso sobre el mundo al que pertenece), y se llama cosmoteología; o bien piensa que conoce su existencia por meros conceptos, sin la ayuda adicional de la más mínima experiencia, y se llama ontoteología.

La teología natural concluye acerca de los atributos y la existencia de un autor del mundo a partir de la constitución, el orden y la unidad que se encuentran en este mundo, donde deben admitirse dos tipos de causalidad y sus respectivas reglas, a saber, la naturaleza y la libertad. En consecuencia, se eleva de este mundo a la inteligencia suprema considerada como principio de todo orden y perfección, y esto tanto en el registro natural como en el registro moral. En el primer caso, se llama teología física; en el segundo, teología moral.

Como es costumbre entender el concepto de Dios no simplemente, por así decirlo, como una naturaleza eterna que actúa ciegamente como raíz de las cosas, sino como un ser supremo que debe ser por entendimiento y por libertad el autor de las cosas, y como además es este último concepto el único que nos interesa, podríamos con todo rigor negar al deísta toda creencia en Dios y dejarle exclusivamente con la afirmación de un ser originario o de una causa suprema. Sin embargo, como no se debe acusar a nadie de querer negar rotundamente algo simplemente porque no se atreve a afirmarlo, es más moderado y justo decir que el deísta cree en un Dios, pero que el teísta cree en un Dios vivo *(summam intelligentiam).* Veamos ahora las posibles fuentes de todos estos intentos de razón.

Me limitaré aquí a definir el conocimiento teórico como el conocimiento mediante el cual conozco lo que es, y el conocimiento práctico como el conocimiento mediante el cual me represento lo que debería ser. En virtud de esto, el uso teórico de la razón es aquel por el que conozco *a priori* (como necesario) que algo es; mientras que el uso práctico es aquel por el que se conoce *a priori* lo que debe suceder. Ahora bien, si es indudablemente cierto que algo es o debe ser, pero esto queda sujeto a una condición, entonces o bien cierta condición puede ser absolutamente necesaria para ello, o bien puede ser simplemente presupuesta como posible o contingente. En el primer caso, la condición se postula *(per thesin);* en el segundo, se supone *(per hypothesin).* Puesto que hay leyes prácticas que son absolutamente necesarias (leyes morales), si estas leyes presuponen necesariamente alguna existencia como condición de posibilidad de su fuerza obligatoria, esta existencia debe ser postulada, ya que la condición de la que parte el razonamiento para llegar a esta condición determinada es ella misma conocida *a priori* como absolutamente necesaria. Mostraremos más adelante, a propósito de las leyes morales, que no presuponen simplemente la existencia de un ser supremo, sino que, al ser absolutamente necesarias en otro aspecto, tienen razón al postular esta existencia, aunque sólo sea, es cierto, desde un punto de vista práctico; por el momento, dejaremos de lado este tipo de razonamiento.

En la medida en que, cuando se trata simplemente de lo que es (y no de lo que debería ser), lo condicionado que se nos da en la experiencia se piensa siempre también como contingente, la condición que le corresponde no puede por ello ser conocida como absolutamente necesaria, sino que sirve sólo como presupuesto relativamente necesario, o más bien como presupuesto indispensable para conocer racionalmente lo particular, pero que en sí mismo y *a priori* es arbitrario. Si, pues, en el conocimiento teórico hubiera de conocerse la necesidad absoluta de una cosa, ello sólo podría lograrse sobre la base de conceptos *a priori,* pero nunca como si se tratara de la necesidad de una causa en relación con una existencia dada por la experiencia.

El conocimiento teórico es especulativo cuando se refiere a un objeto o a conceptos de un objeto que no pueden ser alcanzados en ninguna experiencia. Se opone al conocimiento de la naturaleza, que no se extiende a otros objetos ni a otros predicados de estos objetos que los que pueden darse en la experiencia posible.

El principio en virtud del cual concluimos de lo que acontece (de lo empíricamente contingente), como de un efecto que hay que relacionar con una causa, es un principio del conocimiento de la naturaleza, pero no del conocimiento especulativo. Si prescindimos de lo que es como principio que contiene la condición de experiencia posible en general y, dejando de lado cualquier dimensión de empiricidad, queremos enunciar el principio en relación con lo contingente en general, ya no hay modo de justificar una proposición sintética semejante, de modo que muestre cómo puedo pasar de lo que es a algo muy distinto (que llamamos causa); el concepto de causa, como el de contingente, pierde incluso, en un uso tan meramente especulativo, todo sentido cuya realidad objetiva pueda hacerse comprensible *in concreto*.

Ahora bien, cuando se concluye de la existencia de las cosas en el mundo a su causa, el razonamiento no procede del uso natural, sino del uso especulativo de la razón, ya que el uso natural no relaciona con ninguna causa las cosas mismas (sustancias), sino sólo lo que acontece, de ahí que sus estados se consideren empíricamente contingentes: establecer que la sustancia misma (materia) es contingente en cuanto a su existencia, eso sólo podría ser un conocimiento puramente especulativo de la razón. Pero incluso si sólo se tratara de la forma del mundo, del tipo de conexión y cambio que se producen en él, si quisiera concluir de ello que existe una causa totalmente distinta de este mundo, esto sería de nuevo un juicio puramente especulativo de la razón, puesto que el objeto aquí no es en absoluto un objeto de experiencia posible. Pero entonces el principio de causalidad, que sólo es válido en el campo de la experiencia y que, fuera de este campo, es inútil e incluso carece de sentido, quedaría completamente desviado de su finalidad.

Sostengo, pues, que todo intento de un uso puramente especulativo de la razón en relación con la teología es enteramente infructuoso, y que, por su naturaleza intrínseca, es nulo, pero que los principios de su uso natural no conducen rigurosamente a ninguna teología; que, por consiguiente, si no tomamos como fundamento ni usamos como hilo conductor las leyes morales, no puede haber teología de la razón. Pues todos los principios sintéticos del entendimiento son de uso inmanente, mientras que el conocimiento de un ser supremo requiere un uso trascendente de estos principios, para el que nuestro entendimiento no está preparado en modo alguno. Si la ley de causalidad, dotada de validez empírica, condujera al ser originario, tendría que pertenecer a la cadena de objetos de la experiencia; en cuyo caso, sin embargo, ella misma, como todos los fenómenos, estaría a su vez condicionada. Pero aunque fuera posible dar el salto más allá de los límites de la experiencia mediante la ley dinámica de la relación entre efectos y causas, ¿qué concepto podría proporcionarnos este planteamiento? Ciertamente no, ni mucho menos, el concepto de un ser supremo, puesto que la experiencia nunca nos da el mayor de los efectos posibles (tal como debería testimoniar su causa). Si, sin embargo, se nos permite, simplemente para no dejar un vacío en nuestra razón, colmar esta laguna de determinación completa con una simple Idea de perfección suprema y de necesidad originaria, esto puede ciertamente concederse por favor, pero no hay aquí nada que pueda exigirse en virtud del derecho que proporcionaría una prueba irresistible. En este sentido, la prueba físico-teológica podría tal vez dar fuerza a otras pruebas (si es que puede haber alguna), en la medida en que une la especulación con la intuición; en sí misma, sin embargo, prepara al entendimiento para el conocimiento teológico y lo orienta en una dirección recta y natural hacia este fin, en lugar de ser capaz por sí misma de llevar a buen término la empresa.

De aquí se deduce perfectamente que las preguntas trascendentales sólo admiten respuestas trascendentales, es decir, respuestas que se derivan de simples conceptos *a priori*, sin el menor añadido empírico. Pero la cuestión aquí es claramente sintética, y exige una extensión de nuestro conocimiento más allá de todos los límites de la experiencia, a saber, a la existencia de un ser que debe corresponder a nuestra simple Idea, a la que ninguna experiencia puede jamás hacerse equivalente. Ahora bien, según las pruebas que hemos dado anteriormente, todo conocimiento sintético *a priori* sólo es posible en la medida en que expresa las condiciones formales de la experiencia posible, y todos los principios, por tanto, sólo tienen validez inmanentemente, es decir, sólo se refieren a los objetos del conocimiento empírico, o sea, a los fenómenos. Tampoco cabe esperar ningún resultado del método trascendental en relación con lo que pretendía la teología de una razón puramente especulativa.

Sin embargo, si uno prefiriese poner en duda todas las pruebas aportadas anteriormente en los Analíticos, antes que permitir que se le prive de la confianza que depositaba en la pertinencia de los argumentos utilizados durante tanto tiempo, al menos no podría negarse a satisfacer la pretensión que formulo, cuando pido que se le exija de todos modos que se justifique sobre la manera de proceder y sobre la inspiración en la que se apoya cuando vuela más allá de toda experiencia posible por el poder de las meras Ideas. Rogaría que se me agraciara con nuevas pruebas o con una revisión de las antiguas. Seguramente aquí hay poco donde elegir, ya que al final todas las pruebas puramente especulativas conducen en cualquier caso a una sola prueba, a saber, la prueba ontológica, y por tanto no tengo motivos para temer que me vea especialmente abrumado por la fecundidad de los dogmáticos defensores de esta razón liberada de los sentidos. Añadiré que, sin sentirme particularmente pendenciero, no pretendo aquí rechazar el reto de descubrir los razonamientos defectuosos presentes en cualquier intento de este tipo y demostrar así su pretensión, sin embargo, la esperanza depositada en un éxito mejor nunca es enteramente abolida en aquellos que, una vez, se han acostumbrado a las convicciones dogmáticas —y esta es la razón por la que me atengo a esta única y legítima demanda: que justifiquemos universalmente, sobre la base de la naturaleza del entendimiento humano, así como de todas las demás fuentes de conocimiento, la manera en que pretendemos ir ampliando nuestro conocimiento totalmente *a priori* y extendiéndolo hasta el punto de que ninguna experiencia posible, y por consiguiente ningún medio, basten para garantizar a cualquier concepto elaborado por nosotros mismos su realidad objetiva—. Cualquiera que sea el modo en que el entendimiento haya llegado a este concepto, la existencia de su objeto no puede en ningún caso hallarse analíticamente en él, precisamente porque el conocimiento de la existencia del objeto consiste en que este objeto se postule en sí mismo fuera del pensamiento. Ahora bien, es totalmente imposible salir de un concepto por sí mismo y, sin seguir el enlace empírico (a través del cual, sin embargo, nunca se nos da otra cosa que fenómenos), llegar al descubrimiento de nuevos objetos y seres trascendentes.

Aunque la razón, en su uso meramente especulativo, no es en absoluto suficiente para tan grandioso objetivo, me refiero a: alcanzar la existencia de un ser supremo, tiene, sin embargo, esta grandísima utilidad de que permite rectificar el conocimiento del mismo, en el caso de que este conocimiento pudiera extraerse de otra parte, para hacerlo concordar consigo mismo y con todo objetivo inteligible, así como para purgarlo de todo lo que pudiera ser incompatible con el concepto de un ser originario y de todo lo que viniera a mezclar con él las limitaciones empíricas.

La teología trascendental sigue siendo así, a pesar de todas sus insuficiencias, susceptible de un importante uso negativo, y es una constante censura de nuestra razón, cuando ésta sólo se ocupa de Ideas puras que, precisamente por eso, no admiten otro criterio de apreciación que el trascendental. Pues si alguna vez, desde otro punto de vista, tal vez desde un punto de vista práctico, la hipótesis de un ser supremo completamente suficiente para todo, como inteligencia suprema, afirmara su validez sin encontrar contradicción alguna, sería de la mayor importancia determinar exactamente este concepto, en su dimensión trascendental, como concepto de un ser necesario y supremamente real, y excluir de él lo que es incompatible con la realidad suprema, lo que pertenece al ámbito de los meros fenómenos (antropomorfismo en el sentido más amplio), y al mismo tiempo despejar el camino a todas las afirmaciones contrarias, ya sean ateas, deístas o antropomórficas: operación que resulta muy fácil en el marco de tal examen crítico, en la medida en que las mismas razones que descubren la impotencia de la razón humana en relación con la afirmación de la existencia de tal ser bastan necesariamente también para demostrar la ineficacia de toda afirmación contraria. Pues ¿dónde quiere uno ir a buscar, por pura especulación de la razón, la visión clara de que no existe un ser supremo que sea el fundamento originario de todas las cosas, o de que ninguno de los atributos que nos representamos, por sus efectos, como análogos a las realidades dinámicas de un ser pensante, le convienen, o incluso de que, si le convienen, tendrían también que estar sometidos a todas las limitaciones que la sensibilidad impone inevitablemente a las inteligencias que conocemos por experiencia?

El ser supremo sigue siendo así, para el uso puramente especulativo de la razón, un simple ideal, pero, sin embargo, un ideal sin defectos, un concepto que cierra y corona todo el conocimiento humano, y cuya realidad objetiva no puede, por supuesto, demostrarse siguiendo este camino, pero tampoco puede refutarse. Y si ha de haber una teología moral capaz de colmar esta laguna, la teología trascendental, hasta ahora meramente problemática, muestra entonces su carácter indispensable por la determinación que da a su concepto y por la manera en que somete a incesante censura a la razón, que muy a menudo se deja engañar por la sensibilidad y no siempre está de acuerdo con sus propias Ideas. La necesidad, la infinitud, la unidad, la existencia fuera del mundo (no como alma del mundo), la eternidad sin las condiciones del tiempo, la omnipresencia sin las condiciones del espacio, la omnipotencia, etc., constituyen predicados puramente trascendentales y, en consecuencia, una vez depurados, su concepto, que tanto necesita toda teología, sólo puede extraerse de la teología trascendental.

Apéndice a la dialéctica trascendental

Sobre el uso regulador de las ideas de la razón pura

El resultado de todos los intentos dialécticos de la razón pura no sólo confirma lo que ya hemos demostrado en los Analíticos trascendentales, a saber, que todos nuestros razonamientos que intentan llevarnos más allá del campo de la experiencia posible son engañosos e infundados; pero este resultado nos enseña también el hecho particular de que la razón humana tiene una inclinación natural a ir más allá de estos límites, y que las Ideas trascendentales le son tan naturales como las categorías al entendimiento, con la diferencia, sin embargo, de que donde estas últimas conducen a la verdad, es decir, a la concordancia de nuestros conceptos con el objeto, las primeras no producen más que una apariencia, pero además una apariencia irresistible, cuyo poder de ilusión apenas puede ser conjurado por la crítica más rigurosa.

Todo lo que se funda en la naturaleza de nuestras facultades debe ser necesariamente conforme a un fin y conforme a su uso legítimo, en cuanto seamos capaces de evitar un cierto malentendido y logremos descubrir la auténtica orientación de estas facultades. En este sentido, las Ideas trascendentales tendrán con toda probabilidad su uso adecuado y, en consecuencia, su uso inmanente, aunque, si se malinterpreta su significado y se las toma por conceptos de cosas reales, pueden ser trascendentales en su aplicación y, por tanto, engañosas. Pues no es la Idea misma, sino simplemente el uso que hacemos de ella lo que puede, en relación con el conjunto de la experiencia posible, pretender sobresalir (ser trascendente), o integrarse en ella (ser inmanente), según que orientemos esta Idea bien directamente hacia un objeto que se supone que le corresponde, bien únicamente hacia el uso del entendimiento en general en relación con los objetos con los que tiene que tratar; y todos los defectos de subrepción deben atribuirse siempre a un fallo de la facultad de juzgar, pero nunca a la del entendimiento o de la razón.

La razón no se refiere nunca directamente a un objeto, sino sólo al entendimiento y, a través de éste, a su propio uso empírico; no crea, pues, conceptos (no hay conceptos de objetos), sino que se limita a ordenarlos y a conferirles la unidad que pueden tener en su mayor extensión posible, es decir, en relación con la totalidad de las series, que por su parte el entendimiento no tiene en absoluto a la vista, puesto que sólo aspira a la conexión por medio de la cual se establecen en todas partes series de condiciones según conceptos. La razón, pues, propiamente sólo tiene por objeto el entendimiento y su operación finalizada; y así como el entendimiento unifica la diversidad, en el objeto, por medio de los conceptos, la razón por su parte unifica la diversidad de los conceptos por medio de las Ideas, dando como fin a los actos del entendimiento una cierta unidad colectiva, sin la cual sólo se ocuparían de la unidad distributiva.

Sostengo, pues, que las Ideas trascendentales no tienen nunca un uso constitutivo, que haga posible que se den conceptos de determinados objetos, y que, si las entendemos así, son simplemente conceptos de la razón (dialéctica). Por otra parte, tienen un uso regulativo excelente e indispensablemente necesario, a saber, el de dirigir el entendimiento hacia una determinada meta, con vistas a la cual las directrices de todas sus reglas convergen en un punto que, si bien es cierto que no es más que una Idea *(focus imaginarius)*, es decir, un punto del que no parten realmente los conceptos del entendimiento, en la medida en que se sitúa completamente fuera de los límites de la experiencia posible, sirve, sin embargo, para darles, además de la mayor extensión, la mayor unidad. Esto, sin duda, da lugar a una ilusión para nosotros, como si estas directrices se extrajeran de un objeto mismo que se encuentra fuera del campo del conocimiento empíricamente posible (al igual que los objetos se ven detrás de la superficie de un espejo). El hecho es que esta ilusión (que, no obstante, podemos evitar que engañe) es, sin embargo, indispensablemente necesaria si, además de los objetos colocados ante nuestros ojos, queremos ver también al mismo tiempo los que se encuentran muy por detrás de nosotros, es decir, si, en el caso que estamos considerando, queremos animar al entendimiento a ir más allá de cualquier experiencia dada (que constituya una parte del conjunto de la experiencia posible), y así enseñarle también a alcanzar la mayor y más extrema extensión posible.

Si contemplamos el conocimiento del entendimiento en toda su amplitud, nos encontramos con que lo que la razón se encarga y pretende alcanzar es la dimensión sistemática del conocimiento, es decir, su articulación a partir de un principio. Esta unidad de la razón presupone siempre una Idea, a saber, la de la forma de un todo de conocimiento que precede al conocimiento determinado de las partes, y que contiene las condiciones necesarias para determinar *a priori* para cada parte su lugar y su relación con todas las demás. Esta Idea postula así una unidad completa del conocimiento del entendimiento, en virtud de la cual este conocimiento no es un mero agregado contingente, sino un sistema articulado según leyes necesarias. En rigor, no puede decirse que esta Idea sea un concepto del objeto, sino de la unidad completa de estos conceptos, en la medida en que tal unidad sirve de regla al entendimiento. Tales conceptos de la razón no se extraen de la naturaleza, sino que interrogamos a la naturaleza según estas Ideas y consideramos que nuestro conocimiento es defectuoso en tanto no se adecue a ellas. Es difícil encontrar tierra pura, agua pura, aire puro, etcétera. Sin embargo, necesitamos los conceptos de estas cosas (conceptos que, por tanto, tienen su origen, en lo que se refiere a la pureza integral, únicamente en la razón) para determinar adecuadamente la parte que cada una de estas causas naturales tiene en el fenómeno; y así reducimos toda la materia a tierra (por así decirlo, mero peso), a sales y potencias combustibles (que constituyen como la fuerza), y finalmente al agua y al aire como vehículos (por así decirlo, máquinas a través de las cuales actúan los elementos precedentes), a fin de explicar según la Idea de un mecanismo las acciones químicas de la materia entre sí. Pues, aunque no se exprese realmente de este modo, tal influencia de la razón en las divisiones de los físicos es muy fácil de ver.

Si la razón es un poder para derivar lo particular de lo general, o bien lo general es ya en sí mismo cierto y dado, y en consecuencia sólo requiere el Juicio para proceder a la subsunción, y lo particular está por ello necesariamente determinado. Esto es lo que llamaré el uso apodíctico de la razón. Lo particular es cierto, pero la universalidad de la regla que conduce a esta consecuencia sigue siendo un problema: Así, varios casos particulares, todos ellos ciertos, se relacionan con la regla para saber si se siguen de ella; y en este caso, si resulta que todos los casos particulares que pueden indicarse se siguen de ella, se concluye a la universalidad de la regla, y luego de ella a todos los casos, incluidos los que no están en sí mismos dados. Esto es lo que llamaré el uso hipotético de la razón.

El uso hipotético de la razón, que se basa en Ideas admitidas como conceptos problemáticos, no es, propiamente hablando, constitutivo, lo que significa que no es tal que, juzgado con rigor, resulte de él la verdad de la regla general adoptada como hipótesis; pues ¿cómo se puede querer conocer todas las consecuencias posibles que, brotando del mismo principio que se ha admitido, prueben su universalidad? En realidad, este uso es meramente regulador, para introducir lo más ampliamente posible la unidad en el conocimiento particular y acercar así la regla a la universalidad.

El uso hipotético de la razón apunta así a la unidad sistemática del conocimiento del entendimiento, unidad que constituye entonces la piedra de toque de la verdad de las reglas. Por el contrario, la unidad sistemática (como Idea simple) es pura y simplemente una unidad proyectada, que debe ser considerada en sí misma, no como dada, sino sólo como constitutiva de un problema: esta unidad sirve entonces para encontrar un principio para el uso diverso y particular del entendimiento, y con ello también para orientar este uso hacia casos no dados y hacerlo coherente.

Siendo esto así, se ve simplemente que la unidad sistemática, es decir, la unidad racional, del conocimiento del entendimiento en su diversidad es un principio lógico que sirve, allí donde el entendimiento solo no basta para producir reglas, para proporcionarle ayuda por medio de las Ideas, y al mismo tiempo para procurar a la diversidad de sus reglas una convergencia bajo un principio (una unidad sistemática), y con ello tanta coherencia como pueda lograrse. En cuanto a indicar, por otra parte, si el contenido de los objetos o si la naturaleza del entendimiento, que los conoce como tales, están en sí mismos destinados a la unidad sistemática, y si podemos, aun sin tener en cuenta tal interés de la razón, hasta cierto punto postularlo *a priori,* y decir así que todo conocimiento posible del entendimiento (incluido el empírico) posee una unidad racional y está sujeto a principios comunes de los que puede, a pesar de su diversidad, derivarse, esto constituiría un principio trascendental de la razón que haría la unidad sistemática, no meramente subjetiva o lógicamente necesaria, como método, sino objetivamente necesaria.

Quisiéramos explicar esto a través de un caso de uso de la razón. Entre los diversos tipos de unidad que se producen según los conceptos del entendimiento, está también el de la causalidad de una sustancia, que se llama facultad. Los diversos fenómenos de una misma sustancia muestran a primera vista tanta heterogeneidad que nos vemos obligados a comenzar admitiendo casi tantas fuerzas distintas de esta sustancia como efectos se producen en ella, por ejemplo, en el alma humana, la sensación, la conciencia, la imaginación, la memoria, el ingenio de la mente, la capacidad de discernimiento, el placer, el deseo, etc. En primer lugar, es una máxima lógica restringir al máximo esta aparente diversidad tratando de descubrir la identidad oculta por comparación, e investigar si la imaginación, asociada a la conciencia, no podría ser la memoria, el ingenio de la mente, la capacidad de discernimiento, tal vez incluso el entendimiento y la razón. La idea de una facultad fundamental, cuya existencia la lógica no permite saber, plantea al menos el problema de una representación sistemática de la diversidad de facultades. El principio lógico de la razón nos obliga a aplicar esta unidad de la manera más amplia posible, y cuanto más idénticos se encuentran entre sí los fenómenos de tal o cual facultad, más probable resulta que no sean otra cosa que expresiones diversas de una misma facultad, que (comparativamente hablando) puede llamarse su facultad fundamental. Procedemos del mismo modo para las demás.

Las facultades comparativamente fundamentales deben, a su vez, compararse necesariamente entre sí, de modo que, descubriendo en qué coinciden, podamos aproximarlas a una facultad única, radicalmente, es decir, absolutamente fundamental. Sin embargo, esta unidad de la razón es meramente hipotética. No se afirma que tal facultad deba existir realmente, sino que, en interés de la razón, es decir, para establecer ciertos principios que presidan las reglas diversificadas que la experiencia puede proporcionar, es necesario

314

buscar tal facultad y, cuando se pueda, introducir así el conocimiento de la unidad sistemática.

Parece, sin embargo, si atendemos al uso trascendental del entendimiento, que esta Idea de una facultad fundamental en general no tiene la única determinación de constituir un problema para el uso hipotético, sino que plantea una realidad objetiva a través de la cual se postula la unidad sistemática de las diversas facultades de una sustancia y se obtiene un principio apodíctico de la razón. Pues, aunque no hayamos buscado todavía la concordancia de las diversas facultades, y aunque hayamos fracasado en todos nuestros intentos de descubrirla, presuponemos, sin embargo, que debe existir tal concordancia, y no sólo, como en el caso mencionado, por la unidad de la sustancia: en efecto, incluso cuando hay varias sustancias, aunque sean hasta cierto punto homogéneas, como en la materia en general, la razón presupone una unidad sistemática de las diversas fuerzas, en la medida en que las leyes particulares de la naturaleza están sometidas a leyes más generales, y la economía de principios no es sólo un principio económico de la razón, sino que se convierte también en una ley interna de la naturaleza.

En efecto, tampoco se ve cómo podría entrar en juego un principio lógico de la unidad racional de las reglas, si no fuera por la presuposición de un principio trascendental por el cual tal unidad sistemática, en cuanto unida a los objetos mismos, es admitida *a priori* como necesaria. Pues, ¿con qué fundamento podría la razón pretender el derecho, en su uso lógico, de tratar la diversidad de fuerzas que la naturaleza nos da a conocer como una unidad meramente oculta, y derivarlas, en la medida de sus posibilidades, de alguna fuerza fundamental, si se le permitiera convenir en que es igualmente posible que todas las fuerzas sean heterogéneas y que la unidad sistemática de su derivación no esté de acuerdo con la naturaleza? Pues, en ese caso, estaría actuando directamente en contra de su propósito al fijarse una Idea totalmente contraria al modo en que está dispuesta la naturaleza. Del mismo modo, ¿no podemos decir que comenzó extrayendo de la constitución contingente de la naturaleza esta unidad estructurada según principios racionales? Pues la ley de la razón que prescribe la búsqueda de esta unidad es necesaria ya que, sin esta ley, no habría razón en absoluto, y sin razón no habría un uso coherente del entendimiento y, a falta de tal uso, ningún criterio suficiente de verdad empírica, por lo que debemos, en aras de tal criterio, presuponer la unidad sistemática de la naturaleza como poseedora de validez y necesidad objetivas.

Esta presuposición trascendental la encontramos también oculta, de modo sorprendente, en los principios de los filósofos, aunque no siempre la reconocieran allí ni la admitieran ante sí mismos. Que no todo lo que es diverso en las cosas individuales es exclusivo de la identidad de las especies, que las diferentes especies deben ser tratadas simplemente como determinaciones diversificadas de un pequeño número de géneros, y éstos como procedentes de reinos aún más elevados, etc., que, por consiguiente, debemos buscar una cierta unidad sistemática de todos los conceptos empíricos posibles, en la medida en que pueden derivarse de conceptos superiores y más generales, es una regla de escuela o un principio lógico sin el cual no habría uso de razón, porque sólo podemos concluir de lo general a lo particular en la medida en que tomamos como fundamento las propiedades generales de las cosas bajo las cuales pueden ordenarse las propiedades particulares.

Pero que tal armonía se encuentra también en la naturaleza es lo que presuponen los filósofos en la conocida regla escolar de que no debemos multiplicar los principios sin necesidad *(entia praeter necessitatem non esse multiplicanda).* Con ello queremos decir que la propia naturaleza de las cosas proporciona materia para la unidad de la razón, y que la diversidad aparentemente infinita no debe impedirnos presumir tras ella una unidad de propiedades fundamentales de la que la diversidad sólo puede derivarse a través de una pluralidad de determinaciones. La búsqueda de esta unidad, aunque se trate de una simple Idea, ha sido siempre perseguida con tal ardor que el deseo de alcanzarla ha sido más bien atemperado que estimulado. Ya era mucho para los químicos el haber podido reducir todas las sales a dos géneros principales, los ácidos y los álcalis: incluso tratan de ver en esta diferencia sólo una variedad o una expresión diversificada de una misma materia fundamental. Aunque todavía no estemos satisfechos con este resultado, no podemos evitar la idea de que detrás de estas variedades debemos seguir suponiendo la existencia de un género único, o incluso de un principio común a las tierras y a las sales. Uno podría inclinarse a creer que se trata simplemente de un procedimiento económico de la razón para ahorrarse el mayor número posible de problemas, y de un intento hipotético que, si tiene éxito, da credibilidad, precisamente por esta unidad, al principio de explicación que se ha supuesto. Sin embargo, es muy fácil distinguir entre tal objetivo adoptado por interés y la idea según la cual todos presuponen que esta unidad racional es coherente con la naturaleza misma, y que la razón aquí no reza, sino que ordena, aunque no pueda determinar los límites de esta unidad.

Si hubiera, entre los fenómenos que se nos presentan, una variedad tan grande, no quiero decir en cuanto a la forma (pues en esto pueden muy bien parecerse), sino en cuanto al contenido, es decir, en cuanto a la diversidad de los seres existentes, que ni el más penetrante entendimiento humano pudiera descubrir, comparando unos con otros, la menor semejanza (posibilidad que es perfectamente concebible), entonces no habría lugar para la ley lógica de los géneros; e incluso ningún concepto de género o concepto general tendría cabida, y tampoco el entendimiento, puesto que el entendimiento se ocupa pura y simplemente de tales conceptos. El principio lógico de los géneros presupone, pues, un principio trascendental, si ha de aplicarse a la naturaleza (por la que entiendo aquí sólo los objetos que nos son dados). Según este principio, en la variedad de la experiencia posible se presupone necesariamente una dimensión de homogeneidad (aunque no podamos determinar su grado *a priori),* porque sin ella no habría conceptos empíricos y, en consecuencia, no habría experiencia posible.

Al principio lógico de los géneros, que postula la identidad, se opone otro principio, el de las especies, que reivindica, a pesar de la concordancia de las cosas bajo un mismo género, su diversidad y la existencia de variedades, y que prescribe que el entendimiento no preste menos atención a las especies que a los géneros. Este principio (de penetración, o poder de discernimiento) limita fuertemente la dimensión de ligereza incluida en el primero (el principio de ingenio), y la razón manifiesta aquí dos intereses opuestos: por una parte, el interés por la extensión (la generalidad), relativa a los géneros; por otra, el interés por la comprensión (la capacidad de determinarse), relativa a la diversidad de las especies, ya que el entendimiento, en el primer caso, piensa ciertamente muchas cosas bajo conceptos, pero en el segundo, piensa tanto más en ellos. Este doble interés se expresa también en el modo muy diverso de pensar de los físicos: unos (que son sobre todo especulativos), en cierto modo enemigos de la heterogeneidad, consideran siempre la unidad del género, mientras que otros (mentes que son sobre todo empíricas) buscan constantemente dividir la naturaleza en tantas variedades que sería casi imposible juzgar los fenómenos según principios generales.

Este último modo de pensar se apoya también claramente en un principio lógico cuya finalidad es la completitud sistemática de todo conocimiento: así sucede cuando, partiendo del género, desciendo a la variedad que puede estar contenida en él, y busco así dar al sistema amplitud, del mismo modo que en el primer caso, volviendo al género, busco darle simplicidad. Pues a partir de la esfera del concepto, que designa un género, es tan difícil ver hasta dónde puede llegar la división como lo es ver hasta dónde puede llegar a partir del espacio que puede ocupar una materia. Todo género requiere, en consecuencia, varias especies, que a su vez requieren varias subespecies, y, como ninguna de estas últimas puede intervenir sin tener siempre, a su vez, una esfera que le corresponda (una extensión, como *conceptus communis),* la razón exige, en toda su extensión, que ninguna especie sea considerada en sí misma como la última, puesto que, siendo siempre un concepto que contiene en sí sólo lo que es común a varias cosas, este concepto no puede ser completamente determinado y, por tanto, tampoco puede ser relacionado inmediatamente con un individuo —razón por la cual debe contener siempre en sí otros conceptos, es decir, subspecies—. Esta ley de especificación podría expresarse así: *entium varietates non temere esse minuendas.*

Dicho esto, es fácil ver que esta ley lógica no tendría sentido ni aplicación si no se basara en una ley trascendental de especificación. De las cosas que pueden llegar a ser nuestros objetos, esta ley no exige ciertamente una infinitud efectiva en cuanto a las variedades, ya que, de hecho, el principio lógico, en la medida en que se limita a afirmar la indeterminación de la esfera lógica con respecto a la división posible, no invita en modo alguno a ello; pero exige, sin embargo, que el entendimiento busque, bajo cada especie que se nos presenta, subspecies, y para cada variedad, variedades más restringidas. Pues si no hubiera conceptos inferiores, tampoco los habría superiores.

Ahora bien, todo lo que el entendimiento conoce, lo conoce por medio de conceptos: en consecuencia, por mucho que avance en la división, nunca tiene conocimiento por simple intuición, sino siempre de nuevo por conceptos inferiores. El conocimiento de los fenómenos en su completa determinación (que sólo es posible por medio del entendimiento) requiere una especificación incesantemente continuada de sus conceptos y una progresión hacia variedades que están todavía y siempre presentes, pero que han sido desatendidas en el concepto de especie, y más aún en el de género.

Esta ley de especificación tampoco puede derivarse de la experiencia, que no puede abrir perspectivas tan vastas. La especificación empírica se detiene rápidamente en la diferenciación de la diversidad, si no es animada por la ley de la especificación trascendental, que la precede como principio de la razón, a buscar siempre tal diversificación y a no dejar nunca de presumir su presencia, aunque no se manifieste a los sentidos. Para descubrir que hay distintos tipos de suelos absorbentes (suelos calcáreos y suelos muriáticos), necesitábamos una regla de razón anterior que impusiera al entendimiento la tarea de buscar la diversidad, porque presuponía que la naturaleza era lo suficientemente rica como para que pudiéramos presumir esa diversidad. Sólo tenemos entendimiento en la medida en que presuponemos diferencias en la naturaleza, del mismo modo que este entendimiento sólo nos es posible bajo la condición de que los objetos de la naturaleza tengan en sí una dimensión de homogeneidad, ya que es precisamente la diversidad de lo que puede entenderse bajo un concepto lo que define el uso que puede hacerse de ese concepto y la actividad que el entendimiento puede emplear en él.

La razón prepara, pues, el campo del entendimiento: 1.° por un principio de la homogeneidad de lo diverso bajo los tipos superiores; 2.° por un principio de la variedad de lo homogéneo bajo los tipos inferiores; y, para completar la unidad sistemática, añade: 3.° una ley de la afinidad de todos los conceptos, que prescribe un paso continuo de cada tipo a otro por un aumento gradual de la diversidad. Podemos llamarlos principios de homogeneidad, de especificación y de continuidad de las formas. El último principio procede de la manera en que los dos primeros principios se reúnen una vez que, tanto ascendiendo a los géneros superiores como descendiendo a las especies inferiores, hemos completado en Idea la ordenación sistemática del conjunto; pues a partir de entonces todas las variedades están relacionadas entre sí, ya que todas proceden de un género supremo a través de todos los grados de una determinación que se amplía.

La unidad sistemática obtenida bajo estos tres principios lógicos puede verse de la siguiente manera. Podemos considerar cada concepto como un punto que, como el punto de vista de un espectador, tiene su horizonte, es decir, un conjunto de cosas que, partiendo de este punto, pueden ser representadas y, por así decirlo, miradas. Dentro de este horizonte, debe ser posible señalar una multitud de puntos, llegando hasta el infinito, cada uno de los cuales tiene a su vez su propio horizonte más estrecho, lo que significa que cada especie contiene subespecies, de acuerdo con el principio de especificación, y que el horizonte lógico sólo está formado por horizontes más pequeños (subespecies), pero no por puntos que no tienen extensión (individuos). Pero de los diversos horizontes, es decir, de los géneros, que están determinados por otros tantos conceptos, podemos pensar todavía en un horizonte más común, desde el cual los abarcamos a todos con la mirada como desde un punto central, y que forma el género superior, hasta que el género supremo proporciona el horizonte universal y verdadero, que se determina desde el punto de vista correspondiente al concepto supremo y abarca bajo él toda la diversidad en forma de géneros, especies y subespecies.

A este punto de vista supremo me conduce la ley de la homogeneidad, mientras que a los puntos de vista inferiores y a su mayor variedad me conduce la ley de la especificación. Pero como, procediendo de este modo, no queda ningún vacío en toda la esfera de los conceptos posibles, y como fuera de esta esfera no se puede encontrar nada, la presuposición de este horizonte universal y de su división integral da lugar a este principio: *non datur vacuum formarum* (no hay vacío entre las formas), es decir, que no hay diversos géneros originarios y primarios que estén, por así decirlo, aislados y separados unos de otros (por un espacio vacío intermedio), y que todos los diversos géneros no son más que divisiones de un género único, supremo y universal. De este principio se desprende esta consecuencia inmediata *datur continuum formarum* (se da la continuidad de las formas), es decir que todas las diferencias correspondientes a las especies están recíprocamente limitadas y no autorizan, para pasar de una a otra, ningún salto, sino que imponen que sea atravesando todos los grados inferiores de diferencia como se logre pasar de una a otra; en una palabra, no hay especies y subespecies que (en el concepto de la razón) sean las más próximas entre sí, sino que son todavía y siempre posibles especies intermedias cuya diferencia con la especie precedente es más limitada que su propia diferencia entre sí.

La primera ley nos impide, pues, perdernos en la variedad de los diversos géneros originales y nos recomienda la homogeneidad; la segunda, por el contrario, impone un límite a esta inclinación a la integración y nos ordena diferenciar las subespecies antes de pasar, con su concepto general, a los individuos. La tercera une las dos primeras al prescribir que, incluso en la diversidad más extrema, debe buscarse, no obstante, la homogeneidad mediante el paso gradual de una especie a otra, lo que indica una especie de parentesco entre los distintos vástagos, en la medida en que todos ellos proceden del mismo tronco.

Esta ley lógica del *continuum specierum (formarum logicarum)* presupone, sin embargo, una ley trascendental *(lex continui in natura),* sin la cual el uso del entendimiento sólo podría extraviarse de este precepto, en la medida en que correría el riesgo de tomar un camino directamente opuesto al de la naturaleza. Por consiguiente, esta ley debe apoyarse en fundamentos trascendentales puros y no en fundamentos empíricos. Pues, en este último caso, vendría siempre después de los sistemas, mientras que es la ley la que está propiamente en el origen de la dimensión sistemática presente en el conocimiento de la naturaleza. Detrás de estas leyes no hay, pues, ninguna intención oculta de organizar su comprobación, como si se tratara de un mero ensayo y error, aunque en verdad esta secuencia, cuando se produce, proporciona una poderosa razón para sostener como fundada la unidad que el pensamiento ha hipotetizado, por lo que estas leyes tienen también su utilidad a este respecto; pero es evidente que juzgan la economía de las causas primeras, la diversidad de los efectos y, a partir de estos dos primeros principios, la afinidad entre los elementos de la naturaleza, como racionales en sí mismas y conformes a la naturaleza, y que en este sentido estos principios se recomiendan directamente y no como meros procedimientos de método.

Dicho esto, es fácil ver que esta continuidad de las formas es una mera Idea, a la que en modo alguno podemos designar en la experiencia un objeto que le corresponda: no sólo de hecho, en la naturaleza, las especies están realmente divididas y deben, por tanto, constituir necesariamente en sí mismas un *quantum discretum*, hasta el punto de que, si el progreso gradual en la afinidad de estas especies fuera continuo, sería también una verdadera infinidad de términos intermedios los que encontraríamos contenidos entre dos especies dadas, lo cual es imposible; pero además no podemos hacer ningún uso empírico definido de esta ley, puesto que no indica el menor criterio de afinidad, según el cual podríamos buscar, sabiendo hasta qué punto, la continuación gradual de su diversidad, sino que nos da simplemente la indicación general de tener que buscarla.

Si ahora invertimos el orden de los principios que acabamos de mencionar, para ordenarlos de acuerdo con el uso de la experiencia, los principios de la unidad sistemática se presentarían de la siguiente manera: diversidad, afinidad y unidad, cada uno de los cuales se tomaría entonces, como Idea, en el grado más alto de su perfección. La razón presupone el conocimiento del entendimiento, que se aplica inmediatamente a la experiencia, y busca en las Ideas una unidad que puede ir mucho más lejos que la experiencia. La afinidad de la diversidad, a pesar de su diversidad, bajo un principio de unidad, concierne no sólo a las cosas, sino aún más a las simples propiedades y fuerzas de las cosas. De ahí que, cuando, por ejemplo, el curso de los planetas nos es dado como circular por la experiencia (aún no plenamente certificada) y encontramos elementos de diversidad, suponemos que éstos tienen su origen en lo que puede transformar la circularidad, según una ley constante, en una de esas trayectorias de carácter excéntrico, que pasan por el infinito de todos los grados intermedios, es decir, que los movimientos de los planetas, que no son circulares, pueden acercarse más o menos a las propiedades del círculo y caer en la elipse. Los cometas muestran una diversidad aún mayor en las órbitas que describen, en la medida en que (por lo que la observación nos permite juzgar) no siguen una trayectoria circular: en efecto, adivinamos un curso parabólico que, sin embargo, se aproxima a la elipse y, cuando el eje mayor de ésta es muy extendido, no puede distinguirse de ella en todas nuestras observaciones. Así, siguiendo las directrices de estos principios, llegamos a la unidad genérica de estas órbitas en cuanto a su forma, pero también, por lo mismo, a la unidad de las causas de todas las leyes que rigen su movimiento (gravitación); a partir de ahí, ampliamos nuestras conquistas y tratamos también de explicar a partir del mismo principio todas las variedades y todas las desviaciones aparentes de estas reglas, añadiendo finalmente más de lo que la experiencia puede llegar a confirmar, como es el caso cuando concebimos según las reglas de afinidad incluso una trayectoria hiperbólica de los cometas, Estos cuerpos dejan atrás por completo nuestro sistema solar y, al viajar de sol a sol, reúnen las partes más distantes de un sistema cósmico que, para nosotros, es ilimitado, y que está unido por una única fuerza motriz.

Lo notable de estos principios, y lo único que retiene nuestra atención, es que parecen trascendentales y que, aunque contienen simplemente, para la puesta en práctica del uso empírico de la razón, Ideas que este uso sólo puede seguir, por así decirlo, asintóticamente, sin alcanzarlas nunca, poseen sin embargo, como principios sintéticos *a priori,* una validez objetiva, pero indeterminada, y sirven de regla para la experiencia posible, a la vez que se utilizan efectivamente con felicidad en la elaboración de esta experiencia, como principios heurísticos, sin poder por ello llevar a cabo una deducción trascendental a partir de ellos —lo cual, como se mostró anteriormente, es siempre imposible respecto de las ideas.

En el Análisis trascendental distinguimos entre los principios del entendimiento entre principios dinámicos, como principios que meramente regulan la intuición, y principios matemáticos, que son constitutivos en relación con la intuición. A pesar de esta distinción, las leyes consideradas como dinámicas son ciertamente constitutivas en relación con la experiencia, en la medida en que hacen posibles *a priori* los conceptos sin los cuales no tiene lugar ninguna experiencia. Los principios de la razón pura, en cambio, nunca pueden ser constitutivos en relación con los conceptos empíricos, porque no puede proporcionarse ningún esquema de sensibilidad que les corresponda, y por tanto no pueden tener objeto *in concreto.* Dicho esto, si renuncio a tal uso empírico de estos principios como principios constitutivos, ¿cómo voy a asegurarles, sin embargo, un uso regulativo y, con ello, alguna validez objetiva, y qué sentido puede tener tal uso?

El entendimiento constituye un objeto para la razón, exactamente en el mismo sentido en que la sensibilidad lo constituye para el entendimiento. Producir sistemáticamente la unidad de todos los actos empíricos posibles del entendimiento es una operación de la razón, del mismo modo que el entendimiento conecta la diversidad de los fenómenos mediante conceptos y los somete a leyes empíricas. Dicho esto, los actos del entendimiento, sin los esquemas de la sensibilidad, son indeterminados; del mismo modo, la unidad de la razón, en cuanto a las condiciones en que el entendimiento debe conectar sistemáticamente sus conceptos y el grado en que debe hacerlo, es también ella misma indeterminada. Sin embargo, aunque no pueda descubrirse en la intuición ningún esquema para la unidad sistemática completa de todos los conceptos del entendimiento, puede y debe proporcionarse, no obstante, un análogo de tal esquema, que consiste en la Idea del máximo de la división y conexión de los conocimientos del entendimiento en un mismo principio. Pues lo máximo y lo absolutamente integral puede ser pensado de un modo determinado, ya que se dejan de lado todas las condiciones restrictivas que dan lugar a la diversidad indeterminada. Así pues, la Idea de la razón es un análogo de un esquema de la sensibilidad, pero con esta diferencia: la aplicación de los conceptos del entendimiento al esquema de la razón no es un conocimiento del objeto mismo (como es el caso de la aplicación de las categorías a sus esquemas sensibles), sino sólo una regla o principio de la unidad sistemática de todos los usos del entendimiento. Ahora bien, en la medida en que todo principio que garantiza *a priori* al entendimiento la unidad integral de su uso se aplica también, aunque sólo indirectamente, al objeto de la experiencia, los principios de la razón pura poseerán una realidad objetiva, incluso en relación con este último: no, por supuesto, para determinar nada al respecto, sino simplemente para indicar el enfoque según el cual el uso empírico y determinado del entendimiento puede ser puesto plenamente de acuerdo consigo mismo, mediante el modo en que se articula, en la medida de lo posible, al principio de unidad integral y se deriva de él.

Llamo máximas de razón a todos los principios subjetivos que no se derivan de la naturaleza del objeto, sino del interés de la razón en una cierta perfección posible del conocimiento de ese objeto. Así, hay máximas de la razón especulativa, que descansan únicamente en el interés especulativo de esa razón, aunque tengan la apariencia de ser principios objetivos.

Si los principios meramente regulativos se consideran como constitutivos, pueden entrar en conflicto como principios objetivos; en cambio, si se consideran meramente como máximas, no hay conflicto real, sino que es sólo un interés diversificado de la razón el que causa la divergencia en el modo de pensar. Pues la razón sólo tiene un interés, y el conflicto de sus máximas se reduce a una diferencia y a una limitación recíproca en los métodos mediante los cuales se satisface este interés.

Así, en una mente razonadora puede prevalecer el interés de la diversidad (según el principio de diversificación), mientras que en otra será el interés de la unidad (según el principio de agregación). Cada uno de ellos cree que su juicio se basa en la consideración del objeto, y de hecho lo basa únicamente en su mayor o menor apego a uno de los dos principios, ninguno de los cuales descansa en bases objetivas, sino sólo en el interés de la razón, y que por lo tanto podrían llamarse más correctamente máximas que principios. Cuando veo mentes penetrantes en conflicto sobre las propiedades características de los hombres, de los animales o de las plantas, o incluso de los cuerpos del reino mineral, unos admiten, por ejemplo, características nacionales particulares, basadas en el origen original, o diferencias decisivas y hereditarias entre familias, razas, etc., mientras que otros consideran lo contrario, mientras que otros consideran, por el contrario, que la naturaleza, en esta materia, ha tomado las mismas medidas en todas partes y que cualquier diferencia se basa únicamente en contingencias externas, me basta entonces considerar el contenido real del objeto para comprender que está tan profundamente oculto para unos y otros que no pueden hablar de él desde una visión clara de la naturaleza de este objeto. Nada más interviene aquí que el doble interés de la razón, cada una de cuyas partes toma a pecho uno de los lados, o incluso afecta a hacerlo. Nada más, pues, que lo que diferencia las máximas de la diversidad o de la unidad de la naturaleza, que bien pueden unirse, pero que, mientras se las tenga por aprehensiones objetivas, no sólo provocan conflictos, sino que incluso crean obstáculos que retrasan permanentemente la verdad, hasta que se descubra un medio de conciliar los intereses en litigio y de apaciguar a la razón sobre esta cuestión.

Lo mismo sucede cuando se apoya o se impugna la famosa ley de la escala continua de las criaturas introducida por Leibniz y excelentemente apoyada por Bonnet. No es más que una aplicación del principio de afinidad, ya que descansa en el interés de la razón; pues la observación y la penetración de la forma en que está dispuesta la naturaleza no pueden en modo alguno hacerla surgir como una afirmación objetiva. Los grados de tal escala, por lo que la experiencia puede decirnos, están demasiado alejados, y nuestras diferencias, supuestamente pequeñas, constituyen generalmente abismos tan vastos en la naturaleza misma, que no cabe esperar absolutamente nada de tales observaciones para precisar los designios de la naturaleza (sobre todo cuando se trata de una diversidad tan grande de cosas, en la medida en que siempre debe ser fácil encontrar ciertas analogías y aproximaciones). En cambio, el método de buscar el orden en la naturaleza según tal principio, y la máxima de considerar tal orden como fundado en la naturaleza en general, aunque no podamos determinar dónde ni en qué medida impera, proporcionan un legítimo y excelente principio regulador de la razón, que, como tal, va ciertamente mucho más lejos de lo que la experiencia y la observación pueden alcanzar, pero que, sin determinar nada, no hace sino trazarles de antemano el camino hacia la unidad sistemática.

Sobre el fin último de la dialéctica natural de la razón humana

Las Ideas de la razón pura nunca pueden ser dialécticas en sí mismas, sino que sólo su uso abusivo puede dar lugar a una apariencia engañosa para nosotros; pues son por la naturaleza misma de nuestra razón transmitidas a nosotros como una tarea, y es imposible que este tribunal supremo, juez de todos los derechos y pretensiones de nuestra especulación, pueda ocultar por sí mismo ilusiones y cegueras originales. Con toda probabilidad, estas Ideas deben tener en la constitución natural de nuestra razón un destino que sea positivo y corresponda a algún fin. Sin embargo, la masa de los razonadores clama, como es su costumbre, por el absurdo y las contradicciones, denigrando al gobierno en cuyos planes más íntimos no pueden penetrar, pero a cuyas benéficas influencias deberían sentirse deudores de su salvación, e incluso de la cultura que les pone en condiciones de criticarlo y condenarlo.

Un concepto *a priori* no puede ser utilizado con ninguna certeza sin haber probado su deducción trascendental. Es cierto que las Ideas de la razón pura no autorizan ninguna deducción del tipo de las categorías; sin embargo, para que tengan al menos alguna validez objetiva, incluso de carácter indeterminado, y no representen simplemente seres vanos de la razón *(entia rationis ratiocinantis)*, debe ser absolutamente posible una deducción a partir de ellas, aunque ello signifique apartarse francamente de la deducción que puede hacerse con las categorías. Esto es lo que lleva la obra crítica de la razón pura a su conclusión completa, y esto es lo que ahora pretendemos emprender.

Hay una gran diferencia entre que algo sea dado a mi razón como un objeto absolutamente hablante, o simplemente como un objeto en la Idea. En el primer caso, mis conceptos tienen por objeto determinar el objeto; en el segundo, no hay realmente más que un esquema al que no se asigna ningún objeto directamente, ni siquiera hipotéticamente, sino que sólo sirve para representarnos otros objetos, por el intermediario de la relación con esta Idea, en su unidad sistemática, y por tanto indirectamente. Digo, pues, que el concepto de una inteligencia suprema es una mera Idea, es decir, que su realidad objetiva no debe consistir en el hecho de que se relacione directamente con un objeto (pues, tomado en este sentido, no podríamos justificar su validez objetiva): en efecto, no es más que un esquema del concepto de una cosa en general, estructurado según las condiciones de la mayor unidad racional, y que sólo sirve para mantener la mayor unidad sistemática en el uso empírico de la razón, haciendo que el objeto de la experiencia se derive, por así decirlo, del objeto imaginario de esta Idea como de su fundamento o causa. Esto equivale a decir, por ejemplo, que las cosas del mundo deben considerarse como si derivaran su existencia de una inteligencia suprema. En este modo, la Idea no es propiamente más que un concepto heurístico y no ostensivo, e indica, no cómo está constituido un objeto, sino de qué modo, bajo la guía de este concepto, debemos buscar la constitución y conexión de los objetos de la experiencia en general. Ahora bien, si puede demostrarse que, aunque las tres formas de Ideas trascendentales (psicológica, cosmológica y teológica) no se refieran directamente a ningún objeto susceptible de corresponderles o a su determinación, todas las reglas del uso empírico de la razón conducen, sin embargo, bajo la suposición de tal objeto en la Idea, a una unidad sistemática y amplían siempre el conocimiento de la experiencia, sin poder ir nunca contra ella, es, pues, una máxima necesaria de la razón proceder según tales Ideas. Y en esto consiste la deducción trascendental de todas las Ideas de la razón especulativa, no como principios constitutivos de la extensión de nuestro conocimiento a más objetos de los que la experiencia puede proporcionar, sino como principios regulativos de la unidad sistemática de la diversidad del conocimiento empírico en general, que queda así mejor establecido y mejor justificado dentro de sus propios límites de lo que podría ocurrir sin tales Ideas, mediante el simple uso de los principios del entendimiento.

Este es un punto que deseo aclarar. Sobre la base de lo que se llaman Ideas tomadas como principios, en primer lugar (en psicología) vincularemos todos los fenómenos, todos los actos y toda la receptividad de nuestra mente al hilo de la experiencia interna, como si fuera una simple sustancia que existe permanentemente (al menos en vida) con su identidad personal, mientras que sus estados, de los que los del cuerpo sólo forman parte como condiciones externas, cambian constantemente. En segundo lugar (en cosmología), debemos proseguir la búsqueda de las condiciones de los fenómenos naturales, tanto internos como externos, considerándola como interminable, como si fuera infinita en sí misma y no tuviera ni un primer ni un último fin, sin negar en absoluto que, fuera de los fenómenos, existan fundamentos primarios, puramente inteligibles, de estos fenómenos, pero sin autorizarnos nunca a darles un lugar en el conjunto de las explicaciones de la naturaleza, puesto que no sabemos nada de ellos. En tercer y último lugar (en relación con la teología), debemos considerar todo lo que sólo puede pertenecer alguna vez al conjunto de la experiencia posible, como si esta última constituyera una unidad absoluta, pero integralmente dependiente y permaneciendo siempre condicionada dentro de los límites del mundo sensible, pero al mismo tiempo como si la totalidad de todos los fenómenos (el mundo sensible mismo) tuviera fuera de su esfera un fundamento único y supremo, suficiente para todo, es decir, una razón subsistente como por sí misma, originaria y creadora, en relación con la cual dirigimos todo uso empírico de nuestra razón en su mayor extensión como si los objetos mismos hubieran sacado su origen de este arquetipo de toda razón. Esto significa: no derivar los fenómenos internos del alma de una simple sustancia pensante, sino derivarlos unos de otros según la Idea de un ser simple; no derivar el orden del mundo y su unidad sistemática de una inteligencia suprema, sino derivar de la Idea de una causa supremamente sabia la regla según la cual la razón debe proceder, para su mayor satisfacción, en la conexión de causas y efectos dentro del mundo.

Ahora bien, nada impide admitir también estas Ideas como objetivas e hipostasiadas, salvo en el caso de la Idea cosmológica, en la que la razón tropieza con una antinomia cuando quiere ponerla en práctica (la Idea psicológica y la Idea teológica no contienen nada semejante). Pues en estas últimas no hay contradicción: ¿cómo podría entonces alguien impugnar su realidad objetiva, en la medida en que, en cuanto a su posibilidad, sabe tan poco para negarla como nosotros para afirmarla? Sin embargo, para admitir algo no basta con no encontrar ningún obstáculo positivo contra ello, y no se nos puede permitir, por el simple mérito de que la razón especulativa quiera completar su obra, introducir como objetos efectivamente reales y determinados seres de razón que, aun sin contradecir ninguno de nuestros conceptos, los superan a todos.

Por consiguiente, no deben ser admitidos en sí mismos, sino que su realidad debe tener únicamente el valor de un esquema del principio regulador de la unidad sistemática de todo conocimiento natural: en consecuencia, sólo como análogos de cosas reales, y no como tales cosas reales en sí mismas, deben ser tomados como fundamento. Eliminamos del objeto de la Idea aquellas condiciones que limitan el concepto de nuestro entendimiento, pero que también son las únicas que hacen posible que tengamos un concepto determinado de cualquier cosa. Y así formamos el pensamiento de algo de lo que no tenemos ningún concepto acerca de lo que es en sí mismo, pero de lo que, sin embargo, pensamos que mantiene con el conjunto de los fenómenos una relación análoga a la que los fenómenos tienen entre sí.

Cuando, por consiguiente, admitimos tales seres ideales, no extendemos, propiamente hablando, nuestro conocimiento más allá de los objetos de la experiencia posible, sino sólo la unidad empírica de estos últimos a través de la unidad sistemática de la que la Idea nos proporciona el esquema —cuya Idea, por tanto, tiene el valor, no de un principio constitutivo, sino sólo de un principio regulador. Pues si postulamos algo que corresponde a la Idea, un algo o un ser actual, esto no significa que queramos ampliar nuestro conocimiento de las cosas recurriendo a conceptos trascendentes; En efecto, este ser sólo se toma como fundamento en la Idea y no en sí mismo, por consiguiente, sólo para expresar la unidad sistemática que debe servirnos de norma en el uso empírico de la razón, sin que decidamos nada sobre el fundamento de esta unidad ni sobre las características intrínsecas de tal ser, en las que descansa esta unidad de la que es causa.

Así, el concepto trascendental, el único determinado, que la razón simplemente especulativa nos da de Dios es, en el sentido más preciso del término, un concepto deísta. Dicho de otro modo: la razón no nos proporciona nunca la validez objetiva de tal concepto, sino únicamente la Idea de algo en lo que toda realidad empírica funda su unidad suprema y necesaria, y que no podemos pensar de otro modo que según la analogía con una sustancia efectivamente real que sería, según las leyes racionales, la causa de todas las cosas en la medida en que nos comprometemos a pensarla sin reservas como un objeto particular y que no preferimos, contentándonos con la simple Idea del principio regulador de la razón, dejar de lado, como más allá del entendimiento humano, la realización de todas las condiciones del pensamiento —lo que, por cierto, no puede coexistir con el proyecto de alcanzar en nuestro conocimiento una unidad sistemática perfecta, a la que al menos la razón no pone límite.

Sucede así que al admitir un ser divino, no tengo ciertamente el menor concepto de la posibilidad interna de su suprema perfección ni de la necesidad de su existencia, pero que, sin embargo, en estas condiciones, puedo satisfacer todas las demás cuestiones que conciernen a lo contingente y proporcionar a la razón la más perfecta satisfacción respecto a la mayor unidad que puede buscar en su uso empírico, pero no respecto a esta suposición misma;

lo que prueba que es su interés especulativo, y no su penetración, lo que la autoriza a partir de un punto tan exterior a su esfera, para considerar desde allí sus objetos como pertenecientes a un todo integral.

Aquí, en la manera de pensar, en el marco de un mismo supuesto, vemos una distinción bastante sutil, pero, sin embargo, de gran importancia en la filosofía trascendental. Puedo tener razones suficientes para admitir algo relativamente *(suppositio relativa)*, sin estar autorizado a admitirlo absolutamente *(suppositio absoluta)*. Esta distinción es pertinente cuando se trata simplemente de un principio regulador, cuya necesidad en sí conocemos ciertamente, pero no la fuente de esta necesidad, y admitimos por tanto un fundamento supremo, simplemente con la intención de pensar de un modo tanto más determinado la universalidad del principio, como ocurre, por ejemplo, cuando pienso como existente un ser que corresponde a una Idea simple, y más precisamente a una Idea trascendental. En efecto, nunca puedo admitir la existencia de esta cosa en sí misma, puesto que ninguno de los conceptos por los que puedo formar el pensamiento de cualquier objeto como determinado me lo permite, y puesto que las condiciones de la validez objetiva de mis conceptos están excluidas por la Idea misma. Los conceptos de realidad, de sustancia, de causalidad, incluso los de necesidad en la existencia, no tienen, aparte del uso en que hacen posible el conocimiento empírico de un objeto, absolutamente ningún significado que pueda determinar objeto alguno. Pueden, pues, servir ciertamente para explicar la posibilidad de las cosas en el mundo sensible, pero no la posibilidad de un Universo mismo, puesto que este principio de explicación tendría entonces que situarse fuera del mundo y, en consecuencia, no ser objeto de ninguna experiencia posible. Dicho esto, puedo, sin embargo, admitir, en relación con el mundo sensible, tal ser incomprensible, admitirlo no en sí mismo, sino como objeto de una simple Idea. Pues si lo que está en la base del mayor uso empírico posible de mi razón es una Idea (la de la unidad sistemática integral, de la que hablaré en breve con más detalle) que nunca puede en sí misma presentarse adecuadamente en la experiencia, aunque sea, para llevar la unidad empírica al mayor grado posible, ineludiblemente necesaria, entonces no sólo estoy autorizado, sino incluso obligado a cosificar esta Idea, es decir, a plantear para ella un objeto realmente real, aunque sólo como algo en general, que no conozco en absoluto en sí mismo y al que doy propiedades análogas a los conceptos del entendimiento en su uso empírico sólo en la medida en que dicho objeto aparece como fundamento de esta unidad sistemática, y en relación con ella. Por tanto, por analogía con las realidades presentes en el mundo, con las sustancias, la causalidad y la necesidad, formaré el pensamiento de un ser que posee todas éstas en el más extremo grado de perfección, y como esta Idea descansa únicamente en mi razón, podré pensar en este ser como una razón independiente, que, por medio de Ideas de la mayor armonía y utilidad posibles, es la causa del universo. Me veo así llevado a dejar de lado todas las condiciones que limitarían la Idea, simplemente para hacer posible, gracias a la garantía que proporciona tal fundamento originario, la unidad sistemática de lo diverso contenido en el universo y, a través de esta unidad, el mayor uso empírico posible de la razón, en la medida en que me veo llevado a considerar todas las conexiones como si fueran las disposiciones de una razón suprema de la que la nuestra es una reproducción debilitada. Entonces pienso en este ser supremo por medio de conceptos puros que propiamente sólo tienen su aplicación en el mundo sensible; pero como sólo recurro a esta suposición trascendental con vistas a un uso relativo, a saber, para que me proporcione el sustrato de la mayor unidad posible de la experiencia, puedo perfectamente pensar en un ser que distingo del mundo por medio de atributos que pertenecen exclusivamente al mundo sensible. En efecto, no pretendo ni estoy autorizado a pretender conocer este objeto de mi Idea en cuanto a lo que bien puede ser en sí mismo; de hecho, no tengo conceptos para ello, e incluso los conceptos de realidad, sustancia, causalidad, o incluso el de necesidad en la existencia, pierden todo sentido y son títulos vacíos para conceptos desprovistos de todo contenido cuando me aventuro con ellos a salir del campo correspondiente a los sentidos. Pienso en la relación de un ser, para mí totalmente desconocido en sí mismo, con la mayor unidad sistemática posible del universo sólo para hacer de este ser el esquema del principio regulador del mayor uso empírico posible de mi razón.

Si fijamos ahora nuestra mirada en el objeto trascendental de nuestra Idea, vemos que no podemos suponer su existencia en sí a partir de los conceptos de realidad, sustancia, causalidad, etc., porque estos conceptos no tienen la menor aplicación a algo muy distinto del mundo sensible. De modo que la suposición que la razón hace de un ser supremo concebido como causa primera está pensada de un modo meramente relativo, forjada como está con vistas a la unidad sistemática del mundo sensible, y corresponde a un mero algo en la Idea, del que no tenemos noción de lo que es en sí mismo. Esto explica también por qué, aunque necesitamos la idea de un ser originario necesario en sí mismo en relación con lo que se da a los sentidos como existente, nunca podemos tener el menor concepto de este ser y de su necesidad absoluta.

Podemos ahora poner claramente ante nuestros ojos el resultado de toda la Dialéctica trascendental y determinar con precisión el fin último de las Ideas de la razón pura, que sólo se vuelven dialécticas por incomprensión y falta de atención. En efecto, la razón pura sólo se ocupa de sí misma y no puede tener otra función, puesto que no son los objetos los que le son dados con vistas a lograr la unidad del concepto derivado de la experiencia, sino el conocimiento del entendimiento con vistas a lograr la unidad del concepto derivado de la razón, es decir, la reunión en un solo principio. La unidad racional es la unidad del sistema, y esta unidad sistemática no sirve a la razón objetivamente como principio que le permite extenderse a los objetos, pero sí le sirve subjetivamente como máxima que le permite extenderse a todo posible conocimiento empírico de los objetos. Sin embargo, el ensamblaje sistemático que la razón puede proporcionar al uso empírico del entendimiento no sólo favorece su extensión, sino que garantiza su corrección; y el principio de tal unidad sistemática es también objetivo, pero de un modo indeterminado *(principium vagum):* no como principio constitutivo, para determinar algo en relación con su objeto directo, sino como principio meramente regulativo y como máxima que prescribe favorecer y consolidar *ad infinitum* (de modo indeterminado) el uso empírico de la razón abriendo nuevos caminos que el entendimiento desconoce, sin ir nunca en lo más mínimo contra las leyes del uso empírico.

La razón no puede, sin embargo, pensar esta unidad sistemática de otro modo que no sea dando al mismo tiempo a su Idea un objeto, tal, sin embargo, que no puede ser proporcionado por ninguna experiencia; pues la experiencia no proporciona nunca un ejemplo de unidad sistemática perfecta. Ahora bien, este ser de la razón *(ens rationis ratiocinatae)* no es ciertamente más que una mera Idea, y por tanto no es aceptado absolutamente y en sí mismo como algo realmente real, sino que sólo de un modo problemático es tomado como fundamento (ya que no podemos llegar a él por ningún concepto del entendimiento), para considerar todas las conexiones entre las cosas del mundo sensible como si tuvieran su fundamento en este ser de razón, simplemente para establecer la unidad sistemática que es indispensable a la razón, pero que en todo caso es ventajosa para el conocimiento empírico del entendimiento y nunca puede obstaculizarlo.

Se malinterpreta la significación de esta Idea cuando se la tiene por la afirmación o incluso simplemente por la suposición de algo realmente real a lo que quisiéramos asignar el fundamento de la constitución sistemática del mundo; antes bien, se deja enteramente indecisa la cuestión de cuál es en sí misma la naturaleza de este fundamento que escapa a nuestros conceptos, y se postula simplemente una Idea como punto de vista desde el cual podemos extender esta unidad tan esencial para la razón y tan saludable para el entendimiento. En resumen, esta cosa trascendental no es más que el esquema de este principio regulador por el que la razón, en la medida de sus posibilidades, extiende la unidad sistemática a toda la experiencia.

El primer objeto de tal Idea soy yo mismo, considerado como simple naturaleza pensante (alma). Si quiero buscar las propiedades con las que un ser pensante existe en sí mismo, debo interrogar a la experiencia, y ni siquiera puedo aplicar a este objeto ninguna de las categorías si el esquema no me es dado en la intuición sensible. El hecho es que de este modo nunca llego a una unidad sistemática de todos los fenómenos del sentido interno. En lugar, pues, del concepto derivado de la experiencia (en lugar del concepto de lo que es realmente el alma), que no puede llevarnos muy lejos, la razón utiliza el concepto de la unidad empírica de todo pensamiento, y concibiendo esta unidad como incondicionada y como originaria, hace de este concepto un concepto racional (Idea) de una sustancia simple que, en sí misma inmutable (personalmente idéntica), está en relación de comunidad con otras cosas reales exteriores a ella; en una palabra: lo convierte en la Idea de una inteligencia simple que subsiste por sí misma. Pero, al hacerlo, no pretende otra cosa que principios de unidad sistemática en la explicación de los fenómenos del alma, permitiendo considerar todas las determinaciones como inscritas en un solo sujeto, todas las facultades, en la medida de lo posible, como derivadas de una sola facultad fundamental, todo cambio como perteneciente a los estados por los que pasa un mismo ser permanente, y representar todos los fenómenos que ocurren en el espacio como enteramente distintos de las operaciones del pensamiento. Esta simplicidad de la sustancia, etc., debe ser sólo el esquema de este principio regulador, y de ningún modo se supone que constituya el fundamento real de las propiedades del alma. Pues estas propiedades pueden descansar también sobre fundamentos muy distintos, que no conocemos en absoluto, ya que, en efecto, no podemos conocer propiamente el alma en sí por medio de los predicados que hemos admitido así, aunque quisiéramos aplicárselos absolutamente, en cuanto constituyen una Idea simple que no puede en modo alguno representarse *in concreto*. De tal Idea psicológica, pues, sólo pueden seguirse consecuencias ventajosas, siempre que tengamos cuidado de no darle más valor que el debido a una Idea simple, es decir, si le damos un valor meramente relativo aplicándola al uso sistemático de la razón en relación con los fenómenos de nuestra alma. En efecto, a partir de ese momento, ninguna de las leyes empíricas que rigen los fenómenos corporales, que son de índole muy distinta, llega a mezclarse con las explicaciones de lo que pertenece únicamente al sentido interno; ya no se da crédito a ninguna de las vanas hipótesis relativas a la generación, corrupción y palingenesia de las almas, etc.; la consideración de este objeto del sentido interno ya no es asunto de la mente. La investigación llevada a cabo por la razón se dirige también de tal modo que se relacionan, en la medida de lo posible, los principios de explicación, en esta materia, con un principio único —todas las operaciones que se realizan mejor, e incluso exclusivamente por tal esquema, como si se tratara de un ser realmente real—. La Idea psicológica no puede, pues, significar otra cosa que el esquema de un principio regulador. En efecto, suponiendo que yo también quisiera preguntar simplemente si el alma no es en sí misma de naturaleza espiritual, esta pregunta no tendría ningún sentido. Pues, mediante tal concepto, no estoy simplemente dejando de lado la naturaleza corporal, sino toda la naturaleza en general, es decir, todos los predicados de cualquier experiencia posible, en consecuencia, todas las condiciones que hacen posible pensar en un objeto para tal concepto, es decir: lo único que, sin embargo, nos autoriza a decir que este concepto tiene sentido.

La segunda Idea regulativa de la razón puramente especulativa es el concepto del mundo en general. Pues la naturaleza es, en rigor, el único objeto dado, en relación con el cual la razón necesita principios reguladores. Esta naturaleza es doble: o pensante o corpórea. Ahora bien, por lo que respecta a esta última, si queremos pensarla en su posibilidad intrínseca, es decir, determinar cómo se le aplican las categorías, no necesitamos ninguna Idea, es decir, ninguna representación que vaya más allá de la experiencia; más aún, no hay ninguna que sea posible por lo que a ella respecta, ya que aquí nos guiamos únicamente por la intuición sensible y no como en el concepto psicológico fundamental (yo), que contiene *a priori* una cierta forma de pensamiento, a saber, la unidad de éste. En este sentido, no nos queda para la razón pura otra cosa que la naturaleza en general y la totalidad de las condiciones que se desenvuelven en ella según algún principio. La totalidad absoluta de la serie de estas condiciones, en la derivación de sus miembros, es una Idea que nunca puede realmente realizarse plenamente en el uso empírico de la razón, pero que, sin embargo, nos sirve como regla según la cual debemos proceder a este respecto, a saber, que, en la explicación de fenómenos dados, debemos (retrocediendo o avanzando) actuar como si la serie fuera en sí misma infinita (es decir, *in indefinitum);* pero que, cuando la razón misma es considerada como la causa determinante (en libertad), es decir, cuando se trata de principios prácticos, debemos proceder como si tuviéramos ante nosotros, no un objeto de los sentidos, sino un objeto del entendimiento puro, donde las condiciones ya no pueden establecerse en la serie de los fenómenos, sino fuera de ella, y donde la serie de los estados puede ser considerada como si tuviera un comienzo absoluto (por la intervención de una causa inteligible): todos elementos que prueban que las Ideas cosmológicas no son más que principios reguladores y están lejos de plantear, por así decirlo de manera constitutiva, una totalidad efectivamente real de todas las series. El resto de estos análisis se encuentra en su lugar, en la Antinomia de la razón pura.

La tercera Idea de la razón pura, que contiene una suposición meramente relativa de un ser considerado como causa única y totalmente suficiente de todas las series cosmológicas, es el concepto racional de Dios. El objeto de esta Idea no tenemos la menor razón para admitirlo absolutamente (suponerlo en sí mismo); ¿qué podría entonces darnos el poder, o incluso simplemente proporcionarnos el derecho, de creer o afirmar, simplemente sobre la base del concepto que tenemos de él, la existencia en sí misma de un ser poseedor de una perfección suprema y absolutamente necesario en su naturaleza, si no existiera el mundo en relación con el cual sólo esta suposición puede ser necesaria? Y así vemos claramente que la Idea de este ser, como todas las Ideas especulativas, no significa nada más, excepto que la razón nos ordena considerar todas las conexiones en el mundo de acuerdo con principios de unidad sistemática, consecuentemente como si todo tomado como un todo viniera de un solo ser que comprende todo en sí mismo, como de una causa suprema y totalmente suficiente. Así queda claro que la razón en este caso sólo puede aspirar a su propia regla formal en la extensión de su uso empírico, pero nunca a una extensión más allá de todos los límites del uso empírico, y que en consecuencia bajo esta Idea no se oculta ningún principio constitutivo de su uso apropiado en la perspectiva de la experiencia posible.

Esta suprema unidad formal, que descansa simplemente en los conceptos de la razón, es la unidad finalizada de las cosas, y el interés especulativo de la razón hace necesario considerar toda organización del mundo como si resultara de la intención de una razón suprema. Tal principio, en efecto, abre perspectivas completamente nuevas a nuestra razón, cuando se aplica al campo de la experiencia, con vistas a vincular las cosas del mundo según leyes teleológicas y lograr así su mayor unidad sistemática. La hipótesis de una inteligencia suprema concebida como causa única del universo, pero que en verdad sólo se encuentra en la Idea, puede, pues, ser siempre útil a la razón, y en todo caso nunca puede perjudicarla. En efecto, si en lo que se refiere a la configuración de la Tierra (redonda, pero, sin embargo, ligeramente achatada), de las montañas y de los mares, etc., admitimos de antemano la existencia de intenciones perfectamente sabias por parte de un autor supremo, podemos hacer un sinfín de descubrimientos siguiendo este camino. Si nos quedamos con esta suposición, concebida como un simple principio regulador, ni siquiera el error puede perjudicarnos. La única consecuencia que puede resultar de ello es que, donde esperábamos una articulación teleológica *(nexus finalis)*, encontremos sólo una meramente mecánica o física *(nexus effectivus)*, lo que, en tal caso, sólo nos hace perder una unidad, pero no corrompe la unidad de la razón en su uso empírico. Por lo demás, ni siquiera el modo en que aquí se frustra nuestra investigación puede alcanzar a la ley misma en el sentido general y teleológico en que se pretendía. Pues, aunque un anatomista puede ciertamente ser convencido de error si refiere algún miembro del cuerpo de un animal a un fin que puede demostrarse claramente que no resulta de él, es, sin embargo, del todo imposible probar en cualquier caso que una disposición de la naturaleza, cualquiera que sea, esté totalmente desprovista de un fin. Por eso también la fisiología (de los médicos) amplía su limitadísimo conocimiento empírico de los fines de la estructuración de un cuerpo orgánico recurriendo a un principio que sólo la razón pura ha proporcionado —hasta el punto de admitir, con toda audacia y al mismo tiempo con el acuerdo de todos los hombres inteligentes, que todo en el animal tiene su utilidad y corresponde a una intención positiva—. Se trata de una suposición que, si fuera constitutiva, iría mucho más lejos de lo que las observaciones hechas hasta ahora permiten justificar —por la cual vemos que sólo puede ser un principio regulador de la razón, llegar a la más alta unidad sistemática por medio de la idea de causalidad final ejercida por la causa suprema del mundo, y como si ésta, como inteligencia soberana, hubiera sido la causa de todo según la más sabia intención.

Si, por el contrario, no limitamos la idea a un uso meramente regulativo, la razón se extravía de muchas maneras, en la medida en que abandona el terreno de la experiencia, que, sin embargo, debe contener las indicaciones que marcan su curso, y se aventura más allá de este terreno hacia lo incomprensible y lo impenetrable, hacia alturas en las que es necesariamente presa del vértigo tan pronto como se da cuenta, al adoptar este punto de vista, de que está totalmente aislada de cualquier uso que pueda ser coherente con la experiencia.

El primer fracaso que resulta del hecho de que utilizamos la Idea de un ser supremo, no de manera meramente reguladora, sino (lo que es contrario a la naturaleza de una Idea) de manera constitutiva, corresponde a la razón perezosa *(ignava ratio)*. Se puede llamar así a todo principio que hace que uno considere su exploración de la naturaleza, en cualquier dominio que se desarrolle, como absolutamente completa, y que la razón se abandone por tanto al reposo, como si hubiera cumplido completamente su obra. Por eso incluso la Idea Psicológica, cuando se utiliza como principio constitutivo para la explicación de los fenómenos de nuestra alma, y luego para extender nuestro conocimiento de este tema aún más allá de toda experiencia (en cuanto a su estado después de la muerte), es ciertamente de gran conveniencia para la razón, pero al mismo tiempo corrompe y arruina de arriba abajo cualquier uso natural de ella de acuerdo con la directiva dada por la experiencia. Así, el espiritualista dogmático explica la unidad de la persona, tal que permanece inmutable a través de todas las modificaciones de sus estados, a partir de la unidad de la sustancia pensante, que cree percibir inmediatamente en el Ego; o el interés que nos tomamos por las cosas que sólo han de suceder después de nuestra muerte, a partir de la conciencia de la naturaleza inmaterial de nuestro sujeto pensante, etc. Prescinde así de toda investigación sobre la naturaleza de la persona y la naturaleza de la sustancia pensante. De este modo, prescinde de toda investigación natural que intente explicar las causas de nuestros fenómenos internos a partir de principios físicos, en la medida en que deja de lado, por así decir por decisión soberana de una razón trascendente, las fuentes inmanentes del conocimiento que residen en la experiencia, por comodidad, pero en detrimento de todo entendimiento. Esta desafortunada consecuencia se manifiesta aún más claramente en el dogmatismo que puede acompañar a nuestra Idea de una inteligencia suprema y al sistema teológico de la naturaleza (de la físico-teología) que falsamente encuentra su fundamento en ella. Pues entonces todos los fines que se manifiestan en la naturaleza, a menudo forjados únicamente por nosotros mismos, sirven para ponernos a nuestras anchas en la exploración de las causas, ya que en lugar de buscarlas en las leyes universales del mecanismo de la materia, apelamos directamente al decreto insondable de la sabiduría suprema y consideramos terminado el esfuerzo de la razón porque prescindimos de su uso —que, sin embargo, sólo encuentra su hilo conductor allí donde es el orden de la naturaleza y la serie de sus cambios según sus leyes intrínsecas y universales lo que nos lo proporciona. Este error puede evitarse considerando, desde el punto de vista de los fines, no sólo algunos elementos de la naturaleza, como la división del continente, su estructura, la naturaleza y posición de las montañas, o incluso simplemente la organización en los reinos vegetal y animal, sino haciendo completamente universal esta unidad sistemática de la naturaleza en relación con la Idea de una inteligencia suprema. Pues entonces tomamos como fundamento una organización finalizada según leyes universales de la naturaleza de la que ninguna disposición particular habría hecho excepción, aunque sólo se nos hubiera señalado de un modo más o menos claramente conocible, y tenemos un principio regulador de la unidad sistemática de una conexión teleológica, que, sin embargo, no determinamos de antemano, sino teniendo que seguir buscando, con la expectativa de encontrar esta finalidad, la conexión físico-mecánica según leyes universales. Pues sólo así el principio de la unidad finalizada puede ampliar siempre el uso de la razón en relación con la experiencia, sin perjudicarla en modo alguno.

El segundo fracaso que procede de la mala interpretación del principio de unidad sistemática es el de la razón invertida *(perversa ratio,* ὕστερον πρότερον *rationis).* La idea de unidad sistemática no debería servir más que para buscar, como principio regulador, tal unidad en la conexión de las cosas según las leyes universales de la naturaleza y, como uno ha encontrado algo de ella por la vía empírica, creer también tanto más firmemente que se ha aproximado a su uso completo, aunque en verdad nunca la alcance. Por el contrario, invertimos la situación y comenzamos por tomar como fundamento, en forma hipostasiada, la realidad efectiva de un principio de unidad finalizada, determinando antropomórficamente el concepto de tal inteligencia suprema, puesto que es en sí misma totalmente inaccesible, y luego imponiendo violenta y dictatorialmente fines a la naturaleza, en lugar de buscarlos, como deberíamos, por medio de la exploración física. Tanto es así que no sólo la teleología, que debería servir simplemente para completar la unidad de la naturaleza según leyes universales, tiende entonces mucho más a suprimirla, sino que la razón misma pierde su objetivo, a saber, probar a partir de la naturaleza la existencia de tal causa suprema inteligente. Pues si no podemos presuponer en la naturaleza *a priori,* es decir, como perteneciente a su esencia, la suprema conformidad con los fines, ¿cómo entonces podemos ser inducidos a buscarla y a acercarnos, pasando por los diversos grados de esta finalidad, a la suprema perfección de un autor original como perfección absolutamente necesaria y, por tanto, susceptible de ser conocida *a priori?* El principio regulador exige que la unidad sistemática sea presupuesta de un modo absoluto, por consiguiente como derivada de la esencia de las cosas, como unidad de la naturaleza, que no es conocida meramente empírica, sino presupuesta *a priori,* aunque de un modo todavía indeterminado. Ahora bien, si parto de la base de un ser supremo que ordena las cosas, entonces la unidad de naturaleza queda de hecho abolida. Pues es así totalmente ajena a la naturaleza de las cosas y contingente, ni puede ser conocida a partir de las leyes universales de esa naturaleza. Esto conduce a un círculo vicioso en la demostración, ya que se presupone lo que propiamente debería demostrarse.

Tomar el principio regulador de la unidad sistemática de la naturaleza como principio constitutivo, e hipostasiar como causa lo que sólo se toma en la Idea como base del uso coherente de la razón, es pura y simplemente extraviar la razón. La exploración de la naturaleza sigue su camino recorriendo simplemente la cadena de las causas naturales según las leyes universales de esta naturaleza, ciertamente según la Idea de un autor original, pero no para derivar de él la finalidad que persigue en todas direcciones, sino al contrario para conocer la existencia de este autor a partir de esta finalidad buscada en la esencia de las cosas naturales e incluso, en la medida de lo posible, en la esencia de todas las cosas en general, por consiguiente para conocer esta existencia como absolutamente necesaria. Tanto si este último enfoque tiene éxito como si fracasa, la Idea sigue siendo siempre legítima, al igual que su uso cuando se restringe a las condiciones de un principio simplemente regulador.

La unidad completa finalizada es la perfección (considerada absolutamente). Si no la encontramos en la esencia de las cosas que constituyen todo el objeto de la experiencia, es decir, de todos nuestros conocimientos dotados de valor objetivo, por consiguiente, en las leyes universales y necesarias de la naturaleza, ¿cómo podemos pretender concluir directamente de ello la Idea de la perfección suprema y absolutamente necesaria de un ser originario que es el origen de toda causalidad? La mayor unidad sistemática, y por tanto también la unidad final, es la escuela que empuja a la razón humana a su mayor uso e incluso fundamentalmente la hace posible. La Idea de tal unidad está, pues, inseparablemente unida a la esencia de nuestra razón. Esta misma Idea tiene, pues, fuerza de ley para nosotros, por lo que es muy natural admitir una razón legisladora que le corresponde *(intellectus archetypus)*, de la que debe derivarse toda unidad sistemática de la naturaleza como del objeto de nuestra razón.

Dijimos, con ocasión de la Antinomia de la razón pura, que todas las cuestiones planteadas por la razón pura deben ser absolutamente resolubles, y que la excusa de referirse a los límites de nuestro conocimiento, que en muchas cuestiones de física es tan inevitable como razonable, no puede admitirse aquí, ya que en este caso se nos presentan cuestiones que no conciernen a la naturaleza de las cosas, sino que son planteadas únicamente por la naturaleza de la razón y conciernen exclusivamente a su constitución interna. Estamos ahora en condiciones de confirmar lo que afirmábamos de un modo, a primera vista, audaz, con respecto a las dos cuestiones a las que la razón pura concede el mayor interés, y de llevar así a su completa conclusión nuestro análisis de la dialéctica así generada.

Así pues, la cuestión es (en relación con una teología trascendental), en primer lugar, si hay algo distinto del mundo que pueda contener el fundamento del orden del mundo y su ensamblaje según leyes universales. La respuesta es: sin duda alguna. Pues el mundo es una suma de fenómenos: debe haber, por tanto, algún fundamento trascendental para estos fenómenos, es decir, un fundamento que sólo pueda ser pensado por el entendimiento puro. O, en segundo lugar, la cuestión de si este ser es una sustancia, si está dotado de la mayor realidad, si es necesario, etc. Respondo que esta pregunta carece de sentido. Pues todas las categorías mediante las cuales intento formar un concepto de tal objeto no tienen otro uso que el empírico, y no tienen sentido cuando no se aplican a objetos de experiencia posible, es decir, al mundo sensible. Fuera de este ámbito, no son más que títulos para conceptos que podemos aceptar, pero por los que tampoco podemos entender nada. En tercer y último lugar, está la cuestión de si no podemos al menos pensar en este ser distinto del mundo en términos de analogía con los objetos de la experiencia.

La respuesta es: sin duda, pero sólo como objeto en la Idea y no en la realidad, es decir, sólo en cuanto constituye un sustrato, desconocido para nosotros, de la unidad sistemática, orden y finalidad de la constitución del mundo, que la razón debe utilizar como principio regulador para su exploración de la naturaleza. Además, en esta Idea podemos admitir, sin vacilación y sin reproche, ciertos antropomorfismos que requiere el principio regulador en cuestión. Pues sólo se trata siempre de una Idea, que en modo alguno se relaciona directamente con un ser distinto del mundo, sino con el principio regulador de la unidad sistemática del mundo, y ello sólo por mediación de un esquema de esta unidad, es decir, de una inteligencia suprema que es su causa originaria según sabios designios. Lo que tenemos que pensar aquí no es lo que es en sí este fundamento originario de la unidad del mundo, sino cómo debemos utilizarlo, o más bien utilizar su idea, en relación con el uso sistemático de la razón respecto a las cosas del mundo.

Dicho esto, de este modo, ¿podemos, sin embargo, (seguiremos preguntando), admitir un autor del mundo que sea único, sabio y todopoderoso? Indudablemente, y no sólo podemos suponer tal ser, sino que necesariamente debemos hacerlo. Pero, en ese caso, ¿ampliamos nuestro conocimiento más allá del campo de la experiencia posible? En absoluto. Pues sólo hemos supuesto un algo del que no tenemos el menor concepto en cuanto a lo que es en sí mismo (un objeto pura y simplemente trascendental); pero, con respecto al orden sistemático y finalizado de la construcción del mundo, que debemos suponer cuando estudiamos la naturaleza, hemos pensado en este ser desconocido para nosotros sólo según la analogía con una inteligencia (que es un concepto empírico), es decir que, con respecto a los fines y a la perfección que descansan sobre él, lo hemos dotado precisamente de aquellos atributos que, según las condiciones de nuestra razón, pueden contener el fundamento de tal unidad sistemática. Esta Idea está, en este sentido, enteramente fundada con respecto al uso que hacemos de nuestra razón en el mundo. Si, por el contrario, le atribuyéramos una validez absolutamente objetiva, olvidaríamos entonces que sólo se trata de un ser en la Idea que así pensamos; y en la medida en que entonces partiríamos de un fundamento que en modo alguno podría ser determinado por la consideración del mundo, seríamos por ello incapaces de aplicar adecuadamente este principio al uso empírico de la razón.

Pero (se preguntará también), procediendo de este modo, ¿puedo en cualquier caso hacer uso del concepto y supuesto de un ser supremo en la consideración racional del mundo? Sí, y por esta misma razón esta Idea fue establecida como principio por la razón. Sin embargo, ¿puedo entonces considerar como disposiciones intencionales las que evocan fines, derivándolos de la voluntad divina, aunque ciertamente por medio de disposiciones particulares establecidas con este fin en el mundo? Sí, también puedes hacer esto, pero de tal modo que te resulte indiferente oír decir a alguien que la sabiduría divina lo ha ordenado todo de este modo para sus fines supremos, o que la Idea de la sabiduría suprema es una instancia reguladora en la investigación de la naturaleza y un principio de su unidad sistemática y finalizada según las leyes universales de la naturaleza, incluso allí donde no advertimos esta unidad; en otras palabras, debe ser perfectamente equivalente para ti, allí donde la percibes, decir: Dios sabiamente lo quiso así, o: la naturaleza sabiamente lo ordenó así. Pues la mayor unidad sistemática y finalizada que tu razón requería para dar como fundamento, como principio regulador, a toda exploración de la naturaleza, era precisamente la que te autorizaba a tomar como fundamento, como esquema del principio regulador, la Idea de una inteligencia suprema; y cuanta más conformidad a fines encuentres entonces en el mundo siguiendo este principio, más confirmación tendrás de la legitimidad de tu Idea. Pero, en la medida en que el principio referido no tenía otro fin que buscar la unidad necesaria de la naturaleza, y la mayor unidad posible, somos ciertamente deudores de ella, en la medida en que la alcanzamos, a la Idea de un ser supremo; sin embargo, no podemos, sin contradecirnos, dejar de lado las leyes universales de la naturaleza, en la medida en que constituyen aquello sobre lo que simplemente se fundó la Idea, ni entonces considerar esta dimensión finalizada de la naturaleza como contingente y de origen hiperfísico —ya que no estábamos autorizados a admitir por encima de la naturaleza un ser que poseyera los atributos mencionados, sino sólo a tomar como fundamento la Idea de este ser para considerar, según la analogía con una determinación causal, los fenómenos como sistemáticamente relacionados entre sí.

Del mismo modo, estamos legitimados por esto, no sólo a pensar la causa del mundo en la Idea según un antropomorfismo más sutil (sin el cual nada podría pensarse de ella), es decir, como un ser que posee un entendimiento, capaz de placer y displacer, así como una voluntad en relación con este placer y displacer, etc., sino a atribuirle una perfección infinita, excediendo así con mucho lo que podemos estar autorizados a concebir por el conocimiento empírico del orden del mundo. Pues la ley reguladora de la unidad sistemática exige que nos comprometamos a estudiar la naturaleza como si, por todos lados, hubiera una infinita unidad sistemática y finalizada dentro de la mayor diversidad posible. En efecto, aunque sólo detectemos o alcancemos una pequeña dimensión de esta perfección del mundo, pertenece, sin embargo, a la legislación de nuestra razón buscarla y presumirla en todas partes; y necesariamente ha de ser siempre provechoso para nosotros, sin ser nunca perjudicial para nosotros, orientar nuestro análisis de la naturaleza según este principio. Dicho esto, en esta representación de la Idea de un ser supremo, tal como yo la tomo como fundamento, está también claro que no es la existencia y el conocimiento de tal ser, sino sólo su Idea lo que tomo como fundamento, y por tanto que al partir de tal Idea no deduzco propiamente nada de este ser, sino sólo de su Idea, es decir, de la naturaleza de las cosas en el mundo. De ahí que una cierta conciencia, aunque no desarrollada, de lo que debe ser el uso auténtico de este concepto de nuestra razón, parece haber impulsado el lenguaje reservado y razonable de los filósofos de todos los tiempos, cuando hablan de la sabiduría o previsión de la naturaleza y de la sabiduría divina como si utilizaran así expresiones sinónimas, incluso prefiriendo la primera expresión, siempre que se trate sólo de la razón especulativa, porque frena nuestra pretensión de afirmar más de lo que estamos autorizados a hacer, y al mismo tiempo devuelve la razón a su dominio propio, la naturaleza.

Así, la razón pura, que inicialmente parecía prometernos nada menos que la extensión de nuestro conocimiento más allá de todos los límites de la experiencia, contiene, si la entendemos correctamente, sólo principios reguladores que ciertamente prescriben una unidad mayor que la que puede alcanzar el uso empírico del entendimiento, pero que, por el mismo hecho de hacer retroceder tanto la meta a la que el entendimiento pretende acercarse, llevan su acuerdo consigo mismo al grado más extremo mediante la unidad sistemática. Por otra parte, si malinterpretamos estos principios y los tomamos por los principios constitutivos del conocimiento trascendente, producen entonces, mediante una apariencia brillante pero engañosa, una convicción y un conocimiento imaginarios, que a su vez dan lugar a eternas contradicciones y querellas.

Así pues, todo conocimiento humano comienza con las intuiciones, procede de ahí a los conceptos y termina con las ideas. Aunque tiene, en relación con cada uno de estos tres elementos, fuentes de conocimiento *a priori* que, a primera vista, parecen desdeñar los límites de toda experiencia, una crítica cabal nos persuade, sin embargo, de que toda razón, en su uso especulativo, nunca puede con estos elementos ir más allá del campo de la experiencia posible, y que la finalidad de este poder supremo del conocimiento consiste en utilizar todos los métodos y sus principios sólo para explorar la naturaleza en sus profundidades más íntimas, siguiendo todos los principios posibles de unidad, el más importante de los cuales es la unidad de los fines, pero sin rebasar nunca sus límites, fuera de los cuales, para nosotros, no hay más que espacio vacío. En efecto, el examen crítico de todas las proposiciones que pueden extender nuestro conocimiento más allá de la experiencia real nos ha convencido suficientemente, en los Analíticos trascendentales, de que nunca pueden llevarnos más que a una experiencia posible; y si no desconfiáramos incluso de los teoremas abstractos y generales más claros, si las perspectivas atractivas y las buenas apariencias no nos indujeran a rechazar lo que hay de vinculante en ellos, ciertamente podríamos haber prescindido de oír todos los testigos dialécticos que una razón trascendental llama en apoyo de sus pretensiones; pues ya sabíamos de antemano, con toda certeza, que todo lo que alega podía ciertamente concebirse con lealtad, pero debía reducirse absolutamente a nada, porque se trataba de un conocimiento que ningún hombre puede obtener jamás. Sencillamente, puesto que el punto nunca llega a su conclusión si no llegamos a la verdadera causa de la apariencia por la que hasta el más razonable puede ser engañado, y puesto que la resolución de todo nuestro conocimiento trascendental en sus elementos posee (como estudio de nuestra naturaleza interior) en sí misma un valor nada desdeñable, sino que incluso constituye un deber para el filósofo, no sólo era necesario tratar de identificar en detalle, hasta sus primeras fuentes, todo este trabajo al que la razón especulativa se dedica, incluso en vano; sino que, además, puesto que la apariencia dialéctica es aquí no sólo engañosa en cuanto al juicio, sino también, en cuanto al interés que nos tomamos en el juicio, atractiva y siempre natural, y puesto que lo seguirá siendo por todos los tiempos venideros, era prudente redactar una especie de acta de este juicio y depositarla en los archivos de la razón humana, para evitarnos en el futuro extravíos semejantes.

II. METODOLOGÍA TRASCENDENTAL

INTRODUCCIÓN

Si considero el conjunto de los conocimientos de la razón pura y especulativa como un edificio del que tenemos al menos la Idea dentro de nosotros, puedo decir que, en la doctrina trascendental de los elementos, hemos estimado los materiales necesarios para la construcción y determinado para qué edificio, de qué altura y solidez, son adecuados. Sucedió ciertamente que, aunque teníamos en mente el proyecto de una torre que debía elevarse a los cielos, nuestra reserva de materiales sólo podía bastar para una casa de habitación, lo bastante espaciosa para las actividades que desarrollábamos en la llanura de la experiencia y lo bastante alta para dominar esta llanura; pero que esta audaz empresa estaba abocada al fracaso por falta de materiales, sin que este fracaso pudiera atribuirse siquiera a la confusión de lenguas, que inevitablemente dividiría a los trabajadores sobre el plan a seguir y les haría dispersarse por todo el mundo para construir, cada uno para sí y como mejor le pareciera, su edificio particular. Ahora bien, para nosotros, no se trata tanto de los materiales como del plan; y en la medida en que estamos advertidos de los peligros de aventurarnos en un proyecto arbitrario y ciego que podría llegar a sobrepasar nuestras posibilidades, y en la medida en que, sin embargo, no podemos renunciar a construir una casa sólida, debemos elaborar el pliego de condiciones de un edificio en relación con los materiales que nos son dados y al mismo tiempo adecuado a nuestras necesidades.

Por teoría trascendental del método entiendo, pues, la determinación de las condiciones formales de un sistema completo de razón pura. Para ello, tendremos que ocuparnos de una disciplina, de un canon, de una arquitectónica y, finalmente, de una historia de la razón pura, y pondremos en práctica, desde una perspectiva trascendental, lo que se pretende hacer en las escuelas bajo el nombre de lógica práctica con respecto al uso del entendimiento en general, pero que se lleva a cabo muy mal, porque, como la lógica general no se limita a ningún tipo particular de conocimiento del entendimiento (por ejemplo, al conocimiento puro), ni a ciertos objetos, no puede hacer otra cosa, sin tomar prestados conocimientos de otras ciencias, que proponer títulos para posibles métodos y expresiones técnicas utilizadas en relación con lo que es sistemático en toda clase de ciencias, y que dan a conocer de antemano al estudiante términos cuyo significado y uso sólo aprenderá a conocer más tarde.

SECCIÓN PRIMERA DE LA METODOLOGÍA TRASCENDENTAL
LA DISCIPLINA DE LA RAZÓN PURA

Los juicios negativos, que son negativos no sólo en cuanto a su forma lógica, sino también en cuanto a su contenido, no son tenidos en especial estima por el apetito humano de conocimiento; son considerados como celosos enemigos de ese impulso hacia el conocimiento que nos hace buscar incesantemente ampliarlo, y casi se necesita una disculpa para hacerlos simplemente tolerables, por no hablar de ganarse su estima y favor.

Por supuesto, podemos expresar lógicamente todas las proposiciones que queramos en forma negativa, pero con respecto al contenido de nuestro conocimiento en general, en cuanto a si es ampliado o restringido por un juicio, los juicios negativos tienen la función simplemente de prevenir el error. Por eso, incluso las proposiciones negativas que supuestamente impiden el conocimiento falso, en el que el error nunca es posible, son ciertamente muy verdaderas, pero, sin embargo, vacías, es decir, no se ajustan en absoluto a su finalidad y, por tanto, a menudo son ridículas —como ocurre con la proposición del retórico que dijo que Alejandro no podría haber conquistado ningún territorio sin un ejército.

Dicho esto, cuando los límites de nuestro conocimiento posible son muy estrechos, la propensión a juzgar es fuerte, las apariencias engañan mucho y el daño causado por el error es grande, la dimensión negativa de la instrucción, aunque sólo sirva para protegernos del error, es incluso más importante que muchas lecciones positivas que podrían aumentar nuestro conocimiento. La disciplina es la coacción mediante la cual se reprime y finalmente se erradica la inclinación constante a desviarse de ciertas normas. Se diferencia de la cultura, que pretende simplemente proporcionar una aptitud, sin suprimir otra ya existente. Para la formación de un talento que ya tiene tendencia a expresarse, la disciplina sólo aportará, pues, una contribución negativa, mientras que la cultura y la doctrina aportarán una contribución positiva.

Todo el mundo estará de acuerdo en que el temperamento, como el talento, que fácilmente se deja mover libremente y sin límites (como la imaginación y el ingenio de la mente) requiere disciplina en muchos aspectos. Pero el hecho de que la razón, a la que corresponde disciplinar todas las demás propensiones, siga necesitando tal disciplina puede parecer desconcertante; y de hecho hasta ahora ha escapado a tal humillación precisamente porque, a juzgar por la solemnidad y la pose majestuosa con que se presenta, nadie podría sospechar fácilmente que tenga la ligereza de jugar a poner imágenes en lugar de conceptos y palabras en lugar de cosas.

No hay necesidad de una crítica de la razón pura en su uso empírico, puesto que sus principios, confrontados con la piedra de toque de la experiencia, están allí sometidos a una prueba continua; tampoco hay tal necesidad en matemáticas, donde los conceptos de la razón deben necesariamente presentarse inmediatamente *in concreto* en la intuición pura, haciéndose así inmediatamente manifiesto todo elemento infundado y arbitrario. Pero allí donde ni la intuición empírica ni la intuición pura mantienen a la razón en un camino claro, a saber, en su uso trascendental de conceptos simples, tiene tanta necesidad de una disciplina que frene su inclinación a extenderse más allá de los estrechos límites de la experiencia posible y la libre de excesos y errores, que toda la filosofía de la razón pura está dedicada únicamente a esta utilidad negativa. Los errores particulares pueden ser remediados por la censura, y sus causas por la crítica. Pero donde encontramos, como en la razón pura, todo un sistema de ilusiones y fantasmagorías fuertemente ligadas entre sí y unidas bajo principios comunes, es toda una legislación específica, aunque sea ciertamente negativa, la que parece necesario constituir bajo el nombre de disciplina, a partir de la naturaleza de la razón y de los objetos de su puro uso, una especie de precaución y autoexamen sistemáticos, frente a los cuales ninguna falsa apariencia sofística puede sobrevivir, sino que sólo puede traicionarse a sí misma inmediatamente, a pesar de todas las justificaciones con que pueda disfrazarse.

Pero debe advertirse que, en esta segunda parte de la Crítica trascendental, no estoy centrando la disciplina de la razón pura en el contenido, sino sólo en el método del conocimiento por la razón pura. El primer objetivo ya ha sido alcanzado en la teoría de los elementos. Pero el uso de la razón, cualesquiera que sean los objetos a los que pueda aplicarse, es tan semejante a sí mismo y, sin embargo, en la medida en que debe ser trascendental, es al mismo tiempo tan esencialmente distinto de cualquier otro, que, sin las enseñanzas negativas con las que una disciplina establecida especialmente para este fin nos prodiga sus advertencias, no podríamos evitar los errores que necesariamente deben resultar de la observancia inadecuada de métodos que son ciertamente adecuados para la razón en otros dominios, pero no, simplemente, aquí.

Capítulo primero de la primera sección.

Disciplina de la razón pura en el uso dogmático

Las matemáticas ofrecen el ejemplo más brillante de la razón pura extendiéndose felizmente sin ayuda de la experiencia. Los ejemplos son contagiosos, sobre todo para una potencia que se enorgullece naturalmente de tener, en otros casos, la misma felicidad que ha experimentado en un caso particular. La razón pura espera, pues, poder extenderse en el uso trascendental con tanta felicidad y fundamento como ha podido hacerlo en su uso matemático, sobre todo si aplica el mismo método que aquí ha sido tan evidentemente útil. Es, pues, muy importante que sepamos si el método empleado para alcanzar la certeza apodíctica, que en esta última ciencia se llama método matemático, es el mismo que el empleado para alcanzar la misma certeza en filosofía, y que en este campo debe llamarse método dogmático.

El conocimiento filosófico es el conocimiento racional a través de conceptos; el conocimiento matemático es el conocimiento racional a través de la construcción de conceptos. Pero construir un concepto significa presentarlo *a priori* en la intuición que le corresponde. La construcción de un concepto requiere, por tanto, una intuición no empírica, que en consecuencia, como intuición, es un objeto singular, pero que, sin embargo, como construcción de un concepto (de una representación general), debe expresar en la representación una validez universal para todas las intuiciones posibles que pertenezcan al mismo concepto. Así, construiré un triángulo presentando el objeto correspondiente a este concepto bien, por simple imaginación, en intuición pura, bien, según esto, también sobre el papel, en intuición empírica, pero en ambos casos enteramente *a priori,* sin haber tomado prestado el modelo de ninguna experiencia. La figura singular que hemos dibujado es empírica, y, sin embargo, sirve para expresar el concepto, sin menoscabo de la universalidad de éste, por la razón de que, en esta intuición empírica, consideramos siempre simplemente el acto de construir el concepto, al que muchas determinaciones, como las de tamaño, lados y ángulos, son totalmente indiferentes, y prescindimos, por tanto, de estas diferencias que no modifican el concepto del triángulo.

El conocimiento filosófico no considera, pues, lo particular más que en lo general, el conocimiento matemático lo general en lo particular, e incluso en lo singular, pero *a priori* y por mediación de la razón, hasta el punto de que, así como este singular está determinado bajo ciertas condiciones universales de construcción, así el objeto del concepto, al que este singular corresponde simplemente en cuanto que es su esquema, debe ser pensado como universalmente determinado.

En esta forma consiste, pues, la diferencia esencial entre estas dos especies de conocimiento racional, y no reside en la diferencia de su materia o de sus objetos. Los que han creído necesario distinguir la filosofía de las matemáticas diciendo que la primera sólo tiene por objeto la cualidad, mientras que la segunda sólo tiene por objeto la cantidad, han confundido el efecto con la causa. La forma del conocimiento matemático es la causa de que pueda tratar exclusivamente de cantidades *(quanta).* Pues sólo el concepto de magnitud puede construirse, es decir, presentarse *a priori* en la intuición, mientras que las cualidades no pueden presentarse en otra intuición que la empírica. Por eso el conocimiento racional de estas cualidades sólo es posible mediante conceptos. Así pues, nadie puede derivar una intuición correspondiente al concepto de realidad más que de la experiencia, y nadie puede acceder a ella *a priori* de sí mismo y con anterioridad al conocimiento empírico que pueda tener de ella. Podemos hacer de la forma del cono un objeto de intuición, sin ninguna ayuda empírica, únicamente a partir del concepto, pero el color de este cono tendrá que darse primero en tal o cual experiencia. No puedo presentar el concepto de causa en general en la intuición más que en un ejemplo proporcionado por la experiencia, y así sucesivamente. Por cierto, la filosofía trata de magnitudes tanto como las matemáticas, por ejemplo, la totalidad, el infinito, etc. Las matemáticas también tratan de magnitudes. Las matemáticas también se ocupan de la diferencia entre líneas y superficies considerándolas como espacios cualitativamente distintos, del mismo modo que se ocupan de la continuidad de la extensión tratándola como una de sus cualidades. Pero, aunque en estos casos la filosofía y las matemáticas tienen un objeto común, el modo en que lo trata la razón es muy distinto en la consideración filosófica que en la matemática. La filosofía se atiene simplemente a conceptos generales, mientras que la matemática no llega a ninguna parte con el concepto solo, sino que se precipita inmediatamente a la intuición, donde considera el concepto *in concreto,* aunque no empíricamente, sino simplemente en una intuición que ha presentado *a priori,* es decir, que ha construido, y donde lo que se sigue de las condiciones universales de la construcción debe aplicarse también universalmente al objeto del concepto construido.

Demos a un filósofo el concepto de triángulo y dejemos que descubra a su manera cómo la suma de sus ángulos se relaciona con el ángulo recto. Entonces no tiene más que el concepto de una figura encerrada entre tres rectas, y dentro de esa figura el concepto del mismo número de ángulos. En estas condiciones, puede pensar en este concepto todo lo que quiera: no se le ocurrirá nada nuevo. Puede analizar y explicar el concepto de línea recta, o el de ángulo, o el de número tres, pero no puede llegar a otras propiedades que no estén en absoluto inscritas en estos conceptos. Dejemos, pues, que el geómetra se ocupe de esta cuestión. Empieza por construir un triángulo. Como sabe que dos ángulos rectos juntos tienen exactamente el mismo valor que todos los ángulos adyacentes que se pueden trazar desde un punto en línea recta, prolonga un lado de su triángulo y obtiene dos ángulos adyacentes que juntos son iguales a dos rectos. Luego divide el ángulo exterior de este triángulo trazando una línea paralela al lado opuesto del triángulo, y ve que aquí resulta un ángulo exterior adyacente que es igual a un ángulo interior, y así sucesivamente. De este modo, a través de una cadena de razonamientos, guiado siempre por la intuición, llega a una solución de la cuestión que es plenamente obvia y al mismo tiempo universal.

Pero la matemática no se limita a construir magnitudes *(quanta),* como en el caso de la geometría, sino que construye también magnitudes puras *(quantitas),* como en el álgebra, donde prescinde completamente de la naturaleza del objeto que debe ser pensado según tal concepto de magnitud. Elige entonces una manera de indicar todas las construcciones de magnitudes en general (de números), como las de adición, sustracción, etc., y después de haber indicado también el concepto general de magnitudes según las diversas relaciones entre estas magnitudes, presenta en la intuición, según ciertas reglas generales, cualquier operación que produzca o modifique la cantidad; cuando se trata de dividir una cantidad por otra, combina las características de ambas según la forma utilizada para indicar la división, y así, por medio de una construcción simbólica, llega tan bien como la geometría por medio de una construcción ostensiva o geométrica (de los objetos mismos) allí donde el conocimiento discursivo nunca podría llegar por medio de simples conceptos.

¿Cuál puede ser la causa de estas situaciones tan diferentes en que se encuentran estos dos técnicos de la razón, uno de los cuales procede según conceptos, el otro según intuiciones que presenta *a priori* de acuerdo con los conceptos? A partir de las doctrinas trascendentales explicadas anteriormente, esta causa es clara. La diferencia no depende de proposiciones analíticas que puedan generarse simplemente analizando conceptos (en cuyo caso el filósofo tendría indudablemente ventaja sobre su rival), sino de proposiciones sintéticas, y más precisamente de proposiciones sintéticas que deben ser conocidas *a priori*. Pues no debo considerar lo que pienso realmente en mi concepto de triángulo (pues no hay más que la simple definición), sino que debo ir más allá para alcanzar propiedades que no están inscritas en este concepto, pero que, sin embargo, le pertenecen. Ahora bien, esto sólo es posible determinando mi objeto según las condiciones de la intuición empírica o de la intuición pura. El primer enfoque proporcionaría una proposición empírica (midiendo los ángulos del triángulo) que no contendría nada universal, y mucho menos nada necesario, y tales proposiciones están fuera de cuestión aquí. El segundo paso es entonces la construcción matemática, y más precisamente aquí la construcción geométrica, mediante la cual añado, tanto en la intuición pura como en la intuición empírica, lo misceláneo que pertenece al esquema de un triángulo en general, en consecuencia, a su concepto, mediante el cual por supuesto deben construirse proposiciones sintéticas universales.

Es, pues, en vano que yo filosofara sobre el triángulo, es decir, que reflexionara discursivamente sobre él, sin avanzar por ello en lo más mínimo más allá de la simple definición, de la que, sin embargo, era legítimo que partiera. Hay ciertamente una síntesis trascendental realizada a partir de conceptos puros, que por su parte sólo tiene éxito en el filósofo, pero que nunca concierne más que a una cosa en general, en cualesquiera condiciones en que la percepción de ella pertenezca a la experiencia posible. En efecto, en los problemas matemáticos no se trata de esto, ni de la existencia en general, sino de las propiedades de los objetos en sí mismos, en la medida en que están ligadas al concepto de estos objetos.

En el ejemplo citado, sólo pretendíamos aclarar la enorme diferencia que existe entre el uso discursivo de la razón según conceptos y el uso intuitivo mediante la construcción de estos conceptos. Ahora surge naturalmente la pregunta de cuál es la causa que hace necesario tal uso escindido de la razón, y en qué condiciones podemos reconocer si se trata simplemente del primero o también del segundo.

En última instancia, sin embargo, todo nuestro conocimiento se refiere a intuiciones posibles, pues sólo a través de ellas se da un objeto. Dicho esto, o bien un concepto *a priori* (un concepto no empírico) contiene ya en sí mismo una intuición pura, y en este caso puede ser construido; o bien no contiene más que la síntesis de intuiciones posibles que no están dadas *a priori*, y entonces podemos sin duda utilizarlo para juzgar sintéticamente y *a priori*, pero sólo de modo discursivo, según conceptos, y nunca intuitivamente, mediante la construcción del concepto.

Ahora bien, de todas las intuiciones, ninguna está dada *a priori*, excepto la forma simple de los fenómenos, el espacio y el tiempo, y podemos presentar *a priori* en la intuición, es decir construir, un concepto de éstos, como *quanta,* al mismo tiempo que su cualidad (su figura), o incluso simplemente su cantidad (la simple síntesis de lo diverso en lo homogéneo), mediante el número. Pero la materia de los fenómenos, aquella a través de la cual las cosas nos son dadas en el espacio y en el tiempo, sólo puede ser representada en la percepción, y por tanto *a posteriori.* El único concepto que representa *a priori* este contenido empírico de los fenómenos es el concepto de la cosa en general, y el conocimiento sintético que tenemos de ella *a priori* no puede proporcionar más *a priori* que la simple regla de síntesis de lo que la percepción puede dar *a posteriori,* pero nunca la intuición del objeto real, ya que ésta ha de ser necesariamente empírica.

Las proposiciones sintéticas sobre las cosas en general, cuya intuición no puede darse *a priori,* son trascendentales. En consecuencia, las proposiciones trascendentales nunca pueden darse construyendo conceptos, sino sólo según conceptos. Contienen simplemente la regla según la cual hay que buscar empíricamente una cierta unidad sintética de lo que no puede representarse intuitivamente *a priori* de las percepciones). Pero no pueden, en ningún caso, presentar *a priori* uno solo de sus conceptos; al contrario, sólo pueden hacerlo *a posteriori,* por medio de la experiencia, que, por cierto, sólo se hace posible según estos principios sintéticos.

Si queremos emitir un juicio sintético acerca de un concepto, tenemos que ir más allá del concepto mismo, y remitirnos más exactamente a la intuición en la que se da. En efecto, si nos limitáramos a lo que contiene el concepto, el juicio sería meramente analítico, es decir, no sería más que una explicación de lo que pensamos que contiene realmente dicho concepto. Sin embargo, puedo pasar del concepto a la intuición, pura o empírica, que le corresponde, para examinarla *in concreto,* y llegar así a conocer, *a priori* o *a posteriori,* cuál es el objeto de dicho concepto. El primer caso corresponde al conocimiento racional y matemático mediante la construcción de un concepto, el segundo al simple conocimiento empírico (mecánico), que nunca puede producir proposiciones necesarias y apodícticas. Así, yo podría analizar mi concepto empírico de oro sin conseguir nada más que poder enumerar todo lo que realmente pienso bajo ese término, lo que sin duda produce una mejora lógica de mi conocimiento, pero no me aporta ningún aumento o adición de conocimiento. Simplemente tomo la materia que se presenta bajo ese nombre y le añado percepciones que me proporcionan diversas proposiciones sintéticas pero empíricas. Construiría el concepto matemático de triángulo, es decir, lo presentaría *a priori* en la intuición, y por este medio obtendría un conocimiento sintético pero racional. Pero cuando se me da el concepto trascendental de una realidad, una sustancia, una fuerza, etc., no designa ni una intuición empírica ni una intuición pura, sino sólo la síntesis de intuiciones empíricas (que por tanto no pueden darse *a priori);* y como la síntesis no puede acceder *a priori* a la intuición que corresponde a este concepto, tampoco puede resultar de ella ninguna proposición sintética determinante, sino sólo un principio de la síntesis de intuiciones empíricas posibles. Una proposición trascendental es, pues, un conocimiento sintético de la razón basado en conceptos simples, obtenidos discursivamente, en la medida en que sólo a partir de él se hace posible cualquier unidad sintética del conocimiento empírico, sin que por ello se dé *a priori* ninguna intuición.

Hay, pues, dos usos de la razón que, aunque tienen en común la universalidad del conocimiento y la generación *a priori* del mismo, son, sin embargo, muy diferentes en su proceso, y ello porque en el fenómeno, en cuanto constituye aquello a través de lo cual se nos dan todos los objetos, hay dos elementos: la forma de la intuición (espacio y tiempo), que puede ser conocida y determinada completamente *a priori*, y la materia (la dimensión física) o contenido, que designa algo que está en el espacio y en el tiempo, y que por tanto contiene una existencia y corresponde a la sensación. Con respecto al segundo elemento, que no puede darse nunca más que empíricamente, no podemos tener *a priori* más que conceptos indeterminados de la síntesis de las sensaciones posibles, en la medida en que pertenecen a la unidad de la apercepción (en una experiencia posible). En cuanto a lo primero, podemos determinar nuestros conceptos *a priori* en la intuición, puesto que creamos los objetos mismos en el espacio y en el tiempo mediante una síntesis que es idéntica a sí misma en todas partes, simplemente considerándolos como *quanta*. El primer modo de proceder se denomina uso de la razón según conceptos, en el que no podemos hacer otra cosa que reducir los fenómenos, en cuanto a su contenido real, a conceptos, cuyos fenómenos sólo pueden determinarse empíricamente, es decir, *a posteriori* (aunque de acuerdo con estos conceptos como reglas de una síntesis empírica). El segundo enfoque es el uso de la razón por construcción de conceptos, donde estos conceptos, puesto que ya se aplican a una intuición *a priori,* también pueden, por este mismo hecho, darse de una manera determinada *a priori* en la intuición pura y sin la intervención de datos empíricos. Examina todo lo que se presenta (una cosa en el espacio o en el tiempo) para averiguar si es o no un *quantum* y en qué medida, de qué modo se ha de representar en él una existencia o una privación, en qué medida este algo (que llena el espacio o el tiempo) es un sustrato primario o una mera determinación, si se establece una relación entre su existencia y otra cosa como causa o como efecto, y finalmente si está, desde el punto de vista de la existencia, aislado o en una relación de dependencia recíproca con otras cosas, examinando la posibilidad de esta existencia, su realidad y su necesidad, o sus contrarios, todo esto pertenece al conocimiento racional por conceptos que llamamos filosófico. Pero determinar *a priori* en el espacio una intuición (figura), dividir el tiempo (duración), o simplemente conocer la dimensión universal de la síntesis de una misma cosa en el tiempo y en el espacio, así como la magnitud, que resulta de ello, de una intuición en general (número), es una operación racional que procede por la construcción de conceptos, y se llama matemática.

El gran éxito que la razón alcanza a través de las matemáticas hace presumir naturalmente que, aunque esta ciencia en sí no tenga éxito fuera del campo de las magnitudes, al menos su método lo tendría también en este dominio: relaciona todos sus conceptos con intuiciones que puede proporcionar *a priori,* y se convierte así, por así decirlo, en señora de la naturaleza, mientras que la filosofía pura, por el contrario, con sus conceptos discursivos *a priori,* echa a perder todo lo que le rodea en la naturaleza, sin poder hacer intuir *a priori* la realidad de estos conceptos y darles así crédito. Así pues, parece que a los maestros versados en este arte nunca les ha faltado confianza en sí mismos, y que el público nunca ha dejado de tener grandes expectativas en su capacidad, siempre que se pusieran manos a la obra. En la medida en que apenas han filosofado sobre sus matemáticas (¡una empresa difícil!), la diferencia específica entre un uso y otro de la razón no se les ocurre en lo más mínimo. Las reglas de uso común y empíricamente empleadas, tomadas prestadas por ellos de la razón común, adquieren para ellos el valor de axiomas. No conceden importancia alguna al origen de los conceptos de espacio y tiempo de los que se ocupan (como constituyendo los únicos *quanta* originales), ni ven necesidad alguna de explorar el origen de los conceptos puros del entendimiento y, con ello, sondear también la extensión de su validez: en realidad, todo lo que tienen que hacer es servirse de ellos. Todo esto lo hacen muy bien, a condición simplemente de que no sobrepasen los límites que les han sido asignados, a saber, los de la naturaleza. Sin embargo, si lo hacen, se aventuran, sin darse cuenta, fuera del ámbito de la sensibilidad y se adentran en el terreno incierto de los conceptos puros e incluso trascendentales, donde las profundidades que alcanzan *(instabilis tellus, innabilis unda)* no les permiten ni mantenerse firmes ni nadar, y donde sólo pueden dar pasos rápidos, de los que el tiempo no guarda huella alguna, mientras que su camino en las matemáticas abre una vía real que la posteridad más lejana aún puede recorrer con confianza.

Ya que nos hemos hecho el deber de determinar con precisión los límites de la razón pura en el uso trascendental, pero este tipo de aspiración posee en sí misma la particularidad de que, a pesar de las advertencias más apremiantes y claras, no cesa, antes de que se renuncie por completo al proyecto, de dejarse engañar por la esperanza de acceder, más allá de los límites constituidos por la experiencia, en el entorno atractivo de lo puramente intelectual, es necesario volver a retirar, por así decirlo, su punto de anclaje último a una esperanza fantasmagórica, y mostrar que la adopción del método matemático en este tipo de conocimiento no podría procurar la menor ventaja, salvo la de descubrir tanto más claramente las debilidades que se tienen. Así pues, debemos mostrar que la geometría y la filosofía son dos cosas completamente distintas, aunque se echen una mano mutuamente en la física, y que, por consiguiente, los planteamientos de la una nunca podrán ser imitados por la otra.

La solidez de las matemáticas se basa en definiciones, axiomas y demostraciones. Mostraré simplemente que ninguno de estos elementos puede ser procurado o imitado por la filosofía, en el sentido en que los toma el matemático; que el geómetra, siguiendo su método, sólo construiría casas de naipes en la filosofía; que el filósofo, siguiendo su propio método en el campo de las matemáticas, no podría producir más que palabrería —y esto, a pesar de que la filosofía, en este campo, consiste en conocer sus límites, y de que el matemático mismo, cuando su talento no está ya limitado por la naturaleza y confinado en su propio campo, no puede desechar las advertencias de la filosofía ni colocarse por encima de ellas.

1. *Las definiciones.* Definir, como sugiere la propia expresión, sólo debe significar propiamente presentar originalmente el concepto detallado de una cosa dentro de sus límites. Según tal exigencia, un concepto empírico no puede en modo alguno ser definido: sólo puede ser explicitado. En la medida en que sólo poseemos con él algunos signos distintivos de un cierto tipo de objeto sensible, no es nunca seguro que, bajo la palabra que designa el mismo objeto, no pensemos unas veces más, otras veces menos en las características de este objeto. Así, en el concepto de oro, una persona puede, además del peso, el color y la dureza, pensar también en la propiedad que tiene el oro de no oxidarse, mientras que otra puede no saber nada de ello. Utilizamos ciertas características sólo en la medida en que son suficientes para distinguir el objeto; nuevas observaciones, sin embargo, nos hacen quitar algunas y añadir otras, de modo que el concepto nunca cae dentro de ciertos límites. Y qué sentido tendría, además, definir tal concepto, ya que, cuando hablamos del agua y de sus propiedades, por ejemplo, no vamos a detenernos en lo que pensamos por el término agua, sino que vamos a realizar experimentos, y la palabra, con las pocas características que se le atribuyen, sólo debe constituir una designación y no un concepto de la cosa —la llamada definición no es, por tanto, más que una determinación verbal—. En segundo lugar, ni siquiera podemos, para hablar con precisión, definir ningún concepto dado *a priori,* por ejemplo: sustancia, causa, derecho, equidad, etc., pues nunca podré estar seguro de que la representación clara de un concepto dado (todavía confuso) ha sido desarrollada con suficiente detalle, a menos que sepa si es adecuada al objeto. Como, sin embargo, el concepto de ese objeto, tal como está dado, puede contener muchas representaciones oscuras que dejamos fuera del análisis, aunque sigamos utilizándolas en la aplicación, el carácter detallado del análisis de mi concepto es siempre dudoso y sólo puede hacerse probable mediante un gran número de ejemplos concordantes, sin llegar nunca a ser apodícticamente cierto. En lugar del término definición, preferiría emplear el término exposición, que siempre conserva algo de cautela y mediante el cual el crítico puede conceder hasta cierto punto la definición y, sin embargo, permanecer reservado acerca de lo que pueda tener de detalle. En la medida, pues, en que no se pueden definir ni los conceptos empíricos ni los conceptos dados *a priori,* sólo quedan aquellos que se piensan arbitrariamente sobre los que se puede intentar este modo de proceder. En tal caso, siempre puedo definir mi concepto; pues debo saber lo que quería pensar, ya que yo mismo me he forjado deliberadamente este concepto, y no me ha sido dado ni por la

naturaleza del entendimiento ni por la experiencia; por todo ello, no puedo decir que con ello haya definido un objeto verdadero. Pues si el concepto descansa en condiciones empíricas, como es el caso de un reloj marino, por ejemplo, el objeto y su posibilidad no vienen dados todavía por este concepto arbitrario; ni siquiera sé si este concepto tiene un objeto en alguna parte, y la explicación que doy merece ser llamada declaración (de mi proyecto) más que definición de un objeto. Así pues, no hay más conceptos definibles que los que contienen una síntesis arbitraria que puede construirse *a priori:* en consecuencia, sólo las matemáticas tienen definiciones. En cuanto al objeto que piensa, lo presenta también *a priori* en la intuición, y este objeto no puede ciertamente contener ni más ni menos que el concepto, puesto que es a través de la explicación proporcionada como se dio originariamente el concepto del objeto, es decir, sin derivar de ninguna otra explicación. Para traducir las expresiones exposición, explicación, declaración y definición, la lengua alemana sólo tiene el único término *Erklärung;* y por eso ya tenemos que restringir un poco el rigor de la exigencia que hicimos cuando nos negamos a dar a las explicaciones filosóficas el título honorífico de definiciones. En este sentido, limitaremos toda esta observación a observar que las definiciones filosóficas se instituyen únicamente como exposiciones de conceptos dados, mientras que las definiciones matemáticas se instituyen como construcciones de conceptos formados originariamente, las primeras analíticamente mediante una descomposición (cuya completitud nunca es apodícticamente segura), las segundas sintéticamente y de tal manera que constituyen así el concepto mismo, mientras que las primeras se limitan a explicarlo. De lo que se sigue:

a) Que en filosofía no debemos imitar a las matemáticas estableciendo primero definiciones, a menos que sea a modo de meros ensayos. En efecto, puesto que tales definiciones son descomposiciones de conceptos dados, son estos conceptos los que, aunque todavía sólo confusos, vienen primero, y la exposición incompleta precede a la completa, hasta el punto de que de algunas marcas características que hemos sacado de un análisis todavía inacabado podemos concluir otras antes de haber llegado a la exposición completa, es decir, a la definición. En resumen, en filosofía, la definición, como aclaración ponderada, debería más bien cerrar la empresa que inaugurarla. En matemáticas, por el contrario, no tenemos absolutamente ningún concepto antes de la definición, en la medida en que sólo a través de la definición se da el concepto: por tanto, debe necesariamente, y de hecho puede, comenzar siempre ahí.

b) Las definiciones matemáticas nunca pueden ser falsas. Puesto que el concepto viene dado en primer lugar por la definición, ésta contiene justamente lo que la definición quiere que se piense por este concepto. Pero aunque no puede haber nada malo en el contenido, a veces, aunque raramente, puede haber fallos en la forma (en la manera de presentarlas), es decir, en su precisión. Por ejemplo, la definición común de círculo como línea curva cuyos puntos están todos a igual distancia de un único punto (el centro) tiene el defecto de incluir la determinación de una curva sin necesidad. En efecto, debe existir un teorema particular que pueda deducirse de la definición y demostrarse fácilmente, a saber, que toda línea cuyos puntos estén a igual distancia de un único punto es curva (que ninguna de sus partes es recta). Las definiciones analíticas, en cambio, pueden equivocarse de muchas maneras, bien por introducir en ellas rasgos característicos que en realidad no estaban incluidos en el concepto, bien por no alcanzar esa dimensión detallada que constituye la esencia de una definición, ya que nunca podemos estar completamente seguros de la exhaustividad de nuestro análisis. Por eso el método matemático de definición no puede imitarse en filosofía.

2. *Axiomas.* Son principios sintéticos *a priori,* en la medida en que son inmediatamente ciertos. Ahora bien, un concepto no puede estar ligado a otro sintéticamente y, sin embargo, inmediatamente, porque, para poder salir de un concepto e ir más allá de él, es necesario un tercer conocimiento que proporcione una mediación. Pero como la filosofía sólo es conocimiento racional a través de conceptos, no será posible encontrar en ella ninguna proposición que merezca el nombre de axioma. La matemática, en cambio, es capaz de axiomas, porque mediante la construcción de conceptos en la intuición del objeto puede conectar inmediatamente y *a priori* los predicados de este objeto, por ejemplo que tres puntos yacen siempre en un plano. En cambio, un principio sintético derivado únicamente de conceptos nunca puede ser inmediatamente cierto, por ejemplo, la proposición de que todo lo que sucede tiene su causa: esto es así porque tengo que tener en cuenta un tercer término, a saber, la condición correspondiente en una experiencia a la determinación temporal, y no es de un modo directo, inmediatamente a partir de simples conceptos, como podría conocer tal principio. Los principios discursivos son, pues, muy distintos de los principios intuitivos, es decir, de los axiomas. Y puesto que, precisamente por la misma razón, estos últimos son autoevidentes, cosa que los principios filosóficos nunca pueden pretender ser, a pesar de toda su certeza, es muy improbable que ninguna proposición sintética de la razón pura y trascendental sea tan autoevidente (como se suele decir obstinadamente) como la proposición: dos por dos son cuatro. Es cierto que, en la Analítica, en relación con la tabla de los principios del entendimiento puro, mencioné también ciertos axiomas de la intuición; el hecho es que el principio citado en este caso no era en sí mismo un axioma, sino que sólo servía para indicar el principio de la posibilidad de los axiomas en general, y era por su parte sólo un principio derivado de los conceptos. Pues incluso la posibilidad de las matemáticas debe demostrarse en la filosofía trascendental. Por tanto, la filosofía no tiene axiomas, y nunca le está permitido imponer sus principios *a priori* de un modo tan absoluto: antes bien, debe prestarse a legitimar su derecho a recurrir a ellos mediante una deducción bien fundamentada.

3. *Demostraciones.* Sólo una prueba apodíctica, en la medida en que es intuitiva, puede llamarse demostración. La experiencia nos enseña indu-

dablemente lo que es, pero no que nunca podría ser de otro modo. Así que los argumentos empíricos no pueden proporcionar ninguna prueba apodíctica. Pero de los conceptos *a priori* (en el conocimiento discursivo) nunca puede surgir la certeza intuitiva, es decir, la demostración, por muy apodícticamente cierto que sea el juicio. Por tanto, sólo las matemáticas contienen demostraciones, porque derivan su conocimiento no de conceptos, sino de la construcción de estos conceptos, es decir, de la intuición que puede darse *a priori* como correspondiente a los conceptos. Incluso el método algebraico, con sus ecuaciones de las que surge la verdad por reducción al mismo tiempo que la demostración, no es ciertamente una construcción geométrica, sino que es una construcción característica en la que, mediante signos, se presentan en la intuición los conceptos, en particular los relativos a la relación entre magnitudes, y en la que, sin considerar nunca la dimensión heurística, todo razonamiento está garantizado contra el error por la forma en que se visualiza cada uno. Por el contrario, el conocimiento filosófico tiene que prescindir de esta ventaja, ya que siempre tiene que considerar lo universal *in abstracto* (a través de los conceptos), mientras que las matemáticas pueden examinar lo universal *in concreto* (en la intuición singular) y, sin embargo, *a priori* a través de una representación pura, gracias a la cual se hace visible cualquier planteamiento erróneo. Por eso prefiero llamar a las pruebas filosóficas pruebas acroamáticas (discursivas) y no demostraciones, porque sólo pueden operar mediante meras palabras (evocando el objeto en el pensamiento), mientras que las demostraciones, como ya indica la expresión, se desarrollan en la intuición del objeto.

De todo esto se deduce que no corresponde en modo alguno a la naturaleza de la filosofía, especialmente en el campo de la razón pura, pavonearse de manera dogmática y adornarse con los títulos y emblemas de las matemáticas, ya que no pertenece al mismo orden que éstas, aunque tenga todos los motivos para poner sus esperanzas en una unión fraternal con ellas. Se trata de vanas pretensiones que nunca podrán tener éxito, sino que deben hacer que la filosofía vuelva a su objetivo de desvelar las ilusiones de una razón que desconoce sus límites y, mediante una clarificación suficiente de nuestros conceptos, reconducir la presunción de la especulación a un autoconocimiento modesto pero sólidamente apoyado. La razón no podrá, pues, en sus tentativas trascendentales, mirar hacia adelante con la misma seguridad que si el camino recorrido condujera directamente a la meta, ni puede confiar en las premisas que tan audazmente ha adoptado como fundamento, de modo que no necesitaría mirar más a menudo hacia atrás y considerar cuidadosamente si, por casualidad, en el curso de su razonamiento, no podrían descubrirse fallas que habrían pasado inadvertidas en los principios y que harían necesario determinarlos más o cambiarlos por completo.

Divido todas las proposiciones apodícticas (es decir, demostrables o inmediatamente ciertas) en *dogmata* y *mathemata*. Una proposición directamente sintética por conceptos es un dogma; en cambio, una proposición sintética obtenida mediante la construcción de conceptos es un *mathema*. En sentido estricto, los juicios analíticos no nos dicen nada más sobre el objeto que lo que ya contiene nuestro concepto del mismo, puesto que no amplían el conocimiento más allá del concepto del sujeto, sino que se limitan a explicitarlo. Por tanto, no pueden llamarse propiamente dogmas (término que quizá podría transcribirse como preceptos doctrinales). Pero, entre las dos clases de proposiciones sintéticas *a priori* mencionadas, sólo las que pertenecen al conocimiento filosófico pueden llevar este nombre, según el modo habitual de hablar, y se tendría cierta dificultad en llamar dogmas a las proposiciones de aritmética o de geometría. Este uso confirma, pues, la explicación que dimos cuando dijimos que sólo pueden llamarse dogmáticos los juicios por conceptos, y no los que proceden de la construcción de conceptos.

Ahora bien, la razón pura en su conjunto no contiene, en su uso meramente especulativo, un solo juicio directamente sintético por conceptos. En efecto, por medio de las Ideas, como hemos demostrado, no es capaz de emitir absolutamente ningún juicio sintético capaz de tener un valor objetivo, mientras que sirviéndose de los conceptos del entendimiento establece ciertamente ciertos principios, pero no directamente por conceptos, sino siempre simplemente de un modo indirecto a través de la relación de estos conceptos con algo bastante contingente, a saber, la experiencia posible; en efecto, cuando se presupone esto último (algo como objeto de las experiencias posibles), es cierto que estos juicios pueden ser apodícticamente ciertos, aunque, en sí mismos (directamente), nunca puedan ser conocidos *a priori*. Así pues, nadie puede llegar al fondo de esta proposición, simplemente a partir de los conceptos que se le dan: todo lo que sucede tiene su causa. No se trata, pues, de un dogma, aunque desde otro punto de vista, es decir, en el único campo en el que puede utilizarse, es decir, en la experiencia, puede muy bien demostrarse, y apodícticamente. Se trata, sin embargo, de un principio y no de un teorema, aunque esta proposición deba ser demostrada, porque tiene esta propiedad particular de que sólo ella hace posible el fundamento mismo de su demostración, a saber, la experiencia, y que siempre debe ser presupuesta en ella.

Si, pues, no hay dogma alguno en el uso especulativo de la razón pura, ni siquiera en cuanto al contenido, ningún método dogmático, ya sea tomado prestado del matemático, ya sea que deba constituir un modo específico de proceder, se adapta a tal uso. Pues tal método no hace más que ocultar fallos y errores, y abusar de la filosofía, cuyo verdadero objetivo es sacar a la luz todos los procesos de la razón en su luz más viva. Sin embargo, el método siempre puede ser sistemático. En efecto, nuestra razón es ella misma (subjetivamente) un sistema, aunque en su uso puro, por medio de conceptos simples, no sea más que una búsqueda sistemática de la unidad según principios, para lo cual sólo la experiencia puede proporcionar material. Sin embargo, nada hay que decir aquí sobre el método propio de una filosofía trascendental, ya que de lo único de lo que se trata es de una crítica de nuestras diversas facultades, con vistas a determinar si podemos construir algo, y a qué altura podemos elevar nuestro edificio, a partir de los materiales de que disponemos (los conceptos puros *a priori*).

Capítulo segundo de la primera sección
La disciplina de la razón pura en relación con su uso polémico

En todos sus esfuerzos, la razón debe someterse a la crítica, y no puede de ningún modo interferir en la libertad de ésta sin perjudicarse a sí misma y atraer sospechas que le son perjudiciales. De hecho, no hay nada tan importante, en términos de utilidad, ni nada tan sagrado que pueda escapar al escrutinio que todo lo controla e inspecciona, sin hacer excepción de nadie. En esta libertad descansa la existencia misma de la razón, que no tiene autoridad dictatorial, sino que sólo basa siempre su decisión en el acuerdo de ciudadanos libres, cada uno de los cuales debe poder expresar sus objeciones, o incluso su veto, sin restricción alguna.

Así las cosas, si bien es cierto que la razón nunca puede rechazar la crítica, no siempre tiene motivos para temerla. Sin embargo, la razón pura en su uso dogmático (no en su uso matemático) no es tan consciente de observar sus leyes más elevadas con el máximo rigor como para no sentirse intimidada, e incluso despojarse por completo de todo el encanto dogmático que se da a sí misma, cuando aparece bajo la mirada crítica de una razón superior que la juzga.

La situación es bien distinta cuando no se enfrenta a la censura del juez, sino a las pretensiones de sus conciudadanos, y debe simplemente defenderse de ellas. Pues, en la medida en que ellos quieran ser tan dogmáticos en su negación como ella en su afirmación, cabe entonces una justificación «según el hombre», que la garantice contra todo prejuicio y le proporcione la posesión en debida forma, sin tener que temer ninguna pretensión ajena, aunque no pueda en sí misma ser suficientemente probada «en verdad».

Por uso polémico de la razón pura entiendo, pues, la defensa de sus afirmaciones frente a su negación dogmática. No se trata de saber si sus afirmaciones no podrían también eventualmente ser falsas, sino sólo del hecho de que nadie puede afirmar lo contrario con certeza apodíctica (o incluso con verosimilitud). Pues entonces nuestra posesión no se concede de forma puramente arbitraria, si tenemos un título de propiedad para ella, por muy inadecuado que sea, y si es totalmente seguro que nadie podrá demostrar nunca la ilegitimidad de esta posesión.

Hay algo preocupante y humillante en el hecho de que, por lo general, deba existir un antitético de la razón pura, y que esta razón pura, que, sin embargo, representa el tribunal supremo en todas las disputas, deba entrar en conflicto consigo misma. Es cierto que, anteriormente, tuvimos ante nosotros tal aparente antitético de la razón; pero resultó estar basado en un malentendido consistente en tomar, de acuerdo con el prejuicio común, los fenómenos por cosas en sí mismas, y pretender luego, de una u otra manera (ambas igualmente imposibles), una plenitud absoluta de su síntesis, que, sin embargo, no puede esperarse en modo alguno de los fenómenos. No había, pues, ninguna contradicción real de la razón consigo misma en estas proposiciones: la serie de los fenómenos dados en sí mismos tiene un comienzo absolutamente primero, y: esta serie está absolutamente y en sí misma desprovista de todo comienzo; pues las dos proposiciones coexisten perfectamente bien, ya que los fenómenos, en su existencia (como fenómenos), no son absolutamente nada en sí mismos, lo que significa que son algo contradictorio, y que, por consiguiente, su suposición debe traer consigo, muy naturalmente, consecuencias contradictorias.

Sin embargo, tal malentendido no puede ser alegado, y por lo tanto no es por este medio que el conflicto de la razón puede ser cerrado, cuando uno afirma, por ejemplo, en el modo del teísmo, que hay un ser supremo, y a la inversa, como el ateísmo, que no hay un ser supremo; o en psicología, que todo lo que piensa posee una unidad absoluta e indisoluble, diferenciándose así de cualquier unidad material perecedera, a lo que alguien opone la afirmación de que el alma no es una unidad inmaterial y que no puede concebirse como una excepción al hecho de que todo es perecedero. Pues el objeto de la cuestión aquí es independiente de cualquier elemento extraño que contradiga su naturaleza, y el entendimiento sólo se ocupa de las cosas en sí mismas, no de los fenómenos. En efecto, sólo habría aquí una verdadera contradicción si la razón pura tuviera que decir, del lado de la negación, algo que pudiera acercarse a constituir el fundamento de una afirmación; pues en lo que concierne a la crítica de los argumentos de quien enuncia afirmaciones dogmáticas, podemos muy bien concedérsela al autor sin renunciar por ello a estas proposiciones que, en todo caso, tienen al menos el interés de la razón a su favor, cosa que el adversario no puede en modo alguno pretender por su parte.

Ciertamente, no comparto la opinión tantas veces expresada por hombres notables y reflexivos (como Sulzer) que han percibido la debilidad de las pruebas utilizadas hasta ahora, a saber, que todavía se podría esperar encontrar algún día demostraciones evidentes de estas dos proposiciones cardinales de la razón pura: hay un Dios, hay una vida futura. Estoy mucho más seguro de que esto nunca sucederá. En efecto, ¿dónde quiere ir la razón para tomar prestado el fundamento de tales afirmaciones sintéticas que no se refieren a objetos de experiencia y a su posibilidad interna? Pero es igual de apodícticamente cierto que nunca surgirá un hombre que pueda afirmar con alguna apariencia lo contrario, y mucho menos dogmáticamente. Pues, en la medida en que en todo caso sólo podría demostrarlo por medio de la razón pura, tendría que proponerse demostrar que un ser supremo es imposible, o que el sujeto pensante en nosotros, como inteligencia pura, es imposible. Pero ¿dónde iría a buscar los conocimientos que le autorizarían a pronunciar juicios sintéticos sobre cosas que están más allá de toda experiencia posible? No tenemos, pues, nada de qué preocuparnos a este respecto: nadie demostrará jamás lo contrario, y, en consecuencia, no nos es necesario en absoluto pensar en pruebas en debida forma, sino que podemos admitir siempre aquellas proposiciones que concuerdan perfectamente con el interés especulativo de nuestra razón en su uso empírico, y que son además el único medio de conciliarlo con el interés práctico. Para nuestro adversario (que aquí no debe ser considerado como un mero crítico), tenemos a nuestra disposición nuestro *non liquet,* que debe confundirle infaliblemente, aunque no nos neguemos a que el mismo argumento se vuelva contra nosotros, puesto que tenemos constantemente en reserva la máxima subjetiva de la razón, de la que nuestro interlocutor necesariamente carece, y puesto que, protegidos por esta máxima, podemos considerar tranquila e indiferentemente todos sus golpes de espada en el agua.

No existe, pues, un antitético propio de la razón pura. Pero este terreno no es lo suficientemente sólido como para soportar a ningún combatiente con toda su parafernalia y armas que haya razones para temer. Sólo puede aparecer allí recurriendo a burlas y rodeos de los que reírse como si fueran un juego de niños. Esta es una observación consoladora, que devuelve el valor a la razón; pues ¿en manos de quién podría poner su destino si, siendo la única con la vocación de descartar todos los errores, ella misma estuviera tan trastornada que no pudiera esperar ni la paz ni la tranquilidad de sus posesiones?

Todo lo que la propia naturaleza prescribe es bueno para algún fin. Incluso los venenos sirven para triunfar sobre otros venenos que se forman en nuestros propios humores, y por eso no deben faltar en una colección de remedios que quiera ser completa (en farmacia). Las objeciones que se oponen a las convicciones y presunciones de nuestra razón puramente especulativa son producidas ellas mismas por la naturaleza de esa razón, por lo que deben tener necesariamente su destino propio y una finalidad positiva que no debe subestimarse. ¿Por qué la Providencia ha colocado muchos objetos, aunque asociados con nuestro más alto interés, a tal altura que sólo se nos permite, prácticamente hablando, alcanzarlos en una percepción confusa de la que nosotros mismos dudamos, y de modo que la mirada investigadora que lanzamos sobre ellos queda más excitada que satisfecha? En cuanto a si es útil, ante tales perspectivas, aventurarse a tomar decisiones audaces, es en todo caso muy dudoso, tal vez incluso perjudicial. Pero en todo caso y sin ninguna duda es útil conceder a la razón, tanto en las investigaciones que emprende como en los exámenes que realiza, plena libertad, para que pueda ocuparse sin trabas de sus propios intereses, que promueve tanto imponiendo límites a sus puntos de vista como ampliándolos, y que sufre por otra parte cuando manos extrañas interfieren para desviar a la razón de su curso natural dirigiéndola hacia fines que se le imponen por coacción.

Así que deja que tu oponente use simplemente la razón, y tú lucha contra él sólo con las armas de la razón. Por cierto, no te preocupes por la buena causa (la del interés práctico), porque nunca entra en juego en un conflicto puramente especulativo. El conflicto no revela más que una cierta antinomia de la razón que, por basarse en la naturaleza de ésta, debe necesariamente ser tenida en cuenta y examinada. Este conflicto cultiva la razón, haciéndola considerar su objeto desde dos puntos de vista, y corrige su juicio en la medida en que lo restringe. Lo que está en disputa aquí no es la cosa, sino el tono. Pues aunque haya tenido que renunciar al discurso de la ciencia, aún le quedan recursos suficientes para sostener el discurso, autorizado por la razón más exigente, de la fe sólida.

Si se hubiera preguntado al flemático David Hume, hecho especialmente para la balanza del juicio: ¿qué te ha impulsado a socavar con objeciones rumiadas con tanto dolor esta convicción tan consoladora y tan útil para el ser humano según la cual la penetración de su razón basta para llegar a la afirmación de un ser supremo y para formarse un concepto determinado de él? habría respondido: nada más que el deseo de hacer progresar a la razón en el conocimiento de sí misma, y también una cierta indignación por la manera en que se hace sufrir a la razón cuando se le saca partido y al mismo tiempo se le impide admitir francamente sus debilidades, que se le hacen evidentes cuando se examina a sí misma. Por el contrario, preguntad a Priestley, una mente consagrada únicamente a los principios del uso empírico de la razón y que rechaza toda especulación trascendental, cuáles fueron sus motivos para derribar, él que era un piadoso y celoso doctor de la religión, estos dos pilares fundamentales de toda religión, que son la libertad y la inmortalidad de nuestra alma (la esperanza de la vida futura no es para él más que la espera de un milagro de resurrección): no podrá responderos nada, salvo que su motivo era el interés de la razón, que se debilita por la manera en que se quiere sustraer ciertos objetos a las leyes de la naturaleza material, las únicas leyes que se pueden conocer y determinar con exactitud. Parecería injusto menospreciar a este autor, que sabe conciliar su afirmación paradójica con el fin de la religión, y tener agravios contra un hombre que piensa correctamente porque no puede encontrar su camino una vez que se ha perdido fuera del campo de la doctrina de la naturaleza. Pero este favor debe extenderse también a Hume, cuyas intenciones no son menos buenas y cuyo carácter moral es irreprochable, pero que no puede abandonar su especulación abstracta en la medida en que sostiene con razón que el objeto de esta especulación se encuentra enteramente fuera de los límites de la ciencia de la naturaleza, en el campo de las Ideas puras.

¿Qué hacer en estas condiciones, sobre todo en relación con el peligro que parece amenazar al bien común? Nada más natural, nada más justo que la decisión que hay que tomar a este respecto. Dejadlo simplemente en manos de estas personas: si demuestran talento, capacidad de investigación profunda y fresca, en una palabra: si demuestran razón, siempre es una ganancia para la razón. Si recurren a medios distintos de los de una razón liberada de toda coacción, si gritan traición, si, como para apagar un incendio, llaman al rescate al público, que no oye absolutamente nada de tan sutil trabajo, están haciendo el ridículo. Pues no se trata en absoluto de saber lo que es aquí ventajoso o perjudicial para el bien común, sino sólo hasta dónde puede llegar la razón en su especulación que prescinde de todo interés, y si debemos poner en ella alguna esperanza o más bien abandonarla del todo cuando se trata de lo práctico. En lugar, pues, de precipitarte en la batalla con la espada en la mano, mira con calma, desde la posición segura de la crítica, esta batalla que, dolorosa para los combatientes pero distractora para ti, debería, gracias a un desenlace que ciertamente no será sangriento, conducir a resultados beneficiosos para lo que te has comprometido a iluminar. En efecto, hay algo muy absurdo en esperar que la razón arroje luz y prescribir de antemano el camino que necesariamente debe seguir. Además, la propia razón está ya tan contenida y mantenida tan firmemente dentro de sus límites por ella misma que no tenéis necesidad de llamar a la guardia para oponer resistencia pública al partido cuyo predominio consideráis peligroso. En esta dialéctica, no hay ninguna victoria de la que tengas motivos para preocuparte.

De hecho, la razón necesita mucho una batalla así, y sería deseable que se hubiera librado de antemano y con autorización pública ilimitada. Porque en ese caso habríamos podido aplicar antes una crítica madura, cuya aparición debería hacer que todas estas rencillas se disolvieran por sí solas, enseñando a los combatientes a percibir su ceguera y los prejuicios que les han dividido.

Hay cierta deslealtad en la naturaleza humana que, como todo lo que procede de la naturaleza, debe contener una disposición que conduzca a buenos fines, a saber, la inclinación a ocultar los verdaderos estados de ánimo y a mostrar a los demás lo que uno ha adoptado y tiene por bueno y digno de honor. Es muy cierto que esta inclinación, que les lleva tanto a disimular como a adoptar una apariencia que se vuelve en su provecho, no sólo ha civilizado simplemente a los hombres, sino que poco a poco, hasta cierto punto, los ha moralizado, porque nadie puede traspasar el barniz de la corrección, de la honorabilidad y de la decencia: en este sentido, en los ejemplos supuestamente auténticos del bien que hemos visto a nuestro alrededor, hemos encontrado una escuela de superación. Se trata simplemente de que esta voluntad de mostrarse mejor de lo que se es, y de expresar giros de ánimo que no se tienen, sirve sólo temporalmente, por así decirlo, para liberar al hombre de la rusticidad y hacerle adoptar al menos, en primer lugar, los modales del bien que conoce; pues luego, una vez que los verdaderos principios se han desarrollado y han pasado a la manera de pensar, hay que combatir gradualmente y con fuerza esta falsedad, ya que, de lo contrario, corrompe el corazón y no permite que germinen las buenas disposiciones bajo la mala hierba de la bella apariencia.

Me entristece ver esta misma falsedad, disimulo e hipocresía incluso en las expresiones del modo de pensar especulativo, donde, sin embargo, los seres humanos encuentran muchos menos obstáculos para confesar rectamente, abiertamente y sin disimulo, sus pensamientos, y no tienen ninguna ventaja en ocultarlos. Pues ¿qué puede ser más perjudicial para la comprensión que los hombres tienen de las cosas que comunicarnos falsamente incluso simples pensamientos, ocultar las dudas que tenemos sobre nuestras propias afirmaciones o colorear con pruebas argumentos que no nos satisfacen? Sin embargo, mientras sea simplemente la vanidad privada la que engendra estos artificios secretos (lo que suele ocurrir cuando se trata de juicios especulativos, que no están impulsados por ningún interés particular y no son fácilmente susceptibles de certeza apodíctica), la vanidad de los demás les opone, no obstante, resistencia, acompañada de la aprobación pública, y las cosas acaban por llegar al punto al que la mayor claridad de espíritu y la más aguda lealtad las habrían conducido, es cierto que mucho antes. Pero cuando el público considera que los sofistas ingeniosos pretenden nada menos que sacudir los cimientos del bien público, parece no sólo coherente con la prudencia, sino incluso permisible y enteramente digno de honor, que acudamos en auxilio de la buena causa aduciendo razones aparentes, antes que permitir a los presuntos adversarios de esa causa siquiera la ventaja de rebajarnos la voz adoptando la moderación de una convicción meramente práctica y obligándonos a admitir que falta la certeza especulativa y apodíctica. Sin embargo, me inclino a pensar que nada hay en el mundo más incompatible con el propósito de apoyar una buena causa que la astucia, el disimulo y el engaño. Lo menos que puede exigirse es que todo se haga con equidad a la hora de valorar los argumentos racionales movilizados por la pura especulación. El hecho es que, si pudiéramos confiar simplemente en esta actitud, que es muy poca, el conflicto de la razón especulativa sobre las importantes cuestiones de Dios, la inmortalidad (del alma) y la libertad, o bien se habría zanjado hace mucho tiempo, o bien se habría puesto fin muy pronto. Así pues, la limpidez con que está dispuesta la mente está a menudo en relación inversa con la bondad de la causa, y esta última tiene quizá más adversarios francos y sinceros que defensores.

Presupongo, pues, lectores que no quieren ver defendida injustamente una causa justa. Es por ellos que ahora se decide que, según los principios de nuestra crítica, si consideramos, no lo que sucede, sino lo que razonablemente debería suceder, no debe haber propiamente una polémica de razón pura. ¿Cómo, en efecto, pueden dos personas desarrollar un conflicto acerca de algo que ninguna de ellas puede presentar como real en una experiencia actual o incluso meramente posible, y cada una de las cuales sólo reflexiona sobre la idea con el fin de derivar algo más que una idea —a saber, la realidad actual del objeto mismo? ¿Con qué medios pretenden salir de su disputa, puesto que ninguno de ellos puede hacer directamente comprensible y cierta su causa, sino sólo atacar y refutar la de su adversario? Pues tal es el destino de todas las afirmaciones de la razón pura: como van más allá de las condiciones de toda experiencia posible, fuera de la cual no puede encontrarse en ninguna parte documento alguno que establezca la verdad, pero como, sin embargo, deben servirse de las leyes del entendimiento, que están destinadas simplemente a un uso empírico, y sin las cuales no puede darse ningún paso en el pensamiento sintético, ofrecen siempre su flanco débil a su adversario, y a la inversa, pueden explotar en su provecho el flanco débil que el adversario les ofrece.

La crítica de la razón pura puede considerarse como el verdadero tribunal de todos los litigios en los que está implicada; pues no está implicada en los litigios que se refieren inmediatamente a los objetos, sino que está constituida para determinar y juzgar los derechos de la razón en general según los principios que presidieron su institución inicial.

Sin esta crítica, la razón se encuentra, por así decirlo, en un estado de naturaleza, y no puede afirmar ni asegurar sus afirmaciones y pretensiones más que mediante la guerra. La crítica, por el contrario, que extrae todas sus decisiones de las reglas fundamentales de su propio establecimiento, cuya autoridad nadie puede cuestionar, nos proporciona la calma de un estado de derecho en el que no necesitamos dirimir nuestras diferencias más que recurriendo a un procedimiento. Lo que pone fin a las cosas en el primer caso es una victoria de la que se jactan ambas partes, a la que sigue en la mayoría de los casos sólo una paz incierta, establecida por la intervención de una autoridad superior que viene a interponerse entre los adversarios; mientras que, en el segundo caso, es la sentencia la que, por tocar la fuente misma de las disputas, debe garantizar la paz perpetua. Así pues, las infinitas disputas de una razón puramente dogmática nos obligan a buscar finalmente la calma en una crítica de esta misma razón y en una legislación que encuentre en ella sus fundamentos. Como dice Hobbes: el estado de naturaleza es un estado de anarquía y violencia, y debemos abandonarlo y someternos a la coacción legal que limita nuestra libertad sólo para que pueda coexistir con la libertad de todos los demás y, por tanto, con el bien común.

A esta libertad, por tanto, pertenece también la de exponer públicamente a juicio los propios pensamientos y dudas que uno no puede reducirse a sí mismo, sin ser tachado de ciudadano turbulento y peligroso. Este es un punto que ya está incluido en el derecho originario de la razón humana, que no conoce otro juez que, una vez más, la razón humana universal, donde todos tienen voz; y en la medida en que es de esta razón de donde deben proceder todas las mejoras de que es susceptible nuestro Estado, tal derecho es sagrado y no puede ser conculcado. Es, pues, muy insensato denunciar como peligrosas ciertas afirmaciones que puedan haberse aventurado o ciertos ataques lanzados irreflexivamente contra afirmaciones que gozan ya de la aprobación de la mayor y mejor parte del público; pues esto equivale a darles una importancia que en modo alguno deberían tener. Cuando me entero de que una mente poco común ha echado por tierra de manera demostrable la libertad de la voluntad humana, las esperanzas depositadas en una vida futura y la existencia de Dios, estoy ansioso por leer su libro, porque espero que su talento amplíe mi campo de visión. Ya sé de antemano con certeza que no habrá hecho ninguna de estas cosas: no porque por mi parte crea que ya tengo pruebas que establecen irrefutablemente estas importantes proposiciones, sino porque la crítica trascendental, que me ha revelado todo lo que nuestra razón pura guarda en reserva, me ha persuadido plenamente de que, puesto que la razón es totalmente inadecuada para producir afirmaciones afirmativas en este campo, tendrá tan poco, e incluso menos, de los conocimientos necesarios para poder decir algo negativo sobre estas cuestiones. Pues, ¿dónde encontrará el supuesto espíritu libre el conocimiento de que, por ejemplo, no existe un ser supremo? Esta proposición se encuentra fuera del campo de la experiencia posible y, por tanto, también fuera de los límites de cualquier visión humana. Si yo tuviera que defender dogmáticamente la buena causa contra un enemigo así, no tendría necesidad de leerle, porque sé de antemano que sólo atacaría los argumentos aparentes de su adversario para abrir camino a los suyos, y que, además, una apariencia que se repite todos los días no proporciona en ningún caso tanto material para nuevas observaciones como una apariencia desconcertante e ingeniosamente concebida. Por el contrario, el adversario de la religión, también dogmático a su manera, proporcionaría a mi crítico la ocupación que desea, y le daría la oportunidad de hacer una rectificación más completa de sus principios, sin que hubiera en absoluto nada que temer por su parte.

Dicho esto, ¿habría que prevenir al menos a los jóvenes que se han encomendado a la enseñanza académica contra tales escritos, y mantenerlos alejados del conocimiento precoz de proposiciones tan peligrosas, hasta que su juicio haya madurado, o mejor dicho, hasta que la doctrina que se pretende establecer entre los jóvenes esté lo suficientemente arraigada como para poder resistir enérgicamente cualquier persuasión en contrario, venga de donde venga?

Si nos atuviéramos al dogmatismo en cuestiones de pura razón, y si la refutación del adversario tuviera que ser propiamente polémica, es decir, de tal modo que nos viéramos obligados a entrar en combate y armarnos de argumentos susceptibles de justificar las afirmaciones contrarias, no habría ciertamente nada más sabio en el momento, pero también nada más vano y estéril a largo plazo, que poner la razón de la juventud bajo tutela durante un tiempo, y evitarle al menos durante ese tiempo el riesgo de ser seducida. Pero si, más tarde, la curiosidad o la moda de la época pusieran en sus manos escritos de este tipo, ¿seguirían siendo válidas las convicciones así adquiridas en la juventud? Cualquiera que sólo utilice armas dogmáticas para resistir los ataques de su adversario, y que sea incapaz de identificar la dialéctica oculta tanto en su propio corazón como en el de la parte contraria, verá argumentos aparentes que tienen la ventaja de la novedad trabajando contra argumentos aparentes que ya no tienen esta ventaja, sino que más bien despiertan en él la sospecha de que se ha abusado de la credulidad de la juventud. Cree entonces que puede demostrar mejor que se ha emancipado de la disciplina impuesta a los niños que situándose por encima de las advertencias pertinentes que le habían sido dirigidas; y, acostumbrado al dogmatismo, absorbe a grandes tragos el veneno que corrompe dogmáticamente sus principios.

Es exactamente lo contrario de lo que así se recomienda que ocurra en la formación académica, pero sólo, claro está, bajo la condición previa de una enseñanza adecuada en la crítica de la razón pura. En efecto, para aplicar cuanto antes los principios de esta crítica y mostrar que son suficientes ante la mayor apariencia dialéctica, es absolutamente necesario dirigir contra la razón del joven, débil todavía, por cierto, pero iluminada por la crítica, los asaltos que son tan formidables para el dogmático, y hacerle intentar examinar punto por punto, confrontándolas con estos principios, las afirmaciones infundadas de su adversario. Apenas puede resultarle difícil pulverizarlas, y así pone a prueba en una fase temprana su propia capacidad para garantizarse por completo contra ilusiones tan perniciosas, que en última instancia sólo pueden perder toda apariencia para él. En cuanto a si los mismos golpes que derriban el edificio del enemigo deben ser igualmente perjudiciales para su propia construcción especulativa, en caso de que haya pensado en erigir una de este tipo, no tiene al menos nada de qué preocuparse a este respecto, ya que no tiene necesidad de habitar en tal edificio, sino que además se abre ante sus ojos una perspectiva del dominio práctico, donde puede esperar con razón encontrar un terreno más sólido sobre el que construir su sistema racional y saludable.

Por consiguiente, no hay verdadera polémica en el campo de la razón pura. Las dos partes se limitan a dar con la espada en el agua y a luchar con sus sombras, porque abandonan los límites de la naturaleza para adentrarse en un espacio donde nada de lo que puedan asir y sostener ofrece un punto de apoyo a su dogmatismo. Han luchado bien; las sombras que matan se recomponen en un instante, como los héroes en el Walhalla, para volver a encontrar su placer en el combate incruento.

Dicho esto, no hay por qué admitir ningún uso escéptico de la razón pura, que podría describirse como el principio de neutralidad en todas las disputas que encuentra. Excitar a la razón contra sí misma, dotarla de armas en ambos bandos, y luego contemplar con calma y burla el ardor de los asaltos en que se complace, ciertamente no queda bien desde el punto de vista dogmático, sino que manifiesta en sí mismo un espíritu perverso y taimado. Sin embargo, si consideramos la ceguera y la vanidad de los que razonan de un modo sofístico, que ninguna crítica logra moderar, no hay en todo caso, de hecho, otra salida que oponer a la cháchara jactanciosa producida en un campo otras jactancias que reivindiquen los mismos derechos, para que al menos la razón se sorprenda simplemente ante la resistencia de un enemigo, a fin de introducir alguna duda en sus pretensiones y prestar oídos a la crítica. Sin embargo, hacer que estas dudas se mantengan en su totalidad, querer recomendar la convicción de la propia ignorancia y la admisión de la misma, no simplemente como un remedio contra la pretensión dogmática, sino al mismo tiempo como el modo de poner fin al conflicto de la razón consigo misma, es un proyecto totalmente vano y no es en modo alguno susceptible de procurar descanso a la razón, sino que, a lo sumo, sólo es un medio de despertarla de su dulce sueño dogmático para que someta su estado a un examen más escrupuloso. Sin embargo, en la medida en que esta manera escéptica de salir de un asunto desafortunado para la razón parece ser el camino más corto, por así decirlo, hacia un apaciguamiento filosófico duradero, y es en cualquier caso el camino real que toman fácilmente aquellos que creen estar dando la apariencia de un filósofo al despreciar burlonamente toda investigación de este tipo, considero necesario presentar esta manera de pensar en su verdadera luz.

Sobre la imposibilidad de calmar mediante el escepticismo la razón pura en su desacuerdo consigo misma

La conciencia de mi ignorancia (si esta ignorancia no se reconoce al mismo tiempo como necesaria), en lugar de poner fin a mi investigación, es más bien la verdadera causa que la provoca. Toda ignorancia es, o bien ignorancia de las cosas, o bien ignorancia de la determinación y de los límites de mi conocimiento. Ahora bien, cuando la ignorancia es contingente, sólo puede llevarme, en el primer caso, a buscar dogmáticamente las cosas (objetos), y en el segundo, a buscar críticamente los límites de mi conocimiento posible. Pero el hecho de que mi ignorancia sea absolutamente necesaria, y por tanto me libere de toda investigación ulterior, no puede establecerse empíricamente, a partir de la observación, sino sólo críticamente, explorando las fuentes primarias de nuestro conocimiento. En este sentido, la determinación limitadora de nuestra razón sólo puede hacerse sobre la base de fundamentos a priori; sin embargo, también es posible conocer a posteriori; a través de lo que, a pesar de todo lo que sabemos, todavía y siempre tenemos que saber, que nuestra razón es limitada, aunque se trata simplemente del conocimiento indeterminado de una ignorancia que nunca puede ser completamente eliminada. El primer modo de conocer la ignorancia de la razón, posible sólo a través de la crítica de la razón misma, es, por tanto, una ciencia; el segundo no es más que una percepción, de la que es imposible decir hasta dónde puede llevarnos en sí misma la conclusión que extraigamos de ella. Si imagino la superficie de la Tierra (de acuerdo con la apariencia sensible) como una placa, no puedo saber hasta dónde se extiende. Pero la experiencia me enseña que, vaya donde vaya, siempre veo a mi alrededor un espacio dentro del cual puedo seguir avanzando; en consecuencia, reconozco cada vez los límites de mi conocimiento real de la Tierra, pero no los límites de cualquier descripción posible de la Tierra. Si, por el contrario, he avanzado lo suficiente como para saber que la Tierra es una esfera y que su superficie es una superficie esférica, puedo entonces, incluso a partir de una pequeña parte de esta superficie, por ejemplo, del tamaño de un grado, conocer de un modo determinado y según principios a priori el diámetro y, a través de éste, la delimitación completa de la Tierra, es decir, de su superficie. Y aunque ignoro los objetos que esta superficie puede contener, no ignoro la extensión que los contiene, su tamaño y sus límites.

El conjunto de todos los objetos posibles que se ofrecen a nuestro conocimiento se nos aparece como una superficie plana con su horizonte aparente, entendiendo por tal el que comprende toda su extensión y que corresponde a lo que hemos llamado el concepto racional de totalidad incondicionada.

Alcanzarlo empíricamente es imposible, y todos los intentos realizados hasta ahora para determinarlo *a priori* según algún principio han sido vanos. Sin embargo, todas las preguntas de nuestra razón pura se aplican en todo caso a lo que está fuera de este horizonte o a lo que, a lo sumo, se encuentra en la línea que lo delimita.

El célebre David Hume fue uno de estos geógrafos de la razón humana, que creyó haber respondido suficiente y definitivamente a todas estas cuestiones remitiéndolas más allá del horizonte de la razón, que, sin embargo, no pudo determinar. En particular, se detuvo en el principio de causalidad, y observó con razón que su verdad (y la validez objetiva del concepto de causa eficiente en general) no se apoyaba en ninguna visión, es decir, en ningún conocimiento *a priori,* y que, por consiguiente, no era en absoluto la necesidad de esta ley, sino una simple posibilidad general de utilizarla en el curso de la experiencia y una necesidad subjetiva deducida de ella, que él llamaba hábito, lo que le daba toda su autoridad. Es entonces cuando, de la impotencia de nuestra razón para hacer uso de este principio más allá de toda experiencia, concluye que son nulas todas las pretensiones que la razón expresa generalmente de querer ir más allá de lo empírico.

Un proceso de este tipo, consistente en someter los hechos de la razón a examen y, en su caso, a censura, puede denominarse censura de la razón. No cabe duda de que esta censura conduce inevitablemente a dudar de cualquier uso trascendente de los principios. Pero éste es sólo el segundo paso, y de ningún modo el último. El primer paso en los asuntos de la razón pura, que caracteriza su infancia, es dogmático. El segundo paso, que acabamos de mencionar, es escéptico y atestigua la prudencia del juicio aguzado por la experiencia. Pero todavía es necesario un tercer paso, que pertenece únicamente a la facultad madura y adulta del juicio fundado en máximas sólidas y atestiguadas en su universalidad: consiste en someter a valoración, no los hechos de la razón, sino la razón misma en todo su poder y en toda su capacidad de alcanzar un conocimiento puro *a priori.* Esto ya no corresponde a la censura, sino a la crítica de la razón, gracias a la cual ya no se trata simplemente de determinar los límites de la razón, sino de captar sus límites determinados, ni simplemente de aprehender su ignorancia sobre uno u otro punto, sino de establecerla en relación con todas las cuestiones posibles de un cierto tipo, y esto no de manera simplemente conjetural, sino mediante una demostración extraída de principios. El escepticismo constituye así un momento de reposo para la razón humana, cuando puede considerar su camino dogmático y cartografiar la región en la que se encuentra, para poder elegir después su camino con mayor certeza: por otra parte, no es una morada donde la razón pueda habitar con constancia; pues tal morada sólo puede hallarse en la certeza completa, ya sea respecto al conocimiento de los objetos mismos, ya sea respecto a los límites dentro de los cuales se encierra todo nuestro conocimiento de los objetos.

Nuestra razón no es, por así decirlo, una llanura que se extiende sobre un espacio indeterminable, cuyos límites sólo conoceríamos de un modo general, sino que debe compararse a una esfera cuyo diámetro puede hallarse a partir de lo que es la curvatura del arco en su superficie (según la naturaleza de las proposiciones sintéticas *a priori)*, mientras que su contenido y delimitación también pueden proporcionarse a partir de ahí con certeza. Fuera de esta esfera (el campo de la experiencia), no hay nada que pueda constituir un objeto para ella; incluso las cuestiones acerca de tales supuestos objetos sólo conciernen a lo que podrían ser los principios subjetivos de una determinación completa de las relaciones que podrían intervenir, dentro de esta esfera, entre los conceptos del entendimiento.

Estamos, en efecto, en posesión de un conocimiento sintético *a priori,* como lo demuestran los principios del entendimiento que anticipan la experiencia. Ahora bien, si alguien no puede hacerse a sí mismo comprensible la posibilidad de este conocimiento, puede ciertamente comenzar por dudar de que estén realmente inscritos en nosotros *a priori,* pero no puede por ello decretar que el conocimiento de estos principios es imposible por las simples fuerzas del entendimiento y declarar nulos todos los pasos que la razón da bajo su guía. Todo lo que puede decir es que si pudiéramos percibir el origen y la autenticidad de tales principios, podríamos determinar la extensión y los límites de nuestra razón, y antes de que esto haya sucedido, todas las afirmaciones avanzadas por ella son ciegamente aventuradas. Y así, una duda completa estaría plenamente fundada con respecto a cualquier filosofía dogmática que se abra camino sin ninguna crítica de la razón misma; sin embargo, esto no significa que se pueda negar totalmente a la razón tal progresión, siempre que esté preparada y asegurada por un fundamento mejor. Pues todos los conceptos e incluso todas las cuestiones que nos propone la razón pura no están, por así decirlo, contenidos en la experiencia, sino sólo, a su vez, en la razón, y por eso debemos ser capaces de resolverlos, así como de comprender su validez o nulidad. Tampoco tenemos derecho a descartar estos problemas como si su solución residiera realmente en la naturaleza de las cosas, sino recurriendo al pretexto que nos proporciona nuestra impotencia, y a negarnos a proseguir cualquier investigación que les concierna: en efecto, es la razón la única que, en sí misma, ha producido estas Ideas, de cuya validez o apariencia dialéctica se le hace, por tanto, responsable.

Toda polémica escéptica se dirige propiamente sólo contra el dogmático que, sin mostrar ninguna desconfianza en sus primeros principios objetivos, es decir, sin crítica, prosigue su camino con gravedad: se trata simplemente de perturbar sus concepciones y de conducirle al autoconocimiento. En sí misma, tal polémica no establece rigurosamente nada sobre lo que podemos y no podemos conocer. Todos los intentos dogmáticos en los que ha fracasado la razón son hechos que siempre es útil someter a censura. Esto, sin embargo, no puede decidir nada acerca de las esperanzas que la razón deposita en un mejor resultado de sus esfuerzos futuros, y de las pretensiones que tiene para lograrlo; de modo que la mera censura nunca puede poner fin a la disputa acerca de los derechos de la razón humana.

Puesto que Hume es tal vez el más sutil de todos los escépticos, y sin duda el más notable en cuanto a la influencia que el enfoque escéptico puede tener en el establecimiento de un examen fundamental de la razón, no está de más presentar, en la medida en que sea apropiado para mi propósito, el curso de su razonamiento y cuáles fueron los errores de un hombre tan penetrante y estimable —errores, sin embargo, que sólo surgieron en el camino hacia la verdad.

Hume puede haber tenido en mente, aunque nunca desarrolló completamente su pensamiento sobre este punto, el hecho de que, en juicios de cierto tipo, nos salimos de nuestro concepto del objeto. He llamado sintéticos a este tipo de juicios. No hay dificultad alguna en la manera en que, mediante la experiencia, puedo salir del concepto que tenía antes. La experiencia es en sí misma tal síntesis de percepciones, que por medio de otras percepciones añadidas aumenta el concepto que ya poseía por medio de una percepción. Simplemente creemos que también podemos ir más allá de nuestro concepto *a priori* y ampliar así nuestro conocimiento. Intentamos hacerlo o bien por puro entendimiento, respecto a lo que puede ser al menos objeto de experiencia, o incluso por pura razón, respecto a propiedades de las cosas, o incluso a la existencia de objetos que nunca pueden intervenir en la experiencia. Nuestro escéptico no distinguió entre estas dos clases de juicios como hubiera debido hacerlo, y sostuvo directamente que este crecimiento de los conceptos a partir de sí mismos y, por así decirlo, el nacimiento espontáneo de nuestro entendimiento (así como de nuestra razón) eran imposibles sin la fecundación de la experiencia. Por eso consideraba ficticios todos los llamados principios *a priori* del entendimiento y de la razón, y encontraba que no eran más que un hábito derivado de la experiencia y de sus leyes, es decir, reglas meramente empíricas, es decir, inherentemente contingentes, a las que atribuimos una presunta necesidad y universalidad. El hecho es que, al afirmar esta asombrosa proposición, se refería al principio universalmente aceptado de la relación entre causa y efecto. Pues, en la medida en que ningún poder del entendimiento puede conducir de un concepto de una cosa a la existencia de otra cosa que por ello se da universal y necesariamente, pensó que podía concluir que, sin experiencia, no tenemos nada que pueda aumentar nuestro concepto y autorizarnos a hacer tal juicio de aumento *a priori*. Que la luz del sol, al iluminar la cera, al mismo tiempo la derrite, mientras endurece la arcilla, ningún entendimiento podría adivinarlo, y mucho menos concluirlo como si fuera una ley, a partir de los conceptos que previamente teníamos de estas cosas, y sólo la experiencia podría enseñarnos tal ley. Por el contrario, vimos en la Lógica trascendental que, aunque nunca podamos ir inmediatamente más allá del contenido del concepto que se nos da, podemos, sin embargo, conocer enteramente *a priori*, pero en relación con un tercer término, a saber, la experiencia posible, y por tanto, efectivamente *a priori*, la ley de la conexión entre varias cosas. Así, cuando la cera, que antes era sólida, comienza a derretirse, puedo saber *a priori* que algo debe haber precedido necesariamente (por ejemplo, el calor del sol), en relación con lo cual siguió según una ley constante, aunque sin experiencia podría ciertamente conocer *a priori* y, sin la enseñanza de la experiencia, de un modo determinado ni la causa del efecto ni el efecto de la causa. Por consiguiente, Hume concluye falsamente de la contingencia de nuestra actividad de determinación según la ley a la contingencia de la ley misma, y confunde el acto de pasar del concepto de una cosa a la experiencia posible (que tiene lugar *a priori* y constituye la realidad objetiva de este concepto) con la síntesis de los objetos de la experiencia real, que en verdad es siempre empírica; En consecuencia, sobre la base de un principio de afinidad que tiene su asiento en el entendimiento y establece una conexión necesaria, desarrolló una regla de asociación que sólo se encuentra en la imaginación reproductiva, y que sólo puede presentar conexiones contingentes y en modo alguno objetivas.

Dicho esto, los errores escépticos de este hombre por lo demás tan penetrante provenían principalmente de un defecto que tenía en común con todos los dogmáticos, a saber, que no abarcaba sistemáticamente todas las especies de la síntesis *a priori* del entendimiento. Pues en este caso, por no hablar de los demás principios aquí presentes, habría encontrado que, por ejemplo, el principio de permanencia es un principio que, tanto como el de causalidad, anticipa la experiencia. De este modo, también habría podido asignar ciertos límites al entendimiento, tal como se despliega *a priori,* y a la razón pura. Pero en la medida en que se limita a limitar nuestro entendimiento sin imponerle límites, y en la medida en que establece ciertamente una desconfianza generalizada, pero no produce ningún conocimiento determinado de la ignorancia que nos es inevitable; en la medida en que somete a censura algunos principios del entendimiento, sin someter a este entendimiento, en la totalidad de su poder, a la prueba de la crítica, y que al negarle lo que en realidad no puede proporcionarle va más allá y le niega todo poder de extender su conocimiento *a priori,* sin tener en cuenta el hecho de que no ha evaluado este poder en su totalidad, lo que le sucede es que el escepticismo se derrumba siempre, es decir, que él mismo se pone en duda, porque sus objeciones se basan únicamente en hechos, que son contingentes, pero no en principios que podrían hacernos renunciar al derecho de producir afirmaciones dogmáticas.

Puesto que Hume, además, no reconoce ninguna diferencia entre los derechos fundados del entendimiento y las pretensiones dialécticas de la razón, contra las cuales, sin embargo, se dirigen principalmente sus ataques, la razón, cuyo impulso enteramente específico no ha sido por ello en absoluto derribado, sino meramente impedido, siente que el espacio en el que podría expandirse no ha sido cerrado, y que nunca podrá ser desviada enteramente de sus intentos, a pesar de los acosos que sufra aquí y allá. Porque, frente a los ataques, nos equipamos para defendernos y levantamos la cabeza con mayor orgullo para respaldar nuestras reivindicaciones. Por otra parte, una evaluación completa de todo el propio poder y la convicción que se desprende de ello de que se posee con toda certeza un pequeño bien, a pesar de la vanidad de pretensiones superiores, elimina cualquier disputa y anima a contentarse con una propiedad limitada pero indiscutible.

Para el dogmático acrítico, que no ha medido la esfera de su entendimiento, que por tanto no ha determinado los límites de su conocimiento posible sobre la base de principios, y que por tanto no sabe de antemano de qué es capaz, sino que cree que lo descubrirá por mero ensayo y error, estos ataques escépticos no sólo son peligrosos, sino que incluso conducen a su perdición. Pues si se le sorprende con una sola afirmación que no puede justificar, pero cuya aparición no puede explicar basándose en principios, la sospecha recaerá sobre todas sus afirmaciones, por muy persuasivas que sean por lo demás.

Y así, el escéptico es quien impone disciplina al razonador dogmático, conduciéndole a una sana crítica del entendimiento y de la razón misma. Una vez conseguido esto, ya no tiene que temer ninguna agresión; pues entonces distingue entre su posesión y todo lo que se encuentra totalmente fuera de ella, sobre lo que no tiene ninguna pretensión y ya no puede enzarzarse en disputas. Así pues, el planteamiento escéptico no es en sí mismo capaz de calmar las cuestiones de la razón, pero constituye un ejercicio preparatorio para la razón, con el fin de despertar su prudencia e indicarle los medios radicales que le permitan asegurar sus posesiones legítimas.

Capítulo tercero de la tercera sección

La disciplina de la razón pura en relación con las hipótesis

Puesto que, gracias a la crítica de nuestra razón, sabemos por fin que, en su uso puro y especulativo, no podemos de hecho saber nada en absoluto, ¿no debería abrirse un campo aún más amplio a las hipótesis en las que se nos permitiría, si no hacer afirmaciones, al menos inventar y opinar?

Para que la imaginación no se desboque, sino que pueda inventar bajo la estrecha vigilancia de la razón, es preciso que algo esté siempre plenamente cierto de antemano y no constituya una invención o una mera opinión: este elemento corresponde a la posibilidad del objeto mismo. En este caso, es perfectamente lícito recurrir a la opinión en cuanto a la realidad efectiva de este objeto: lo que ocurre es que esta opinión, para no ser infundada, debe estar ligada, como principio de explicación, a lo que se da efectivamente y que es, por tanto, cierto, y entonces se llama hipótesis.

Dado que no podemos formarnos *a priori* el menor concepto de la posibilidad de la conexión dinámica, y que la categoría del entendimiento puro no sirve para forjar el pensamiento de la misma, sino para comprenderla allí donde se encuentra en la experiencia, no podemos inventar originariamente, de acuerdo con estas categorías, un objeto único dotado de propiedades nuevas que no puedan darse empíricamente, ni podemos hacer de esta posibilidad la base de una hipótesis autorizada; pues esto equivaldría a someter a la razón quimeras vacías, en lugar de conceptos de cosas. Así, no es lícito fabricar por el pensamiento nuevas facultades originales, por ejemplo un entendimiento que fuese capaz de intuir su objeto sin los sentidos, o una fuerza de atracción sin punto de contacto, o una nueva clase de sustancias, por ejemplo una clase de sustancias que estuviesen presentes en el espacio sin ser impenetrables, ni por consiguiente relaciones entre las sustancias que fuesen distintas de todas las que proporciona la experiencia: ninguna presencia es imaginable, excepto en el espacio, ninguna duración, excepto en el tiempo. En una palabra, la única posibilidad para nuestra razón es utilizar las condiciones de la experiencia posible como condiciones de posibilidad de las cosas, pero no puede en modo alguno, con total independencia de estas condiciones, crear cosas para sí misma, por así decirlo, ya que tales conceptos, aunque sin contradicción, estarían, sin embargo, también sin objeto.

Los conceptos de la razón son, como se ha dicho, meras Ideas y en verdad no tienen objeto en ninguna experiencia, pero no por ello designan objetos imaginados que al mismo tiempo serían admitidos como posibles. Sólo se piensa en ellas de un modo problemático, para fundar, con referencia a ellas (como ficciones heurísticas), principios que regulen el uso sistemático del entendimiento en el campo de la experiencia. Si salimos de este campo, no son más que seres de razón, cuya posibilidad no puede demostrarse y que, en consecuencia, tampoco pueden, como hipótesis, colocarse en el fundamento de la explicación de fenómenos realmente reales. Pensar en el alma como simple es muy lícito, para dar como principio, según esta Idea, a nuestra apreciación de sus fenómenos interiores una unidad completa y necesaria de todas las facultades de la mente, aunque no podamos percibirla *in concreto*. Por otra parte, admitir que el alma es una sustancia simple (lo que corresponde a un concepto trascendente), sería una proposición no sólo indemostrable (como ocurre con cierto número de hipótesis físicas), sino también totalmente arbitraria y arriesgada a ciegas, porque lo simple no puede presentarse en absolutamente ninguna experiencia y que, si entendemos aquí por sustancia el objeto permanente de la intuición sensible, no puede vislumbrarse en modo alguno la posibilidad de un fenómeno simple. No podemos admitir, a título de opinión, sobre la base de una autorización fundada en la razón, que existan seres puramente inteligibles, o propiedades puramente inteligibles de las cosas en el mundo sensible, aunque (porque no tenemos ningún concepto de su posibilidad o imposibilidad) ninguna presunta mejor manera de ver nos permita negar dogmáticamente su existencia.

Para explicar fenómenos dados, no podemos alegar otras cosas y otros principios de explicación que los que se han postulado en conexión con los ya dados, según leyes ya conocidas de los fenómenos. Una hipótesis trascendental en la que utilizáramos una simple Idea de la razón para explicar las cosas naturales no sería, pues, explicación alguna, porque lo que no comprendemos suficientemente sobre la base de los principios empíricos conocidos se explicaría entonces por algo de lo que no comprendemos nada. De modo que el principio de tal hipótesis serviría propiamente sólo para satisfacer a la razón, y no para promover el uso del entendimiento en relación con los objetos. El orden y la finalidad presentes en la naturaleza pueden a su vez explicarse por razones naturales y según leyes naturales, y aquí incluso las hipótesis más burdas, siempre que sean de naturaleza física, son más soportables que una hipótesis hiperfísica, es decir, la apelación a un autor divino que se presupone para este fin. En efecto, sería un principio de razón perezosa *(ignava ratio)* dejar de lado de repente todas las causas cuya realidad objetiva, al menos en lo que se refiere a su posibilidad, puede aprenderse del seguimiento de la experiencia, para descansar en una simple Idea, muy conveniente para la razón. Por otra parte, la totalidad absoluta que el principio de explicación pretendería en la serie de las causas no puede constituir en modo alguno un obstáculo en relación con los objetos del mundo, ya que, al no ser éstos más que fenómenos, nunca podemos esperar nada acabado en la síntesis de la serie de las condiciones.

No podemos aceptar que el uso de la razón implique hipótesis trascendentales, y que se tome la libertad, para suplir la falta de principios físicos de explicación, de utilizar hipótesis hiperfísicas, y esto, por una parte, porque la razón no realiza con ello ningún progreso, sino que interrumpe todo el proceso en el que se estaba empleando, y por otra, porque esta licencia le haría perder en último término todos los frutos del trabajo realizado en su propio terreno, es decir, el terreno de la experiencia. Pues si la explicación natural es difícil aquí o allá, siempre tenemos a mano un principio trascendente de explicación que nos dispensa de esta búsqueda y cierra nuestra investigación, no con una visión clara de las cosas, sino con la incomprensibilidad total de un principio que ya estaba concebido de antemano de tal manera que contenía necesariamente el concepto de lo absolutamente primero.

El segundo elemento necesario para admitir una hipótesis es que baste con determinar *a priori* a partir de ella las consecuencias que se dan. Si para ello nos vemos obligados a recurrir a hipótesis auxiliares, éstas dan lugar a la sospecha de ser pura ficción, puesto que cada una de ellas necesita en sí misma la misma justificación que ya exigía el pensamiento tomado como fundamento y, en consecuencia, no puede aportar en modo alguno una prueba pertinente. Si bien la suposición de una causa cuya perfección no tiene límites no significa, ciertamente, que carezcamos de principios explicativos de cualquier finalidad, orden o magnitud en el mundo, esta suposición necesita, sin embargo, de nuevas hipótesis frente a las aberraciones y defectos que, al menos según nuestros conceptos, se manifiestan en ella, para escapar a las objeciones que de ella pueden extraerse. Si la simplicidad y la autonomía del alma humana, que hemos postulado como fundamento de sus fenómenos, son puestas en tela de juicio por las dificultades que se derivan del hecho de que presente fenómenos análogos al cambio de la materia (desarrollo y debilitamiento), nuevas hipótesis, que sin duda no carecen de apariencia, pero que, sin embargo, carecen de toda credibilidad, aparte de la que les da la opinión tomada como fundamento, deben ser llamadas en su ayuda, mientras que, no obstante, deben interceder en favor de esta misma opinión.

Si las afirmaciones de la razón tomadas aquí como ejemplo (la unidad incorpórea del alma y la existencia de un ser supremo) han de valer, no como hipótesis, sino como dogmas demostrados *a priori,* entonces no cabe hablar en absoluto de hipótesis. Pero, en tal caso, hay que procurar que la prueba tenga la certeza apodíctica de una demostración. Pues el intento de hacer meramente verosímil la realidad efectiva de tales Ideas es un proyecto absurdo, como si se pensara en aportar una prueba meramente verosímil de una proposición geométrica. La razón, que se ha aislado de toda experiencia, o bien puede conocerlo todo sólo *a priori* y con una dimensión de necesidad, o bien es incapaz del más mínimo conocimiento; el resultado es que su juicio no es nunca una opinión, sino o bien una abstención de todo juicio, o bien una certeza apodíctica. Las opiniones y los juicios plausibles acerca de lo que pertenece a las cosas sólo pueden intervenir como principios de explicación de lo efectivamente dado, o como consecuencias que proceden según leyes empíricas de lo que, como realidad efectiva, sirve de fundamento, por consiguiente, sólo en la serie de los objetos de experiencia. Fuera de este campo, expresar una opinión equivale a jugar con los pensamientos, a menos que creamos que, siguiendo un camino incierto, el juicio puede llegar a encontrar la verdad.

Dicho esto, aunque, en las cuestiones meramente especulativas de la razón pura, no hay necesidad de hipótesis sobre las que fundar proposiciones, las hipótesis son, sin embargo, perfectamente aceptables si se trata simplemente de defenderlas, en definitiva: en un uso no dogmático sino polémico. Sin embargo, por tal defensa no entiendo la multiplicación de argumentos en apoyo de la propia afirmación, sino, por el contrario, la simple derrota del conocimiento aparente con el que el adversario debe destruir nuestra propia afirmación. Ahora bien, todas las proposiciones sintéticas derivadas de la razón pura tienen en sí mismas esta peculiaridad: si el que afirma la realidad de ciertas Ideas nunca sabe lo suficiente para hacer cierta su proposición, en cambio el adversario no es capaz de saber más para afirmar lo contrario. El idéntico destino al que la razón humana está condenada por ambas partes no favorece ciertamente a ninguno de los dos bandos del conocimiento especulativo, y de hecho proporciona un verdadero campo de batalla para luchas que nunca cesan. Sin embargo, mostraremos a continuación que, desde el punto de vista del uso práctico, la razón tiene derecho a admitir algo que, a falta de argumentos suficientes, no tenía derecho a suponer en el ámbito de la mera especulación, porque toda suposición de este tipo va en detrimento de la perfección de la especulación, que, por otra parte, no le importa en absoluto al interés práctico. En términos prácticos, por tanto, tiene una posesión cuya legitimidad no necesita demostrar y que, además, tampoco podría probar. Por tanto, la carga de la prueba recae sobre el oponente. Sin embargo, en la medida en que el oponente sabe tan poco sobre el objeto de duda como la persona que afirma su realidad efectiva, existe aquí una ventaja para la persona que afirma algo como una suposición necesaria desde un punto de vista práctico *(melior est conditio possidentis)*. De hecho, es libre, como en defensa propia, de utilizar para defender la buena causa los mismos medios que su oponente utiliza contra ella, es decir, hipótesis, que no deben servir en modo alguno para reforzar la prueba, sino sólo para mostrar que la comprensión del oponente sobre el tema de la disputa es demasiado insuficiente para que pueda jactarse de tener ventaja sobre nosotros en términos de conocimiento especulativo.

Por tanto, las hipótesis sólo están permitidas, en el ámbito de la razón pura, como armas de guerra, no para establecer un derecho, sino sólo para defenderlo. Pero siempre debemos buscar a nuestro adversario en nosotros mismos. Pues la razón especulativa en su uso trascendental es en sí misma dialéctica. Las objeciones que podrían temerse se encuentran dentro de nosotros mismos. Debemos ir en su busca, considerándolas como pretensiones antiguas, pero que nunca pueden prescribir, para fundar en su aniquilación la paz perpetua. La paz exterior no es más que una apariencia. El germen de la hostilidad, que reside en la naturaleza de la razón humana, debe ser erradicado; pero ¿cómo erradicarlo si no le damos la libertad, o incluso el alimento, que necesita para crecer hasta convertirse en semilla, de modo que, cuando así se descubra, pueda entonces ser arrancada de raíz? ¡Considerad por vosotros mismos las objeciones a las que todavía no ha llegado ningún adversario, ¡y llegad a prestarle armas o a concederle el terreno más favorable que pudiera desear! Aquí no hay nada que temer, sino mucho más que esperar, con lo que quiero decir esperar la adquisición de una posesión que nunca más podrá ser discutida.

Las hipótesis de la razón pura también forman parte de tu armamento completo, y aunque sólo sean armas de plomo (ya que no están templadas por ninguna ley derivada de la experiencia), siguen siendo tan eficaces como las que cualquier adversario puede utilizar contra ti. Si, pues, contra la manera en que admitís (desde otro punto de vista no especulativo) una naturaleza del alma que sería inmaterial y no estaría sujeta a ningún cambio corporal, se os objeta la dificultad de que la experiencia parece, sin embargo, probar que tanto el desarrollo como la disminución de nuestras facultades espirituales corresponden simplemente a diversas modificaciones de nuestros órganos, se puede debilitar la fuerza de esta prueba aceptando que nuestro cuerpo no es más que el fenómeno fundamental al cual, en su estado actual (en vida), todo el poder de la sensibilidad, y con él todo el pensamiento, se relaciona en cuanto a su condición. La separación del cuerpo sería el fin de este uso sensible de su facultad de conocer y el comienzo de su uso intelectual. El cuerpo no sería, pues, la causa del pensamiento, sino que constituiría una condición meramente restrictiva del mismo: en consecuencia, habría que considerarlo ciertamente como una instancia favorecedora de la vida sensible y animal, pero tanto más como un obstáculo para la vida pura y espiritual, y la dependencia de la primera respecto de la naturaleza corpórea no probaría nada que fuera en el sentido de la dependencia de toda vida respecto de nuestros órganos. Siempre se puede ir más lejos y plantear dudas enteramente nuevas que aún no han sido formuladas o que no han sido llevadas suficientemente lejos.

La contingencia de la procreación, que, en los seres humanos como en las criaturas sin razón, depende de la oportunidad, pero también a menudo del modo en que comemos, de la manera en que llevamos nuestra vida, con nuestros humores y caprichos, a menudo incluso del vicio, constituye una gran dificultad para la opinión que consiste en atribuir una duración que llega hasta la eternidad a una criatura cuya vida comenzó en circunstancias tan miserables y tan completamente abandonada a nuestra libertad. En lo que concierne a la duración de toda la especie (aquí, en la Tierra), esta dificultad tiene poco peso, porque lo que es contingente en lo particular está, sin embargo, sometido a una regla en el todo; pero, en lo que concierne a cada individuo, parece ciertamente delicado esperar un efecto de tal magnitud de causas tan minúsculas. Contra esto, sin embargo, puedes alegar esta hipótesis trascendental de que toda vida es propiamente sólo inteligible, que no está en modo alguno sujeta a los caprichos del tiempo, y que ni comenzó con el nacimiento ni termina con la muerte; y que esta vida no es más que un mero fenómeno, es decir, una representación sensible de la pura vida espiritual, y que todo el mundo sensible es una mera imagen que flota ante nosotros, según nuestro modo actual de conocimiento, y que, como en el caso de un sueño, no tiene realidad objetiva propia; que, si fuéramos capaces de intuir las cosas tal como son, incluidos nosotros mismos, nos veríamos en un universo de naturalezas espirituales con las que nuestras únicas relaciones reales no empezaron al nacer ni cesarán al morir el cuerpo (en la medida en que éstos son meros fenómenos), etc.

Aunque no tengamos el menor conocimiento de lo que hipotéticamente adelantamos aquí para protegernos del ataque lanzado contra nosotros, y aunque no lo afirmemos seriamente; aunque todo lo que así se moviliza no sea ni siquiera una Idea de la razón, sino que corresponda simplemente a un concepto inventado con fines defensivos, sin embargo, estamos procediendo aquí en este asunto de manera plenamente coherente con la razón, en la medida en que, al adversario que cree haber aniquilado toda posibilidad alegando falsamente la falta de condiciones empíricas para tal posibilidad como prueba de la imposibilidad total de lo que creemos, sólo le mostramos que no puede más, por simples leyes de la experiencia, abarcar todo el campo de las cosas posibles en sí mismas que lo que nosotros podemos adquirir fuera de la experiencia, para nuestra razón, todo lo que podría fundarse. El que explota tales medios hipotéticos de defensa contra las pretensiones de un adversario que asume confiadamente su posición negacionista no debe, sin embargo, ser considerado como si quisiera apropiarse de estos instrumentos como constitutivos de sus verdaderas opiniones. Los abandona tan pronto como ha descartado la presunción dogmática de su adversario. Pues, por modesto y moderado que uno tenga que mostrarse cuando simplemente procede, con respecto a afirmaciones ajenas, a su rechazo y negación, tan pronto como quiere presentar estas objeciones que plantea como pruebas de lo contrario, la afirmación que entonces hace no es menos arrogante e imaginaria que si hubiera adoptado el lado de su propia afirmación.

Así vemos que, en el uso especulativo de la razón, las hipótesis no tienen valor como opiniones en sí mismas, sino sólo en relación con las afirmaciones trascendentes que se hacen en el lado opuesto. Pues extender los principios de la experiencia posible a la posibilidad de las cosas en general no es menos trascendente que afirmar la realidad objetiva de conceptos que no pueden encontrar sus objetos en ninguna parte excepto fuera de los límites de toda experiencia posible. Aquello acerca de lo cual la razón pura emite juicios asertivos debe ser necesario (como todo lo demás que la razón conoce), o de lo contrario no es absolutamente nada. En consecuencia, no contiene de hecho la más mínima opinión. Pero las hipótesis mencionadas no son más que juicios problemáticos, que al menos no pueden ser refutados, aunque ciertamente nada pueda probarlos, y son por tanto puras opiniones privadas, aunque no puedan escapar decentemente (incluso en aras de la tranquilidad interior) a los escrúpulos que se les plantean. Es en todo caso sobre esta base que deben ser conservadas, cuidando que no se impongan como si estuvieran atestiguadas en sí mismas y como si poseyeran una validez absoluta, y que no ahoguen la razón en ficciones e invenciones fantásticas.

Capítulo cuarto de la primera sección

La disciplina de la razón pura en relación con sus pruebas

Entre todas las pruebas del conocimiento sintético *a priori,* las pruebas de las proposiciones trascendentales y sintéticas son en sí mismas especiales en cuanto que la razón, por medio de sus conceptos, no debe aplicarse directamente al objeto, sino que debe demostrar primero la validez objetiva de los conceptos y la posibilidad de su síntesis *a priori.* Esto no es simplemente, por así decirlo, una regla necesaria de prudencia, sino que concierne a la esencia y a la posibilidad de las pruebas mismas. Si tengo que salir *a priori* del concepto de un objeto, es imposible sin un hilo particular que discurra fuera de ese concepto. En matemáticas, es la intuición *a priori* la que conduce mi síntesis, y aquí todo a lo que se llega por razonamiento puede relacionarse inmediatamente con la intuición pura. En el conocimiento trascendental, mientras se trate sólo de conceptos del entendimiento, esta norma es la experiencia posible. En otras palabras, la prueba no muestra que el concepto dado (por ejemplo, el de lo que sucede) conduzca directamente a otro concepto (el de causa), pues tal paso constituiría un salto que no podría justificarse en modo alguno: de hecho, la prueba muestra que la experiencia misma, y por tanto el objeto de la experiencia, serían imposibles sin tal enlace. La prueba debía, pues, establecer al mismo tiempo la posibilidad de llegar sintéticamente y *a priori* a un cierto conocimiento de las cosas que no estuviera contenido en su concepto. Sin esta atención, las pruebas, como las aguas que abandonan violentamente sus orillas y se extienden por los campos, se precipitan allí donde la pendiente de una asociación oculta las lleva al azar. La apariencia de convicción, basada en causas subjetivas de asociación y tenida por el conocimiento de una afinidad natural, no puede en modo alguno contrarrestar las dudas que lógicamente deben surgir en relación con un paso tan atrevido. Esta es también la razón por la que todos los intentos de probar el principio de razón suficiente han sido vanos, incluso por la admisión de los que saben; y, antes del advenimiento de la crítica trascendental, era preferible, ya que este principio fundamental no podía ser abandonado en ningún caso, referirse audazmente al sentido común (una apelación que siempre prueba que la causa de la razón es dudosa), en lugar de intentar nuevas pruebas dogmáticas.

Dicho esto, si la proposición a probar es una afirmación de la razón pura, y si quiero incluso ir más allá de mis conceptos empíricos recurriendo a las Ideas simples, es aún más necesario que la prueba contenga en sí misma, como condición necesaria de su fuerza demostrativa, la justificación de tal paso dado por la síntesis (suponiendo, por cierto, que fuera posible). La pretendida prueba de la naturaleza simple de nuestra sustancia pensante sobre la base de la unidad de la percepción es, pues, tan bella como pueda parecer, pero se enfrenta, sin embargo, a una dificultad que no se puede descartar: puesto que la simplicidad absoluta no es en ningún caso un concepto que pueda relacionarse inmediatamente con una percepción, sino que simplemente debe concluirse al final de un razonamiento como una Idea, no puede verse cómo la conciencia simple que está contenida en todo pensamiento, o al menos puede estarlo, debería conducirme, aunque sea, como tal, sólo una simple representación, a la conciencia y al conocimiento de una cosa en la que sólo puede estar contenido el pensamiento. Cuando, en efecto, me represento la fuerza de mi cuerpo en movimiento, mi cuerpo es para mí, como tal, una unidad absoluta, y la representación que tengo de él es simple; por consiguiente, puedo expresar esta fuerza también por el movimiento de un punto, porque su volumen, aquí, no hace ninguna diferencia a la materia, y podemos pensar en él, sin ninguna disminución de fuerza, como siendo tan pequeño como queramos, y por lo tanto incluso como incluido en un punto. De esto, sin embargo, no voy a concluir que, si nada me es dado sino la fuerza motriz de un cuerpo, el cuerpo puede ser pensado como una sustancia simple, porque su representación está abstraída de cualquier magnitud de contenido espacial, y es por lo tanto simple. Ahora bien, porque lo simple en la abstracción es muy distinto de lo simple en el objeto, y porque el yo, que en el primer sentido no contiene absolutamente ninguna diversidad en sí mismo, puede ser, en el segundo, donde significa el alma misma, un concepto muy complejo, que por lo demás contiene y designa bajo sí una pluralidad de cosas, descubro un paralogismo. Simplemente, para condenarlo de antemano (pues si uno no hiciera primero tal conjetura, no concebiría absolutamente ninguna duda contra la prueba), es absolutamente necesario tener a su disposición un criterio permanente de la posibilidad de tales proposiciones sintéticas que deben probar más de lo que la experiencia puede dar. Este criterio consiste en el hecho de que la prueba no se aplica directamente al predicado deseado, sino sólo a través de un principio de posibilidad de extender nuestro concepto dado *a priori* hasta las Ideas y de realizar este último. Si recurriéramos siempre a esta precaución, si, antes de buscar todavía la prueba, examináramos primero sabiamente detrás de nosotros cómo y con qué fundamento de esperanza podríamos esperar bien tal extensión por la razón pura, y de dónde podríamos derivar, en esta clase de casos, aquellas observaciones que no pueden desarrollarse a partir de conceptos ni anticipables en relación con la experiencia posible, nos ahorraríamos una gran cantidad de esfuerzos penosos y, sin embargo, infructuosos, ya que no atribuiríamos a la razón nada que exceda manifiestamente su poder, o más bien la someteríamos a la disciplina de la sobriedad, que, en los excesos a que la lleva su deseo de ampliación especulativa, no se deja limitar de buen grado.

La primera regla, pues, es ésta: no intentes ninguna prueba trascendental sin antes reflexionar y justificarte a ti mismo la fuente de la que pretendes extraer los principios sobre los que piensas construir esas pruebas, y establecer con qué derecho puedes esperar el resultado adecuado de tu razonamiento. Si se trata de principios del entendimiento (por ejemplo, el principio de causalidad), entonces es en vano intentar alcanzar las Ideas de la razón pura por medio de ellos; pues tales principios sólo son válidos para objetos de experiencia posible. Si se trata de principios derivados de la razón pura, de nuevo todo el esfuerzo se gasta en vano. En efecto, la razón posee tales principios, pero como principios objetivos son todos dialécticos y, en todo caso, sólo pueden tener valor como principios reguladores del uso sistemáticamente estructurado de la experiencia. Si, no obstante, ya se alegan tales supuestas pruebas, opone a la abusiva convicción el *non liquet* pronunciado por tu madura facultad de juzgar; y, aunque no puedas todavía traspasar la ilusión, tienes, sin embargo, pleno derecho a exigir la deducción de los principios empleados en ellas —que nunca se te proporcionarán si han de derivarse de la simple razón—. Y así, nunca necesitas asumir la tarea de desarrollar y refutar toda apariencia infundada: por el contrario, puedes descartar de inmediato toda dialéctica y sus inagotables artificios, llevándolos ante el tribunal de una razón crítica que exige leyes.

La segunda característica de las pruebas trascendentales es que sólo se puede encontrar una prueba para cada proposición trascendental. Si no es a partir de conceptos como debo concluir, sino a partir de la intuición correspondiente a un concepto, sea intuición pura, como en matemáticas, sea intuición empírica, como en física, la intuición adoptada como fundamento me proporciona diverso material para proposiciones sintéticas que puedo enlazar de más de una manera: en este caso, como puedo partir de más de un punto, es por diversos caminos como puedo llegar a la misma proposición.

En cambio, toda proposición trascendental parte de un solo concepto y expresa la condición sintética de la posibilidad del objeto según este concepto. Por tanto, sólo puede haber un argumento, porque fuera de este concepto no hay nada por lo que pueda determinarse el objeto, y la prueba no puede contener, por tanto, más que la determinación de un objeto en general según este concepto, que también es único. En los Analíticos trascendentales, por ejemplo, derivamos este principio: todo lo que acontece tiene una causa, de la condición única de la posibilidad objetiva de un concepto de lo que acontece en general —a saber, que la determinación de un acontecimiento en el tiempo, en consecuencia, este acontecimiento como perteneciente a la experiencia, sería imposible sin estar sujeto a una regla dinámica de este tipo—. Pero éste es también el único argumento posible; pues sólo en la medida en que, para el concepto, un objeto está determinado por la ley de causalidad, el acontecimiento representado posee validez objetiva, es decir, verdad. Es cierto que se han intentado otras pruebas de este principio, por ejemplo, sobre la base de la contingencia; sin embargo, cuando se examina a la luz del día la prueba referida a la contingencia, no se encuentra otro signo característico de la contingencia que el hecho de producirse, es decir, la existencia que precede a un no-ser del objeto, por lo que siempre volvemos al argumento ya mencionado. Si se quiere demostrar la proposición de que todo lo que piensa es simple, no nos limitamos a la variedad del pensamiento, sino que nos detenemos simplemente en el concepto del yo, que es simple y con el que está relacionado todo pensamiento. Lo mismo puede decirse de la prueba trascendental de la existencia de Dios, que descansa únicamente en la reciprocidad de los conceptos de ser supremamente real y ser necesario, y que de ningún modo puede intentarse de otro modo.

Esta observación preventiva reduce a muy poco la crítica de las afirmaciones de la razón. Allí donde la razón realiza su operación con conceptos simples, es posible una sola prueba, si es que al menos puede haber una. Por eso, en cuanto vemos que el dogmático se presenta con diez pruebas, podemos creer con certeza que en realidad no tiene ninguna. Pues si tuviera una que operara apodícticamente su demostración (como debe ser el caso en materia de razón pura), ¿para qué necesitaría las demás? Su intención es la misma que la del abogado en el Parlamento: tener tal o cual argumento para éste, y tal o cual argumento para aquél, con el fin de convertir en ventaja suya la debilidad de sus jueces que, sin molestarse en examinar el asunto y con el fin de deshacerse rápidamente de él, se apoderan del primer argumento que les asalta y deciden de acuerdo con él.

La tercera regla específica de la razón pura, cuando se somete a una disciplina relativa a las pruebas trascendentales, es que sus pruebas nunca deben ser apagógicas, sino siempre ostensivas. La prueba directa u ostensiva es, en cualquier tipo de conocimiento, aquella que combina la convicción en la verdad y el conocimiento de sus fuentes; la prueba apagógica, en cambio, puede producir ciertamente certeza, pero no conocimiento de la verdad desde el punto de vista de su articulación con los fundamentos de su posibilidad. Por eso las pruebas de este último tipo son más un recurso de urgencia que un procedimiento que satisfaga todos los objetivos de la razón. Sin embargo, en lo que se refiere a las pruebas, tienen una ventaja sobre las pruebas directas, en el sentido de que la contradicción siempre conduce a una mayor claridad de representación que la mejor secuencia, y por tanto se acerca más a la dimensión intuitiva de una demostración.

La verdadera razón por la que se utilizan las pruebas apagógicas en diversas ciencias es la siguiente: cuando los principios de los que se ha de deducir un determinado conocimiento son demasiado diversos o están demasiado profundamente ocultos, se busca si no se puede llegar a ellos por medio de consecuencias. Ahora bien, el *modus ponens,* que consiste en concluir que un conocimiento es verdadero sobre la base de la verdad de sus consecuencias, sólo sería admisible si todas las consecuencias posibles fueran verdaderas; pues, en este caso, en relación con estas consecuencias, sólo hay un fundamento posible, que, por tanto, es también el verdadero. Pero este procedimiento es impracticable, porque está más allá de nuestras facultades percibir todas las consecuencias posibles de una proposición admitida, sea cual fuere; sin embargo, este modo de razonar se utiliza, aunque ciertamente con cierta tolerancia, cuando se trata de probar algo meramente por vía de hipótesis, concediendo el razonamiento por analogía según el cual, si todas las consecuencias que hemos buscado alguna vez concuerdan perfectamente con un principio admitido, todas las demás consecuencias posibles concordarán también con él. En virtud de esto, una hipótesis nunca puede transformarse en una verdad demostrada. El *modus tollens* de los razonamientos silogísticos que concluyen de las consecuencias a los principios constituye una prueba no sólo completamente rigurosa, sino también extremadamente fácil. En efecto, si de una proposición se deduce una sola consecuencia falsa, esa proposición es falsa. Ahora bien, en lugar de recorrer toda la serie de principios que pueden conducir a la verdad de un conocimiento mediante una visión completa de su posibilidad, en una prueba ostensiva, si podemos encontrar una sola consecuencia falsa entre las que se siguen del contrario de este conocimiento, este contrario es también falso, y en consecuencia el conocimiento que teníamos que probar es verdadero.

Sin embargo, el modo apagógico de prueba sólo puede autorizarse en aquellas ciencias en las que es imposible sustituir la dimensión subjetiva de nuestras representaciones por su dimensión objetiva, es decir, por el conocimiento de lo que hay en el objeto. Por otra parte, allí donde prevalece tal posibilidad de sustitución, debe ocurrir con frecuencia que lo contrario de cierta proposición contradiga simplemente las condiciones subjetivas del pensamiento, pero no el objeto, o que las dos proposiciones se contradigan sólo bajo una condición subjetiva falsamente tenida por objetiva, y que, siendo falsa la condición, ambas puedan ser falsas sin que sea posible concluir de la falsedad de una que la otra es verdadera.

En matemáticas, esta subrepción es imposible; por tanto, es allí donde las pruebas apagógicas también encuentran su verdadero lugar. En física, como todo se basa en intuiciones empíricas, esta subrepción puede ciertamente, en la mayoría de los casos, ser evitada por un gran número de observaciones comparativas; pero, incluso allí, este tipo de prueba es, sin embargo, las más de las veces, de poco peso. Por lo que respecta a las tentativas trascendentales de la razón pura, todas ellas se llevan a cabo en el medio propio de la apariencia dialéctica, es decir, en la dimensión de lo subjetivo, que se ofrece, o incluso se impone, a la razón como objetivo en sus premisas. Ahora bien, aquí, por lo que respecta a las proposiciones sintéticas, no puede permitirse en modo alguno justificar las propias afirmaciones procediendo a refutar lo contrario. Pues o bien esta refutación no es más que la mera representación de la contradicción entre la opinión contraria y las condiciones subjetivas que permiten a nuestra razón llegar a un entendimiento, lo cual no sirve en absoluto para rechazar la cosa misma (como sucede, por ejemplo, cuando la necesidad incondicionada en la existencia de un ser no puede ser concebida por nosotros en absoluto, y esto se opone, por tanto, con razón, subjetivamente, a toda prueba especulativa de un ser necesario supremo, pero se opone ilegítimamente a la posibilidad de tal ser originario en sí mismo); o las dos partes, tanto la que afirma como la que niega, toman como fundamento, abusadas como están por la apariencia trascendental, un concepto imposible del objeto, y en este caso se aplica la regla: *non entis nulla sunt praedicata,* es decir, que tanto lo que se dice afirmativamente como lo que se dice negativamente del objeto es, por una y otra parte, inexacto, y que no se puede llegar apagógicamente, por refutación de lo contrario, al conocimiento de la verdad. Así, por ejemplo, si suponemos que el mundo sensible es en sí mismo dado según su totalidad, es falso que deba ser o bien infinito en el espacio, o bien finito y limitado, porque ambas afirmaciones son falsas. Pues los fenómenos (como meras representaciones) que, sin embargo, estarían dados en sí mismos (como objetos) son algo imposible, y la infinitud de este todo imaginado sería ciertamente incondicionada, pero contradiría (puesto que todo en los fenómenos está condicionado) la determinación incondicionada de la cantidad que, sin embargo, se supone en el concepto.

El modo apagógico de la prueba es, por lo demás, la verdadera ilusión por la que se han engañado siempre los que admiran la solidez de nuestros razonamientos dogmáticos: esta prueba evoca, por así decirlo, al campeón que pretende probar el honor y el derecho indiscutible del partido al que se ha adherido empeñándose en combatir con cualquiera que lo ponga en duda, aunque mediante tal jactancia no se establezca nada sobre la cosa en sí, sino que sólo conduce a determinar las fuerzas respectivas de los adversarios, e incluso, a decir verdad, sólo las del lado del agresor. Cuando los espectadores ven que cada bando es a veces el vencedor, a veces el vencido, aprovechan a menudo la ocasión para empezar a dudar, de manera escéptica, del objeto mismo del conflicto. Al menos no tienen motivos para hacerlo, y basta con gritarles: *non defensoribus istis tempus eget.* Cada uno debe defender su caso mediante una prueba legítima que se desarrolle por la deducción trascendental de argumentos, es decir, directamente, para que se vea lo que las pretensiones de su razón pueden avanzar a su favor. Pues si su oponente se apoya en principios subjetivos, ciertamente le resulta fácil refutarlo, pero sin ninguna ventaja para el dogmático, que suele estar igual de apegado a los fundamentos subjetivos del juicio y que, por tanto, de la misma manera puede verse acorralado por su oponente. Si, por el contrario, ambas partes proceden únicamente de un modo directo, o bien ellas mismas advertirán la dificultad, cuando no la imposibilidad, de encontrar un título que apoye sus afirmaciones, y al final sólo podrán apelar a la prescripción; o bien el crítico descubrirá fácilmente la apariencia dogmática y obligará a la razón pura a renunciar a sus pretensiones demasiado elevadas al uso especulativo y a replegarse dentro de los límites del terreno que le es propio, a saber, el de los principios prácticos.

Segunda sección de la metodología trascendental

El canon de la razón pura

Es humillante para la razón humana no llegar a nada en su uso puro, e incluso necesitar todavía disciplina para contener sus excesos y evitar las ilusiones que de ellos se derivan. Pero, por otra parte, lo que la eleva y le da confianza en sí misma es que ella misma puede y debe ejercer esta disciplina, sin admitir ninguna otra censura por encima de ella —a lo que se añade al mismo tiempo el hecho de que los límites que se ve obligada a imponer a su uso especulativo limitan igualmente las pretensiones dialécticas de cualquier adversario, y que, en consecuencia, puede asegurar contra todos los ataques lo que aún pueda quedar de sus exigencias anteriormente excesivas—. La mayor y quizá la única utilidad de toda filosofía de la razón pura es, pues, sin duda, sólo negativa: en efecto, no es un Organon para extender el conocimiento, sino una disciplina para determinar sus límites, y en lugar de descubrir la verdad, tiene el discreto mérito de evitar los errores.

Sin embargo, en alguna parte debe existir una fuente de conocimiento positivo que pertenece al dominio de la razón pura y que tal vez sólo por malentendidos da ocasión a errores, pero que de hecho constituye el fin perseguido por la razón. Pues, ¿a qué causa, si no es a atribuir el deseo irreprimible de encontrar algún lugar donde poner pie firme absolutamente más allá de los límites de la experiencia? Sospecha que encontrará objetos de gran interés para ella. Toma el camino de la especulación pura para acercarse a esos objetos, pero éstos le huyen. Probablemente sea mejor esperar un mayor éxito en el único camino que le queda, a saber, el del uso práctico.

Por canon entiendo el conjunto de principios *a priori* para el uso legítimo de ciertas facultades del conocimiento en general. Así, la parte analítica de la Lógica general constituye un canon para el entendimiento y para la razón en general, pero sólo en cuanto a la forma, ya que se abstrae de todo contenido. Así, la Analítica trascendental era el canon del entendimiento puro, pues sólo éste es capaz de un verdadero conocimiento sintético *a priori*. Pero donde no es posible el uso legítimo de una facultad de conocimiento, no hay canon. Ahora bien, según todas las pruebas producidas hasta ahora, todo conocimiento sintético de la razón pura en su uso especulativo es completamente imposible. No hay, pues, canon del uso especulativo de la razón (pues tal uso es dialéctico en toda su extensión), sino que toda lógica trascendental no es a este respecto otra cosa que una disciplina. Por consiguiente, si hay en alguna parte un uso legítimo de la razón pura, en cuyo caso hay también, necesariamente, un canon de ella, este canon no se referirá al uso especulativo, sino al uso práctico de la razón, que investigaremos ahora.

Capítulo primero del canon de la razón pura
Sobre el fin último del uso puro de nuestra razón

La razón está impulsada por una propensión propia de su naturaleza a ir más allá de su uso empírico, a aventurarse, en un uso puro y por medio de simples Ideas, hasta los límites más lejanos de todo conocimiento, y a no encontrar reposo más que en la plenitud de su esfera, bajo la forma de un todo sistemático que posee su propia consistencia. Pero, ¿esta tendencia se basa simplemente en su interés especulativo, o no se basa únicamente en su interés práctico?

Dejaré ahora de lado el éxito de la razón pura desde el punto de vista especulativo, y consideraré únicamente aquellos problemas cuya solución constituye su fin último, pueda o no alcanzarlo, en relación con el cual todos los demás fines tienen el valor meramente de medios. Según la naturaleza de la razón, estos fines supremos deben poseer a su vez su unidad, para promover en común aquel interés de la humanidad que no está subordinado a ningún otro que le sea superior.

El fin último alcanzado por la especulación de la razón en uso trascendental concierne a tres objetos: la libertad de la voluntad, la inmortalidad del alma y la existencia de Dios. Con respecto a los tres, el interés meramente especulativo de la razón es sólo muy limitado, y en vista de ello es sin duda difícil emprender una tarea fatigosa, tropezando constantemente con obstáculos, como es la de la investigación trascendental, ya que no podemos hacer, de todos los descubrimientos susceptibles de intervenir en la materia, en todo caso ningún uso que pruebe su utilidad *in concreto,* es decir, en el estudio de la naturaleza. Aunque la voluntad fuese libre, esto sólo podría referirse a la causa inteligible de nuestra voluntad. En efecto, por lo que se refiere a los fenómenos que constituyen expresiones de esta voluntad, es decir, las acciones, estamos obligados, según una máxima fundamental inviolable sin la cual no podríamos ejercer ningún uso empírico de nuestra razón, a no explicarlos nunca de manera diferente a todos los demás fenómenos de la naturaleza, es decir, según las leyes inmutables de la naturaleza. Aunque, en segundo lugar, pudiera vislumbrarse la naturaleza espiritual del alma (y con ella su inmortalidad), ésta no podría, sin embargo, tenerse en cuenta ni como principio de explicación respecto a los fenómenos de esta vida ni respecto a la naturaleza particular del estado futuro, porque nuestro concepto de una naturaleza incorpórea sólo es negativo y no amplía en lo más mínimo nuestro conocimiento ni proporciona ningún material disponible para extraer otras consecuencias que las que sólo pueden tener el valor de ficciones, pero que la filosofía no puede conceder. Incluso si, en tercer lugar, se demostrara la existencia de una inteligencia suprema, podríamos ciertamente comprender lo que hay de final en la disposición y el orden del mundo en general, pero no estaríamos autorizados a deducir de ello ninguna disposición u orden particular, ni, cuando no los percibiéramos, a tener la audacia de concluir que existen. En efecto, es una regla necesaria del uso especulativo de la razón no dejar de lado las causas naturales y no renunciar a lo que la experiencia puede enseñarnos, para derivar algo que conocemos de lo que está enteramente más allá de todo nuestro conocimiento. En una palabra, estas tres proposiciones permanecen siempre trascendentales para la razón especulativa, y no tienen ningún uso inmanente, es decir, ningún uso admisible para los objetos de la experiencia y, por tanto, útil para nosotros en modo alguno; por el contrario, si las consideramos en sí mismas, corresponden a esfuerzos completamente inútiles y, lo que, es más, desde este punto de vista, extremadamente penosos por parte de nuestra razón.

Si, pues, estas tres proposiciones cardinales no son en modo alguno necesarias para que las conozcamos, y, sin embargo, nos son recomendadas enfáticamente por nuestra razón, su importancia sólo puede referirse propiamente a la dimensión práctica.

Todo lo que es posible mediante la libertad es práctico. Pero si las condiciones del ejercicio de nuestro libre albedrío son empíricas, la razón sólo puede tener en ellas un uso regulador, y sólo puede servir para realizar la unidad de las leyes empíricas; así, por ejemplo, en la doctrina de la prudencia, la reunión de todos los fines que nos proponen nuestras inclinaciones en un solo fin: la felicidad y la combinación de los medios para alcanzarlo constituyen toda la obra de la razón, que sólo puede proporcionar a este destino leyes pragmáticas de conducta libre, con vistas a alcanzar los fines que nos recomiendan los sentidos, y no, por tanto, leyes puras, determinadas completamente *a priori*. En cambio, las leyes prácticas puras, cuyo fin enuncian vendría dado completamente *a priori* por la razón, y que no mandarían de un modo empíricamente condicionado, sino absolutamente, serían productos de la razón pura. Ahora bien, se trata de leyes morales; por consiguiente, sólo ellas entran en el uso práctico de la razón pura y autorizan un canon.

Todo el aparato que la razón pone en marcha en la obra que puede llamarse filosofía pura se dirige, en efecto, únicamente a los tres problemas mencionados. Pero éstos responden a su vez a un objetivo más lejano, a saber, determinar lo que debe hacerse si la voluntad es libre, si existe un dios y un mundo futuro. Ahora bien, en la medida en que nos ocupamos aquí de nuestra conducta en relación con el fin supremo, la intención última de la naturaleza, en su sabia preocupación por nuestro destino al disponer de nuestra razón, se dirige únicamente a la dimensión moral.

Dicho esto, puesto que dirigimos nuestra atención a un objeto ajeno a la filosofía trascendental, se impone una gran cautela para no perderse en episodios y dañar la unidad del sistema, como también se impone, por otra parte, una gran cautela para no perder claridad o persuasión diciendo demasiado poco sobre este nuevo tema. Espero cumplir este doble requisito manteniéndome lo más cerca posible de lo trascendental y dejando completamente de lado todo lo que pueda ser psicológico, es decir, empírico, en este registro.

Y a este respecto hay que señalar en primer lugar que en lo sucesivo utilizaré el concepto de libertad sólo en sentido práctico, y que dejo de lado aquí, como cuestión tratada anteriormente, este concepto entendido en su significado trascendental, que no puede ser asumido empíricamente como principio de explicación de los fenómenos, sino que constituye él mismo un problema para la razón. Un árbitro es meramente animal *(arbitrium brutum)* si no puede ser determinado más que por impulsos sensibles, es decir, patológicamente. En cambio, lo que puede determinarse independientemente de los impulsos sensibles, y por tanto por motivos que sólo la razón puede imaginar, se llama libre albedrío *(arbitrium liberum),* y todo lo relacionado con él, ya sea como principio o como consecuencia, se llama práctico. La libertad práctica puede demostrarse por la experiencia. Pues no es simplemente lo que atrae, es decir, lo que afecta inmediatamente a los sentidos, lo que determina el *arbitrium* humano, sino que tenemos el poder de superar, mediante representaciones de lo que, aún más remotamente, es útil o perjudicial, las impresiones producidas en nuestro poder sensible de desear: estas reflexiones sobre lo que es deseable en relación con todo nuestro estado, es decir, sobre lo que es bueno y útil, se basan, sin embargo, en la razón. Por tanto, la razón proporciona también leyes que son imperativas, es decir, leyes objetivas de la libertad, y que dicen lo que debe suceder, aunque no suceda nunca, y en esto se distinguen de las leyes de la naturaleza, que sólo tratan de lo que sucede, por lo que también se llaman leyes prácticas.

Pero en cuanto a la cuestión de si la razón misma, en aquellos actos por los que prescribe leyes, no está a su vez determinada por influencias exteriores a ella, y si lo que se llama libertad de los impulsos sensibles no podría ser a su vez naturaleza en relación con causas superiores y más remotas, esto no tiene importancia para nosotros en la esfera práctica, en la medida en que nos limitamos aquí a pedir a la razón sobre todo que prescriba la conducta. Se trata, en efecto, de una cuestión meramente especulativa que podemos dejar de lado mientras nuestro objetivo sea definir lo que debemos o no debemos hacer. Conocemos, pues, la libertad práctica frente a la experiencia como constitutiva de una de las causas naturales, a saber, una causalidad de la razón en la determinación de la voluntad, mientras que la libertad trascendental requiere una independencia de esta razón misma (desde el punto de vista de su capacidad para inaugurar causalmente una serie de fenómenos) respecto de todas las causas determinantes del mundo sensible, y como tal parece contraria a la ley de la naturaleza, en consecuencia a toda experiencia posible, y por ello sigue siendo un problema. El hecho es que, para la razón, este problema no forma parte del uso práctico, y que en este sentido, en un canon de la razón pura, sólo se trata de dos cuestiones que conciernen al interés práctico de la razón pura y en relación con las cuales debe ser posible un canon de su uso: ¿Existe Dios? ¿Existe una vida futura? La cuestión relativa a la libertad trascendental concierne sólo al conocimiento especulativo, y podemos dejarla de lado como completamente indiferente cuando se trata de lo práctico, y como una cuestión sobre la que ya hemos dado explicaciones suficientes en la Antinomia de la razón pura.

Capítulo segundo del canon de la razón pura

Sobre el ideal del bien soberano como principio para determinar el fin último de la razón pura

La razón nos ha conducido, en su uso especulativo, a través del campo de la experiencia y, puesto que para ella nunca puede encontrarse en él una satisfacción completa, nos ha conducido desde allí a las Ideas especulativas, las cuales, sin embargo, nos han conducido finalmente a su vez de nuevo a la experiencia y han cumplido así su finalidad de un modo ciertamente útil, pero que en modo alguno ha estado de acuerdo con nuestras expectativas. Dicho esto, nos queda aún por intentar, en torno a la cuestión de si la razón pura puede encontrarse también en el uso práctico, si nos conduce, en este uso, a Ideas que alcanzan los fines supremos de la razón pura, tal como acabamos de mencionarlos, y si no podría, por tanto, desde el punto de vista de su interés práctico, proporcionarnos lo que nos niega total y resueltamente desde el punto de vista de su interés especulativo.

Todos los intereses de mi razón (tanto especulativos como prácticos) confluyen en las tres cuestiones siguientes:

1. ¿Qué puedo conocer?
2. ¿Qué debo hacer?
3. ¿Qué puedo esperar?

La primera pregunta es meramente especulativa. Hemos agotado (como me halago de haberlo hecho) todas las respuestas posibles a esta pregunta y encontrado finalmente aquella con la que la razón debe en verdad estar satisfecha y con la que incluso tiene, cuando no considera la esfera práctica, motivos para estar satisfecha; sin embargo, con respecto a los dos grandes fines propiamente perseguidos por todo este esfuerzo de la razón pura, hemos permanecido tan lejos de alcanzarlos como si, por negligencia despreocupada, hubiéramos rehuido desde el principio este trabajo. Si, pues, lo que está en juego es el conocimiento, al menos es cierto y decidido que, en relación con estos dos problemas, nunca sabremos tomar parte en ellos.

La segunda cuestión es simplemente práctica. Puede ciertamente, como tal, pertenecer a la razón pura; no es, sin embargo, trascendental, sino moral: por consiguiente, no puede en sí misma concernir a nuestra Crítica.

La tercera cuestión, a saber: si hago lo que debo, ¿qué me está permitido esperar?, es práctica y teórica a la vez, de tal modo que la práctica sólo conduce como un hilo a la solución de la cuestión teórica y, cuando ésta se eleva, a la de la cuestión especulativa. Pues toda esperanza apunta a la felicidad, y es, en relación con la práctica y la ley moral, lo que el conocimiento y la ley de la naturaleza son en relación con el conocimiento teórico de las cosas. La esperanza lleva, en definitiva, a la conclusión de que algo es (que determina el último fin posible) porque algo debe suceder; y el conocimiento lleva a la conclusión de que algo es (que actúa como causa suprema) porque algo sucede.

La felicidad es la satisfacción de todas nuestras inclinaciones (tanto extensivas, en cuanto a su variedad, como intensivas, en cuanto a su grado, e incluso protensivas, desde el punto de vista de su duración). Llamo ley pragmática (regla de prudencia) a la ley práctica que toma como motivo la felicidad; en cambio, llamo ley moral (ley moral) a la ley que, en la medida en que existe, sólo toma como motivo el hecho de ser digno de felicidad. La primera nos dice lo que debemos hacer si queremos participar de la felicidad; la segunda nos dice cómo debemos comportarnos si queremos simplemente hacernos merecedores de la felicidad. La primera se basa en principios empíricos, pues sólo puedo saber por experiencia qué inclinaciones quieren ser satisfechas y qué causas naturales pueden producir su satisfacción. La segunda prescinde de las inclinaciones y de los medios naturales para satisfacerlas, y considera sólo la libertad de un ser razonable en general, y las condiciones necesarias bajo las cuales sólo ella concuerda, según principios, con la distribución de la felicidad, y en este sentido puede al menos apoyarse en simples Ideas de la razón pura y ser conocida *a priori.*

Admito que hay, en efecto, leyes morales puras que determinan completamente *a priori* (sin tener en cuenta los motivos empíricos, es decir, la felicidad) lo que se debe hacer y lo que no se debe hacer, es decir, el uso de la libertad de un ser razonable en general; admito también que estas leyes mandan absolutamente (y no meramente hipotéticamente, bajo el supuesto de otras leyes empíricas) y, por tanto, que son necesarias en todos los aspectos. Esta es una proposición que puedo asumir con razón, no sólo sobre la base de la evidencia de los moralistas más ilustrados, sino también sobre la base del juicio moral de cualquier hombre que quiera imaginar claramente una ley de este tipo.

La razón pura contiene, pues, no ciertamente en su uso especulativo, sino en un cierto uso práctico, a saber, el uso moral, principios de la posibilidad de la experiencia, es decir, de las acciones que, de acuerdo con las prescripciones morales, podrían encontrarse en la historia del ser humano. En efecto, puesto que ordena que tales acciones deben ocurrir, es también necesario que puedan ocurrir, y es por tanto necesario que sea posible un tipo particular de unidad sistemática, a saber, la unidad moral, mientras que la unidad sistemática de la naturaleza no podría probarse según los principios especulativos de la razón, porque la razón posee ciertamente causalidad con respecto a la libertad en general, pero no con respecto a la naturaleza en su conjunto, y los principios morales pueden ciertamente producir acciones libres, pero no las leyes de la naturaleza. Por consiguiente, los principios de la razón pura en su uso práctico, es decir, en su uso moral, tienen una realidad objetiva.

Llamo mundo moral al mundo en cuanto sería conforme a todas las leyes morales (tal como puede ser, por tanto, según la libertad de los seres razonables, y tal como debe ser según las leyes necesarias de la moralidad). En este sentido, se piensa simplemente como un mundo inteligible, ya que se prescinde de todas las condiciones (fines) de la moralidad e incluso de todos los obstáculos que encuentra en este mundo (debilidad o corrupción de la naturaleza humana). Se trata, pues, en este sentido, de una simple Idea, pero, sin embargo, de una Idea práctica que puede y debe ejercer efectivamente su influencia sobre el mundo sensible, para hacerlo conforme en la medida de lo posible a esta Idea. La Idea de un mundo moral tiene, pues, una realidad objetiva, no como si se relacionara con un objeto de intuición inteligible (no podemos concebir tales objetos), sino en cuanto se relaciona con el mundo sensible, al menos en el sentido de que constituye un objeto de la razón pura en su uso práctico y un *corpus mysticum* de seres razonables en él, en la medida en que su libre albedrío, bajo las leyes morales, posee en sí mismo una unidad sistemática integral, tanto consigo mismo como con la libertad de cualquier otro.

Esta era la respuesta a la primera de las dos preguntas de la razón pura que se referían al interés práctico: haz lo que pueda hacerte digno de la felicidad. La segunda pregunta es cómo, si me comporto de tal modo que no sea indigno de la felicidad, puedo esperar también con ello poder participar en ella. Para responder a esta pregunta, es importante saber si los principios de la razón pura que prescriben la ley *a priori* vinculan también necesariamente esta esperanza a ella.

Digo, pues, que así como los principios morales son necesarios, según la razón, en su uso práctico, también es necesario admitir, según la razón en su uso teórico, que cada persona tiene motivos para esperar la felicidad en el mismo grado en que, por su conducta, se ha hecho digna de ella, y que en este sentido el sistema de la moral está inseparablemente unido al de la felicidad, pero sólo en la idea de la razón pura.

Ahora bien, en un mundo inteligible, es decir, en un mundo moral, para cuyo concepto prescindimos de todos los obstáculos a la moralidad (inclinaciones), tal sistema de felicidad, en el que la felicidad estaría proporcionalmente ligada a la moralidad, puede pensarse también como necesario, puesto que la libertad, en parte movida, en parte restringida, por leyes morales, sería ella misma la causa de la felicidad universal, y los seres razonables serían, por tanto, ellos mismos, bajo la guía de tales principios, los autores de su propia felicidad constante, así como de la de los demás. El hecho es que este sistema de moralidad auto-recompensante es sólo una Idea, cuya puesta en práctica depende de la condición de que cada uno haga lo que debe, es decir, que todas las acciones de los seres razonables ocurran como si procedieran de una voluntad suprema que incluye en ella o bajo ella a cada árbitro privado. Pero, en la medida en que la obligación resultante de la ley moral sigue aplicándose a cualquier uso particular de la libertad aunque los demás no se comporten de acuerdo con esta ley, ni la naturaleza de las cosas del mundo ni la causalidad de las acciones mismas y su relación con la moral determinan cuáles son sus consecuencias en relación con la felicidad; y el vínculo necesario, antes mencionado, que une la esperanza de ser feliz con el esfuerzo constante por hacerse merecedor de la felicidad no puede ser reconocido por la razón si nos limitamos a tomar la naturaleza como fundamento: por el contrario, tal vínculo sólo puede esperarse si una razón suprema que ordena según leyes morales es al mismo tiempo, como causa de la naturaleza, tomada como su fundamento.

La idea de tal inteligencia, en la que la voluntad moralmente más perfecta, asociada a la beatitud suprema, es la causa de toda felicidad en el mundo, en cuanto está en exacta proporción con la moralidad (es decir, con lo que hace digno de felicidad), la llamo el ideal del bien soberano. Por consiguiente, la razón pura sólo puede encontrar en el ideal del bien soberano originario el fundamento del vínculo prácticamente necesario entre los dos elementos del bien soberano derivado, que corresponde a un mundo inteligible, es decir, moral. Ahora bien, puesto que debemos representarnos necesariamente por la razón como pertenecientes a tal mundo, aunque los sentidos no nos presenten más que un mundo de fenómenos, debemos aceptar también este mundo inteligible como consecuencia de nuestra conducta en el mundo sensible y, en la medida en que éste no nos proporcione tal vínculo, como un mundo futuro para nosotros. Dios y una vida futura son, pues, según los principios de la razón pura, dos presupuestos inseparables de la obligación que nos impone esa misma razón.

La moral constituye en sí misma un sistema, pero no puede decirse lo mismo de la felicidad, a menos que se distribuya de un modo exactamente coherente con la moral. Esto sólo es posible en el mundo inteligible, ya que está sometido a la sabiduría de quien lo ha creado y lo gobierna. La razón se ve obligada, pues, a admitir tal autor, así como la vida en un mundo que debemos considerar como un mundo futuro, a menos que consideremos las leyes morales como vanas quimeras, ya que lo que necesariamente resulta de estas leyes, y que la misma razón vincula a ellas, sólo podría desaparecer sin este presupuesto. Esta es también la razón por la que todo el mundo considera las leyes morales como mandamientos, lo que no podrían ser si no vincularan *a priori* consecuencias proporcionadas a las normas que enuncian y, por tanto, si no llevaran consigo promesas y amenazas. Pero esto es también lo que no podrían hacer si no se encontraran en un ser necesario constitutivo del bien soberano, el único que puede hacer posible tal unidad finalizada.

Leibniz llamó al mundo reino de la gracia, en la medida en que en él sólo se toman en consideración los seres razonables y el modo en que se ponen de acuerdo, según las leyes morales, bajo el gobierno del bien soberano, y lo distinguió del reino de la naturaleza, en el que estos seres están ciertamente sometidos a las leyes morales, pero no esperan de su conducta otra consecuencia que la que está de acuerdo con el modo en que la naturaleza del mundo sensible sigue su curso. Es, pues, una idea prácticamente necesaria de la razón el percibirnos como pertenecientes al reino de la gracia, en el que nos espera toda la felicidad, a menos que nosotros mismos restrinjamos la parte que podemos tomar en él por la forma en que nos mostramos indignos de ser felices.

Las leyes prácticas, en cuanto son al mismo tiempo razones subjetivas de las acciones, es decir, principios subjetivos, se llaman máximas. La apreciación de la moral, en su pureza y consecuencias, se realiza según ideas; la obediencia a sus leyes, según máximas.

Es necesario que toda la conducta de nuestra vida esté subordinada a las máximas morales; pero al mismo tiempo es imposible que esto suceda a menos que la razón conecte a la ley moral, que es una mera Idea, una causa eficiente que determine para nuestra conducta según esta ley un resultado, ya sea en esta vida o en otra, que corresponda exactamente a nuestros fines supremos. Por consiguiente, sin un Dios y sin un mundo que no nos es realmente visible, pero en el que ponemos nuestra esperanza, las Ideas grandiosas de la moral son ciertamente objetos de aprobación y admiración, pero no motivos de intención y de realización, porque no cumplen enteramente el fin que se asigna a todo ser razonable de un modo natural y *a priori* precisamente por esta misma razón pura.

Para nuestra razón, la felicidad por sí sola no es el bien completo. No la aprueba como tal (por mucho que la inclinación la desee), a menos que esté asociada a lo que nos hace dignos de la felicidad, es decir, a una buena conducta moral. No es menos cierto que la moral, y con ella el simple hecho de ser digno de felicidad, no constituyen por sí mismas el bien completo. Para que el bien alcance su plenitud, la persona que se ha comportado de tal manera que no es indigna de la felicidad debe poder esperar participar en ella. Incluso la razón, que está libre de todo objetivo personal, no puede juzgar de otro modo, cuando, sin tener en cuenta ningún interés particular, se ha puesto en el lugar de un ser que tendría que distribuir toda la felicidad a los demás; pues en la Idea práctica los dos elementos están unidos por esencia, aunque el vínculo se establezca de tal modo que sea la disposición moral la que, como condición, haga posible primero la participación en la felicidad, y no, a la inversa, la perspectiva de la felicidad la que haga posible la disposición moral.

En este último caso, la disposición no sería moral, y por tanto no sería merecedora de toda la felicidad que, ante la razón, no conoce otra limitación que la que resulta de nuestra propia conducta inmoral.

La felicidad, en la proporción exacta que la liga a la moralidad de los seres razonables, por la que son dignos de ella, es, pues, el único bien soberano de un mundo en el que, según los preceptos de la razón pura, pero razón práctica, debemos situarnos absolutamente, y que no es en verdad más que un mundo inteligible, puesto que el mundo sensible no nos promete, por la naturaleza de las cosas, tal unidad sistemática de fines: un mundo, por lo demás, cuya realidad no puede fundarse más que en el presupuesto de un soberano bien originario, donde una razón autónoma, dotada de todo lo que una causa suprema tiene de suficiente en sí misma, funda, mantiene y realiza, según la más perfecta finalidad, el orden que reina universalmente en las cosas, aunque nos esté, en el mundo sensible, muy profundamente oculto.

Esta teología moral tiene, pues, la ventaja específica sobre la teología especulativa de que conduce inevitablemente al concepto de un ser original único, soberanamente perfecto y razonable, sobre el que la teología especulativa ni siquiera nos proporciona indicaciones a partir de fundamentos objetivos, y sobre el que, *a fortiori,* no podría convencernos. Pues no encontramos ni en la teología trascendental ni en la teología natural, hasta donde la razón puede llevarnos aquí, una sola razón significativa para admitir un solo ser que pudiéramos anteponer a todas las causas naturales, y del que tuviéramos al mismo tiempo una razón para hacer depender estas causas en todos los aspectos. Por el contrario, cuando nos preguntamos, desde el punto de vista de la unidad moral como constitutiva de una ley necesaria del mundo, acerca de la causa capaz de dar a esta ley el efecto que le corresponde y, por consiguiente, de darle también fuerza obligatoria para nosotros, es preciso que se trate de una sola voluntad suprema, que incluya en sí todas estas leyes. Pues ¿cómo podemos esperar encontrar entre distintas voluntades una perfecta unidad de fines? Esta voluntad ha de ser necesariamente omnipotente, para que a ella esté sometida toda la naturaleza y su relación con la moral del mundo; omnisciente, para que conozca lo más íntimo de las disposiciones y su valor moral; omnipresente, para que esté inmediatamente disponible a cualquier necesidad que surja del bien supremo; eterna, para que este acuerdo de naturaleza y libertad no falte en ningún momento, etc.

Pero esta unidad sistemática de los fines en este mundo de las inteligencias, que, considerado como mera naturaleza, sólo puede llamarse mundo sensible, pero que, en cuanto constituye un sistema de libertad, puede llamarse mundo inteligible, es decir, mundo moral *(regnum gratiae),* esta unidad conduce también inevitablemente, para todas las cosas que componen este gran conjunto, a una unidad finalizada según leyes universales de la naturaleza, del mismo modo que la primera unidad se establece según leyes morales universales y necesarias: une así la razón práctica con la razón especulativa. El mundo debe ser representado como originado de una Idea, si se quiere que

sea coherente con el uso de razón sin el cual nosotros mismos nos comporta-
ríamos de una manera indigna de la razón, a saber, el uso moral, en la medida
en que este último descansa absolutamente en la Idea del bien supremo. Es
por ello que toda investigación de la naturaleza recibe una orientación que la
conduce hacia la forma de un sistema de fines, y que se convierte, en su desarrollo supremo, en una teología física. Pero esta teología, al menos en la medida en que toma su punto de partida en el orden moral, como unidad fundada
en la esencia de la libertad y no establecida contingentemente por mandatos
externos, relaciona la finalidad de la naturaleza con fundamentos que sólo
pueden estar inseparablemente ligados *a priori* a la posibilidad interna de las
cosas, y así a una teología trascendental que convierte el ideal de la suprema perfección ontológica en un principio de unidad sistemática que vincula
todas las cosas según leyes universales y necesarias de la naturaleza, ya que
todas tienen su origen en la necesidad absoluta de un ser original único.

　　¿Qué uso podemos hacer de nuestro entendimiento, incluso en relación
con la experiencia, si no nos proponemos fines? Pero los fines supremos son
los de la moral, y sólo la razón pura puede dárnoslos a conocer. Queda el
hecho de que, equipados con estos fines y tomándolos como hilo conductor,
no podemos hacer ningún uso consecuente, desde el punto de vista del conocimiento, del conocimiento que nos dan de la naturaleza misma, donde la
naturaleza misma no inscribe una unidad finalizada: sin esta unidad, en efecto,
ni siquiera tendríamos razón, puesto que no tendríamos para ella esa escuela
y esa cultura que pasan por los objetos proporcionando el material necesario
para tales conceptos. Ahora bien, la primera unidad finalizada es necesaria
y está fundada en la esencia del árbitro mismo; por tanto, la segunda, que
contiene la condición para la aplicación de la primera *in concreto,* necesariamente ha de serlo también, y así la elevación trascendental en potencia de
nuestro conocimiento racional no sería la causa, sino simplemente el efecto
de la finalidad práctica que nos impone la razón pura.

　　Por eso encontramos también en la historia de la razón humana que antes de que los conceptos morales hubieran sido suficientemente refinados y
determinados, y antes de que la unidad sistemática de los fines hubiera sido
vislumbrada a partir de estos conceptos, y más precisamente a partir de los
principios necesarios, el conocimiento de la naturaleza e incluso la forma en
que el cultivo de la razón había alcanzado un grado considerable en muchas
otras ciencias, en parte no produjo más que conceptos toscos y a tientas de la
divinidad, en parte dejó una indiferencia demasiado asombrosa, en general,
a esta cuestión. Una mayor elaboración de las ideas morales, hecha necesaria
por la ley moral extremadamente pura que caracteriza a nuestra religión, agu-
zó la razón hacia este objeto por el interés que la obligó a tomar en él; y sin
ninguna contribución de un conocimiento más extenso de la naturaleza, o de
concepciones trascendentales exactas y fiables (que siempre han faltado), estas ideas morales pusieron en su lugar un concepto de la instancia divina que
ahora consideramos como el concepto correcto, no porque la razón especu-

lativa nos persuada de su rectitud, sino porque concuerda perfectamente con los principios morales de la razón. Y así, en definitiva, sigue siendo la pura razón sola, pero sólo en su uso práctico, la que tiene el mérito de vincular a nuestro interés supremo un conocimiento sobre el que la mera especulación puede engañarse a sí misma, pero que no puede hacer válido, y de convertirlo así, no ciertamente en un dogma demostrado, pero sí, sin embargo, en un presupuesto absolutamente necesario en sus fines esenciales.

Dicho esto, cuando la razón práctica ha llegado a este punto culminante, me refiero al concepto de un único ser originario como constitutivo del bien soberano, no puede en modo alguno tener la audacia de actuar como si se hubiera elevado por encima de todas las condiciones empíricas de su aplicación y como si se hubiera remontado al conocimiento inmediato de nuevos objetos, para partir de este concepto y deducir de él las leyes morales mismas. Pues estas leyes eran precisamente lo que la necesidad práctica interna nos había llevado a la suposición de una causa autónoma o de un sabio gobernador del mundo que diera a estas leyes su efecto; y por consiguiente no podemos considerarlas entonces a su vez como contingentes y como deducidas de la mera voluntad, especialmente de una voluntad de la que no tendríamos ningún concepto si no la hubiéramos forjado de acuerdo con estas leyes. En la medida en que la razón práctica tenga derecho a guiarnos, no consideraremos nuestras acciones como obligatorias porque sean mandamientos de Dios, sino que las consideraremos como mandamientos divinos porque estamos interiormente obligados a ellos. Estudiaremos la libertad entendida bajo la unidad final según los principios de la razón, y nos creeremos conformes a la voluntad divina sólo en la medida en que consideremos sagrada la ley moral que la razón nos enseña a partir de la naturaleza de las acciones mismas, del mismo modo que nos creeremos servidores de esta ley sólo promoviendo el bien del mundo en nosotros mismos y en los demás. La teología moral sólo tiene, pues, un uso inmanente, a saber, el que nos permite cumplir nuestro destino aquí abajo, en el mundo, ocupando nuestro lugar en el sistema de todos los fines, y no desistir, cayendo presa de una exaltación del espíritu o incluso permitiéndonos caer en una temeridad culpable, el hilo conductor de una razón moralmente legisladora en la recta conducción de nuestra vida, para vincularla inmediatamente a la Idea del ser supremo —lo que constituiría un uso trascendente, pero que, como el de la mera especulación, sólo puede subvertir y derrotar los fines últimos de la razón.

Capítulo tercero del canon de la razón pura

Sobre la opinión, el saber y las creencias

Una afirmación es un hecho de nuestro entendimiento, que puede basarse en principios objetivos, pero que también requiere causas subjetivas en la mente de la persona que emite el juicio. Cuando el hecho de sostener la propia afirmación tiene validez para todo el mundo, en la medida en que simplemente tiene razón, aquello en lo que se basa es objetivamente suficiente, y la afirmación se denomina entonces convicción. Si la afirmación se basa únicamente en la naturaleza particular del sujeto, se denomina persuasión.

La persuasión es una mera apariencia, porque la base del juicio, que reside únicamente en el sujeto, se considera objetiva. Por ello, un juicio de este tipo sólo tiene un valor personal, y la credibilidad no se puede comunicar. Pero la verdad descansa en la concordancia con el objeto, en relación con el cual, por tanto, deben concordar los juicios de todo entendimiento *(consentientia uni tertio, consentiunt inter se)*. La piedra de toque de la credibilidad, para reconocer si es convicción o mera persuasión, es, pues, de modo externo, la posibilidad de comunicarla, y de constatar que la credibilidad posee validez para la razón de todo ser humano, pues, por lo menos, es una presunción que la razón del acuerdo de todos los juicios, independientemente de la diversidad de sujetos entre sí, descansará sobre el fundamento común, a saber, el objeto, con el que, en consecuencia, todos estarán de acuerdo, probando así la verdad del juicio.

Por tanto, la persuasión no puede distinguirse subjetivamente de la convicción, si el sujeto considera la creencia simplemente como un fenómeno de su propia mente; Sin embargo, la manera en que ponemos a prueba, en el entendimiento de otras personas, los fundamentos de esta creencia que para nosotros poseen un valor, con el fin de determinar si producen en una razón extraña exactamente el mismo efecto que en la nuestra, es no obstante un medio, ciertamente sólo subjetivo, no por supuesto de producir convicción, pero, sin embargo, de descubrir la validez simplemente personal del juicio, es decir algo que en él pertenece únicamente a la persuasión.

Si, además, podemos explicitar las causas subjetivas del juicio, causas que tomamos como razones objetivas de este juicio, y en consecuencia explicitar la credibilidad engañosa como un hecho que ocurre en nuestra mente, sin necesitar para ello la naturaleza del objeto mismo, entonces despojamos a la apariencia de sus velos y ya no seremos engañados por ella, aunque todavía podamos experimentar, hasta cierto punto, una tentación hacia ella, si la causa subjetiva de la apariencia reside en nuestra naturaleza.

Sólo puedo afirmar, es decir, expresar como juicio necesariamente válido para todos, lo que produce convicción. Puedo guardarme para mí mi persuasión, si me siento bien con ella, pero no puedo ni debo querer afirmarla fuera de mí.

La credibilidad, es decir: la validez subjetiva del juicio en relación con la convicción (que al mismo tiempo tiene un valor objetivo), tiene los tres grados siguientes: opinión, creencia y conocimiento. La opinión es una afirmación que es consciente de ser subjetivamente insuficiente, así como objetivamente insuficiente. Si la afirmación sólo es subjetivamente suficiente y, al mismo tiempo, se considera objetivamente insuficiente, se denomina creencia. Por último, la afirmación que es subjetiva y objetivamente suficiente se denomina conocimiento. La suficiencia subjetiva se llama convicción (para mí), la suficiencia objetiva se llama certeza (para todos). No me detendré en aclarar conceptos tan fácilmente comprensibles.

Nunca puedo aventurarme a tener una opinión sin saber al menos algo mediante lo cual el propio juicio, que es meramente problemático, adquiere una conexión con la verdad que, aunque no sea completa, es, sin embargo, algo más que una invención arbitraria. Además, la ley que rige tal conexión debe ser cierta. Pues si, con respecto a esta ley, tampoco tengo más que una opinión, todo no es más que un juego de la imaginación, sin la menor relación con la verdad. En los juicios que proceden de la razón pura no están permitidas las opiniones. En efecto, puesto que no se basan en fundamentos empíricos, sino que, siendo todo necesario, todo debe ser conocido *a priori,* el principio de conexión exige universalidad y necesidad, y por tanto certeza completa, ya que de otro modo no se puede encontrar nada que conduzca a la verdad. Por tanto, es absurdo formarse opiniones en matemáticas puras: hay que saber o abstenerse de emitir juicio alguno. Lo mismo ocurre con los principios de la moral, donde no se nos permite arriesgarnos a actuar por la mera opinión de que algo es permisible, sino que debemos saber que lo es.

En el uso trascendental de la razón, en cambio, la opinión es en verdad demasiado poco exigente, pero el conocimiento lo es demasiado. Desde un punto de vista puramente especulativo, por tanto, no podemos juzgar aquí en modo alguno, ya que los fundamentos subjetivos de la credibilidad, como los que pueden producir la creencia, no merecen ninguna acogida favorable en las cuestiones especulativas, en la medida en que no tienen consistencia independientemente de cualquier ayuda empírica y no pueden comunicarse a los demás en el mismo grado.

Sin embargo, sólo desde un punto de vista práctico puede llamarse creencia a una afirmación que es insuficiente desde un punto de vista teórico. Ahora bien, este punto de vista práctico es el de la habilidad o el de la moralidad: el primero corresponde a fines arbitrarios y contingentes, mientras que el segundo corresponde a fines absolutamente necesarios.

Una vez propuesto un fin, las condiciones para alcanzarlo son hipotéticamente necesarias. Esta necesidad es subjetiva, pero sólo es suficiente por comparación si yo no conozco ninguna otra condición bajo la cual se pueda alcanzar el fin; en cambio, es absolutamente suficiente, y para todos, si yo sé con certeza que nadie podría conocer ninguna otra condición que conduzca al fin propuesto. En el primer caso, mi suposición y la credibilidad que atribuyo a ciertas condiciones constituyen una creencia meramente contingente, mientras que en el segundo constituyen una creencia necesaria. El médico tiene que hacer algo por un paciente que está en peligro, pero no conoce la enfermedad; observa los fenómenos y juzga, porque no sabe nada mejor, que se trata de una tisis. Su creencia es, incluso en su propio juicio, simplemente contingente; otra persona podría tal vez encontrar mejor la enfermedad. Llamo creencia pragmática a aquella creencia que, aunque contingente, sirve de base para el uso real de medios para determinadas acciones.

La piedra de toque que se suele utilizar para determinar si algo que alguien afirma es una mera persuasión o, al menos, una convicción subjetiva, es decir, una creencia sólida, es la apuesta. A menudo, alguien expresa sus afirmaciones con una audacia tan llena de seguridad y tan intratable que parece haber apartado por completo de su mente todo temor a equivocarse. Una apuesta le desconcierta. A veces resulta que es lo bastante persuasivo como para valorar su persuasión en un ducado, pero no en diez. Sigue estando dispuesto a arriesgar el primer ducado, pero cuando la apuesta llega a diez, empieza a darse cuenta de algo de lo que no se había percatado antes, a saber, que bien podría haberse equivocado. Si pensamos para nosotros mismos que debemos apostar la felicidad de nuestra vida a esto, nuestro juicio triunfante desaparece por completo, nos volvemos extremadamente indecisos, y entonces empezamos a descubrir que nuestra creencia no nos lleva tan lejos. Así pues, la creencia pragmática sólo tiene un grado, que, según la diferencia de los intereses en juego, puede ser grande o pequeño.

Dicho esto, si incluso, con respecto a un objeto, no podemos emprender absolutamente nada y, en consecuencia, la creencia en él es meramente teórica, podemos, sin embargo, en muchos casos, concebir por el pensamiento e imaginar una empresa para cuya elección creemos tener razones suficientes, en el caso de que tengamos un medio de establecer la certeza del asunto, hay en los juicios meramente teóricos algo análogo a los juicios prácticos a la creencia de la que se aplica el término creencia, y que podemos llamar creencia doctrinal. Si fuera posible establecer esto mediante algún experimento, apostaría de buena gana todos mis bienes a que hay habitantes en al menos uno de los planetas que vemos. Por eso digo que no es una mera opinión, sino una fuerte creencia (por cuya corrección ya arriesgaría muchas de las ventajas de la vida), lo que me hace pensar que también hay habitantes en otros mundos.

Ahora bien, debemos convenir en que la doctrina de la existencia de Dios es una cuestión de creencia doctrinal. Pues aunque, desde el punto de vista del conocimiento teórico del mundo, no tengo nada que decretar que presuponga necesariamente este pensamiento como condición de mis explicaciones de los fenómenos del mundo, sino que estoy más bien obligado a usar mi razón como si todo fuera simplemente naturaleza, la unidad finalizada es, sin embargo, una condición tan grande de la aplicación de la razón a la naturaleza que no puedo en absoluto dejarla de lado, en la medida en que, por lo demás, la experiencia me proporciona tantos ejemplos de ella. Ahora bien, por lo que se refiere a esta unidad, no conozco otra condición que pueda hacer de ella para mí un hilo conductor en la exploración de la naturaleza que suponer que una inteligencia suprema lo ha ordenado todo así según los fines más sabios. En consecuencia, la suposición de un sabio creador del mundo es una condición en relación con un objetivo ciertamente contingente, pero no por ello carente de importancia, a saber: disponer de un hilo conductor en la exploración de la naturaleza. Los resultados de mis investigaciones confirman tan a menudo la utilidad de esta suposición, y es tan imposible plantearle la menor objeción decisiva que sería decir demasiado poco si optara por calificar mi credibilidad de mera opinión: por el contrario, puede decirse, incluso en este aspecto teórico, que creo firmemente en un Dios, en cuyo caso, sin embargo, esta creencia no es práctica en sentido estricto, sino que debe llamarse creencia doctrinal, que la teología de la naturaleza (teología física) debe necesariamente suscitar en todas partes. Desde el punto de vista de esta misma sabiduría, teniendo en cuenta el modo en que la naturaleza ha sido excelentemente provista y el modo en que la brevedad de la vida está tan poco en consonancia con esta excelencia, se pueden encontrar igualmente razones suficientes que aboguen por una creencia doctrinal en la vida futura del alma humana.

El término creencia es en tales casos una expresión de modestia desde el punto de vista objetivo, pero al mismo tiempo expresa desde el punto de vista subjetivo la solidez de la confianza. Incluso si designara aquí una creencia meramente teórica sólo como una hipótesis que tendría derecho a admitir, ya estaría dando a entender que poseo un concepto de la naturaleza de una causa del mundo y de otro mundo que contiene más de lo que realmente puedo indicar; pues, sea lo que fuere lo que simplemente admito como hipótesis, al menos debo conocer sus propiedades hasta tal punto que no es su concepto sino sólo su existencia lo que debo imaginar. Dicho esto, el término creencia sólo se aplica a la manera en que una Idea me proporciona un principio rector, y a la influencia subjetiva que ejerce sobre el desarrollo de los actos de mi razón, que refuerza mi adhesión a esta Idea, aunque no esté en condiciones de dar cuenta de ella desde el punto de vista especulativo.

El hecho es que la creencia meramente doctrinal es en sí misma algo inestable; a menudo somos expulsados de ella por las dificultades que surgen en la especulación, aunque siempre volvemos inevitablemente a ella.

No puede decirse lo mismo de la creencia moral. Pues aquí es absolutamente necesario que suceda algo, es decir, que yo siga la ley moral en todos los aspectos. El fin aquí está ineludiblemente fijado y, que yo sepa, sólo hay una condición posible bajo la cual este fin consiga formar un todo coherente con todos los demás fines y, por tanto, posea un valor práctico, a saber, que existe un Dios y un mundo futuro; también sé con absoluta certeza que nadie conoce ninguna otra condición que conduzca a la misma unidad de fines bajo la ley moral. Ahora bien, en la medida en que el precepto moral es al mismo tiempo mi máxima (puesto que la razón ordena que lo sea), creeré inevitablemente en la existencia de Dios y de una vida futura, y estoy seguro de que nada puede hacer vacilar esta creencia, porque ello derribaría mis propios principios morales, a los que no puedo renunciar sin ser digno de desprecio a mis propios ojos.

De este modo, a pesar del derrumbamiento de todos los designios excesivamente ambiciosos de una razón que tantea más allá de los límites de toda experiencia, disponemos todavía de recursos suficientes para tener motivos de satisfacción desde un punto de vista práctico. Ciertamente, nadie puede jactarse de saber que hay un Dios y una vida futura; pues, si alguien lo sabe, es precisamente el hombre que busco desde hace tiempo. Todo conocimiento (si se refiere a un objeto de simple razón) puede ser comunicado, y así yo también podría esperar ver mi conocimiento ampliado hasta proporciones tan asombrosas por lo que esta persona pudiera enseñarme. De hecho, no: la convicción no es una certeza lógica, sino una certeza moral, y como descansa sobre fundamentos subjetivos (la disposición moral), ni siquiera debo decir: es moralmente cierto que hay un dios, etc., sino: estoy moralmente seguro, etc., de que hay un dios. En otras palabras: la creencia en un Dios y en otro mundo está tan estrechamente ligada a mi disposición moral que no corro más riesgo de perder esta creencia que el de temer ser despojado de ella.

La única dificultad estriba en que esta creencia racional se basa en la presuposición de disposiciones morales. Si dejamos esto de lado y consideramos a un hombre que sería totalmente indiferente a las leyes morales, la cuestión planteada por la razón se convierte simplemente en un problema para la especulación, y sin duda puede entonces seguir apoyándose en poderosas razones derivadas de la analogía, pero no en razones ante las que deba ceder la más obstinada necesidad de dudar. El hecho es que, en estas cuestiones, no hay ningún hombre que esté desligado de todo interés. Pues, aunque pueda estar apartado del interés moral por falta de buena disposición, aun en ese caso quedan recursos suficientes para hacerle temer un ser divino y un futuro. Pues todo lo que se requiere para ello es que en ningún caso sea capaz de aducir la certeza de que no hay Dios ni vida futura, certeza que exigiría, puesto que estos dos puntos tendrían que ser probados sólo por la simple razón, y por tanto apodícticamente, que fuera capaz de demostrar la imposibilidad de ambos —lo que seguramente ningún hombre razonable puede emprender—. Sería una creencia negativa que ciertamente no produciría ni moralidad ni buenas disposiciones, sino en todo caso algo análogo a ellas, es decir, que podría frenar poderosamente la aparición de malas disposiciones.

¿Es esto, cabría preguntarse, todo lo que consigue la razón pura cuando abre perspectivas más allá de los límites de la experiencia? ¿Nada más que dos artículos de fe? Seguramente el entendimiento común habría hecho lo mismo sin necesidad de recurrir al consejo de los filósofos sobre estas cuestiones.

No quiero ensalzar aquí el servicio que la filosofía ha prestado a la razón humana por los arduos esfuerzos que ha dedicado a su crítica, aunque el beneficio obtenido, al final, sólo sea negativo. Pero, ¿significa esto que usted exige que el conocimiento concerniente a todos los hombres debe ir más allá del entendimiento común y serle revelado sólo por los filósofos? A lo que va dirigido tu reproche es a la mejor confirmación de que lo afirmado hasta ahora era correcto, en la medida en que se descubre así lo que inicialmente se vislumbraba, a saber, que a la naturaleza, en lo que tiene de igualmente querido para todos los hombres, no se le puede reprochar ninguna distribución parcial de sus dones, y que la más alta filosofía, desde el punto de vista de los fines esenciales de la naturaleza humana, no puede conducir más allá de lo que es el caso bajo la dirección que ha dado igualmente al entendimiento más común.

Tercera sección de la metodología trascendental

La arquitectónica de la razón pura

Por arquitectónica entiendo el arte de los sistemas. Puesto que la unidad sistemática es simplemente lo que transforma el conocimiento común en ciencia, es decir, lo que convierte un simple agregado en un sistema, la arquitectónica es, por tanto, la doctrina de lo que hay de científico en nuestro conocimiento en general y, por tanto, pertenece necesariamente a la metodología.

Bajo el gobierno de la razón, nuestro conocimiento en general no puede constituir una rapsodia, sino que debe formar un sistema, dentro del cual sólo puede apoyar y promover los fines esenciales de la razón. Dicho esto, entiendo por sistema la unidad de los diversos saberes bajo una Idea. Esta Idea es el concepto racional de la forma de un todo, en la medida en que, a través de este concepto, se determinan *a priori* tanto el ámbito de lo diverso como la posición de las partes entre sí. El concepto científico de la razón contiene, por tanto, la meta y la forma del todo que es congruente con esta meta. La unidad de la meta con la que se relacionan todas las partes y en cuya Idea también se relacionan entre sí significa que la ausencia de cada parte puede ser identificada a partir del conocimiento de las demás, y que ninguna adición contingente puede encontrar lugar en ella, ni ningún *quantum* indefinido de perfección que no tenga sus límites determinados *a priori*. El todo es, pues, articulado *(articulatio)*, y no producido por acumulación *(coacervatio)*; puede ciertamente crecer desde dentro *(per intussusceptionem)*, pero no desde fuera *(per appositionem)*, como un cuerpo animal al que el crecimiento no añade ningún miembro, sino que hace cada miembro, sin cambiar las proporciones, más fuerte y mejor adaptado a sus fines.

Para realizarse, la idea necesita un esquema, es decir, una diversidad y un orden intrínsecos de partes esenciales y determinadas *a priori* a partir del principio del fin. El esquema que no se forja según una Idea, es decir, a partir del fin principal de la razón, sino empíricamente, según fines contingentes (cuyo número no puede conocerse de antemano), proporciona una unidad técnica, mientras que el esquema que sólo surge tras una Idea (donde la razón proporciona los fines *a priori* y no los espera empíricamente) funda una unidad arquitectónica. No es de un modo técnico, por la semejanza que presenta lo diverso, o por el uso contingente del conocimiento *in concreto* en relación con toda suerte de objetivos externos arbitrarios, sino sólo de un modo arquitectónico, por la afinidad de las partes y su derivación de un único objetivo supremo e interno que es el único que hace posible el todo, que puede nacer lo que llamamos ciencia, cuyo esquema debe contener el esquema (monograma) y la articulación del todo en sus miembros de acuerdo con la Idea, es decir, *a priori,* y distinguirlo de todos los demás con certeza y según principios.

Nadie intenta construir una ciencia sin tomar como fundamento una Idea. Se trata simplemente de que, en el desarrollo de esta ciencia, el esquema e incluso la definición dados al comienzo de la ciencia muy raramente corresponden a su Idea; porque esta Idea está inscrita en la razón como un germen en el que se ocultan todas las partes, todavía en un estado muy envuelto y apenas discernible por la observación microscópica. Por esta razón, siendo todas las ciencias concebidas desde el punto de vista de un cierto interés universal, deben ser elucidadas y determinadas, no según la descripción dada por su autor, sino según la Idea que, partiendo de la unidad natural de las partes que este autor ha reunido, encontramos fundada en la razón misma. Ello se debe a que el autor, e incluso a menudo sus más lejanos sucesores, se pierden en una Idea que no han sido capaces de aclararse a sí mismos, incapaces como eran de determinar el contenido, la articulación (unidad sistemática) y los límites propios de la ciencia.

Es lamentable que sólo después de haber pasado mucho tiempo reuniendo de manera rapsódica, siguiendo las indicaciones proporcionadas por una Idea oculta en nosotros, una gran cantidad de conocimientos relativos a esta Idea y utilizados como materiales, y después de haber pasado sobre todo mucho tiempo ordenándolos juntos de manera técnica, entonces nos empieza a ser posible ver la Idea bajo una luz más clara y trazar arquitectónicamente los contornos de un todo según los fines de la razón. Los sistemas, como los gusanos, parecen haberse constituido por una *generatio aequivoca,* a partir de la simple conjunción de conceptos acumulados: al principio truncados, se fueron completando con el tiempo, aunque todos poseían su esquema como un todo, como un germen originario, en la razón misma desarrollándose. Y por eso, no sólo cada uno de ellos, en lo que le concierne, está articulado según una idea, sino que además todos ellos están a su vez unidos entre sí de manera finalizada en un sistema de conocimiento humano, como miembros de un todo, y permiten una arquitectónica de todo el conocimiento humano que, ahora que ya se han reunido muchos materiales o que pueden desenterrarse de las ruinas de antiguos edificios derruidos, no sólo sería posible, sino que casi ni siquiera sería difícil construir. Nos contentamos aquí con completar nuestra empresa, es decir, con esbozar simplemente la arquitectónica de todo conocimiento que procede de la razón pura, y partimos del punto en que la raíz general de nuestra facultad de conocer se divide y desarrolla dos ramas, una de las cuales es la razón. Por razón, sin embargo, entiendo el conjunto de la potencia superior de conocer, y por ello contrapongo lo racional a lo empírico.

Si prescindo de cualquier contenido del conocimiento, considerado objetivamente, todo conocimiento es entonces, considerado subjetivamente, o histórico o racional. El conocimiento histórico es *cognitio ex datis,* mientras que el conocimiento racional es *cognitio ex principiis.* El conocimiento puede muy bien ser originariamente dado, venga de donde venga: es en todo caso histórico, en la persona que lo posee, si posee su conocimiento sólo en la medida en que, por todo ello, le ha sido dado en otra parte, ya sea por una experiencia inmediata o por una narración, o incluso por el aprendizaje (conocimiento general). De ahí el hecho de que cualquiera que haya aprendido debidamente un sistema de filosofía, por ejemplo, el de Wolff, aunque tuviera en mente todos los principios, todas las definiciones y demostraciones, así como la división de todo este edificio doctrinal, aunque pudiera contarlo todo con los dedos, no tendría, sin embargo, otro conocimiento de la filosofía wolffiana que un conocimiento histórico completo: sólo conoce y juzga lo que le ha sido dado. Impugnadle una definición: no sabe dónde buscar otra. Se ha formado según una razón extraña, pero el poder de imitar no es el poder de crear, es decir que el conocimiento no ha procedido en él de la razón, y aunque por lo demás es ciertamente un conocimiento racional, es, sin embargo, desde un punto de vista subjetivo, únicamente histórico. Ha captado y retenido bien, es decir, ha aprendido bien, y es la reproducción de un hombre vivo. El conocimiento de la razón que es objetivamente tal (es decir, que sólo puede proceder de la propia razón del hombre) sólo puede, por tanto, llevar este nombre subjetivamente si ha sido extraído de las fuentes generales de la razón, de las que también puede proceder la crítica e incluso el rechazo de lo aprendido, es decir, si ha sido extraído de los principios.

Ahora bien, todo conocimiento de la razón es, o bien conocimiento por conceptos, o bien conocimiento por construcción de conceptos; el primero se llama filosófico, el segundo matemático. Ya he tratado de la diferencia entre ambos en el primer capítulo. Por tanto, el conocimiento puede ser objetivamente filosófico y, sin embargo, subjetivamente histórico, como es el caso de la mayoría de las personas que están en proceso de aprendizaje y de todos aquellos que nunca ven más allá de la escuela y siguen siendo escolares toda su vida. Sin embargo, hay que señalar que el conocimiento matemático, tal como se aprende, también puede tener el valor del conocimiento racional en términos subjetivos, y que la distinción que se hace aquí no es tan relevante para el conocimiento matemático como lo es para el filosófico. Esto se explica por el hecho de que las fuentes del conocimiento, de las que sólo puede nutrirse el maestro, no residen en ninguna otra parte que en los principios esenciales y verdaderos de la razón, y que, por consiguiente, no pueden ser tomados prestados en otra parte por el alumno ni impugnados en modo alguno —y esto, en verdad, porque el uso de la razón aquí sólo tiene lugar *in concreto,* aunque no obstante *a priori,* a saber, en la intuición pura, de modo que es, por esta misma razón, infalible, y excluye toda ilusión y error—. De todas las ciencias racionales *(a priori),* pues, sólo podemos aprender matemáticas, pero nunca filosofía (salvo históricamente): de hecho, en lo que se refiere a la razón, sólo podemos aprender a filosofar.

Dicho esto, el sistema de todo saber filosófico es la filosofía. Debemos tomarlo objetivamente, si por ello entendemos el modelo que nos permite valorar todos los intentos de filosofar, según una valoración que debe servir para juzgar toda filosofía subjetiva, cuyo edificio es a menudo tan diverso y tan sujeto a cambios. En este modo, la filosofía es una simple Idea de una ciencia posible, que no se da en ninguna parte *in concreto*, pero a la que intentamos acercarnos por diversos caminos, hasta que descubrimos el único camino que sirve de vía de acceso, y que la sensibilidad había acabado por borrar, y conseguimos, en la medida en que es posible para los hombres, que la copia, hasta ahora añorada, se parezca al original. Mientras esto no se consiga, no se podrá aprender filosofía, porque ¿dónde está? ¿A quién pertenece? ¿Y cómo reconocerla? Sólo se puede aprender a filosofar, es decir, a ejercitar el talento de la razón en la aplicación de sus principios universales a la luz de ciertas tentativas que se hacen, aunque siempre quede reservado el derecho de la razón a examinar esos mismos principios en cuanto a sus fuentes, para confirmarlos o rechazarlos.

Hasta entonces, en todo caso, el concepto de filosofía no es más que un concepto escolástico, a saber, el de un sistema de conocimientos que sólo se busca como ciencia, sin que el objetivo sea más que la unidad sistemática de estos conocimientos y, por consiguiente, la perfección lógica del conocimiento. Sin embargo, sigue existiendo un concepto cósmico *(conceptus cosmicus)* que siempre ha servido de base a esta denominación, sobre todo cuando, por así decirlo, fue personificado y representado como modelo en el ideal del filósofo. Desde este punto de vista, la filosofía es la ciencia de la relación entre todo conocimiento y los fines esenciales de la razón humana *(teleologia rationis humanae),* y el filósofo no es un artista de la razón, sino el legislador de la razón humana. En este sentido, sería muy vano llamarse filósofo y jactarse de haber logrado alcanzar el modelo, que sólo reside en la idea.

El matemático, el físico, el lógico, por notables que sean los progresos que hayan hecho en el conocimiento racional en general, y en el filosófico en particular, no son todavía más que artistas de la razón. Todavía hay un maestro en el ideal que los moviliza a todos y los utiliza como instrumentos para promover los fines esenciales de la razón humana. Deberíamos llamarle el filósofo, pero como no existe en ninguna parte, mientras que la Idea de su legislación se encuentra en todas partes, en toda razón humana, nos limitaremos a esta última, y determinaremos con más precisión lo que la filosofía, según este concepto cósmico, prescribe desde el punto de vista de los fines para la unidad sistemática.

Los fines esenciales no son todavía, sin embargo, los fines supremos, de los que hay que decir que sólo puede haber uno (residiendo en una perfecta unidad sistemática de la razón). En consecuencia, son o bien el fin último, o bien fines subordinados que le están necesariamente unidos como medios. El primer fin no es otro que el destino completo del ser humano, y la filosofía que se ocupa de este destino se llama moral. Es en virtud de esta preeminencia de la filosofía moral sobre todas las demás aspiraciones de la razón que, entre los antiguos, bajo el nombre de filosofía, se entendía siempre al mismo tiempo y en primer lugar al moralista; y la apariencia externa de autodominio de la razón hace que aún hoy sigamos llamando filósofo a alguien en virtud de una cierta analogía, a pesar de lo limitado que puedan ser sus conocimientos.

La legislación de la razón humana (filosofía) tiene dos objetos: la naturaleza y la libertad; y contiene tanto la ley de la naturaleza como la ley moral, inicialmente en dos sistemas particulares, pero finalmente en un único sistema filosófico. La filosofía de la naturaleza trata de todo lo que es; la filosofía de la moral trata sólo de lo que debe ser.

Pero toda filosofía es, o bien conocimiento derivado de la razón pura, o bien conocimiento racional derivado de principios empíricos. La primera se llama filosofía pura, la segunda filosofía empírica.

La filosofía de la razón pura es, o bien una propedéutica (un ejercicio preliminar) que examina el poder de la razón en relación con todo conocimiento puro *a priori,* y se llama crítica; o bien, en segundo lugar, es el sistema de la razón pura (la ciencia), todo el conocimiento filosófico (tanto verdadero como aparente) procede de la razón pura, según una ordenación sistemática del conjunto, y se denomina metafísica —aunque este nombre también puede darse a la filosofía pura en su conjunto, incluida la crítica, para reunir tanto la búsqueda de todo lo que puede ser conocido *a priori* como la presentación de lo que constituye un sistema de conocimiento filosófico puro de este tipo, pero distinguido de cualquier uso empírico de la razón, así como de su uso matemático.

La metafísica se divide en metafísica del uso especulativo y metafísica del uso práctico de la razón pura, y es, pues, o una metafísica de la naturaleza o una metafísica de la moral. La primera contiene todos los principios puros de la razón que proceden de conceptos simples (excluyendo, por tanto, las matemáticas) y se refieren al conocimiento teórico de todas las cosas; la segunda contiene los principios que determinan *a priori* y hacen necesario el hacer y el no hacer. Ahora bien, la moral es la única legalidad de los actos que puede derivarse enteramente *a priori* de los principios. Por eso la metafísica de la moral es propiamente moral pura, en la que no se toma como fundamento ninguna antropología (ninguna condición empírica). La metafísica de la razón especulativa es, pues, lo que solemos llamar, en un sentido más restringido, metafísica; pero en la medida en que la doctrina pura de la moral pertenece igualmente a la rama particular del saber humano, y más precisamente del saber filosófico, que deriva de la razón pura, conservaremos para ella este nombre, aunque lo dejaremos de lado aquí en la medida en que no se relaciona por el momento con nuestro objetivo.

Es de la mayor importancia aislar el conocimiento que es distinto de otros conocimientos en clase y origen, y tener un cuidado escrupuloso para asegurarse de que no se mezcla y confunde con otros conocimientos con los que, en el uso, se suele asociar. Lo que el químico hace en la separación de las materias, lo que el matemático hace en la pura doctrina de las magnitudes, el filósofo debe hacerlo aún más, para poder determinar con certeza la parte que un determinado tipo de conocimiento tiene en el uso a tientas del entendimiento, su propio valor e influencia. Por eso la razón humana, desde que empezó a pensar, o más bien a reflexionar, nunca ha podido prescindir de una metafísica, aunque nunca haya podido presentarla suficientemente depurada de todo elemento extraño. La idea de tal ciencia es tan antigua como la razón especulativa del ser humano; y ¿qué razón no especula, ya sea a la manera escolástica o a la popular? Debe admitirse, sin embargo, que la distinción entre las dos clases de elementos de nuestro conocimiento, algunos de los cuales son completamente *a priori* en nuestro poder, otros de los cuales sólo pueden derivarse *a posteriori* de la experiencia, permaneció sólo muy poco clara, incluso entre los pensadores profesionales, y que por lo tanto nunca fue capaz de establecer la determinación limitadora de una especie particular de conocimiento, ni consecuentemente la verdadera idea de una ciencia que ha ocupado tan larga e intensamente a la razón humana. Cuando decíamos: la metafísica es la ciencia de los primeros principios del conocimiento humano, no destacábamos con ello una especie enteramente particular, sino sólo un rango en el orden de la universalidad, por el cual no podía, pues, distinguirse claramente de lo empírico; pues, incluso entre los principios empíricos, hay algunos que son más universales y, por consiguiente, más elevados que otros, y en la serie de tal subordinación (donde no diferenciamos lo que se conoce completamente *a priori* de lo que sólo se conoce *a posteriori*), ¿dónde debemos hacer el corte que distingue la primera parte de la última y los miembros supremos de los miembros subordinados? ¿Qué diríamos si la cronología sólo pudiera designar las edades del mundo dividiéndolas en los primeros siglos y los siglos siguientes? ¿Pertenecen también al primero el siglo v, el x, etc.? Del mismo modo, pregunto: ¿pertenece a la metafísica el concepto de lo extendido? Tú respondes: Sí, pero ¿pertenece también a la metafísica el concepto de cuerpo? ¿Y el cuerpo fluido? Usted empieza a desconcertarse, porque si seguimos así, todo pertenecerá a la metafísica. Esto demuestra que el mero grado de subordinación (lo particular bajo lo general) no puede determinar los límites de una ciencia, sino que en nuestro caso requiere una total heterogeneidad y diferencia de origen. Pero lo que también oscureció la idea fundamental de la metafísica fue el hecho de que, como conocimiento *a priori,* guarda cierta similitud con las matemáticas. En lo que se refiere al origen *a priori,* existe ciertamente una similitud entre ambas; Pero en cuanto al modo de conocimiento conceptual en una, comparado con el modo en que, en la otra, el juicio procede construyendo conceptos *a priori,* y en consecuencia en cuanto a la diferencia entre el conocimiento filosófico y el conocimiento matemático, existe una heterogeneidad tan marcada que siempre se ha sentido, por así decirlo, sin poder relacionarla nunca con criterios evidentes. El resultado fue que, en la medida en que los propios filósofos no desarrollaron la idea de su ciencia, aquello en lo que trabajaban no podía tener una meta definida ni un principio rector, y que, partiendo de un plan tan arbitrariamente concebido, inconscientes del camino que debían seguir, y siempre en conflicto por los descubrimientos que cada uno afirmaba haber hecho en su propio camino, hicieron que su ciencia fuera despreciable primero a los ojos de los demás, y finalmente incluso a sus propios ojos.

Todo conocimiento puro *a priori* constituye, pues, en virtud de la potencia particular de conocer en la que sólo él puede encontrar su asiento, una unidad particular, y la metafísica es la filosofía que debe presentar tal conocimiento en esta unidad sistemática. Su parte especulativa, que se ha apropiado particularmente de este nombre, a saber, la que llamamos metafísica de la naturaleza, y que examina todo, en cuanto es (y no lo que debe ser), a partir de conceptos *a priori,* se divide, pues, del siguiente modo:

Lo que llamamos metafísica en el sentido restringido del término consiste en la filosofía trascendental y la fisiología de la razón pura. La primera considera sólo el entendimiento y la razón mismos, en un sistema de todos los conceptos y principios que se refieren a los objetos en general, sin admitir ningún objeto dado (ontología); la segunda considera la naturaleza, es decir, el conjunto de los objetos dados (ya sean dados a los sentidos o, si se quiere, a otro tipo de intuición), y es por tanto una fisiología (aunque sólo *rationalis).* Siendo así, el uso de la razón, en esta consideración racional de la naturaleza, es o físico o hiperfísico, o mejor aún: o inmanente o trascendente. El primero se refiere a la naturaleza, en la medida en que su conocimiento puede aplicarse en la experiencia *(in concreto),* el segundo a aquella conexión de los objetos de la experiencia que trasciende toda experiencia. En el primer caso, es la fisiología de la naturaleza en su conjunto, es decir, el conocimiento trascendental del mundo; en el segundo caso, es la fisiología de la relación que une la naturaleza en su conjunto con un ser superior a ella, es decir, el conocimiento trascendental de Dios.

La fisiología inmanente, en cambio, considera la naturaleza como el todo que incluye todos los objetos de los sentidos, por tanto, tal como nos es dada, pero según las condiciones *a priori* en que puede sernos dada en general. Pero sólo hay dos clases de objetos de los sentidos: 1.ª los de los sentidos externos, por tanto, el conjunto de estos objetos, la naturaleza corpórea; 2.ª el objeto de los sentidos internos, el alma, y, según los conceptos fundamentales del alma en general, la naturaleza pensante. La metafísica de la naturaleza corpórea se llama física, pero, puesto que sólo debe contener los principios del conocimiento *a priori* de la naturaleza corpórea, física racional. La metafísica de la naturaleza pensante se llama psicología, y, por la misma razón que acabamos de indicar, sólo se entiende aquí el conocimiento racional del alma.

Así pues, todo el sistema de la metafísica se compone de cuatro partes principales: 1.ª Ontología; 2.ª Fisiología racional; 3.ª Cosmología racional; 4.ª Teología racional. La segunda parte, la doctrina de la naturaleza de la razón pura, contiene dos divisiones: *physica rationalis* y *psychologia rationalis.*

La idea original de una filosofía de la razón pura prescribe ella misma esta división; es, pues, arquitectónica, conforme a los fines esenciales de esta filosofía, y no meramente técnica, establecida según afinidades percibidas de un modo contingente y como al azar, y por eso es también inmutable y tiene valor de legislación. Hay, sin embargo, algunos puntos que podrían suscitar objeciones y debilitar la convicción depositada en su legitimidad.

En primer lugar, ¿cómo esperar un conocimiento *a priori,* y por tanto una metafísica, derivada de los objetos que se dan a nuestros sentidos, es decir, *a posteriori?* ¿Y cómo es posible conocer la naturaleza de las cosas según principios *a priori,* y llegar a una fisiología racional? La respuesta es la siguiente: no tomamos de la experiencia más que lo necesario para darnos un objeto, ya sea del sentido externo o del interno. Esto se hace, por una parte, mediante el concepto simple de materia (una extensión impenetrable y sin vida), y por otra, mediante el concepto de un ser pensante (en la representación empírica interna: yo pienso). Además, en toda la metafísica de estos objetos, debemos abstenernos por completo de todo principio empírico que pueda añadir al concepto experiencia alguna para emitir un juicio sobre estos objetos.

En segundo lugar, ¿qué lugar tiene la psicología empírica, que siempre ha reclamado su lugar en la metafísica, y de la que tanto se ha esperado en nuestro tiempo para la clarificación de la metafísica, después de haber perdido la esperanza de llegar *a priori* a cualquier resultado utilizable? Mi respuesta es que viene de donde debe situarse la doctrina de la naturaleza propiamente dicha (empírica), es decir, del lado de la filosofía aplicada, para la cual la filosofía pura contiene los principios *a priori,* y que por tanto debe mantener un vínculo con la filosofía aplicada, pero no confundirse con ella. La psicología empírica debe, pues, ser totalmente desterrada de la metafísica, y ya está totalmente excluida por la idea de esta ciencia. Sin embargo, de acuerdo con la práctica escolar, debemos seguir concediéndole un pequeño lugar (aunque sólo sea como episodio), y ello por razones de índole económica, porque todavía no es lo bastante rica como para constituir un estudio por sí misma, y, sin embargo, es demasiado importante para que podamos expulsarla por completo o unirla a otra cosa con la que tendría aún menos afinidad que con la metafísica. Por lo tanto, no es más que un extraño admitido hace mucho tiempo, al que se le concede una estancia temporal hasta que pueda ocupar su propia morada en una antropología detallada (que constituiría la contrapartida de la teoría empírica de la naturaleza).

Esta es, pues, la idea general de la metafísica. Al principio se esperaba de esta disciplina más de lo que razonablemente podía exigírsele; luego, durante un tiempo, se regodeó en las agradables perspectivas que abría y, finalmente, en la medida en que se engañó en sus esperanzas, cayó en el desprecio general. Si seguimos todo el curso de nuestra Crítica, nos convenceremos suficientemente de que, aunque la metafísica no pueda ser el fundamento de la religión, debe, sin embargo, seguir siendo siempre su baluarte, y que la razón humana, que ya es dialéctica por la orientación de su naturaleza, nunca puede prescindir de tal ciencia, que viene a refrenarla y que, gracias a un conocimiento científico y plenamente esclarecedor de sí misma, impide la devastación que, de otro modo, una razón especulativa desprovista de leyes produciría de modo bastante inevitable tanto en la moral como en la religión. En este sentido, podemos estar seguros de que, por muy enconados y despreciativos que sean aquellos que no saben apreciar una ciencia según su naturaleza, sino sólo según sus resultados contingentes, siempre volveremos a la metafísica como a un amado con el que nos hemos peleado, porque la razón, en la medida en que están en juego fines esenciales, debe trabajar sin descanso, bien para adquirir una concepción sólidamente apoyada, bien para derribar concepciones ventajosas que ya existían.

Así pues, la metafísica, tanto la de la naturaleza como la de las costumbres, y en particular, como ejercicio preparatorio (propedéutica) que la precede, la crítica de la razón que se aventura a volar con sus propias alas, constituyen propiamente, y sólo ellas, lo que podemos llamar, en el verdadero sentido del término, filosofía. Esto lo devuelve todo a la sabiduría, pero por el camino de la ciencia, el único camino que, una vez abierto, nunca se desvanece ni permite errar. Las matemáticas, la física, incluso el conocimiento empírico del hombre, tienen un alto valor como medios para los fines, en su mayoría contingentes, de la humanidad, incluso si, al final, pueden ser, sin embargo, fines necesarios y esenciales —pero en este caso es sólo a través del intermediario de un conocimiento de la razón que procede de conceptos simples, que, cualquiera que sea el nombre que se le dé, no es propiamente otra cosa que metafísica.

Precisamente por eso la metafísica constituye también, para todo cultivo de la razón humana, un complemento que, aun dejando de lado su influencia, como ciencia, sobre ciertos fines específicos, es indispensable. Considera la razón según sus elementos y sus máximas supremas, que deben ser el fundamento de la posibilidad de algunas ciencias y del uso de todas ellas. El hecho de que, como mera especulación, sirva más para descartar el error que para ampliar el conocimiento, no le resta valor, sino que, por el contrario, le da dignidad y prestigio, en cuanto cumple una función de censura que asegura el orden y la comprensión general, e incluso la prosperidad de la república científica, y que impide que su audaz y fecunda obra se desvíe de su fin principal: la felicidad universal.

CUARTA SECCIÓN DE LA METODOLOGÍA TRASCENDENTAL

Historia de la razón pura

Este título sólo interviene aquí para indicar un espacio que queda en el sistema, y que deberá llenarse en el futuro. Desde un punto de vista simplemente trascendental, es decir, desde el punto de vista de la naturaleza de la razón pura, me contento con echar un rápido vistazo al conjunto de la obra que ha emprendido hasta ahora: un conjunto que, en efecto, presenta edificios a mis ojos, pero simplemente en ruinas.

Es bastante notable, aunque por supuesto no podría haber sucedido de otra manera, que los seres humanos, en la infancia de la filosofía, tomaran como punto de partida lo que ahora, con más gusto, terminaríamos, a saber, en primer lugar, estudiar el conocimiento de Dios y la esperanza o incluso la naturaleza de otro mundo. Por burdos que fueran los conceptos religiosos introducidos por las antiguas prácticas que subsistían aún del estado salvaje de los pueblos, ello no impidió que la fracción más ilustrada se dedicara a la libre investigación de este tema, y fácilmente se comprendió que no podía haber manera más radical y fiable de complacer al poder invisible que gobierna el mundo, para ser feliz al menos en otro mundo, que llevar bien la propia vida. La teología y la moral eran, pues, los dos motivos, o más bien los dos puntos de aplicación de todas las investigaciones racionales y abstractas a las que se dedicaban los hombres desde tiempos inmemoriales. Fue, sin embargo, la primera la que empujó gradualmente a la razón puramente especulativa hacia una empresa que más tarde se hizo famosa bajo el nombre de metafísica.

No quiero distinguir aquí entre los períodos en que la metafísica experimentó tal o cual cambio, sino sólo presentar en un breve esbozo la diversidad de la idea que dio lugar a las principales revoluciones. Y a este respecto encuentro un triple objetivo en relación con el cual se impulsaron los cambios más notables en este campo de batalla.

1.   Con respecto al objeto de todo nuestro conocimiento racional, algunos fueron filósofos simplemente sensualistas, otros filósofos simplemente intelectualistas. Puede mencionarse a Epicuro como el más notable filósofo de la sensibilidad, a Platón como el más notable filósofo del intelecto. Esta diferencia entre las escuelas, por sutil que sea, ya había comenzado en los tiempos más primitivos, y continuó ininterrumpidamente durante mucho tiempo. Los partidarios de la primera escuela afirmaban que no hay realidad efectiva salvo en los objetos de los sentidos, y que todo lo demás es imaginario; los partidarios de la segunda, en cambio, decían que en los sentidos no hay más que apariencia, y que sólo el entendimiento conoce lo verdadero. Con todo, los primeros no negaban toda realidad a los conceptos del entendimiento, pero esta realidad era a sus ojos sólo lógica, mientras que para los otros era mística. Los segundos admitían los conceptos intelectuales, pero sólo aceptaban los objetos sensibles. Los segundos querían que los objetos reales fueran simplemente inteligibles, y afirmaban la posibilidad de una intuición producida por el entendimiento puro que no estuviera asistida por ninguno de los sentidos, los cuales, en su opinión, sólo perturbarían el entendimiento.

2.   En cuanto al origen del conocimiento puro de la razón, la cuestión era si derivaba de la experiencia o si, independientemente de la experiencia, tenía su fuente en la razón. Aristóteles puede considerarse el líder de los empiristas, mientras que Platón es el líder de los noólogos (racionalistas). Locke, que en la época moderna seguía a los primeros, y Leibniz, que seguía a los segundos (aunque a cierta distancia de su sistema místico), tampoco pudieron llevar este debate a una decisión. Epicuro, por su parte, procedió de manera mucho más consecuente en su sistema sensualista (pues en sus razonamientos

nunca fue más allá de los límites de la experiencia) que Aristóteles y Locke, especialmente en comparación con este último, quien, habiendo derivado todos los conceptos y principios de la experiencia, hizo uso de ellos de tal manera que afirmó que la existencia de Dios y la inmortalidad del alma pueden ser demostradas (aunque estos dos objetos se encuentren enteramente fuera de los límites de la experiencia posible) con la misma evidencia que para cualquier teorema matemático.

3. Sobre el método. Si queremos llamar método a algo, debe tratarse de un planteamiento basado en principios. El método que predomina actualmente en este campo de investigación puede dividirse en método naturalista y método científico. El naturalista de la razón pura supone que, siguiendo la razón común desprovista de ciencia (lo que él llama la sana razón), podemos alcanzar resultados mucho mejores, en relación con las cuestiones más elevadas que constituyen los problemas de la metafísica, que mediante la especulación. Así, afirma que el tamaño de la Luna y su distancia pueden determinarse más fiablemente a simple vista que mediante diversiones matemáticas. Se trata de una simple misología, erigida en principio, y, lo que es más absurdo, de la renuncia a todos los medios técnicos, celebrados como un auténtico método para ampliar los conocimientos. Por lo que respecta a los que son naturalistas a falta de una concepción más amplia, en modo alguno estamos justificados para echarles en cara nada. Siguen la razón común sin jactarse de su ignorancia como método que debería contener el secreto de extraer la verdad del profundo pozo de Demócrito. El *Quod sapio satis est mihi; non ego curo, Esse quod Arcesilas aerumnossique Solones,* de Persio, es su lema, con el que pueden vivir contentos de merecer aplausos sin preocuparse por la ciencia ni perturbar su funcionamiento.

En cuanto a los que observan un método científico, aquí pueden elegir entre el método dogmático y el método escéptico, pero en todos los casos tienen al menos la obligación de proceder sistemáticamente. Si nombro aquí, por lo que se refiere al primer método, al célebre Wolff y, por lo que se refiere al segundo, a David Hume, no puedo, habida cuenta de mi objetivo actual, nombrar a otros. Sólo el camino crítico sigue abierto. Suponiendo que el lector haya tenido la amabilidad y la paciencia de recorrerla conmigo, le corresponde ahora juzgar si, en caso de que quiera aportar su contribución personal a la transformación de esta senda en camino real, existe todavía el riesgo de que se logre antes de que termine lo que tantos siglos no han conseguido: la plena satisfacción de la razón humana en lo que siempre ha ocupado su curiosidad, pero hasta ahora en toda vanidad.

ÍNDICE